U0693610

新质生产力
实践与探索

中国生产力学会　编著

China Academy of Productivity Science

中国发展出版社

CHINA DEVELOPMENT PRESS

图书在版编目（CIP）数据

新质生产力实践与探索 / 中国生产力学会编著.

北京：中国发展出版社，2025. 6. -- ISBN 978-7-5177-
1486-6

Ⅰ．F120.2

中国国家版本馆CIP数据核字第2025PP1635号

书　　　名：	新质生产力实践与探索
著作责任者：	中国生产力学会
策 划 编 辑：	李　卓
责 任 编 辑：	王　沛
出 版 发 行：	中国发展出版社
联 系 地 址：	北京经济技术开发区荣华中路22号亦城财富中心1号楼8层（100176）
标 准 书 号：	ISBN 978-7-5177-1486-6
经 销 者：	各地新华书店
印 刷 者：	北京盛通印刷股份有限公司
开　　　本：	787mm×1092mm 1/16
印　　　张：	56
字　　　数：	738千字
版　　　次：	2025 年 6 月第 1 版
印　　　次：	2025 年 6 月第 1 次印刷
定　　　价：	278.00元

联 系 电 话：	（010）68990630 68990625
购 书 热 线：	（010）68990682 68990686
网 络 订 购：	http://zgfzcbs.tmall.com
网 购 电 话：	（010）68990639 88333349
本 社 网 址：	http://www.develpress.com
电 子 邮 件：	253370269@qq.com

版权所有·翻印必究

本社图书若有缺页、倒页，请向发行部调换

编 委 会

顾　问

蒋正华　第九届、第十届全国人大常委会副委员长

　　　　中国生产力学会名誉会长

王茂林　第十届全国人民代表大会法律委员会副主任委员

　　　　中国生产力学会首席顾问

王梦奎　国务院发展研究中心原主任

　　　　中国生产力学会专家委员会主席

组　长

牛仁亮　博士

　　　　中国生产力学会荣誉会长

王进才　博士

　　　　中国生产力学会常务副会长兼秘书长

副组长

陈文晖　博士

　　　　中国生产力学会区域生产力发展首席专家、监事

李　澂　博士

　　　　中国生产力学会新质生产力发展首席专家、新闻发言人

　　　　中国生产力学会新质生产力研究院执行院长

学术指导

郑新立　中央政策研究室原副主任

　　　　中国生产力学会顾问

尹成杰　原农业部副部长

　　　　国务院参事室特约研究员

　　　　中国生产力学会顾问

高铁生　原国家粮食储备局局长、党组书记

　　　　中国市场学会原理事长

高　福　中国科学院院士

　　　　中华医学会副会长

　　　　中国生物工程学会理事长

刘大响　中国工程院院士

　　　　北京航空航天大学教授、博士生导师

蔡启明　中国生产力学会战略专家

王国成　中国社会科学院数量经济与技术经济研究所研究员

许正中　中共中央党校经济学教研部副主任、教授

成　员

张哲华　陈虹辰　谢卫钢　曹　严　陈洪飞　胡晓克　王延超

宗树松　余　前　何　芳　尹令华　李旻岳

参与单位

中国生产力学会

上海玫克生储能科技有限公司

上海易多思航空科技有限公司

上海子幸生物科技有限公司

上海图灵智算量子科技有限公司

上海巷西环境科技有限公司

上海复迪迈数字医疗科技有限公司

上海朗申电子科技有限公司

上海盟科药业股份有限公司

广州南岭信息科技有限公司

北京国典数智科技有限公司

北京易动量智能科技有限公司

北京燕华科技发展有限公司

宁波凯福莱特种汽车有限公司

江苏元信网安科技有限公司

哈尔滨森荞生物科技有限公司

重庆太蓝新能源有限公司

高迪恩（浙江）信息技术股份有限公司

浙江省特种设备检验研究院

朝阳通美晶体科技有限公司

数鲜云冻（重庆）科技有限公司

合肥中科国创科技服务有限公司

深入推动我国生产力水平总体跃升

第九届、第十届全国人大常委会副委员长
中国生产力学会名誉会长　　蒋正华

　　解放和发展社会生产力是社会主义本质的内在要求，也是中国特色社会主义政治经济学坚持的重大原则。当今世界正在经历百年未有之大变局，顺应新一轮科技革命和产业变革持续发展，加快发展新质生产力，深入推动我国生产力水平总体跃升，是我国当前和今后一个时期内经济社会发展的重大主题，也是新时代、新征程上进一步解放和发展生产力的客观要求以及实现现代化的必然选择。

一、坚持解放和发展生产力是我国改革开放的鲜明特征

　　改革开放 40 多年来，我国经济快速增长，生产力水平快速提高，人民生活水平和质量得到极大改善。但社会民生领域发展滞后于经济领域，表现为人民日益增长的美好生活需要和不平衡不充分的发展之间的矛盾，解放和发展生产力仍然是解决我国一切问题的重要手段，发展仍然是解决我国任何问题的关键。习近平总书记提出，只有紧紧围绕发展这个第一要务来部署各方面改革，以解放和发展社会生产力为改革提供强大牵引，才能更好推动生产

关系与生产力、上层建筑与经济基础相适应^①。扩大开放，不仅要"引进来"，还要大胆地"走出去"。改革开放 40 多年来，我们充分利用国际市场，为快速发展注入了强大的动力。在构建以国内大循环为主体、国内国际双循环相互促进的新发展格局下，在利用好国内国际两个市场、两种资源的前提下，仍需要进一步解放思想、进一步解放和发展生产力、进一步解放和增强社会活力。

改革开放 40 多年来，我国生产力发展在取得巨大成就的同时，具有以下三大重要意义。

一是为实现全体人民共享发展和共同富裕提供了坚实的物质条件。40 多年来，我国的经济发展、生产力水平、科技水平和工业化现代化程度已有质的飞跃。我国已成为世界第二大经济体，人均 GDP 超过 1 万美元。从经济结构上看，一二三产业不但规模不断壮大，而且迈向了协调和优化升级阶段，尤其第二产业已建成了全世界门类最齐全的现代化工业体系，交通、能源、信息等领域基础设施建设成效显著。虽然在社会主义市场经济发展过程中暂时出现了贫富差距扩大、生态环境被破坏等问题，但随着"全面建成小康社会""精准扶贫""生态文明建设"等举措推进，发展不平衡不充分的问题在逐步得到解决。

二是为最终完成近代中国历史任务提供了宝贵的精神资源。对于中国人民来说，改革开放 40 多年的成就重塑了民族精神，使得中华民族以乐观自信、开放包容的姿态迎接新时代。近代以来，不断遭受西方列强的侵略，使中华民族留下了屈辱的阴影，但随着国家整体实力的增强、对外交流的频繁、信息交换的通畅、对西方社会的认识不断深入，中国人民更能客观理性地看待世界与自身，精神面貌在深层次上得以重塑，民众整体心态更加趋向于乐

---

① 《习近平：推动全党学习和掌握历史唯物主义》，新华网，2013 年 12 月 4 日。

观自信和开放包容。特别是在抗击新冠疫情中，相比其他国家，我国率先走出疫情的阴霾，经济增长实现由负转正，极大地增强了全体人民的凝聚力和向心力。

三是我国改革开放的成功经验，打破了西方自由主义意识形态的神话，给了其他发展中国家、社会主义国家和无产阶级政党极大的鼓舞与有价值的启示。我国以"解放思想、实事求是"的原则推行改革开放，在各个领域取得了创新性成功，在实践中丰富和发展了马克思主义，打破了西方在精神文化领域的垄断地位。我国的综合国力不断提升，在国际社会的话语权越来越大，从国际规则的被动接受者，逐渐转变为规则的参与者和制定者，在推动建设人类命运共同体的治理方案中，不断发出中国声音、贡献中国力量。

二、改革开放 40 多年来，我国生产力发展的重要经验与启示

改革开放 40 多年来，我国所取得的巨大成就，并不仅是依靠自身的资源优势，更不是依赖西方发达国家的经济和技术援助，而是从国情出发，以自身的比较优势发展经济，并不断通过改革释放制度红利。通过调整产业结构，淘汰落后产能，积极发展先进生产力。一边试验、一边总结，并不断纠正错误，摸着石头过河，最终走出了一条中国特色社会主义发展道路。

一是解放思想，纠正对社会主义的错误认知。改革开放纠正了将社会主义等同于贫穷的错误认识，明确了发挥社会主义的优越性，归根结底是要大幅度发展社会生产力，逐步改善、提高人民的物质生活和精神生活水平。改革开放以前，通过社会主义三大改造，我国确立了社会主义生产关系，但这一时期的生产力发展水平整体上还比较低，与先进的社会主义生产关系不相匹配，在这种情况下，如何在社会主义生产关系框架内进一步发展经济和提高人民生活水平是当时面临的一项重大使命。对此，党的十一届三中全会将

党和国家的工作重心转移到经济建设上来，即以经济建设为中心，大力解放和发展生产力。只有经济发展水平达到一定程度，才有提高人民生活水平的基础，才有可能提高人民生活的质量。人民生活水平提高是我们发展的最终目标，解放和发展生产力是实现这个最终目标的手段。

二是科学定义社会矛盾，改变了生产激励的方式。党的十一届六中全会对国内社会主要矛盾作出了科学论述，即"人民日益增长的物质文化需要同落后的社会生产之间的矛盾"。以这一社会主要矛盾为依据制定党和国家的各项方针政策，在推进农村家庭联产承包责任制改革的基础上深化城市和国有企业改革，逐渐由计划经济向市场经济转型，社会生产力水平显著提升，人民生活水平不断提高。改革开放推动经济发展，发端于农村经营体制改革。农村家庭联产承包责任制的实施解放和发展了农村劳动生产力，农村经济迅速增长，有力地推动了农村剩余劳动力向从事非农产业的乡镇企业转移，各类形式的乡镇企业高速发展，大力提升了社会生产能力，在增加社会供给、满足社会需求、缓解短缺经济方面起到了十分积极的作用。

三是积极融入世界，参与世界分工体系。随着我国在联合国合法席位的恢复以及中美关系走向正常化，原本被封锁的国际环境不断改善，为我国实行全面对外开放的政策创造了基础性的条件。这一时期，经济全球化的进程加快。随着我国加入世界贸易组织，与世界的联系越来越紧密，深度融入国际分工体系，给我国提供了难得的发展机遇。我国充分利用后来者优势，引进、消化和吸收国外的先进技术和管理技能，迅速学习和追赶，不断地通过改革和开放，适应生产力的发展要求。

同时，我国依靠自身较高的储蓄率，积累了大量的资本，充足的储蓄帮助我国在应对外部冲击时具备了较大的政策选择空间，比如新冠疫情时期，在发达国家通过货币政策释放流动性，纷纷将本国货币利率降至零附近，而我国在保持不强刺激的情况下，通过财政和货币政策的工具组合精准施策，在较短的时间内就迅速恢复经济增长。我国的经济增长也是带动全球经济复苏最为重要的动力源。

正因为坚定不移地坚持解放和发展社会生产力，我国经济社会发展才有了现在的伟大成就，也为世界其他发展中国家提供了可参考的经验。正如习近平总书记指出的，中国发展为广大发展中国家走向现代化提供了成功经验、展现了光明前景[①]。

三、应对当今世界百年未有之大变局，深入推动我国生产力水平总体跃升

当今世界正在经历百年未有之大变局，国际经济、科技、文化、安全、政治等格局都在发生深刻调整，我国国内发展环境也经历着深刻的变化。在传统发展模式下，我国依靠快速工业化和粗放型增长不断对全社会进行普惠式的"帕累托改进"，使矛盾在尚未根除的情况下能够不断缓解。当前，我国正在转变发展方式，新的道路尚未打通，经济社会发展还未完全走上高质量快车道，不仅旧问题尾随而至，新问题也扑面而来。国际经验表明，当工业化基本完成、人均 GDP 在 5000 美元至 10000 美元时，也是社会急剧转型和社会矛盾多发的时期。虽然我国的人均 GDP 已跨越 1 万美元，即将进入高收入国家之列，但仍要清醒地认识到，我国经济社会发展所面临的巨大挑战。

一方面，国企改革、农村土地制度改革、产业结构升级、缩小贫富差距、协调城乡和区域发展、合理界定市场和政府的边界、科学划分中央和地方政府权力、生态环境保护、社会主义民主法治建设、消除权力寻租和腐败、实

---

① 《习近平：在庆祝改革开放 40 周年大会上的讲话》，中国政府网，2018 年 12 月 18 日。

现祖国统一等传统问题，还没有彻底解决；另一方面，经济脱实向虚、生育率下降、老龄化、美国等西方国家遏制我国发展等新问题又不期而至。新老问题交织，彼此相互影响，日益突出且紧迫地摆在我国政府和人民面前，要求我们努力去解决。积极应对当今世界百年未有之大变局，顺应新一轮科技革命和产业变革，加快发展新质生产力，深入推动我国生产力水平总体跃升，成为新时代、新征程上进一步解放和发展生产力的客观要求以及实现现代化的必然选择。

人民生活水平和质量的提高，有赖于收入的提高、消费水平的提升。提高人民的消费水平，就要保护好生产力，保护好市场主体，要把解放生产力、发展生产力和保护生产力统一起来。建设高标准的社会主义市场经济体制，一个很重要的要求就是要更好地保护生产力，保护企业的市场主体地位，保护知识产权，保护私人财产权，让企业家有恒心、有耐心、有信心、有稳定的市场预期。企业是市场创新的主体，创新是生产力发展和企业生存的长期动力。要从供给侧出发，解决和完善各方面存在的缺陷和短板，提高供给体系的质量和效率，才能实现我国社会生产力水平总体跃升。

四、高质量发展是新时代的硬道理，需要新的生产力理论来指导

习近平总书记关于"新质生产力"的重要论述丰富和发展了马克思主义生产力理论，深化了对生产力发展规律的认识，为我国开辟发展新领域新赛道、塑造发展新动能新优势提供了科学指引。

中国生产力学会是研究和促进中国生产力发展的专业智库，为发展新质生产力赋能聚力已成为新时代全会上下的重要使命和责任。汇集政策解读、专家观点、传统产业转型升级、未来产业发展、地方与企业探索实践发展新

质生产力等成果的《新质生产力实践与探索》一书出版在即，谨以此文为序，希望能带给广大读者更多的启迪与收获，引发更多共鸣与互动，并形成合力，共同加快发展新质生产力，深入推动我国生产力水平总体跃升。

2024 年 6 月 18 日

新时代持续解放和发展生产力的再认识

第十届全国人民代表大会法律委员会副主任委员
中国生产力学会首席顾问

生产力的发展是社会进步的最高标准，是社会存在与发展的前提和基础，同时也是社会发展的最终决定力量。生产力的发展不仅直接推动社会物质生活水平的提高，还通过与生产关系的相互作用，促进政治制度完善和思想文化进步，从而成为社会发展的集中表现。解放和发展社会生产力是社会主义的根本任务。

党的二十大报告强调，科技是第一生产力、人才是第一资源、创新是第一动力。新时代以来，新质生产力已经在实践中形成并展示出对高质量发展的强劲推动力、支撑力，呈现加快发展态势。奋进新时代、迈向新征程，加快发展新质生产力，社会各界十分有必要对持续解放和发展生产力进行再认识。

一、新时代、新征程，生产力发展要素新定位

党中央对生产力发展的要素进行新的定位，这体现了对马克思主义生产力思想的升华和发展。把人才、科学技术、自主创新等放在国家发展战略的

核心位置，对应的是生产力发展的三要素（劳动者、劳动资料、劳动对象），实质还是"解放和发展生产力"这一根本任务。

第一，人才是创新的根基，没有人才就没有创新。党中央提出坚持从人才培养开始抓创新，加强教育事业发展，指出教育兴则国家兴、教育强则国家强。这是对有关劳动力这一生产要素的生产力理论的进一步升华和发展。

第二，坚持科技是第一生产力。科技兴则民族兴，科技强则国家强，科技创新是强国之本。当今世界的竞争是科技的竞争，决定综合国力强弱的关键在科技，不只是经济总量，这是党中央对当今世界形势最睿智的判断和把握。

第三，提出创新是引领生产力发展的第一推动力，是对劳动对象的升级和改造，也是决定国家和民族命运的战略抉择。自主创新是创新能力的决定性因素，高端科技就是现代的国之利器。真正的核心技术是买不来的，我们必须加强自主创新，充分发挥集中力量办大事的优势。创新驱动发展战略，就是让市场真正成为配置创新资源的决定性力量，让企业真正成为技术创新的主体。但是高端科技，特别是尖端核心技术、关键设备、重要零部件等方面关起门来搞创新也是不行的。全球化不断深入，产业链的分工越来越精细，必须扩大对外开放，不断提升国内的产业链、技术链、价值链在新发展格局中的质量和水平。

第四，《中共中央关于制定国民经济和社会发展第十四个五年规划和二〇三五年远景目标的建议》（以下简称《建议》）更加突出了创新在发展中的作用。《建议》明确提出，坚持创新在我国现代化建设全局中的核心地位，把科技自立自强作为国家发展的战略支撑，还提出深入实施科教兴国战略、人才强国战略、创新驱动发展战略，完善国家创新体系，加快建设科技强国。这都体现了对人才、科技和自主创新要素的明确和新定位。

第五，习近平总书记关于"绿水青山就是金山银山"的科学论断，充分阐明了保护生态环境就是保护生产力，改善生态环境就是发展生产力。传统生产力理论主张生产力是人类征服自然、改造自然的能力。单方面强调人对自然的索取，在人征服自然的同时也加速破坏了自然，造成了严重的生态环境问题，最终阻碍了社会生产力的发展。习近平总书记关于"我们既要绿水青山，也要金山银山。宁要绿水青山，不要金山银山，而且绿水青山就是金山银山"[①]的科学论断，清晰阐明了"绿水青山"与"金山银山"之间的关系，强调"绿水青山就是金山银山"的价值理念，对于新时代加强社会主义生态文明建设，满足人民群众日益增长的对优美生态环境的需要，对建设美丽中国，都具有重要而深远的意义，对世界的可持续发展也具有重大参考价值。

二、我国生产力发展对世界具有重要影响

我国生产力发展对世界生产力发展产生的积极影响和促进作用突出表现在两个方面。

一是中国发展由弱到强，坚定不移地坚持解放和发展生产力，对经济全球化和世界和平繁荣产生的重大影响和促进作用等，就是中国生产力发展对世界生产力发展产生的积极影响和促进作用。

二是党中央关于解放和发展生产力的许多主张，比如共建"一带一路"、构建人类命运共同体和绿色发展等，得到世界上越来越多国家和人民的认同支持以及中外社会各界，特别是生产力科学领域的充分认可。从实践来看，自改革开放以来，我国坚持持续扩大开放，主动参与和推动经济全球化进程，从建立经济特区到设立自由贸易试验区，从沿海开放到全方位开放，以"一带一路"建设为重点，坚持"引进来"与"走出去"并重。加快培育国际经济合作，创新对外投资方式，促进国际产能合作，形成面向全球的贸易、投

---

① 《习近平在哈萨克斯坦纳扎尔巴耶夫大学发表重要演讲》，中国政府网，2013 年 9 月 7 日。

融资、生产、服务网络，坚持发展更高层次的开放型经济，既促进了中国生产力空前发展，也带动了"一带一路"共建国家与世界生产力发展。

2006 年 10 月，世界生产力科学联盟总裁约翰·西普在第 14 届世界生产力大会的闭幕词中明确指出，世界生产力大会举办的目的是通过提高世界生产力水平来推动世界的和平、繁荣、和谐，而其中很清楚的一点是，中国生产力发展对世界具有重要影响。

三、持续解放和发展生产力是民间智库的使命

智库是开展战略与政策问题研究的专业化思想和政策型机构，其使命和任务即是为政治决策者、政府治理者、机构管理者等提供战略与政策建议等决策咨询服务，同时为社会大众观察世界和社会经济发展提供前瞻洞见和思想引领。民间智库未来发展应朝着积极参与全球治理，谋求国际话语权的方向努力。话语权决定了全球问题的解决究竟走哪个路径。

国际上，特别是一些发达国家的智库对一国经济社会发展有重要的影响力。据一些权威机构统计，目前全球智库有 8248 家，其中美国最多，有 1871 家，中国有 507 家，印度有 509 家。改革开放 40 多年来，随着我国经济实力和国际社会地位的不断提高，中国智库的国际影响力也在稳步提升。中国生产力学会（以下简称"学会"）作为一家民间智库，成立 40 多年来，一直都组织中国代表团参加历届世界生产力大会，与各国的与会代表共享我国生产力发展理论和经验，推广和传播我国生产力发展成就，谋求达成共识，为世界各国政府领导和企业家积极参与我国的建设和投资发挥了一定作用。

党的十八大以来，党中央关于建设中国特色新型智库作出过一系列重要指示和部署。2015 年，中共中央办公厅、国务院办公厅印发了《关于加强中国特色新型智库建设的意见》，明确提出把中国特色新型智库建设作为一项重

大而紧迫的任务切实抓好，重点建设一批具有较大影响力和国际知名度的高端智库等战略部署。这为我国高端智库如何"出大主意、出好主意"指明了方向。学会作为一家民间高端智库，自成立以来，在于光远、孙尚清、张塞等历任会长的领导下，始终坚持"致力生产力发展研究，促进中国生产力发展"的宗旨，重点围绕国家重大战略需求，开展前瞻性、针对性的政策研究，集聚一大批国内知名学者和专家参与学会的工作与建设，构建起了广泛而扎实的民间力量体系。

学会长期致力于中国生产力发展理论和实践研究，在专业智库建设方面已经形成自己的定位和特点。一是广泛利用各种社会资源，依托学会平台与国家有关研究部门、大学和科研机构积极对接，聘请这些部门和机构的核心专家组成学会的专家组，组织开展重大战略性课题研究。二是组建成立了"中国生产力发展研究"课题组。一方面，学会专家被定期邀请参加有关部门的专题座谈会，承担上级部门交办的各类研究任务；另一方面，根据研究任务涉及的学科领域，汇集有关方面研究人员，定期召开选题会，布置研究任务，由专人负责跟踪任务进度，保证成果保质、保量及时完成和报送。在党中央、国务院领导的重视和支持下，近十年来，学会先后完成重大战略研究课题 120 多个。这些重大研究报告和政策建议，许多已在相关省区市得到落地实施。这些成就充分表明学会的研究能力和研究成果已达到一定水平。

奋进新征程，学会将继续以"中国生产力发展研究"课题为平台，广泛集合会内会外的人才优势和资源优势，着力推进"中国生产力发展专业化高端智库"建设，以持续解放和发展生产力为使命，为推动中国生产力新发展和中国经济社会高质量发展作出新的贡献。《新质生产力实践与探索》一书是学会近一年来推动新质生产力发展的成果汇集。统览书稿后，撰写此文为序，希望对广大读者有所启迪和帮助。

2024 年 6 月 16 日

序言三

以科技创新推动新质生产力发展

中央政策研究室原副主任
中国生产力学会顾问　　郑新立

　　2023 年 12 月召开中央经济工作会议强调要发展新质生产力。新质生产力概念的提出，在全国引起了热烈讨论。我认为提出新质生产力这个概念，是对马克思主义生产力理论的继承和发展，也是对邓小平同志提出的科学技术是第一生产力理论的继承和发展。

　　生产力理论是马克思主义唯物主义历史观的重要组成部分。按照历史唯物主义原理，生产力是推动人类社会进步的决定性力量。生产力的发展水平决定了生产关系，生产关系的总和也就是经济基础决定了上层建筑，因此生产力的发展归根结底决定着人类社会发展水平，也决定着一个社会的性质。

　　在改革开放初期，我国经济学界关于生产力的定义展开了一场讨论。当时于光远先生主张两要素论，生产力包括劳动力和劳动工具。孙冶方先生主张三要素论，即劳动者、劳动资料和劳动对象。我本人是赞成三要素论的，因为只有劳动者、劳动资料、劳动对象这三个要素结合，才能构成现实的生产力。邓小平同志提出科学技术是第一生产力，强调了科学技术对生产力的重要作用。科学技术体现在劳动力的能力上，物化在劳动工具和劳动对象之中。

中国生产力学会要出版《新质生产力实践与探索》，并约我为本书作序。为此，我谈谈对新质生产力的四点理解，供大家讨论。

第一个观点：发展新质生产力要从提升生产力要素质量入手。

劳动者是生产力中最活跃的因素，也就是说劳动力本身的素质决定着生产力发展的水平。所以我们发展新质生产力，首先要大力提高劳动者素质，这就要从教育入手。改革开放以来，我们对教育的投入有了大幅增长，特别是大学的毛入学率2023年已经达到60%。记得1964年我上大学的时候，大学的毛入学率只有1%。经过半个多世纪，现在已提升到60%，进步很大。但是跟美国比，我们的差距还是很明显的。美国的大学毛入学率是87%，要达到美国的水平，我们还要提高27个百分点。所以，对大学的投入，包括基础教育、研究生教育和职业教育的投入，都需要大幅增加，提高全体人民的文化水平。通过劳动者素质的提高，来为新质生产力的发展提供高质量的研发人员和劳动者。生产工具是生产力发展的标志。原始社会的工具是石器，奴隶社会的工具是青铜器，封建社会的工具是铁器，资本主义社会的工具是机器……不同的生产工具对应社会发展的不同阶段。

我们现在进入了智慧工具的时代，正努力实现劳动生产过程的智慧化、无人化，数字经济是主要的标志性产业。也就是说，未来的社会主义社会，必须创造出比资本主义机器大工业时代科技水平更高的新生产工具。

基于劳动对象的区别可以划分出不同的产业。农业的劳动对象主要是土地；工业的劳动对象主要是矿产品、农产品等初级产品；第三产业主要是提供各类服务，包括消费性服务和生产性服务业等。通过提供各种各样的服务，满足人民生活和生产的需要。随着科技进步，劳动对象的质量和性能不断提升，新材料不断涌现，工业合成材料逐步替代天然材料。

所以，我们发展新质生产力，应当瞄准生产力的三大要素，努力提升它们的质量，从而创造出新的更高的生产力。

第二个观点：人类社会已经进入了第四次工业革命。

二百多年以前，人类社会爆发了第一次工业革命，逐步结束了长达几千年的农业社会。到目前为止，我们已经经历了三次工业革命，每一次工业革命都有标志性的能源和标志性的产业。第一次工业革命的能源主要是煤炭，主要的动力装备是蒸汽机，出现了由蒸汽机驱动的火车、轮船，主要的工业是纺织业。第二次工业革命的能源主要是石油，动力装备主要是内燃机，出现了汽车、飞机，催生出机器大工业。第三次工业革命是电的出现，有了发电机、电动机，电的广泛应用催生出整个现代工业文明，也催生出现代资本主义制度。

以人工智能和新材料技术等为技术突破口，我们现在已经进入了第四次工业革命。第四次工业革命的能源，我认为是低碳、零碳能源。就是通过碳捕集技术，把工业排放的二氧化碳（CO_2）甚至前三次工业革命排放在大气里的 CO_2 与绿电产生的绿氢产生化合反应，生产出绿甲醇，替代石油、天然气等化石能源，实现 CO_2 资源化。把能源的生产过程变成减碳的过程，或者使 CO_2 与工业废渣产生化合反应，生产出可用作建筑材料的碳酸钙。推广这种工业固碳技术，可使建筑材料的生产过程变为负碳过程。所以第四次工业革命的能源和材料就有可能是低碳、零碳、负碳的能源和材料。第四次工业革命的主导产业现在看来越来越明确，就是数智经济，数智经济再加上新能源、新材料，是第四次工业革命的标志。前三次工业革命我们都落后了，一直到现在我们还在补课。第四次工业革命，现在看来在一些领域，我们已经跟世界先进水平处在同步或者是略微领先的水平，通过发展新质生产力，有可能从前三次工业革命的跟随转变为第四次工业革命的同步或者引领。我们在第四次工业革命中能够创造出新的绿色能源、固碳材料、数智经济，就会为人类社会作出更多贡献。

第三个观点：新质生产力必须建立在当代最新技术基础之上。

2023 年中央经济工作会议第一次提出未来三大战略性新兴产业。一是生物制造，通过生物技术来生产出我们所需要的一些产品；二是商业航天，包括通信卫星、太空育种等；三是低空经济，包括通用航空、无人机等。在低空领域利用方面，我们和美国相比，差距较大。美国有两万多个机场，我国仅有 200 多个机场。集中力量发展这三个产业，将形成几万亿元的 GDP。此外，先进制造业、绿色能源、新材料和新型基础设施建设的发展空间巨大，也应作为发展的重点，加大技术研发和投入力度，特别是芯片等"卡脖子"技术和高科技产品，应发挥新型举国体制优势，集中力量予以突破。加快发展这些产业，不仅有利于促进产业转型升级，而且对解决需求收缩这一当前面临的突出问题，将发挥重要作用。

2023 年中央经济工作会议提出，要通过颠覆式创新和前沿技术的创新，创造新赛道，比如说量子技术和生命科学的发展，对未来全球技术进步具有重要意义。

会议还提出，要以绿色能源和数智技术改造传统产业。这是一件量大面广的重要战略性任务。2023 年 7 月，我去苏州市调研，了解到苏州市提出一个任务，就是要在 2023 年底前，全部完成规模以上工业企业的数字化改造。苏州市已经走在全国前列。现在，我们传统产业里还大量应用比较落后的工业技术，通过加快绿色技术和数智技术改造，可以大大提高劳动生产率，减少温室气体排放。

2023 年中央经济工作会议在发展新质生产力方面，对以上三个重点任务作出了部署。我们一定要把这些任务落到实处。

第四个观点：劳动生产率是评价生产力水平的主要标准。

生产力发展水平的高低主要是看劳动生产率的高低。评价一个国家的生产力发展水平，要看人均劳动生产率，最重要的指标就是人均国内生产总值。在这方面，我们一定要有一个清醒的认识。2024 年，我国人均 GDP 约为美国人均的 30%。列宁讲，劳动生产率归根结底是新社会制度战胜旧社会制度的决定性力量。列宁认为，社会主义能够代替资本主义，靠什么？关键是靠社会主义能够创造出比资本主义更高的劳动生产率。所以，中国特色社会主义要不断巩固和发展，中国式现代化要不断推进，就应该不断提高我国的人均 GDP 水平。在这方面，我们的任务仍然十分艰巨。改革开放使我们大幅缩小了同发达国家的差距，但要在人均 GDP 上赶上甚至超过发达国家，还要走很长的路，需要几代人的努力。切不要骄傲自满，更不能裹足不前。

从劳动生产率的角度来考察，农业无疑是我们与发达国家差距最大的部分。我国从事农业的劳动力有 1.7 亿人，占全社会劳动力的比重达 22%。而美国从事农业的劳动力只有 200 多万人，只占其全部就业人口的约 1%，农业劳动生产率是我国的 70 倍。加快农业现代化步伐，建设农业强国，应当放在发展新质生产力的重要位置。通过发展智慧农业，用大型机械设备替代传统作业方式，对提高劳动生产率的效果非常突出。

归根结底，我们通过技术进步、提高劳动者素质、改善经营管理水平，全面快速提升劳动生产率水平和人均 GDP 水平，是发展新质生产力面临的重大且紧迫的任务。

2024 年 6 月

目　录

第一篇

新质生产力理论篇

第一章 新质生产力
——高质量发展的科学指引

高铁生（原国家粮食储备局局长、党组书记，中国市场学会原理事长）

当前，新质生产力的概念获得社会各界广泛关注和高度重视。这是党中央立足国内外全局，着眼于全面建成社会主义现代化强国的目标任务，及时果断提出的崭新的、重要的理论概括和论断。我们应当完整准确全面深刻地理解它的内涵，自觉担当推广落实和形成发展的历史使命，发挥中国特色社会主义理论体系优势、制度优势，坚持创新驱动，确保正确引导，努力发挥智库作用，加快发展新质生产力。

一、新质生产力概念的提出是对马克思主义生产力理论的创新与发展

在新时代推动东北全面振兴座谈会上，习近平总书记强调，要积极培育新能源、新材料、先进制造、电子信息等战略性新兴产业，积极培育未来产业，加快形成新质生产力，增强发展新动能。[①]

2023 年的中央经济工作会议提出，要以科技创新来推动产业创新，特别是以颠覆性技术和前沿技术催生新产业、新模式、新动能，发展新质生产力。

在习近平总书记和党中央的倡导下，关于形成和发展新质生产力的论断，已经并且正在产生重大而深远的影响。

[①] 《习近平主持召开新时代推动东北全面振兴座谈会强调：牢牢把握东北的重要使命 奋力谱写东北全面振兴新篇章》，中国政府网，2023 年 9 月 9 日。

我们应当看到，新质生产力概念的提出是对马克思主义生产力理论的创新与发展。先进生产力是推动人类社会发展的原动力。人类社会历史进程就是社会生产力由低到高、由落后到先进的发展过程。

习近平总书记指出，生产力是推动社会进步最活跃、最革命的要素。[①]那么区别于传统生产力，新质生产力有什么特点，与传统生产力又有什么区别呢？

（一）新质生产力是创新驱动的生产力

新质生产力是与高科技产业相融合，借助前沿技术和颠覆性技术，使生产力全部要素的质量和效率获得极大提升的先进生产力。它对社会生产方式和生活方式乃至思维方式产生全面而深刻的影响。

关于新质生产力的认识和论断，丰富和发展了马克思主义的生产力理论，是对历史唯物主义的一个宝贵贡献。形成和发展新质生产力是实现高质量发展的一种必然选择。过去，我国经济增长主要依靠大规模投入，实践表明这种增长方式已经难以为继。在新形势下，推动经济高质量发展，必须依靠数字技术赋能，推动产业转型升级，培育新动力源、注入新动能、形成新产业、创造新价值，不断实现质量变革、动力变革、效率变革。新质生产力已经成为高质量发展的核心力量。

（二）新质生产力将重塑世界经济与政治格局

我们应当清醒地看到，由于种种原因，在传统生产力领域资本主义发达国家已经占据先发优势，形成了一定的垄断地位。但是以数字技术为代表的科技发展为我们赢得了新的历史机遇，在新赛道上，只要我们紧紧抓住新质

---

① 习近平：《在纪念马克思诞辰 200 周年大会上的讲话》，人民出版社 2018 年版。

生产力发展契机，就有可能实现"弯道超车"或者"变道超车"。

新质生产力究其本质和特点，同社会主义制度和文化有内在的亲和力，我们应当把握先机，实现跨越式发展，并以此为基础，不断增强自身实力，通过发展新质生产力，重塑世界经济与政治格局。

二、完整准确全面认识和理解新质生产力

首先要看到，新质生产力是唯物史观的一次崭新亮相。唯物史观很早就提出来了，新质生产力是唯物史观在新的历史条件下的一次崭新亮相。新质生产力概念一经提出就受到各方面的高度关注，这不是偶然的，是对当前纷繁复杂的经济政治社会现象进行终极追问的一把锋利的"思想解剖刀"，也是对当前各种经济策论进行评判的"试金石"。

现在，最需要我们从理论与实践的结合上、从历史与逻辑的一致上，对新质生产力进行完整准确全面的阐释和解读，回答好新质生产力是什么的问题。

和传统生产力不同，新质生产力是数字技术赋能的生产力。它是由技术革命性突破、生产要素创新性配置、产业深度转型而催生的当代先进生产力。它的特点是数字技术全面渗透到生产要素中，改变甚至融入生产要素中。新质生产力既改变了劳动资料和劳动对象，也改变了劳动者本身，从而有力地提升了生产力要素的质量和效率。不仅如此，新质生产力还优化了生产力要素之间的关系和生产力的渗透性要素，提高了全要素生产率，使传统生产力转化为新质生产力。

同时，新质生产力还是创新驱动的生产力。新质生产力的核心和源头是创新。新质生产力中包含大量的前沿性、颠覆性技术，对经济增长有很大的推动作用。这些新科技的创新和应用进一步提高了创新技术在经济增长中的

重要性，不断推动经济增长由传统要素驱动转向由技术创新驱动。新质生产力也是在科技创新中形成和发展的。

新质生产力的落脚点在哪里？新质生产力的基础在产业，载体也是产业，一方面，传统产业借助科技创新和数字技术，赋能产业转型升级；另一方面，做好战略性新兴产业和未来产业的布局与发展。

比如在健康医药领域，一方面是传统的制药，需要进行转型升级，另一方面是具有颠覆性和前沿性技术的创新药，也要做好布局与发展。新质生产力既体现在传统产业通过数字化进行转型升级，又体现在战略性新兴产业和未来产业的发展上，实质都是先进科学技术的运用与产业化。当然还有工业化，虽然暂时也是个概念，即先进技术要形成新质生产力，需要工业化、产业化，不能仅停留在科研上。与传统产业相比，战略性新兴产业和未来产业，是有前沿性技术的突破的，也是成熟的产业化所形成和推动的。

战略性新兴产业和未来产业的区别在哪里？战略性新兴产业已经进入大规模产业化阶段，目前还有很大的市场化发展空间，技术也没有完全成熟，产品质量和价格竞争力还有待提高。未来产业已经出现良好的市场前景，但尚未进入大规模发展阶段，有望在三五年内成为战略性新兴产业。所以，未来产业是战略性新兴产业的一支预备队，经过三五年的发展，也会变成战略性新兴产业。由此可见，新质生产力所具有的前沿技术和颠覆性技术必须产业化，即以产业为载体，通过传统产业转型和新型产业落地得以实现。

三、全要素生产率是衡量新质生产力形成和发展的核心标准

衡量一个地区、一个产业的新质生产力发展到什么程度、水平高不高，全要素生产率是主要标准。

全要素生产率不等于所有要素的生产力。这个"全"字，指不能归因于

有形要素，如土地、资本、劳动等要素所产生的生产力，主要是指技术进步的作用，包括知识、教育、培训规模化等。新质生产力中的科技创新和数字化技术，特别是前沿技术、颠覆性技术属于全要素生产率所涵盖的范畴，这也是新质生产力和传统生产力的根本区别。因此，发展新质生产力要侧重提高全要素生产率。在整个生产力发展中，减去这些传统要素的增量作用、价值作用，其余部分就是全要素生产率。

四、自觉发展新质生产力

第一，要增强历史的主动性和使命感。中国共产党代表中国先进生产力的发展要求，新质生产力本质是先进生产力。所以，道路自信、理论自信、制度自信、文化自信使我们完全有理由、有底气与新质生产力同呼吸、共命运，真正做到同频共振。

我们应当自觉推动新质生产力的落地生根，发展壮大。我们要拥抱数字革命，通过数字产业化和产业数字化，推动传统产业转型升级，使新兴产业释放潜力，做大做强；使未来产业前瞻布局，占领先机，把历史的主动性和使命感转化为经济高质量的发展，转化为早日建成社会主义现代化强国。

第二，要积极发挥数字技术的赋能作用。数字技术是新一轮科技革命下的通用技术，学术界也把它叫作通用目的的技术，是前沿技术和颠覆性技术的核心与基础。数字技术赋能生产力要素，给它以数字属性，首先就体现在武装劳动者，提高劳动者的素质和技能。在数字技术的作用下，也改造和提升了劳动资料的质量，涌现出智能传感设备、工业机器人、光刻机等数字化的劳动资料。可见，数字化劳动资料与传统意义上的劳动资料已经有很大的区别。同时，借助算力算法，使以往平淡无奇的数据变成了高质量、高价值的劳动对象。可见，数字技术全面改造了生产力三要素。在此基础上，数字化的生产力要素与数字技术深化形成的前沿技术、颠覆性技术相结合，并且产业化、具体化到新兴产业和未来产业之中，推动生产力实现全面跃升。

第三，要努力夯实新质生产力的产业基础。加快推进新质生产力发展，决不能停留在理论探讨与技术研究上，要积极培育新能源、新材料、先进制造、电子信息等凝聚新质生产力的现代化产业体系，要以科技创新推动产业创新，催生新产业、新模式、新动能，加快推动人工智能的发展，打造生物制造、商业航天、低碳经济等若干战略性新兴产业，还要开辟量子技术、生命科学等未来产业的新赛道。总之，我们要让新质生产力之川在现代化产业之河中奔腾不息，一往无前。

第四，要发挥生产关系和制度创新的反作用。这是马克思主义基本原理，是中国共产党人审视和处理生产力与生产关系、经济基础与上层建筑相互关系独有的理论情形，也是马克思主义的看家本领和中国共产党人的力量所在。通过进一步深化改革开放，在生产关系和制度文化方面，打通束缚新质生产力发展的各种堵点、卡点，让各类优质生产要素向有利于新质生产力发展的方向和领域顺畅流通和高效配置。这是对如何构造适应新质生产力发展的新型生产关系的一个概括。做到这一点，新型生产关系就有利于新质生产力的发展；做不到这一点，那就说明生产关系还要进一步改进，创造有利于新质生产力发展的环境。

第五，政府、市场、企业的作用一个都不能少。发展新质生产力，需要调动各方面的积极性，必须充分发挥新型举国体制的作用，这是我国的长项。特别是要抓住核心技术和重点项目，组织重点攻关。对长远发展至关重要的未来产业要提前布局，要鼓励长期资本、耐心资本积极参与这些重大的科研项目。其中，既需要政府的鼎力支持，也要有创新主体企业的积极参与，而且不能忽视市场在资源配置中的决定性作用。努力打造有利于新质生产力发展的政府、企业和市场，形成政府、企业和市场一个都不能少的良好创新创业生态。

五、发挥自身优势，确保导向正确

第一，发挥理论优势。辩证唯物主义、历史唯物主义是中国共产党人的看家本领，要正确处理生产力内部和外部的关系，优化生产要素的质量，提高全要素生产率。我国在这方面有长期的历练和扎实的基本功，所以我们有必要，也有条件和理论优势发展新质生产力。

第二，发挥制度优势。在新质生产力的发展中，各类数字平台具有极为重要的作用。由于开发建设数字平台的投资巨大，所以在资本主义国家大多是由私营大企业垄断，也是为私人大企业服务的。但我们国家可以用国家的力量，借助国有经济的力量，鼓励社会资本和民营经济参与，使这类数字平台增强公共服务功能，更好地服务人民大众。这是我们的制度优势所在。

第三，引导技术向善。技术本身是中性的，但是如何运用技术大有考究。实践表明，数字技术可以造福广大消费者，也可以被用来"算计"消费者。因此，有技术向善和技术向恶这样一个分野。所谓技术向恶，在资本主义国家几乎成为一种痼疾，是难以克服的。但在社会主义制度下，在中国特色社会主义核心价值观和社会制度性质的约束下，可以奉行和贯彻技术向善的导向，让科技创新、数字革命更好地为人民大众服务。

第四，坚持以人为本。为什么要坚持以人为本？主要是防止数字技术，特别是人工智能影响普通劳动者就业。这个问题已经引起了广泛的关注，甚至很多人担心是不是继数字革命之后，人类智能、人工智能发展之后，又会重新出现历史上的"羊吃人"现象。这种担心有对新技术的误会，忽视了新技术创造新福利、新就业等有利的一面，同时也反映了市场经济竞争现实的另一面。这就需要政府有所作为，弥补市场失灵与制度的缺陷。中国特色社会主义的优势就在于坚持以人为本，利用数字技术，通过提高劳动者素质，增进生产力诸要素之间的协调性和包容性，重建就业市场的供求平衡，形成解决技术与劳动之间矛盾更大的空间和更强的内在动力。

第五，跨越数字鸿沟。发展和运用数字技术是有一定门槛的，因此难免形成形形色色的数字鸿沟。比如，地区之间、产业之间、企业之间，还有不同知识水平和年龄的劳动者之间，都会形成形形色色的数字鸿沟。产生这种现象并不可怕，但不能固化与扩大这种不平等，更不能因此产生各种社会歧视。这在某些发达国家正在成为无解之题，而我国可以秉承共同富裕、全国"一盘棋"、对口支援等观念和机制，分享数字经济红利，消弭数字鸿沟，实现数字化技术全方位的协调发展。

第六，反对脱钩断链。先进生产力具有很强的扩张趋势。经济全球化是先进生产力合理的展开方式。发展新质生产力必然要追求产业链、供应链、价值链、创新链在更大范围内延伸，在一国之内要求实现统一的大市场，在国际上要求实行跨国的合作，而且是合理合作、合理分工和紧密合作。因此，在世界范围内搞"小院高墙""隔岸外包"等一些脱钩断链行为，是违背新质生产力本质的。我国坚持人类命运共同体理念，推行"一带一路"倡议，都是发展新质生产力的有力举措。

六、发挥智库作用，努力固本培新

（一）宗旨所在，勇担重任

中国生产力学会与改革同行，几十年来一直致力于生产力理论的研究和政策建言，为中国生产力发展作出了重大贡献。

当今，新质生产力的概念正在成为理论热点和经济生活中的重大主题，中国生产力学会肩负重托，应当秉承宗旨，发挥专业特长，作出新贡献。

（二）丰富充实，完善学理

新质生产力概念的提出，掀起了马克思主义生产力理论研究的一个新高潮。当前大家对新质生产力本质、内涵的理解，其理论体系还有待充实，学理化还有待进一步完善。中国生产力学会应当在以往研究成果的基础上奋楫前行，推进解读宣传推广方面的工作，使理论更好转化为实践，推动新质生产力的发展。

（三）深入一线，总结经验

新质生产力的形成发展，涉及各行各业，关联众多企业单位，中国生产力学会应当组织动员相关大专院校、科研机构、产业园区，以及携手其他学会、地方生产力学会深入一线调查研究，特别要研究重要领域技术创新和产业转型的基本经验，形成优秀的研究成果，提出相关的政策建议。

（四）树立典型，表彰推广

中国生产力学会多年来密切联系创新企业，帮扶、总结、推广创新企业典范案例，多次得到国务院领导的首肯和批示。学会应当充分利用这些宝贵资源，在新的历史条件下，以全新的理论视角，把企业创新创业同形成和发展新质生产力联系起来，把数字经济的"两化"（数字产业化和产业数字化）同新质生产力的"两业"（战略性新兴产业和未来产业）结合起来，树立新样板、培育新典型，并择其优、选其优、择其赛，在全国宣传推广。

（五）比较研究，善谋良策

如何看待新质生产力，如何形成和发展新质生产力，在不同的社会制度下有其相同之处，也有其不同之处。不能说我们发展生产力，发达资本主义国家就不发展生产力。我们应当坚持用一般与特殊、共性与个性的辩证观点，找出各国发展新质生产力的共同规律和经验。与此同时，我们要根据国情特色，发展出符合我们国家形势和特点的"独门绝技"。我们有必要借鉴发达国家侧重市场作用来选择产业的做法，同时也要注重发扬我们的新型举国体制，利用超大规模市场优势，通过有为政府与有效市场相结合的模式，做到有所借鉴、有所摒弃、有所坚持，为发展新质生产力提供良策。

（本文根据作者在"2024首届新质生产力大会"上的发言整理）

第二章　新质生产力与建构中国自主的经济学知识体系①

王国成（中国社会科学院数量经济与技术经济研究所研究员）

　　生产力的提质增效、演变跃升，是经济运行的主要推动力和决定性因素，是人类社会发展进程的主脉络与关键性标志。在人与自然的交互中，科技进步与人类劳动相生相伴、共荣共进，不断推动生产力与生产方式、生产关系与社会组织形态等表征的转型升级换代。无论是农耕社会、工业革命，还是信息技术革命等，科技进步都在为生产力的提升和社会的发展提供强大的助推力，并且随着科技的接续创新与人类欲求的融合互进、未来生产力质的演变与跃升，科技将一如既往地发生与不同时代相应的演进甚至是突进，为社会持续发展注入永续的强劲动力。在新时代，创建和运用新质生产力这一战略性、基石性、实践性和统领性概念，不仅更加注重理论与实践的密切联系，而且指明和勾画了人类文明、理论知识生产的新视角、新途径和新图景。

一、新质生产力的理论渊源

　　人类在与自然界进行物质交换中不断增强自身能力，促进自身组织方式的演变，相应的理论研究和知识体系源远流长。科技源于社会的需求和人类的创造，服务于人和社会的全面发展，一旦新的科技进步与人文社会实践有机有效融合，两者互激共进、凝聚发酵，就会形成推动经济发展和社会进步

---

① 本文中的劳动者包括体力和脑力劳动者；市场主体包括法人（企业）和自然人普通消费者、政府和非政府组织（NGO）；生产力既包括物质生产力，也包括精神生产力。

的新的重要力量。

（一）生产力的概念探源

生产力是社会制度变迁与人类社会发展的决定性力量，作为关键和最基础的生产要素，对经济系统的整体属性、支点动力、底层逻辑和质量效率等起着全面、综合的决定性作用。18 世纪就有了生产力概念，强调的是土地生产力和农业劳动的生产力；随后的经济学家进一步拓展生产力的概念，认为生产力不仅包括劳动的生产力，还包括资本的生产力，指出劳动分工、资本积累和技术进步是提高生产力的关键因素。19 世纪初，人们对生产力的深入研究逐步形成相对成体系的生产力基本观点和理论，生产力实际上是"生产能力"，即具体的生产方式所表现出来的能力。马克思和恩格斯在《资本论》等著作中深入阐述了生产力的内涵。他们认为，生产力是人们在生产实践中形成的改造和影响自然以使其适应社会需要的物质力量，包括劳动者、劳动资料和劳动对象三个基本要素，同时强调了科学技术在生产力发展中的重要作用。马克思主义者认为，各种经济时代的区别，不在于生产什么，而在于怎样生产、用什么劳动资料生产，劳动工具代表着一个时代生产力的水平。马克思主义政治经济学中的生产力，是基于劳动的主体、工具、对象及人与人关系的"三位一体"的人本论述，与现代西方经济学的生产论，在价值引导和立场取向上是有本质区别的。

（二）生产力的基本表现类型

生产力的表现形式多种多样，可以根据不同的需要和从不同角度进行分类。按产业形态可分为资源生产力、技术生产力和素质生产力。资源生产力主要体现为对土地、森林等自然资源的利用，与农业经济紧密相关；技术生产力则侧重于科技动力的应用，尤其在工业经济中占主导地位；而素质生产力则强调人的综合素质，如知识结构、专业技能等，与知识经济的发展、人的认知能力的提升紧密相连。除了产业形态，生产力的主体性质也是分类的一个标准，自然生产力与社会生产力是两个重要的生产力类型。自然生产力主要指自然界的自然力独立发挥作用，如风力、水力等；而社会生产力则强调人们在与物质世界交互的共同活动中形成的生产能力，它体现了人与自然的关系，并受到各种社会因素的制约。此外，还可以将生产力分为物质生产力和精神生产力。物质生产力主要指通过体力劳动创造物质产品的能力，而精神生产力则聚焦于通过智力劳动创造精神产品的能力，如科学、文化、艺术等。根据组织形态和研究需要，还可将生产力划分为个人生产力、企业生产力、社会生产力以及短期与长期生产力等。合理的分类不仅有助于深入理解生产力的内涵、表现形式和所适应的领域，还为经济发展水平的评估、经济发展战略和政策的制定提供了重要的视角和工具。随着科技进步和社会发展，生产力的内涵和表现形式也在不断更新、演变和提升，这就要求我们随之转变观念和创新方法，以适应新时代的挑战，抢抓机遇。

（三）生产力进步的推动力量：科技创新

科学技术是第一生产力，自主创新是第一竞争力。在人类社会发展的宏伟长卷中，科技进步在推动社会生产力进步方面发挥了至关重要的作用。纵观历史，农业革命、工业革命、电气革命以及信息技术革命等重大发展阶段，无不印证了科技突破、创新和进步对生产力的积极影响。在农业革命时期，人类通过创新农具和耕作技术，实现了从游猎采集到定居农耕的重大转变。这一时期的科技进步显著提高了农业生产效率，为社会文明的演进提供了坚实的物质基础。工业革命时期，科技进步的步伐进一步加快，蒸汽机、机械化生产线以及铁路和航运技术的现代化，极大地推动了工业生产的迅猛发展，促使生产效率大幅提升，为社会经济的繁荣奠定了坚实基础；进入电力与电气时代，电力的广泛应用成为生产力提升的新引擎，电力工业和电信业的蓬勃发展为社会生产提供了强大支持，同时引领产业结构的优化和升级。而当今信息技术、网络化与数智化革命的兴起，更是将生产力的发展推向了新的高峰。计算机、互联网、移动通信、数字化和人工智能等技术的广泛应用，深刻地改变了人们的生产方式和生活方式，极大地提高了生产效率和创新能力。同时，新一轮科技革命也加速了经济全球化的进程，促进了全球资源的优化配置。科技进步作为社会生产力进步的关键驱动力，贯穿于人类社会发展的各个阶段。通过屡攀高峰的发明创新和新技术应用，人类社会得以不断提升生产效率、优化资源配置、拓展生产领域，从而实现生产力的持续发展和代际跃升。因此，从宏观长期的视角审视社会发展史，一条鲜明的主线是：科技创新和进步在生产力进步中发挥了至关重要的推动作用。

（四）新质生产力的科学内涵

新质生产力源于技术革命性的突破、生产要素的创新性配置以及产业的深度转型升级，它代表了当代的先进生产力。其核心内涵在于劳动者、劳动资料、劳动对象及其优化组合的质变，并以全要素生产率的提升作为核心标志。这一重要论断是对马克思主义生产力理论的创新和发展，不仅具有深刻的理论意义，更具有重大的实践价值。

新时代，我国社会经济发展面临新局面、呈现新特征，不确定性及全球共性问题的复杂性日益加剧。在现代科技加速迭代、传统理论越发滞缓，冲击、挑战和机遇交叠并存等多重因素叠加的时点上提出"新质生产力"，视角新、观念新、含义新，切中和抓住本质，落位于推动社会经济发展最根本的"生产力"上。在生产力这一根本点上，我们可以从四个视角（维度）深刻理解和科学阐发"新"与"质"的内涵。

1. 本质提升与内涵升华的视角

新质生产力要求有本质上和实质上的改变与升华。这意味着生产力的发展不能仅仅停留在表面上的数量增长、要素利用的提质增效，而必须依靠主体内生的创新驱动，实现内涵的增进和丰富、外延的扩大和包容。这种升华从本质上区别于大量消耗资源能源的传统生产力，体现出劳动者的智慧、科技创新引领的更加高效、可持续的战略发展模式。

2. 质量与品质提升的视角

新质生产力是体现高质量发展的生产力。在高质量发展阶段，劳动者、劳动资料、劳动对象都面临更高的要求，通过劳动者主体的认知变革、自觉的能力提升和数据要素的积累等，更好地优化组合生产要素，需要更加注重要素、产品和运行等方面质量的提升。这意味着生产过程中的每一个环节都需要精心处置、精益求精，以确保最终产品能够更好地满足人民日益增长的物质文化需要。

3. 物质与精神的辩证关系视角

在辩证唯物主义视角下，物质生产力是社会生活的基础，而精神文化和知识创新产品在现代社会中正在转化为新的物质生产力。这种转化体现了物质与精神的辩证关系，即物质决定意识，物资基础影响精神的发展，精神又反过来促进物质生产力的发展。在信息化、智能化等高新科技迅猛发展的条件下，这种转化过程的积极作用更加显著。

4. 时空与形态变迁的视角

新质生产力还包含时空和形态上质感的改变与提升。这强调了科技进步对生产力的影响不仅体现在物质产品的触感使用上，还体现在对精神文化的品味享受上，虚实交融极大地丰富了劳动者的想象力、创造力并提高了主动参与度。这种改变与提升是当今科技进步、生产力提高的内在、本源、基础和方向性的社会驱动力。

新质生产力的表现特征和形貌质态的新与质，既要看其表象和特征，更要看其内在的本质；既要看新和质的内容的丰富发展，也要看生产力的源头和基础。新质生产力基本载体的根本点和落脚点还是生产力，是先进的、现代化的生产力，是以劳动者为主体，生产力要素的优化组合和全要素生产率的实质性跃升为根本和核心的，也是社会主义市场经济理论创建、发展和完善的微观基础、鲜明特色和灵魂支柱。

二、以人民为中心的共同核心与内在关联

新质生产力毕竟还是生产力，必须紧扣生产力本质来谈其表象特征和所能发挥的作用，否则只会是无源之水、无本之木。从马克思主义生产力基本理论、中国共产党的执政理念、习近平经济思想和当今中国社会经济发展的现实需求以及在科技进步加速迭代的时代背景下，深入理解、厚植和塑强新质生产力，能使我们更加清晰地明确其与高质量发展、中国式现代化具有的共同愿景目标和同心内核，以及与经济其他要素的内在关联。

（一）为什么会在当今时代提出新质生产力

在中华人民共和国成立前夕，中国共产党就鲜明地从生产力发展的角度给出了政党与经济发展和人民关系的判断标准的论断：中国一切政党的政策及其实践在中国人民中所表现的作用的好坏、大小，归根结底，看它对于生产力的发展是否有帮助及其帮助之大小，是束缚生产力还是解放生产力的。党在此后的过渡、建设、改革和发展时期都在努力践行这一标准。在当今推进中国特色社会主义伟大事业和建设中国式现代化的新时代大背景下，新质生产力的提出，是马克思主义政治经济学中国化、时代化的创新发展，也是马克思主义人学观的现实体现，具有重大的划时代意义。

高质量发展是新时代的硬道理。在不容错过的历史性战略机遇期提出新质生产力，本质上就是要释放驱动高质量发展的新动力，为推动高质量发展提供新竞争力和持久动力，促进加快构建现代化产业体系，才能在根源层面对经济、社会和政治产生深远的积极影响，具有强大的战略引领力和不可估量的发展潜力。新质生产力是以科技创新为主导、实现关键性和颠覆性技术突破而产生的生产力，是劳动者利用科技创新发挥主导作用的生产力，具有高效能、高质量特点，区别于依靠大量资源投入、高度消耗资源能源的生产力发展方式，是摆脱了传统增长路径、符合高质量发展要求的生产力，是数智时代更具融合性、更体现新内涵的生产力。

党的二十大报告提出，必须坚持科技是第一生产力、人才是第一资源、创新是第一动力。提出新质生产力这一新概念，是要素新优势、产业新质态、发展新路径、竞争新优势的动态性、时代性和战略性的集成表述，代表着更创新、更高阶、更可持续的生产力发展方向和经济运行主动力，也促使经济学乃至人文社会科学研究的学术视角、关注重点和分析方法等发生深刻和实质性的变化，在根源层面更加重视社会经济主体的关切和行为响应。加快形成新质生产力是建设现代化产业体系的核心组成部分，是最大化地提升人民福祉、让更广大人民分享改革开放红利、激发主动性与创造性的有效途径和措施，是与经济高质量发展阶段相适应、与新一轮科技革命和人类文明进步的数智时代特征相吻合、与中国式现代化建设全局相一致的战略部署。

随着人类文明演进、社会结构演变和要素条件变动，生产力必然是与时俱进、不断更新的。随着社会经济环境的演变和人类需求的不断提升，立足资源要素条件新变化、面向技术产业变革新形势、聚焦高质量发展新阶段，新质生产力对传统意义上的生产力概念进行了创新发展，赋予了新的内涵。新质生产力不是对既有生产力修补式的调整完善，而是从根本上以科技创新、产业变革和释放激发人的创造力为核心的生产力体系重塑，筑基于新的要素条件、形成于新的产业质态、导向在高质量发展，是能够更好支撑现代化建设、拥有更大成长潜力空间、更利于多目标协同的全新生产力。新质生产力回归劳动价值本源，更加注重在当代科技进步的辅助下，激发劳动者的智慧和创造性，促进人与社会的全面发展，更加强调科技创新促进中国式现代化建设，这也是马克思主义人学观的完整体现和实质性升华。

（二）新质生产力与经济要素和机制的内在关联

新质生产力，无疑是当今社会经济发展十分重要的新型驱动力，与其他各类生产力要素和经济要素有着密切协调的内在关联。它不仅助力经济向高质量方向发展，提升国家在全球舞台上的竞争力，更在解决全球性问题和促进社会进步方面发挥着不可替代的作用。依托于科技进步，通过优化要素组合、优化资源配置、提高全要素生产率、促进产业升级和现代化产业体系建设，有力地推动经济的高质量发展。

1. 新质生产力与要素组合和生产方式

新质生产力以尖端技术和智能设备为核心支撑，颠覆性创新技术在生产流程和经济活动中扮演着至关重要的角色。新质生产力的崛起，催生了全新的生产模式，即数字化生产模式，以数据要素连接互渗、综合协调其他各种要素，产生倍增效应。这种模式利用大数据、云计算等前沿技术，实现生产的自动化、精细化和智能化。在新质生产力和数字化生产模式的推动下，众多传统产业开始引入新技术和智能设备，以提升生产效率和产品质量。同时，一些新兴产业如智能制造、数字创意等迅速崛起，虚实融合的生产方式，在产品（服务）创意、设计、试产、量产、质控、展示、流通、消费及资本运作等环节提高效率、降低成本、提质增效。这些新产业、新业态的涌现，不仅在开拓培育着新的经济增长点，还能为社会创造更多的就业机会和经济效益。

2. 新质生产力与生产关系

新质生产力作为技术进步和生产效率提升的体现，更深刻地揭示了生产力与生产关系之间的相互影响和演变。在科技日新月异的今天，人工智能、大数据、云计算、万物互联等加速迭代、迅猛发展，它们以前所未有的速度改变着人们的生产方式和生活方式，对传统生产关系提出了挑战。传统生产关系基于人与人之间的直接联系和协作，而新质生产力则可能改变生产者与生产资料的关系和利益分配方式，更多地依赖人机交互协同和智能化系统。这种变化使得生产过程更加灵活、高效，但同时也对劳动者的技能水平提出了更高的要求。

3. 新质生产力与社会经济运行

在社会经济运作层面，新质生产力带来了许多正向变革。其首要的贡献在于，打破了旧有的生产链、物流链和产业链及产业生态架构，推动了产业层次的整体升级和转型。通过广泛应用人工智能、物联网等技术手段，众多传统产业正在向智能化、数字化的新路径转型，这不仅显著提升了产品品质，还降低了生产成本，从而增强了企业的市场竞争力。此外，新质生产力还催生了一系列新型经济模式，例如共享经济、平台经济和联盟经济等。这些新兴的经济形态充分利用了新质生产力的优势，实现了资源的优化配置以及社会价值的最大化，为社会经济的持续发展注入了新活力。

4. 新质生产力与组织结构演变

随着新质生产力的形成和发展，劳动者占有生产资料的方式、要素协同和人与人之间的利益分配方式、组织形态等也在发生深刻的创新与变革。平台型和生态型等新型组织形态的涌现，打破了传统组织的局限，以更加开放、灵活和协同的方式与外部伙伴共同创造价值。在平台型组织中，企业运用互联网、大数据等技术构建起一个连接多方资源的平台，有效整合内外部资源，实现价值的共创与共享。这种组织形态下，企业不仅关注内部资源和能力的积累，更注重与外部伙伴的协同创新和价值共享。这不仅提升了企业的灵活性和市场响应速度，还有助于构建一个更加开放、包容的创新生态系统。生态型组织则更进一步，着眼于整个产业生态系统，寻找合作伙伴共同构建一个互利共赢的价值网络。扁平化、网联化、良性内外双循环的生态体系，在如此的组织形态下，企业不再仅作为独立的竞争者存在，而是成为产业生态系统中的一部分，与其他企业、机构等共同推动整个产业的发展，提高企业的竞争力和市场份额以及韧性治理水平，有助于促进整个产业的创新升级和可持续发展，催生注重合作、共享和协同创新，提高企业的灵活性和创新能力的新型组织形态，使其更好地适应快速变化的市场环境，同时也有助于推动整个产业生态系统迸发生机活力与繁荣发展。

5. 新质生产力推动基本经济模态转变

新质生产力概念的提出及其实践形式的出现，对于解决经济和社会各领域的问题具有重要意义。它能够更好地处理场景、主体、交互、网联、组织、结构、治理、运行、演变、创新、生态等各环节、各方面和各阶段之间的衔接问题。随着这种生产力的逐步发展和应用，有望形成全新的经济模式：传统要素与人的因素将更加紧密地结合，更加注重内在的原动力，并重视新动能和赋能方式。这将促进物质财富更多地用于激发人的智慧和创造力，推动科技与人文的深度融合创新。

（三）新质生产力、高质量发展与中国式现代化的同心内核

以劳动者为主体的人民，是历史的创造者与推动者。社会发展和文明进步围绕劳动主轴运转和延展。社会经济的发展，说到底是人的全面发展，激发劳动者的主体性、智慧性和创造性，让广大劳动者能更多地分享发展红利，形成内生自强的良性循环生态。加快形成新质生产力，深刻理解其科学内涵和时代意义，夯实高质量发展和中国式现代化的根基，理顺劳动与资本等其

他要素的关系，是基础立场和价值取向的复位归正、理论分析方法的改进提升，更符合机理生成式分析的科技进步取向，也顺应了时代发展趋势。

劳动是财富创造和社会进步的原动力，劳动工具演进是生产方式变革提升的主动力、承载力和实施主体。新质生产力，既有表现形态与时俱进的"新"，更是"质"的内涵的实质性跃升。高质量发展体现鲜明的人民性，充分发挥人民主体作用，根本目的是为了人民；实现高质量发展的根本动力来自人民，评判标准是人民的获得感。从理论根源层面深刻理解和领会把握以人为本的新质生产力，进一步确立以人民为中心的价值导向，按照共享为根本的发展要求，使进一步解放和发展生产力的成果更多更公平地惠及全体人民，助力将共同富裕的美好愿景一步一步变为现实。

满足人民对美好生活的向往就是中国共产党的奋斗目标，一切工作归根结底就是为了让人民过上更好的日子；注重从就业、增收、入学、就医、住房、办事、托幼养老以及生命财产安全等老百姓急难愁盼中找准改革的发力点和突破口，多推出一些民生所急、民心所向的改革举措，多办一些惠民生、暖民心、顺民意的实事，使改革能够让人民群众有更多获得感、幸福感、安全感。这就必须从人民的整体利益、根本利益、长远利益出发，谋划和推进改革，走好新时代党的群众路线；这就必须认识到，高质量发展是新时代的硬道理，培育和发展新质生产力是推动高质量发展的内在要求和重要着力点。新质生产力是在微观层面的凝聚跃升，高质量发展在中观过程层面赋能添力，中国式现代化是宏伟目标和壮阔图景，三个层面有其必然的内在关联，以人民为中心贯通，构成一切为了人民的同心圆，通宏洞微地形成以人民为核心的互反馈良性循环生态，为以中国式现代化推进实现中华民族伟大复兴的历史伟业提供强有力的支撑保障。

创建了新质生产力概念，在实践中是经济运行、物质财富生产和社会发展的基底，也是理论知识传承创新的新视角和推动力。生产力的承载主体，是驱动数据、信息、制度等所有其他要素发挥作用的核心轴和主动力，新质生产力—高质量发展—中国式现代化的核心是人民，基点和轴线是劳动，这也是中国特色发展之路的独有特征，同时是把握新发展阶段、贯彻新发展理念和构建新发展格局的核心要义与实践主线；也只有以人民为中心，才能切实推动中国自主的经济学知识体系的创立和哲学社会科学学术理论的深化研究，在实践中加快形成和塑强新质生产力，通过高质量发展，真正实现中国式现代化。

三、基于新质生产力建构中国自主的经济学知识体系

在社会发展进程中，人类追求满足物质财富和精神享受的需求是永不疲竭的核心驱动力。当前，经济领域全面性增长动能不足、治理滞后、发展失衡三大突出的全球性矛盾未能得以有效解决，而且还可能加剧。以马克思主义经济学原理为指导，深化对中国经济发展规律的认识，以此来提升中国经济的治理效能，增强国家战略科技的先导能力和体系化能力，实现国家治理现代化；相应的人文社会科学和管理科学研究及知识体系建构，也面临严峻的挑战和难得的机遇，面对前所未有的复杂性和不确定性，以科技创新和人类智慧深度融合为主导的全新经济形态正在应变和适变中逐步形成与兴起，建构、发展和完善新的知识体系。

（一）发展新质生产力、建构自主知识体系与中国式现代化建设的理论基点

2022 年 4 月 25 日，习近平总书记在中国人民大学考察时指出，加快构建中国特色哲学社会科学，归根结底是建构中国自主的知识体系。要以中国为观照、以时代为观照，立足中国实际，解决中国问题，不断推动中华优秀

传统文化创造性转化、创新性发展，不断推进知识创新、理论创新、方法创新，使中国特色哲学社会科学真正屹立于世界学术之林。[①] 这一重要论述为建构我国自主的经济学（乃至人文社会科学）知识体系提供了根本遵循。联系到新质生产力和中国式现代化建设，更加明确和坚定了主要依靠自身力量和智慧、突出中国特色、走中国道路，突显了理论上寻求基点、支点和聚焦重点的必要性与重大意义。新质生产力融合虚拟与现实、智慧与创新，蕴含和代表着全新的生产力，孕育着新的经济模式，不仅是在根基层面的彻底变革，带来了全新的智创经济形态，也是在引领我们迈进一个全新的文明进步和社会发展新时代。身处时代大变革中的人们，不仅追求资源配置和物质财富的生产，而且会更加注重物质与精神的双轮驱动，重视智慧创造的价值。为了适应这一转变，我们需要对传统的理论认知进行更新和转变，包括观念的改变和对整个理论体系及内容的重构等。逐步推动完成如此的转变，使我们能够更好地理解和应对当前经济形态的转换，把握未来的发展趋势。新质生产力与智创经济模式的崛起，能为我们建构一个物质富裕与精神富足并存并进的全新世界。以生产力中劳动者主体为逻辑主线，建构中国自主的经济学知识体系主要可沿三条线索展开：①深入解析和明确指出，新质生产力是科技进步与人文精神深度融合的、"虚实交融"的、先进的、现代化的生产力；②分析和厘清新质生产力与高质量发展、基本经济模态转换和中国式现代化建设之间的关联机理与内在逻辑；③初步刻画新经济模式的基本特征、主体构成、运行原理和坚定走中国式现代化建设的道路等。它为我们提出了更高的要求：重新审视基本经济发展模式及传统的理论知识体系，拥抱变化，以创造和适应新的经济形态。新质生产力和智创经济模式的形成与发展无疑是一个长期的过程，需要我们在实践中不断积累经验、发现问题、解决问题，认

---

① 《习近平在中国人民大学考察时强调 坚持党的领导传承红色基因扎根中国大地 走出一条建设中国特色世界一流大学新路》，新华网，2022 年 4 月 25 日。

识特征、探索规律，以开放的心态迎接新的挑战，勇敢地面对未知，以实现更大的发展。

新质生产力激发劳动者主体的内生动力、智慧和创造性，通过科创（尤其是颠覆性、重塑性的前沿技术）引领，实现要素的创新和优化组合，以全要素生产率大幅提升为核心标志，形成和发展过程中具有新思路、新产业、新业态、新动能和高质量、高效率等特征。因而，建构中国自主的经济学知识体系，必须坚持以马克思主义和习近平经济思想为指导，提炼和总结我国经济发展实践的规律性成果，秉持开放的学术态度，丰富研究方法和研究路径；必须紧紧围绕以人民为中心、以人为本，勇于创新地建构中国自主的经济学知识体系，阐释和亮明价值观基础，揭示社会主义市场经济的运行规律，积淀总结创新发展的动力和规律，能为指引实践、建立政策工具体系提供指引和支撑架构。从构成来讲，我国自主的经济学知识体系主要应包括基于科学认识我国经济实际的规律体系、累积和提炼基本范畴及厘清基本范畴与学术范式之间的逻辑关系，形成理论分析体系，进而搭建和上升为学科体系、学术体系、话语体系，以及理论紧密联系实际的方法论体系。

（二）服务于中国式现代化建设，建构自主的经济学知识体系

建构我国自主的经济学知识体系，以学术方式明确价值观和立场，深入把握经济运行规律，建立系统协调的政策工具体系，三方面（层次）相辅相成、相互衔接，缺一不可。学深悟透新发展理念和新质生产力是对社会主义经济发展规律的深化和精确认识，为将这三方面结合起来建构我国自主的经济学知识体系提供了科学指引，能更清楚地认识到其必要性、重要现实意义和深远历史意义；将经济实践中的参与主体、劳动主体、创新主体、受益主体等各类社会经济主体叠合为一体，扩展到用劳动主体来刻画基本行为特性，夯实根基，打通层层隔阻，增强理论的科学性、正确性、可行性与可信度。

从理论上来说，有了自主的经济学（人文社会科学）知识体系，就能更加坚定地走中国式现代化建设的道路，不断地自我改革和完善体制机制与制度，更好地凝练弘扬和创新中华文化，坚定"四个自信"，更加突出中国特色、中国风格、中国气派的鲜明的"中国式"。

以新质生产力概念为理论基础和勇于在实践中发展新动能，以新发展理念和高质量发展为指引和主线，以中国式现代化为宏伟愿景和理想目标，以及由现代科学分析方法和数智化手段来支撑保障，处理好概念范畴、理论内容的创新与体系集成和突显特色的关系，建构我国自主的经济学知识体系。随着实践探索的经验积累、凝练深化和不断发展中国特色社会主义政治经济学，将人民创造、劳动价值、命运共同体等与资源配置效率和均衡等概念对接、校准和融合，弄清中国经济的根本特点与基本形态特征、主次轻重和特色主导与一般辅从的关系，深培厚植和加快形成"虚实交融"的新质生产力，丰富其科学内涵，使其成为自主知识体系架构的主轴与理论主体框架，自主创立基础概念，自主选择高质量发展道路，促进实现中国式现代化这一我国全体人民的奋斗目标和共同愿景；进一步提升完善社会主义市场经济的基本制度体系、现代化产业和经济体系，宏微观贯通的精准调控体系和数字治理体系，增强新发展理念、新发展格局和高质量发展等概念创新的内在一致性，学好用好马克思主义和习近平新时代中国特色社会主义思想的世界观与方法论，深度思考、发掘和厘清我国经济运行的源头动力、深层潜力、体制架构、结构韧性、内在机理与底层逻辑，努力推动加快形成具有中国特色、中国风格、中国气派的经济学知识体系；坚持自主性和原创性，并积极主动学习和借鉴人类一切优秀文明成果，彰显中国立场、中国智慧与中国价值，以历史逻辑、实践逻辑、理论逻辑和价值逻辑及科技创新引领，与人文社会实践深度紧密融合的辩证统一，来建构和完善我国自主的经济学知识体系乃至人文社会科学体系。

　　传统意义上的生产力（物质生产力）主要是指与一定发展阶段相适应的生产和创造物质财富的社会生产力。而当今数字化（大数据）、云科技、区块链、移动通信、物智互联、VR（虚拟现实类）、元宇宙和AGI（通用人工智能类）等，虽然在科技表现形态上各有不同，但它们有共同的特征和指向，即由对人的身体器官的延伸、功能放大和辅助体能的物质生产力逐步转向更加重视释放和激发提升智能（慧）与创造的精神生产力，越来越注重以人（主体）的主导引领为中心和重心；当今高新科技的主要作用点由物质到心智或者说两者并重，核心价值和发展方向就在于此：酝酿、催生和创造出的虚实结合、数实融合、脑机对接、人机交互和强效协同，跨学科、跨界跨域跨时空跨形态的观念与理论方法的创新提升，以及产业融合升级的应用场景；太空遨游探索、粒子世界探秘、生命科学突破、时空穿越实现等，在延伸物理时空、增强产品使用的效能和便利性的同时，也在丰富着人的精神世界的想象力和创造力。新一轮科技革命正在酝造和推动产生一种"虚实交融"的新质生产力，能更畅通顺滑地对接实体世界与虚拟空间，相应地也必然会引起人们的观念转变和认知变革，有力促进建构我国自主的经济学乃至人文社会科学知识体系。

第三章　新型工业化的创新价值

乐正（南方科技大学教授，深圳市委副秘书长）

一、人工智能：新质生产力发展新赛道

深圳市人工智能行业协会相关数据显示，截至 2023 年底，我国人工智能产业在全球重要国家相关企业数量、全球重要国家顶级人工智能研究人员占比、人工智能初创企业融资情况、全球重要国家超高影响力公开人工智能项目贡献值这几方面综合实力排在世界第二位。人工智能企业总数在 2022 年就上升了 5%，占比超过 50%，人工智能领域就业人数占比也超过 50%。根据世界知识产权组织公布的数据，中国 2022 年在人工智能领域的国际专利是 29000 多件，远远超过美国、日本、韩国（美、日、韩分别排在第二、第三、第四位）。这个数量表明，当前我国人工智能的发展已远远超越了我们作为一个发展中国家的发展逻辑。

二、人工智能：新型工业化的主要角色

如上所述，我国在人工智能领域取得了显著的成绩，目前已经超过了欧洲和日本，正在赶超美国。在可以预见的未来，全力发展人工智能将会是重塑制造业，建设世界制造业强国的关键所在。

我国现在已经是制造业大国，但从全员劳动生产率的角度来看，与发达国家还有明显的差距。要缩小差距，人工智能是一个关键所在，它的发展对新型工业化会非常重要。

第一，人工智能将全面更新制造业的研发。随着 ChatGPT 和 GPT4、GM 等大模型相继发布，人工智能的研发设计能力和效率已经明显超过了传统人类的研发中心。几乎每个城市、每个行业，甚至一些重要的企业，都有自己的研发中心，但是这些研发中心可能要慢慢让步于人工智能，未来一流的研发设计将大部分由人工智能来完成。随着人工智能的快速普及和运用，在一定程度上来说，未来谁掌握了先进的人工智能大模型、拥有了超级算力，谁就拥有了先进制造业的研发设计能力。现在，我们的研发设计中心不光是要引进一些博士或者专家，可能核心还在 AI 方面的差距。

第二，人工智能具有更加优化的产业发展资源配置能力。人工智能的信息数据处理能力处于一个明显的绝对优势地位，将会提供更加多样的制造业资源配置方案和选择。比如，我们要搞一个新产品或者一项新技术，人工提供的方案可能有 3~5 个，但是人工智能可以提供更多甚至无穷多的方案选择，这是人工暂时做不到的。由于财务数据核算监管的刚性和透明性的优势，使得制造业在降低资源配置成本、营运控制方面也形成了新的竞争力，大幅提升企业经营决策的科学性和应变的能力。

第三，人工智能在生产流程方面将全面提升制造业生产效率和产品品质。AI 技术可以通过自动化的流程优化排程机器人系统、智能监控等方式来提升制造业的生产效率，提升生产线的运作速度和持续性。人类要正常上下班，但是人工智能不需要，所以它可以有效地避免生产过程中因为员工不规范行为所造成的错误，降低不合格产品的概率，使制造业真正变成标准化的制造业。

第四，人工智能将降低生产能耗，创造更加环保的绿色经济。通过使用 AI 技术，制造商可以实现更高效的能源利用，降低原材料和能源的成本以及能耗的同时，减少废物和污染物的产生排放，创造更加集约发展的绿色经济。

目前，人工智能已在全国纵深布局。从深圳的发展来讲，AI 和未来深圳的信息工业化直接对接。目前，深圳和香港捆绑在一起发展，在人工智能方面已经成为全国三大纵深之一。第一是北京，第二是上海，第三是粤港澳大湾区，主要是深圳和香港。香港高校的科技研发能力在世界上属于领先水平，所以在人工智能方面比较领先。深圳作为全国创新产业发展的领先城市，企业的创新能力很强，比如华为、腾讯、比亚迪、大疆等企业。目前，深圳有国家级的高新技术企业 23000 多家，高层次人才 2.4 万人。2022 年，深圳的企业研发投入为 1784 亿元，8 万个 5G 基站，深圳新成立的数据交易所发布了全球首个数据交易综合指数，交易所参与的主体已经达到 1423 个，累计完成交易 1207 项，这些都是新的要素。数据要素方面，跨境交易的数量和交易额在全国排第一位。目前，深圳已经聚合了 1920 家人工智能相关企业，数量上在全国排第二位，人工智能产业规模达到 2488 亿元，同比增长 32%。深圳打造了腾讯、平安、华为、商汤 4 个国家级人工智能创新平台，近四成规上企业实现了深度云上平台。402 家企业累计形成了专利 35.93 万件，特别是 PCT 国际专利，深圳处在领先地位。2023 年 5 月，深圳市政府印发了《深圳市加快推动人工智能高质量发展高水平应用行动方案（2023—2024 年）》。这个方案实操性是比较强的。同年 11 月，深圳启动了数字软生产产业联盟，赋能数字能源、智慧交通、数字医疗等新产业和新业态。

再看目前深圳的经济发展，包括香港，经济发展面临一个瓶颈问题。两座城市共同的特点是空间狭小，人口众多，人口密度过大，空间拓展不足。两座城市加起来约为 3092 平方公里，但是实际人口超过 3000 万，不利于制造业发展。因为制造业对空间与人力资本有刚性需求，所以这两点是深圳和香港的短板。未来，深圳和香港的新型工业化要想继续走在前面，靠传统制造业已经没有出路了，只能把希望寄托在人工智能上。人工智能将明显降低制造业对一般劳动力的需求，优化城市人口结构和空间结构。人工智能的支持能够降低制造业对城市绿色生态的负面影响，提升制造业的可持续竞争力。

近些年，深圳制造业不管是增加值还是总产值都跃居全国第一位。很多人都觉得不可理解，深圳这样一个"寸土寸金"的地方，没有空间，怎么能跃居制造业全国第一位？而且制造业地位能不能持续保持下去，也是一个现实问题。因为租金、人力等成本都高出国内其他制造业聚集区，要素成本太高，成为制约制造业发展的最大短板。就像美国现在重塑制造业，要素成本非常高是其中一个制约因素。所以未来深圳制造业只能走 AI 这条道路。另外，深圳和香港近些年仍然对年轻的创业者具有相当大的吸引力，但是如果按照国际科技创新中心这样一个发展目标来看，对高端人才的吸引力是远远不够的，特别是和世界一流的科技研发中心来比。未来的人才库不能完全靠人类，还要靠人工智能，所以就要不断地创造非人类的新智慧中心。

未来的算力中心是产业发展最好的智库，未来的研发中心和人才库、专家库不再单纯靠人类来组成，还需要 AI 算力来组成。所以国际上一些重要的媒体在展望全球发展新趋势、新变化和新亮点的时候，多在关注人工智能。加快形成新质生产力，在很大程度上取决于在人工智能方面的发展和应用，即我们进步的程度和我们领先的优势是否能确立起来。

第四章 大力推进农业现代化建设，加快形成农业新质生产力

尹成杰（原农业部副部长、国务院参事室特约研究员）

2023 年 9 月，习近平总书记在黑龙江考察时强调，要以发展现代化大农业为主攻方向，加快建设现代农业大基地、大企业、大产业，率先实现农业物质装备现代化、科技现代化、经营管理现代化、农业信息化、资源利用可持续化。[①] 这一重要论述深刻指明了发展现代大农业的根本任务，揭示了形成和发展农业先进生产力的重要任务和路径。按照中央的部署，到 2035 年要基本实现农业现代化，2050 年全面实现农业现代化。因此我们要以加快形成农业新质生产力为引领，大力推进农业现代化，这是形成和发展农业新质生产力的根本路径。

一、科技创新是加快形成农业新质生产力的强大动力

2023 年 9 月，习近平总书记在黑龙江考察时强调，整合科技创新资源，引领发展战略性新兴产业和未来产业，加快形成新质生产力。[②] 2023 年中央经济工作会议指出，以科技创新引领现代化产业体系建设，要以科技创新推动产业创新，特别是要以颠覆性技术和前沿技术催生新产业、新模式、新动能，发展先进生产力。这些重要的论述和部署，为新时代推进农业农村现代化建设，全面推进乡村振兴，加快建设农业强国，加快形成发展农业新质生

---

① ② 《习近平在黑龙江考察时强调：牢牢把握在国家发展大局中的战略定位 奋力开创黑龙江高质量发展新局面》，中国政府网，2023 年 9 月 8 日。

产力指明了方向，提出了新任务、新要求。

近些年，我国科技创新取得重大成就，为农业农村现代化建设提供了新动能新活力。当前我国农业农村物质技术装备切实加强，现代化建设取得可喜的成就。一是农业科技进步创新步伐加快。2023年我国农业科技进步贡献率达到了62.4%，科技已经成为农业农村发展的重要力量。二是高标准农田建设不断推进。截至2022年底，全国已建成高标准农田10亿亩，我们的耕地超过一半是高标准农田。三是粮食，特别是三大主粮优良品种覆盖率达到95%以上。四是农业机械化水平逐步提高，我国农作物耕种收储综合机械化率已经提高到70%以上。五是农产品精深加工产业不断发展。2022年，全国规模以上农产品加工企业产值已达到39万亿元，农产品加工转化率达到72%，农产品加工业产值与农业总产值之比达到2.52∶1。六是农业信息化加快推进。农村电商加快发展，现代农产品流通体系正在逐步形成。互联网、大数据、云计算、区块链现在成为农业农村发展的推动力量。七是农业农村基础设施建设不断加强。我们的乡村交通、通信设施、文化旅游、文体、娱乐、快递物流等基础设施建设的投入加大，农村的条件明显得到改善。

总体来看，我国正处在传统农业加快向现代农业转变时期，农业现代化进入了全面推进、梯次实现的新阶段。但是也应该看到，我国各地的资源禀赋不同，发展水平不一，农业农村仍然是发展不够充分、不够平衡的重点地区。我国农业发展的质量和竞争力还需要进一步提高。农业农村的发展仍然存在一些需要解决的问题。因此在新时代新征程，要以党的二十大精神为指导，以全面推进乡村振兴为抓手，以改革创新为动力，以加快形成农业新质生产力为引领来大力地推进农业农村现代化建设。一是要坚持新的发展理念。牢固树立创新、协调、绿色、开放、共享的新发展理念，坚持"绿水青山就是金山银山"的理念，坚持发展产业化、产业生态化。二是加快推进农业科技进步创新。要把农业科技创新摆在更加突出的位置，特别是要强化数字技术和生物技术的创新与应用。三是要以科技创新引领农业农村现代化，与乡村振兴和建设农业强国深度融合。四是要加快打造创新型的人才队伍。充分发挥科学院所和大专院校的作用，围绕重大技术和重点领域、关键环节开展科研攻关。五是制定支持农业科技创新应用的政策措施，调动科技人员开展创新的积极性和创造性。

二、推进农业现代化是形成农业新质生产力的关键

农业机械及装备的现代化、智能化是农业新质生产力的重要组成部分。目前我国已成为世界上农机生产的大国，农机的装备总量接近 2 亿台，总动力达到 10.78 亿千瓦，全国农作物耕种收机械化率达到 72% 以上。实际上现在每年有 60 多万台联合收割机、80 多万名农机手、6100 多万支农机应急作业服务队，抢天夺时奋战在麦收的第一线，机械化的收获占比已经超过 99%。

一是新时代农业机械化的发展，要大力推进我国农机装备和农业机械化的转型升级。要加快高端农机装备和丘陵山区瓜果蔬菜生产、高端水产养殖等农机装备的生产研发和推广应用，还要大力提升渔业自动化水平。要促进农机农艺的融合，积极推进作物育种、栽培技术机械化装备集成配套，还要加快主要农作物生产全程机械化，提高机械化和机械智能化的水平。特别是还要加快建设主要农作物生产全过程机械化示范县，推动装备品种栽培与信息化技术集成配套，构建全过程的机械化技术体系，提升劳动过程机械化生产经营的现代化水平。

二是要加快推进农业信息化。以数字技术等现代信息技术，赋能农业农村现代化，加快发展形成农业新质生产力的有利市场。要大力发展智慧农业、数字农业、数字乡村，应用互联网、大数据、云计算、区块链等，发展数字产业，制定数字农业农村发展规划，建设数字产业园，应用智慧养殖、智慧

农机等，推动电子化交易，开展农业物联网应用示范县和农业互联网应用示范基地的建设。全面推进农村信息化建设的改造升级，加强智慧农业技术与装备研发，加大农业数字技术的应用力度。

三是基于卫星遥感、航空无人机、田间观测等一体化农业遥感应用技术，加快发展数字技术现代化的农业领军企业、智能养殖企业，推进企业集规模化、自动化、数字化于一体综合发展，并建立健全数字化农产品加工业和流通体系。

四是要加快推进农业产业现代化。要以科技创新引领产业全面振兴，依托特色农业资源，向农业的多种功能拓展、乡村多元价值挖掘要效益，向一二三产业融合发展要效益。产业振兴既是乡村振兴的基础，又是形成农业新质生产力的基础。要加快构建现代乡村产业体系，加快发展特色农业产业。2023 年中央一号文件强调，要继续支持创建农业产业强镇、现代化农业产业园、优势特色产业集群，支持国家农村产业融合发展示范园的建设。同时强调，要加快建设现代农业全产业链标准体系，推动新型农业经营主体标准化生产。要立足县和城镇特色发展特色农产品产业，发展农产品产地加工建设的农业产业强镇、现代化农业产业园、优势特色产业集群，来推动公益性的农产品市场和农产品流通体系的网络建设。要推进农村一二三产业的融合发展，把农业现代化的产业发展作为推进农业现代化的一个重要抓手，推进农业的全产业体系现代化建设。同时要大力开展优势特色农产品产业集群建设，打造各具特色的农业全产业链，培育一批产值超亿元的区域优势特色农业产业集群，推进"一村一品""一镇一策""一县一业"的发展，特别要做强一批世界有名的中国特色农产品及其产业的优势区，大力推动农村一二三产业融合发展。

五是要加快推进农业的良种化。要推进现代种业提升工程，种子是农业的基础，建立健全现代种业是推进农业现代化的重要物质技术支撑，也是形成农业新质生产力的核心要素。中央将种业的发展作为"十四五"农业科技攻关和农业农村现代化的重点任务，要推进种业高质量发展，打赢种业的翻身仗，加强农业种质资源的保护开发利用，加快第三次农作物种质资源和畜禽资源调查收集成果的整理与应用，加强国家农作物、畜禽和海洋渔业生产。总之，我们要加强发展植物种质资源、畜禽种质资源、微生物种质资源和海洋渔业种质资源4大资源库的建设，对育种基础性研究以及重点育种项目给予长期稳定的支持，加快实施农业生物育种的重大科技项目，深入实施农作物和畜禽良种联合攻关。同时要实施新一轮畜禽遗传育种计划和现代种业的提升工程，有序推进生物育种产业的发展和应用，支持种业的龙头企业建立健全商业化运输体系。加强制种基地和良种繁育体系建设。进一步研究落实重大品种研发推广政策，促进育繁种一体化发展。

六是要加快推进农业科技现代化，大力推进农业科技创新应用。这是加快形成农业新质生产力的重要关键环节，农业科技创新是农业新质生产力发展的原动力，要以数字技术、生物技术赋能农业科技，推进育种、植保栽培、水利管理、加工、肥料、防疫等农业技术创新应用，提高农业现代化的水平。同时要大力推进农业技术的集成化应用。现代农业建设对农业技术应用提出了新的要求和新的任务，所以我们要根据现代农业发展的需要，推进各项技术应用的集成化、集约化，提升各项技术应用的加成效应，增加现代农业的科技含量。比如，要把农业多种技术组装化应用，因地制宜地选择出适合当地产业发展的技术路径，联合组装实施应用，促进农机技术与农艺技术统筹结合，提高适应度，实行水肥一体化技术发展。通过水肥改良实施技术推进，做到农作物田间管理精细化。还要实行农作物病虫害技术防控，通过提高工作效率来统一预防、统一防控、统一监测、统一指导，利用无人机技术来防控病虫害，充分利用现代各类技术资源来推进农业现代化。

七是要加快推进农业生产性服务的社会化。党的二十大报告指出，要发展新型的农业经营主体和社会化服务，构建农业生产性社会化服务体系是解决"谁来种地""怎么种好地"问题的重大举措。这是推进农业农村现代化生产要素应用的重要载体，也是形成农业新质生产力的重头戏。所以，要加快发展农业专业化、社会化的服务组织，将先进实用的品种投入技术装备，强化县域综合服务能力，把乡镇建设成服务农民的区域中心。通过建立健全农业深化服务体系，来大力发展土地托管、代耕代种、联耕联种等农业托管模式，为新型农业经营主体和小农户提供农业生产全程或关键环节的服务，促进农业的经营规模化、品牌化、机械化、专业化发展。提高小农户加入现代农业的能力，发挥生产性服务体系带动乡村产业发展的作用。当前和今后要大力推进农业社会化服务产业的发展，把农业社会化服务体系办成大的产业，为农业农村现代化提供有力支撑。

八是要坚持实行农业资源利用可持续化。坚持"两山"理念，坚持绿色低碳循环发展，保护和节约农业资源，是形成和发展农业新质生产力的重要特征。要坚持山水林田湖草沙一体化保护和系统治理，调整优化农业结构和产业结构，加快农业发展方式的绿色转型。走绿色低碳、循环高效的现代农业发展之路，以现代科技为支撑，统筹推进科技农业、绿色农业、质量农业、品牌农业建设。实施全面节约战略，推进农业资源的节约集约利用。农业资源要减量化、循环化、再利用。要加大对耕地、淡水等农业资源的保护力度，严防滥占滥用。要认真实行藏粮于地、藏粮于技战略，严守18亿亩耕地红线，要实行生物多样性保护工程，推进草原、森林、河流、湖泊、湿地休养生息，健全耕地休耕轮作制度，调动保护和节约资源的积极性。

九是要加快推进农业经营管理精准化科学管理。这是形成农业新质生产力的重要保证。要以数字技术赋能农业经营管理，转变农业经营管理方式，对农业及其产业实行精准化管理，提高管理决策水平——由经验型决策向智慧智能型决策转变，由粗放型治理向集约型治理转变，由单环节管理向全产业链管理转变。

十是要大力推进农业科技创新与应用。创新是引领发展的第一动力。加快形成农业新质生产力，必须以创新驱动发展战略为指导，加快农业科技创新、发展与应用。加强农业科技成果的转化，以科技创新为引领，注入发展新动能，生成新业态。

第一，要深入实施创新驱动发展战略，提高农业科技自主创新的水平和成果的转化能力。要依托农业科技创新，拓展农业发展的空间，注入农业发展新动能，促进农业发展转型升级，奋进新时代新征程，推动农业发展动力变革、质量变革、效率变革。第二，要以农业科技体制改革为动力，深化农业科技体制改革，建立健全科学公正高效的项目人才评价机制，制定和完善激励创新人才和创新技术发挥作用的政策措施，大力培育农业科技创新主体，优化各类科技要素配置，大力加强农业的基础性研究，大力推动前瞻性基础研究和原创性重大成果突破。第三，要创设扶持农业科技创新的政策措施。用政策促进科技创新，以科技创新引领乡村产业和农业振兴。要大力培育具有国际竞争力的农业高新技术产业，支持各类社会资本参与农业科技创新应用，加快建设一批国家农业高新技术示范区、科技园，用政策吸引企业向示范园区集聚，以发展农业高新技术来带动农业产业，构建现代化乡村产业体系，打造高端农业全产业链。第四，加快农业科技成果转化应用。加强农业科技成果的转化应用，实施重大农业核心技术攻关行动，大力推进生物育种、智能装备、绿色技术、高新产业、多元食物开发等领域的自主创新与转化应用。强化企业技术创新主体地位，充分发挥涉农企业在农业科技创新中的作用，建立健全农业科技成果产权制度。第五，打造设施农业科技创新应用新高地。设施农业是现代农业的标志之一，是现代农业科技创新应用的载体。以特色农业为平台，加快推进农业科技成果的集成化创新应用，把数字农业区建设成为我国农业科技创新应用的示范新高地。第六，要建立健全基层农业科技推广体系，创新公益性农业科技推广体系，服务新业态、新模式。制定有力政策，大力支持新型农业经营主体、农业产业化龙头企业、社会化服务组织等各类力量，参与农业科技创新的推广和应用。

第五章　新质生产力推动生物产业高质量发展[①]

高福（中国科学院院士、中华医学会副会长、中国生物工程学会理事长）

理论来源于实践并指导实践，这是马克思主义的基本观点。进入新时代以来，党中央全面贯彻新发展理念，作出一系列重大决策部署，推动高质量发展成为全党全社会的共识和自觉行动。在实践过程中，我们取得了一系列的突出成绩，也面临一系列或新或旧的制约。"新质生产力"这一富有时代气息的重要概念，是对马克思主义生产力理论的坚持和发展，更是对新时代以来高质量发展实践的深刻总结，为进一步推动高质量发展提供了强有力的理论指导。

当前，各界有关新质生产力的讨论如火如荼，各地培育壮大新质生产力的实践更是百花齐放。新质生产力日益展示出对高质量发展的强劲推动力、支撑力。本章主要围绕生物产业发展方面提出我们团队在基础研究和应用研究方面的探索与思考，希望能够抛砖引玉，为促进新质生产力的探索添砖加瓦。

习近平总书记指出，绿色发展是高质量发展的底色，新质生产力本身就是绿色生产力[②]。生物产业天然带有绿色属性，与人民生命健康息息相关，与生态环境保护息息相关，是"绿水青山就是金山银山"理念的天然践行者。在全球科技创新空前密集活跃的今天，我们迎来了世界新一轮科技革命和产

[①] 本文在《中国科技产业》"院士专论"的基础上写作完成。

[②] 《习近平在中共中央政治局第十一次集体学习时强调：加快发展新质生产力 扎实推进高质量发展》，中国政府网，2024年2月1日。

业变革同我国转变发展方式的历史性交汇期，既面临千载难逢的历史机遇，又面临差距拉大的严峻挑战。生物产业作为蓬勃发展的战略性新兴产业，更应该积极培育壮大新质生产力，以"新"提"质"、以"质"焕"新"，打造新引擎，开辟新赛道，以科技创新推动产业创新，不断塑造发展新动能新优势，推动产业加快实现由大转强，为发展国民经济与增进人民福祉作出新的更大贡献。

新质生产力的特点是创新，关键在质优。要坚持创新引领，着力提高原始创新能力，实现更多从"0"到"1"的突破；更要坚持需求导向，深化产学研用融合，打破"书架"到"货架"的壁垒，以基础研究助力应用研发，推动生物产业高质量发展。

一、我国生物产业方兴未艾

生物产业一直受到国家高度重视，自 2010 年被纳入战略性新兴产业，发展进入快车道，规模不断扩大，产业体系日趋完善，形成了"研发—制造—应用"的完整链条。在基础研究方面，涌现出非人灵长类动物体细胞核克隆、淀粉人工合成、分子模块育种等一系列原创性突破；在科研成果转化落地方面，取得了推广种植"中科 804""中科 902"等作物新品种，建成全球第一条成功运行的生物基戊二胺及尼龙生产线等一系列关乎国计民生的重要成果。

2020 年以来，我国的生物产业经历了一场始料未及的"大考"，面对突如其来的新冠疫情，学界与业界的广大研究者积极响应习近平总书记"为打赢疫情防控人民战争、总体战、阻击战提供强大科技支撑"的号召[①]，全力以赴、争分夺秒，坚持向科学要答案、要方法，五种疫苗技术路线齐头并进，

---

① 《习近平：为打赢疫情防控阻击战提供强大科技支撑》，中国政府网，2020 年 3 月 15 日。

检测试剂、抗体药等多个方向迅速取得进展。全球首个治疗性单克隆抗体、首款重组蛋白亚单位疫苗等重要成果相继问世并迅速落地应用，有力支援了抗疫斗争，也展示出产学研密切协作、紧密结合的强大战斗力。

中国科学院微生物所团队自成立以来，始终坚持面向世界科技前沿、面向经济主战场、面向国家重大需求、面向人民生命健康，奋战在疾病防控与公共卫生的第一线。团队坚持从"书架"到"货架"，以结构生物学和病毒与免疫学的基础研究引领疫苗研发的应用研究，与产业界密切协作，紧密配合，以"甘坐冷板凳"的精神久久为功，厚积薄发，开发了多种重要防控产品，有力支援了国家的疫情防控工作。团队从2014年着手MERS冠状病毒疫苗的研发，探索出了结构指导下的受体结合域（RBD）二聚体的创新型疫苗设计理念，并在新冠疫情暴发后迅速应用于新冠疫苗的研发之中，在获得病毒序列60天内开发出蛋白亚单位候选疫苗，并与安徽智飞龙科马生物制药有限公司联合推出全球首个获批使用的新冠病毒重组蛋白亚单位疫苗（ZF2001），在我国与乌兹别克斯坦等多国共完成超过3亿剂次接种。针对新冠病毒变异株不断涌现的情况，团队进一步应用了RBD嵌合二聚体的概念，以此策略开发迭代的二代、三代新冠疫苗陆续在我国与乌兹别克斯坦获批开展临床试验。此外，团队还自主或联合开发了新型mRNA疫苗、病毒载体新型冠状病毒疫苗（AdC7-IMCASnCoV）、流感与新冠嵌合抗原疫苗等产品并推动临床开发。另外，团队针对其他重要病原体，开发了寨卡病毒疫苗、猴痘重组蛋白疫苗、猴痘mRNA疫苗等候选疫苗并与相关企业合作进行临床开发。

在抗体领域，团队成功建立人源化抗体快速研发平台，大幅提升了针对新发再发传染病的响应速度，成功获得了多种寨卡病毒中和抗体、裂谷热病毒中和抗体、流感病毒广谱中和抗体、黄热病毒中和抗体等。新冠疫情暴发初期，团队基于快速研发平台迅速从康复患者体内筛选到多株特异性人源单克隆抗体，并与上海君实生物医药科技股份有限公司、美国礼来公司合作开发 CB6（JS016，LY-CoV016，英文名：Etesevimab）抗体，成为全球首个在健康人体上开展临床试验的新冠抗体药物。礼来公司进一步开发的 Etesevimab 和 Bamlanivimab 联合疗法获得了美国、意大利等 17 个国家的紧急使用授权，全球销售近 100 万剂。此外，团队还在解析肿瘤免疫检查点抗体药物的作用机制基础上开发了多款具有肿瘤抑制活性的人源化 PD-1 抗体，并获批临床试验。

在探索的过程中，我们也越发深刻地感受到，在一系列成绩的背后，我国生物领域原始创新能力不强、关键核心技术受制于人等问题依然在制约我国生物产业的发展，创新资源布局重复分散、尚无具有引领作用的龙头骨干企业的局面没有改变，抗体药物偶联物（Antibody-Drug Conjugate，ADC）、mRNA 疫苗等前沿重要领域的研发和应用情况与世界先进水平尚有一定距离。培育壮大新质生产力、推动生物产业跨越式发展仍然任重道远。

二、坚持创新引领，实现创新能力从点的突破迈向系统提升

习近平总书记指出，科技创新能够催生新产业、新模式、新动能，是发展新质生产力的核心要素[1]。原创性、颠覆性的科学发现和技术突破往往能带动下游的众多领域，为产业发展注入新动能。必须坚持培养创新人才，强化创新骨干，调动创新资源，实现创新能力从点的突破迈向系统提升。

一是培养造就创新人才，建立与新质生产力发展相匹配的劳动者队伍。党的二十大报告强调，人才是第一资源。人是生产力中最活跃、最具决定意义的因素，发展新质生产力，需要能够创造新质生产力的战略人才，包括在颠覆性科学研究和技术创造方面取得重大突破的顶尖科技人才，在基础研究

---

[1] 《习近平：发展新质生产力是推动高质量发展的内在要求和重要着力点》，中国政府网，2024年5月31日。

和关键核心技术领域作出突出贡献的一流科技领军人才，以及活跃在业界，推动科技成果落地转化的应用型人才。要持续深入"破五唯"，健全以创新能力、质量、实效、贡献为导向的科技人才评价体系，选拔出富有创造力和进取精神的优秀人才。针对基础研究高投入、高风险、周期长等特点，长期稳定支持一批创新基地、优势团队和重点方向，积极探索完善新型举国体制，健全"揭榜挂帅"等项目管理新制度，打通研究人员"捆手脚"的痛点。要积极探索教育体制改革，扭转"重科研、轻教学"的导向，鼓励一线科学家将前沿进展带入课堂，同时鼓励高校企业联合培养复合型人才，建立起强大的青年人才后备军，为新质生产力的发展提供持续的人才支撑。

二是强化国家战略科技力量的骨干引领作用。目前，我国创新资源仍存在低水平重复建设的问题，"项目多如牛毛，成果满地鸡毛"的情况不时出现。要坚持"四个面向"，前瞻布局未来产业，集中组织生物产业前沿和共性领域攻关，抢占 mRNA 疫苗、AI 与生物技术结合等产业变革制高点，以重大创新为引领，"以点带面"提升相关领域整体研究应用水平。

三是大力推进生物技术（Biotechnology，BT）与信息技术（Information Technology，IT）的结合，特别是生物技术与人工智能（AI）的结合。随着机器学习的飞速发展和广泛应用，正在且必将持续在整个生物产业引起广泛而深刻的变革。本团队曾与洛桑理工学院、牛津大学合作，开发了一种利用蛋白质表面特征指纹图谱的机器学习方法并从头设计出与癌症免疫治疗靶标（PD-1、PD-L1、CTLA-4）或新冠病毒靶标（S 蛋白）高效结合的全新蛋白。这一成果展现出 AI 设计蛋白质在辅助药物设计、破解反摩尔定律中的广阔前景。可以看到，随着生命科学研究走向深入和数据共享体系的建立，研究的瓶颈将逐渐从"数据积累"转向"数据分析 / 挖掘"，庞大的公共数据将成为原创性、颠覆性发现的"宝库"，对其的挖掘与处理将成为引领高效科研的关键。因此，生物学家与 AI 专家如何紧密合作，开发出能够准确理解和模拟生物学功能的算法将会是生物学迈上新台阶的关键。但这并不意味着生物学家之后都要从实验室转移到机房。一方面，AI 的模拟结果是否可靠终究仍要由生物学实验进行检验，例如"横空出世"的 AlphaFold，在预测复合物结构或尚未有同源序列得到解析的氨基酸片断时其准确性并不能让人满意；另一方面，在一些细分领域，现有的实验数据量不足以支撑起 AI 的训练，此前本团队曾试图利用机器学习从头设计高效 T 细胞受体，但由于现有结构数据不足，只得作罢。AI 三大要素：算法、算力、数据，缺一不可。充足可靠的数据是 AI 技术的根基。因此，在可预见的将来，BT 与 IT 将仍然呈现齐头并进，相互之间取长补短的局面，不可偏废。

四是扎实推进国际合作，用好全球创新资源。自立自强不是"闭门造车"，而是更加开放地融入国际创新体系。坚持自主创新与开放创新协同共进，在开放环境下大力推进自主创新，加快建设具有全球竞争力的开放创新生态。实施更加开放包容、互惠共享的国际科技合作战略，坚持"走出去""引进来"并重，在开放合作中提升自身科技创新能力，鼓励企业"出海"参与学术交流。探索建立与国际接轨的全球人才招聘制度，加大国家科技计划对外开放力度，鼓励在华外资企业、外籍科学技术人员等承担和参与科技计划项目，为全球各类人才搭建干事创业的平台。

三、深化产学研用融合，着力推动生物产业高质量发展

战略性新兴产业和未来产业是新质生产力的主要载体。一切"书架"上的成果，归根结底要落地转化，摆上"货架"才能切实增进人民福祉。细数近年来诺贝尔生理学或医学奖和化学奖的成就，很多都与技术应用密不可分，产学研用的零距离为我们提供了广阔的发展空间。但也要看到，目前我国生物企业的创新能力与世界先进水平尚有差距，科研、生产设备等上游关键领

域仍存在"卡脖子"的现象。要优化产学研用协同模式，构建起龙头企业牵头、高校院所支撑、各创新主体相互协同的创新联合体，加快科技成果向现实生产力转化。

一是构建以企业为主体的创新体系，推动产学研用深度融合。企业直面市场竞争，有着研发新技术新产品、提高自身竞争力的现实需求和充足动力。2022年，规模以上医药工业企业中，研发投入强度在10%以上的企业不断增多，代表性的大型药企创新药收入贡献占比接近40%，都体现出企业的蓬勃活力和壮大新质生产力主力军的地位。要鼓励高校与研究机构和企业深度合作，以重大科技项目为纽带，以产学研联盟为载体，以关键性突破促进产业结构转型升级。要做大做强一批产业关联度大、国际竞争力强的龙头骨干企业和具有产业链控制力的生态主导型企业，培育一批专精特新的"小巨人"企业和"单项冠军"企业。

二是扎实推进体制机制创新，优化协同模式，推动更高水平的生产力要素协同匹配。生产关系必须与生产力发展要求相适应，新质生产力需要新型的生产关系。要用好政策支持这只"有形的手"，科学引导产业组织和产业形态变革调整，打造完整产业链条，提高全要素生产率。要鼓励龙头企业牵头组建创新联合体，集聚产学研用资源，体系化推进重点领域技术攻关，推动生产组织方式向平台化、网络化和生态化转型，构建起大中小企业融通发展、产业链上下游协同创新的生态体系。同时，要深化经济体制、科技体制等改革，着力打通束缚新质生产力发展的堵点卡点，让各类先进优质生产要素向发展新质生产力顺畅流动。

三是因地制宜，科学把握"抢位发展"与"错位发展"的辩证关系。抢位发展，就是要"敢"字当头，积极进取，抢抓产业变革机遇；错位发展，就是坚持因地制宜，有选择、有侧重地推动新产业发展。要立足自身产业基础和科研条件，加强科学规划和论证，发挥"比较优势"，实现"人无我有、人有我优、人优我转"的错位发展。同时，在自身优势领域要积极进取，敢打硬仗，努力做出开创性、颠覆性的成果，抢夺高质量发展的主动权。

解放和发展生产力是社会主义的本质要求。新质生产力作为先进的生产力，是生产力中最具有活力、牵引力、竞争力的部分。今天，我国已进入创新型国家行列，一些前沿领域开始进入并跑、领跑阶段，科技实力正在从量的积累迈向质的飞跃，完全有能力，更有责任抓住培育生物新产业的重大历史机遇。但同时必须认识到，我们仍有许多"卡脖子"的现实问题需要解决，更有人才创新思维的"卡脑子"问题迫在眉睫，唯有突破管理不畅的"捆手脚"难题，才能迈上新的台阶。广阔天地，大有可为。学界业界要携手共进，"斗罢艰险又出发"，解决"卡脖子、卡脑子、捆手脚"问题，既要让原创性的研究摆上"书架"，拓展人类的知识边界；更要把"书架"上的成果摆上"货架"，切实推动生物产业高质量发展。

第六章　加快构建催生新质生产力的
税收激励机制

许正中（中共中央党校经济学教研部副主任、教授）

新质生产力理论是习近平经济思想的重要组成部分，是习近平总书记站在从工业经济转向数字经济的第二次质的突变期（人类第一次质的突变期是发生在 1776 年左右从农业经济向工业经济的跃迁）提出的革命性理论。新质生产力作为一种先进的生产力质态，是构建数字社会新质生产关系、新型经济基础和上层建筑的根基与底座。马克思强调，物质生活的生产方式制约着整个社会生活、政治生活和精神生活的过程[①]。在经济学说史上第一次提出生产力概念的是法国经济学家魁奈，他在其代表性著作《谷物论》中，从重农主义的立场出发，提出"大人口和大财富，可以使生产力得到更高的发挥"[②]，他的"生产力"是土地生产力理论。亚当·斯密在"分工"的条件下引进了生产力概念，提出了"劳动生产力"概念。"劳动生产力上最大的增进，以及运用劳动时所表现的更大的熟练、技巧和判断力，似乎都是分工的结果"[③]。马克思在亚当·斯密的基础上，将劳动生产力进行了更进一步的划分，分为了劳动的"社会生产力"和"自然生产力"，他指出"劳动的自然生产力，即劳动在无机界发现的生产力，和劳动的社会生产力一样，表现为资本的生产力"[④]。与此同时，马克思又从劳动过程出发，对生产力的构成要

---

① 　马克思、恩格斯：《马克思恩格斯文集（第二卷）》，人民出版社 2009 年版。
② 　魁奈：《魁奈经济著作选集》，商务印书馆 1981 年版。
③ 　亚当·斯密：《国民财富的性质和原因的研究（上卷）》，商务印书馆 1972 年版。
④ 　马克思、恩格斯：《马克思恩格斯全集（第 26 卷）》，人民出版社 2016 年版。

素进行了分析，他认为，生产力的要素主要包括劳动者、劳动对象和劳动资料[1]，并揭示了科学技术对生产力发展的巨大推动作用，"是历史的有力的杠杆""是最高意义上的革命力量"[2]。

2024年1月31日，习近平总书记在中共中央政治局第十一次集体学习中对新质生产力理论进行了系统的理论阐述：新质生产力是由技术革命性突破、生产要素创新性配置、产业深度转型升级而催生，以劳动者、劳动资料、劳动对象及其优化组合的跃升为基本内涵，以全要素生产率大幅提升为核心标志，特点是创新，关键在质优，本质是先进生产力[3]。习近平总书记对发展新质生产力作出的一系列新要求、新阐释和新部署，对加快构建催生新质生产力税收激励机制，催生未来产业，扩容发展新质生产力，在激烈的国际竞争中掌握先导权，推动中华民族伟大复兴有着重要意义。

一、催生新质生产力的税收激励机理研究

新质生产力的核心就是通过新创意、新技术和新技能等对生产所需要的诸多要素进行新的组合，生产出新的产品和服务，进而不断演化出新的产业，带来新的经济增长效应。从新质生产力赋能产业创新的维度来看，未来产业重在产业模式创新，战略性新兴产业主要是商业模式创新，传统产业则侧重于盈利模式创新。抓住产业创新的关键特征，深入分析税收激励机制对于催生新质生产力的作用机理，能够进一步释放创新潜能，推动经济高质量发展。

首先，技术革命性突破需要更加丰富的税收政策激励。颠覆性技术创新

---

[1] 马克思、恩格斯：《马克思恩格斯文集（第五卷）》，人民出版社2009年版。
[2] 马克思、恩格斯：《马克思恩格斯全集（第19卷）》，人民出版社1963年版。
[3] 《习近平在中共中央政治局第十一次集体学习时强调：加快发展新质生产力 扎实推进高质量发展》，中国政府网，2024年2月1日。

往往具有研发周期长、资金投入量大、风险性高等特点，为缓解新质生产力的挖掘者在科技创新和产业创新活动中面临的高风险、高投资等压力，税务部门可以通过多种方式和途径对创业者的创新活动进行激励或补偿，不仅能在培育、吸引高素质人才从事新技术开发上发挥激励作用，还可以引导市场主体通过改造流程、升级设备等手段形成高品质生产资料，正向激励各种科技创新活动。例如，通过税收支出鼓励社会资本投向未来技术，满足企业原创者对资金的要求，落实相关的税收优惠政策以降低研发成本、制定有效的防范涉税风险服务等。

其次，要素创新性配置需要更加优良的税收环境加持。习近平总书记强调，要着力打通束缚新质生产力发展的堵点卡点，建立高标准市场体系，创新生产要素配置方式，让各类先进优质生产要素向发展新质生产力顺畅流动[1]。税收环境是营商环境的关键，为吸引社会资源实现高水平的技术投入，提高要素供需匹配的效率，需要税务部门打造市场化、法治化、国际化税收营商环境，畅通要素流通、维护市场秩序、弥补市场失灵，通过更加精细的服务、精确的执法、包容性的精准监管，使要素资源配置更加高效，为新质生产力形成和发展提供良好的创新营商环境。

最后，完善的税收制度是新型生产关系的重要组成部分和关键支撑要素。习近平总书记指出，发展新质生产力，必须进一步全面深化改革，形成与之相适应的新型生产关系[2]。持续优化税制结构，健全社会保障体系，改进要素参与收入分配机制，维护分配公平，激发劳动力、技术、资本、数据等生产要素活力，使新的生产关系与升级后的物质技术基础相适应[3]。

新质生产力的税收激励机制系统具有资源整合、兼容历史、动态融合、

①② 《习近平在中共中央政治局第十一次集体学习时强调：加快发展新质生产力 扎实推进高质量发展》，中国政府网，2024 年 2 月 1 日。

③ 《从三个视角认识税收赋能新质生产力发展》，中国税网，2024 年 4 月 9 日。

迭代创新、服务支撑体系的功能。在资源整合方面，税收激励机制不仅可以将各类创新要素和生产要素催生成原创产品和服务，也可以将生产过程中所需要的各种资源和要素进行重新整合，实现资源的优化配置，提高资源的利用效率，降低单个市场主体的创新风险，为产业的创新和发展提供有力支持。在兼容历史方面，税收激励机制在推动新质生产力和产业创新的过程中，能通过吸取和利用历史积累的经验和资源，避免重复劳动和资源浪费，实现有机的延续和发展，平稳地推进新质生产力。在动态融合方面，税收激励机制中的不同组织、技术、人才和资源可以灵活结合，形成新的协同效应，通过打破边界，使资源和技术得到更好的配置和利用。在迭代创新方面，税收激励机制鼓励创新的持续迭代和演进，支持通过不断试错和改进形成循环反馈，推动创新能力和竞争力不断提升。在服务支撑体系方面，税收激励机制鼓励建立完善的服务支撑体系，为创新者提供必要的支持和资源，包括提供理念支撑、技术支持、资金支持、政策支持等，帮助解决问题、提供指导。

二、深刻挖掘产业变革的历史演变规律

18世纪末19世纪初，第一次产业革命即工业革命，实现了从以农业为主导向以工业为主导的人类第一次质的突变性社会变革。从原生理念来看，企业家精神引导和支撑了这个时期的创新。我造物故我在，在人造物活动中必然渗透着造物者的思维活动。瓦特制作了蒸汽机发动机模型并首先得到了约翰·罗巴克的投资，后期罗巴克企业破产之后将股份转让给了企业家马修·博尔顿，博尔顿帮助瓦特延长了专利并持续不断地进行投资，若瓦特在技术改良后没有得到相应的投资，瓦特蒸汽机的设计、生产、应用等都有可能受到阻碍。在技术发明家和企业家精神共同作用下，推动了蒸汽机的生产与应用，带动了产业创新，并将其拓展至其他行业，为几乎所有行业提供动

力，催生了人类第一次新质生产力的大爆发。从关键核心共性技术来看，蒸汽机的发明和应用引领社会由手工人力进入机械化时代，由此开启世界工业化发展的历史，实现了新旧动能的根本性转换。从实体底座来看，工厂制度的确立是第一次产业创新中重要的制度支撑。工业革命推动了机器化大生产对传统手工业的替代，工厂生产的规模化，使得分工协作的生产效率大幅提升，由此催生出了与机器化大生产相适应的现代管理制度——工厂制度。从产业生态培育机制、产业结构和组织形式来看，工厂之间的关联效应逐渐明显，新产品和服务成为越来越重要的税基。可以看出，产业革命的过程既是税收激励机制新范式形成的过程，也是税收激励机制新范式促进新质生产力和新质生产关系形成的过程。

19世纪后期到20世纪初，第二次产业革命带动了电力、石油等能源产业和化学工业的发展。从原生理念来看，科学思想的武装和新技术的应用发挥了关键作用。在认知上，"工程的默会知识形式"与"工程的显性知识形式"之间出现了可以更快相互转化以及更深刻相互渗透的关系，企业家们开始重视通过研究和实验获取新的知识，新的科学知识帮助企业家们理解和解决生产中的问题，寻求更好的生产方法和工艺，以科学应用提高技术和竞争力日益成为企业家的选择。从实体底座来看，一是数学、物理、化学、生物等基础领域和学科的发展，为工业和技术创新提供了坚实的科学理论基础，例如，化学的发展带来了新的材料和对化学反应的理解，物理学的进步促使电力、光学等领域的技术革命；二是现代教育的兴起源源不断提供人才支撑，大学、职业学校和研究机构成为培养人才和传播知识的重要场所；三是企业、实验室、大学成为创新的新主体，企业通过投资研发和技术创新来提高竞争力，实验室推动了科学研究和技术应用，大学在教育培训和研究方面发挥了重要作用，这些不同类型的组织相互合作，促进了创新的发展。从产业生态的培育来看，钢铁产业、汽车产业等各种新产业新业态呈现爆发性增长，带动了产业组织形态的快速更新和变革。

20 世纪中叶至今，第三次工业革命以信息技术为核心，实现了信息技术爆发式发展，计算机、互联网、移动通信等关键信息技术创新迅速崭露头角，创新成为经济增长的重要引擎。从原生理念来看，第三次工业革命是一场信息引领的产业创新，产学研用深度融合是创新的新特征。以往很多工程与公众之间保持着"谨慎"的疏离，而本次产业原创提升了公众的工程认知和工程的公众参与度。从实体底座来看，先进的基础设施和充足的物质资源为产业创新发展提供了硬件基础。一方面，高速互联网、通信网络和移动设备的普及为数据传输、信息共享和数字化创新提供了必要的基础，充足的能源供应和稳定的电力基础设施保障了生产的可持续进行，自动化生产线、现代化工厂和高效的制造工具加速了产品的研发、制造和推向市场，原材料、能源和其他物质资源的充足性，形成了产业链网络；另一方面，互联网的发展、高素质人才的增加、政策的支持、市场环境的改善等都推动了产业创新和产业革命。从生态的培育来看，第三次工业革命的核心是信息技术形成的信息网络，特别是互联网、移动通信和数字化技术的发展，这些技术的普及和应用提高了企业之间信息传递的效率，促进了产业集群和产业群落的形成，有助于发挥规模效应和协同效应。

三、构建支撑新质生产力孕育产业新变革的政策激励新格局

进入数字时代，数据规模，数据获取、处理和分析的能力成为衡量一个国家实力和国际竞争力的重要指标之一，国家间数字主权博弈将迅速让位给数据分享、全球数据跨境流动成为各国难以拒绝的世界性公共产品、开放世界中如何统筹发展与安全成为民族国家的基础。这要求全面推动基础设施数字化，加快建立专业性综合数字技术公共试验平台、数字产品检测中心或认

证服务体系、公共信息和知识的社会普遍服务，构建支撑万物互联、全时感知、创新裂变的技术型基础设施体系。

引育形成新质生产力是一个全球范围的创新工程，这就要求坚持高水平制度型开放，在与高标准国际经贸规则对接的基础上，提高国际创新治理体系中的地位和话语权。超大规模市场对数字技术创新具有显著的促进作用，这不仅体现在超大市场规模中的吸纳能力，更体现在其对需求的巨大创造力。根据梅特卡夫定律，网络平台的价值与互联网用户数量的平方呈现正相关。当前我国的移动终端数量高达 12 亿，是美国的 3 倍，具有明显的规模优势。积极把我国打造为世界科学中心、创新高地和产业策源地，引育全球现代化产业体系。要加快布局"0-1-100-10000"的产业体系（0-1 产业是原创产业、1-100 产业是指战略性新兴产业、100-10000 产业是指传统产业），构建产业链、创新链、资金链、人才链"四链"融合联动的机制，实现重大的技术突破，打造高技术集合型的产业集群融合体。在数字世界，制度兼具了产业功能，税收作为政府宏观经济治理的最重要制度，兼具全球治理功能，加快构建域外治理体系成为强国建设的关键。这要求在国内要以市场化、法治化、国际化的方式推进制度工具建设，并强化产权、知权、股权、资权和税权的"五权"联动，构建域外税收治理的基础设施体系；在国际上，要积极融入并参与全球财税治理体系改革，为以数治税提供竞合多赢的中国方案。

在科技创新中，需要发挥市场、政府和社会等多方的协同作用。在市场作用方面，要充分发挥市场在技术研发方向、路线选择中的敏锐性，以市场为导向实现各类创新资源的优化配置；在政府作用方面，政府要通过合理的规划、补贴等政策措施，更好发挥其在保障关键领域所需的创新资源供给中的优势作用。社会力量的作用表现为通过资助和认可机制来激励和指导科技创新，也通过社区、非政府组织和其他形式的协作，为科技创新提供支持和资源。因此，在厘清以上各方角色定位的基础上，重点要发挥政府作为科技战略和规划的策动者以及创新和产业政策的引导者的作用，为市场及社会力量提供有针对性的创新服务和有力的政策支持。具体来说，一是加快建设标准化的服务型、法治型政府，明确部门职责，谨防职能重叠，形成协同创新，快速向"权利义务型"治理过渡。二是创新财政补贴方式，提升补贴效率。在加大财政对创新支持力度的同时，要探索以基金化方式创新和变革传统补贴方式，并逐步完善和健全基金化的操作机制，以市场化运作模式，引导和提高企业的研发投入，带动企业的创新发展。三是稳步提升政府采购规模，进一步突出政府采购的自主创新导向。要提高政府采购资金占 GDP 和财政支出的比重，使之达到发达国家的平均水平，并加快树立创新型政府采购理念，加大对新产品、新技术的采购力度；要逐步建立以全生命周期成本理论为核心的政府采购方法，并优化政府采购结构与方式，加大对创新型技术与服务的采购力度，逐渐增加首购、订购等方式在创新产品采购中的应用，推动构建研发和新产品绑定的采购、小企业创新采购、政府信用采购等定制化采购模式。四是优化税收激励机制。要以普惠性标准为基础，打破税收优惠中的"产业类别"限制，把对象优惠改为事项优惠，确立科技研发税制的核心地位；要持续推动结构性减税，降低科技企业的税负，激励创新。

四、我国催生新质生产力的税收激励机制设计

为了激发市场主体进行科技创新的主动性和积极性，推动新质生产力尽快形成未来产业，迅速壮大战略性新兴产业，优化传统产业，需要构建健全、有效、可持续的税收激励机制。创新是激发经济发展的内生活力、提升全要素生产率的关键。

（一）吸引社会资本投资未来产业的税收激励机制设计

历史数据显示，税收优惠政策在引导社会资本战略性投资方面具有显著效果，随着税收政策优惠力度的加大，社会资本投向新兴技术和未来产业的速度明显加快，政府税收宽容度会影响到税收优惠政策的激励效果，并与社会资本投向呈正相关。

通过构建税收激励政策体系，加大对未来产业的投资力度，扶持未来产业创新发展。首先，厘清未来产业边界是发挥税收激励作用的前提和基础。财税部门在制定相关机制之前，应当首先明确政策机制所要覆盖的未来产业的范围。未来产业的生成和创新发展离不了企业与高校、科研院所之间的协同合作。政府在制定税收政策制度时，应建立探索未来产业的产学研合作的税收激励机制，发挥各个创新主体的协同发展作用。另外，应该加大力度扶持企业和高校以及科研机构之间的合作，对各个创新主体共同研发的科技成果给予一定的税收优惠，尤其是针对中小企业与高校和科研机构合作研发的新技术新产品可以加大税收优惠力度，激励中小企业投入资金和人才资源，推动未来产业的生长。其次，要加快构建适应未来产业创新发展的税收综合政策体系。为保持税收中性原则，当前，我国仍以税种作为税收立法和制定相关政策的依据，很显然，现有的税法体制和税收政策难以满足未来产业创新发展的客观需要，导致未来产业与现有税收法律和政策体系难以套嵌。因此，可以尝试以合同或环节为着手点，建立与未来产业发展需要相适应的税收政策综合体系。最后，在税收综合体系尚未建立之时，可优先制定试行的未来产业税收优惠政策。例如，可以借鉴和利用会计核算的思路，根据成本与收入配比，允许提前在相应期间抵扣，而不是在缴纳销项税时抵扣，在项目市场主体组建和项目移交阶段，对因从事未来产业创新导致的资产转移收入免除相关所得税、增值税。

（二）壮大战略性新兴产业的税收激励机制设计

我国战略性新兴产业在现行经济体制的逐渐完善下保持稳定发展，作为成长中的核心行业，对于推动企业的技术创新，带动企业的发展和进步，有着非常重要的现实作用，其本身在实现卓越发展的同时也为我国经济的高质量发展提供长久不衰的助力。因此，要建立健全有效的税收激励机制，充分发挥税收相应政策对战略性新兴产业创新发展的扶持作用。

战略性新兴产业以专精特新中小企业为主，它们的发展不仅受到经营成本上升、人才短缺、市场饱和等国内营商环境影响，也受到国际市场收缩、国际竞争加剧等因素的冲击，再加之中小创新型企业在资金、运营、管理等方面的不足，特别需要税收政策等外部力量加以引导和助推。战略性新兴产业融资通常需要预先通过信用担保机构进行信用担保，借以增加自身的融资能力。尤其是为鼓励技术创新的新兴产业和新兴行业发展，一个良好的信用担保机制必不可少。需要政府对符合条件的信用担保机构从战略性新兴产业技术创新方面的信用担保中获得的收入予以减税处理，加快战略性新兴产业进行技术创新研究活动获取融资的帮扶速度。

（三）推动新质生产力赋能传统产业的税收激励机制设计

随着数字文明的到来，数字技术成为引领实体经济创新的新引擎，如何从政府支持的角度促进企业数字化转型，成为学界关注的现实议题。企业内部研发投入、外购数字化设备与数字并购等固定资产加速折旧政策是促进企业数字化转型的重要渠道。要充分发挥税收政策在企业数字化转型中的作用，保障传统企业数字化转型的顺利实施。此外，要密切关注数字经济发展进程以及新兴的数字经济模式，及时调整和更新税收政策以适应不断变化的需要，确保税收体系能够有效覆盖这些新兴领域，同时避免对创新的过度抑制。数字化的财税激励机制不仅是税收政策领域的重要课题，还是全球经济发展中的关键问题。面对数字化转型的挑战，需要我们在以数治税和构建税收域外治理体系上不断探索和创新，推动建立一个更加公平、高效和适应性更强的财税激励体系。这不仅有助于新质生产力赋能传统产业，推动数字经济健康发展，还可为全球经济的长期繁荣提供强有力的支持。

第二篇

新质生产力实践与探索篇

第七章　传统行业、传统产业与企业转型升级

　　传统产业是我国经济发展的基本面，是我国工业体系的一个重要支撑。传统产业、新兴产业、未来产业之间既各有特性，又相互联系，构成一个完整的现代化产业体系。

　　在我国积极推进高质量发展的背景之下，传统产业转型升级是一个必然的历史命题。在加快形成新质生产力的大背景下，传统产业通过技术创新朝着绿色化、数字化、智能化方向提质增效，是必然的选择。

　　当前，我国石油化工、钢铁、有色、建材、机械、汽车、轻工、纺织等传统制造业增加值占据了全部制造业近80%的比重，总体上呈现的是低端供给过剩和高端供给不足的产业结构，因此转型升级势在必行。

　　2023年12月，工业和信息化部等八部门联合印发了《关于加快传统制造业转型升级的指导意见》，并提出到2027年，工业企业数字化研发设计工具普及率、关键工序数控化率分别超过90%和70%，工业能耗强度和二氧化碳排放强度持续下降，万元工业增加值用水量较2023年下降13%左右，大宗工业固体废物综合利用率超过57%，对传统产业转型升级明确了具体的指标。

　　在实践中，许多企业已经走上了转型升级的发展之路，并在传统产业高端化、智能化、绿色化发展方面形成了示范效应。

第一节　中海龙科技：
助力邮政快递业绿色低碳转型发展

一、固态氢能助推邮政快递业向"绿"而行

能源转型是人类文明发展和进步的重要驱动力。在全新的历史时期，一场全新的能源革命正在全球上演。2020 年 9 月，国家主席习近平代表中国向世界作出庄严承诺，中国二氧化碳排放力争于 2030 年前达到峰值，努力争取 2060 年前实现碳中和[①]。这一目标的提出，也标志着一场前所未有的能源革命、产业革命将在中华大地上轰轰烈烈展开，为整个经济社会带来广泛而深刻的影响。其中，加快氢能产业发展是助力我国实现碳达峰碳中和目标的重要路径之一。氢能被确定为未来国家能源体系的重要组成部分和用能终端实现绿色低碳转型的重要载体。

2023 年 3 月 13 日，国家邮政局印发了《关于推动邮政快递业绿色低碳发展的实施意见》。鼓励寄递企业选用节约高效低碳运输方式，加快淘汰高能耗、高排放老旧运输设备，选用高能效标准运输工具，提升能源利用水平，推动新能源和清洁能源车辆应用，加快推进邮政快递业绿色低碳发展。

为响应国家"双碳"目标，顺应氢能产业良好的发展趋势，上海中海龙智城科技股份有限公司（以下简称"中海龙科技"）立足于固态储氢技术，通过上下游技术创新，开发符合中国快递末端"最后一公里"应用场景的固态氢能三轮快递车和配套的制充氢一体机、小型燃料电池动力系统，打造完善的氢能快递车产业"制—储—用"生态闭环解决方案，推动邮政快递业绿色低碳发展。

---

① 《习近平在第七十五届联合国大会一般性辩论上发表重要讲话》，中国政府网，2020 年 9 月 22 日。

二、"制—储—用"生态闭环全流程快递绿色低碳发展解决方案

中海龙科技在氢能"制—储—用"一体化发展方面形成了成熟的解决方案，并展现出了广阔的应用前景。

中海龙科技在氢能"制—储—用"领域，主要集中在固态储氢材料的研发生产、固态储氢罐的设计生产、固态氢能快递物流车以及其他固态氢应用系统设计、生产与运维等方面。

首先，中海龙科技专注于氢燃料电池发动机技术创新，整合氢能产业链各个环节，持续推动我国氢燃料电池汽车的核心技术发展，从而成为氢能行业的先行者和探索者。

其次，中海龙科技与中国科学院、同济大学、华东师范大学等科研院所建立了广泛合作，建成了环保菌剂研发中心、污水处理系统研发中心、智能控制与环保物联网开发中心。这些合作研发中心的建立，进一步提升了中海龙科技在氢能"制—储—用"一体化领域的技术实力和创新能力（见图7-1）。

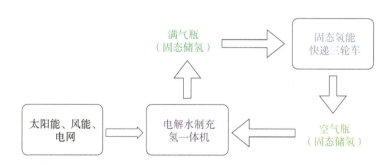

图 7-1　固态氢能"制—储—用"生态闭环全流程示意图

资料来源：中海龙科技。

综上所述，中海龙科技在氢能"制—储—用"一体化发展方面展现出了强大的技术实力，有望在氢能产业的发展中发挥重要作用。

中海龙科技的这些努力，不仅展示了其在氢能"制—储—用"一体化领域的专业技术能力，也体现了其在推动氢能产业应用和发展方面的重要作用。

（一）固态制氢：中海龙科技电解水制氢机

中海龙科技电解水制氢机系统具有箱式一体化特点，设备安装位置灵活，自动化程度高，全自动无人值守，运行安全可靠，特别适合安装在快递点等客户换氢便捷的区域。

所配套的电解水制氢采用碱性电解槽工艺，以去盐水为原料，30% 氢氧化钾为循环电解溶液，将交流电源通过电源模块变压整流输出为电解槽电解所需的直流电源，在相应的输出电压和电流的条件下，在电解槽的阴极和阳极分别产生氢气和氧气，电解产生的气体通过分离、冷却、气液分离后输出，其中氧气产品作为副产品连接至安全高处进行放空。氢气通过脱氧、冷却、气液分离、缓冲后输出为稳定供应的合格产品，用于后端工序。

系统采用以 PLC 为基础的自动控制，实现设备稳定运行的开关和模拟等信号的监视、控制、报警以及联锁等功能，从而对分离器液位、系统压力、碱液温度、补水和冷却水流量控制等各运行参数进行自动检测和控制（见图7-2）。

图 7-2 中海龙科技自研电解水制氢机

资料来源：中海龙科技。

工艺流程采用最新的水电解制氢技术，相比传统水电解制氢装置，具有工艺流程简化、装置启动时间短、响应速度快等优点。

（二）固态储氢：中海龙科技固态储氢技术

中海龙科技通过技术团队多年的研发，不断完善合金配方，开发出了多款高循环寿命的可常温储氢的固态储氢材料，可以广泛用于两轮车、三轮车等应用场景。

常温固态储氢的原理是氢气在接触到储氢材料后，先在其表面催化分解为氢原子，氢原子再扩散进入材料晶格内部空隙中，以原子状态储存于金属结晶点内，形成金属氢化物。该反应过程可逆，由于采用了特殊的材料配方、纳米构型以及含有多种特异性添加剂，从而使得此种材料可以在常温下实现氢气的存储、释放。

其优点还包括以下四个方面。

1. 极高的安全性

存储与 70 兆帕气态储氢瓶等量氢气，瓶内压力只有 0.9 兆帕，解决了高压气态储氢瓶存在的爆炸风险，安全可靠。

2. 体积储氢密度高

中海龙科技固态储氢材料储氢量大，一只铝合金储氢罐装满中海龙科技固态储氢材料后所吸收氢气量可以超过相同空罐装满液态氢气的氢气量。基于中海龙科技固态储氢解决方案的氢能三轮车，配备单组固态储气系统，续航能力可达到 200 千米。

3. 超长的循环寿命

中海龙科技固态储氢材料可以反复充放氢，不同系列储氢材料在充放 3000~5000 次后才衰减到原储氢量的 80%，远高于铅酸电池 500 次、锂电池 1000 次的循环寿命。

4.材料成本低廉，可回收利用

中海龙科技固态储氢材料所含大量元素成本低廉，所需元素在我国储量丰富，基本不存在矿产资源限制问题；同时材料在循环寿命到达报废期后可实现 100% 回收利用，材料回收残值高达 60%，且无二次污染。

（三）绿色用氢：中海龙科技固态氢能快递三轮车

中海龙科技固态氢能快递三轮车是快递物流车发展史上的一个重要创新，不仅采用氢作为能源，实现零碳排放，而且所采用的固态储氢系统，相比传统气态储氢，减少燃烧和爆炸风险，安全可靠。同时，中海龙科技自主研发的固态储氢系统储氢密度很高，超过液氢的体积储氢密度，一次换氢可续航200 千米，所节省出的充电时间可以让快递小哥送更多的单、挣更多的钱。目前，此款固态氢能三轮车已经获得了中国邮政、京东、顺丰、中通、圆通、申通、韵达等快递龙头企业的大力支持。

三、立足于核心技术与产品，推动新质生产力发展

推动新质生产力发展，是当代社会经济发展的重要战略方向。这一策略不仅关乎国家竞争力的提升，也深刻影响着企业的生存与发展。以下是中海龙科技推动新质生产力发展的重点措施和战略。

（一）提升自主创新能力

中海龙科技不断加大对新型固态储氢材料及配套生产技术、基于固态储氢的燃料电池系统开发技术、基于固态储氢的电解水制充氢一体化技术的投入，突破关键核心技术瓶颈；建立产学研用深度融合的创新体系，促进科研成果快速转化为实际应用，并通过参与国家和地方重大科技项目等方式，快

速提升自主创新能力。

（二）优化产品结构与升级

中海龙科技基于市场需求和技术发展趋势，开发具有自主知识产权的新产品，特别是能够引领行业变革、满足未来社会需求的产品，并不断迭代升级现有产品，提高产品性能、降低成本、增强用户体验。主要产品系列如下。

一是固态氢能车辆类——固态氢能快递三轮车、固态氢能农用三轮车、固态氢能两轮车、固态氢能观光车、固态氢能环卫车等。二是固态氢能电源类——固态氢能应急电源（见图7-3）、固态氢储能电站等。三是固态氢能制充氢一体机。

图7-3　固态氢能应急电源

资料来源：中海龙科技。

（三）推动产业数字化转型

利用大数据、云计算、物联网等现代信息技术，对传统快递物流车产业进行数字化、网络化、智能化改造，发展平台经济、共享经济、远程服务等新业态，打造集销售、租赁、维修、换电、换氢于一体的综合运维平台，为产业数字化转型提供有力支撑，提升效率和竞争力。

第二节　氢能化：商用燃气具节能创新路径
——上海朗申电子科技有限公司新质生产力创新实践

国家"双碳"目标已提出多年，节能减排理念已深入到社会的方方面面。自 2012 年以来，我国以年均 3% 的能源消费增速支撑了年均 6.6% 的经济增长，能耗强度累计下降了 26.4%，相当于少用了 14 亿吨标准煤。规模以上工业单位增加值能耗累计降低 36.2%；越来越多的碧水蓝天出现在我们的生活中。

在全民都将节能减排关注的焦点放在传统领域的时候，上海朗申电子科技有限公司（以下简称"朗申公司"）通过十余年的商业实践，将视野转向了另一个重要领域——商用燃气具。

据相关部门统计，2022 年国内天然气表观消费量达 3663 亿立方米，城镇燃气消费量约占 40%；其中的 16.5% 为商用燃气具的消耗，此部分占比的天然气总量约为 604 亿立方米，折合标准煤 731 亿吨，总的碳排放量达 1945 亿吨。

朗申公司十余年前就开始商用燃气具的节能改造和相关技术研发，通过市场实践和不断探索，截至 2023 年，公司累计获得商用燃气具领域发明专利 7 项，实用新型专利 20 余项，是国家高新技术企业，产品综合节能率达 50% 左右，是行业平均节能率的两倍。

按理论值计算，若干年后，如果商用燃气具领域全部更换成朗申公司研发的具备同等节能水平的燃气具，在不考虑每年天然气消耗 10% 左右增量的情况下，按 2022 年的统计数据计算，每年可节约天然气 302 亿立方米，折合标准煤 365.5 亿吨，碳排放减少 972.5 亿吨。这将为碳中和目标的实现作出巨大贡献。

在商用燃气具节能改造领域，主要的技术手段和路线包括设备升级、燃烧优化、余热回收和智能控制等。行业内企业一般只能通过一项或两项技术路线的实施，实现 20%~30% 的节能目标。而朗申公司创造性地将四种技术路线集成在一起，通过不断优化和研发升级，在行业内率先实现了天然气燃气具 50% 的节能率。

传统的燃气具受限于技术因素，常出现热效率低下、能耗严重、噪声扰民、外溢温度高和碳排放量大等问题。朗申公司通过多项自主创新技术，研发投产的节能燃气具通过多年市场验证，实现了如下指标：实现 50% 节能率，节电功率从 250 W 更换为 120 W，实现节电 50%，降温达 30%，降噪从 90 dB 降为 60 dB，减排完成 1000%，升燃提升 55%，从 900 ℃到 1500 ℃，安全性实现提升 55%。

天然气预混燃烧技术让天然气和空气充分混合，形成均匀的可燃混合物，使得燃烧更加完全，提高了燃烧效率，减少了污染物的排放。而要达成这一目标，则需要控制好天然气和空气的混合比例，以确保燃烧的安全性和稳定性。朗申公司通过多年的市场实践和客户反馈，找到了天然气和空气混合的最佳比例，能极大限度地提升燃烧效率，降低碳排放（见图 7-4）。

耐高温的纳米聚能板助力余火回收，能有效地将燃气具炉膛内的光能、热能进行收集和二次转换，提高天然气能量的利用效率，减少浪费。通过无数次的实验，朗申公司根据燃气具的使用类型不同，定型了大小 2 种规格的纳米聚能板，分别用于广式灶及宁式灶（见图 7-5）。

360 度耐高温金属纤维燃烧技术的推广使用，提升了蒸汽类燃气具的工作效率。传统的蒸汽发生器及火排式蒸箱或蒸柜，受制于冷水的受热方式，

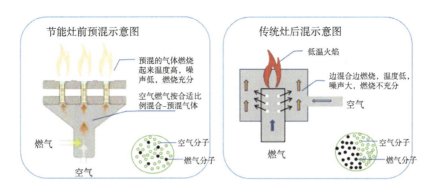

图 7-4　提升燃烧效率，降低碳排放

资料来源：朗申公司。

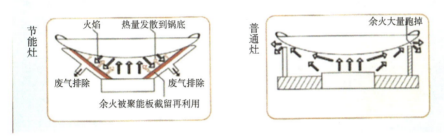

图 7-5　节能灶

资料来源：朗申公司。

从冷水到热水，再产生蒸汽，整个过程需要 8~15 分钟，而朗申公司采用带有金属纤维燃烧器的节能内燃式蒸汽机，可 360 度对箱体内冷水加热，产生蒸汽时间最快可提升至 4 分钟。相比传统蒸汽发生器，产品的上汽时间缩短到原来的 1/4~1/3，提升了相关产品的使用效率，能实现高达 65% 的节能效率，为用户带来实质性的节能效益。

　　燃气具物联网芯片普及。将燃气具和无线终端设备进行连接后，能实时采集燃气具使用的相关数据，如流量、温度、压力等，并通过数据传输，让用户和节能服务方实时掌握燃气使用情况，准确反映节能率，保证《合同能源管理》合同的顺利实施。物联网芯片的远程监测和控制功能可以及时发现燃气泄漏和火焰异常等不安全因素并加以干涉，确保燃气具的安全正常使用。

同时，物联网芯片可以通过智能控制和数据分析等技术，实现燃气具的节能环保、降低能耗和污染物排放，最终确保节能率的达成，实现节能减排的目标（见图 7-6）。

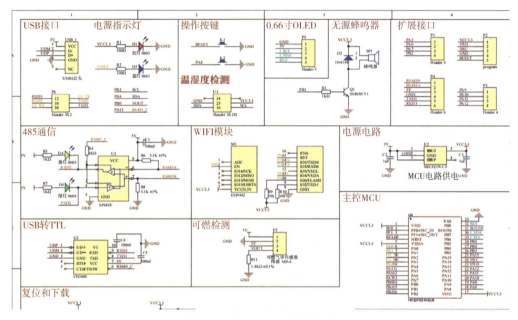

图 7-6　燃气具物联网芯片

资料来源：朗申公司。

混氢和纯氢炉具研发成功。伴随着氢能燃料的相关技术进步，朗申公司在业内率先突破了相关技术难点，研发成功了镁基固态储氢罐，实现了常温常压下的固态储氢。随着固态储氢技术的成熟，朗申公司在业内又率先研发成功混氢和纯氢燃气具，不但能继续提高热值，从而提高燃烧效率，降低污染物排放，同时降低天然气的消耗，节能率还再创新高，将为国家的节能减排事业再立新功（见图 7-7）。

为继续推动节能减排事业不断向前，朗申公司制定了务实的五年发展规划。

自 2023 年开始，第一年为朗申公司新的基础夯实年，重新梳理和确定了相关标准流程，包括产品的生产和安装标准，以及售后体系等。市场开发方

储氢材料	储氢容量/wt%	放氢压力/MPa及温度/℃	循环寿命	成本
LaNi₅	1.5～1.6	0.2～0.8；20℃	好	较低
TiFe	1.8～1.9	0.2～0.3、0.8～1.0；20℃	较好	低
TiMn₂	2.0～2.1	0.5～1.0；20℃	好	低
V-Ti-Cr（BCC固溶体）	3.5～3.8	0.1～0.3（高平台）；20℃	差	较高

镁基复合储氢合金
储氢质量密度：
6.5wt%；
储氢体积密度：
90g/L；
储氢脱氢纯度：
脱氢后氢气纯度可达到99.999%；
充脱氢循环寿命：
不低于2000次，即经过2000次充（脱）氢循环后系统的容量保持率应不低于85%。

$$Mg + H_2 \xrightarrow[\text{降压、升温}]{\text{加压、升温}} MgH_2$$

图 7-7

资料来源：朗申公司。

面，朗申公司启动了合资公司的落地推广，确立了全新的业务流转程序。

2024 年，朗申公司完成 20 家省级市场落地推广公司，扩建公司直营销售服务团队，市场投放节能燃气具 1 万台，组建燃气节能研究院及运营培训商学院。

2025 年，朗申公司预计完成落地 15 家地级市场的合作推广公司，组建 6 大区域运营中心，市场投放节能燃气具 4 万台，完成 A 轮融资。

2026 年，朗申公司将再完成落地 15 家地级市场的合作推广公司，完善发挥 6 大区域运营中心职能；计划市场投放节能燃气具 10 万台，总业绩达 5 亿元，完成 B 轮融资。

2027 年，朗申公司将确保六大运营中心的每个中心业绩突破 1.5 亿元，销售中心业绩 1 亿元，总业绩超 10 亿元，市场投放节能燃气具达到 20 万台，冲击主板上市。

在碳达峰实现之前，朗申公司将全力以赴，继续深入做好商用燃气具领域的节能技术研发，预计再添数十项相关专利技术，为国家的节能减排事业作出更大贡献。

第三节　数鲜云冻技术：新质生产力驱动下的食品保鲜锁鲜革命

——数鲜云冻（重庆）科技有限公司食品保鲜锁鲜创新实践

数鲜云冻技术是食品保鲜锁鲜科技领域的重大突破。冷冻冷藏技术是全球食品保鲜和保质的一个主要手段，但传统冷冻技术存在破坏食材细胞、导致营养流失、口感差以及能耗高、碳排放量大等弊端。

"云冻"采用高科技生物技术，应用多项自主知识产权的国家发明专利，通过大量实验和 AI 技术辅助，创造了深冷液体冷冻的云冻设备（工作温度在 –40℃至 –60℃）和食品级安全的云冻液（冰点低至 –90℃）的云冻技术体系，可将食材在低温液体中沉浸式冻结锁鲜。

一、云冻技术的三个突出特点

一是快：快速穿过最大冰晶生成带（0℃到 –5℃）（见图 7-8），使细胞在冻结时不破裂，冻结速度比传统风冷快 32 倍。二是鲜：解冻后保持原有品质和口感，营养不流失，配合冻转鲜工艺，新鲜度还原超过 96%。三是省：综合能耗及碳排放降低 35% 以上。

数鲜云冻（重庆）科技有限公司（以下简称"公司"）还在该领域首次提出了"冻鲜值"概念，让冻品和冷链行业的品质有了数字化的评价标准。

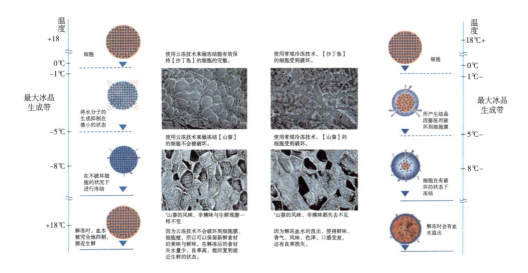

图 7-8　最大冰晶生成带对比图

资料来源：数鲜云冻（重庆）科技有限公司。

二、云冻技术在保鲜锁鲜领域的重大突破

云冻技术较好地满足了水产、肉类、果蔬、中草药、预制菜等长期保质保鲜的需求，化解了鲜品与冻品在保鲜和保存上的矛盾，是人类在保鲜锁鲜技术领域的重大突破，标志着在农产品、食品生产领域有了新的发展和超越。

在国际上，领先的速冻技术有 IQF 速冻技术、NDQF 无损速冻技术、–196 液氮技术等，云冻技术与之相较，深度保鲜的效果相当，还具有三个明显的优势。

一是成本低廉：平均每公斤的锁鲜成本不超过 0.5 元，设备购置成本和运行成本的综合效益比较是原有的 1/10 左右。

二是适用范围广：应用场景宽广，有电就可以加工。公司还有一项应用太阳能设备的专利（一种拼接式太阳能制冷装置 ZL 2017 1 0985448.7）可在田间地头为农产品保鲜做加工。国外的产品使用要求高，需要一些特殊的材料和原料的支持，使用严格受限。

三是智能化程度高：每台设备使用 5G 联网，使用云技术传输冷冻工艺指令，用户体验好，操作便捷。

三、超越国内新一代冷冻技术的三个主要特点

一是云冻体系所打造的冻转鲜工艺在行业内把冷冻锁鲜做到一个领先的高度。二是依托公司首发的冻鲜值对食材加工进行检测，让品质有了数据保障。三是独家应用了联合研发的新型固态制冷机，比传统氟利昂压缩机更环保、更节能、更高效。

四、数鲜云冻技术将对产业格局和行业发展带来深远影响

（一）对于食材价值的提升

一是食材新鲜价值提升：更好地保留食品营养，保障食品品质，减少食物变质风险。二是跨区域销售稀缺价值：食材跨区域销售，实现食材的更高价值。三是反季节销售价值：通过保鲜技术，实现食材的延迟销售，创造反季节销售价值。

（二）国内产业和行业

一是农业：提升农产品的保鲜和储存能力，减少农产品损耗，促进农产品流通和销售。

二是食品加工行业：改善食品的保鲜效果，延长食品保质期，提高食品品质，推动食品产业升级。

三是冷链物流行业：促进冷链技术的发展和应用，提高冷链物流效率和质量。

四是餐饮行业：为餐饮企业提供更好的食材保鲜解决方案，提升菜品质量和口感。

（三）国外产业和行业

一是食品进出口贸易：提高国外市场对我国食品的认可度和需求，促进食品进出口贸易的发展。

二是相关技术领域：推动国外同行业对保鲜技术的研究和创新，促进技术交流与合作。

三是可提高进口冻品（主要是肉制品）的品质。

五、保鲜锁鲜试验成效

（一）公司已开展的保鲜锁鲜试验和取得的效果

公司对需要保鲜的食材做了大量的试验和相关的测评，包括数理化指标的化验，均取得良好的效果，得到了专家和客户的一致认可。例如，在重庆市开展保鲜锁鲜试验的产品有长寿湖有机富硒鱼、永川秀芽、涪陵榨菜、丰都麻辣鸡、荣昌卤鹅、潼南柠檬、石柱藏香猪；四川省的有广安豆干、冷吃毛肚；湖北省的有潜江小龙虾、活虾及卤虾；福建省的有大黄鱼、帝王蟹、肉燕皮；吉林长春的有西门塔尔牛肉、鹿肉；青海的有龙羊峡三文鱼、河南蒙古族自治县牦牛肉等。

（二）重点业务市场正在形成

一是区县顺鲜运营中心：2024年，公司在全国已发展10个县级中心，为农业企业和食品加工企业提供专业保鲜服务，助力地方产业发展。目前，重庆市的潼南区、垫江县、丰都县、永川区已经成为顺鲜运营中心的合作示范基地。

二是大型冷链支撑基地：2024年，公司在全国已发展10家大型冷链支撑基地，提供现场冻冰、云冻储运箱等服务，共同推动冷链行业发展。目前，数鲜云冻已成为顺丰冷运国内唯一的保鲜服务商。

三是大型农批市场服务：2024年，公司在全国较大城市中发展形成专门的"数鲜云冻"食品批发业务，将原有的农贸批发市场服务提档升级，提高食材品质，更好地服务民生，增强其市场竞争力。目前，重庆渝南冻品市场、北京新发地农贸市场、深圳海吉星批发市场"数鲜云冻"食品批发业务已取得初步发展。

（三）典型案例

1. 吉林肉牛（西门塔尔牛）外运项目

吉林省计划在"十四五"期间实施千万头肉牛建设工程，将其打造成为现代农业的标志性工程。目前，全省有肉牛770万头（90%以上为西门塔尔牛），由于市场因素，多采用活牛运输到广东、海南的方式进行销售，存在成本高、风险大、掉秤率高（20%以上）、肉质下降、吉林当地无税收等诸多问题。

公司团队持续攻关，实现了冻转鲜技术，肉牛经本地屠宰后，使用云冻技术锁鲜，冷藏车长途运输，到目的地后，应用冻转鲜技术变成鲜肉（见图7-9）。经对比估算，每头牛可多增加收入850元，按外运500万头计算，多

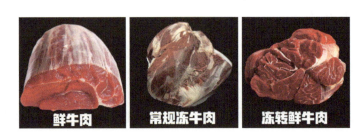

图7-9　鲜牛肉、常规冻牛肉、冻转鲜牛肉对比图

资料来源：数鲜云冻（重庆）科技有限公司。

增收 42.5 亿元，既保障了当地的税收，杜绝了浪费，也减少了碳排放，为吉林省养牛产业的高质量发展提供了解决方案。

2. 青海省龙羊峡三文鱼项目

青海省龙羊峡三文鱼的年养殖量为 1.5 万吨，国产三文鱼的 50% 来自该地区。由于地处西北，与国内主要消费区域距离较远，保鲜难和运输成本高（目前主要依赖空运）成为项目突出的痛点。通过云冻技术，改变运输方式，大幅降低了运输成本，减少了鱼的货损，保证了长期的新鲜品质（见图 7-10），全年可节省运费 1.5 亿元，同时保障了消费者吃海鲜产品时舌尖上的安全。

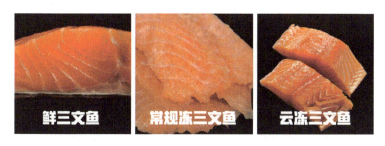

图 7-10　鲜三文鱼、常规冻三文鱼、云冻三文鱼对比图

资料来源：数鲜云冻（重庆）科技有限公司。

六、数鲜云冻保鲜锁鲜行业未来可期

数鲜云冻技术作为食品保鲜锁鲜领域的重大创新，代表新质生产力的突破与发展。它以其独特的技术优势，快速、高效地实现食材的保鲜锁鲜，不仅提升了食材的价值，还对国内产业和行业以及国外相关领域产生了深远影响（见表 7-1）。

数鲜云冻技术在已开展的保鲜锁鲜试验和取得的成效中，以及在各重点业务市场的拓展中，都充分展现了新质生产力的力量。数鲜云冻技术推动了

表7-1 数鲜云冻实验室产品清单

序号	分类	产品名称	产地	季节	保鲜要求
1	肉类	西门塔尔牛	黑、吉、辽、蒙	全季节	锁鲜
2		黄牛肉	豫、陕	全季节	锁鲜
3		牦牛肉	川、青、藏	秋季	锁鲜
4		滩羊	甘、蒙	全季节	锁鲜
5		锡盟羊	蒙	全季节	锁鲜
6		藏香猪	云、藏、渝	全季节	锁鲜
7		土猪	云、贵、川	全季节	锁鲜
8		鹅	川、黑	全季节	锁鲜
9	水产类	三文鱼	青、甘	全季节	锁鲜
10		小龙虾	鄂、赣、苏、湘	春夏	锁鲜
11		基围虾	鲁、陕	全季节	锁鲜
12		澳洲龙虾	澳大利亚	秋冬	锁鲜
13		帝王蟹	俄罗斯	秋冬	锁鲜
14		大黄鱼	闽	冬	锁鲜
15		龙头鱼	闽	秋冬	锁鲜
16		桂鱼	湘、皖	秋冬	锁鲜
17		石斑鱼	粤、闽	春秋冬	锁鲜
18		千岛湖鱼	浙	全季节	锁鲜
19		鲈鱼	闽、粤	全季节	锁鲜
20	水果类	桑葚	川、贵	春季	锁鲜
21		榴莲	泰国、马来西亚	春夏	锁鲜
22		荔枝	川、两广	春夏	锁鲜
23		枇杷	川、渝	春季	保鲜
24		李子	川、渝	春夏	保鲜
25		蓝莓	云	春季	保鲜
26		柠檬	川、渝	秋冬	保鲜
27	蔬菜类	羊肚菌	川、渝	春季	保鲜
28		麒麟蜜	云、贵	夏秋	保鲜
29		松茸	川、云	冬春	保鲜
30		大脚菌	渝	秋	保鲜
31		天麻	渝、云	冬春	保鲜
32		玉米	云、黑、渝	夏秋冬	锁鲜

注：以上蓝色部分产品已成功完成云冻实验和冻转鲜实验。

资料来源：数鲜云冻（重庆）科技有限公司。

农业以及食品加工、冷链物流等行业的升级与发展，为地方产业发展提供了有力支持。典型案例更体现了新质生产力在实际应用中的巨大潜力和价值，为相关产业的高质量发展注入了新的活力。

第四节　人工智能赋能档案数智化转型：让档案"活"起来
——北京国典数智科技有限公司案例

数字化、智能化代表了当前人类产业和社会形态的演变方向，也是档案工作转型的出路所在。随着人类社会的发展，专业化、社会化分工日益重要，从工业领域到社会生活领域，一些劳动者专事于职业服务并获得收益，从群体主义和社会分工中获益并壮大，推动了现代服务业的快速发展与兴盛。

伴随计算机技术和信息通信技术的发展，算力成为新的生产力，数据成为新的生产要素，人工智能与人类智能交互演进，以智能化、网络化、数据化、虚拟化为档案服务业的数智化提供了现代化手段，推动了现代服务业的发展。

一、以人工智能为驱动力，推动档案数据化

目前，大部分档案管理系统仍然存在两个方面的不足，一是对图片、音频、视频类档案的管理和利用支持度不够，特别是在检索利用方面，主要是基于文字检索文书档案，从而限制了这类档案的高效利用；二是在档案的深度挖掘利用方面的能力还不足，档案利用基本上还局限于简单地检索和存储。为此，北京国典数智科技有限公司（以下简称"国典数智"）坚持问题导向，

针对档案管理运用中的堵点和痛点，深度融合档案实际业务，充分运用图像识别（OCR）、双层 PDF/OFD、语音识别技术等人工智能技术，搭建图文、音频、视频等档案识别平台，形成聚焦档案行业人工智能的档案大脑，实现图文、音频、视频文件的识别，高效精准提取档案静态资源，让档案"静态资源"变成有用的"活数据"（见图 7-11）。

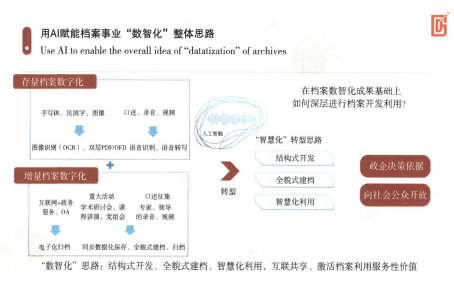

图 7-11　用 AI 赋能档案事业"数智化"整体思路

资料来源：国典数智。

二、赋能档案数智化转型：让档案"活"起来

在档案管理中，运用知识图谱和大模型等人工智能技术构建智慧档案管理系统，是典型的先进科技产品，能够充分挖掘和利用档案价值，让档案管理更高效。其项目价值在于：一方面，运用知识图谱等人工智能技术，根据档案内容的类型和应用场景建立图谱，在多源智能搜索功能的支撑下，实现图片、音频、视频等各类档案信息的智能整理、分类、索引、展示和应用，支持在线浏览图片、在线实时播放音频和视频类档案，提升档案的开发利用

效率；另一方面，更具价值的是建造数据资产，搭建档案大模型，以档案数据为驱动力，以需求为导向，自然生成社会和市场所需的各类档案产品。比如，打造"文化数字地图"，实现跨时空文化呈现与浏览，编辑"中华历史文化视频"，让全世界了解中国历史，展现璀璨、悠久的中华文明，推动档案价值最大化。而且，通过挖掘和利用档案数据，智慧档案的未来商业价值也是巨大的。比如，通过对历史上市场经济数据的分析，建立相应的知识图谱，可以快速找到造成经济波动的相关因素、经济活动的关联性等内容，而这些信息可以为管理者或投资者提供辅助决策，并帮助生产企业、银行、保险公司等机构识别风险，对市场进行预测和监控（见图 7-12）。

图 7-12　项目价值

资料来源：国典数智。

三、以示范工程为引领，推动人工智能技术赋能档案数智化转型

2023 年 7 月，国典数智与江苏省宜兴市档案史志馆开展战略合作，建设智慧档案管理系统，运用人工智能技术赋能宜兴市档案数智化转型，建设基

于人工智能技术的全类别档案智慧检索系统平台，打造智慧档案示范工程。

早在 2022 年 6 月，无锡市档案局、市档案史志馆就召开了全市档案数字化转型现场推进会，对全市开展数字档案室建设试点工作和城建档案工作作了部署，明确了在"十四五"期间，各市（县）区国家综合档案馆、各类专业档案馆全部建成数字档案馆，各级党和国家机关、人民团体和市属国有企业集团要按照国家档案局《电子档案管理系统通用功能要求》《数字档案馆建设指南》《数字档案室建设指南》《企业数字档案馆（室）建设指南》等要求，率先基本建成市级数字档案室；全市力争培育建设 30 家以上的示范级数字档案室。到"十四五"末，机关业务系统电子文件归档与管理工作普遍开展，机关电子文件归档与档案管理能力得到显著提升。

2022 年 8 月 24 日，宜兴市档案史志馆顺利通过国家档案局组织的"全国示范数字档案馆"测试。宜兴市档案史志馆数智化转型，实现了以下功能。

一是档案资源数字化，将传统纸质档案转化为数字档案，实现档案信息的电子化管理。二是业务流程数字化，将档案工作与企业的业务流程相结合，实现档案工作的全流程数字化。三是管控模式数字化，利用数字化技术改进档案管理的管控模式，提高管理效率和效果。四是服务产品数字化，利用数字化技术将档案转化为数字化的服务产品，提升档案服务的质量和效率。

第八章 战略性新兴产业的使命担当

战略性新兴产业（简称"战新产业"）是以重大前沿技术突破和重大发展需求为基础，对经济社会全局和长远发展具有重大引领带动作用的产业。节能环保、新一代信息技术、生物、高端装备制造、新能源、新材料和新能源汽车等，都属于战新产业。

第一节 战略性新兴产业的战略布局

2010 年，国务院颁布的《国务院关于加快培育和发展战略性新兴产业的决定》中把节能环保、新一代信息技术、生物、高端装备制造、新能源、新材料、新能源汽车等作为现阶段重点发展的战略性新兴产业。各国都在加大科技创新力度，推动三维（3D）打印、移动互联网、云计算、大数据、生物工程、新能源、新材料等领域取得新突破；《"十二五"国家战略性新兴产业发展规划》将战新产业划分为节能环保、新一代信息技术、生物、高端装备制造、新能源、新材料和新能源汽车七个大类。随着我国进入全面建成小康社会的决胜阶段，战新产业的内涵也在不断拓展；《"十三五"国家战略性新兴产业发展规划》进一步将战新产业划分为五大领域（网络经济、高端制造、生物经济、绿色低碳和数字创意）、八大产业（新一代信息技术、高端装备制造、新材料、生物、新能源汽车、新能源、节能环保和数字创意）；党的十九届五中全会审议通过的《中共中央关于制定国民经济和社会发展第十四个五年规划和二〇三五年远景目标的建议》中提出，加快壮大新一代信息技术、生物技术、新能源、新材料、高端装备、新能源汽车、绿色环保以及航空航天、海洋装备等产业。战新产业的内涵外延再次发生改变；2023年中央经济工作会议明确提出，打造生物制造、商业航天、低空经济等若干战新产业，我国战新产业被赋予了新的使命。《工业战略性新兴产业分类目录（2023）》明确战新产业为新一代信息技术、高端装备制造、新材料、生物、新能源汽车、新能源、节能环保、航空航天、海洋装备九大产业。

从2023年上半年开始，国务院国有资产监督管理委员会（以下简称"国资委"）频繁就战新产业发声。2023年5月，国资委曾在一个月内连续三次公开表态，对央企发展战新产业提出要求。国资委正在加强引导中央企业进入战略性新兴产业，按照国资委的目标，到2025年，央企在战新产业收入占比要达到35%。

国资委此轮推动的战新产业主要聚焦在新一代信息技术、人工智能、集成电路、工业母机、生物技术、新能源、新材料、高端设备、绿色环保等领域。

据统计，2022年，新一代信息技术、高端装备等战新产业增加值占国内生产总值比重已超过13%，2023年上半年战新产业完成投资同比增长超过40%。战新产业实现快速发展（见表8-1）。

表8-1 战略性新兴产业快速发展

新能源汽车	⇨ 2023年我国新能源汽车产销量分别为958.7万辆和949.5万辆，较2022年分别增长35.8%和37.9%。 ⇨ 电动化技术和智能驾驶、智能座舱等智能化技术应用达到领先水平。 ⇨ 自主品牌企业发展壮大，我国新能源汽车销量中自主品牌占比约80%。 ⇨ 2023年我国新能源汽车出口120.3万辆，增长77.6%，出口量稳居全球首位

续表

动力电池	⇨ 2023 年我国动力电池销量和装车量分别完成 616.3 吉瓦时和 387.7 吉瓦时，增长 32.4% 和 31.6%，连续 7 年位居全球首位。正极、负极、隔膜、电解液等关键材料全球市场份额超过 70%。 ⇨ 技术水平大幅提升，电池单体能量密度提升、成本下降，电池安全性、循环寿命等关键指标总体领先。 ⇨ 全球竞争力显著增强，2023 年全球动力电池装车量排名前十的企业中有 6 家中国企业。 ⇨ 出口量快速增长，2023 年我国动力电池出口 127.4 吉瓦时，增长 87.1%
新能源和未来能源	⇨ 新型异质结光伏电池、钙钛矿光伏电池转化效率不断刷新纪录。 ⇨ 全球首台 16 兆瓦海上风电机组创造单日发电量 38.72 万度的纪录。 ⇨ 全球最大 300 兆瓦新型压缩空气储能系统关键装备完成开发。 ⇨ 万吨级可再生能源制氢项目投产
新一代信息技术	⇨ 消费电子产销规模居世界第一位，其中手机产量 15.7 亿台，增长 6.9%。 ⇨ 截至 2023 年末，全国移动电话用户总数达 17.27 亿户，固定互联网宽带接入用户总数达 6.36 亿户。 ⇨ 超薄、柔性、透明显示和 4K/8K 超高清显示等领域取得明显进步，陆续推出多款全球首发产品，显示面板专利申请量全球占比达 35%
生物医药	⇨ 启动人类细胞谱系、人类器官生理病理模拟、国家作物表型组学等一批重大科技基础设施和生物制造国家产业创新中心建设，实施癌症、心脑血管、呼吸和代谢性疾病等四类慢病防治研究等重大科技项目。 ⇨ 2023 年，批准注册上市创新药 40 个、创新医疗器械 61 个，国产创新药专利许可授权交易金额突破 350 亿美元，医药工业和医疗器械总产值达 3.2 万亿元。 ⇨ 合成生物学等技术加速向医药、化工、农业、能源、材料等领域渗透，生物基材料等生物制造新产品不断涌现
商业航天和航空	⇨ 环境减灾二号组网观测，卫星互联网试验卫星在轨测试，一批遥感、气象、物联网等商业卫星星座初具规模。 ⇨ 海南商业航天发射场一号工位竣工。 ⇨ 北斗广泛应用于交通、农业、金融、能源等重点行业领域。北斗产品和服务已占我国导航产品市场的 85%，北斗服务已拓展至全球一半以上的国家和地区，服务"一带一路"千万量级用户。 ⇨ 截至 2023 年末，国产支线客机 ARJ21 累计交付 122 架，载客突破 1000 万人次

资料来源：摘自《关于 2023 年国民经济和社会发展计划执行情况与 2024 年国民经济和社会发展计划草案的报告》。

第二节　加快布局战略性新兴产业，中央企业多点突破

近年来，中央企业布局战新产业取得积极进展。中央企业将加快发展战新产业作为一项重大战略任务，以高度的政治责任感和历史使命感，全力以赴加快布局和发展战新产业。数据显示，2018 年至 2022 年，中央企业在战新产业领域投资规模由 0.7 万亿元增长至 1.5 万亿元，占全部投资比重由 12.8% 提升至 27%，投资规模增长 115.2%，年均增长 28%。2023 年，中央企业完成战新产业投资超 8400 亿元，同比增长约 30%，有力推动产业升级，带动上下游企业共同发展。

一、中央企业牵头建设 24 个创新联合体

2019 年以来，国资委聚焦国家重大需求，组织 60 余家中央企业，在核心电子元器件、碳纤维、关键零部件、高端仪器仪表等领域，分两批组建了 7 个创新联合体，带动 300 余家高校、科研院所、地方国有企业、民营企业等各类创新主体，深化创新合作、强化协同攻关，有效维护了产业链供应链的安全性、稳定性。

2024 年 6 月，国资委启动第三批中央企业创新联合体建设，围绕战新产业和未来产业等重点领域，在工业软件、工业母机、算力网络、新能源、先进材料以及二氧化碳捕集、利用与封存等方向组织中央企业续建 3 个、新建 17 个创新联合体。

创新联合体聚焦资金投入大、技术难度高、单个主体难以攻克的战略性、基础性技术，组织各类创新主体协同攻关，形成群体突破态势。除了推动一批关键核心技术"攻出来"，还要推动一批攻关成果"用起来"、一批优势技

术产品"强起来"，实现"从无到有""从有到用""从有到优"。

二、推动中央企业高质量发展

2023 年 12 月 25 日至 26 日，国资委召开中央企业负责人会议，部署的 2024 年重点任务中，更加注重提升战新产业收入和增加值占比，并成立中央企业加快发展战略性新兴产业专项工作领导小组和工作专班，形成工作方案。这为国资央企布局战新产业提供了指引，对推动中央企业高质量发展、推进国有经济布局优化和结构调整具有重要意义。

中国中车、中国海油、中国电信、中国联通等产业集团因时制宜，不断破局新技术、新产品、新赛道。

中国中车作为我国高端装备制造业领军企业，在战新产业发展中跑出"加速度"。中国中车围绕"焕新行动"29 项任务和"启航行动"12 项任务，研究制定加快布局发展战新产业的 46 条支持政策，完成战新产业科研立项 118 项，加入 11 个央企创新联合体。2023 年，中国中车战新产业固定资产投资占比 57%，新设法人占比 55%，营业收入同比增长 9.7%。

中国海油以"强基拓新""重点突破""创新培育"三种策略，有序推进海洋油气高端装备制造、新能源、新材料、高碳天然气利用等战新产业发展。

国家电网强化关键技术产品攻关，研制具有自主知识产权的继电保护高端控制芯片、电力行业首款 5G 轻量化终端。

中国电信把加快发展人工智能作为公司重大战略，全面部署实施"AI+行动"。

中国联通坚持把发展战新产业放在更加突出位置，积极布局战新产业和未来产业，持续提升前瞻性战新产业营收占比；坚持立足于网络强国与数字中国两大战略，集中力量、加快布局发展新一代移动通信、人工智能、新能源汽车等三大战新产业，培育发展未来网络、未来信息两大未来产业，聚力解决关键核心技术"卡脖子"问题，积极构建良好产业生态。

第三节　上海"易多思（EDOS）"：
在低空经济新赛道翱翔

一、行业聚焦

低空经济是以有人驾驶和无人驾驶航空器的低空飞行活动为牵引，辐射带动相关领域融合发展的综合性经济形态，涵盖航空器研发制造、低空飞行基础设施建设运营、飞行服务保障等各产业。

发展低空经济，通俗来说，就是把"路"修到"低空"去。在这条新"路"上，同样会出现"路上的'车'""开'车'的人"和因"路"而兴的产业。因此，垂直高度 1000 米以下的低空空域孕育着广阔发展空间。

低空经济要"飞"起来，首先取决于低空空域资源的开放程度。

2010 年，国务院、中央军委印发《关于深化我国低空空域管理改革的意见》，拉开了开发低空资源、促进通航发展的序幕。

2021 年 2 月，低空经济首次被写入《国家综合立体交通网规划纲要》；2023 年 12 月，中央经济工作会议把低空经济列入战略性新兴产业；2024 年全国两会，低空经济被作为"新增长引擎"之一写入政府工作报告，重要性日益凸显。

2024 年 4 月，工业和信息化部领导在国新办新闻发布会上表示，加快打造低空经济增长新引擎。重点加强四个方面的工作。一是加快装备创新。因为发展低空经济需要低空装备，就是围绕无人化、电动化、智能化发展趋势，加快新型通用航空装备核心技术攻关，包括电池、电机等应用到航空工业的关键技术创新，构建满足不同应用场景需求、低成本、高可靠性、高性能、高安全的低空装备产品体系。二是加强应用牵引。聚焦应用场景，有的是物流，有的是救援，有的是运输，不同的场景，以产业生态链构建为导向，打造低空多场景应用示范体系，积极培育低空经济领域高技术企业、专精特新"小巨人"企业，加快围绕创新链布局低空经济发展的产业链，真正强化产学研深度融合，更好发展低空经济。三是增强技术贯通。充分利用好、发挥好新一代信息通信技术、数字技术、人工智能等智能技术，加速低空智联技术攻关和模式创新，为构建未来低空安全高效运行体系提供坚实支撑。如果有了装备、网络技术，再加上场景牵引，低空经济就能很好发展。四是强化标准支撑。加快建立贯穿低空装备研发设计、生产制造、试验验证、运行支持等全生命周期的工业标准体系，联合有关部门推动建设第三方检测认证体系。

中国航空工业集团有限公司 2022 年 11 月 9 日发布的《通用航空产业发展白皮书（2022）》指出，2021 年全球民用无人机市场规模超过 1600 亿元，同比增长 61.6%，其中应用级无人机占 60% 左右。随着下游应用领域的不断扩大，未来将继续保持增长。全球民用无人机市场保持高速增长，预计 2025 年市场规模将达到 5000 亿元；工业级无人机市场规模 2025 年占比将超过 80%，达 4000 亿元。

数据显示，截至 2023 年底，我国已有超 126 万架无人机，同比增长约 32%；全国注册通航企业 690 家，是 2015 年的 2.5 倍。2023 年，我国低空经济规模超 5000 亿元。工信部研究机构赛迪顾问发布报告预计，2026 年我国低空经济规模有望突破万亿元。

二、上海易多思航空科技有限公司：大型无人机航空发动机国产化解决方案

美国对我国实施技术封锁。我国民用航空发动机虽然可以从美国、奥地利、德国、意大利进口，但是很难获得技术最先进的发动机，大型无人机发动机技术在国内还属于空白，从而限制了通用航空产业的发展。目前，国内大型无人机生产商主要采购奥地利 ROTAX 航空发动机公司（型号：ROTAX914）和美国莱康明发动机公司（型号：LYCOMING 360）的产品，两款进口航空发动机在国内占有率达 90% 以上，基本处于垄断地位。

为了打破大型无人机航空发动机的技术瓶颈，上海易多思航空科技有限公司依托自身研发实力，几经努力，为各飞机制造企业提供定制化国产化动力系统解决方案。

2017 年，日本东京大学归国博士许筠带着技术回到国内，组建团队开始研发大型无人机航空发动机，并于 2019 年成立上海易多思航空科技有限公司，注册在上海宝山。作为一家致力于航空发动机设计研发、生产制造、销售、售后服务等一体化业务的创新型企业，主要为直升机、固定翼、旋翼、eVTOL 等大型无人航空飞行器提供动力装备，并依托自身研发实力为各飞机制造企业提供定制化动力系统解决方案。

2023 年，许筠博士带领团队已成功研发了 EDOS-1300 航空发动机，其主要性能指标达到国际领先水平，填补了国产航空发动机领域的空白，已获批的有关航空发动机技术专利达 17 项。

易多思研发工厂于 2022 年 6 月生产设备基本到齐，且已投入使用，能自主生产制造 28% 左右的 EDOS-1300 航空发动机零部件。EDOS-1300 航空发动机国产化率达到 75% 以上。

电动垂直起降飞行器（eVTOL）将成为未来城市空中交通的新方案，其

优势是可以垂直起飞或降落，不需要跑道，适合于城市空中交通运输。针对目前国内无人机空中续航时间仅为 10~15 分钟，难以满足通航实际要求的痛点，EDOS 航空发动机完美匹配发电机的最佳转速（7000~10000 RPM），持续输出 100 千瓦以上的电力给飞行器，实现空中续航时间可达 1.5~2 h，满足 eVTOL 载人飞行以及消防应急等各种应用场景的实际需求。

许筠博士率领研发团队设计、研发的 EDOS-1300 航空发动机测试性能指标均超过 ROTAX914 和 LYCOMING360，打破了国内在大型无人机活塞式航空发动机领域的技术瓶颈并填补了无自主知识产权的空白。通过在日本东京大学和重庆理工大学多次测试检验，在功重比、安全性、稳定性、续航里程等方面较传统的无人机发动机具备优势，一旦大规模上市，相对进口发动机将具有明显优势。

三、技术创新——实实在在的新质生产力

许筠博士带领中日研发团队攻克多个技术难关，自主研发成功的 EDOS-1300 航空发动机是一款高功率、高转速、高性能的航空发动机（见图 8-1），其核心技术要素如下。

图 8-1　EDOS-1300 航空发动机系列

资料来源：上海易多思航空科技有限公司。

（一）实现高输出功率的技术要素

（1）提高充填效率——改善吸排气流量系数，优化阀门尺寸和 Lift 量，从而让更多的空气和燃料被吸入发动机气缸。

（2）提高热效率——提高燃气压缩比，改善燃烧效率，减低机械损失，提高热效率。

（3）高速化——通过对阀门系统以及活塞曲轴系统零部件的改良，让其成为可以承受高速回转的结构。

（二）实现高转速的主要技术要素

（1）采用了 DOHC 吸排气阀门系统。与 Rotax 的 OHV（Overhead Valve）相比，EDOS 采用了 DOHC 阀门系统，大幅度降低了阀门的惯性质量，因而大幅提高了发动机转速；另外，采用钛金属吸气阀，不仅提高了转速，而且大幅提高了阀门动作的安定性、可靠性。

（2）活塞、连杆的轻量化。EDOS 运用计算机仿真优化设计等技术，最大限度实现往返运动零部件的轻量化，通过降低高回转时的惯性力，提升了零部件可靠性，大幅度减少了活塞曲轴系统的机械损失。

（3）冷却、润滑性能的改善。为承受高回转时产生的热负荷，EDOS 采用热传导效率高的水冷镀膜缸体（Rotax 采用的是冷却性能低的空气冷却），同时装载冷却活塞专用的喷油器，从而确保在高温环境下高速回转的活塞保持适当的温度。

四、产品技术创新点

（一）优秀的功重比

目前，无人直升机采用的动力装置可分为三大类，即活塞式发动机、涡轴发动机和电流动力系统。其中，活塞式航空发动机是无人直升机最重要的动力装置，但是活塞式发动机相较于涡轴发动机的主要劣势就在于功重比不够大。活塞式发动机的功重比一般在 1 左右，提高功重比具有较高难度。本项目研发的 EDOS-1300 航空发动机，以 95 号汽油为燃料，最大功率为 123.6kW/8500RPM（168 匹马力），发动机自重 88 千克（含内置减速器及离合器），功重比为 1.41。这在活塞式航空发动机里是十分先进的技术指标。

（二）安全性高，寿命更长

由于无人机的工作环境较地面工作环境严峻、恶劣得多，如果直接将传统的地面用活塞式发动机装载在无人机上，由于振动大、体积大、重量大，则势必会极大地影响发动机的寿命和无人机的操控稳定性等，发动机甚至会直接发生过热、拉缸和失火等故障，无人机就会由于失去推进力而丧失速度与高度，造成严重的事故。EDOS-1300 航空发动机通过正向开发，对发动机结构进行相应调整和完善，有效提高发动机搭载无人机工作时的可靠性和稳定性，充分保障了无人机工作的安全性和使用寿命。

（三）续航里程长，经济性高

无人机进行应急救援、消防救援、吊装、交通监控、航空摄影等任务时，均要求长航时、长里程，所以发动机燃油经济性指标显得尤为重要。由于 EDOS-1300 航空发动机的高功重比，功率提升的同时自身发动机的重量相对较轻，从而可以装载更多的燃油，实现无人机的续航里程更长，经济性更高。

（四）成本低

我国目前大多数大型无人机均采用奥地利 ROTAX914 活塞航空发动机和美国的 LYCOMING360 航空发动机，导致发动机采购成本较高，经济性较低。EDOS 结合国内的机械制造和材料工艺水平，实现发动机的国产化，在降低发动机成本的同时，形成整机系列化发展，并与企业联合实现产品市场化，更具有成本优势。

（五）正向开发，市场广阔

我国无人机动力装置研发水平现低于国外，尤其在无人直升机用活塞式发动机的研发领域，暂无成熟产品。EDOS 打破了国内在无人机用活塞式航空发动机领域的技术瓶颈，弥补了自主知识产权空白，将率先抢占国内自主研发的无人机航空发动机市场，更具有市场吸引力。

第四节　太蓝新能源：在新能源汽车领域实现弯道超车新跨越

一、我国新能源汽车的发展之路

我国新能源汽车产业肇始于 2009—2012 年的"十城千辆"工程。2013年，财政补贴从试点城市向全国无差别铺开，自此，新能源汽车产业开启了波澜壮阔又跌宕起伏的发展历程。在过去十几年，中国在新能源汽车领域见证了无数的科研成果转化为现实的产品，生产能力展现出惊人的发展速度（见表 8-2）。新型电池技术的突破和自动驾驶技术的研发，都预示着新能源汽车产业将在未来占据更为重要的地位。

表 8-2　我国新能源汽车发展之路

时间	导向	政策	发展规模
2009—2012 年	示范推广	《汽车产业调整和振兴规划》	5 万辆 新能源汽车销量占乘用车销售总量 5% 左右
2013—2016 年	政策驱动	财政补贴从试点推向全国 《新能源汽车生产企业及产品准入管理规定》	93 万辆 占全球新能源汽车销量近 60% 的份额
2017—2020 年	市场驱动	《乘用车企业平均燃料消耗量与新能源汽车积分并行管理办法》 《外商投资准入特别管理措施（负面清单）（2018 年版）》合资政策	492 万辆 2020 年底，私人消费占比提升至 71% 2020 年非限购城市销量占比提升至 62%
2021 年至今	技术驱动	《新能源汽车产业发展规划（2021—2035 年）》	年均超 800 万辆

资料来源：作者根据相关资料整理

新能源汽车产业的发展，不仅改变了人们的日常出行方式，也带动了相关产业链的蓬勃发展，更推动了城市的绿色低碳转型。

2023 年，我国汽车出口量首次超过日本，成为世界汽车出口大国，傲然屹立于世界新能源汽车产业之巅。这不仅是一个数字的飞跃，更是我国汽车界自主创新、自强不息的精神象征。

二、新能源电池：汽车产业弯道超车的不二选择

传统的汽油、柴油发动机被视为制约我国汽车产业国产化"卡脖子"的关键领域。发展新能源汽车成为我国汽车产业跻身世界前列的战略选择。

新能源汽车的核心是动力电池。目前已经使用的动力电池包括铅酸蓄电池、镍镉电池、镍氢电池、锂离子电池和燃料电池等。从电池绿色发展和高

性能使用的技术创新前景看，目前固态锂电池代表了现有大众化锂电池的应用方向；以氢能为动力的电池代表了燃料电池的终极应用。

随着能源革命的推进，固态锂电池与氢能动力电池已在不断推陈出新，标志着新能源汽车全新时代的到来。

三、太蓝新能源：新能源电池领域的革命

对于固态电池的江湖地位，新能源行业曾流传这样一句话：固态电池普及之日，就是燃油车退出历史舞台之时。固态电池使用的固态电解质具有不易燃、耐高温、无腐蚀、不挥发的特性，使得电池对温度的敏感性降低。依据电解质分类，锂电池可分为液态、半固态、准固态和全固态四大类，其中半固态、准固态和全固态三种统称为固态电池。与传统液态锂电池相比，全固态电池在安全性方面更加优秀。因此，全固态电池是下一代电池的首选方案之一，也被列入中国、美国、欧盟、日本、韩国等主要国家和地区的发展战略，是下一代电池技术竞争的关键制高点。

太蓝新能源（Talent New Energy，TNE）全称是重庆太蓝新能源有限公司（以下简称"太蓝"），是由国家引进杰出锂电研发专家和国内专业产业化专家团队联合创办的新能源高科技企业，专注于新型固态锂电池及关键锂电材料的技术开发和产业化。太蓝新能源长期聚焦固态电池的产品开发和产业化，凭借成熟的正负极材料体系和关键环节技术创新，实现了锂电池综合性能的显著提升。相较于传统液系电池，太蓝已经量产的多款半固态锂电池产品整体性能得到大幅提升，产品安全性更好、能量密度增长、倍率性能优秀，受到客户的广泛认可。

太蓝拥有世界一流的技术研发团队，深耕先进固态锂电产业化研发十余载，以来自国内外的数位资深锂电专家、十余名博士／硕士为研发中坚力量，

共计 32 人构成。技术骨干曾长期参与包括日本丰田汽车、美国能源部、美国空军等多个重要锂电项目研发工作，为国际上较早介入固态锂电的研发人员，积累了丰富的研究经验和先进的技术基础，准确把握行业前沿发展方向和研究进展，且已掌握固态锂电产业化的关键技术并拥有持续自主研发创新能力，为固态锂电研发和产业化的顺利开展提供了坚实的团队基础。

太蓝创始人高翔博士从中科院博士毕业后在日本丰田固态电池（当时全球最领先）研究院做了三年半博士后，认为丰田技术短时间内不会成功，又去了美国橡树园固态锂电池研究院做了三年半的博士后，带队做出了固态锂电池（小型，不能上动力车）。然后，他心中有了更好的技术路线，且专利不会和日本及美国重复，即回国创业，公司最终落地重庆。2022 年 11 月，太蓝在重庆的 0.2 GWh 的半固态锂电池已下线，另外在重庆的 2 GWh 产线正在建设中，安徽淮南的 10 GWh 产线也已启动，全固态锂电池也已开发完成，目前有 100 多项专利，到 2025 年底会有 500 多项专利。

四、太蓝聚焦打造新质生产力

固态锂电池的优点就是液态锂电池的缺点。一是安全性高，固态锂电池不会自燃，更不会爆炸。太蓝固态锂电池可以做到在零下 50 摄氏度，电的衰减仅有 15%（液态锂电池至少 40%），同时，太蓝固态锂电池可以在 65 摄氏度高温情况下毫无问题（实验室可以达到 150 摄氏度），液态锂电池高温下会有危险。二是固态锂电池的能量密度大大高于液态锂电池，在同样电量的情况下可以使车更轻，续航能力大大高于液态锂电池。三是太蓝固态锂电池的满充放电时间可在 5~8 分钟完成。四是固态锂电池的生产制造成本比现在的液态锂电池低 20%，而且还在不断进步中。

太蓝新能源研究院通过材料创新开发"高性能氧化物固态电解质"。该电解质具有很高的离子电导率和机械强度，并且材料表面创建了界面柔性层，实现电解质与电极的良好接触。该体系可以很好地解决离子电导率和界面阻抗的问题；掌握关键性的电解质超薄膜制备技术和界面柔化技术，可以兼容现有液态电池的工艺体系。太蓝以材料创新和工艺创新为依托，凭借科学的生产管理统筹，使得产品研发能力快速转移到生产制造基地，实现多种型号的半固态锂电池顺利量产。

目前，太蓝新能源在"车规级全固态锂电池"的研发方面取得重大进展。经过研发团队不断的技术迭代与潜心探索，实现了全固态锂电池的多项关键技术突破，包括超薄致密复合氧化物固态电解质、高容量先进正负极材料、固态电池一体化成型工艺等。在此基础上，太蓝成功制备出世界首块车规级单体容量 120Ah（安时），实测能量密度达到 720 Wh/kg 的超高能量密度体型化全固态锂金属电池（见图 8-2），刷新了体型化锂电池单体容量和最高能量密度的行业纪录。

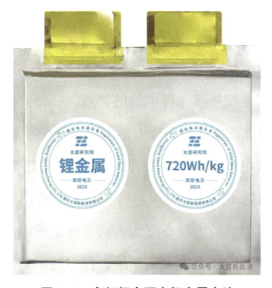

图 8-2　车规级全固态锂金属电池

资料来源：太蓝新能源。

（一）材料创新，积厚成势

太蓝此次发布的全固态锂电池，正极采用高克容量、长循环富锂锰基材料，负极则采用了超宽、超薄且兼具高循环稳定性和高倍率的复合锂金属基材料。同时，为了解决全固态锂电池的固－固界面阻抗问题，它还搭配了太蓝独有的高性能氧化物复合固态电解质。

与此同时，太蓝通过构筑高效离子、电子传输网络，提高正极内部带电粒子的迁移能力，搭配自研界面柔性层材料，有效降低界面阻抗的同时，还提升了界面稳定性，实现了电池综合性能的全面提升，有望从根本上解决传统锂离子电池的续航和安全焦虑问题。

（二）聚焦前沿，持久发展

作为新能源科技产业化创新发展竞争的焦点之一，固态电池长期受到全球各国的关注。太蓝是固态电池行业的重度参与者，长期深耕固态锂电池关键技术的研发与产业化落地，在先进技术、材料、设备及工艺方面均有系统的布局。此次推出全固态锂电池，其核心优势是采用了自研、自产且成本可控的高性能固态电解质，还同步实现了本质安全与极具竞争力的普及化能力。

"720Wh/kg 超高能量密度全固态锂金属电池"的发布，是太蓝为我国新能源产业技术创新发展献上的一份大礼，为我国新能源汽车动力电池和相关高端电化学储能产品应用领域的产业化升级提供了一个新的选择。

（三）持之以恒，成就满满

第 28 届联合国气候变化大会上，世界知识产权组织（WIPO）发布了第二版《绿色技术手册》，仅有三家中国新能源领域企业的技术被收录，其中电池行业有两家，即宁德时代的钠离子电池技术与太蓝的全固态锂金属电池。

太蓝自成立之初即确立了"固态电池普及者"的品牌愿景,在固态电池技术的探索路径方面,选择了氧化物路线作为核心,并在此基础上持续创新,建立起强大的技术储备和科技创新体系。太蓝以重庆一期工厂率先实现半固态锂电池产品量产为契机,快速推动固态电池产品开发和产业落地。

新能源汽车作为绿色低碳交通的先行者和示范者,动力电池是智能网联汽车产业的关键环节,高能量密度、高倍率电池正在加速普及,让更多的电动车在公路上从容驰骋,成为支撑全球气候治理、引领"双碳"目标的重要一员。太蓝下一步将携手固态电池行业推进动力电池使用体验提升,助力新能源汽车产业链的长期可持续发展。

2023 年 11 月 11 日,2023 "创蓝碳中和先锋奖"颁奖典礼与"第三届金融支持绿色科技大会暨金融支持绿色科技平台年会"成功举办。太蓝凭借"高性能氧化物固态电解质界面柔性层材料及制备工艺"专项技术,从百余家碳中和领域的参赛企业中脱颖而出,被授予 2023 "创蓝碳中和先锋奖"。

以成为"固态电池普及者"为己任,太蓝不断快速推进自身全固态锂电池的产业化和商业化进程,通过持续的产品、技术创新开拓并引领市场发展,为我国新能源产业的稳健发展贡献太蓝力量,打造属于太蓝的新质生产力。

第五节　上海巷西环境:微生物技术的创新与应用

在"双碳"目标的大背景下,我国生态文明建设进入了以降碳为重点战略方向、推动减污降碳协同增效、促进经济社会发展全面绿色转型、实现生态环境质量改善由量变到质变的关键时期。在美丽中国建设迈出重大步伐、绿色低碳发展取得显著进展的同时,我国生态环境保护结构性、根源性、趋势性压力尚未得到根本缓解,保护与发展长期矛盾仍然存在。环境污染问题依然是对人类健康和生态系统造成巨大威胁的严重问题。

一、巷西环境微生物技术在水环境治理中的创新应用

上海巷西环境科技有限公司（以下简称"巷西环境"）是一家从事环保新技术研发、生态项目建设、绿色产业运营的国家高新技术企业，同时也是上海市科技型中小企业、上海市创新型中小企业和上海市专精特新中小企业。巷西环境以生物技术为抓手，以科技创新驱动企业高质量发展。巷西环境拥有雄厚的技术实力，通过了 ISO 质量管理体系和环境管理体系、售后服务、知识产权等体系认证，拥有近 70 项自主知识产权专利，其中 24 项发明专利、37 项实用新型专利、软件著作权 9 项，如湿垃圾处置、水环境综合治理与"双碳"减排等多项领先技术。凭借这些核心技术，巷西环境团队成员先后参与承担了多项国家课题并获奖。其中"城乡统筹环境系统整治关键技术及装备项目"荣获华夏建设科学技术奖一等奖，有机湿垃圾处理技术荣获第六届中国（上海）国际发明创新展览会银奖，有机湿垃圾处理设备荣获"长三角数字干线专利新产品"称号。

微生物降解液化处理技术的仿生学原理是模仿动物胃部消化功能，在短时间内将湿垃圾降解液化成水，通过后续污水处理系统深度处理后达标排放。整体处置流程包含五大系统：预处理系统、微生物降解液化系统、水处理系统、消杀除臭系统和智能控制系统。这项处理技术能够实现湿垃圾处理减量率超过 95%，真正做到垃圾源头减量。前端处理过程中的废油脂可经提油回收利用，生产高清洁的生物质燃料；末端的水可作为液态肥或污水处理厂碳源资源化使用。

近年来，微生物技术被广泛应用于环境污染治理中，它具有高效、环保和经济的优势。微生物是自然界中的分解者，在好氧条件下，能将有机污染

物彻底地氧化，分解成二氧化碳、水、硝酸根离子等无机物，在厌氧条件下，能将有机物降解，转化成有机酸、二氧化碳、甲烷等。微生物种类繁多，代谢类型多样，每一种微生物都有独特的酶系与功能。因此，它们是自然界进行自净的主力军，也是我们对污染物进行生物处理的"有力武器"，是环境治理的主要工具。

微生物在大气、水、土壤、固体废物等污染治理中发挥至关重要的作用，如在大气污染治理中，微生物技术主要用于脱硫和净化含硫化氢的气体。微生物脱硫技术具有投资少、运行成本低、能耗少、可有效减少环境污染等优点。

在水体污染治理中，微生物的生物降解和吸附技术也发挥了关键作用，通过微生物的代谢作用和富集作用，将水体中的有机物、氮、磷等污染物转化为无害物质。微生物还可以用于净化水源，制成一种絮凝剂，有效去除水中的悬浮物及浑浊物。

在土壤污染治理中，微生物可以通过生物修复的方式将土壤中的污染物快速降解和转化成无害物质，使土壤恢复其天然功能。这主要利用了土壤中天然的微生物资源或人为投加目的菌株，以及构建的特异降解功能菌。这些微生物可以有效地降解土壤中的有机物、重金属等污染物。此外，微生物还可被用于监测大气、土壤等环境质量的变化。例如，通过监测水中微生物的种类和数量，可以判断水质的污染程度和污染来源。

巷西环境的微生物技术形成于实践，并在实践中得以发展与延伸。早期巷西环境在水环境综合治理的实践中，就积累了丰富的微生物法调理修复水体的经验。如巷西环境研发的"新型立体生态浮岛"，以一体化的构建方式，在水中建立了类似潜流湿地的结构。浮岛碳素纤维填料与植物根系吸附了大量微生物，填料载体内形成好氧、厌氧、兼氧环境，促进了微生物的增殖，分解有机物，降低水体氮、磷、重金属等污染物质含量，从而提高水体透明度，并能抑制藻类。

该技术在上海市静安区西泗塘河道被成功应用。受泵站放江影响，西泗塘水质不稳定，溶解氧浓度较低，氨氮指标也有所超标，属劣 V 类水体，采用常规曝气和生态修复措施，不能满足泵站放江和雨后黑臭的高负荷去除要求。

经治理后，西泗塘河道水质稳定达到 V 类水标准。该新型生态浮岛技术结合超纳米气溶增氧技术，利用微生物对水体的净化作用，对水环境生态圈进行修复，已在城市泵站放江难题、农村生活污水、清洁小流域等水环境综合治理领域拥有多个成熟案例。

二、巷西环境微生物技术在湿垃圾处置中的创新应用

湿垃圾又被称为厨余垃圾，即易腐垃圾，指食材废料、剩菜剩饭、过期食品、瓜皮果核、花卉绿植、中药药渣等易腐的生物质生活废弃物。湿垃圾中含有极高的水分与有机物，很容易腐坏，产生恶臭。经过妥善处理和加工，可转化为新的资源。高有机物含量的特点使其经过严格处理后可作为肥料、饲料，也可产生沼气用作燃料或发电能源，油脂部分则可用于制备生物燃料。

经过与国内知名科研院所合作，巷西环境将水环境综合治理中的微生物法应用于湿垃圾处置上，并取得超越传统技术的颠覆性突破。

（一）湿垃圾处置亟须新技术

2019 年 7 月 1 日起，《上海市生活垃圾管理条例》正式施行。上海市率先出台生活垃圾强制分类政策后，其他城市也都纷纷推行。伴随生活垃圾分类观念日益深入人心，湿垃圾的分出量也迅速增加，以上海为例，作为率先实施垃圾分类的城市，2023 年上海市湿垃圾收运量由原来的不足 5000 吨 / 日

上升到 9443 吨 / 日。

目前，国内湿垃圾处理的传统技术面临亟须突破的瓶颈和痛点，如衍生物存在二次污染或无法消纳、邻避效应大、投资大、占地广、碳排放量大等环境与安全问题。为应对日益加大的湿垃圾分出量和"减量化、无害化、资源化"的环保需求，亟须对现有湿垃圾处置工艺实现革新性的突破。

（二）巷西环境"微生物降解液化及碳捕捉技术"

巷西环境基于水环境综合治理中的微生物技术经验沉淀，在实践中摸索出一套适用于我国湿垃圾就地处置、源头减量的"微生物降解液化技术"（见图 8-3）。该技术基于仿生学原理，模仿动物胃部消化功能，通过多种微生物菌种联合消化分解有机湿垃圾，24 小时内可将 95% 以上的有机质从有机大分子降解为小分子，并最终液化为水。水经过处理后达标排放，或作为水肥资源化利用。

在前端预处理环节加入生物提油工艺，经过该工艺可将分离出来的油脂提纯为高清洁生物质燃料；在后端将经过微生物降解液化的废水接入微藻固

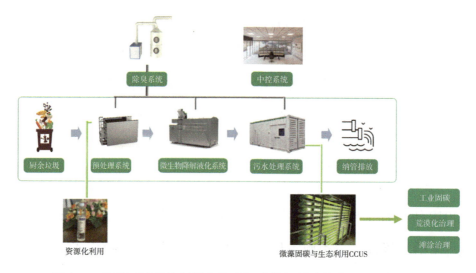

图 8-3　巷西环境湿垃圾微生物降解液化与捕碳技术工艺流程图

资料来源：巷西环境。

碳工艺，有机湿垃圾降解液化后的废水中富含适合微藻生长繁殖的营养物和二氧化碳，微藻固碳工艺不但能使湿垃圾处置减少二氧化碳排放量，所产微藻还能被广泛应用于工业固碳、医药保健品、水产养殖、环境修复、生物能源等众多领域。巷西环境在有机湿垃圾处置中形成的微生物降解液化技术，真正做到有机湿垃圾处置的减量化、无害化和资源化。

巷西环境的微生物降解液化技术具备建设周期短、减量率高、排碳量低、占地面积小、环境友好等多重优势，为新形势下生活垃圾处置提供一种新思路、新方法。该技术已全面装备化，有 0.02 吨 ~5 吨 / 台日处置量的全系列产品，工艺成熟，产品稳定，经中国合格评定国家认可委员会（CNAS）检测认定为达到国家一级标准，特别适合分散式与集中式处理相结合的垃圾处置生态建设布局，目前已在乡村振兴领域率先完成"垃圾不出村居（小区）"，同时也在"无废城市"建设中助力更多"无废细胞"建设，如社区、工业园区、机关、工厂、企业集团、校园、商场、餐馆、酒店、景区、医院等应用场景。

（三）人与自然和谐共生的设计理念

建筑设计利用刘夏原始森林优势，整体色调为纯白色，提高建筑的可见度，形体采用三个圆柱形，线条简洁，灵感源于森林中的蘑菇，与周边自然景观相呼应，体现了赵巷优美的自然风光。选址均在林间空地，以不破坏森林生态为原则，甚至在建筑物内部保留了原始树木，充分体现了人与自然和谐共生的理念。

（四）"三位一体"、协同处置的模式创新

巷西环境秉持节约能源、协同处置、绿色低碳的理念，将垃圾污水、冲洗废水、厕所污水"三位一体"统一收集。同时，充分利用碳源，使处置成

本节约 30%，处理后的中水用于园林绿化浇灌和厕所冲洗，预计年节约用水1000 吨，相当于年减碳 20 吨。

另外，处理系统小型化可以分布式应用，安装于地下。这样，地上形成绿化系统，节约资源，真正做到人与自然和谐统一。

巷西环境一直以生物技术研发创新为抓手，在环保领域的重要创新成为新质生产力理论在上海青浦区赵巷镇的重要实践，为新时代、新形势下的生态文明建设提供了新思路、新方法。

（五）巷西环境微生物降解液化技术的三大效益

第一，环境效益。环境效益的指标主要包含减量率、资源化率、温室气体减排潜力、环境污染物消减潜力、污染气体社会成本；厨余垃圾处理的经济性主要取决于产品的可利用性，需综合考虑土地等限制因素。土地资源有限，首先需以无害化为导向；对于土地资源相对丰富地区，如北方地区盐碱地可能较多，可以推动处理产品的土地利用。

第二，社会效益。该技术着重解决固形物减量不足、运行成本高、垃圾渗滤液难以处理等瓶颈问题，具有环境友好、占地少、能耗低等优势，实现了末端一站式处置；同时，其产水有望补充市政污水厂的碳源，为打造新概念污水厂提供新的思路，并因减少二次运输和产水水质易于处理与利用，节能减排，在"双碳"领域提供"碳友好"的湿垃圾处置方案。

第三，经济效益。该技术运营成本为传统工艺的 60%，且每吨垃圾处理占地只需 20~30 平方米，仅为传统工艺的 1/5，无邻避效应；同时，选址灵活，相较于传统技术，该技术在土地资源有限、土地成本高的地区的比较优势尤其突出。

三、巷西环境微生物降解液化技术的应用案例

（一）上海浦东国际机场湿垃圾处置

浦东国际机场湿垃圾处置中心（见图 8-4）于 2022 年 11 月开工建设，2023 年 6 月 21 日正式投入使用，总占地面积约 950 平方米，能实现日处理（湿垃圾）量 30 吨，有效地满足了浦东机场区域的湿垃圾就地处置不外运的要求。项目运行得到了机场的认可与支持，同时在项目设计上预留了升级方案，可以应对未来机场湿垃圾处置的体量增长。

图 8-4　上海浦东国际机场湿垃圾处置中心

资料来源：巷西环境。

（二）乡村湿垃圾处理

2019 年，国家垃圾分类战略的布局，给了巷西环境创始团队一个机遇。通过组建微生物方面的技术研发团队，巷西环境在上海青浦区赵巷镇率先开启深耕环保领域的技术创新。巷西环境研发了湿垃圾微生物降解液化技术、分子级整流耦合溶氧技术、水生态修复技术以及结合"双碳"目标的微藻治沙技术等一系列全国领先技术，历经 4 年的发展，将技术装备化、工艺化，在上海青浦、松江、奉贤、宝山、崇明等多区逐步建立湿垃圾微生物法处理

的应用场景（见图 8-5）。

图 8-5　上海市青浦区方夏村环卫综合体

资料来源：巷西环境。

四、"双碳"背景下巷西环境微生物技术的延伸应用

碳达峰、碳中和是中国国家重大战略，碳捕集、利用与封存（Carbon Capture，Utilization and Storage，简称 CCUS）是应对全球气候变化的关键技术之一。当前全球每年的二氧化碳排放量为 300 亿 ~400 亿吨，根据测算，到 2050 年全球仍有 10% 的二氧化碳无法通过常规手段实现减排，这部分二氧化碳需要通过碳捕集、利用与封存（CCUS）技术进行消除。

（一）微藻产业化发展潜力巨大

微藻（microalgae）是细小藻类群体的总称，属于单细胞生物。微藻是自然生态系统中的重要组成部分，在物质循环过程中发挥着重要作用。微藻体内具有光合色素（叶绿素等），能高效地利用光能、二氧化碳和水进行光合作用，产生氧气并合成碳水化合物，与其他光合细菌一起为食物链上游端生物提供营养，并且微藻本身也可以利用二氧化碳以光营养的方式生长。微藻能够进行光合作用对地球上的生命非常重要，地球的大气氧气中约有一半都是靠这些微藻进行光合作用产生的。

微藻通过光合作用将二氧化碳转化为生物质，再通过一系列的加工过程可以制备得到如生物柴油、生物航煤、生物氢、生物乙醇等多种生物燃料或高价值化学品，产生经济附加值。因此微藻被认为是可以替代化石能源的可持续生物质资源。与其他物理捕碳、化学捕碳等碳捕集、利用与封存（CCUS）技术相比，微藻固碳技术从真正意义上实现了二氧化碳向生物质能源的转化，作为生物捕碳技术，其技术安全性、固碳永久性、环境友好性具有突破性优势。

微藻作为固碳生物，具有光合速率高、繁殖快、适应环境性强等优点，相当于森林固碳能力的 10~50 倍，且不与粮食作物争地，可在淡水、海洋、盐碱湖和工农业废水等多种水环境下生长。

（二）巷西环境微藻固碳技术的研发与应用

巷西环境通过先进的微藻固碳技术，捕捉湿垃圾处置过程中的二氧化碳，也计划应用于吸附发电厂、钢厂、水泥厂排放的二氧化碳。巷西环境拥有齐全丰富的藻种库，藻种固碳能力强，可高效处理废水中大量的氮、磷营养盐，并且固氮能力强，对湿垃圾中高浓度氨氮、总氮去除效果极佳。

巷西环境基于微生物技术在环境治理中的丰富实践，创新性地从中延伸出微藻生物固碳技术，并成功将其应用于垃圾处理固碳、荒漠化治理，开辟出全新的企业高质量发展增长点。

巷西环境的微生物技术尤其是微藻固碳技术，本身是绿色生产力的要素之一，可以助力企业完成发展方式绿色转型，助力碳达峰碳中和。巷西环境牢固树立和践行"绿水青山就是金山银山"的理念，积极将绿色科技创新和先进绿色技术推广应用，坚定不移走生态优先、绿色发展之路，为美丽中国生态文明建设贡献自己的力量。

第九章　未来产业与企业加速布局

第一节　未来产业：我国从跟跑到领跑的发轫

一、未来产业引领新的经济增长极

未来产业是运用颠覆性、前瞻性、前沿性创新技术与手段，重塑未来一定时期内产业的生产体系、消费体系、资源利用体系以及生产消费模式。未来产业由前沿技术驱动，尚处于孕育萌发阶段或产业化初期，是具有显著战略性、引领性、颠覆性和不确定性的前瞻性新兴产业。

当前，新一轮科技革命和产业变革加速演进，重大前沿技术、颠覆性技术持续涌现，科技创新和产业发展融合不断加深，催生出元宇宙、人形机器人、脑机接口、量子信息等新产业发展方向。大力培育未来产业已成为引领科技进步、带动产业升级、开辟新赛道、塑造新质生产力的战略选择。

我国具备工业体系完整、产业规模庞大、应用场景丰富等综合优势，为未来产业发展提供了丰厚的土壤。各省（自治区、直辖市）积极培育未来产业，北京、上海、江苏、浙江等地出台了培育未来产业的政策文件。但未来产业发展也面临系统谋划不足、技术底座不牢等问题。

布局未来产业，既是我国推进新型工业化的自身现实需求，也是参与国际竞争的外部形势要求。从自身需求看，是我国引领科技进步、带动产业升级、培育新质生产力的战略选择；从外部需求看，是我国主动参与全球未来产业分工合作、深度融入全球创新网络的必然选择。

二、全面布局新赛道

2024 年 1 月 29 日，工业和信息化部等七部门《关于推动未来产业创新发展的实施意见》（以下简称《意见》）提出，到 2025 年，建设一批未来产业孵化器和先导区，突破百项前沿关键核心技术，形成百项标志性产品，打造百家领军企业，开拓百项典型应用场景，制定百项关键标准，培育百家专业服务机构，初步形成符合我国实际的未来产业发展模式。

《意见》充分把握全球科技创新和产业发展趋势，前瞻部署了生物制造、量子信息、氢能、核能、基因和细胞技术等多个细分赛道，将全面支撑推进新型工业化，加快形成新质生产力。

专栏：前瞻部署新赛道

未来制造。发展智能制造、生物制造、纳米制造、激光制造、循环制造，突破智能控制、智能传感、模拟仿真等关键核心技术，推广柔性制造、共享制造等模式，推动工业互联网、工业元宇宙等发展。

未来信息。推动下一代移动通信、卫星互联网、量子信息等技术产业化应用，加快量子、光子等计算技术创新突破，加速类脑智能、群体智能、大模型等深度赋能，加速培育智能产业。

未来材料。推动有色金属、化工、无机非金属等先进基础材料升级，发展高性能碳纤维、先进半导体等关键战略材料，加快超导材料等前沿新材料创新应用。

未来能源。聚焦核能、核聚变、氢能、生物质能等重点领域，打造"采集—存储—运输—应用"全链条的未来能源装备体系。研发新型晶硅太阳能电池、薄膜太阳能电池等高效太阳能电池及相关电子专用设备，加快发展新型储能，推动能源电子产业融合升级。

未来空间。聚焦空天、深海、深地等领域，研制载人航天、探月探火、卫星导航、临空无人系统、先进高效航空器等高端装备，加快深海潜水器、深海作业装备、深海搜救探测设备、深海智能无人平台等研制及创新应用，推动深地资源探采、城市地下空间开发利用、极地探测与作业等领域装备研制。

未来健康。加快细胞和基因技术、合成生物、生物育种等前沿技术产业化，推动 5G/6G、元宇宙、人工智能等技术赋能新型医疗服务，研发融合数字孪生、脑机交互等先进技术的高端医疗装备和健康用品。

资料来源：中国政府网。

2024 年 4 月，工业和信息化部高新技术司专设了未来产业处。"未来产业处"，是国家部委首次为未来产业发展专门设置的业务主管机构，这意味着未来产业已经进入国家产业布局规划。今后，以技术创新推动产业创新，培育新的经济增长极，将成为我国产业发展的下一个主导方向。

三、未来产业的全新优势

未来产业技术创新不是渐进式微创新，而是前瞻性、颠覆性重大创新。与传统产业、战略性新兴产业相比，未来产业具有明显的产业优势特征。一是"从 0 到 1"的原始创新。例如，未来信息产业中的通用人工智能和量子信息技术，未来健康产业中的基因工程，未来材料产业中的超导材料等技术创新。二是生产要素配置指数式提升。未来产业生产要素配置不是传统要素线性叠加，而是现代要素相互融合和配置效率指数级提升，例如量子计算机能让计算能力实现成千上万倍增加。三是产业的跨界融合与智能化发展。未来产业边界不是界限清晰的，而是呈现出不同产业跨界融合和智能化、绿色化等发展特征，如智能制造、生物材料、人形机器人、脑机接口等。

当颠覆式技术创新呈现出技术性能成倍提升、产品化成本大幅降低、应用场景广泛等特征后，创新产品就形成规模经济效应，具有巨大的市场前景。根据国际数据公司（IDC）预测，人工智能电脑在中国个人计算机市场中新机的装配比例将快速攀升，2027 年有望达 85%，成为市场主流；从智算行业看，目前我国算力总规模排名全球第二。其中，通用算力占到了半壁江山，高性能算力具有巨大的提升空间。采用先进的计算架构，形成具备高算效、高能效、可持续、可获得、可评估特征的高质量算力，将成为未来资源利用问题的最优解；脑机接口作为十大标志性产品之一，近年来在电极、算法、芯片等方面取得了重要进展。脑机接口可应用于医疗、娱乐、智能生活、教育等领域。其中，医疗领域是主要阵地。脑机接口与医疗结合展现出广阔应用前景，为相关疾病诊疗和康复提供了全新手段。此外，脑机接口还可与虚拟现实、人机交互、人工智能等技术结合推动现有产业变革，如脑机接口应用于工业领域，可帮助人们通过意念操控机器人、无人车、工业生产线等设备。事实上，改革开放以来，我国的产业与企业已经在这方面有所探索，形成了一定的基础。

第二节　"图灵量子"：量子叠加 智算未来

近年来，全球主要国家在量子信息技术领域加强科技政策布局，推出发展战略和研究项目规划，加大公共研发资金的支持投入力度，推动量子技术从基础研发到市场化应用。我国"十四五"规划将"量子信息技术"列为"事关国家安全和发展全局的基础核心领域"。量子信息技术有望成为中国在全球科技产业中"换道超车"、掌握产业链话语权的重要核心技术。在市场规模方面，预计2030年全球量子计算市场规模将达到140.1亿美元，并以每年30%左右的增速平缓上涨，至2035年预计会达到489.7亿美元。

一、创造对人类有用的量子计算机

图灵量子作为我国量子计算龙头企业和光量子芯片及光量子计算产业化引领者，致力于以光量子芯片为核心，推动量子信息与智能技术的产业化。公司拥有自主知识产权的三维和超高速光量子计算芯片核心技术和工艺；拥有从芯片设计、流片、封装、测试到系统集成和量子算法实现的全链条研发能力。公司已形成了完整的市场化产品体系，在光量子芯片、专用光量子计算机、光量子测控系统、光量子EDA软件和量子云平台等方面实现技术优势。图灵量子发布的核心产品包括全系统集成的商用科研级专用光量子计算机TuringQ Gen 1、三维光量子芯片及超高速可编程光量子芯片等，自主研发的商用光量子计算模拟软件FeynmanPAQS于2022年2月也开始试商用，弥补了国内光量子EDA领域技术和产品的空白。同时，图灵量子参与建设国内首个光子芯片中试线、国内首个量子人工智能计算中心。

图灵量子拥有自主知识产权的飞秒激光直写和铌酸锂薄膜光子芯片核心技术和工艺，具备从芯片设计、流片、封装、测试到系统集成和量子算法实现的全链条研发能力。布局光量子芯片、专用光量子计算机、光子处理器、光量子测控系统、光量子EDA软件、求解器、算法安全平台以及量子云智算平台等全栈软硬件产品，在人工智能、金融科技、生物医药、通信加密、数字安全等行业率先形成产业化解决方案。

图灵量子参与建设的国内首条光子芯片中试线已于2024年启动运行，以"单片集成128个全同量子光源的阵列芯片"为代表的一批前沿光子芯片技术将具备中试量产能力，进一步推进光通信、光互联、光传感、光子计算和人工智能等高端芯片的实用化落地和产业化，形成光子芯片领域研发、制备加工等一体化完整生态系统。

（一）单片集成 128 个全同量子光源的阵列芯片之优势

1. 均匀性

图灵量子团队利用自主研发的飞秒激光直写技术，掌握了灵敏且稳定的双折射调控能力。相较于之前的多种激光写入方法导致的巨大光子损耗，团队通过调整写入参数，成功制造了高质量的单通道 SFWM 波导，在无须额外辅助工艺的情况下可以将数百个光源的双折射飘动控制在 5% 以下，所发射的光谱飘动低于 1 纳米。团队分别对全部 128 个量子源间的信号光和闲频光的光谱性能进行了特征化，各进行了 16384 次测量分析。其中信号光子的光谱重叠值最小为 0.943 ± 0.007，闲频光子的光谱重叠值最小为 0.963 ± 0.004，相比于之前动辄 6 纳米的光谱飘动的记录，双折射调控精度显著提升。

2. 高可拓展性

为了达到量产的目标，稳定性是至关重要的要求，团队在芯片加工中，集成了许多传感器来检测制备状态，整套芯片加工系统可以稳定运行工作，128 个 SFWM 波导可以在不到一个小时的时间内刻在 20 毫米 × 20 毫米 × 1 毫米的衬底上。原则上，随着衬底大小和结构的变化，集成光源数量可持续拓展。

3. 可实现离散变量或连续变量编码

除了单光子偏振，轨道角动量外，量子信息还可以通过连续可变光场来承载。实现连续可变光场的量子光源多为压缩光，图灵量子的片上源阵列随着泵浦功率的增加，实现的压缩参数可达 0.545 ± 0.01，可以作为一个新的平台用于离散变量或连续变量编码。

4. 高不可区分性

量子的不可区分性是可拓展量子信息处理的重要期望特征，图灵量子团队通过一系列 Hong-Ou-Mandel 干涉实验（光学实验的一种），验证了片上集成源之间的不可分辨性，测得的所有实验值都在 90% 以上。

（二）单片集成 128 个全同量子光源的阵列芯片应用

单片集成 128 个全同量子光源的阵列芯片对量子计算具有重要意义，目前，该技术已经应用于光量子计算机中，可应用于已完成量子行走、量子快速到达、量子集合求解、时间戳玻色采样、忆阻玻色采样等量子算法的原理性演示，推进量子科研领域的探索发展。同时，在人工智能，金融，生物医药，交通物流，光伏、电力系统等算力需求高，并发性问题多的场景，拥有广阔的应用空间。通过该技术，量子计算机中量子光源系统可实现高达 50 万对 / 秒的高亮度高品质的量子光源。目前包含该技术的整机方案，已经面向军工、金融、生物医药等领域完成交付。

图灵量子自 2021 年成立以来，围绕商业化落地在产品研发、产线建设、融资及团队建设等方面做了全面布局。产品方面，图灵量子始终坚持自主研发的道路，构建了自主可控的光量子芯片和量子算法双底层核心技术，布局光量子芯片、光量子计算机、光子处理器、求解器、算法安全平台以及量子云智算平台等全栈软硬件产品，不断拓展应用场景，实现量子技术赋能百业。产线方面，图灵量子参与建设的中国首条光子芯片中试线，设备已陆续进场安装调试，于 2024 年 9 月启动运行，致力于打造新一代信息技术需求的光子芯片前沿研究和产业化支撑平台。融资方面，公司已先后完成四轮大额融资，估值近 30 亿元，由中网投、华控基金、东证创新、联想创投、元禾原点、君联资本等多家知名机构联合投资。团队方面，图灵量子集合了一支当前全球唯一同时具有"芯片制备 + 量子计算 + 光子计算 + 人工智能"技术的团队，同时重点引进具有丰富产业化经验的人才，全面提高公司的商业化能力。

目前，研发团队在上海交通大学长聘教授金贤敏的带领下，已有来自牛津大学、加州大学、上海交通大学、复旦大学等国内外名校的科学家和工程师近150人，在光量子芯片、科研级专用光量子计算机等领域已拥有近百项专利。

二、打造后摩尔时代的算力引擎和智算产业集群

图灵量子致力于光量子芯片、光量子计算机、光子计算机、人工智能光子处理器及量子云的研发和产业化，打造后摩尔时代的算力引擎和智算产业集群。

（一）光量子计算机：量子叠加，智算未来

1. 量子光源
本系统的量子光源部分采用 Sagnac 干涉仪方案，搭载 405nm 波长的连续窄线宽半导体激光器，更加有效实现准相位匹配，结合 0.001K 级别的高精度温控模块方案和高稳定弹性隔振系统，制备得到超高品质和超高亮度的量子光源，量子光源亮度大于 50 万对 / 秒。

2. 光量子芯片
图灵量子掌握光量子芯片的关键技术和核心工艺，通过一整套飞秒激光直写系统制备出极低损耗、超高精度、真三维和可调控的光量子集成芯片。为推动光量子集成芯片和量子计算技术的产业化成果落地助力。三维光量子芯片演示量子算法保真度 >90%；光量子芯片低损耗（<0.1dB/cm）；高精度（干涉对比度 >95%）；高集成度（层数 >49 层，单片集成 30000 个光子线路）。

3. 探测系统
①探测系统采用增强型电荷耦合器件相机进行单光子级成像，拥有纳秒量级的快门和超高像素值，满足大面积高速量子探测需求；②高时间分辨率，

响应时间 < 2 ns，十亿分之一秒的时间分辨率，可用于精确的瞬态现象研究。

4. 高精度温控系统

本产品拥有完全自主开发的高精度温度控制系统，性能稳定，调节范围广，其最小温度控制精度可以达到 0.001K。

5. 阻尼减振系统

本系统采用了高的阻尼减振系统，在室温下于 10~100 Hz 频率范围内，损耗因数约为 0.5~0.8，比其他商用橡胶高 2~5 倍。高阻尼系数使得设备使用中可以长时间保持系统的稳定性，提高产品可靠性。

6. 界面控制系统

本产品界面拥有自主化控制系统，其中界面控制系统包含了高亮度量子光源系统、高精度量子探测系统、高精度阻尼减振系统、多通道复合门系统、高精度温控系统、精密位移台控制系统，可为用户提供定制化二次开发。

（二）TuringQ 高性能量子求解器

TuringQ 高性能量子求解器由一种量子启发式优化算法与几种经典启发式算法混合而成，可以根据待解问题特征筛选大量可能性，选取合适的算法参数和类型，并在短时间内给出足够好的解。该求解器在大量测试中性能提升明显，打破了高性能求解器被 Gurobi、东芝、微软等国外巨头垄断的局面，在金融、医疗等多领域应用前景广阔。

（三）量擎量子计算开发平台

图灵量子自主研发的量擎量子计算云平台，可以为用户提供一套部署在云端的经典—量子混合人工智能开发环境，支持用户通过云端调用底层量子硬件，预装量子工具链可以使用户便捷进行模型训练和调优工作，配套的 IDE（集成开发环境）使用户可以快速入门和上手。通过结合量子编程框架 DeepQuantum 与 Qzone SDK 调用量子算法资源，最终实现多种量子算法的运行，为用户提供将量子模型向应用化 API（应用程序编程接口）转化功能，进行轻量级的在线量子 AI（人工智能）应用体验。

（四）天机量子：量子安全护航未来

近年来，量子技术领域的不断突破，为信息安全带来了前所未有的机遇与挑战。在传统密码学面临困境的今天，量子安全成为保障信息安全的关键所在。其重要性不容忽视，不仅关乎个人隐私保护和金融交易安全，更关乎国家安全和全球信息安全等。

在此时代背景下，天机量子应运而生。天机量子孵化于图灵量子安全事业部，是我国首家全解决方案后量子密码安全公司。依托图灵量子在芯片和算法上的深厚技术积累和行业领先优势，天机量子历时两年，成功研制出全球首款基于量子随机数、国密算法和抗量子算法的高性能抗量子加密芯片，可为移动互联网和物联网终端提供加解密运算、完整性校验、量子真随机数生成、密钥生成和管理等服务，保证传输、存储信息的机密性、完整性和有效性，可以有效抵抗量子计算的破解攻击。同时，这也是全球首款已实现万片以上量产的抗量子加密芯片。

图灵量子与天机量子不仅带来了自主研制的抗量子加密芯片，也展示了以自主研发基于量子隧穿效应的量子真随机数打造的量子密钥系列产品，以抗量子密码及国产商用密码技术打造云、管、端全生态、多场景的下一代密码安全的软硬件产品矩阵（见图9-1）。同时，联合克拉科技发布了中国首个电力配电系统抗量子加密数据采集解决方案，通过量子加密的采集技术，实现配电网站房全站量测设备的主站安全接入，实现站内状态信息在线全检测、智能全管控。

天机量子针对网络通信安全的解决方案天机量安密网，针对数据安全问

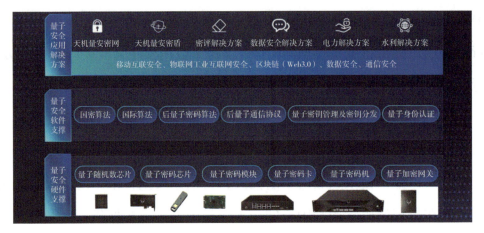

图 9-1 量子安全产品矩阵

资料来源：图灵量子。

题的解决方案天机量安密盾，以及量子安全服务平台等，目前已经在安防、通信、物联网、信息安全、智能汽车、消费电子、工业互联网等多个领域落地应用，构筑起新一代密码安全的防线。

（五）量子安全服务

1. 天机量安密网

天机量子以量子密钥和抗量子密码技术赋能打造抗量子加密网络，从而应对量子计算时代的安全风险。适用于企业分支总部安全互联、业务云网融合安全互联、应急指挥安全组网、安全远程办公、智慧城市安全组网、工业互联网安全、5G 互联等场景，有效满足用户网络通信安全需求（见图 9-2）。

2. 天机量安密盾

天机量子凭借多年的技术积累与研发经验，设计并实现了一个创新的解决方案即天机量安密盾（见图 9-3）。本方案基于量子随机数和抗量子密码技术打造数据安全产品，适用于各类基于物联网应用的数据防护场景，针对性解决终端设备与数据中心数据交互、终端设备可信认证、终端采集数据可靠性和完整性防护、边缘计算数据安全传输等数据安全问题。

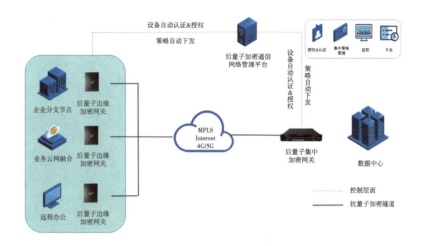

图 9-2　天机量安密网

资料来源：图灵量子。

图 9-3　天机量安密盾

资料来源：图灵量子。

3. 量子安全服务平台

天机量子通过量子随机数、抗量子密码与商用密码技术的结合，以一种全新的、能够抵抗量子计算攻击的数据安全防护产品搭建应用系统数据安全体系，从而应对量子计算时代对应用系统数据的威胁（见图9-4）。目前已被广泛应用于各个领域，其中包括政务、能源、水利和卫生医疗等未来需通过

图 9-4　量子安全服务平台

资料来源：图灵量子。

国家商业密码应用安全性评估二、三、四级的业务系统。

（六）图灵金科金融解决方案

图灵量子推出量子计算应用模块产品和商用服务系列——图灵金科，致力于为金融科技带来全面的量子增强。图灵金科包含投资组合优化、信用卡违约违例、量子 AI 反欺诈知识图谱、量化交易策略四大应用模块，结合量子算法、量子机器学习、量子 AI 融合等优势技术，为金融行业在提升金融交易效率、优化实时风控、定价等方面发挥日益增大的实质性作用。

三、行业影响力

（一）铺就中国数字经济发展的"高速路"

图灵量子将依托自身建设国内首个量子人工智能计算中心、首条光子芯片中试线的经验，与国家超算互联网平台一起，探索量子计算与经典算力、人工智能的融合发展，赋能百业，以创新孕育新质生产力。

（二）参与制定量子信息网络产业联盟标准和六大成果

2024年1月29日，由工业和信息化部业务指导，中国信息通信研究院组织的量子信息网络产业联盟（QIIA）第三次全会在北京成功召开。在会议现场，量子信息网络产业联盟重磅发布了2023年QIIA六大成果与量子信息网络产业联盟标准。

图灵量子创始人兼CEO金贤敏作为量子信息网络产业联盟副理事长，带领图灵量子积极参与联盟各项工作。本次六大成果中，图灵量子依托自身的技术积累和产业发展经验，牵头编撰了《量子人工智能技术白皮书》，参与编撰了《量子计算云平台功能模型、体系架构与能力分级研究报告》《量子汇编语言和量子中间表示发展白皮书》，同时参与联盟标准《量子计算云平台功能要求和能力分级方法》的制定。

2023年11月，图灵量子与联想研究院上海分院、联想制造即服务等单位签署生态合作协议，成为"光明计划"新客户，未来三方将开展更多合作与交流，共同推动光量子产业新进程。

2024年1月16日，由清科创业、投资界发起的"2023Venture50"评选活动中，图灵量子凭借卓越的技术实力和商业成就，从数千家参选企业中脱颖而出，荣登新芽榜、数字科技双榜单，且连续两年上榜，发展潜力与投资价值再次获得创投界高度认可。

2024年5月18日，2023年度中国十大光学产业技术颁奖典礼暨产业创新大会在武汉隆重举办，图灵量子"单片集成128个全同量子光源的阵列芯片"荣获2023年度中国十大光学产业技术奖。

2024年4月，图灵量子正式入驻国家超算互联网平台。本次合作，图灵量子将充分发挥自身在量子计算方面的技术优势，率先带来TuringQ高性能量子求解器、量擎量子计算开发平台、图灵金科金融解决方案三大产品，结合国家超算互联网平台，为用户提供快速便捷、普适普惠、安全可靠的量子计算服务。

（三）发布全球首款抗量子加密芯片及全栈产品，提供全场景解决方案

图灵量子创始人兼 CEO 金贤敏表示，光子芯片和量子计算都是国家中长期布局的重大战略方向，芯片作为底层技术拥有驱动一系列突破性创新技术的可能性；同时，光量子计算是当前唯一没有明显短板的体系，可室温运行、芯片化和兼容人工智能，两方面技术完美结合迭代发展，将加速推动下一代信息技术变革。图灵量子是国内少有的同时完全自主掌握光子芯片与量子计算两方面技术的团队。随着国内首条光子芯片中试线、国内首个量子人工智能计算中心相继建立，未来图灵量子将加速推进光量子芯片的量产和量子算法的产业落地，底层驱动，赋能百业。

第三节　江苏元信：构建国产 FPGA 产业发展新生态

江苏元信网安科技有限公司（以下简称"江苏元信"）是江苏省无锡市一家以从事软件和信息技术服务业为主的企业。江苏元信率先以 IP 核创新驱动国产现场可编程门阵列（FPGA）产业生态发展，在医疗、网络通信、密码安全等领域加速技术创新。以软件 IP 化定义硬件，快速构建数字化设备，加速推进 FPGA 在医疗、网络通信、密码安全领域的高效应用。

公司在成立后短短的时间内，砥砺创新，拥有了自己独特的发明专利：基于 FPGA 的配置管理系统及配置管理方法、基于 PUF 技术的流媒体加密解密系统及加密解密方法、基于 IPsecVPN 的源 MAC 透传系统及方法、软件著作权、分布式通信系统等。

一、IP 核创新驱动国产 FPGA 产业生态发展

FPGA 即现场可编程门阵列，作为数字技术的载体，为数字系统的设计提供更加便捷的通道，使得数字系统设计可以芯片小型化、电路规模大型化，庞大的逻辑资源，可满足各种数字系统设计。目前在航空航天、医疗、网络通信、安全、汽车电子、工业、消费市场、测试测量等领域，越来越多的设计研发从 ASIC 转向 FPGA，以各种产品形式进入日常生活。

在医疗领域，江苏元信在国产 K7 系列 FPGA 平台上，利用自主开发的摄像头数据采集 IP 核、数据缓存 IP 核、图像处理 IP 核、编解码 IP 核、PC 显示 IP 核，快速集成基于国产 FPGA 的心脏内窥镜定位设备（见图 9-5）。与采用 "DSP+FPGA" 架构设计的国外进口心脏内窥镜定位设备相比，硬件成本更低，定位精度更高，而且采用软件 IP 化集成 FPGA 的方法使设备维护升级具有便捷性、时效性，可节约设备应用成本 50% 以上。

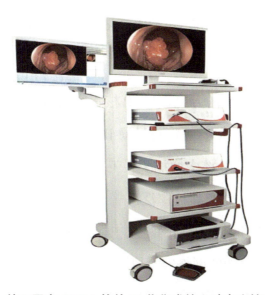

图 9-5　基于国产 FPGA 软件 IP 化集成的心脏内窥镜定位设备

资料来源：江苏元信。

在工业领域，江苏元信率先推出基于国产 V7 系列 FPGA 平台的智能网闸产品（见图 9-6），该产品采用"2+1"架构，由内网处理单元、外网处理单元和隔离数据处理装置组成，具有极高的数据交换能力，支持 10GB 以上大文件传输及以恶意代码清除、应用协议识别、病毒查杀等功能。该产品在保持高性能的同时，还具备占用空间少、功耗低等特点，能帮助用户有效降低运营成本。

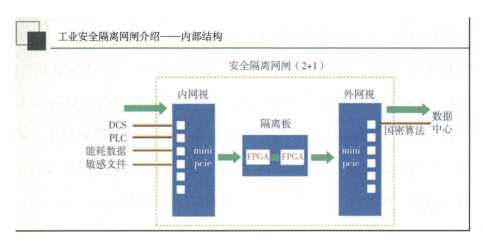

图 9-6　基于国产 FPGA 软件 IP 化集成的工业安全智能网闸

资料来源：江苏元信。

该产品采用自主开发的万兆接口 IP 核、容器 IP 核、规则匹配 IP 核、隔离防护 IP 核、数据交换 IP 核、病毒过滤 IP 核、抗泛红攻击 IP 核等搭建。更重要的是，在隔离防护 IP 核中增加了人工智能，设备可自动学习，不断适应具体应用场景。目前，此产品被广泛部署于政府、公检法、医疗、能源等场所的高安全级别网络和其他级别网络之中，是实现适度可控数据交换的专用设备，帮助用户应对未知的网络安全风险。

在芯片领域，江苏元信自主研发 IP 核，助力芯片企业推出以 RISC-V 架构的安全芯片。RISC-V 架构由 IP 模块化的方式构成，通过统一架构满足不同应用场景。用户可灵活选择不同 IP 模块组合实现定制化功能的设备。江苏元信将国密算法 SM2IP、SM3IP、SM4IP、算法调度 IP、算法安全 IP 集成在芯片内部，使其具备密码运算能力，拓宽了应用场景，提升了数据处理安全性。

二、国产 FPGA 新生态下的社会溢出效应

江苏元信"软件 IP 定义硬件，构建国产 FPGA 新生态"的理念产生了突出效益。

（一）时间效益

用户可使用自主研发的各类 IP 核搭建设备或实现某种功能的设计研发，无须再投入大量人力重复开发设计，为用户节约大量时间，提高研发效率，助力用户更快推出产品、占领市场。目前，江苏元信已完成了工业、医疗、能源、汽车等领域上百类不同 IP 核的自主研发。

（二）经济效益

FPGA 芯片因其无指令、无须共享内存的体系结构，相较于 CPU（中央处理器）和 ASIC 芯片（专用集成电路芯片）而言，同时拥有强大的计算能力和足够的设计灵活性，以软件 IP 化方式研发构建设备，节省了大量人力投入，对降低设备成本大有裨益，极大提升了设备性价比，使产品在市场上拥有更强竞争力。

（三）社会效益

国产 FPGA 在各行业的地位和作用日渐凸显，软件 IP 化为国产 FPGA 扩大并普及应用场景提供了强大助力，将产品设计从原来"定制芯片"的唯一

道路中解放出来，进入了可任意定制 FPGA 的新时代。

第四节　华天软件：为我国工业软件领域添砖加瓦

我国是全球唯一具备所有工业门类的国家，产业链优势明显。在完整工业体系和产业链的优势之下，科技研发和工业生产的效率更高，不断实现各行业技术的突破，比如盾构机、芯片、航空发动机、航空母舰、空间站、载人航天、机床、高端轴承、高铁、核磁共振、蚀刻机等。

华天软件是一家以 3D（三维）为核心的智能制造软件服务商，专注于制造业信息化领域，拥有完全自主可控的三维 CAD（三维制图软件）核心技术、三维轻量化技术及智能制造管理技术，为产业链和企业提供从产品研发到生产制造再到售后服务的整套信息化解决方案。

一、与中国制造业相伴共生 30 年，在工业软件领域积淀耕耘，走出创新之路

1989 年，华天软件创始人杨超英带领团队开发了国内首款二维机械 CAD 软件；1991—1992 年，团队研发国内第一套商品机械 CAD 软件（WIT-CAD）；1993 年，杨超英在一间 21 平方米的房子里创办了华天软件的前身——浪潮 CAD 工程有限公司；1998 年，华天软件推出 PLM（产品生命周期管理）软件前身 PDM（产品数据管理）软件，并研发出 CAPP（计算机辅助工艺设计）平台。

2005 年，华天软件全面通过 CMM3（国际软件成熟度）评估，成为业内第一家通过此评估的 PLM 厂商。华天软件 PLM 先后成为成都大运、陕汽商

用车、奇瑞汽车、海伦哲、万宝冰箱、杉杉新能源等客户的研发管理平台，现已进入国产 PLM 第一梯队。

2009 年 4 月，拥有完全自主知识产权的三维 CAD 软件在华天软件诞生，一举打破了国外工业设计软件的垄断。华天软件从此走上了国产三维 CAD 的自主研发之路。彼时，华天软件已经完全掌握了 CAD 的两个内核技术，即几何造型引擎和约束求解器。

2021 年，默默耕耘的华天软件迎来了资本前所未有的关注，继 2021 年初近亿元 A 轮融资后，同年 7 月完成 1.8 亿元 B 轮融资，2022 年初再获近 4 亿元 C 轮融资。在短短一年多时间内完成了三轮融资，资本的集聚效应越发凸显。

2022 年 7 月，华天软件上线了 SView 海外版，面向北美地区（主要为美国和加拿大），为用户提供看图和协同的价值服务，搭建起跨国企业沟通平台。华天软件进一步拓展海外合作与市场推广，为实现我国工业软件走向世界迈出了坚实的一步。

2022 年 9 月，华天软件发布国内首款完全自主基于云架构的新一代 CAD 产品 CrownCAD。这是目前国内唯一同时拥有自主三维几何建模引擎 DGM 和几何约束求解器的三维 CAD 平台，其适配国产芯片和国产操作系统，支持私有云部署。

2023 年 6 月，华天软件完成 C+ 轮超亿元融资。本轮融资资金主要用于加速具有国际竞争力的高端三维 CAD 产品研发进程，加大全球市场营销布局，构建工业软件解决方案供应商标准服务平台，打造中国工业软件 3D 生态广场（3D Plaza）。

自 1993 年创立之初，华天软件便确立了以自主创新为核心的发展道路。

深耕我国制造业信息化领域 30 多年，华天软件逐步形成全生命周期的智能制造解决方案，现已拥有三维设计、智能管理、可视化三大技术平台和创新设计、卓越制造、智能供应链、敏捷服务四大系列产品线（见图 9-7），构建了从底层三维几何建模引擎与几何约束求解器，到 3D CAD 研发工具，再到研发与工艺管理平台 PLM 与 CAPP 的完整布局，业务范围包括 PLM、PDM、CAPP、3D CAPP、CAD、CAM、MES、WMS、SRM、LES 等，成为国产工业软件"小航母"。

图 9-7　华天软件三大平台和四大系列产品线

资料来源：华天软件。

二、十年磨一剑：打造出属于中国人自己的三维工业软件

从 2012 年到 2022 年，华天软件历经十年核心技术攻关，五大版本迭代，在工业软件云化机遇中跑出"加速度"，研发出国内首款、完全自主的、基于云架构的三维 CAD 平台 CrownCAD，打造出中国工业软件的全新生态。

华天软件的选择是"啃硬骨头"。团队研发独立自主的 CAD 内核，在底层内核上敲下每一行具有完全自主知识产权的代码。华天软件公司董事长杨超英曾说，板凳甘坐十年冷，我们坚定不移地选择了一条最难走也最有意义的路，即"坚持国产自主"。

CrownCAD 的成就意义非凡，使我国的制造业、基建业、航天业、医疗器械等凡是涉及设计的，从根本上摆脱了对别国设计软件的依靠，使 3D 打印、AI 的技术创新可以独立自主去完成和实现。华天软件真正做到了助力制造型企业转型升级，为新质生产力蓄势赋能。目前，华天软件基于管理与服务定位，形成多赛道布局。

（一）InforCenter PLM：产品全生命周期管理

华天软件面向制造业的 InforCenter PLM 产品，形成业务过程全生命周期管理（见图 9-8），为企业提供从需求收集、产品设计、工艺设计到车间生产的智能制造管理平台。

InforCenter 集项目管理、产品设计管理、工艺设计管理于一体，以产品为中心，以项目计划为主线，把企业研发设计和工艺制造过程中所有与产品相关的信息与过程集成起来统一管理，PLM 实现数据的有序规范、设计过程的优化、资源的共享和上下游数据的一致，从而规范企业的研发流程，提高设计和工艺工作效率，缩短产品研发周期、降低成本。

系统的应用为离散型制造企业转型升级提供了高效服务，为汽车及零部

图 9-8　产品全生命周期管理

资料来源：华天软件。

件制造、汽车模具制造、通用机械等行业发展提供了高性能数字化赋能。

（二）三维 CAD/CAM 软件 SINOVATION：专业化解决方案

SINOVATION（见图 9-9）覆盖产品设计开发全流程，具备混合建模、参数化设计、直接建模、特征造型功能以及产品设计动态导航技术；提供 CAM 加工技术、冲压模具、注塑模具设计以及消失模设计加工、激光切割控制等专业技术；提供产品制造信息 PMI 及可以与 PDM、CAPP、MPM 等管理软件紧密集成的三维数模轻量化浏览器；支持各种主流 CAD 数据转换和用户深层次专业开发。

图 9-9　SINOVATION：专业化解决方案

资料来源：华天软件。

（三）三维可视化浏览器 SView：一站式协同化服务

SView 是华天软件研发的全球工业产品体验营销、创新设计和智能制造的 3D 协同创新平台，平台提供 3D 数据转换、3D 内容制作、3D 浏览、多平台发布等功能，涵盖 SView Converter 转换器、SView Viewer 浏览器、SView Designer 设计器和协同工具等一系列产品，致力于为全球用户提供便捷专业的一站式协同服务。

SView 三维可视化方案覆盖了营销、研发、制造、服务整个过程，针对不同的业务场景提供 3D 可视化方案，同时能够适配各种终端设备，为企业间实现供应链协同、研发设计协同、产线设计协同，企业内部协同提供设计协同评审、制造过程协同指导、维护维修等全方位协同指导，助力我国制造业迈向世界先进水平。

第五节　北京易动量智能科技有限公司：踏浪 AI 驱动传播动力

北京易动量智能科技有限公司是以从事科技推广和应用服务业为主的企业。公司成立以来，主要在 AI（人工智能）驱动传播动力系统领域坚持不懈耕耘。

"传播动力巨系统"理论认为，传播过程是一个具有开放性和复杂性的巨大系统，其中包含了众多的子系统和层次结构。这一理论将传播过程划分为信息系统、媒介系统、受传者系统以及环境系统四个关键部分，每个部分又包含了多个子系统。在这一框架下，传播效果受到信息内容、传播媒介、受众特征等多个因素群的综合影响，而这些因素之间复杂的相互作用构成了传播的动力源泉。

由于受上一代技术和理论研究的限制，传统的舆论传播和舆情管理系统主要依赖统计学和数学模型的方法来进行舆论预测。这种预测方式具有概率性和群体性的特点，对于具体个案的评估和调优缺乏实际操作意义。例如，在传统的舆情预测中，通过对大量已有事实数据的算法分析得出"建筑物倒塌"类型事件成为热点舆情的概率为 68%。然而，这仅表明了这类事件整体的可能性，并不具有具体的指导意义。我们无法确定如何避免该事件成为大型负面舆情，也无法明确它是否属于那 68% 的范畴。

相比之下，基于传播动力系统论的评估系统具有明显的优势。它通过对具体传播个案的细致评估，揭示传播活动的动力构成和表现，精准识别其中的不足之处，并提供具有针对性的优化策略。同时，该系统还能够逆向分析负面舆情的传播动力，准确定位关键变量，从而有效削弱其传播影响力。

北京易动量智能科技有限公司开发的传播动力评估预测与优化系统（见图9-10），是构建在其联合创始人王超所提出的、处于国际传播学研究前沿的先进原创理论"传播动力巨系统"的基础之上。该系统的设计目标是通过综合分析传播过程中的各种因素，实现对传播效果的精准预测和优化。

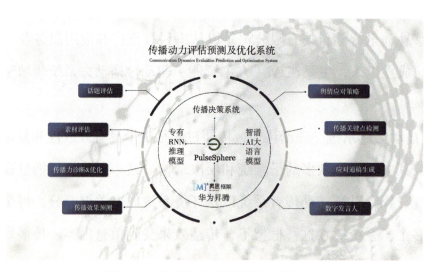

图 9-10　传播动力评估预测与优化系统

资料来源：北京易动量智能科技有限公司。

这一系统的核心优势在于其对传播过程的全面把握、深度理解以及对问题的拆解和关键要点的鉴别。通过深入分析信息的原动力、受传者动力、媒介动力以及系统环境因素等，构建了一个复杂但高度有效的传播动力模型。其中，信息的原动力反映了信息本身因其内容和性质所具有的吸引力；受传者动力涉及信息如何被受众接收、处理和转发；媒介动力关注信息通过不同媒介传播时的效率和范围；系统环境因素则从宏观层面上影响着信息传播的总体趋势和效果。

从应用场景来看，该系统的应用范围极其广泛，不仅涵盖了企业、事业单位，还能够为政府机关及群团组织的正面宣传和思想引领工作提供有力支持。在系统的指导下，能够使应用者进行精准优化，实现成本的节约和效果的提升，同时也能够以精准、高效、低成本的方式有力控制负面舆情和不实言论。

总的来说，传播动力评估预测与优化系统凭借其对传播过程的全面理解和精准分析，为各类组织和机构提供了一个强大的工具。它不仅能够帮助优化正面宣传和营销活动，提升传播效果，还能够有效管理和引导社会舆论，引领公众的思想意识。在当今信息高度发达的社会中，这一系统的重要性越发凸显，将成为各类组织和机构在传播领域取得成功的关键助力。

第六节　朝阳通美晶体科技有限公司：半导体新材料的创新与应用

一、未来全球半导体市场整体发展特征

全球半导体产业经历了 2023 年周期性下滑后，2024 年逐渐迎来复苏。国际数据公司（IDC）有关预测显示，2027 年半导体总市场将达到 8045 亿美元。随着此产业向人工智能、计算基础设施、汽车、高带宽内存和小芯片（Chiplet）的转型，半导体市场销售额在 2029 年将接近 1 万亿美元，2030 年有望突破万亿美元。

未来全球半导体市场整体发展中，一是人工智能（AI）及其驱动的新智能应用将成为推动半导体产业持续前行的重要驱动力，包括 AI PC 和 AI 手机、

新能源汽车及工业应用等新兴产业。AI 被认为将发挥越来越重要的驱动作用。二是我国半导体产业在全球市场中蕴含着极大的潜力。我国作为全球最大的消费电子市场，对半导体产品的需求在持续增长。随着物联网、人工智能等新兴技术快速发展，我国市场对于半导体产品的需求将进一步增加，我国半导体产业会迎来新的发展高峰，并在增强全球竞争力的基础上，实现半导体产业的突围。

朝阳通美晶体科技有限公司于 2018 年落户朝阳喀左经济开发区，目前为我国最大的化合物半导体材料企业，也是全球化合物半导体材料龙头企业之一，主要从事砷化镓、磷化铟单晶衬底及锗晶体衬底材料的研发、生产及销售，是世界第一大磷化铟、世界第二大锗晶体、世界第三大砷化镓生产厂家。朝阳通美晶体科技有限公司拥有 50 多项关键的全球专利，是世界首家把垂直梯度凝固法应用于砷化镓晶体商业化的生产商，同时也是具有国家级博士后工作站、企业技术中心、企业科技研发机构、专利示范单位的高新技术企业。

半导体新材料作为新一代信息技术的核心，是支撑集成电路、人工智能、大数据、云计算、物联网等产业创新发展的关键要素，这些新兴产业的快速发展，对半导体新材料的需求呈现爆发式增长。此外，半导体新材料产业是电子信息产业链的上游，对下游产业具有极强的辐射带动作用，半导体新材料的研发和生产能力直接影响整个电子信息产业的竞争力，是重要的战略性新兴产业。

半导体新材料的研发和生产技术是制约我国产业发展和国家安全的关键核心技术，朝阳通美晶体科技有限公司通过国产替代，摆脱对核心技术及产品的进口依赖并实现产业链的自主可控，打破国外垄断半导体原材料的被动局面，积极加强半导体新材料的研发和应用，对突破技术瓶颈，推动半导体新材料产业的创新发展，提升我国高新技术产业的技术水平和竞争力，实现产业转型升级具有重要意义。

二、半导体新材料在信息技术领域中的应用

半绝缘砷化镓衬底主要应用于移动通信放大器、高性能晶体管以及集成电路、卫星通信器件；半导体砷化镓衬底主要应用于高亮度 LED、半导体激光器和高性能晶体管以及功率放大器；砷化镓单晶衬底材料是制备红黄光 LED、微波通信和移动互联器件的关键性基础材料，基于砷化镓单晶材料制备的光电子器件广泛应用于 5G 产品、LED 照明显示、雷达、无线通信、红外探测、VR 手机、AR 增强超现实 3D 影像、新能源和自动驾驶汽车等领域。相比于硅材料制作的微波通信产品，砷化镓基器件具有工作频率高、信号接收能力强、在拥挤的频段中可以更好地处理信号和更省电等特点，是当前通信芯片主要使用的化合物单晶衬底材料。

磷化铟衬底主要应用于光纤通信用激光器、接收器、下一代移动通信功率放大器；磷化铟材料生产的异质结及高电子迁移率等组件性能更佳，尤其适合于生产功率放大器、低噪音放大器、复用器、解复用器、时脉 / 数据恢复电路、光电等产品。磷化铟单晶不仅是制作光电子器件的重要材料，也是制作微电子器件的关键材料，特别是用于光纤通信（100 Gb/s）、超高速电子器件及高效太阳能电池、高频及大功率器件等的重要材料。近几年，随着全球信息化和光纤通信领域（如我国光纤到户等信息化项目）的高速发展，对磷化铟单晶衬底的需求量大幅增长。

锗单晶衬底主要用于制备高效的太空和地面太阳能电池。目前，锗单晶衬底上制备的聚光太阳能电池的最高转换效率已达到 45.2%，比硅基太阳能电池转换效率（15%~20%）的两倍还要高，比薄膜太阳能电池的转换效率（10%~12%）更是高出了三倍。当前，太空卫星和空间飞行器的太阳能电池板已经全部采用基于锗单晶衬底制备的高效太阳能电池，取代了硅基太阳能电池，以便满足卫星和空间飞行器不断增加的电力需求和大幅减小太阳能电

池板的重量。目前，人类正在面临急剧增长的电力能源需求，全球迫切需要开发清洁可再生的能源。太阳能是目前世界上最为绿色、丰富、清洁的可再生能源。通过光伏发电技术将太阳能直接转化成电能已成为各国开发低碳、清洁新能源的重大战略项目之一。因此，近几年来，在世界范围内，高效聚光太阳能电池芯片、模组的开发和电站的建设项目获得了飞速发展，从几千瓦的试验站到 30 兆瓦 ~50 兆瓦的电站，对锗单晶衬底的需求量大幅增加。同时，各国发射卫星和空间飞行器的数量也在不断增加，对锗单晶衬底产生了更多的需求。

三、半导体新材料技术的创新与发展

（一）6N5 电子级高纯红磷生产工艺的创新发展

6N5 电子级高纯红磷生产的工艺流程包括酸洗、氯化、精馏、还原、转化、破碎、包装等，朝阳通美晶体科技有限公司积极加强 6N5 电子级高纯红磷生产的工艺创新，推动氯化及精馏等工艺创新发展。

黄磷氯化过程是一个放热反应，且反应迅速，容易释放大量热量和产生高压，对三氯化磷底料、黄磷和氯气三种关键原料的平衡量要求极为严苛，以前行业内的操作办法多数以近距离观察加经验判断为主，主观犯错率很高。为保证高纯度，对于该工序设备选材，国内行业普遍认为首选高纯石英。但高纯石英抗冲击力弱，安全性大大降低，而且不能安装安全自动化生产的系统。在 6N5 电子级高纯红磷项目中，对于该工序设备选材，朝阳通美晶体科技有限公司拟选用金属材质，并对表面进行特殊耐腐蚀处理，既能承受高压冲击，也能安装安全自动化生产系统，减少现场操作人员，降低安全风险。

因为石英材质的特殊性，按以往的经验，还原设备体积不能太大，一次性进料不能太多，否则反应不充分，单质磷就会和未完全反应的三氯化磷同时进入盛有高纯水的集料箱，三氯化磷与水会产生剧烈反应。在 6N5 电子级高纯红磷项目中，既要适当加大进料量，又要保证反应充分完成。从降低反应活化能的角度考虑，结合了其他高纯产品生产工艺的思路，巧妙设计设备构造与组成等，可大大降低三氯化磷与氢气的反应活化能，保证三氯化磷与氢气的充分反应。

黄磷转化成红磷，是一个放热反应，会产生一定的压力，且充分反应过程长，易形成"包料"现象，产生一定风险，转化的红磷疏松，致密度差，一次性投料量不大。在 6N5 电子级高纯红磷项目中，通过人为设定和加载一定的反应条件，可有效缩短充分反应过程，避免形成"包料"现象，提升一次性投料量，转化的红磷致密度好。

（二）7N 及以上电子级高纯度砷生产工艺的创新发展

我国研究生产高纯砷已有几十年的历史了，由于市场需求量不大，高纯砷产业没有取得大的发展。直到 20 世纪末期，随着砷化镓的高强耐腐、电子迁移率高等特殊性能被不断发现，砷化镓被广泛应用于光纤通信、移动通信、空间技术和航天、军事等光电子和微电子领域，高纯砷的重要性逐渐被广泛认同，高纯砷产业也随之得到发展。

7N 高纯砷的制备技术曾被国外垄断，国内企业所需的高纯砷基本依赖进口。近年来，国内研究人员通过技术创新，成功打破了国外行业技术壁垒和产品垄断，实现了 7N 高纯砷的国产化生产。7N 高纯度砷制备技术创新特点主要体现在以下三个方面。

1. 技术创新与工艺改进的实质性突破

在 7N 高纯砷的制备过程中，耦合法创新性生产新工艺的应用突破了电路级高纯砷制备技术的瓶颈，使得高性能复合式高纯砷的生产成为现实。通过技术创新，7N 高纯砷制备工艺达到了国际领先水平。

2.安全高效

通过新的制备工艺,国内目前 7N 高纯砷的生产,解决了反应器材料以及设备安全性等关键问题,实现了副产品无害化处置,提高了 7N 以上高纯砷的总回收率,完全体现了生产过程的高效能与高安全性特性。

3.规模化生产

目前,国内已经实现了 7N 高纯砷清洁高效制备关键技术与大型化成套装备研发及产业化。例如,内蒙古中天利新材料科技有限公司年产 50 吨高纯砷项目,标志着国内高纯砷产业化、规模化发展已成现实。

四、朝阳通美晶体科技有限公司在半导体新材料行业的创新发展

朝阳通美晶体科技有限公司遵循"高起点、优质量、专业化、经济规模"的建设原则,积极采用新技术、新工艺和高效率专用设备,使用高质量的原辅材料稳定提高产品质量,制造高附加值的产品,不断提高企业的市场竞争能力。

(一)产品已形成国际竞争力

对于生产技术方案的选用,遵循"自动控制、安全可靠、运行稳定、节省投资、综合利用资源"的原则,选用当前较先进的集散型控制系统,严格控制整个生产线的各项工艺参数,使产品质量稳定在高水平上,同时可降低能源的消耗。严格按行业规范要求组织经营活动,有效控制产品质量,为广大顾客提供优质的产品和良好的服务。目前,产品在全球的市场占有率较高,客户遍布中国、美国、日本、欧洲等国家和地区。

（二）达到安全高效生产一流水准

朝阳通美晶体科技有限公司拟选用合金材质，要求材质在微腐蚀状态下，不污染三氯化磷。合金材质承重性能很好，能达到精馏设计要求的高度，一次性提纯效果很好，一次性投料比较大，能配套安装安全自动化生产系统，减少现场操作人员，降低安全风险；而且为提高提纯效果，在 6N5 电子级高纯红磷项目设计了较为复杂精细的精馏塔内部构造，合金材质完全能满足这类加工的要求。

（三）技术领先，规模化生产

朝阳通美晶体科技有限公司是世界首家把垂直梯度凝固法应用于砷化镓晶体商业化的企业，作为垂直梯度凝固（VGF）单晶技术的先驱，拥有四十多项关键的全球专利，作为世界首家 VGF 砷化镓衬底供应商，采用关键生产工艺氯化精馏法，能够充分满足客户及其下游半绝缘砷化镓市场的应用，实际产能达到 50 吨 / 年。

（四）不断创新，追求卓越

朝阳通美晶体科技有限公司通过对原料提纯技术进行改进，对原料进行更精细的处理和提纯，大大降低了杂质含量，提高了高纯锗晶体的纯度，同时，工艺的创新也推动了高纯锗晶体生产技术的进步。朝阳通美晶体科技有限公司通过对晶体生长技术进行优化，调控晶体的生长速度和结构，以获得更高质量的高纯锗晶体。

第七节　字节跳动:"跳动"出来的未来产业节奏

早在 2016 年,字节跳动就成立了人工智能实验室,聚焦研究自然语言处理、机器学习、数据挖掘等方面。2023 年以来,字节跳动加码人工智能应用研究,旗下产品不断加入 AIGC(生成式人工智能)功能。比如,结合火山引擎智能创作云的 AIGC 能力,火山引擎视频云在商品营销、互动娱乐、在线教育、智能驾驶等场景引入数字人、虚拟直播间等,助力企业降本增效,提升用户体验。

字节跳动原首席执行官(CEO)、创始人,今日头条原首席执行官(CEO)张一鸣,可被视为改革开放大潮中杰出的创新创业精英,曾获得《时代》全球百大最具影响力人物、《财富》中国 40 位 40 岁以下商界精英、中国最具影响力 50 位商界领袖等荣誉。

很多人知道抖音、今日头条等,事实上其背后的母公司就是字节跳动(见图 9-11)。它与百度、阿里巴巴、腾讯、京东、拼多多、美团等高光企业

图 9-11　字节跳动全景产品

资料来源:字节跳动。

共同塑造了中国数字经济大背景下的新经济形态。

一、以"独角兽"登场，进入大众视野

字节跳动以"独角兽"在国内低调登场，几经发展，在国际市场上大显神威，傲然成为全球"独角兽"榜首。

2019 年底，胡润研究院发布的大中华区"独角兽"指数，字节跳动排名第二（仅次于蚂蚁金服）。2020 年，胡润研究院发布《2019 胡润中国 500 强民营企业》，字节跳动以市值 5300 亿元位列第七。

2020 年，全球科技公司都在裁员之际，字节跳动新工作岗位突破 4 万个，赶上了阿里巴巴的员工人数。

2021 年，根据新浪科技的报道，公司非公开股票交易中，字节跳动（ByteDance）的估值上升了至少 1/3，逾 1000 亿美元（部分交易对字节跳动的估值已高达 1400 亿美元），较两年前的约 750 亿美元上涨了 33% 以上。

2021 年 4 月 10 日，中国生产力学会在深圳举办了"粤港澳大湾区新生产力独角兽企业发展论坛"，其间发布的"粤港澳大湾区新生产力独角兽企业榜单"，字节跳动赫然在列。

2024 年，胡润研究院发布了《2024 全球独角兽榜》，字节跳动连续三年拿下全球独角兽榜第一名。在胡润研究院发布的 2024 全球独角兽榜 TOP10 中，字节跳动以 15600 亿元人民币的价值连续第三年成为全球价值最高的独角兽；航天领域的 SpaceX 以 12800 亿元人民币的估值位列第二；人工智能领域的 OpenAI，价值达到 7100 亿元人民币，排第三位（见表 9-1）。字节跳动成为成长最快的独角兽企业。

表 9-1 2024 全球独角兽榜 TOP10

	排名变化	企业	价值（亿元人民币）	价值变化（亿元人民币）	国家	行业	成立年份
1–	0	字节跳动	15600	1420	中国	社交媒体	2012
2–	0	SpaceX	12800	3050	美国	航天	2002
3*	14	OpenAI	7100	5680	美国	人工智能	2015
4 ↓	–1	蚂蚁集团	5700	–2840	中国	金融科技	2014
5 ↓	–1	Shein	4600	0	中国	电子商务	2012
6 ↓	–1	Stripe	4300	780	美国	金融科技	2010
7–	0	Databricks	3050	850	美国	大数据	2013
8*	8	Canva	2800	1280	澳大利亚	软件服务	2012
9*	8	币安	2400	990	马耳他	区块链	2017
10 ↓	–4	微众银行	2350	0	中国	金融科技	2014

注：* 新进前 10 名。

资料来源：胡润研究院。

二、全球化：从本土走向世界

2017 年，抖音发布了海外版（TikTok），正式开启字节跳动的国际化战略。

2017 年，抖音以 TikTok 的名字出海，登陆国外 App Store 和安卓应用市场；2018 年以 10 亿美元并购了美国本土短视频分享网站 Musical.ly，正式进入北美市场。

2018 年 3 月，在与清华经济管理学院院长钱颖一的公开对话中，张一鸣曾表示，希望公司三年实现全球化，海外用户占比从 10% 上升到 50%。对于全球扩张的原则是 "Talent First"，即优先考虑人才，人才在哪儿，就把办公室开在哪儿。

2019 年，TikTok 的全球中心分设在洛杉矶和伦敦，第一大办公区在美国洛杉矶。2020 年 5 月，美国媒体 CNBC 曝出，字节跳动已经决定将 TikTok 欧洲业务中心设立在英国伦敦，伦敦将成为 TikTok 的第二大办公区。字节跳动官网招聘信息显示，在招的 TikTok 欧洲首席营销官等高管职位，工作地点位于伦敦。

伴随全球化业务的扩展，字节跳动引入的人才也逐渐本地化。总部设立在加州山景城的 TikTok 采取了完全本地化运营的策略，员工从 Facebook 等知名技术公司高标准、高薪招聘。比如，字节跳动聘用了 YouTube 全球创意总监 Vanessa Pappas 作为北美市场负责人，以助推海外业务的扩张。2021 年，来自 SensorTower 的统计数据显示，抖音及海外版 TikTok 在全球 App Store 和 Google Play 创造了超过 7800 万美元的季度营收（同比增长了 10 倍），成为全球移动应用收入榜的冠军。原本一直占据榜首的 YouTube，以约 7600 万美元的收入名列第二，Tinder、Disney+ 以及腾讯视频分别位列榜单第三、第四、第五位。在单月接近 5.5 亿元人民币的营收中，有 86.6% 来自中国，其次是美国市场，贡献了约 8.2% 的收入。

字节跳动成长为一支强大的在线力量，这在一定程度上是由 TikTok 短视频平台所推动，该平台已在美国青少年中掀起了一场风暴。

截至 2024 年 5 月，字节跳动的产品和服务已覆盖全球 150 个国家和地区、75 个语种，在 40 多个国家和地区位居应用商店总榜前列。

三、社会责任义不容辞

目前，字节跳动大部分的碳排放来自全球数据中心，部分数据中心已开始使用可再生能源。字节跳动计划逐步提升数据中心的可再生能源使用比例，在 2030 年底前实现全球运营 100% 使用可再生能源电力。

字节跳动公布碳中和目标，承诺在 2030 年实现自身运营层面的碳中和。

基于这一目标，字节跳动计划在 2030 年底前通过主动减排，减少至少 90% 的运营排放，其余 10% 将通过碳抵消的方式完成，并具体设置了减排目标，推动完成价值链上下游的减碳工作。同时，旗下产品将助力可持续发展相关内容的传播和普及。

四、字节"跳动"持续发力，抖音、TikTok 前景无限

字节跳动成立以来，在市场机遇中如鱼得水，得到了持续快速的成长。根据媒体报道，2023 年字节跳动的总营收超过 7000 亿元人民币，实现了同比双位数增长，主要营收来自国内广告和电商。

与此同时，有关数据显示抖音的日活跃用户数已超过 8 亿人次，是仅次于微信的全民级应用。2023 年，抖音电商的 GMV 超过 2.2 万亿元，增幅接近 40%。抖音货架场景业务高速增长，商城 GMV 同比增长 277%。

TikTok Shop 在海外目前已经进入了印度尼西亚、越南、马来西亚、泰国、菲律宾、新加坡、英国、美国等市场。根据业内人士的分析，TikTok 电商 2024 年的 GMV 目标会达到 500 亿美元。

字节跳动将"加大布局 AI"作为企业发展的重要战略。根据专业市场分析与预测数据显示，我国人工智能市场支出规模将在 2023 年 147.5 亿美元（约占全球总规模 1/10）基础上，到 2026 年增至 264.4 亿美元，2021—2026 年实现复合增长率超过 20%。

字节跳动目前已经开始发力 AI 大模型布局，力图在 AI 赛道上抢占新的发展机遇。事实上，加大布局 AI 已经成为行业共识。以阿里巴巴为例，从 2023 年下半年开始，已加大了对大模型相关领域的投资。未来，伴随字节跳动积极拥抱 AI，将会拥有更加广阔的发展前景。

第八节　超敏蛋白复合酶生物技术：助推国家粮食安全战略

超敏蛋白复合酶系列制剂以多种植物的单体酶或植物提取物为原料，经过二次低温发酵螯合萃取而成，有催化、诱导、调控机制，作用于生物体，可以激发生物体的细胞活性，使生物体的微生态体系健康平衡。超敏蛋白复合酶各系列制剂具有稳定性强、活性强、反应速度快、应用范围广等显著特点。

超敏蛋白复合酶生物技术是以新质生产力理论为引领的，化学农业向生物农业转型发展的重大颠覆性科技突破，是我国从农业大国向农业强国发展的必然路径之一。

2023 年中央一号文件明确指出，强国必先强农，农强方能国强。超敏蛋白复合酶生物技术的应用，在国家食品安全、国家生态安全、国民健康等领域具有不可估量的价值。它是推动我国现代化大农业发展、实现粮食安全、乡村振兴和共同富裕的重要抓手，是农业可持续发展的生命线。

从 1907 年毕希纳获得诺贝尔奖开始，世界上有 20 多位研究酶的科学家陆续拿到了诺贝尔奖。2018—2020 年，诺贝尔奖中的化学奖、生理学或医学奖都颁发给了与酶有关的科学家。

哈尔滨森荞生物科技有限公司成立于 2017 年，是一家以从事科技推广和应用服务业为主的企业，拥有国际独创领先、自主知识产权、产学研一体的现代生物科学技术，下设黑龙江省嘉泽复合酶技术研究中心、袁隆平院士工作站、农业农村部种养结合国家重点实验室等国家重点实验室和国际专业复合酶研究机构。

哈尔滨森荞生物科技有限公司首席专家于凯波，是我国一直从事超敏蛋白复合酶技术研究的专家。于凯波团队历时近 20 年研发，首款复合酶制剂于 2008 年问世。这种复合酶制剂可以激活生物体的超敏蛋白复合酶，这种酶能激发细胞活性，排斥异种蛋白，大幅增强生物体的免疫机能。这一研究成果成为我国自主研发和国际独创的高科技生物技术，并将我国对这一技术的应用推到全球应用型生物技术的前沿。

超敏蛋白复合酶可被广泛应用于农业、畜牧业、环保、日化、制药和日常生活。超敏蛋白复合酶技术具有分解农药残留、消减消除抗生素残留、降解畜禽粪便和多类有机废弃物的功能，可实现零农药残留种植、零抗生素养殖以及有机废弃物的零污染排放等。

一、超敏蛋白复合酶：我国自主研发的高科技生物技术

超敏蛋白复合酶以多种植物的单体酶或植物提取物为原料，经过多次低温发酵螯合萃取而成。超敏蛋白复合酶技术属合成生物学技术，产品为生物工程产品，具有催化、诱导、调控的作用。超敏蛋白复合酶作用于生物体，激发生物体的细胞活性，使生物体的微生态体系健康、平衡，具有稳定性强、活性强、反应速度快、应用范围广等显著特点，是目前超越菌剂、酵素、单体酶的最新一代生物制剂。

哈尔滨森荞生物科技有限公司拥有完全自主知识产权和系列发明专利，有两套系列产品企业标准（见图 9-12）。

2013 年，哈尔滨森荞生物科技有限公司获得授权《可替代化肥农药使用的复合生物制剂及其制备方法》申请国家发明专利，相继申报多项国家发明专利及实用新型专利，陆续得到授权（见图 9-13）。

图 9-12　超敏蛋白复合酶国家发明专利

资料来源：哈尔滨森莽生物科技有限公司。

图 9-13　2016 年，植物复合酶（超敏蛋白复合酶）系列技术通过
第三方科技成果评价，被列入国家项目库

资料来源：哈尔滨森莽生物科技有限公司。

　　超敏蛋白复合酶不同系列的产品（见图 9-14）在土地盐渍化、酸化、荒漠化、沙漠化的改良治理以及世界性科技难题——柑橘黄龙病防治等应用方面也取得了显著成效，为保障粮食安全和食品安全提供了中国智慧和中国方案，代表了全球可持续循环产业的发展方向。截至 2024 年 5 月，超敏蛋白复合酶在我国多个地区以及俄罗斯、阿联酋、新西兰、韩国和马来西亚等国家和地区落地试验和推广。

图 9-14　复合酶部分产品

资料来源：哈尔滨森荞生物科技有限公司。

二、超敏蛋白复合酶技术的研发推广应用

超敏蛋白复合酶技术主要应用于农业种植业、养殖业、食品加工业、日用化工、生物医药和环保业等领域。

（一）农业种植业中的应用

在农作物种植业应用中，体现了减化肥、减农药、增产提质、"零农残"、不增投入等特效。推广应用中采集的数据表明可使粮食作物增产 8%~15%；蔬菜、瓜果、茶叶、烟叶等经济作物增产 25% 以上；促作物早熟一周左右，农药残留未检出；5 年内可减施化肥 15%~30%、替代 50% 以上的农药使用量。

2016—2021 年，袁隆平院士分别在海南、湖南超级稻试验基地应用超敏蛋白复合酶技术，九茬超级稻平均增产 5%；2018 年袁隆平院士及其团队在青岛海水稻基地应用超敏蛋白复合酶技术，盐的耐受性从 3‰提高到 6‰。

2017 年 12 月 15 日，原农业部官网报道超敏蛋白复合酶技术实现"零农残"，认可此项技术。

2019 年起，李登海团队应用超敏蛋白复合酶技术种植种子玉米，连续两年分别增产 6.14% 和 11.9%。

超敏蛋白复合酶应用技术在黑龙江水稻种植实践中，将积温带种植的稻花香 2 号推移到第二、第三积温带种植，实现了水稻跨积温带种植；减少农药和化肥使用量，实现"零农残"种植，国内各检测部门以及 SGS（瑞士通用公证行）等国际认证公司的检测结果显示，509 项全部是"零农残"，全系列指标均优于欧盟标准。

（二）养殖业中的推广应用

超敏蛋白复合酶技术在畜牧养殖业研发应用中的实践显示：复合酶薄床养殖技术可提高动物机体免疫力，减少疫苗使用量，减少抗生素及微量元素和重金属的残留，真正实现饲养动物机体的零抗生素，肉质达 AA 级有机标准，达到欧盟有机食品标准，极具科研价值和市场推广前景。

超敏蛋白复合酶技术在内蒙古、河南、河北、天津、广东、广西、湖南、湖北、山东、黑龙江等地畜牧养殖业应用实践中可节省饲料 6%，氨基酸含量提升 25%~30%，同时，未检测出抗生素残留。例如，内蒙古宁城 2022 年和 2023 年分别养殖 2 万头、3 万头奶牛，通过应用此项技术，可实现最高月增重 148 斤，雪花肉增加、零抗生素残留。

（三）盐碱地及荒漠化、酸化土壤改良治理中的应用实践

超敏蛋白复合酶技术在盐碱地治理应用实践中显示：可实现当年改良、当年种植、当年收获，且第二年不返盐碱，改良费用逐年降低，比较优势明显。沙漠治理用水量小，当年混合种植先锋植物和农作物可成熟收获。酸化土壤当年改善，团粒结构恢复，有机质提升，可见土壤健康标志物之一——蚯蚓。

2016—2023 年，吉林、内蒙古、黑龙江、海南等地区在盐碱地治理应用中，投入低于目前市场上各种技术，比较优势明显。2023 年，黑龙江省杜尔

伯特蒙古族自治县使用该项技术进行盐碱地改良，当年亩产量超 800 斤。

在沙漠治理方面，超敏蛋白复合酶技术于 2019 年在迪拜应用成功。2023 年，在甘肃武威九墩滩腾格里沙漠边缘应用中的成效表明，亩用水 90 立方米，种植大麦、燕麦、沙米，出苗率、成活率、成熟率达 70% 以上。

此外，2016—2023 年，超敏蛋白复合酶技术应用于柑橘黄龙病防治，在广东封开、江门以及江西赣南、湖南江永等多地均有成功案例。

（四）环保领域的应用

超敏蛋白复合酶技术在环保领域可实现的功能表现为：免水冲、无上下水管网、可移动系列生物降解厕所技术产品，不向外排放限制性污染物，半年更换一次载体可作为有机肥还田。

应用超敏蛋白复合酶技术可以综合处理利用农村废弃物，消除面源污染。畜禽粪便无污染零废物排放；农作物秸秆、木耳蘑菇废弃菌袋无害化利用率达 100%，此技术成果被农业农村部以及黑龙江省农委和哈尔滨市农委的领导称为我国秸秆综合化处理应用的新突破，具有操作方便、易复制、便于推广的特点，明确提出将在更大的范围做示范推广。在土壤治理方面，超敏蛋白复合酶能够活化土壤有机与无机养分，分解有机物，释放养分，增加养分的有效性，对应解决当前土壤中出现的板结、酸化、盐渍化、贫瘠、地力衰竭等问题。

第九节　中国电能：问鼎未来能源

当前，全球能源格局面临重构，产业格局深度调整，国际能源问题政治化倾向更加明显，确保能源安全、应对气候变化和绿色低碳发展已成为共识，能源企业都在加快从化石能源向清洁低碳和综合智慧能源转型的步伐，产业链供应链安全稳定已成为构建新发展格局、实现高质量发展的基础。

中国电能作为集团公司服务型、创新示范型企业，坚持"数字化转型、电商化发展"战略方向，提出"以新能源电子商务平台为主体，以技术猎头平台、县域市场开发平台为两翼，三个路径协同发力，打造'一体两翼'发展新格局"，加快"学习型、创新型，专业化、智慧化、市场化、国际化"一流供应链管理服务平台企业建设步伐，推动集团公司"2035一流战略"在中国电能落地落实。

一、国家电投集团电子商务平台 ECP2.0 数字生态规划

为深入贯彻落实中国电能"数字化转型、电商化发展"发展战略和"一体两翼"发展新格局，聚焦集团公司新的五大产业，致力于产业链供应链安全稳定，突出贯通供应链、融通产业链，充分借鉴中化商务、国网电商、小米等平台成功经验，参考易派客、京东、中建云筑、国能易购等公司的供应链生态构建方法，中国电能充分运用"5G+ 云大物移智链"等新一代信息技术，打造集采销服务、专业服务、金融服务、增值服务于一体的电子商务平台 ECP2.0（见图 9-15）。

以运营中心、数据中心为基础，技术层面建立统一的技术中台、业务中台、数据中台、AI 中台，提供统一的技术和服务支撑，让各业务子系统专注于功能实现和优化。业务层围绕集团公司新的五大产业，做强电子商务平台 ECP2.0 数字生态服务，逐步建设采购管理系统、企业商城、供应商管理系统、电能光 e 链体系、技术猎头、综合金融服务平台、云认证、云监造、电能 e 拍等系统，并与集团 ERP（企业资源计划）管理系统、法务系统、财务共享系统集成互联，实现供应链商流、物流、资金流、信息流的无缝衔接与

共享融合；采用"内培外引＋外联合作"的方式快速组建自主可控、弹性组合的研发团队，敏捷迭代系统功能，适配内外部市场变化，提升服务能力，优化客户体验，促进业务发展（见图 9-16）。

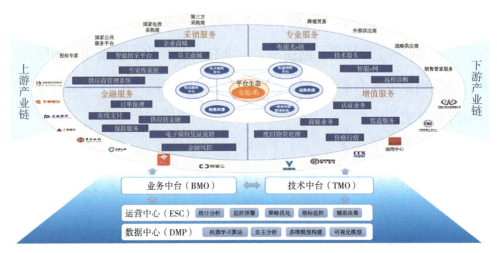

图 9-15　电子商务平台 ECP2.0

资料来源：中国电能。

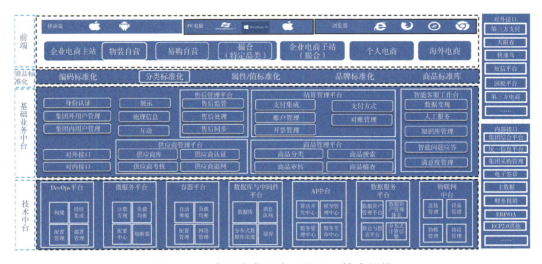

图 9-16　电子商务平台 ECP2.0 技术架构

资料来源：中国电能。

二、电子商务平台 ECP2.0 技术底座设计与应用

电子商务平台 ECP2.0 打造企业级共享开放能力，建立统一的敏捷高效可复用的业务中台、技术中台、数据中台，将前端与后端解耦，为所有上层建筑提供统一的技术和共享服务支撑，通过共享资源的组装能力，让各个业务子系统能够专注于业务逻辑开发，实现快速创新。

1. 业务中台

业务中台承载了 ECP2.0 核心关键业务，是 ECP2.0 平台的核心业务能力，也是支撑数字化转型的重点，将可复用的业务能力沉淀到业务中台，实现企业级业务能力复用和各业务板块之间的协同联通，确保关键业务链路的稳定高效，提升业务创新效能（见图 9-17）。

图 9-17　业务中台

资料来源：中国电能。

通过用户管理中心、供应商管理、结算管理、售后管理、工作流平台、智能客服工作台、移动 App 中心、报表管理、通用接口等模块搭建，向各个业务系统（电商、招采、供应链金融专区等）提供可复用的业务逻辑和系统集成能力，打破业务模块"烟囱式"建设，加强系统数据的统一性和标准性。

2. 技术中台

技术中台作为业务中台的底层，为各条业务线提供源代码实现，监控功能设计、编码、测试、上线运行等生产过程，实现研发效率、运行状态和运维能力可管可控。技术中台主要包括三个方面：微服务管理、开发运维一体化和容器平台（见图 9-18）。

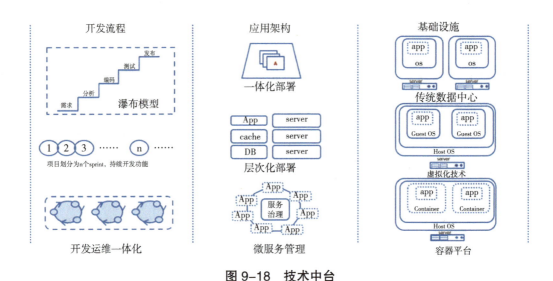

图 9-18　技术中台

资料来源：中国电能。

微服务平台：微服务架构的管理体系，有效解决了敏捷灵活而带来的管理复杂度增加的问题，实现高效的服务编排、调试、监控、容错、路由转发、鉴权、访问控制等能力，支撑构建灵活、扩展性强、可用性强的系统。

开发运维一体化平台：将整体过程实现工具化和一体化，采用业界成熟工具，实现对开发、编译、配置、部署的一体化管理，保障了软件交付过程的敏捷性、可靠性。

容器平台：充分利用容器部署灵活、启动快、体积小的特点，作为支撑微服务应用的基础运行环境，解决异构基础设施运行与维护复杂问题。

3. 数据中台

数据中台整体构建算力引擎、BI、数据资产管理三个模块，是一个不断演进的体系（见图9-19）。

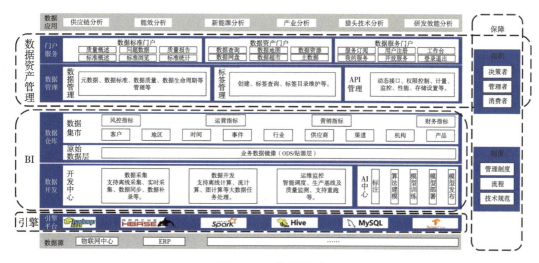

图 9-19　数据中台

资料来源：中国电能。

算力引擎模块：主要负责处理结构与非结构、事务与非事务、冷与热数据、流数据四个维度的数据。①非结构化的数据落盘在高度容错性的系统（HDFS），结构化数据存储于分布式存储系统（HBase）。②存在强事务需求的结构化数据存放在 MySQL 等关系型数据库集群中。③热数据位于 HBASE、HDFS 和高效型对象存储；冷数据放在磁盘、归档型对象存储。④流数据适用于低延时实时数据处理，进行实时或者准实时计算。

BI 模块，包括数据开发、数据仓库和报表三大部分：①数据开发包含数据清洗（错值、空值、去冗余）、集成和数据建模，用以识别数据类型规律；②数据仓库提供了多维视角观察应用指标；③报表将数据呈现给不同角色的用户，包括运营人员、数据分析师等。

数据资产管理模块，在传统数据治理的基础上，加入数据价值管理、数据共享管理等内容。通过数据治理平台，解决数据定义的统一、数据溯源等问题，从而实现易使用、高价值、不丢失、不泄露的目标。

三、电子商务平台 ECP2.0 服务能力设计与应用

中国电能坚持问题导向和目标导向相结合，遵循"以我为主，共同开发"的理念，按照"快速上线、持续迭代，应用推动型开发"的原则，围绕集团公司"一张网一平台"建设，快速研发上线了采购管理系统、企业商城、供应商管理系统、电能光 e 链体系、技术猎头、综合金融服务平台、电能 e 拍等系统，以及其与 ERP、法务、财务共享等集团统建系统的集成应用，初步打造了以"采购需求（计划）、采购寻源、采购订单、合同履约、物流配送、财务结算"业财一体化为主线，以"监理监造、产品认证、供应商管理、供应链金融、数据服务"为重要辅助手段的一体化电子商务平台。ECP2.0 数字生态，有效提升了中国电能的采销服务、专业服务、金融服务、增值服务能力，全面支撑集团内、外部企业在统一的采购电子网络和商务平台开展采购业务，推动采购交易管理的电子化，实现业务合规、便捷、高效（见图9-20）。

1. 采购管理系统

采购管理系统涵盖招、投、开、评、定的电子招标全流程，具备公告发布、文件模板化制作、文件在线交互、专家自动抽取、智能离线评标、保证金银企直连等 127 个核心业务流程，系统与国家招标投标公共服务平台等法定发布媒介直连，同时集成专用工具、无介质 CA 技术、一键解密、防串标围标、电子签名等功能，不断提高系统的使用便捷性和合规管理功能，满足集团内外部单位的所有招标和非招标采购的工作需要。

按照国资委、集团公司工作安排，依据"合法、合规、服务、便捷"的

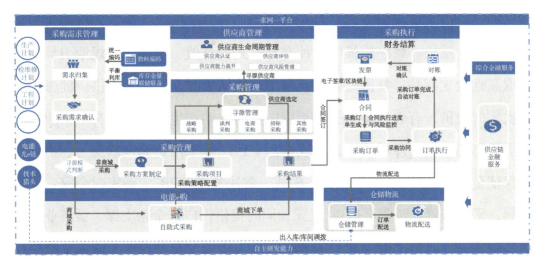

图 9-20　电子商务平台 ECP2.0 业务全景

资料来源：中国电能。

原则，中国电能研发完成了评标配资源调度、智能远程评标监管、云桌面、音视频集中监控、信息资产管理五大平台，并将其与 ERP、财务共享等系统打通，完成所有评标基地音视频接入工作，横向实现采购计划、招标采购、结算一体化管理，纵向实现专家抽取、入驻全程管理。实现招标采购过程在线监督、事后追溯，提升集团公司招标采购资源服务能力。

2."电能 e 购"企业商城

"电能 e 购"企业商城是集团公司专业化电商采购服务子系统，该系统定位为集约、便捷、高效、阳光的"一站式"新能源电商平台，建设范围和服务能力突出了集团公司新能源发展特色。企业商城除与集团 ERP、主数据、法务系统等集团内部管理系统对接之外，还对接外部的快递鸟、企查查、工商银行在线充值等服务，具备了在线智能客服、智能推荐、SPU 商品下单、智能搜索引擎等一系列功能，开放互联充分满足企业级采购的多样化、个性化需求。

企业商城涵盖风电、光伏、储能、总包配送、集中采购、电能光 e 链、通用工业品、备品备件等领域，并突出了新能源电商平台特色，实现"一站式"的供应链全流程服务。平台交易采用"自营＋撮合"模式，构建直接下单、比价、反拍、顺序轮候等多种交易模式，高效、便捷、合规地引导用户获取高性价比商品；特别是业主在使用框架结果时，组织入围供应商参与多轮次实时报价，有效地避免了框架期内价格波动产生的影响，有利于业主获得更优惠的价格，降低项目建设成本。平台结算采用货到全款支付、平台收取保证金的"2C"（商家对顾客）模式，解决复杂"2B"（商家对商家）交易问题，平台积累周转资金达 40 亿元，同时提供供应链金融支撑，缓解业主方的资金压力，有效提升了交易的效率，大大降低了交易成本，避免了滋生腐败的诸多环节。特别是在包配送业务上，有效解决了"三角债"和"两金"等突出问题，有力支撑了集团各级单位高质量发展。主子站专区负责服务集团内外部不同用户，主站执行集团计划，完成招标程序后，合规服务内部企业用户；子站面向国内外市场，提供新能源特色的全产业链电商服务。

电商平台建立了电缆（CIP）、光伏组件、风电设备、储能设备、逆变器、充电桩、热泵等交易专区，引导原材料和元器件供应商平台交易，有效拓展产业链在线交易品类，提供全产业链认证、监造、供应链金融服务，通过数字化手段，实现产品溯源和质量控制，进而提供产品全寿期服务，赋能链上企业"三提"（质量、效率、收益）"一降"（成本）。

3. 供应商管理

供应商管理系统对供应商全生命周期进行管理，促进供应商管理工作的数字化、标准化和规范化。供应商管理范围包括基础信息管理、编码体系完善、注册、准入、年审、不良行为管理、评价管理、分级分类分等管理、监督、分析驾驶舱、供应商画像等。通过提供供应商统一注册和登记入口，并通过与集团 MDG 主数据平台对接实现供应商主数据编码的统一。通过对接第三方征信系统，结合供应商征信数据、历史参与项目数据、评价绩效得分等，为供应商提供多维度画像，进而实现供应商管理结果在招标采购业务、电子商务中的应用。

4. 综合金融服务平台

综合供应链金融服务平台打通供应链金融通道，结合实际电商业务流程，与融合 e 链开展合作，对接金融机构、保理公司的相关金融产品，构建起综合金融服务平台。综合金融服务平台可以提供商城订单支付结算、总包配送支付结算、光伏资产数字化、保险等金融服务。根据不同场景需要，从电商平台、财务共享、电能光 e 链等系统获取金融服务所需的原始业务数据和融资需求，并以内外部系统集成方式，实现金融业务的全流程在线办理，将不同金融场景和金融服务融入了企业业务、财务各环节，实现场景化金融。

5. "电能光 e 链" 体系

围绕集团公司县域开发示范项目建设，中国电能研制了县域综合智慧能源开发工具，包含 "电能光 e 链" "电能 e 租" "电能 e 充" 等系统，逐步搭建完善 "电能光 e 链" 体系，有效支撑了县、乡、村级风、光、储、充、放一体化零碳台区的建设，为集团公司用户侧综合智慧能源产业、绿电转化产业发展提供了创新示范。

"电能光 e 链" 以 "供设备、带安装、送服务、引流量、拓电商、能交易、建生态" 为理念，采用 "模块设计 + 场景开发 + 敏捷迭代" 的研发思路，构建涵盖建站申请、现场勘查、方案确认、用户签约、设备采购、竣工验收、电费结算、并网发电、用能预测、电站生产管理等的综合管理平台，形成一套完整的包含整县域建站、个人建站、工商业建站、储能建站、充电桩建站等多场景综合智慧能源项目建设、运维、服务解决方案。"电能 e 租" "电能 e 充" 子系统，打造覆盖电动汽车充 / 放电全周期的清洁、智能、安全智慧服务生态，促进 "能源网 + 充电网 + 车联网" 三网深度融合。创新示范集团公司综合智慧能源零碳电厂场景。

6. 技术猎头

在创新驱动发展战略下，集团公司自有技术不能完全覆盖企业的战略目标，需要从社会相关行业，包括国内国际，去寻找适合企业所需要的、更多是用户和市场所需要的新技术。所以，搭建开放、合作、创新的平台和生态，从需求导向出发整合和分析用户需求，将需求与技术匹配，把原创方的价值和需求侧的价值有机结合，实现"用好"技术、技术"好用"和新技术的"孵化"。基于此，先后完成技术猎头平台 1.0、2.0、3.0、国际版、App 研发，用户可随时随地完成技术需求提报和技术成果发布，并可通过特色服务板块检索知网文献、企业信息等内容。平台及时获取国内外先进技术、先进设备和优秀团队，有效收集集团各级单位五大产业发展方面的技术需求，快速实现撮合交易，有力支撑了集团各级单位生产建设项目落地见效，有效提升集团公司创新发展能力。

7. 自主研发能力

按照"内培外引、外联合作、自主创新、实战训练"的原则，从组织、技术、流程三方面夯实自主研发能力。在组织方面，锤炼了一支包含业务架构师、技术架构师、开发测试工程师、数据分析工程师在内的能写软件、能打硬仗团队；在技术方面，利用行业知识、数据、平台的沉淀，形成共享、可传承的知识库；在流程方面，构造需求、代码固化、运维服务高效、标准化流程。依靠自主研发能力，先后完成电子商务平台 ECP2.0 系统的迭代开发，电能光 e 链、V2G（电动汽车给电网送电的技术）、供应链金融、物流服务平台等系统的定制开发。

四、社会效益与经济效益

1. 提升集团公司供应链体系服务能力

随着集团公司"一张网一平台"工作推进，采购管理系统、电子商城的迭代优化，电子商城比价、撮合等交易模式的创新，中国电能结合"新能源+"，整合优化了 14 万家供应商、145 万种商品、1500 家采购单位、物流配送、供应链金融的优势资源，推动集团内部企业在统一的采购电子网络和商务平台开展采购业务，切实提高集团系统采购集中度，有效降低采购成本、提高供货效率，避免了滋生腐败的诸多环节。基于采购管理系统，累计招标采购金额约 2600 亿元，2022 年累计招标采购金额 986 亿元，2023 年招标采购金额616 亿元，经专家评价，采购管理系统整体达到国内领先水平。

2. 支持用户侧综合智慧能源产业创新示范

发挥平台在供应链上下游的技术、产品、商业模式"中枢"作用，以"电能光 e 链"一站式分布式光伏建设运维管理服务平台为核心，融合"电能e 租""电能 e 充"，助力高质量打造"县域开发样板房"和"综合智慧零碳电厂创新示范"，支撑分布式光伏、V2G 微网、综合智慧零碳电厂、绿电转化等多种新能源场景应用，建设以"县、乡、村级智能微网 +V2G"为特点的综合智慧零碳电厂，助力乡村振兴和能源转型升级，推动农村能源革命。目前，"电能光 e 链平台"支撑近 200 个县域分布式电站开发，累计完成电站签约约 2 万户，装机超 300 兆瓦，累计发电约 20 万千瓦时；农户每千瓦年收益近 1000 元。利用"电能e 充"累计充电近 8 万千瓦时，充电时长近 20 万分钟，放电近 500 千瓦时。经专家评价，"电能光 e 链"整体达到国际先进水平。

3. 助推集团公司协同服务与产业创新

技术猎头平台与电商平台、供应链金融融合创新，依托集团公司清洁能源产业龙头优势，中国电能初步构建起具有国家电投特色的"开放、合作、创新的平台和技术猎头生态圈、电商采购平台生态圈、供应链金融生态圈"的"一平台三生态",助推集团公司协同与服务产业创新迈向更高水平。目前,技术猎头平台已累计收集有效技术需求 126 条,形成 130 个成果清单,还有 20 余项技术正在协同各产业创新中心开展成果入库评审工作。通过项目应用、基金投资,实现电动装载机、充换电牵引机、V2G、微风风机等 30 个技术猎头项目落地,项目总额约 3.5 亿元,到 2023 年底,技术猎头落地成交额约 15 亿元;电子商城技术猎头专区已铺货技术成果 102 项,涉及户用储能、绿电交通、电力智能巡检、风机状态监测等领域,成交额 7900 余万元;正在推动光伏组件、厨余垃圾处理、固态锂电池和 AI 轮胎等先进技术企业落地县域,服务农村能源革命示范县建设,规模约 7 亿元。

4. 深化数字化转型成果应用

中国电能坚持"应用推动型开发",持续迭代和深化应用电子商务平台 ECP2.0、电能光 e 链等信息系统,实现采购文件、供应商数据、专家库等业务标准化,电子招评标率达 100%,对招标采购过程违规自动识别和实时预警,采购流程与场景线上化,促进县域开发、用户侧综合智慧能源开发落地落实,实现业务与信息化的深度融合,有效支撑了业务创新发展。基于以上成果,从跨部门协同升级为供应链上下游业务流程相互集成,促进物流、信息流、资金流高效协同,实现生态级供应链数字化转型。从战略层、管理层及执行层三个方面实现一套合理的、科学的供应链价值体系。

按照国资委国有企业数字化转型参考架构,经专业机构评定,目前中国电能数字化转型处于流程级和网络级,其中电能光 e 链体系达到生态级(见图 9-21)。

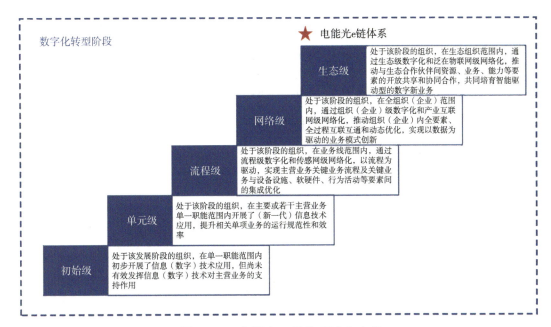

图 9-21　电能光 e 链体系达生态级

资料来源：中国电能。

第十节　美克生：能源革命领域的聚合商

上海美克生能源科技有限公司（以下简称"美克生"）在国家大力推动新能源发展的大环境下，聚力开拓出面向新型电力系统的分布式绿色能源聚合服务业。

在我国"双碳"目标背景下，美克生聚焦新能源产业生态，以数字能源技术为核心，运用电化学算法、AI、物联网、区块链等前沿技术，打造更安全、更高效、更经济的能源资产服务平台，面向客户提供能源资产投资、运营运维、聚合增值等多元化的一站式能源资产服务。同时，美克生通过搭建产业生态平台，赋能上下游产业链企业和客户，将智慧能源科技辐射至更多产业和场景中，全面助力百行千业实现绿色低碳转型，服务国家"双碳"目标。

美克生于 2018 年成立至今，已成为 30 余家央国企、百余家世界 500 强企业的指定合作方。公司总部位于上海，并在浙江、江苏等多地设有子公司。2023 年 12 月，美克生完成 D 轮融资，领投方为国家级股权投资基金——国家绿色发展基金，成功获得国资加持。

一、企业发展心路历程

第一，专注沉淀创新研发。2018—2019 年，企业成功上线 100 余种云诊断算法，服务中国首个"出海"最大储能电站——英国门迪电站。

第二，打造市场服务生态。2020 年，美克生在换电领域安全智能硬件年交付量超万套；服务全球最大梯次利用储能电站——南京江北电站，成为国网上海电力、华能集团、大唐集团、上海铁塔等央国企指定供应商。

第三，引领行业荣誉加持。2021—2022 年，美克生成为全球首次跑通锂电池电化学模型硬件求解器的企业；成功中标安徽省最大储能项目，成为上海市政府充电平台指定安全软件合作商；荣获电力行业含金量最高荣誉之一的国家电网科学技术进步奖一等奖；获联合国工业发展组织全球解决方案"绿色增长"领域国际冠军。

第四，加速赋能助力"双碳"目标。2023 年，企业正式启动"三百工程"项目计划，赋能用户侧"储能 +"全场景。目前，"三百工程"已走进上海、杭州、台州、武汉等 26 个城市，落地 45 个项目，签约储能项目超 600MWh，启动交付达到 100MWh 以上，取得了显著的成绩。这些项目中包括了不少中国制造业、生物医药、材料业等各领域的大型企业和世界 500 强企业；上线能源资产运营管理平台，升级绿色能源解决方案矩阵，全面提升数字化服务能力；三年内先后完成 6 轮融资，领投资本包括英诺天使基金、君联资本、源码资本、GGV 纪源资本等一线投资机构。最新一轮融资领投方为国家绿色发展基金，由财政部、生态环境部及上海市人民政府三方共同发起成立，服务于国家级战略。

二、数智化储能：开创绿色新能源运维新时代

根据风能、光伏等绿电的不稳定性特性，美克生开发出分布式绿能聚合管理平台，助力用能企业利用削峰填谷、需求响应、辅助服务等电力政策获得收益，降低用电成本。同时，聚合管理平台具备稳定的后备电源功能，确保企业在紧急情况下生产的连续性和安全性；并通过"绿电来 OS"（美克生能源旗下核心产品之一）根据企业 24 小时不间断生产情况智能优化充电功率，从而确保充电过程不会对正常生产用电造成任何影响。

以用能负荷较高的浙江地区为例，按照浙江地区的峰谷电价差，每天两充两放测算，通过数字能源技术聚合接入用户源—网—荷—储—碳多种类型能源资产，针对资产监控、运营、运维、交易、决策等提供定制化管理与电力辅助市场服务，每年可为企业节约用电成本 50 万 ~60 万元，在电力市场逐步放开后，会为企业带来更高的实际收益。

在电站的安全运维管理方面，美克生研发的 PSS 储能预诊断安全管理系统，不仅对电站状态进行实时诊断和智慧运维，可以提前 7~15 天识别出潜在的热失控风险，为电站长期安全稳定运行提供可靠保障，还可以帮助储能电站在经济性方面提升容量 3%~5%，实现内部回报率（IRR）增长 2%~4%。目前，PSS 储能预诊断安全管理系统已成功应用于全球范围内多个大型储能电站，储能安全管理规模超 5GWh，其卓越性能在实际运用中得到了充分验证。

（一）模块化及非步入式储能集成方案

美克生在实践中创设模块化及非步入式储能集成方案，通过云边一体，

软硬结合，构造出高性能储能系统（见图9-22）；打造分布式绿色能源聚合增值方案，形成聚合电、能、碳，精益管理提升资产增值空间；注重储能安全监测与智慧运维服务，为运维精度与运营能效赋能，实现项目长期安全与增值。

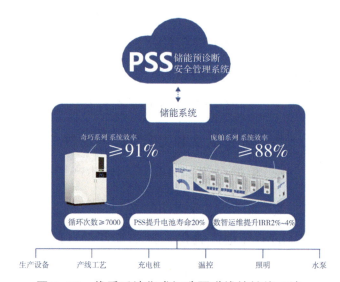

图 9-22　优质系统集成打造更赚钱的储能系统

资料来源：美克生。

（二）储能安全监测与智慧运维服务方案

美克生于业内率先破解储能安全技术，以电化学算法为切入点，结合数字孪生、大数据、AI 等尖端技术，独创的"血液级"电池安全预诊断技术破解了储能安全世界难题。

相比业内普遍的储能管理技术，仅采集电压、温度、内阻等表面数据，美克生利用"血液级"电池安全诊断技术，可深入电芯，分析电池机理，基于精准测量和数智化模型，预测电池安全属性，真正将储能安全预防做到前端，成功实现了这一领域零的突破（见图9-23）。

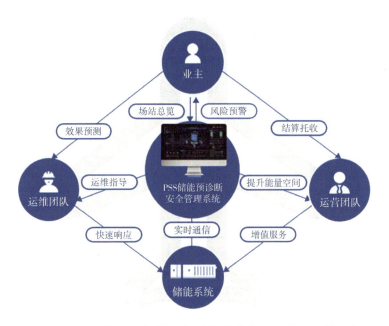

图 9-23　"一核两翼"体系保障电站安全、可靠、经济运行

资料来源：美克生。

美克生在全球范围内，率先实现了锂离子电化学模型的硬件跑通，成功将电化学算法的单次计算时效提升了 20 万倍。目前该技术除美克生外，仅有牛津、麻省理工等两所海外高校攻克。美克生利用该技术，已累计管理超 5GWh 储能安全资产，且做到零事故发生，在技术与应用领域，实现了全球第一和规模第一的"双第一"。

（三）分布式绿色能源聚合增值方案

美克生已为数十家大型企业提供个性化定制方案，通过数字化手段打开资产增值空间，助力企业实现能源精益管理（见图 9-24），所有客户均实现能源控制系统智能化运行，最高系统节能率超过 30%。

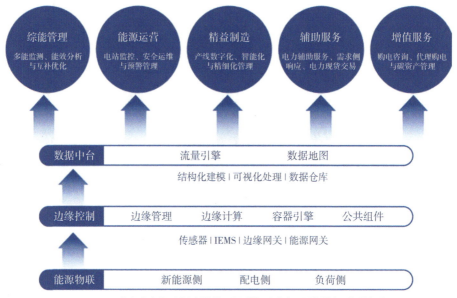

图 9-24　数字赋能实现能源精益管理

资料来源：美克生。

三、全景运营：光伏、储能项目投资与全生命周期聚合管理模式

美克生推出的全景运营方案（见图 9-25）以自研的绿电来 OS 为工具，以储能资产为核心，构建了区域聚合中心、智慧运营中心和运营增值中心三大中心，为终端用户带来全新的资产运营体验。其中，在运营增值方面，美克生通过数字能源技术，深耕源—网—荷—储—碳多种类型能源资产，深度参与电力辅助服务市场，充分发挥储能、绿色能源与碳资产价值。

图 9-25 全景运营方案

资料来源：美克生。

四、共建生态：开创合作共赢新纪元

自 2023 年美克生推出"三百工程"以来，建立了"通过 100 亿元绿能基金、联合 100 个生态伙伴、赋能 100 个零碳园区"的合作路径。短短一年多时间，众多业界伙伴积极响应加入，共同拓展绿色能源生态圈。目前，"三百工程"已走进上海、杭州、台州、武汉等超过 26 个城市，落地超 45 个项目，签约储能项目超 600MWh，月滚动交付达到 100MWh 以上，涉及制造业、生物医药、材料业等多个领域的龙头企业和世界 500 强企业。这些合作伙伴来自产业链不同环节，但共同的目标是推动分布式绿色能源的发展，实现可持续发展。

五、服务业绩成为最好的答案

美克生在创新的道路上一路飞驰。成立至今，美克生已成为 30 余家央国企、百余家世界 500 强企业的指定合作方，拥有 300 余项知识产权与专利技术，包括近 50 项国际专利。目前，美克生已服务 45 个以上的项目（见图 9-26），签约储能规模超 800MWh，签约光伏规模超 80MW，启动交付储能项目达 215MWh，光伏项目超 50MW，助力各行各业绿色转型。建设绿电来 OS 分布式绿能聚合管理平台，提升资产运营收益，打开资产增值空间。

六、业绩卓著，受到政府的高度关注

2023 年 12 月 27 日，上海市政协主要领导率队莅临美克生参观调研，并送上重点企业专属"服务包"，充分肯定了美克生在技术创新、业务拓展和管理经营方面的实力与竞争力，并表示，上海在推进"双碳"工作中，要发挥全国改革开放排头兵和创新发展先行者的作用，而这离不开相关产业链企业的做大做强。

美克生创始人兼董事长魏琼表示，美克生将继续深耕技术创新、拓展市场领域，积极响应上海市低碳政策，与各方共同努力，推动上海市及全国的绿色低碳转型。

江苏·张家港
全国重点钢材生产企业
100MWh

江苏·昆山
全球工程机械三强
66MWh

浙江·宁波
新材料行业冠军企业
30MWh

江苏·南通
取向硅钢龙头企业
20MWh

江苏·苏州
特种化学纤维制造企业
7MWh

浙江·杭州
空气化工世界500强企业
6MWh

内蒙古自治区大规模电化学储能电站
1.2GWh

广西崇左市"风光储一体化"项目
1GWh

南京江北梯次储能电站
全球最大规模梯次利用储能电站
130.88MW/268.6MWh

淮北皖能储能电站
安徽最大储能电站
103MW/206MWh

山东东营学堂储能电站
山东省2022年度储能示范项目
100MW/200MWh

英国门迪储能电站
中国首个出海最大储能电站
99.8MW/99.8MWh

大型水泥公司双碳管理项目
实现集团碳核算管理与碳资产交易管理

芯片封装工厂节能升级项目
系统节能率超过15%

五星级度假酒店降碳项目
冷冻站节能率超过30%

医院节能降碳示范性项目
系统节能率超过25%

图 9-26　美克生的部分项目

资料来源：美克生。

第十一节　盟科药业：解码未来健康

近年来，我国积极部署未来健康产业新赛道。细胞和基因技术、合成生物等前沿技术加快产业化，元宇宙、人工智能等技术持续赋能新型医疗服务，融合数字孪生、脑机交互等先进技术的高端医疗装备和健康用品陆续进入大众视野，由此推动了我国健康产业的发展。

一、填补中国化药研发的空白

上海盟科药业有限公司（以下简称"盟科药业"）成立于 2007 年，是一家以治疗感染性疾病为核心，拥有全球自主知识产权和国际竞争力的创新型生物医药企业，致力于发现、开发和商业化针对未满足临床需求的创新药物。自成立以来，盟科药业一直秉承"以良药求良效"的理念，聚焦全球日益严重的细菌耐药性问题，以解决临床难题、差异化创新为核心竞争力，为临床最常见和最严重的耐药菌感染者提供更有效和更安全的治疗选择。

盟科药业在中国和美国两地建立了研发中心，拥有国际化的核心研发团队。研发团队具有多年国际创新药研发和管理工作经验，曾主导和参与了多个已上市抗感染新药的开发。盟科药业坚持自主研发，深耕专业细分领域，在内部建立了一体化的抗菌新药研发体系，覆盖创新药的早期设计与筛选、临床前评价、全球临床开发、注册申报和生产管理等完整新药开发环节。公司以国际经验和标准，采用中美同步新药开发的运营模式，在国内进行持之以恒的化药研发，填补了我国化药研发的空白。

公司董事长、总经理袁征宇，系康奈尔大学生物物理化学博士，在校期间就立下了潜心进行合理药物设计、创新高效现代化药物研发方式的宏图大志；毕业后，先后在 Vicuron、Syntex 和 Affymax 工作，拥有 30 年以上的药物发现和开发经验；2007 年回国创办了盟科药业，基于在新型抗生素的研究和开发方面的丰富经验，率领团队在抗多重耐药"超级细菌"感染领域潜心研究，开发出了康替唑胺类新型有效抗生素新药，成为抗生素行业一座重要的里程碑。

二、"第一个吃螃蟹的人"

随着细菌耐药、人口老龄化和手术量增加等因素出现，临床耐药菌感染问题越发显著，现有抗菌药无法充分满足临床要求，新型耐药菌抗生素存在不断增长的临床需求。

为应对细菌耐药，防止出现耐药菌"无药可用"的局面，解决临床未被满足的需求，盟科药业组建了一支高效、专业的自主研发团队，开始进行"超级抗菌药"的研发，致力于造福广大患者。

面对抗菌药研发难度大、进入门槛较高、已上市和在研抗菌药数量少、市场潜在竞争风险等，盟科药业毅然决然走进研发新型有效抗菌药物对抗全球耐药性问题的赛道，这意味着该领域近似一片"蓝海"，而盟科药业可以做"第一个吃螃蟹的人"。

盟科药业在美国加州旧金山市郊和中国上海设立了研发实验室，以发现和开发具有更高安全性的有效抗生素，改善对耐药菌感染者的治疗为使命，聚焦全球日益严重的细菌耐药性问题；以解决临床难题为出发点，潜心多年研发出康替唑胺类新型有效耐药性抗菌化合物。这是继人类研发出青霉素抗菌、抗感染药以来，在抗菌、抗感染并解决耐药性问题上的一次创新性革命。

盟科药业研发团队利用自有技术平台，通过大量探索和筛选工作，研发出了具有自主知识产权的新一代噁唑烷酮类候选药物 Contezolid（MRX-I，用于治疗由多重耐药性革兰阳性菌引起的感染）、Contezolid acefosamil（MRX-4）、康替唑胺片序贯、抗菌药 MRX-8 等。

康替唑胺是由盟科药业完全自主开发的第一款 1 类抗耐药菌新药，可用于治疗包括耐甲氧西林金黄色葡萄球菌（MRSA）和耐万古霉素肠球菌（VRE）在内的多重耐药性革兰阳性菌引起的感染。康替唑胺片在我国临床试验的成功，为我国未来创新抗菌药领域提升临床试验标准、提升产品质量奠定了坚实的基础，为创新抗菌药领域的临床试验树立了行业标杆；口服噁唑烷酮类康替唑胺抗菌药，用于治疗耐药菌如耐甲氧西林金黄色葡萄球菌（MRSA）和耐万古霉素肠球菌（VRE）引起的感染，为医生和患者提供了一种新的治疗选择。

盟科药业研发团队历经十几年不懈努力，以大量数据证实了康替唑胺能有效治疗耐药性革兰阳性菌引起的感染，同时显著降低该类抗菌药骨髓抑制相关的毒副作用和诱导耐药趋势。康替唑胺已经在国内外完成了九项临床试验，在我国有基于一项有 719 名患者参加的针对复杂性皮肤及软组织感染的多中心随机双盲双模拟Ⅲ期临床试验所获得的疗效和安全性数据，并在国家药品监督管理局获批。

康替唑胺片于 2021 年 6 月在国内获批上市，2021 年 12 月通过医保谈判，填补了国产药物在高端抗生素领域的空白。

康替唑胺在其开发过程中得到了国家的大力支持，获得"十一五""十二五"及"十三五"国家重大新药创制专项的连续资助，其上市申请也被国家药品监督管理局纳入了优先审评审批程序。康替唑胺在我国获批为全球首发，它的问世开启了我国抗感染领域原研创新药品新征程。

盟科药业抗感染药物的研发，为人类面对"超级细菌"建立起一道坚固的防线。

三、在抗生素耐药性研究方面实现重大突破

（一）自主设计和开发抗菌药品

抗生素是人类历史上最伟大的发现之一，拯救了无数生命，并使人均寿命显著延长。但是，随着细菌对抗生素耐药性的不断增强，临床上对细菌感染的治疗越来越棘手，甚至面临缺乏有效治疗手段的局面。

多重耐药性（Multi-drug Resistant，MDR）革兰阳性菌问题日益严重，包括耐万古霉素肠球菌（VRE）、耐甲氧西林金黄色葡萄球菌（MRSA）、甲氧西林耐药凝固酶阴性葡萄球菌（MRCNS）等。多重耐药性革兰阴性菌（MDR-GNB）主要分为耐碳青霉烯肠杆菌（CRE）、耐碳青霉烯铜绿假单胞菌（CRPA）和耐碳青霉烯鲍曼不动杆菌（CRAB）。MDR-GNB 可引起肺部（肺炎）、泌尿道、皮肤、伤口或血液感染等，其引起感染的死亡率显著高于非耐药性革兰阴性细菌引起的同种感染。寻找对多重耐药性革兰阳性菌的有效治疗药物是当今抗感染药物研究的热点之一。其中，耐甲氧西林金黄色葡萄球菌（MRSA）是临床最为常见的重要耐药菌之一，可导致危及生命的严重感染。

盟科药业首个抗菌药产品康替唑胺片是自主设计和开发的新一代噁唑烷酮类抗菌药，可用于治疗多重耐药性革兰阳性菌引起的感染。

盟科药业从 2007 年开始，研发针对耐甲氧西林金黄色葡萄球菌（MRSA）的下一代噁唑烷酮类抗生素，旨在通过结构设计减少这类抗生素所造成的血液不良反应，研发出 Contezolid（MRX-I）和 Contezolid acefosamil（MRX-4）化合物。2015 年，在美国和中国分别成功完成了 MRX-I 的两项独立Ⅱ期研究，以及在中国进行的复杂皮肤和皮肤组织感染（cSSTI）的Ⅲ期研究。2018 年开始，针对 ABSSSI 的口服和注射进行了 Contezolid acefosamil 的美国Ⅱ期临床试验。

盟科药业自主设计和研发的新一代噁唑烷酮类抗菌药是首个抗菌药产品

康替唑胺片，可用于治疗多重耐药性革兰阳性菌引起的感染。康替唑胺通过中国Ⅰ期、Ⅱ期和Ⅲ期临床试验、澳大利亚Ⅰ期及美国Ⅱ期临床试验，于2021年6月1日通过中国国家药品监督管理局优先审评审批程序批准上市，并于2021年12月通过中国国家医保谈判被纳入2021年国家医保目录（乙类），最近又开始拓展适用人群到儿童的临床试验。康替唑胺在中国的临床试验实施了多项开创性举措，为中国未来创新抗菌药领域提升临床试验标准及产品质量奠定了坚实的基础；并先后完成了作为康替唑胺的水溶性前药MRX-4（在体内转化为康替唑胺发挥疗效）、用于治疗多重耐药性革兰阴性菌感染药物MRX-8在美国和中国的临床试验。此外，多项处于临床前阶段的抗耐药菌新药，肾癌、肾炎药物等核心产品以及抗新冠药物管线等已进入临床阶段和商业化阶段。

（二）肾病靶向治疗药推陈出新

肾癌又名肾细胞癌，起源于肾实质中的肾小管上皮细胞，是泌尿系统最常见的恶性肿瘤之一，且近年来发病率呈升高趋势，已成为人类健康的重大威胁之一。

目前对肾癌的治疗主要采用手术切除并辅以免疫疗法及靶向药物治疗。分子靶向药物能特异性地作用于病灶，降低对正常组织的损伤，是抗癌药物的研究热点。肾病靶向治疗药物主要有酪氨酸激酶抑制剂、单克隆抗体、靶蛋白抑制剂等。

虽然分子靶向药物可有效提高肾病患者的客观缓解率及无进展生存期，但随着分子靶向药物在临床的广泛应用，皮肤、心血管和消化系统等的药物相关性不良反应随之出现。此外，分子靶向药物的持续使用易产生耐药性，降低疗效。因此，临床上急需更加安全有效的肾病靶向治疗药物。

盟科药业自主设计的肾病靶向开发平台通过对活性药物的化学修饰，使药物靶向分布至肾脏，并在肾脏的生理环境下解离释放出活性药物，进而作用于靶组织发挥靶向治疗作用。该肾病靶向创新技术可减少活性药物的全身暴露，降低全身毒副作用，并提高活性药物在肾脏的局部暴露量，增强疗效。因此，该特异性肾病靶向治疗技术有望为肾病患者提供一种高效低毒的用药选择。

（三）针对糖尿病足感染的有效性治疗

糖尿病足感染（Diabetic Foot Infection, DFI）是最常见的需要住院治疗的糖尿病并发症，累及皮肤、软组织和 / 或骨骼（伴或不伴糖尿病足溃疡），是最常见的下肢截肢原因。在大多数国家，革兰阳性需氧球菌是引起急性 DFI 的主要原因，这类致病菌中金黄色葡萄球菌是最常分离出的病原菌，且耐甲氧西林金黄色葡萄球菌（MRSA）等耐药菌的比例在不断增加，使得中度和重度 DFI 需要长达 4 周的抗菌治疗。目前，只有 3 种抗菌药获得美国 FDA 批准的 DFI 适应证，包括利奈唑胺、厄他培南和哌拉西林 / 他唑巴坦，但 DFI 的缓解率并不理想。据报道显示，1 年内的治愈率约 50%，死亡率可达 15%，且复发率达 15%~30%。

盟科药业研发的注射用 MRX-4 序贯康替唑胺片，针对糖尿病足感染适应证的研究是一项三期、国际多中心、随机、双盲研究，主要评估注射用 MRX-4/ 康替唑胺片在中度或重度糖尿病足感染（DFI）治疗中的安全性和有效性。这一试验计划将在包括中国、美国和欧洲主要国家的约 70 家临床研究中心展开。2022 年，该试验正式开启全球Ⅲ期临床试验的入组工作，并于 2022 年 12 月在欧盟多个国家提交药物临床试验申请并获得批准。中国作为全球大三期临床研究的一个组成国家，陆续入组的受试者将带来更多的第一手数据，推动该试验的临床进展。

四、历史见证下的耕耘与收获

目前，盟科药业孜孜不倦地努力，不仅迎来了硕果累累的当下，也将赢得美好的未来。

（一）（MRX-I）和 (MRX-4) 获得 FDA 认定

2018 年 9 月 21 日，盟科药业荣获美国食品药品监督管理局（FDA）授予 Contezolid（MRX-I）和其前药 Contezolid acefosamil（MRX-4）用于治疗急性细菌皮肤和皮肤组织感染（ABSSSI）的合格感染疾病产品（QIDP）和快速审评（fast track）认定。

Contezolid 和 Contezolid acefosamil 作为新一代噁唑烷酮类抗菌药，对多重耐药性革兰阳性菌有效，在保持该类药物出色疗效的同时，可显著降低的血液毒性。

盟科药业首席医学官 Barry Hafkin 医学博士认为，与传统用于 MRSA 或 VRE 感染患者治疗的噁唑烷酮类抗生素相比，Contezolid acefosamil 有望显著降低血液毒性风险，从而成为理想的替代治疗选择。盟科药业的目标就是为医生提供一个新型抗生素，既对多重耐药菌高度有效，又比现有治疗方案拥有临床显著的安全性改善。目前口服的多重耐药性革兰阳性菌药物都没有达到理想的活性、安全性以及口服 / 注射切换的便利性，通过 Contezolid 则可解决这一问题。

（二）自主研发的抗革兰阴性耐药菌新药 MRX-8 在中国完成首例受试者给药

2022 年 11 月，盟科药业宣布自主研发的抗革兰阴性耐药菌新药 MRX-8 我国 I 期临床试验完成首例受试者给药。这标志着 MRX-8 在我国的临床开发进入实质性阶段。

MRX-8 是主要用于治疗多重耐药性革兰阴性菌感染的多黏菌素类药物，拥有与现有药物黏菌素和多黏菌素 B 相同的抗菌谱，对由世界卫生组织定义的最"严重威胁"人类健康的"超级细菌"——碳青霉烯耐药阴性菌仍然有效。MRX-8 分别在美国和中国完成了关于安全性、耐受性和药代动力学特征的随机、双盲、安慰剂对照的 I 期临床试验。

盟科药业基于多黏菌素类药物存在的安全性和生产工艺问题进行了有针对性的开发。盟科药业在早期化合物设计阶段，引入了创新的"软药"设计思路，并建立了肾毒性的评价模型，结合抗菌活性筛选，同步进行结构—活性关系与结构—毒性关系研究，最终得到了兼具有效性和安全性的 MRX-8 分子。

盟科药业的康替唑胺，以及正在进行国际多中心 III 期临床研究的 MRX-4，是可以有效治疗革兰阳性耐药菌感染的噁唑烷酮类新药。盟科药业正在不断完善其抗细菌感染新药管线，将基本覆盖对人类健康具有重大威胁的主要"超级细菌"。

（三）康替唑胺片拓展适用人群至儿童临床试验正式启动

2023 年 4 月 12 日，盟科药业宣布康替唑胺片拓展适用人群至儿童复杂性皮肤和软组织感染患者的药物临床试验首家中心启动。

2022 年 10 月 26 日，盟科药业获得国家药品监督管理局核准签发的《药物临床试验补充申请批准通知书》，康替唑胺片拓展适用人群至儿童复杂性皮肤和软组织感染患者的药物临床试验补充申请获得批准。

本临床试验将由首都医科大学附属北京儿童医院马琳教授、刘钢教授和复旦大学附属华山医院张菁教授联合牵头，担任主要研究者（leading PI）。马琳教授是首都医科大学附属北京儿童医院皮肤科知名专家、首都医科大学皮肤与性病学系副主任，此外还担任中国医师协会皮肤科医师分会儿童皮肤病亚专业委员会主任委员等多项职务。刘钢教授是北京儿童医院感染内科主任，现兼任亚太儿科感染性疾病专家委员会常委、福棠儿童医学发展研究中心感染专业委员会主任委员、中华医学会儿童感染和肝病学组副组长等。张菁教授是复旦大学附属华山医院抗生素研究所副所长、Ⅰ期临床研究室主任，兼任中国药理学会化疗药理学专业委员会副主任委员等。

（四）抗生素新药 MRX-5 Ⅰ期临床试验在澳大利亚完成临床试验备案，并得到澳大利亚药品管理局同意确认

2023 年 10 月，盟科药业宣布其自主研发的抗生素新药 MRX-5 已收到澳大利亚药品管理局（TGA）的确认，同意对 MRX-5 开展 Ⅰ期临床试验。这标志着 MRX-5 的开发正式进入了实质性阶段。

MRX-5 是一种新型苯并硼唑类抗生素，用于治疗分枝杆菌属，特别是由非结核分枝杆菌（non-tuberculous Mycobacteria，NTM）引起的感染。非结核分枝杆菌是指除了结核分枝杆菌复合群和麻风分枝杆菌之外的一大类分枝杆菌。迄今为止，全球已经发现了 190 多种 NTM 菌种及其 14 个亚种，最常见的致病性 NTM 包括鸟分枝杆菌复合群（Mycobacterium avium complex）和脓肿分枝杆菌（Mycobacterium abscessus）等。非结核分枝杆菌（NTM）种类繁多，NTM 病的发病率和患病率持续增长，且药物治疗的疗程长、不良反应多、疗效和预后欠佳，特别是耐药患者的治疗面临挑战，亟须能提高治疗成功率的新药问世。MRX-5 的研发，将为 NTM 病的治疗提供一种潜在的新选择。

目前在澳大利亚开展的是 MRX-5 首次应用于人体的 Ⅰ期临床试验，旨在评估健康成人受试者单次和多次口服 MRX-5 片剂的安全性、耐受性和药代动力学特征，以及探索药物—食物相互作用对 MRX-5 的吸收和系统暴露的影响，已在 2024 年内完成。

未来，盟科药业将继续以抗感染领域药物管线为核心，积极向炎症治疗、癌症等领域拓展，为临床上未被满足的需求提供选择。

（五）受到国内外权威媒体的关注

1. 抗菌新药研究亮相国际权威期刊

2022年8月，盟科药业自主研发的新型细菌亮氨酸-tRNA合成酶抑制剂——MRX-6038（即盟科药业研发管线MRX-5项目），针对脓肿分枝杆菌抗菌活性的相关研究论文，在美国微生物学会期刊《Antimicrobial Agents and Chemotherapy》线上发表，并被选为编辑精选论文（Editor's Pick）。

此项研究是由盟科药业和上海肺科医院褚海青教授课题组合作完成的，通过评估MRX-6038对12种非结核分枝杆菌和227株临床分离株的体外抗菌活性研究，以及对小鼠脓肿分枝杆菌肺部感染模型的体内疗效证明，MRX-6038具有出色的抗脓肿分枝杆菌活性，与克拉霉素或阿奇霉素具有一定的协同作用，对胞内感染和小鼠肺部感染也具有良好的疗效。这也意味着MRX-6038有望成为治疗脓肿分枝杆菌感染的潜在候选药物。

2. 获评"年度十大药物创新新锐公司"

凭借在抗感染领域的创新成就，盟科药业荣获证券时报于2021年8月主办的"2021药物创新奖年度评选"活动中"年度十大药物创新新锐公司"称号。

3. 荣获"大健康产品创新优秀案例"

2023年5月11日，在第七个"中国品牌日"到来之际，由经济参考报主办的"2023新华健康产业与资本高峰论坛"在浙江德清盛大开幕。盟科药业产品康替唑胺片成功入选"大健康产品创新优秀案例"，充分彰显了盟科药业的创新能力和产品价值。

4. 被评为"年度十大药物创新研究团队"

2023年4月20日，由《证券时报》举办的"第三届药物创新济世奖评选"活动落下帷幕，经过公司自荐、推荐、网络投票、专家评选等环节，获奖名单正式揭晓。在本次评选当中，盟科药业的康替唑胺研发团队被评为"年度十大药物创新研究团队"，企业的研发能力和商业价值得到了进一步印证。

5. 荣获第十八届中国药学会科学技术奖二等奖

2023年9月9日，由复旦大学附属华山医院、中国科学院上海药物研究所和上海盟科药业股份有限公司联合申报的"抗耐药革兰阳性菌创新药物康替唑胺临床药理学及其应用"项目获得第十八届中国药学会科学技术奖二等奖。

该奖项是经科学技术部批准，中国药学会正式设立的科学技术奖，以激励和表彰我国的药学科技工作者，推动了药学领域先进项目成果的示范和推广。截至2023年，相关评选工作已经进行了18届，每一届的获奖项目都代表了药学界对相关研究和产品的高度认可。

6. 荣登"ESG科技引领50强"企业名单

2023年11月23—24日，由中国证券报、南通市政府主办的"2023上市公司高质量发展论坛暨第25届上市公司金牛奖颁奖典礼"顺利举办。盟科药业此次上榜金牛奖品牌下"ESG科技引领50强"企业名单，收获了资本市场对公司在ESG领域的认可。

7. 入选上海市"专精特新中小企业"名单

上海市经济和信息化委员会公布了2023年上海市"专精特新中小企业"名单，盟科药业经过专家评审，位列第二批上海市"专精特新中小企业"名单当中。

（六）受到资本的高度青睐

盟科药业通过领先风投资本公司，包括晨兴创投、百奥财富、金浦健康基金、金浦互联基金、本草资本、德联资本、君联资本的多轮投资，伴随科技资本的支持，获得了长足发展。

2022 年 8 月 5 日，盟科药业在上海证券交易所科创板成功上市，公开发行股票 13000.00 万股，发行价格 8.16 元 / 股，新股募集资金总额 106080.00 万元，发行后总股本 65521.01 万股，成为创新药研发、企业升级发展的一个重要转折点。

第十二节　上海复迪迈数字科技：
人工智能在医疗应用中大显身手

上海复迪迈数字科技有限公司多年来在我国医疗科技仪器设备研发应用方面不断耕耘，在数字医疗个性化产品的自主研发与应用领域开拓出一片新天地。

上海复迪迈数字科技有限公司是在上海成立的一家致力于人工智能与新质生产力实践的先驱单位，属于在新一代信息技术和生物技术领域布局建设的未来产业单位；为重大外科疾病的诊疗管理提供优化的数字化智能解决方案，有效应用于对外科疾病的早期筛查诊断、精准术前规划、实时术中导航、个性化术后评估及随访，以帮助提高医生的工作效率、手术的准确性和患者的生命质量；国产数字化流水线系统赋能现代化医院，是集医疗保健，设备研发、生产、销售、服务于一体的互联网高科技医疗器械公司。

一、医疗术前产品

医疗术前产品包括三维可视化系统、外科三维数字化制式报告及 AI 智能筛查系统等（见图 9-27）。

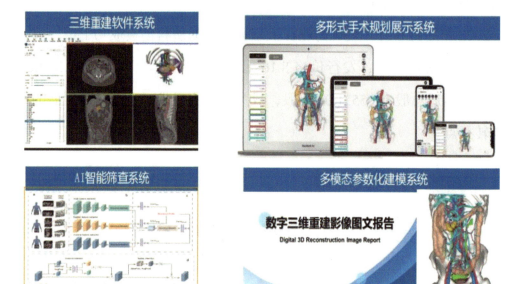

图 9-27　医疗术前产品

资料来源：上海复迪迈数字科技有限公司。

（一）三维可视化系统

三维查看器使用的是 3D 重建渲染技术，将三维重建模型导入软件中，软件会渲染和展示器官的相关结构，包括大小、形状、位置、安全切缘范围以及动脉及静脉的关系，支持分解、截面等操作。医生可精确定位目标肿瘤的位置，确定患者血管的走行情况，有助于提高手术的安全性、精确性，缩短手术时间。

（二）外科三维数字化制式报告

根据医生需求，结合手术特色，通过沟通实现定制化三维数字化制式报告，包括 MR、CT、内镜等多个维度的信息，保证了报告的准确性。

（三）AI 智能筛查系统

脑血管破裂预测是基于点云神经网络预测动脉瘤的破裂风险、病理诊断；宫颈癌转移预测是基于原位癌病理图像预测宫颈癌淋巴结转移状态。

二、数字化智能手术辅助系统

数字化智能手术辅助系统包括数字化智能手术规划系统、数字化智能虚拟导航系统（AQI）混合现实多人协同系统和数字化智能光学实体导航系统以及数字化术后管理。

（一）数字化智能手术规划系统

个性化智能手术规划系统（AQIMedial）基于影像学多模态数据（CT、MRI）进行 3D 模型编辑、有限元分析、快速成形等处理后，可以更加精准、高效地识别病灶位置，了解病灶与毗邻结构解剖学位置关系和滋养血管情况，有助于临床医生更加精准地制订个性化手术方案，减少术中出血量，降低手术风险，为手术提供精准全面的术前评估。

（二）数字化智能虚拟导航系统（AQI）混合现实多人协同系统

基于 HoloLens2 的强大传感器矩阵和光学显示能力，将人体三维重建数字影像叠加在真实世界之上，用户可以通过自然手势与数字影像实现互动，进行放大、缩小、旋转等操作，同时可以切换模型的透明度，分解不同模块进行单独查看。

（三）数字化智能光学实体导航系统

系统采用国际领先的红外光学定位系统、功能强大且操作便捷的手术规划系统以及灵活多样的手术器械，深耕神经外科手术导航领域近 20 年，以其底蕴深厚的技术背景、卓越的产品品质、稳定的系统性能、完善的服务体系闻名于业界，力争打造成国内一流、国际领先的产品体系。

（四）数字化术后管理

术后管理软件能够有效提升患者院外自主管理的能力和效果。基于人工智能算法的患者症状分级预警机制，提升医护远程干预效率，降低患者术后严重并发症风险。将外科学管理延展至肿瘤学管理，提供远期的数智化随访管理，及时对疾病进展及复发进行干预治疗。

三、智能化流水线系统

智能化流水线系统存在如下五项优势。

（一）打造现代化医院

TLA 将实现检验科日常工作的自动化、信息化、智能化，帮助提升实验室管理水平，打造区域内实验室行业标杆。

（二）控费降本

在不增加检验人员的情况下，提高 65% 的检测效率，满足未来 7 年医院日益增长的样本量要求。相同检测品质，成本仅相当于进口品牌硬件成本七成或进口产品使用成本八成，更有效保证国家医保资金的安全。

（三）提升检测质量，减少生物污染

全程自动化，减少 80% 以上的人为差错，减少操作人员接触样本概率，减少 99.3% 的生物安全相关事故，封闭轨道内温控离心和自动化去盖，避免离心温度高而产生气体膨胀和可能产生的气溶胶扩散风险。

（四）提升医患满意度

有效缩短 TAT，减少患者等待时间，加快 25% 的病床周转率；一管血检测，患者少抽血（尤其是老人和儿童），检测质量提升，减少 64% 的医生和患者投诉。

（五）助力医联体建设

通过 ISO15189 认可、标准化实验室解决方案等工作，推动检验结果的互认可比，助力医院成为区域检验中心，普惠邻近及兄弟医疗机构，使医院在医联体中发挥更大作用。

如此多的创新成果来源于上海复迪迈数字科技有限公司不断提升的创新能力。近几年，随着我国医药产业创新潮流的兴起，为争取早日实现我国医疗科技仪器设备自主化，上海复迪迈数字科技有限公司通过借鉴与探索走出了自己的创新发展道路。今后的发展中，上海复迪迈数字科技有限公司将借助与全球知名医药企业的合作，加快国际化发展步伐，助力实现"健康中国"宏伟蓝图。

第十三节 数字 120：医疗健康与院前急救数字化

"医疗健康与院前急救数字 120"是高迪恩（浙江）信息技术股份有限公司（以下简称"高迪恩"）和宁波凯福莱特种汽车有限公司（以下简称"凯福莱"）两家企业经过多年耕耘，联合打造的数字化智慧急救系统。

高迪恩于 2019 年成立，致力于数字化的物联网引擎开发，是面向院前急救信息化的解决方案服务商，通过技术手段采集、处理、分析车内各类元数据，旨在提供智慧院前急救数治服务管理平台一站式解决方案。目前，高迪恩拥有独立研发团队，具备完整的数字化院前急救产品生产链。

高迪恩运用边缘计算、AI 识别等算法技术，打造一体化数字交互可视化平台，本着"数字沟通万物、守护永不止步"的企业宗旨，深入院前急救领域，围绕"呵护生命·守护健康"的服务理念，打造智慧急救数字化生态圈。

自成立至今，企业已获得软件著作权、专利、检测报告等知识产权 50 余项，并具备国际标准化组织（ISO）发布的系列标准资质，如 ISO9001、ISO27001、ISO20000 等，目前已入选国家级高新技术企业、新质生产力企业，获得区级企业工程（技术）中心，为宁波市智慧城市创新示范企业（智慧医疗类）。

在进入院前市场过程中，高迪恩稳扎稳打，"数字 120+"产品已成功覆盖宁波、温州、甘肃、无锡、福建、厦门、杭州、青岛、玉溪、曲靖等地，在全国多个省份均建立了客户联系，推进试点工作；进一步实现了与各种类型救护车的融合、与各种车载医疗设备的对接，同时与国内外各大权威机构都建立了合作关系。

凯福莱成立于 2004 年，公司现有员工 120 人，是经国家发展和改革委员会备案通过的医用专用车生产改装企业，秉持"生命守护者"的使命，坚持"与生命同行，与时代同步"的企业宗旨，按照时代发展的要求，树立工匠精神，在做强做精传统产业的基础上，广泛采用传感、人工智能和大数据挖掘等技术，创新"两化融合"产品。凯福莱"智慧急救管理平台及智能型救护车"研发项目被宁波市经济和信息化局评为 2020 年宁波市 5G 应用试点项目。

凯福莱专注于院前急救、医疗应急救援等公共卫生行业市场，服务于生物制品冷链、人口老龄化等市场需求，以监护型救护车、负压救护车、应急救援车辆、生物制品冷藏车、福祉车等"两化融合"产品的研发、生产、销售和全过程服务为主。

一、"数字 120+"：院前急救数字化转型解决方案

医疗急救关乎人民群众生命安全，目前院前急救体系基础设施数字化水平低，属地管理条块分割多，院前院内跨部门联动难，急救质量管理精准性弱，难以满足群众快速送医和高效救治的需求，急需实行"小切口、大作为"，解决人民群众急难愁盼问题。高迪恩开发的"数字 120+"是面向政府数字化改革的院前急救专业解决方案，赋能"健康中国"的院前急救专业化、数字化平台。

"数字"是多种前沿技术数字化融合的创新方法，产生核心数据要素资源；"120"是以急救 120 为切口，专注为院前急救提供数字一体化的解决方案，构建抢救智能、协同高效、反应快速、质控精准的智慧急救体系；"+"具有平台化的特征，立足院前急救，与医院、交管、医保、应急等多部门协同，多场景应用，实现数据在多部门间流动共享。

"数字 120+"以急救数据作为对象、先进算法作为工具，为医生、患者和健康的管理者、服务者构建了数字化平台，重塑了院前急救流程，打造了

院前急救数字化转型新模式。

（一）以数字技术融合创新为驱动，促进院前急救数字化转型，解决急难
愁盼问题

高迪恩基于物联网、AI、5G 等前沿技术，多技术数字化融合开发了车载
"数字 120+"智慧网擎（见图 9-28）。采用物联网技术将救护车内与人、车、
物、事相关的海量数据进行采集，运用边缘技术进行数据清洗和处理后，通
过 5G 网络高效传输到急救中心，急救中心端数字化管理平台采用精细化大
数据过滤技术对急救数据进行再加工、筛选和挖掘分析。"数字 120+"在院
前急救中的应用，促进了院前急救的工作方式向平台化、智能化、院前院内
一体化协作转变，为院前急救数字化转型奠定了基础。

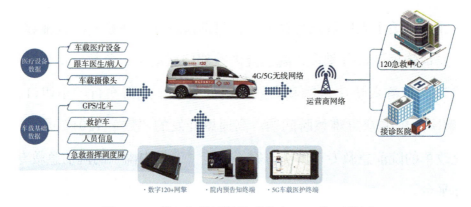

图 9-28　基于智慧网擎的"数字 120+"系统图

资料来源：高迪恩和凯福莱。

（二）以急救数据为关键要素，构建全域全链急救体系，形成院前急救新
模式

高迪恩"数字 120+"系统对全域范围内急救资源进行集中统一管理和数
字化运营（见图 9-29），实现了急救数据在全域救护车、急救中心、目标医

院之间的顺畅流动和高效应用。聚焦"调度、救治、服务"三大环节，打通C端形成闭环，实现院前急救全流程数据实时记录和分析，为急救资源优化配置、节点自动管理和急救质控提供数据支持，通过一键呼叫、精准定位，便可智能快速调派急救资源。明确协同救治流程，进行档案调阅、体征共享、上下协同和急转联合，实现目标医院智慧选择。统一急救服务清单，上车就能获取病患身份信息、进行挂号入院和医保结算；便捷关联患者电子病历、了解患者既往病史，将救护车上配备的除颤、心电、超声等医疗设备检测到的病人生命体征，通过5G网络实时传回医院，进行急救专家远程会诊、救治效果实时反馈，形成了数字化院前急救新模式。

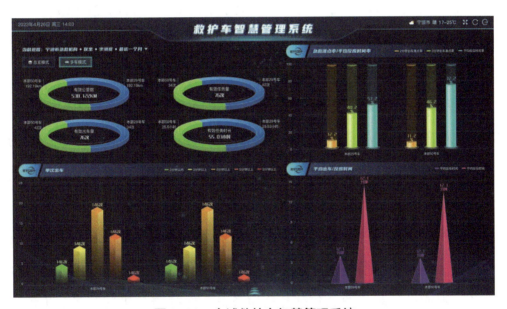

图 9-29 全域救护车智慧管理系统

资料来源：高迪恩和凯福莱。

（三）以先行先试为应用模式，突出实战实效示范，引领全国院前急救数字化转型

"数字120+"以科技创新推动行业发展，通过先行先试形成示范效应，在应用示范城市建设全域全链院前急救体系,例如在"先行示范城市"实现全市院前急救一张网,数字化平台全覆盖,每年产生 20 余万条有效急救数据,平均急救反应时间从 10.74 分钟缩短到 9.39 分钟;通过大数据挖掘,对急救站点布局进行优化,跨服务区域出车占比从 32.88% 下降到 11.21%;实施院前院内一体化,病人交接时间从 25 分钟缩短至 8 分钟;实现上车即分诊,挂号等待时间从到院后挂号耗时 19 分钟缩短至车内预约挂号不到 1 分钟等的实战实效。同时,在"贵州省打造院前急救数字化转型新高地"项目中,"数字 120+"在贵阳市急救站点全面覆盖和应用,并在毕节市和铜仁市试点应用,通过先行先试和实战实效,以点带面,推动贵州全省院前急救体系的全面数字化转型。"数字 120+"的典型应用形成了示范效应,目前全国 13 个省(自治区、直辖市)已经部署和应用"数字 120+"系统,初步形成了院前急救数字化转型的新局面。

"数字 120+"以数据驱动急救决策,急救流程智能化、院前院内一体化,推动了院前急救从现场救治向基于大数据分析的分类救治、基于 AI 技术的远程急救指导等智能化、个性化的方向发展,创新了急救服务模式,并促进了产业链的延伸,与急救相关的物联网设备研发制造、大数据分析服务、AI 辅助诊疗,都成为新的产业增长点;推动院前急救行业逐渐形成一个以科技创新为核心、多方协同参与的未来产业生态系统。这个生态系统包括急救服务提供者、智能设备制造商、数据分析服务商、医疗服务机构等多个角色,他们共同协作,推动形成 5G、AI 赋能院前急救服务的未来健康产业。

二、医疗健康专用汽车行业的数字化转型

凯福莱紧抓"新质生产力是创新起主导作用"的本质,通过原创性的理念创新、技术创新、产品创新和模式创新的创新模型,定义医疗健康专用汽

车的功能和应用场景，推动行业的数字化转型。

（一）理念创新为先导

传统救护车是单一的病患转运工具，凯福莱创新性提出"急救功能前移至患者身边"的理念，在 2002 年率先开发了监护型救护车和负压型救护车等系列产品。以人工智能为代表的技术创新与应用，为传统医疗健康专用汽车行业带来了深刻的变革。2019 年，凯福莱再次提出"救护车数字化平台前移"理念，实现院前、院内、应急、医保等跨部门的互联互通，同时将产品从救护车拓展到医疗健康专用车全领域，并通过数字化平台前移解决了人民群众的急难愁盼问题，为社会服务和政府决策提供支撑。创新的理念为医疗健康专用汽车行业的升级和转型提供了方向与指导。

（二）技术创新为驱动

公司推进的专用汽车专业技术与数字化技术应用的融合，实现了数据要素在患者需求、医疗设备、专用汽车和运营管理之间的创新实践。利用物联网技术，对车辆和车内设备数据进行采集、存储、处理和分析，通过 5G 通信实现数据实时传输、远程支持和院前院内交互。应用 AI 技术对采集的医疗数据进行分析，实现智能诊断与辅助决策，利用 AR 技术为医生提供实时的视觉反馈和操作指导，采用数字孪生技术，实现车辆的实时监测和维护预警。前沿数字技术的创新应用，推动了产品以数据要素为核心资源的变革。

（三）产品创新为核心

数实技术融合的医疗健康专用汽车是新质生产力的直接体现，不仅具备了传统的转运与监护功能，更是一个集医疗设备和数字化平台于一体的移动智慧医院，可以实时收集和分析病患数据，通过 5G 网络将实时数据传输给医疗专家团队，实现远程医疗指导和协同诊治。医疗健康专用汽车的数智化和平台化，颠覆了传统专用车的应用功能，将应用场景从院前急救、医疗应急拓展到院前医疗、健康养老、慢病管理等领域，形成了"大急救"和"大院前"的医疗健康专用汽车产品生态。产品创新是理念创新的实践，也是技术创新的成果，更是新质生产力的具体体现。

（四）模式创新为关键

凯福莱通过数字技术赋能，不断提升技术研发与数据应用服务能力，完成从专用车研发制造实体向"数实融合"转型，成为集专用汽车、医疗资源和数据服务于一体的综合性服务提供商，构建医疗健康专用汽车行业的商业新模式。

传统的院前急救是救护车将病患送到院内进行诊治，是典型的"病人看医生"的模式。数智化医疗健康专用汽车将核心医疗资源前移到病患身边，医疗专家通过数字化平台进行院前院内一体化协同诊治，从而推动了从"病人看医生"向"医生看病人"的转变，形成了医疗服务新模式。全域全流程的数据支持则助力形成了"大急救"和"大院前"医疗质控的智能化管理新模式。

（五）创新催生新业态

技术创新驱动的数智化医疗健康专用汽车，将传统的院前急救打造成覆盖院前急救、医疗应急、院前院内一体化和急救科普的"大急救"生态；也为医共体联动、社区医疗服务、慢病管理、老年福祉、居家养老、养老照护等提供了服务资源，形成了"大院前"生态，为人民群众高质量健康生活提供支撑与服务。"大急救"和"大院前"生态的建立，拓展了医疗健康专用车的应用场景，形成了数字化行业新生态（见图 9-30）。

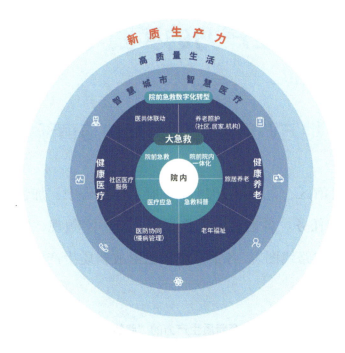

图 9-30　基于新质生产力理论的医疗健康专用汽车行业设计模型

资料来源：高迪恩和凯福莱。

　　医疗健康专用汽车行业数字化转型所形成的商业新模式、服务新模式和管理新模式，催生出数据驱动的医疗服务新业态，正是新质生产力在医疗健康专业汽车行业数字化转型中的充分体现，不仅提高了医疗服务的效率和质量，更体现了科技创新对行业转型的重要推动作用。

第十章　地方政府培育和推动新质生产力的实践与探索

第一节　地方政府因地制宜加快培育新质生产力

在各省、自治区、直辖市 2024 年政府工作报告中，加快培育新质生产力成为重点工作任务。各地政府工作报告"新"字频现，纷纷绘制加快培育新质生产力的"路线图"。各重点城市已形成新质生产力发展的典型示范（见表 10-1）。

表 10-1　加快培育新质生产力的"路线图"及实践示范

省份（区域）/城市	加快培育新质生产力的"路线图"及实践示范
河北	1. 科技创新为引领，工业制造业为支撑，着力构建新能源汽车、新一代信息技术、新材料等现代产业体系；布局 9 个重点支持、8 个重点培育的产业集群；"空天信息 +"产业业态塑造出雄安新区产业发展"新蓝海"； 2. 新技术改造提升传统产业：推进钢铁产业链条向高端制造延伸，目前高端品种钢比例接近 80%； 3. 推动未来产业场景应用和迭代示范：在雄安新区、石家庄、廊坊等地布局发展空天信息、前沿新材料、绿色氢能等 6 个未来产业方向
山西	1. 加快构建特色优势现代化产业体系； 2. 五个"要"加快形成新质生产力：科教兴省战略；数字经济战略；构建低碳绿色循环经济体系；围绕能源革命推动先进制造业发展；布局未来产业
内蒙古	补短板、锻长板、壮集群、强支撑。 1. 新能源带动新工业，加快壮大新能源产业； 2. 推进稀土工业、装备制造等支柱产业持续迭代升级； 3. 以乳业、草业领域的科技创新为引领，加快构建现代农牧业产业体系

续表

省份（区域）/城市	加快培育新质生产力的"路线图"及实践示范
辽宁	锚定新时代"六地"目标定位，加快建设 4 个万亿级产业基地、22 个重点产业集群。 1. 重点推进数控机床等 12 个优势产业集群；培育壮大新能源汽车、生物医药等 10 个战略性新兴产业集群； 2. 推进重点行业设备更新改造； 3. 加速培育新一代机器人为代表的人工智能新兴产业
吉林	培育"四大集群"、发展六新产业。 1. 壮大现代汽车、轨道装备、卫星制造等产业集群； 2. 积极培育抽水蓄能、新型储能、生物医药等"六新产业"； 3. 围绕汽车、医药、装备、食品、石化、原材料等领域，重点支持 300 个以上"智转数改"示范项目；建成 1 至 2 家"灯塔工厂"；100 个智能制造示范工厂；300 个省级智能制造数字化车间
黑龙江	1. 以科教资源为引擎，加快促进科技成果产业化转化； 2. 推动燃气轮机、电子信息制造、卫星制造等重点产业发展； 3. 重点发展高端智能农机装备，数字农业引领
江苏	持续推进制造业集群发展和数字化、服务化转型，强化战略性新兴产业领先发展，积极布局发展未来产业。 1. 科技创新，产业由大变强； 2. 石化、钢铁等传统行业全面实现低碳、绿色转型； 3. 大力布局人工智能、生物制药、纳米技术等未来产业； 4. 建设人与自然和谐共生的低碳绿色城市，生活方式绿色转型，提升文化软实力
浙江	科技创新引领，结构优化、产业转型，构建现代化产业体系。 1. 推动"3·15"科技创新体系（十大省实验室、十大技术创新中心）建设； 2. 推动"415X"先进制造业集群发展； 3. 发挥民营经济生力军作用； 4. 全面加强高素质干部队伍、高水平创新型人才、企业家队伍"三支队伍"建设

续表

省份（区域）/城市	加快培育新质生产力的"路线图"及实践示范
安徽	1. 打造创新平台，培育新质生产力动力源：以科大硅谷、中国科大科技商学院、羚羊工业互联网"谷、院、网"为平台，打造创新链、产业链、资金链、人才链"四链"融合的创新生态； 2. 大力培育战略性新兴产业，加强未来产业发展：全力打造汽车"首位产业"，做大做强汽车后市场；大力培育先进光伏与新型储能、新材料、装备制造、医药健康、生物制造、空天信息、低空经济等战略性新兴产业；布局通用人工智能、量子信息、元宇宙等未来产业新赛道； 3. "数实融合"促进数字经济发展； 4. 以生产性服务业为重点发展现代服务业
福建	1. 加快构建现代化产业体系：电子信息、先进装备制造、现代纺织服装等支柱产业高端化；动力电池、新型储能、海上风电等新能源产业规模化； 2. 数字经济引领：继续做大做强数字产业集群； 3. "数字福建"建设：建成全省一体化公共数据体系，推进数字政府建设
江西	1. 聚焦电子信息、新能源、新材料、装备制造、航空等优势主导产业； 2. 做优做强数字经济"一号发展工程"，推动虚拟现实（VR）产业新领域、新场景，加快培育数字产业链群，推动数字经济与实体经济融合发展； 3. 积极部署元宇宙、人工智能、新型显示、新型储能等一批未来产业，努力形成新质生产力
山东	全国唯一拥有全部41个工业大类的省份；战略性新兴产业集群居全国首位；"四新"经济投资增长居全国前列。新质生产力成为促进全省经济增长的稳定器。 1. 以科技创新引领现代化产业体系建设； 2. 推进数字经济高质量发展，加速推进占全省经济近七成的传统产业转型升级； 3. 布局未来产业。围绕人工智能、未来网络等领域，实施20项左右前沿技术攻关，推动15个省级未来产业集群加快壮大。支持济南、青岛、烟台打造未来产业先导区
河南	1. "三足鼎立"科技创新大格局：以中原科技城、中原医学科学城、中原农谷为支柱的平台已全面起势； 2. 构建现代化产业体系；布局氢能与储能、量子信息、类脑智能、未来网络、生命健康、区块链等未来产业； 3. 创设国家未来产业先导示范区：打造算力之城、量子之城、人工智能之城、传感之城、软件名城

续表

省份（区域）/ 城市	加快培育新质生产力的"路线图"及实践示范
湖北	1. 主要目标：未来五年，全社会研发经费投入年均增长 14% 以上，科技成果转化率提高到 80% 以上，战略性新兴产业增加值年均增长 10% 以上，制造业增加值占 GDP 比重达到 30% 以上，单位 GDP 能耗下降 10% 以上； 2. 产业、能源、交通运输、用地"四大结构"全面优化； 3. 创建国家高水平科技自立自强先导区、世界先进制造业集聚区、美丽中国先行区、国家战略腹地建设核心区、高水平社会主义市场经济体制改革示范区； 4. 加强原创性颠覆性科技创新：创设东湖综合性国家科学中心；创建国家实验室（2 家），全国重点实验室 30 家，大科学装置 10 个；国家级创新平台 200 家，新型研发机构 600 家；打造光谷科技创新走廊、汉孝随襄十汽车产业创新走廊、宜荆荆磷化工新材料走廊； 5. 构建以先进制造业为骨干的现代化产业体系：加快汽车、钢铁、化工产业转型；加快软件和信息服务、智能终端、节能环保、数字创意、新材料等新兴特色产业聚链成群；培育壮大低空经济与空天技术、生物制造等新兴产业
湖南	1. 实施产业培塑、创新提升"八大行动"； 2. 统筹教育、科技、人才三大战略，提升科技创新速度； 3. 推进新型工业化，打造国家重要先进制造业高地； 4. 运用"千村示范、万村整治"工程，推动乡村全面振兴；聚焦良种、良田、良法、良机、良制，积极培育一批高产、优质、绿色新品种，强化耕地保护并建设一批高标准农田，有效提升粮食单产水平
广东	1. 以科技创新推进新型工业化：实施重点制造业产业链补短板、拉长板、锻新板行动；创建国家新型工业化示范区；加快发展现代生产性服务业；促进专精特新中小企业发展； 2. 实施产业创新工程：扩大新能源车产业优势；加快氢能、新材料、创新药新兴产业发展；打造生物制造、低空经济、商业航天经济新引擎； 3. 创建以量子技术、生命科学为新布局的未来产业先导区； 4. 实施制造业数字化转型行动

省份（区域）/ 城市	加快培育新质生产力的"路线图"及实践示范
广西	1. 科教创新和产业创新融合发展：实施百项科技"尖锋"行动攻关项目；推进上汽通用五菱"一二五"、柳钢"百万吨"工程、玉柴规模倍增等重点工程；促进 10 项以上关键核心技术产业化应用；新增自治区实验室、自治区级科技创新合作基地 10 家以上；加快建设面向东盟的科技创新合作区；建立企业技术中心； 2. 加快构建现代化产业体系：新一轮工业振兴三年行动：实施"双百双新"项目 500 个、"千企技改"项目 1000 个以上；实施产业园区改革增效、"115"工程重点园区提质扩量工程；新培育链主型龙头企业 40 家、百亿企业 5 家、规上工业企业 1000 家；推进南宁、钦北、柳州、凭祥国家物流枢纽建设；打造提升柳州螺蛳粉、梧州六堡茶等一批"桂字号"品牌；推动制造业智能化改造数字化转型，打造 100 个数字化转型典型场景，创设 30 个国家级试点示范项目；推进广电 5G 融合发展，新建 5G 基站 2 万座以上； 3. 持续扩大对内对外开放：建设粤港澳大湾区重要战略腹地；提升中国—东盟产业合作区承接产业转移能力；加快平陆运河建设，高水平共建西部陆海新通道；开展外贸外资"破百亿超千万"行动；大力发展向海经济，加快海洋强区建设
四川	1. 构建区域发展新战略：实施成都都市圈建设成长期三年行动计划，强化产业分工协作，建强全省新质生产力主引擎；健全省域经济副中心，打造新质生产力重要承载地； 2. 培育工业竞争力和产业新优势：聚焦电子信息、装备制造、食品轻纺、能源化工、先进材料、医药健康六大优势产业，实施提质倍增行动，夯实工业经济的"四梁八柱"
云南	1. 数字经济发展三年行动方案：数电融合助推绿色发展；数智发展驱动新型工业化；数字信用服务企业发展； 2. 科技创新引领，推动产业向纵深发展：构建涵盖绿色能源、有色金属、烟草（全产业链）、生物医药（全产业链）、装备制造、先进制造、绿色铝、硅光伏产业的具有云南特色和比较优势的现代化产业体系
贵州	1. 六大重大科技战略行动：战略科技力量培育、新一轮找矿突破、矿产资源选冶攻关、能源产业绿色低碳转型、现代山地特色高效农业支撑、数字化产业赋能； 2. 聚焦"六大产业基地"，推进新型工业化高质量发展：现代能源、资源精深加工；推进酱香白酒、生态食品、新型建材等特色产业发展；形成新能源电池材料、大数据电子信息等产业集群

续表

省份（区域）/城市	加快培育新质生产力的"路线图"及实践示范
陕西	1. 构建"百、千、万"产业链群：百亿提升、千亿跨越、万亿壮大梯次发展——到 2025 年培育壮大 10 个以上国内领先、国际一流的百亿级产业创新集群；到 2035 年，形成千亿级产业创新集群，建成一批产业创新发展示范区； 2. 壮大新能源汽车、光子、太阳能光伏、半导体及集成电路等战略性新兴产业； 3. 实施光子、人工智能、超导、北斗、第三代半导体、增材制造、钛及钛合金、硅基太阳能光伏、铝镁轻质材料、化工材料 10 个千亿级产业创新集群行动计划
甘肃	以科技创新引领产业创新，持续推进石油化工、冶金有色等传统产业转型升级；大力发展新能源、新材料、生物医药、数据信息等新兴产业；谋划布局人工智能、量子科技等未来产业，因地制宜加快发展新质生产力，向新而行、向质图强
青海	·打造生态文明高地：生态安全屏障新高地、绿色发展新高地、国家公园示范省新高地等"七个新高地"建设，有效筑牢国家生态安全屏障； ·建设产业"四地"：建设世界级盐湖产业基地；国家清洁能源产业高地；国际生态旅游目的地；绿色有机农畜产品输出地
宁夏	围绕构建"六新六特六优 +N"现代化产业体系，布局未来产业、培育壮大新兴产业、改造提升传统产业，开辟新赛道、培育新优势
新疆	·围绕"八大产业集群"构建具有新疆特色和优势的现代化产业体系； ·推动人工智能、生物医药、绿色算力、电子信息、动力电池、航空器制造、低空经济等新兴产业发展； ·创新平台建设：培育全国重点实验室、国家技术创新中心、"一带一路"联合实验室等国家级创新平台，高质量建设新疆实验室、自治区技术创新中心，培育各大龙头企业成为新质生产力的"苗圃"
海南	·推动海南自贸港高质量发展； ·构建海南特色现代化产业体系；推动种业、深海、航天等未来产业发展； ·低碳园区、低碳社区、低碳示范项目建设

省份（区域）/城市	加快培育新质生产力的"路线图"及实践示范
京津冀	·京津冀"六链五群"产业布局，形成氢能、生物医药、工业互联网、高端工业母机、新能源和智能网联汽车、机器人京津冀产业链协同布局与发展； ·联合发布跨区域产业链图谱：三地共同打造氢能、新能源和智能网联汽车、网络安全、高端工业母机、生物医药、机器人6条产业链； ·"北京研发、津冀制造"——三地因地制宜，优势互补，着力补短板、拉长板、锻新板，增强产业链供应链韧性和区域竞争力
上海	中国现代化工业发源地；高度完备的现代化产业体系；国际化大都市；一流的国际商事服务；金融商贸资讯与资源要素云集
深圳	中国改革开放排头兵；科技产业化聚集地；世界知名高科技企业高地；全球ICT产业链枢纽
杭州	中国数字经济第一城；民营经济成长乐园；互联网经济创业热土；经济新业态孵化地
苏州	分布式科技园区发展典范；先进制造业聚集地；生产性服务业标杆城市；中国最强地级市
成都	中国西部门户；先进制造业中心；外商投资高地；商业新业态成长沃土；生产性服务业发达
南京	经济强省中心特征显著；专精特新企业聚集高地；形成了完备的产业技术研发体系
合肥	中国风险投资第一城；战略性新兴产业领头羊；世界最大科研机构：中国科学院新技术孵化器

资料来源：作者根据公开信息整理。

第二节　北京"三城一区"建设加快打造新质生产力科技创新实践

一、北京加快推动首都新质生产力发展

北京作为全国政治中心、文化中心、科技创新中心、国际交往中心，党中央给予其特殊定位，赋予其特殊使命。党的十八大以来，习近平总书记多次视察北京，针对北京发展发表重要讲话，为北京推进科技创新，建设国际科技创新中心，构建发展新格局提供了根本遵循。

（一）发展基础

1. 发展总量

2023年，北京市实现地区生产总值（GDP）约4.4万亿元；2024年，全市一季度GDP首次突破万亿元，同比增长6%，高于上年全年增速0.8个百分点。第一产业实现增加值15.0亿元，增长3.2%；第二产业实现增加值1310.4亿元，增长7.3%；第三产业实现增加值9256.0亿元，增长5.8%。其中，高技术制造业占制造业投资比重达82.1%，高质量发展特征显著。

2. 全球城市综合竞争力

国际知名机构科尔尼管理咨询公司发布的《2023年全球城市指数报告》，从商业活动、人力资本、信息交流、文化体验和政治事务五个维度，评出全球城市综合排名（见表10-2），评估出全球156个城市当前的竞争力表现。

北京作为我国的政治中心、文化中心、科技创新中心、国际交往中心，拥有丰富的资源、庞大的市场和完善的基础设施。尤其是近年来，北京不断加大对科技创新、金融服务和文化产业的支持力度，吸引了大量的人才和资

表 10-2 2023 年全球城市竞争力 10 强

城市	2023 年排名	2022 年排名	2022—2023 年排名变化
纽约	1	1	0
伦敦	2	2	0
巴黎	3	3	0
东京	4	4	0
北京	5	5	0
布鲁塞尔	6	11	+5
新加坡	7	9	+2
洛杉矶	8	6	−2
墨尔本	9	8	−1
香港	10	10	0

资料来源：科尔尼管理咨询公司。

本投入，不断优化城市功能和环境，极大地提升了城市品质和竞争力指数。

（二）竞争力优势

中关村汇聚了全球的创新力量。在中关村内，已形成新一代信息技术、生物健康、智能制造与新材料、生态环境与新能源、现代交通、现代服务业等新兴产业集群，涌现出金融科技、无人驾驶、智慧物流、新零售等跨界融合新业态。新一代信息技术产业规模近 3 万亿元，大数据、信息安全市场占有率位居国内第一，集成电路设计收入占全国的 1/3，生物健康产业在生物医药产业园区的竞争力排行榜中位列第一。

涌现出的硬核头部企业：京东、小米等 9 家企业入选 2022 年《财富》"世界 500 强"；93 家企业入围国际组织发布的"2022 年全球研发投入 2500 强"；独角兽企业 100 多家。中关村已成为我国科技创新和高精尖产业名副其实的"领头羊"。

（三）北京行动方案"50 条"

2023 年 8 月，中共北京市委办公厅、北京市人民政府办公厅印发《关于进一步推动首都高质量发展取得新突破的行动方案（2023—2025 年）》的通知。"行动方案"内容涵盖了五大方面共 50 条措施，分别为持续强化创新和产业补链强链，推动京津冀协同发展迈上新台阶；加快提升创新驱动发展的能力和水平，推动世界主要科学中心和全球主要创新高地建设取得新突破；积极发展高精尖产业，率先构建更具国际竞争力的现代化产业体系取得新进展；协调推动以高质量供给引领和创造新需求，促进投资和消费不断涌现新亮点；不断加大改革攻坚和扩大开放的深度广度，加快"两区"建设迸发新活力等。

2024 年 3 月，北京市印发《进一步推动首都高质量发展取得新突破的行动方案 2024 年工作要点》，提出五大方面 50 条具体任务，瞄准发展新质生产力，塑造高质量发展新动能。

二、以"三城一区"建设形成国际科技创新高地

"三城一区"即中关村科学城、怀柔科学城、未来科学城和北京经济技术开发区、顺义区为主的创新型产业集群示范区。

"三城一区"统筹联动与融合发展分工定位明确：中关村科学城与怀柔科学城、未来科学城携手发展，强化海淀怀柔、海淀昌平等区在科技创新、产业发展、营商环境、人才队伍等方面的交流合作。未来科学城充分发挥"三城一区"连接点作用，对接中关村科学城和怀柔科学城的基础研究和原创成果，是枢纽型主平台。怀柔科学城充分发挥后发优势和国家科技重器集聚特色，打造世界级原始创新承载区。北京经济技术开发区着力承接转化"三大

科学城"原创成果，夯实产业基础，作为产业创新体系的核心节点，链接技术研发、产品开发、工程化生产与商业化应用的创新链；顺义区打造高精尖产业发展的新增长极。

通过加快高水平推进中关村科学城、怀柔科学城、未来科学城建设，强化科技创新引领作用。科技领军人才尤其是青年人才培养引进，实施基础研究领先行动和关键核心技术攻坚战行动，助力在京国家实验室高质量运行，加快北京新质生产力的发展。

（一）中关村科学城提速发展

中关村科学城区域是指"东至原八达岭高速和新街口外大街，北至北五环及小营西路以南，西至西三环、苏州街和万泉河快速路，南至西北二环、西外大街和紫竹院路，以及沿中关村大街、知春路和学院路轴线形成的辐射区域"，总面积约 75 平方千米，是中关村国家自主创新示范区核心区的核心，也是京津石高新技术产业带的重要组成部分。科学城是一个知识创新基地、高新技术产业化的孵化培育基地和高新技术信息交流中心。

中关村科学城集聚了清华、北大等 27 所国家重点高等院校，中国科学院等 30 多家研究所，25 家国家工程技术研究中心，20 余家国家工程研究中心和 62 家国家级重点实验室，承担 13 项国家科技重大专项的核心任务；汇集了联想集团、航天科技等高科技企业 8000 余家，科技创新服务中介机构 1000 余家，带动中关村科学城企业实现高新技术产业总收入 3000 多亿元。

中关村科学城以加快颠覆性技术培育发展为重点。实施新一轮先行先试改革政策向中关村示范区全域推广，2024 年 1 月中关村规模以上企业技术收入增长超过 30%，科创金融改革试验区正在推进落地。

1. AI 赋能新型智慧城市建设

海淀区作为北京市智慧城市建设的领跑者，于 2022 年建成国内第一个城市治理全场景的城市大脑；2023 年，实施了以超大场景为牵引的全领域融合场景建设。同年，由海淀区属科技国企中关村科学城城市大脑股份有限公司自主研发的城市治理大模型"如如大模型"在中关村城市大脑与未来城市论坛上发布，并被评为北京市首批十大行业大模型典型应用案例。

中科大脑与百度、智谱华章、火山引擎等大模型厂商开展深度合作交流，深耕场景应用。在集成基础大模型、行业特制模型及专业小型模型等多模型系统基础上，打造出"训推用"一体化的"如如大模型"工具链，一站式构建垂类大模型及智能体。

目前，垂类大模型及智能体赋能，正在逐步突破大模型行业应用"最后一公里"。在一网统管应用方面，智能体应用在"接诉即办""基层减负"等 6 大领域、100 余个场景、10 余项专项中；在智能化革新场景应用中，一网统管大模型产品以城市全局运营和事件精准治理为理念，融合物联网、视联网、数联网、大数据、人工智能等技术，为城市管理问题和事件治理提供精确的智能化解决方案；在"基层减负"场景应用中，基于大模型的内容创作、对话沟通和分析控制能力打造了"智管通、智办通和智问通"三大核心功能，可有效提升基层部门工作效率和公众满意度；在一网通享应用方面，聚焦文旅领域，应用在游客服务、智慧首图等 9 大领域、22 个类别、81 项服务中，为游客提供全方位、实时化的文旅智能服务；在文教领域，特别打造的"首图智能体"，能通过精准的语义识别和应用内容，提供图书馆分析师、管理员、安全预警员等多角色、交互式智能借阅服务，有效提升读者的借阅体验和互动质量。

人工智能与未来城市的发展前景广阔、大有可为。海淀区发布的人工智能创新街区概念性规划，在具有顶级人工智能资源、国际互动最紧密的 53 平方千米范围内，以"三横两纵一带"为骨架，全力建设集成通用人工智能技术的城市智能体，构建创新生态新范式。

AI 赋能新型智慧城市建设，为加快形成首都新质生产力，推进城市高质量发展，探索未来城市发展之路，提供了新动能、新引擎。

2. 打造地区数字能源新生态

中关村科学城数字能源城市综合体建设，以"数据要素价值驱动，数据要素共享流通"为主线，规划建设"数字能源城市综合体"，作为数字电网与数字城市发展互动的中间"体"、共享"边"，形成"数据要素流通中心、能源运营管理中心、双碳监测分析中心、智慧城市运行中心"四中心，打造数据共享、能源高效、绿色友好、开放互动的地区数字能源新生态。

3. 共筑园区产城融合运营、高质量发展新生态

海淀区集聚了大量的科技产业园，既是新一代数字技术的"孵化地"，也是数字化赋能的"实践者"。

数据作为新型生产要素，通过快速融入科技产业园生产、消费、流通、分配和社会服务管理各环节，成为推动园区产城融合、高质量发展的关键动力。当下，中关村科学城正在推动数据开放流动、应用场景示范、核心技术保障、发展模式创新等方面的工作，通过发挥头部科技企业、建设运营平台公司、科研院所等多主体作用，加速数据要素在经济社会各领域的广泛应用和深度融合，建立数据运营产业新生态，推动新质生产力加快发展。

4. 打造全国具身智能创新高地

2024 年，中关村科学城发布《关于打造全国具身智能创新高地的三年行动方案（2024—2026 年）》，由国内领军科学家牵头，形成从大模型、操作系统、仿真平台到芯片的软硬件全栈体系，真正将中关村科学城打造成为全国具身智能创新高地。

（二）怀柔科学城加快建设

怀柔科学城以"世界级原始创新战略高地"高点定位，以开放合作、全

面改革、内涵发展为基本原则，将建成综合性国家科学中心。目前规划出"一核四区"的空间功能布局，规划面积约 100.9 平方千米，已有 16 个科技设施平台进入科研状态。发展目标是，到 2035 年，建成世界一流的重大科技基础设施集群和国家实验室集群。

1. 大科学装置综合性研究中心

一是中国科学院与北京市共建北京综合研究中心，为在怀柔建设依托大科学装置的综合性研究中心迈出了第一步。

二是推动多模态跨尺度生物医学成像设施、子午（空间环境地基综合监测网）大科学装置，以及大科学装置用高功率高可靠速调管研制平台等 14 个科教专项平台项目落地。中国科学院系统电子所、力学所、空间中心、纳米能源与系统所、物理所、大气物理所等 9 个研究所已入驻怀柔科学城。

三是高能同步辐射光源、综合极端条件实验装置、地球系统数值模拟装置等一批大科学装置和 5 个交叉研究平台落地。

2. 钱学森国家工程科学实验基地

该基地拥有全球规模最大的激波风洞实验室，有模拟最高时速达 500 千米的高速列车动模型实验平台。北京超级云计算中心坐落于此。建成暗物质卫星"悟空"号、量子通信卫星"墨子"号、"慧眼"等多颗重要科学卫星的地面中控指挥大厅。

3. 各大央企研究创新机构入驻

有色金属研究总院的国家动力电池创新中心、中国航空工业集团的综合技术研究所、中国航天集团的卫星研究所等均已落户科学城范围内。

4. 综合性国家科学中心协同创新交叉研究平台项目

项目位于怀柔科学城聚核区，将建设怀柔综合性国家科学中心科研支撑保障及实验技术培训系统、公共学术保障系统、科技服务保障系统、运营维护保障系统等。

5. 科技设施平台集群初步形成

怀柔科学城已布局的 29 个科技设施平台中，其中 7 个进入科研状态。"十四五"时期，布局人类器官生理病理模拟装置、太阳能高效转化利用科技基础设施以及科教设施等。

（三）未来科学城形成示范

未来科学城（Beijing Future Science City）以深化央地合作、校城融合，建设研究型医院等，形成发展新模式、新示范。

1. 构建"创新·科技""开放·共享""美好·活力""低碳·节能""和谐·生态"示范之城

北京未来科学城以温榆河和定泗路为界，分为北区和南区，两区之间核心绿地 3.38 平方千米，北至顺于路，东至京承高速和昌平顺义交界，南至规划二十八路，西至立汤路（距中关村生命科学园 12 千米），规划建设"创新、开放、人本、低碳、共生"示范之城。

2. 集成创新研发聚集地

目前，未来科学城已形成央企集成创新研发的聚集地。神华集团有限责任公司、中国海洋石油总公司、国家电网公司、中国华能集团公司、中国国电集团公司、中国电信集团公司、中国电子信息产业集团有限公司、鞍山钢铁集团公司、武汉钢铁（集团）公司、中国铝业公司、中粮集团有限公司、中国商用飞机有限责任公司、中国建筑材料集团公司、中国兵器装备集团公司、国家核电技术公司 15 家中央企业入驻园区，投资建设研究院、研发中心、技术创新基地和人才创新创业基地，研发涉及新能源、新材料、节能环保、新一代信息技术等战略性新兴产业的重点领域（见表 10-3）。

表 10-3　创新研发聚集地

单位	建设项目	研发与开发领域
神华集团	北京低碳能源研究所及神华技术创新基地 北京低碳清洁能源研究所（已落地）	火电厂和 IGCC 电厂的减排、二氧化碳封存（CCS）和二氧化碳驱油（EOR）、可再生能源和化工产品、能源存储、煤制天然气、合成气制燃料和化工产品、直接法煤液化等领域的开发
中国商飞	北京民用飞机技术研究中心 （已开基典礼）	民机产业发展研究、飞机总体、系统集成、航空材料、航空制造技术、适航工程、客户服务 7 大研究领域的 34 个研发方向
中国国电	国电新能源技术研究院（已开基典礼）	建立风电、太阳能、污染控制与资源化、煤洁净燃烧、低碳能源、海洋能与地热能、风电运营 7 个技术研究所，着力从事新能源技术的开发与应用
国家电网	国网智能电网研究院（已开工建设）	智能输变电、智能配电与用电、通信与信息、新能源、新材料应用、能源战略与政策
中国海油	能源技术开发研究院	石油勘探技术开发、管道运输、工程技术研究与试验发展
中国华能	清洁能源技术研究院（三个实验楼、博士后工作站及研究生院、电子生产楼、创新培育楼）	绿色煤电及煤基多联产技术、温室气体减排技术、低质煤利用技术、可再生能源发电技术、发电新材料、电站优化设计等项目研究
鞍钢	未来钢铁研究院（专项技术实验中心、物理性能分析中心、化学性能分析中心、精密仪器实验中心、对外合作研发中心）	金属材料制造技术、材料应用与深加工技术、节能与能源综合利用技术、环境保护和再资源化技术、企业中长期科技发展战略研究
武钢	（北京）新材料研发中心（先进钢铁材料研究室、硅钢应用技术研究室、汽车用钢应用技术研究室、结构钢应用技术研究室，已奠基开工建设）	先进钢铁材料研究，以及汽车板、结构钢等产品应用技术研究
中粮集团	中粮营养健康研究院 （已奠基开工建设）	建设人类、动物营养健康的研发中心，构建人类与自然和谐相处，引领营养、健康、低碳、绿色的生活方式

单位	建设项目	研发与开发领域
中国铝业	中铝科学技术研究院（已奠基开工建设）	铝、铜、钛、镁等合金材料，预留业务发展空间被扩展到稀有稀土、高分子材料、陶瓷材料以及相关合金材料等领域
中国电子	中国电子中央研究院（软件和集成电路研发中心、实验室）	金融、电子政务、国家智能电网、智能铁路、物联网等应用；两化融合、工业信息化、运营服务、EDA 软件、金融信息安全、电子政务、无线通信等领域的技术研究和产业化推进工作
中国建材	中建材科技创新研究院	节能功能化玻璃、薄膜太阳能光伏—建筑材料一体化产品、新型集成房屋及绿色建材产业化住宅关键技术、碳纤维复合材料及风力叶片应用技术、平板显示器用基板玻璃生产技术；建立起节能新材料和新能源材料生产所需的产业化示范线及所需的关键装备制造示范线
中国兵器	兵装新能源创新基地	在输变电设备、光伏太阳能、风电产业基础上进行新能源开发研究
国家核电	国核（北京）科学技术研究院（已奠基开工建设）	先进堆芯和燃料元件、核级设备鉴定评审技术、核电在役检查技术、数字化仪控系统、先进压水堆核电站常规岛工程技术、清洁能源工程技术、核电软件开发等
中国电信	北京信息技术创新园	无线技术（重点在 CDMA 向 LTE 过渡），IP 网络（重点是 IPv4 向 IPv6 过渡、网络安全和综合业务承载），集中计算（云计算）和宽带运营模式等技术研究和应用产品开发

资料来源：作者根据公开数据整理。

（四）创新型产业集群示范区

创新型产业集群示范区包括北京经济技术开发区、顺义区，主要承接三大科学城成果，促进产业化。

1. 产业支持政策

针对通用人工智能、人形机器人等出台 30 余项细分产业支持政策，巩固提升高精尖产业发展优势。

2. 产业基金支撑助力

设立政府高精尖产业基金，对集成电路、创新药业、医疗器械、智能手机、新能源汽车等进行全产业链金融支持。目前取得的重大进展：一批创新药品、医疗器械获批上市，小米智能手机工厂、理想汽车旗舰工厂提前投产，精心打造全球数字经济标杆城市，率先建成全球性能领先的区块链基础设施。新增 5G 基站 3 万个，获准向公众开放的生成式人工智能大模型产品占全国近一半，"京通""京办""京智"三个智慧城市应用终端快速升级拓展；高级别自动驾驶示范区实现 160 平方千米连片运行；全国首个数据基础制度先行区启动建设。数字经济增加值占地区生产总值比重达 42.9%；以供给侧结构性改革引领和创造新需求，推进国际消费中心城市建设；"一圈一策"完成 15 个重点商圈品质提升，新开业大型商业设施面积近 240 万平方米，亮马河国际风情水岸点亮城市夜生活，文旅消费恢复到疫情前水平。

创新重大项目投融资机制，面向民间资本推介重大项目，总投资超过 3200 亿元。

3. 大力推进高水平对外开放

经国务院批复，服务业扩大开放 2.0 版工作方案开始实施；国家首批制度型开放试点实施，迭代推出 170 余项新的试点举措；全国首个以研发创新为特色的中关村综保区获批设立；成功举办金融街论坛；北京证券交易所扩容提质，上市公司数量增至开市时的近三倍；北京首列直达欧洲的中欧班列成功开行；推出营商环境 6.0 版，制定实施"北京服务"意见和促进民营经济发展壮大行动方案。新增大型活动等 23 个"一件事"集成服务事项，在餐饮、超市等 40 个行业推行"一业一证"，一体化综合监管试点拓展至 50 个，完善"服务包""服务管家"机制，全市新设企业增长20.3%，总数突破211万户，创历史新高。

北京经济技术开发区已有包括统信软件、通明智云、中兴数据库、龙芯、北京算能、业信安全在内的300家高科技企业入驻，成为国内信息技术头部企业的聚集区。目前，已建成"龙芯CPU+统信操作系统+金篆数据库"计算底座，诞生了自研操作系统、自主指令集芯片、数据库、量子计算、云原生等一批全球对标技术，并逐步演进形成"新架构芯片+基础软件+云原生"为新底座的中国信息技术体系和产业生态。

顺义区重点围绕航空发动机及燃气轮机等项目，鼓励开展材料、制造工艺、试验测试等共性基础技术和交叉学科研究，攻克总体设计等关键技术；以制造业创新中心建设工程、智能制造工程、工业强基工程、高端装备创新工程等工程为重点，围绕新能源智能汽车、第三代半导体、航空航天产业发展中关键产业研发与关键技术突破，整合优势资源，面向制造业创新发展的重大需求，建立以企业为主体、市场为导向、政产学研用紧密结合的制造业技术创新体系，实施联合创新和集成创新培育一批制造业创新中心与技术创新中心。目前，顺义区共有国家重点实验室1家、国家技术创新中心1家、国家高新技术企业1776家、科技研发机构42家、北京市科技企业孵化器3家、北京市企业技术中心48家、高精尖企业设计中心8家、全国质量标杆4家。

第三节　安徽发展新质生产力的高质量实践

近年来，安徽省认真贯彻党中央、国务院决策部署，立足新发展阶段，完整、准确、全面贯彻新发展理念，构建新发展格局，坚持质量第一、效益优先，深入开展质量提升行动，大力推进质量强省建设，促进了安徽新质生产力的发展。

一、注重质量变革创新

启动国家标准化创新发展试点省建设，建成科大讯飞国家技术标准创新基地（智能语音技术），推进一批国家标准化示范项目。布局量子信息、元宇宙、通用人工智能应用等领域，推动共性关键技术和应用类科技成果及时制定高水平标准，研制两项人工智能领域国际标准、32 项国家标准，发布 27 项"一带一路"国际联盟标准，中国科学技术大学发布首个量子领域国家标准。建立先进测量体系，空地一体量子精密实验设施通过可行性评估，突破 25 项产业关键计量技术，研发 18 台（套）专用测量设备、14 台（套）计量标准装置，解决 335 个计量需求，制定 31 项国家、行业技术规范或标准，创造效益 1.1 亿元。中国计量科学研究院、中国科学院合肥物质科学研究院和安徽省市场监管局、安徽省计量科学研究院合作筹建先进能源检测技术联合实验室，畅通质量创新成果转化应用渠道。

二、注重质量管理赋能

围绕新能源汽车、先进光伏和新型储能等重点产业存在的质量短板，部署相关领域重点企业开展质量攻关活动，破解质量技术瓶颈，提高质量管理水平。开展新能源汽车产业质量提升行动，237 家企业参与，解决 239 个质量问题，形成 115 项质量攻关成果，新增 41 张认证证书。提升供应链质量管理水平，实施统一规范的质量管理体系，推动上下游企业质量管理和质量保证的规范化、系列化和程序化。开展政府质量奖评选表彰，引导企业导入卓越绩效、六西格玛等先进管理模式，培育一批质量管理标杆，提高企业质量和品牌发展能力。安徽省及各市政府在质量奖方面投入 2.77 亿元，带动企业投入 24.26 亿元导入和实施卓越绩效模式，产生了 4408.55 亿元的经济效益。政府质量奖的总体产出投入比为 163.1∶1。

三、注重质量基础设施集成服务

实施质量基础设施能力提升行动。开展关键共性技术、产品碳足迹计量技术研究，筹建碳计量中心、国家机器人及智能感知装备产业计量测试中心、国家计量数据建设应用基地（充换电设施）等，国家新能源汽车储供能产业计量测试中心通过验收。开展地方标准实施效果评估，立项实施 22 项安徽省质量基础设施标准化专项。获批新能源汽车领域强制性国标实施情况统计分析试点。创建国家检验检测认证公共服务平台示范区，推进国家质量基础设施集成服务基地试点（机床）建设。招引国内知名整车检测机构招商检测、中国汽研入驻，支持国家汽车零部件产品质检中心（芜湖）转企改制。围绕战略性新兴产业和未来产业，整合多方资源，加快区域性的检验检测平台建设，建设 26 个国家质检中心、81 个省级质检中心、146 个质量基础设施"一站式"服务平台，581 家检验检测机构入驻国家检验检测高技术服务业集聚区（安徽），服务新质生产力发展。

第四节　黑龙江因地制宜发展新质生产力

黑龙江立足科教资源富集、产业基础坚实等优势，通过发挥科技创新"增量器"的作用，建强用好国家级创新平台，赋能传统产业转型升级，以科技创新引领产业全面振兴。

一、借力科教资源引领新动能

黑龙江科技教育资源丰富，拥有哈尔滨工业大学、哈尔滨工程大学等 78 所高校，哈尔滨兽医研究所、中国船舶重工集团第 703 所等 120 家独立科研院所，哈尔滨电气集团、中国一重等"大国重器"企业，为培育壮大新质生产力提供了较大优势。黑龙江抓住科技创新这个动力源，强化重大科技攻关，在智能机器人、生命科学、陆相页岩油等领域持续攻关，在空间科学、信息智能等领域创建国家级创新平台，培育战略科技力量，为发展新质生产力注入更多科技创新的"源头活水"。2023 年全国重点实验室增至 12 家，近 3 年省级科技专项资金投入增幅均超 20%。

哈尔滨工业大学牵头建设的我国航天领域首个大科学装置——"空间环境地面模拟装置"（地面空间站），可以将需要上太空进行的实验，转到地面来完成。科学家们在家门口就可以研究月尘物理和月球探测工程。地面空间站开展的科学实验，不仅有望成为航天科技"助推器"，而且可带动电子信息、人工智能、新材料、生物医学等新兴产业发展。

东北石油大学与大庆油田、中国地质调查局油气调查中心联合共建的多资源协同陆相页岩油绿色开采全国重点实验室，提高了对古龙页岩油储量评估的精确度；页岩油勘探开发实验技术提升了页岩油勘探开发成果及转化服务效果。

二、以科技创新引领产业全面振兴

黑龙江聚焦战略性新兴产业，以技术改造实现产业提质增效扩能。数据显示，截至 2024 年 6 月，黑龙江省累计培育省级智能工厂 14 个、数字化车间 265 个，并在新型储能、光热发电、海洋工程等领域跃上了新质生产力发展的新赛道。

2023 年，黑龙江省出台《新时代龙江创新发展 60 条》、科技创新引领产业振兴若干措施等，成立哈工大先进技术研究院、人工智能研究院等科技成果转化平台。全省转化重大科技成果 589 项，高新技术企业增长 22.9%。

2024 年，黑龙江将人工智能、机器人、电力装备、重型成套装备、高端智能农机、航空装备、商业航天、海工装备、生物医药、陆相页岩油、低碳能源等产业，作为加快形成新质生产力的重点方向。

哈尔滨电气集团有限公司（以下简称"哈电集团"）作为我国发电设备制造业的"摇篮"，构建起了"绿色、低碳、高端、数字"的科技创新体系，通过推进关键核心技术攻关，开发的百万千瓦水轮发电机组、抽水蓄能机组、"华龙一号"高温气冷堆、"国和一号"清洁高效火电装备、先进电机、节能环保、智能装备等硬核科技，折射出哈电集团以创新引领高质量发展的新动能。

哈尔滨新区的哈工大卫星产业基地，深耕卫星研制近 30 年，在小卫星和通信工程领域形成了特有优势。基地汇聚 40 余家航天卫星领域相关企业，卫星制造、卫星应用服务等多个领域成果不断涌现。基地企业推出的柔性化卫星平台技术体系，有效解决了传统卫星研制过程中迭代速度慢、研制成本高、生产效率低等问题，已成功将 5 颗卫星送上太空。

目前，黑龙江正在围绕商业航天、人工智能、智能机器人、未来生物等战略性新兴产业和未来产业，提高重大科技成果产业化专项支持强度，推动更多科技创新成果应用到重点产业链上。发挥哈大齐自创区、佳木斯农高区和环大学大院大所创新创业生态圈作用，构建新质生产力重点产业"核心孵化圈"。

三、黑土地上的农业新质生产力

黑龙江位于全世界三大黑土地之一的中国东北平原，具有得天独厚的农业发展资源禀赋。全国每 9 碗饭，就有 1 碗来自黑龙江。

2023 年 9 月 8 日，习近平总书记在黑龙江考察时强调，要以发展现代化大农业为主攻方向，加快建设现代农业大基地、大企业、大产业，率先实现农业物质装备现代化、科技现代化、经营管理现代化、农业信息化、资源利用可持续化。强化数字技术和生物技术赋能，优先把黑土地建成高标准农田，切实把黑土地保护好[①]。在习近平总书记重要指示精神的指引下，黑龙江正在全面推进加快形成农业新质生产力。

（一）科技创新引领，打造农业"创新链"

2023 年，黑龙江省科技厅支持大学、科研院所围绕农产品加工业，实施自然科学基金重点项目、联合引导项目 12 项，推进打造农产品加工创造农业创新链。全省建有国家工程技术研究中心 3 家、省工程技术研究中心 20 家、省重点实验室 10 家、产业技术创新联盟 18 家、产业技术研究院 17 家，通过产学研深度融合有效推进农业科技产业化转化，通过农产品深加工促进农业加工服务业发展，增强农业产业链条。

目前，黑龙江全省规上农产品加工企业发展到 1929 家，加工能力超过 1 亿吨，基本形成了以玉米、大豆、水稻、乳品、肉类等为代表的产业格局，农产品加工业已经成为拉动经济增长的重要产业。

---

① 《习近平在黑龙江考察时强调：牢牢把握在国家发展大局中的战略定位 奋力开创黑龙江高质量发展新局面》，中国政府网，2023 年 9 月 8 日。

（二）数字智能赋能传统农业

在北大荒农业现代化示范区，通过数字赋能，促进智慧农业规模化发展。通过传感器、摄像头进行数据采集，经由系统分析处理，即可控制相关终端设备按照预设的参数指标进行夏管作业，实现一个人管五六百亩水田。科技赋能实现农业种植的播、种、管、收"数字化""自主化"，为高质量现代农业发展注入新动能（见图 10-1 和图 10-2）。

图 10-1 在黑龙江垦区，无人机正在巡田作业

资料来源:《光明日报》2024 年 6 月 11 日第 5 版，王金彬摄。

图 10-2 通过水稻叶龄智能诊断仪，可实时了解水稻生长阶段

资料来源:《光明日报》2024 年 6 月 11 日第 5 版，徐磊摄。

第五节 苏州：加快生产性服务业新质生产力发展

现代生产性服务业是促进技术进步、提高生产效率、保障工农业生产活动有序进行的服务行业，是与制造业直接相关的配套服务业，也是从制造业内部生产服务部门独立发展起来的新兴产业。

在新质生产力涉及的战略性新兴产业和未来产业中，相关企业可以通过借助生产性服务业实现仓储、物流等环节的外包，提高企业的资源配置能力，能够将资源集中在最有竞争优势的环节，提高企业的运营灵活性和生产效率，增强企业核心竞争力。

苏州在生产性服务业政策创新、载体建设、两业融合、改革试点等方面持续发力，生产性服务业整体发展水平走在全国前列。

一、政策为先

2019 年以来，苏州市先后制定出台了《关于优化提升苏州市生产性服务业的实施意见》《关于苏州市加快培育生产性服务业领军企业的若干意见》《关于推动生产性服务业集聚创新发展的两项重点政策和十项重点举措》《苏州市生产性服务业发展综合评价办法（暂行）》《关于推动苏州市新兴服务业高质量发展的指导意见》《苏州市推动新兴服务业高质量发展 2025 行动计划》《关于支持苏州市新兴服务业高质量发展的若干政策（试行）》等一系列政策，具体在九大重点发展领域制定了符合自身产业特点的生产性服务业"行动方案"；通过 3 年培育 60 家左右苏州自主品牌生产性服务业领军企业；将企业所得税优惠和人才奖励的范围延伸覆盖到生产性服务业九大重点领域；将生产性服务业增加值增速指标纳入全市高质量发展考核体系，从而极大地激励提升了各地发展生产性服务业的积极性和主动性。

二、定位明确

围绕先进制造业布局生产性服务业，加快先进制造业与现代服务业融合发展。

三、目标引领

到 2025 年生产性服务业体系更加完备，两业融合达到全国领先水平。到 2030 年生产性服务业的价值贡献力、服务引领力、品牌影响力达到具有全球影响力的水平。

四、要素支撑

数字金融服务：发挥小微企业数字征信试验区试点优势，扩大和丰富数字人民币应用场景，提升数字金融产业在全国的竞争力。

现代物流业：推进现代物流战略支点城市建设，加快数字物流智慧化发展，在智慧物流园区、全自动化码头、口岸智能通关、数字仓储等方面成为行业标杆。

工业设计服务：建设国家级工业设计研究院和工业设计研究中心，创设智能设计、交互设计等新型工业设计模式。

五、创新服务模式

（一）服务示范

推进"企业、项目、平台"三类示范，鼓励和引导制造业企业通过服务化转型提高产品附加值，创新多种形式的"产品＋服务"经营模式。目前已涌现出定制化服务、总集成总承包、全生命周期管理等多种服务型制造创新模式。

（二）集聚服务要素资源为制造业发展提供支撑

围绕研发设计、检验检测、知识产权等生产性服务业主要领域，集聚一批优质服务资源，不断扩充专业化服务资源库和智能化改造数字化转型服务资源池，提升高端服务资源对制造业高质量发展的保障能力。

（三）创新服务业集群发展新路径

适应苏州总部经济发展需要，从数字赋能型、知识驱动型、消费导向型三大重点方向，谋划全市新兴服务业发展的战略举措，强化服务业对制造业的支撑力度，创新出新兴服务业支撑产业创新集群发展的新路径。

2023 年，工业和信息化部公布了第五批服务型制造示范名单，苏州迈为科技股份有限公司、德尔未来科技控股集团股份有限公司、昆山科森科技股份有限公司 3 家企业和苏州德创测控科技有限公司 1 个平台（德创视家平台）入选，数量占江苏省 1/3。

2023 年，苏州市生产性服务业平稳发展。苏州全市规模以上工业总产值迈上 4.4 万亿元新台阶，达到 44343.9 亿元。规模以上工业增加值比上年增长 3.6%；全市服务业增加值占地区生产总值比重达 52.4%，服务业增加值比 2022 年增长 5.5%；全市规模以上生产性服务业营业收入比 2022 年增长 5.4%，其中信息服务业营业收入达 1165.6 亿元，增长 4.9%，研发设计与其他技术服务业营业收入增长 10.6%。

第六节　农村改革发源地发展新质生产力的实践路径
——安徽省凤阳县新质生产力实践

我国有 2800 多个县级行政区。作为国民经济的基本发展单元，县域兴衰直接关系发展全局。

相比城市，县域经济体量偏小，基础设施偏弱，在招商引资上没有地级市的优势条件，又面临大城市的虹吸效应，较难留住人才，在区域经济竞争中迫切需要找出一条适宜自身的发展之道。

凤阳县近年来通过抢抓新兴产业战略机遇与产业发展变革机遇，迅速成长为发展新质生产力的"黑马县"。

根据凤阳县委宣传部《中国凤阳四十年调查报告》和《安徽日报》调研组的调研资料显示，2017 年以来，凤阳县生产总值连跨四个百亿元台阶，地区生产总值超过 500 亿元，跻身全国投资潜力百强县、全国营商环境百强县，是全球最重要的光伏玻璃生产基地。

凤阳县滁州制造业、凤阳县经开区循环经济产业、小岗村智慧农业产业的发展，整体拉动了全县经济发展，实现了小县蝶变。2023 年，凤阳县光伏产业链实现产值 327.5 亿元，光伏玻璃年产能 645 万吨，接近全国产能的 1/4，成为全球最重要的光伏玻璃生产基地。2023 年，凤阳县循环经济产业实现营收 270.5 亿元，工业总产值 137.03 亿元，税收 14.97 亿元。

一、硅基新材料特色产业，形成符合新发展理念的先进生产力质态

凤阳县石英岩资源富集，储量和品质位居全国之首。凤阳县的大庙镇集

中了区域内 90% 的石英岩资源储量。发展之初，石英砂小矿厂遍地开花，石英矿尾泥四处堆放，粉尘满天飞，居民不敢开窗晾衣，造成了严重的环境污染。

针对这种情况，县委、县政府认真贯彻落实绿色发展的战略思想，建立了石英产业园，石英砂摆脱传统的生产方式，运用高科技将 1 吨只能卖 100 元左右的石英岩原材料，制成光伏砂、半导体用砂，在产业链形成的同时，附加价值大幅提升。每吨光伏砂可卖 400~500 元，半导体用砂每吨可卖到几万元。企业生产用水实现零排放。例如，石英产业园区的安徽南玻石英材料有限公司，一年生产 60 万吨石英砂仅耗水 6 万吨，屋顶两个"无边际"大水池用于废水固液分离，沉降物处理后可以卖给下游板材企业，水经过处理可以循环使用，整个生产过程，将一粒砂"吃干榨净"。目前，园区入驻了 44 家规范的龙头企业，光伏砂产能占到全省的 60%。从 2016 年到 2023 年，福莱特、南玻、海螺光伏、尚德电力、正泰集团等光伏企业巨头纷纷到此落户。凤阳县石英砂光伏玻璃产能规模近全国的 1/4，成为全球最重要的光伏玻璃生产基地。

石英砂从开采、提纯到光伏玻璃制造，形成了一条完整的产业链。从第一个到凤阳投资的光伏巨头——福莱特，到光伏玻璃头部企业扎堆，凤阳打造形成了石英砂产业链和硅基新材料县域特色产业集群，石英砂产业由链变群，实现了"从 0 到 1"的蝶变。石英砂传统原材料产业转变为"符合新发展理念的先进生产力质态"。

从 2020 年到目前，石英岩综合利用价值凸显，硅基新材料特色产业集群排名全省第一，光伏产业营收增长 81%，产业发展连跨四个百亿台阶，地区生产总值超 500 亿元，凤阳县真正实现了高质量发展。

二、滁州循环经济产业助推凤阳绿色生产力发展

20 世纪 80 年代以来，凤阳县刘府镇自发形成了全国有名的报废机动车集散地，一度号称"中国三汽"。

刘府镇报废机动车集散地形成前期，小作坊无序扩张，粗放式发展，非法拆解与散乱堆积，拆解钢铁粗放式回炉再造，形成低质化行业。油污、气味及切割产生的大量重金属，进入大气、土壤和地下水，造成严重的环境污染，居民饱受污染之苦。

2010 年，为了进行合理化布局、科学化管理，凤阳县政府批准成立了滁州市报废汽车循环经济产业园。

产业园通过保留合法企业、引进先进企业，从"小散乱污"到集中规范，从粗放式拆解到技术集约型资源化利用，尤其是面对当前新能源汽车、光伏产业的新风口，将铜铝制品再加工成附加值更高的新能源汽车零部件、光伏组件边框等产品，延伸产业链。目前，循环经济已成为凤阳县六大产业之一，同时发展成为以报废汽车为载体的国家"城市矿产"示范基地。

2023 年，凤阳经开区循环经济产业园片区产值超 270 亿元，循环经济产业实现经营收入、工业总产值、税收收入"三个翻番"：完成经营收入 270.5 亿元，增长 115.8%；工业总产值 137.03 亿元，增长 113.3%；税收收入 14.97 亿元，增长 131.8%。目前，产业园正在借力国家出台汽车设备以旧换新的鼓励性政策，依托报废汽车循环经济产业基础打造汽车零部件产业链。

三、小岗村：我国农村改革发源地加快形成新质生产力变迁

凤阳县小岗村是我国农村改革的发源地，以改革思维发展智慧农业成为小岗村加快形成新质生产力的一道亮丽风景线。

（一）"盼盼"食品招商落地

小岗村以"农村改革第一村"推动乡村振兴为契机，在 2016 年引进老牌农产品深加工企业——盼盼食品，利用小岗农副业资源，将黑豆、大米等进行深加工。同时与农科院等机构联手，在小岗培育适合做米饼的水稻品种，形成了农产品加工产业，带动农民走上致富之路。

（二）建立智慧农业产业园

凯盛浩丰（小岗）智慧农业产业园于 2023 年正式投产运营，占地面积 127 亩，种植面积 5.4 万平方米，总建筑规模 6.5 万平方米。其中，温室占地面积 5.6 万平方米，生产服务区 6480 平方米，雨水回收池 1800 平方米。截至 2023 年 6 月底，共雇用工人 89 名，管理人员 13 名。

智慧农业产业园采用国际最先进的半封闭型连栋玻璃温室，可实现全年生产。通过无土栽培、二氧化碳补碳、生长环境控制、数据霾与农业云大数据管理等先进手段，配合集团自主研发的高透光率钢化无影玻璃、AGV（自动导向车）采摘运输车、机器人全自动分选包装系统等现代工业产品，真正实现高效健康的农业种植，推动传统农业向现代设施农业转型。

智慧农业产业园种植作物为多品种水果番茄，达产后年产量可达约 4200 吨，实现年产值约 5000 万元。产业园具有产量高、寿命长、气候稳定、能耗低、土地利用率高等优点，通过科学的环境控制手段，实现雨水、二氧化碳的全面回收利用，同等面积温室相比传统的大田种植，水果番茄年产量增加 5~6 倍，灌溉用水量为传统方法的 1/20，真正实现以工业化、信息化带动农业，做到生产标准化、品质规范化、产品可追溯、健康无农残。

智慧农业产业园致力于现代设施农业与光伏新能源新型建材深度融合。园内光伏总装机规模 800 千瓦，25 年运行期总发电量约 1685 万千瓦时，运行期间年均发电量 67.4 万千瓦时，平均每天发电量 1846 千瓦时。服务区屋顶及立面采用集团铜铟镓硒（CIGS）发电玻璃，充分发挥建筑光伏一体化（BIPV）的示范作用（装机容量为 650 千瓦，首年发电量约 62.5 万千瓦时，运行期间年均发电量约 57.5 万千瓦时）。雨水回收池安装漂浮式发电玻璃组件，实现雨水、太阳能双重回收，真正做到农光互补互融。光伏围墙、门卫及停车棚容量约 66 千瓦，首年发电量约 4 万千瓦时，运行期间年均发电量约 3.5 万千瓦时。每年可节省电费约 37 万元，节约标准煤约 203 吨，同时每年减少排放温室效应气体二氧化碳约 558 吨；每年减少排放大气污染气体二氧化硫约 68 千克，氮氧化物约 102 千克，为积极响应国家"十四五"规划提出的大力开展高效智能建筑光伏一体化的要求发挥了重要示范及带动推广作用。

小岗村智慧农业用工业思维解决农业问题。"现代设施农业小岗新模式"成为 2023 年农业领域入选的"长三角科技创新共同体协同创新典型实践案例"。

2024 年，凤阳县首次获得全省粮食十强县表彰。当年，小岗人用摁"红手印"的方式拉开我国农村改革的大幕。如今，新"小岗人"正以发展新质生产力的方式传承改革基因。

第十一章　塑造适应新质生产力发展的新型生产关系

第一节　浙江特种设备科学研究院"新型事业单位"机制创新实践

特检机构是保障特种设备安全的国家基础技术力量。近年来，浙江特种设备科学研究院（以下简称"特科院"）认真践行习近平总书记"以人民为中心""生命至上"和"平安中国"建设思想，全面落实党的十九大报告明确事业单位改革要"强化公益属性"和党的二十大报告明确"深化事业单位改革"等要求，坚持以"八八战略"为引领，充分发挥浙江的体制机制优势，在不增加事业编制和财政负担的前提下，在全国创造性实施以"定位不变、变机制、变职能"为核心的"新型事业单位改革"，率先打造"六位一体"全方位系统保障安全的公益履职和特检机构推进一体化发展的服务新模式，探索出一条符合新时代市场经济规律的事业单位强化公益履职与促进自身发展相辅相成的实现路径，使一个老牌科研院所成功转型升级为高公益性、高成长性的"省级新型研发机构"和系统保障安全的公共技术服务综合平台，为浙江全省除险保安、经济社会高质量发展及国防安全作出了重要贡献，也为加快建设全国一流的"大院名所"奠定了坚实基础。

一、领军全国特检行业

特种设备研究院是浙江省特种设备安全技术支撑体系的龙头，为县处级公益二类事业单位。研究院成立于 1958 年，是我国成立最早的特种设备检验检测机构之一。于 2001 年由浙江省锅炉压力容器检验所与浙江省劳动安全中心站合并组建浙江省特种设备检验中心，2008 年经省编委批准，更名为"浙江省特种设备检验研究院"。通过实施"新型事业单位改革"，2019 年经省委编办批准，更名为"浙江省特种设备科学研究院"。其法定职责是为保障特种设备安全和促进产业绿色发展提供科学研究和技术服务。

特科院承担锅炉、压力容器（含气瓶）、压力管道、电梯、起重机械、场（厂）内专用机动车辆、客运索道、大型游乐设施等特种设备及安全部件的监督检验、定期检验、型式试验，开展特种设备科学研究、公共服务、职业教育、安全风险评估、事故分析预警及鉴定等工作。近年来，为顺应社会公共安全服务和产业发展需求，先后拓展了服务产业、绿色评价、职业教育、普法科普等新公益履职职能，各项事业取得了跨越式发展。

特科院内设 32 个部门，是"全国双普基地"，全省首批认定的"省级新型研发机构"，也是"国家级高新技术机构"，建设有"全国示范院士专家工作站"、国家级博士后工作站，是全国特检行业目前唯一改名为"特种设备科学研究院"的特检机构，拥有 205 米高速电梯试验塔、60 米安全钳试验塔架、层门耐火试验装置以及超声导波检测系统、超声波自动爬壁测厚系统、多功能阵列涡流检测仪等各类仪器设备 5260 台（套），年均研发经费投入 6000 余万元；形成了"一总部七基地"发展布局，有办公、实验面积 10 万余平方米（其中自主产权 63183 平方米），科研检测设备资产原值超 3.8 亿元，注册资金 6.8 亿元，净资产超 8 亿元，综合实力位居省本级和全国同行前列。

二、锐意改革：建立"新型事业单位"新机制

（一）改革背景

十年前，特科院与全国其他特检机构一样，主要面临五个方面的现实发展难题。

1.人才队伍建设滞后，"人机矛盾"突出

特科院原有编制 60 名，于 1991 年核定。当时浙江省全省特种设备总量只有 4 万台左右，发展到目前特种设备已超 200 万台，但编制未增加，且于 2014 年机构编制精简时被核减为 54 名。由于编制严重不足，只能大量使用编外合同制人员，而用工政策的不确定因素导致了人才队伍建设滞后。

2.体制机制束缚，机构活力不足

改革前，特科院绩效工资收入分配政策和绝大多数事业单位一样，存在一定的平均主义和论资排辈现象，干多干少、干好干坏差距不大，职称及职务的岗位能上不能下，收入能高不能低，严重影响了干部职工的积极性，机构发展活力严重不足。

3.管理传统化，安全技术能力缺乏保障

随着特种设备向大型化、高参数化发展，其安全保障和产业发展技术需求越来越高，传统的依靠检验人员专业技能、使用相对简单的仪器设备等在现场开展检验检测的"中医式看病"方式，已无法充分保障设备的质量安全。建设实验室，用"中西结合方式看病"是提升保安全技术能力的重要基础。而现状是特检机构实验室能力普遍偏弱，没有场地、设备、资金，单位创收结余全部上缴财政，没有转化为保安全的技术能力。

4.服务供给不足，公益履职不到位

随着经济社会不断快速发展，特种设备种类和数量高速增长，其应用范围也在不断扩大，特别是在人们日常生活中大量使用电梯、燃气气瓶等特种

设备。将特检机构主要职责定位于检验保安全，已远远不能适应系统性保障安全和产业发展的现实需要，特别是全民普法科普及职业教育等与特种设备安全密切相关的公益性工作难以有效落实。

5. 市场服务意识不强，机构发展后劲不足

特科院原有的业务收入主要来源于特种设备法定检验，过于依赖政府的政策保护。如改革前的 2013 年，特科院法定检验收入占全年业务总收入（9000 余万元）的 77%，市场委托性业务仅占 23%，市场化意识和竞争力不强，机构自我造血能力较弱，技术能力提升过度依赖财政投入，发展后劲不足。

针对以上问题，2013 年起特科院开始锐意改革。十多年来，特科院坚持以公益性履职、有组织科研、市场机制运作为导向，在全国率先创造性实施"新型事业单位"改革，充分展现了新时代事业单位的政治性、时代性、公益性、专业性和服务性。

（二）党建引领，固本培新

特科院以党的领导为核心，保持高度的政治站位，将党的领导贯穿于改革的全过程。

1. 坚持党的领导体制不变

牢记"除险保安"职责使命，把党的领导贯穿改革全过程，围绕"保安全、促发展、惠民生"中心工作，充分发挥党委把方向、管大局、保落实的领导作用，坚持民主集中和"三重一大"集体决策制度，积极培育以"超强责任心"为核心的"四特精神"，创新构建"九化联创"的防腐败工作体系和清廉特科数字化系统，创新实施纪委牵头的目标责任督察考核机制，并充分发挥工青团妇民主参与和民主监督作用，高质量推动重大改革任务高效落地，实现了改革全过程零信访，被浙江省委评为"全省清廉建设成绩突出单位"。

2. 对事业单位管控体制不变

规范执行岗位总数、工资总额和年度考核目标管理，由省委编办审批确定每年合理递增编外用工量；由省人社厅根据省委编办核定的用工岗位总量审批相应岗位设置；由省财政厅监管执行与管理体制相适应的以收定支、量入为出的财务预（决）算管理工作；由主管局根据省委编办核定的岗位总数核定绩效工资总量，制定年度目标责任书进行年度工作考核，并建立与考核挂钩的绩效增长机制等，改革始终在上级部门的领导下稳步推进。

3. 国有的公益性事业资产属性不变

规范履行公益性事业单位对国有资产的管理权，自有结余资金依照国有资产相关管理规定，经主管局批准并向省财政厅报备后，主要用于拓展公益服务领域、创新公益服务方式、增加公益服务内容、扩大公益服务供给，快速壮大国有资产，为机构高质量快速发展提供多元化的支撑。

（三）立职能、"变机制"、转模式，锐意创新

改革成功的核心在"动真格""硬碰硬"，特科院通过"变机制"，用"真改、真评、真考"形成一整套全新的机制，为干事创业铺就长足发展之路。

1. 确立"六位一体"公益履职新模式

在全国率先建立集保障安全、服务产业、绿色评价、职业教育、普法科普、科学研究"六位一体"的公益履职新模式，使特检机构从单一的检验保障安全向"六位一体"全方位系统保障安全转变。同时，积极探索新时期技术机构推进军民一体化发展的新模式，为保障国家安全作出自己应有的贡献。

2. 实施彻底打破编制界限的岗位能上能下用工机制

面对事业单位编制、岗位、绩效及职称评聘等束缚，实施彻底打破编制界限的岗位能上能下用工机制。大力实施岗位、职称、绩效"三位一体"改革，按市场机制实施优胜劣汰，真正做到部门主要负责人和高级职称人员能

上能下、全体干部职工收入能高能低，确保队伍充满活力与动力，并始终处于奔跑状态。在岗位总数控判的基础上，实施全体人员按岗位设置竞聘上岗、能上能下，每两年根据发展目标重新进行"双向选择、择优揭榜竞聘上岗"。在干部选拔任用中，创新开展以"张榜招贤、揭榜挂帅"为主的干部选聘改革。如 2023 年改革中，共调整中层主要负责人岗位 20 人次，变动率达 60.6%，免职、降级部门主要负责人 6 名。

3. 实施末端淘汰的能上能下竞聘机制

开展以"科研分"为主的量化赋分考评制度，实施按 5% 比例末端淘汰的职称"评聘分离"改革，有力鞭策科技人员技术创新和科技进步。如 2023 年改革中，共有 43 名高级职称人员降级聘用（含 3 名编内人员），其中 11 人直接低聘至中级职称岗位。而上一轮被低聘至中级职称岗位的 7 人中，有 6 人通过自身努力后"科研分"排名提高，又被重新聘任至高级职称岗位。

4. 实施收入能高能低的市场化薪酬分配机制

在绩效工资总额控制的基础上，全面推行同岗同薪、同工同酬，重点向工作量大、风险高的一线岗位及科研人才倾斜，让艰苦的工作、有难度的工作有人抢着干。如承接的舟山绿色石化万亿级项目监检工作，刚开始需要有 20 多名检验人员到海岛工作三年，结果报名者有 40 多人。

5. 建立多元差异化的部门考核机制

根据"六位一体"公益履职及"1+7+N"工作体系，特科院建立了一套科学完整的量化考核体系，创新实施纪委牵头的目标责任制考核及督察机制，确保考准、考实、考出成效，鞭策所有部门变压力为动力，以奔跑姿态完成目标任务。

根据职责定位，特科院把部门设为 A 类、B 类、C 类三大类别，按照分级分类管理和多元化评价的原则，根据不同工作职能，科学设置考核关键环节和个性化指标条款，对 A 类、B 类、C 类部门分类实行日常（按月）考核、半年度工作情况预评价和年终考核等差异化管理。

6. 建立突出综合业绩导向的个人考核机制

根据各类人才岗位任职资格及工作性质，特科院建立由科技分、质量分、考核分、荣誉分、市场信息分组成的综合分考核评价体系，切实把员工实际的工作量、实际的工作绩效、实际的岗位能力以量化的形式进行定位，有效避免了"一把尺子量到底"；同时，建立与之相配套的分配、晋升等制度，充分调动了全体员工创业创新的活力。

7. 建立公益性工作量化考核机制

把部门薪酬激励与"公益性工作"直接挂钩，对一线业务部门所从事的公益性工作折算成虚拟产值，部门年度"公益性工作"考核未达标即下调绩效封顶线，每年定期发布公益履职白皮书，有效解决纯公益性工作与业务工作不能兼顾的矛盾。

8. 建立质量安全量化考核机制

将检验部门月度绩效奖的 10% 列为质量绩效奖，重点对检验报告质量、现场检验工作质量、人员资质取证、管理体系运行、外部评审与监察、质量申诉投诉与抱怨等进行全面系统考评，倒逼检验人员和检验部门落实主体责任、提升检验工作质量。建立基于发现和排除重大安全风险的奖励机制，设置年度缺陷发现奖、优秀检验案例奖，提高发现和解决问题的能力水平。

9. 建立各类特色专长人才评价机制

聚焦事业单位专技人员"躺平"、人才创新创造活力不强等问题，特科院建立了一套科学量化的人才评价体系。坚决摒弃搞平衡、轮流坐的不良传统，让干好干坏"绝不一样"，好中选优、优中选尖，旗帜鲜明树立凭实绩用干部的导向，全面营造公平公正、争先创优的氛围。打破唯学历、唯资历、唯论文等限制，以有利于发现和使用高端人才及特色专长人才为目标，充分考虑各类型人才的成果、业绩、贡献在呈现方式上的差异，从"杰出人才、领军人才、优秀人才、专项人才"纵向四个层面，"技术、管理、业务、综合"横向四个大类，科学评价"重要人才""金顶人才""特检先锋岗"和"特检工匠"等高端人才及特色专长人才。截至目前，评选出"重要人才"60名，"金顶人才"47名，"特检先锋岗"50名，"特检工匠"20名。

10. 建立"二库七池"干部人才评价机制

通过比选、考选、评选等多种方式，特科院建立了包括中层的正职人才库（正职池、正职级池、正职后备人才池）、副职人才库（副职池、助理池、分部门助理池、优秀年轻干部人才池），明确中层干部原则上从"二库"中择优选聘；同时，通过分类建池、分类培养使用，更好地发挥"二库七池"的"蓄水池""训练池""竞技池"作用，为中层干部队伍建设提供了优质"源头活水"。

11. 建立科学量化的科技人才评价机制

综合考量科技创新能力、专业技术能力、一线工作能力、人才培养能力等方面，分类分级制定相应的标志性业绩和成果评价标准，建立"两聘三考四评"的量化评价体系，实施职称聘任由"科研分"按比例末端淘汰、岗位聘任按"双向选择、择优揭榜竞聘上岗"、研究序列博士和创新团队年度评级及周期考核、"师带徒"实绩实效面考等机制，科学评价科技人才的创新能力，全面激发科技人才创新创造活力。

12. 构建合作共赢发展保障机制

在完成检验机构法定公益职责的前提下，特科院深挖技术装备和专业人才潜能，积极向政府、企业及社会团体提供技术服务，将服务收入转化为机构自身的发展投入和公益履职支出，推进形成增值服务反哺事业发展的自我造血机制；同时，充分调动社会资源共同服务安全和发展，构建形成多元投资共建的合作共赢发展机制，累计获得资金支持17842.30万元，获得无偿使用实验室及办公用房 27000 平方米，形成"一总部七基地"产业服务布局。

13. 创新构建"新型事业单位"运转新模式

按照"强核心、多基地、网络化"发展模式，特科院锚定特种设备新技术发展前沿、安全监管部门与企业的现实需求，加强有组织科研，有效集聚政产学研用各方资源加强核心技术攻关，不断加大科技投入、加强自主创新、强化协同创新。创新构建"新型事业单位"运转新模式，大力推进"数字化+检验、数字化+服务、数字化+管理"三大转型，加快构建数字化形态下的科技、业务、人才、空间、质量"五大"发展新格局，实现了"检验"向"监测"、"供给"向"需求"、"管理"向"智理"的转变。

三、"新型事业单位"改革成效成为全国示范

特科院坚持十多年"新型事业单位"改革"一张蓝图绘到底"，通过改革试点，实现了单位大发展、履职贡献大提升、精神面貌大变样，改革实践得到了社会各界广泛认可，以及浙江省委、省政府多位领导的批示肯定，《半月谈》、新华社内参均作了专题报道，获得了"全国文明单位"等 14 个国家级荣誉，来自全国的 600 余批次人员专程到特科院调研学习改革经验。

（一）综合实力全面提升

十多年来，特科院资产规模快速壮大，业务用房面积增长 10 倍，达 10 万余平方米，净资产增长 6.6 倍超 8 亿元，装备资产原值增长 6.3 倍达 3.8 亿元，形成"一总部七基地"发展格局。

特科院打造了高水平公共技术服务平台，建成国家特种金属结构材料质检中心等三大"国家中心"和 10 个专业实验室，取得特种设备检验机构核准项目 70 个，实验室、检验机构认可以及资质认定项目 1285 项，成为目前国

内资质能力、检验范围处在前列的特检机构之一，是目前全国行业内唯一更名为"特种设备科学研究院"的机构。

（二）形成人才聚集新高地

十多年来，特科院高层次人才（硕士及以上）增长 5.6 倍，达 350 人；院士工作站柔性引进院士 5 名，博士后工作站柔性引进博导教授 16 名；现有员工 590 人，其中正高 23 人，高检师 11 人，副高 202 人，博士 32 人，硕士和高工及以上人才占全院员工的 66.2%，享受政府特殊津贴专家 1 人，浙江省科技创新领军人才 1 人，浙江省"151"人才 3 人，国家级相关专业委员会委员达 71 人。目前，特科院承担的科技人才分层分级评价项目已入选浙江省科技厅第一批省级科技人才发展体制机制"揭榜挂帅"改革试点。

（三）核心竞争力显著增强

十多年来，特科院承担科研项目增长 5.3 倍、制定标准增长 11 倍、获得专利增长 18.2 倍；主导或参与制修订各类标准 154 项；获得浙江省科技进步奖一等奖、技术发明奖二等奖等各类科技奖 63 项；在非金属管道检测与安全评定、承压特种设备安全检测机器人、超声全聚焦相控阵检测等技术研究领域处于国际先进水平，自主研发的全国首台特种设备应急技术保障车获得专利授权，在机器人领域获得的授权专利已达 101 项，根据国家知识产权局文件，浙江省特科院有价值专利总量进入全省科研院所八强；并获评"全国示范院士专家工作站""浙江省重点院士工作站"，被科技部认定为"国家级高新技术机构"，是浙江省首批"省级新型研发机构"和三年绩效考核优秀"省重点实验室"。

（四）履职贡献大幅提升

1. 为除险保安交出优异答卷

十多年来，特科院累计检验各类特种设备 120 余万台（套），排除重大缺陷（隐患）1 万余项，成功服务保障了党的二十大、二十国集团（G20）杭州峰会、杭州第 19 届亚运会、世界互联网大会、舟山绿色石化、西气东输等重大活动、重点工程的建设运行；连续 6 年为舟山绿色石化提供驻岛监督服务，助力项目仅用时 4 年就超速完成常规 10 年才能完成的一期项目建设；为浙江省沿海高速公路等 10 余个总里程超 600 千米的重点交通工程提供技术服务；为浙江省长输管道和"县县通"工程年均排除重大安全隐患 90 余项；为浙江省 100 多家热电企业年均排除隐患 100 余项；有力保障全省每年 120 亿立方米天然气的安全输送。

2. 为全力支撑行政监管交出优异答卷

十多年来，特科院累计派出技术专家 5534 人次为各级政府和监管部门提供技术支撑，协助开展监督检查 727 批次，受行政委托累计对 4798 家企业开展技术评审，完成 10480 套设计文件鉴定，派遣优秀员工 72 人次赴省局等上级部门挂职锻炼；配合省局建成特种设备应急处置管理等数字化系统，常态化承办全省检验机构质量年会、检验分析年报、风险简报及安全质量状况分析报告等工作，为浙江全省万台特种设备事故率和死亡率均处于全国较低水平起到了重要支撑作用。

3. 为全民安全素养提升交出优异答卷

针对当前事故 80% 左右是由于作业人员技能素质不高引起的现状，特科院高度重视从业人员专业技能培养工作，积极推动从上岗培训向职业教育转变，建成全国首个特种设备安全普法科普教育基地、首家特种设备学院、特种设备事故应急演练实训基地、特种设备安全普法科普大篷车，并牵头承担国家"新型研发机构科教融合培养产业创新人才"改革试点任务。十多年来，特科院已累计为行业培养各类技能人才超 39 万人次，举办科普宣传主题活动 400 余场次，受众超 1000 万人次。特科院与杭州职业技术学院联合设立的电梯工程技术专业入选全国"双高计划"，成为国内高职学校培养高素质技术技能人才领域的"产教融合"典范，特科院还获评了"全国科普工作先进集体"、国家级教学成果奖（职业教育）一等奖，拥有"全国双普基地"（全国法治宣传教育基地、全国科普教育基地）。

4. 为服务产业转型升级交出优异答卷

依托"三大国家中心"，特科院累计面向企业开放实验室 43367 次，帮扶企业 3352 家次，组织专家专场报告 117 场、技术咨询 490 场，为企业解决重要技术难题 261 项。依托国家电梯产业技术创新战略联盟和金属材料与焊接高端技术创新联盟，特科院积极服务以航空产业为代表的高端装备制造业转型升级。按照"实验室 + 基地"产业服务模式，特科院在浙江省范围内相关产业集群聚集地设立工作站和基地等，年均检验液化气体和低温液体罐车 800 余台，排除安全隐患 200 多项；与山区 26 县之一的松阳县签订战略合作协议，支持建设松阳实验室，服务松阳不锈钢管产业发展；获评"2020 年浙江省服务小微企业优秀机构"，成为入驻长三角区域创新券通用通兑平台的首批省级机构。

5. 为科技创新发展交出优异答卷

特科院组建 14 个创新团队，创建十大创新载体，成立两大"创新联盟"，搭建高水平"产学研"联合科创平台，重点攻关检验检测技术等难题，为全院核心竞争力显著增强作出了重要贡献；研发的球罐爬壁机器人、超声储气井检测系统、工业管道可变径内检测机器人等填补了国内空白，研发的高性能非金属管道设计制造关键技术打破国外垄断，成功攻克极端环境下承压设备安全检测和应急处置等技术难题；在舟山绿色石化项目中，创新应用新型相控阵超声检测技术，检测焊口 4 万余道，有效解决大口径管道检测技术难题，助力企业缩短工期约 20 天、节约检测成本 1000 余万元，产生间接效益超 1.5 亿元；创新应用"特种设备安全顾问服务平台与体系技术"服务保障乐清湾大桥及接线工程等工程项目，获评交通运输部"平安交通"安全创新典型案例。

（五）特科院文化建设大变样，品牌影响力大提升

1. 形成了不断奔跑的工作姿态

特科院岗位、职称、绩效"三位一体"改革树立了改革"动真格"、用人"拼实绩"的鲜明导向，围绕能上能下，真刀实枪地实施彻底打破编制界限的岗位能上能下用工改革、以科技业绩量化排名末端淘汰的职称"能上能下"改革；围绕"能进能出"，大力实施公开招聘、竞争上岗、末端调整和不胜任退出等市场化用工制度；围绕能增能减，推动完善了按业绩导向并向一线和科研人才倾斜的薪酬分配机制等，有效激发队伍的活力与动力，成功推动全院干部职工由"躺平"向"奔跑"转变。同时，特科院创新工作机制，制定总目标（院层面工作计划）、分目标（重大任务工作计划）及子目标（条线工作计划），针对目标任务自上而下逐级压实责任，并进行目标责任制考核；另外，还创新实施纪检监察和行政督察相结合的监督机制，倒逼整个单位变"压力"为"动力"，全力以赴做优改革"必答题"，确保所有工作都根据战略目标有序推进。

2. 形成了奋力先行的精神状态

特科院充分发挥党员先锋队、党员突击队、党员服务队"三支队伍"先锋模范作用，强化荣誉表彰、晋升提拔、薪酬分配等激励机制，完善党建带群建、共同富裕托底帮扶、公平公正公开等工作机制，确保队伍始终保持昂扬向上、只争朝夕、争创一流的良好精神状态和持久战斗力，营造了"不推

事、肯干事、能干事、干成事"的干事创业氛围；圆满完成服务保障G20杭州峰会、杭州第19届亚运会、舟山绿色石化万亿级项目、西气东输工程等一系列高难度、高风险、高压力的任务，在"新型事业单位"改革试点、科教融合培养产业创新人才改革试点、老牌科研院所向新型研发机构转型等创新工作中率先破题，为全省乃至全国贡献可借鉴的"浙江经验"，得到各级党委、政府和社会各界认可，充分发挥了"全国文明单位"等示范引领作用，打造了党领导下的保安全队伍的"标杆"和"铁军"。

3. 营造了优质高效的服务生态

特科院坚持抓行风和清廉建设，并坚持依托过硬技术、数字化转型、优质高效服务和市场化理念强化履职新思路、开拓市场新领域，通过创新打造与数字化时代相适应的"新型事业单位"运行新模式，创新构建"实验室+基地"产业服务模式，创新提供全生命周期、集团化、一站式服务，创新实施省市联动式、"万千百十"式、百名党员帮扶式服务等，同时发挥党员干部的先锋模范作用，全面提高工作质量、效率和客户满意度，让服务对象在"有感服务"中办快事、办好事、办成事，切实增强了"浙江特检"的市场竞争力和品牌影响力。

第二节　企业竞争力的培育是加快形成新质生产力的主力军

企业核心竞争力体现在企业自身的技术创新、无形资产管理、企业品牌的塑造、企业文化建设，以及适应市场环境变化的生存发展能力等内在能力上。

人类从信息时代迈入数智时代，有形资产竞争向无形资产创新转变，无形资产的产出与活化利用为经济增长提供了新动能。因此，企业无形资产管理对提升企业竞争力、加快形成新质生产力越来越重要。

无形资产是指特定主体拥有或者控制的，不具有特定实物形态，能持续发挥作用且能带来经济利益的非货币性资源。无形资产分为7个门类，分别是专利、非专利技术、著作权、使用权、商标权、信息和经营。

以科创企业无形资产发展指数为例，科创板是落实创新驱动发展战略和科技强国战略、推动经济高质量发展的重大改革举措。为进一步了解掌握各类无形资产对公司业绩和行业发展的促进作用，全国资产管理标准化技术委员会按照新一代信息技术、高端装备、新材料、新能源、节能环保、生物医药6个行业分类，统计了科创板上市公司的无形资产情况，建立模型并经测算形成"科创企业无形资产发展指数"。

这类指数为评价企业战略管理与核心竞争力提供了量化考量，有利于引导企业可持续发展，也为企业竞争力分析提供了标准化评价指标。

中国生产力学会推进企业竞争力评价的实践

40多年的改革开放，我国取得巨大成就，但这是历史长河中的阶段性成果，我国的进步和发展并不能画上句号，仍然面临巨大的挑战和机遇。经济增长、合理分配与可持续性是发展理念的基本内涵。在收入分配问题上，提高中等收入者比重则是高层次的终极目标。我们已经实现了一部分人和地区先富起来的阶段性目标，一个人口数量逐步扩大的中等收入阶层正在出现。但是无论从哪个角度衡量，这个阶层的比重还是偏低。为扩大"有恒产、有恒心"的中等收入阶层创造条件，是实现国家繁荣稳定的基本保障，也是我国真正从发展中国家进入发达国家行列的重要标志。国家要解决这些重大问题，中小企业的高质量创新发展将能够提供一种重要的解决方案。

（一）《中小企业创新旗舰小巨人评价指南》

中国生产力学会在 2021 年 1 月出色完成了"'十四五'时期提升中小企业创新能力研究"报告，获得党和国家领导人的批示。紧接着一方面着手编制"关于优化法治环境建设，促进中小企业高质量发展"的调研报告，另一方面与中国标准化研究院紧密合作，积极采用有多年企业大数据积累支撑的人工智能计算方法，于 2021 年 7 月启动了《中小企业创新旗舰小巨人评价指南》，也就是中小企业创新旗舰小巨人有关团体标准的研究与制定工作。

按照《深化标准化工作改革方案》《团体标准管理规定》，以及 2021 年 10 月 10 日中共中央、国务院印发的《国家标准化发展纲要》相关要求，依照 GB/T 1.1—2020《标准化工作导则第 1 部分：标准化文件的结构和起草规则》的规定，开始起草工作。

组织工作由中国生产力学会发起，主导制定工作及归口管理，同时，吸收山西双良再生能源产业集团有限公司、深圳市投控东海投资有限公司、山西兴高能源集团股份有限公司、浙江明筑新材料有限公司、北京合众鼎成科技有限公司作为参与制定单位。

中小企业作为我国经济、社会运转的基本保障，是构建高质量发展新格局的有力支撑，是推动社会生产力发展的主力军。国家"十四五"规划中明确提出，要坚持创新在我国现代化建设全局中的核心地位，把科技自立自强作为国家发展的战略支撑。强化企业创新主体地位，支持创新型中小微企业成长为创新重要发源地。2021 年 7 月底的中央政治局会议又特别强调要开展补链强链专项行动，加快解决"卡脖子"难题，发展专精特新中小企业。所以中小企业不仅是创新发展的排头兵，还是提升我国产业链竞争力和稳定供应链的重要组成部分，是我国产业链自主可控的关键决定力量。那么如何实现有方向、有秩序、有质量、有效率的中小企业创新发展？从几千万家中小企业中，选择、培育、打造最具影响力的创新军团，对引领和带动全体中小企业有序创新高效发展，具有全局性重大意义。中国生产力学会基于工信部专精特新"小巨人"条件，以"四、三、二、一"即"四化＋三优＋二产业＋一领先"为指导思想，对于中小企业创新旗舰小巨人提出了更高的标准要求，并将这些标准凝练升华为6项一级指标和17项二级指标，形成了《中小企业创新旗舰小巨人评价指南》的初步成果。

1. 有关定义

"中小企业创新旗舰小巨人"是指全国"小巨人"企业中最为优秀的旗舰企业，它们作为旗帜、标杆和灯塔，能够引领中国中小企业的创新发展，并将发展壮大为一支中小企业创新的旗舰军团。

2. 基本原则

《中小企业创新旗舰小巨人评价指南》尊重并基于工信部专精特新"小巨人"的有关要求。

根据工信部的定义，专精特新"小巨人"企业是专精特新中小企业中的佼佼者，是专注于细分市场、创新能力强、市场占有率高、掌握关键核心技术、质量效益优的排头兵企业。

工信部还特别要求，专精特新"小巨人"企业主导产品应优先聚焦制造业短板弱项，符合《工业"四基"发展目录》所列重点领域，从事细分产品市场属于制造业核心基础零部件、先进基础工艺或关键基础材料；或符合制造强国战略十大重点产业领域；或属于产业链供应链关键环节及关键领域"补短板""锻长板""填空白"产品；或围绕重点产业链开展关键基础技术和产品的关键化攻关；或属于新一代信息技术与实体经济深度融合的创新产品。

3. 重点内容

按照党中央、国务院关于中小企业创新发展的整体要求，基于但不限于工信部关于专精特新"小巨人"的已有特征，要求旗舰"小巨人"企业必须具备"四化 + 三优 + 二产业 + 一领先",简称"4 + 3 + 2 + 1"的高层次水准。"四化"即数字化、低碳化、国际化、自主化(自主自强的科技创新);"三优"即优秀的风险控制、优秀的社会服务和优秀的业绩成长;"二产业"即传统产业新型化与新型产业规模化;"一领先"即在细分行业内是领先的企业。

《中小企业创新旗舰小巨人评价指南》也就是团体标准,从更高层面概括、凝聚、升华、量化了旗舰小巨人"4 + 3 + 2 + 1"的特征,提炼出了"自主创新、持续成长、行业引领、强链补链、社会诚信、风险控制"6 个一级指标和相应细化的 17 个二级指标,从而形成了可以量化,可以比较、可以实际执行,可以比较全面地衡量与描述中小企业创新旗舰小巨人的标准体系,并且规定了各指标体系的具体内涵与计算方法。

中小企业创新发展的旗舰小巨人要么属于传统产业新型化的优秀代表,要么属于新型产业规模化的领军企业,具备数字化、低碳化、国际化、自主化以及优秀业绩成长、优秀风险控制、优秀社会服务的显著特征。具体到可以量化的指标就是具备自主创新、持续成长、行业引领、强链补链、社会诚信、风险控制 6 个方面的主要指标特征。为突出当前企业自立自强创新发展的重要地位,将"自主创新"置于一级指标之首,并给予最大权重;"持续成长"是旗舰企业创新发展的充要条件,重要性仅次于自主创新,排在第二位;"行业引领"凸显了旗舰企业在所属细分行业中的领军地位;"强链补链"是旗舰中小企业创新发展的定位和方向;"社会责任、风险控制"既是对旗舰类中小企业创新发展的必然要求,也是它们的显著特征。《中小企业创新旗舰小巨人评价指南》的提出,对中小企业的创新发展具有引领性、指导性的意义和价值,既是评价的标准内容,也为中小企业的高质量创新指明了发展方向。

4. 主要创新

《中小企业创新旗舰小巨人评价指南》完善并创新了工信部专精特新"小

巨人"的有关要求。

首先，《中小企业创新旗舰小巨人评价指南》首次提出了传统产业新型化和新型产业规模化的定量评价指标。中小企业创新旗舰军团，大体上分布在两个领域：传统产业和新型产业；两个领域的创新特点有明显区别，前者主要体现在用数字化、智能化、低碳化等新理念、新技术改造传统工艺，提高质量与效益；后者则侧重在自主研发知识产权基础上，做大规模，从而在国内外市场上占有更大的份额。这样的区分评价在实践中将产生重要的分类指导意义。

其次，《中小企业创新旗舰小巨人评价指南》中的低碳化指标，是评价指南对于旗舰"小巨人"企业选择的特别要求。推进碳达峰碳中和，是世界百年变局下中国与欧美对话合作最为重要的领域，更是一场全球范围的世界性竞争，对中华民族伟大复兴具有重大意义。将低碳化列为中小企业创新旗舰小巨人的必选项，也有利于企业和投资机构在推动中国经济和社会的高质量发展、实现共同富裕上形成合力。

最后，《中小企业创新旗舰小巨人评价指南》还非常注重旗舰"小巨人"企业具有优良的社会诚信与极强的风险控制能力。能够按时纳税、按时为员工缴纳"五险一金"等良好的社会诚信表现与十多个方位量化考察的风险控制指标，精准描画了旗舰小巨人良好的社会风范及高质量发展特征。

5. 评价结果

按照《中小企业创新旗舰小巨人评价指南》指标体系评价的结果，评选出了中小企业创新旗舰小巨人100家，备选200家。这100家将被称为"中小企业创新旗舰小巨人100强"，即将予以表彰。中国生产力学会在"十四五"期间，将连续五年动态化评选出"中国中小企业旗舰小巨人500强"。

6. 实践价值

通过评选"中小企业旗舰小巨人 500 强"，也即通过《中小企业创新旗舰小巨人评价指南》的制定和应用或者说标准化的实施过程，将挖掘并发现符合高质量要求，且具有良好、持续成长性的、潜力大的细分行业头部企业，对中小企业的高质量创新发展极具引领性、指导性的重要意义和实用价值。

（二）企业竞争力与企业生产力评价规范

中国生产力学会从 2017 年 12 月 28 日起，按照国家标准化管理委员会下达的《企业竞争力评价规范》的制定计划和工作要求，着手进行推动企业竞争力培育、制定企业竞争力评价规范方面的工作。

在由学会牵头，筹备立项过程中，学会首席顾问王茂林、学会专家委员会主席王梦奎、时任学会会长翟立功亲自参与，并得到原国家质检总局主要领导的大力支持和批示。

《企业竞争力评价规范》由中国生产力学会提出并牵头起草，中国标准化研究院归口，由国家市场监督管理总局、国家标准化管理委员会批准颁布并实施。

经过历时 5 年的编制，《企业竞争力评价体系》《企业生产力评价体系》于 2021 年 11 月 26 日由国家市场监督管理总局、国家标准化管理委员会发布，于 2022 年 6 月 1 日实施，成为目前国际、国内相关领域首部国家级标准。

《企业竞争力评价规范》和《企业生产力评价规范》实施以来，企业反映良好，得到社会各界较高程度的认同，成效显著。

标准的正式实施结束了企业竞争力评价无标可依的现状，其评价结果将作为衡量企业竞争力水平的重要依据，为推动形成以技术、标准、质量、品牌、服务为核心的企业竞争力高质量发展贡献"标准力量"。如今，随着全球经济的发展，数字经济已经逐渐崭露头角，成为推动世界经济增长的新动能。

在这一大背景下，标准化体系的建设显得尤为重要，它不仅为数字经济提供了规范和准则，更为其长远发展注入了强大的动力，推动社会经济的可持续发展。

中国生产力学会作为国家标准《企业竞争力评价规范》的发起者、组织者和推动者，为标准化体系的建设和发展作出积极的贡献。同时，学会将以更加饱满的热情、更加务实的作风，持续引导开展推动企业竞争力培育方面的工作。围绕未来网络、碳基芯片、类脑计算等未来产业，做好后续工作的超前布局，组织企业积极参与或承担国家标准乃至国际标准的制修订工作。加快新兴产业和新业态标准研制和标准化试点示范，推动数字经济标准在各行业各领域的创新应用。继续做好数字化转型系列团体标准、行业标准、国家标准等的研制和宣贯推广工作，持续拓展标准应用广度和深度。以标准为引领全面推进数字化转型，大幅提升我国数字化转型的能力、水平和价值成效。同时，学会也将以新的生产力理论为指导，在实践中形成并展示出新质生产力对高质量发展的强劲推动力和支撑力。

第三节　南岭科技
——轻量级数智化实训空间

近年来，各行业"场景化"技能培训需求愈加突出，尤其在安全应急领域，越来越多的企业在意识训练上不断探索，传统技能训练方式面临场地设备有限、意识训练支撑不足、传统 VR 投入成本高等众多困境。

广州南岭信息科技有限公司（以下简称"南岭科技"）依托新质生产力发展要求，提出集人工智能、大数据应用于一体的企业级数智化实训空间，采用快速、轻量级构建解决方案，首次将业务场景构建、复杂业务流程设计从传统的"第三方"开发转变为赋能企业"自主"开发；同时，南岭科技依托行业服务优势，打造能源、智能制造行业海量素材库及场景实训解决方案，助力企业低成本快速构建大规模多人协同数智实训平台。

一、应用案例

以应急安全为例，意识训练一直是人员安全培训的突出难题，在传统模式中经常采用"警示教育""体感训练"等单项学习手段，大规模全员深度反复训练（虚拟训练）面临投入成本高、覆盖范围有限等问题，数智化实训空间颠覆性打造意识训练新模式。

（一）强化意识记忆、构建意识流的形成

基于 AI 实训大模型，依托心理学、脑科学等进行行为分析，快速构建应急安全场景意识训练方案，风险点、易错点反复试错，给予操作的真实反馈；从传统肌肉行为训练转变到特定场景下的意识训练，打造从"肌肉记忆"到"意识＋肌肉记忆"的创新数智化实训新模式。

（二）快速低成本构建，赋能企业自主开发

南岭科技自主研发无代码开发工具（见图 11-1），搭载行业海量素材资源，企业专家像使用"办公软件"一样，轻易构建实训场景，引入 AIGC，支持语音及一键生成，大大降低专家开发难度，彻底颠覆虚拟实训必须由专业厂家开发的传统模式（见图 11-2）。

图 11-1　无代码开发工具

资料来源：广州南岭信息科技有限公司。

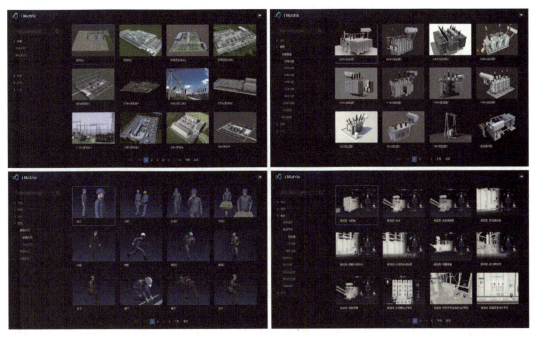

图 11-2　无代码开发工具的素材库

资料来源：广州南岭信息科技有限公司。

（三）轻量级访问，国产自主行业应用

　　数智化实训对比线下培训和传统 VR 培训，利用最先进的数字化、智慧化手段，采用 B/S 架构（网页）完成复杂的三维场景呈现及交互，无须繁重的硬件支撑、不需要固定的场地投入，在岗位上、在家里通过手机或者电脑就可以完成以往无法实现的交互性虚拟训练。

（四）多人远程协同、突破团队训练壁垒

南岭科技首次创新性打造多人在线协同训练模式（见图 11-3），使班组团队日常训练、预案协同演练、突发应急模拟训练成为可能。

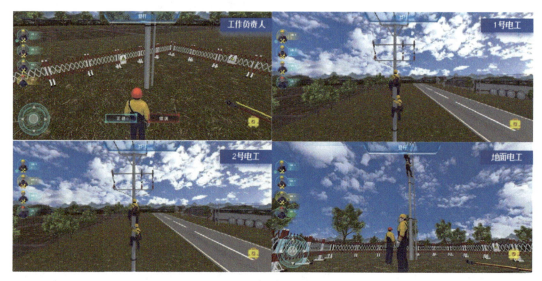

图 11-3　协同训练模式

资料来源：广州南岭信息科技有限公司。

截至目前，数智化实训空间在电力、石油、职业技能教育等领域完成大范围部署应用并取得显著成效，未来可持续延伸到生产制造、新能源等领域。这是在还原安全、制造业真实场景的前提下，首次突破培训领域过度依赖硬件系统和无法规模化的难题。

二、技能真实环境实训应用

南岭科技自主研发的轻量级数智化实训空间采用国产轻量级元宇宙技术，首次实现行业技能真实环境实训应用（见图 11-4）。此项应用拥有自主知识产权，满足信创用户对于安全性和机密性的要求，兼具 AI、生成式 AI、无代

码、专家自主开发等特性，能够快速培养开发能力，具有高科技、高效能、高质量特征，更加适用于终端环境复杂、并发量大、多样化交互及多人协同情况下的培训应用场景。

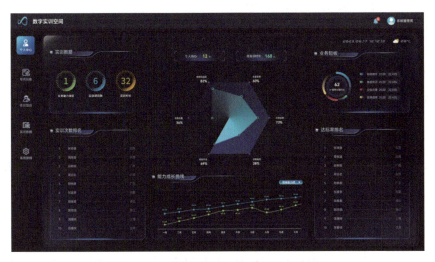

图 11-4　轻量级数智化实训空间示例

资料来源：广州南岭信息科技有限公司。

三、应用前景

轻量级数智化实训空间可广泛应用于高危生产制造、高工艺要求场景应用、应急处理等模拟，达到降本增效的效果。

轻量级数智化实训空间可应用于现实场景无法达成或达成成本过高、现实中无法大规模训练的领域。例如，通过构建高危、高成本生产制造领域的虚拟生产环境，并对生产过程进行模拟，打造意识训练实训新模式；构建新能源、高技术领域虚拟与现实相融合的平台，并基于还原后的生产场景进行虚拟操作，减少实际生产中的危险和试错成本，提高生产效率。

轻量级数智化实训空间可应用于工艺要求高、技艺人才缺乏但难以实现大规模培训的领域。例如，大国工匠需要传承，在工艺要求高、技艺人才缺乏的领域，利用轻量级虚拟现实技术，对手艺人的操作技巧、工艺要求、操作经验进行精准模拟，形成融合知识学习、技能训练、意识训练的场景化人才培养平台，可供反复训练，实现大规模应用。

轻量级数智化实训空间还可应用于特殊场景下的应急处理等。例如，通过构建高度还原的虚拟环境，模拟各种复杂的地理环境、事故类型等紧急情况，突破时间、地点和资源等作业训练限制，大幅提升训练效率。

综上所述，轻量级数智化实训空间比传统虚拟仿真实训拥有更多优势：在生产效能上，采用轻量级、免费素材、高性能技术，成本下降了70%；在生产效率上，借助 AI、AIGC、无代码开发等技术大幅降低了生产开发难度，提高了生产效率和生产质量，实训效率提升100%；在投入产效上，产品技术完全国产自主研发，实现更大范围的人员覆盖、最大限度地还原特定场景，投入产出提升100%。

轻量级数智化实训空间产品摆脱了传统的生产力发展路径，具有高科技、高效能、高质量的特征，技术具有革命性突破、生产要素创新性配置，实现了全要素生产率的大幅提升，是符合新发展理念的先进生产力质态。

第十二章　新质生产力未来产业示范基地建设实践与探索

新质生产力是创新起主导作用，摆脱传统经济增长方式、生产力发展路径，具有高科技、高效能、高质量特征，符合新发展理念的先进生产力质态。

为了进一步推动新质生产力加速形成，中国生产力学会新质生产力特科院与上海市青浦区赵巷镇共同研究在赵巷镇谋划布局未来产业示范基地，积极布局推动上海加快形成新质生产力的探索与实践。

赵巷镇在培育发展新质生产力的过程中，注重将创新知识技术应用到产业领域，形成创新产业。赵巷镇党委书记徐珏认为，提前谋划布局未来产业示范基地，对于上海市青浦区加快形成新质生产力意义重大。他指出，要深度聚焦新质生产力，加强前瞻性思考、全局性谋划、战略性布局和整体性推动，促进优质创新要素往新质生产力发展上集聚；同时，要加快未来产业布局，吸引更多优质新兴企业，广泛吸纳优质客商，不断拓展招商引资思路，发挥好优质招商资源，开展特色招商，对中小企业要进行宏观指导，提升服务精准性，提高企业的获得感。

一、深度聚焦新质生产力，洼地先行

赵巷镇党委、政府一致认为，赵巷镇产业空间以研发、商业为主，这既是机遇也是挑战——传统生产型企业较难在此地落户，这要求赵巷镇更加关注知识创新和研发，关注"经济密度"，更加聚焦产业链招商，围绕一条完整的产业链形成产业集群。

2024 年 1 月 18 日，赵巷镇主要领导带队参加由中国生产力学会主办的"2024 首届新质生产力大会"。大会以"集聚行业资源、培育新兴产业，加快形成新质生产力，引导新经济高质量发展"为主题，聚焦新质生产力的理论与实践问题，探讨如何以科技创新为引领，推动新质生产力发展。会上，赵巷镇镇长沈竹林就赵巷镇历史底蕴、配套资源、产业定位、重点项目等方面作产业推介。同时，在此次大会上，中国生产力学会宣布第二届新质生产力大会将在上海市青浦区赵巷镇举办，形成"以会推动、合作引领、汇聚资源"的优势，以此加快上海形成新质生产力的步伐。

二、"赵巷未来产业研究中心"落地

2023 年 12 月 10 日，由中国生产力学会新能源发展委员会与赵巷镇共同发起成立了"赵巷未来产业研究中心"（见图 12-1），以"1+X+N"的产业合作新模式，打造一个集研发、创新、产业化于一体的未来产业合作平台，通过引入和培育新能源、新材料、电子信息等战略性新兴产业，积极培育未来

图 12-1　赵巷未来产业研究中心揭牌仪式

资料来源：中国生产力学会。

产业，加快形成新质生产力，为赵巷镇的创新发展增添新动能。

赵巷镇计划开展加快发展新质生产力规划研究，通过调查研究、交流活动、集中座谈、专题研讨等形式，具体筹划新质生产力大会，搭建新质生产力企业路演平台，推动形成未来产业基金小镇，建立未来产业发展专业化培训基地、未来产业发展总部基地等重点项目，进一步找准赵巷未来产业研究中心的功能定位，丰富赵巷未来产业研究中心的内核，最终提出赵巷镇加快发展新质生产力的规划与发展路径。规划过程中，赵巷镇将进一步选择适合自身发展的未来产业和技术路线，推动新产业、新模式、新动能发展。

中国生产力学会作为全国知名智库，以战略性、长期性、全局性、前瞻性为定位，开展重大战略性课题研究，为国家经济社会发展提出众多建设性建议。赵巷镇与中国生产力学会开展合作，利用优势资源，积极引入和培育新能源、新材料、电子信息等战略性新兴产业。

赵巷未来产业研究中心的定位是加强未来产业顶层设计，整合行业协会与平台资源，立足创新链产业链双向融合，构建与海内外优秀人才联系的桥梁，推动高成长性创新型企业和人才落户赵巷、落户青浦。同时，赵巷未来产业研究中心将高标准举办活动论坛，扩大影响力，指导企业以全球视野谋划和参与未来产业，借助青浦"大会展"的资源优势，帮助未来产业领军企业加强交流合作，开拓国际市场。

作为机遇叠加、战略交汇、资源汇聚的建设高地和发展热土，赵巷镇以赵巷未来产业研究中心落地为契机，主动融入"大虹桥"的发展，积极争创虹桥国际中央商务区联动创新区，共同塑造虹桥国际中央商务区核心功能。2024年，赵巷镇启动数字产业专项规划，积极创建中小企业特色产业集群，指导完善产业规划与招商引资，做深做细做强"数创云巷"，发挥网易在海外游戏领域、云励科技在数字金融领域的特长，以长三角绿洲智谷为阵地，积极参与国家服务贸易创新发展示范区创建，加快吸引和培育一批有显示度的科创企业。

赵巷镇镇长沈竹林认为，赵巷镇与中国生产力学会的合作，是自主创新热潮和生产力理论实践之间的双向奔赴，是赵巷镇产业转型升级的重要布局。赵巷未来产业研究中心将不断推动赵巷镇经济发展质量变革、效率变革、动力变革，成为助推高质量发展的新引擎。未来，赵巷镇将持续同以中国生产力学会为代表的优质机构和企业深化合作，不断探索新质生产力的无限可能。

三、"赵巷未来产业示范基地"规划

（一）建设基础

1.区位优势

赵巷镇凭借毗邻虹桥枢纽的区位优势，目前已经成为中国国际进口博览会（以下简称"进博会"）和长三角一体化的重要交会区域，也是连接长三角的中心支点。未来赵巷镇将借助独特区位继续放大优势，加强区位优势的虹吸效应，吸引海内外优质资源在此落地。

2.赵巷镇产业发展基础

（1）数字产业先行

赵巷镇已初步形成了以数字经济为主导、数字能源为特色的产业集聚。

上海市西软件信息园经市政府第166次常务会议审议，于2017年12月27日在赵巷揭牌成立。以此为引领，长三角绿洲智谷·赵巷园区、网易上海国际文创科技园、北斗赵巷园区、云门数字科技园等一批重点项目加速落户赵巷，逐步成为活跃增长极的新引擎。

长三角投资（上海）有限公司在赵巷镇布局的长三角产业集聚的先行标杆示范园区，目前正深化产业链创新链融合研究和跨区域协作，围绕绿色经济、数字经济等领域找准赛道，探索前沿技术、共搭研发平台、打通创新链条，不断放大规模效应和联动效应，持续赋能长三角一体化发展。

"总部、研发在上海，生产、制造在长三角。"科创是长三角绿洲智谷的鲜明特色，紧扣上海"3+6"新型产业体系以及新赛道和未来产业，依托长三角数字干线，园区已初步形成以数字经济为主导、数字能源为特色的产业集聚。自2021年底正式投入运营以来，长三角绿洲智谷吸引了多家世界500强、上市公司的研发中心或区域总部相继入驻，加速了园区新质生产力的产业集聚和辐射。截至2023年底，位于长三角绿洲智谷的长三角科创中心累计运营面积近8000平方米，累计入孵企业（项目）62家，综合入驻率超过75%。

随着网易等优质项目的入驻，赵巷镇的数字产业发展、科技创新氛围越来越浓厚，"资""智""产"的合作越来越紧密。

（2）商业领跑

智慧商贸百联奥特莱斯、山姆会员超市青浦店、宝龙广场、元祖梦世界等实体消费中心吸引着全市乃至长三角区域的客群，2023年前三季度，全镇社会消费品零售总额97.57亿元，同比增长17.5%，占青浦全区社会消费品零售总额超过20%，商业领跑全区。

（3）经济增长面向好

2024年一季度，赵巷镇各项目建设稳步推进，各项主要指标持续向好，产业税收收入同比增长8.5%，区级收入同比增长4.7%。今后的发展要借助新质生产力的作用，奋力一搏打开局面，持续提升经济建设与产业升级高质量联动发展。以稳促进、以进固稳，以扎扎实实的工作成效，交出赵巷高质量发展的"成绩单"。

3.科创成果和产业发展深度融合

新质生产力是一种生产力的高级形态，最关键的是科技创新。只有新技术、新产品、新业态萌发，才能为招商引资提供全新视角，为产业发展引领新赛道。

在发展新质生产力过程中，赵巷镇注重联动科研院所，构建对外窗口。早在 2022 年 11 月，长三角数字干线重要节点城镇——青浦区赵巷镇就已开工启动建设"院士专家指导团赵巷活动中心"，并聘请一位中国科学院院士为镇科协名誉主席。种种举措为赵巷镇成为科技创新和人才培养新高地、建设长三角数字干线软信经济带注入强劲动能。

"院士专家指导团赵巷活动中心"由中国科学院樊春海院士（赵巷镇科协名誉主席）提出，活动中心位于赵巷公园内，占地 1000 平方米，主要为院士专家开展科学沙龙、科普论坛等活动提供载体，成为院士专家们的交流平台。通过赵巷这个节点辐射全区、全市乃至长三角地区，同时把高端科技资源跟相关企业对接，把高端科技资源引入赵巷、引入青浦。

2023 年 11 月 26 日，赵巷镇正式成立"上海市科普志愿者协会院士专家指导团赵巷中心"，同时揭牌成立"巷未来"公共文化空间，充分联动科研院所、科技企业，为院士专家们开展科学普及、科学沙龙、科普论坛等活动提供更好的空间载体。"巷未来"公共文化空间已举办 7 大主题展览，涵盖科普展、书画展、网络安全宣传展等，共计吸引 4000 多人次观展。

院士专家指导团作为活动中心的智力支撑，引入了多领域专业资源，如上海人工智能研究院青少年科创教育基地（赵巷分基地）等，举办科普助力创新报告会、"院士专家看青浦"等活动，建设成为赵巷镇科学传播、创新服务、科技交流的重要平台和窗口，为吸引更多企业和高水平科技人才走进赵巷、扎根赵巷提供支撑。

随着科技创新和产业升级的加速推进，概念验证作为科技成果转化的关键环节，对于促进科技与经济深度融合、推动产业创新发展奠定了重要基础。目前，赵巷镇正积极探索推进"长三角巷未来概念验证中心"建设，希望通过建立科技成果从发现到转化的全链条服务机制，培育高价值专利、转化高质量成果，提高科技成果转化的成功率。

（二）定位与思路

赵巷镇立足区位优势，主动对接虹桥国际开放枢纽建设，承接进博会溢出效应，长三角绿洲智谷承担起了进博会科技板块的建设与发展功能。园区入驻企业仙乐健康、汤恩智能多次参加进博会，连续发布自主研发的 AI 智能产品及创新成果，为赵巷的新质生产力走出青浦、面向世界带来更多的机遇。

赵巷镇的未来产业发展基于赵巷镇的产业及区位优势和资源禀赋，提出赵巷镇未来产业中心的功能定位。通过前期调研发现，赵巷镇目前已初步形成了"软件信息"和"智慧商贸"两大主导产业，并为对标青浦全力打造"长三角数字干线"、建设数字创新高地的发展目标，未来将重点打造"大虹桥数创云巷"，着重发展以软件信息、网络通信、数字文创、数据处理及交易等为主的数字产业。

1. 打造中小企业特色产业集群

赵巷镇坚持以科技创新为、重点突破，明确发展路径，加快形成新质生产力，加快创建中小企业特色产业集群，实现数字产业强链补链延链。

在创建过程中，赵巷镇进一步厘清产业现状、梳理产业脉络、形成产业图谱，确定主导产业的细分门类，为下一步开展链主招商、特色产业招商明确方向。发展新质生产力需要合适的产业环境，赵巷镇打造中小企业特色产业集群，正是为了强化产业链基础，形成明确的产业定位，为吸引新兴产业落地赵巷镇打好基础。

目前，赵巷镇已制定专班、专员、专报、专项、专群的"五专"服务机制，围绕包含 192 家企业的服务名录，开展税收、营收等动态变化内容的科学预测和分析，充分挖掘"以商招商"的潜力和增量。同时，赵巷镇坚持"引培并举"抓产出，推出惠企工作"服务包"，走访联系企业百余家，其中专精特新企业有 36 家，初步锁定产业集群方向。此外，赵巷镇深入对接中国银行、接力科创、君联资本等金融机构，积极搭建政府、企业、银行三方合作共享交流平台，提升金融服务企业质效。

2. 全面建设"长三角数字干线赵巷经济带"

目前，长三角绿洲智谷·赵巷园区 70 多万平方米建筑已基本交付，公牛信息、欣巴科技、东方科脉、建经投资等科技与信息化企业入驻办公。同时，长三角国际科创会客厅也在加速打造，成为面向长三角一体化示范区的交流合作平台和创客空间，"数创长三角"双创孵化基地初具雏形。

3. 建设数创高地

赵巷镇是青浦新城的紧邻地、数字干线的节点带，是机遇叠加、战略交汇、资源汇聚的建设高地和发展热土。近年来，赵巷镇积极优化数字经济产业的整体定位与发展举措，着力实现园区、街区、社区"三区"联动，打造"东融西联"品质科创新镇的"最佳中场"，目前已吸引北斗产业园、长三角绿洲智谷·赵巷园区、网易上海国际文创科技园、云励科技等数字科创园区，聚集一大批国内重点高新技术企业、上市公司、研发总部，朝着以软件和信息服务业为引领的全球科创产业示范区的目标迈进，构建长三角产业创新的"神经中枢"。

（三）赵巷镇发展新质生产力的规划和路径

2023 年 9 月，赵巷镇启动"赵"亮梦想、"巷"往未来——"超级总裁共巷汇"活动，以镇属企业为纽带，以科技创新优质企业为引领，邀请中国生产力学会代表、优秀会员单位代表参加会议，与会各方热烈讨论、畅谈对赵巷镇发展新质生产力的规划和路径，掀开了赵巷镇与中国生产力学会资源共享、合作共赢的新篇章。

通过此次针对未来产业研究中心规划的编制，在梳理赵巷全镇产业资源和理清全镇产业发展思路的基础上，提出未来产业研究中心的功能定位、发展目标和探索路径。

中国生产力学会以新成立的新质生产力研究院为支撑，从以下八个方面开展工作，搭建起为青浦区和赵巷镇政府、企业与科研机构等沟通交流的合作平台，促进"政产学研用投"深度融合，加速科技成果的转化和应用。

1. 开展调查研究

提出未来发展目标，组织力量对未来产业发展进行全面深入的调查研究，了解新情况、新问题、新趋势，形成相应的研究报告和政策建议，为政府制定和完善政策提供参考。

基于赵巷镇的产业及区位优势和资源禀赋，提出赵巷镇未来产业研究中心的发展目标。

开展针对中关村国家自主创新示范区展示交易中心的调研，并在调研的基础上，提出赵巷未来产业研究中心将来对标中关村国家自主创新示范区展示交易中心的实施路径，形成以未来产业为特点的技术成果发布、展示、交流和交易平台。

2. 以会促产

组织学术交流，结合新质生产力大会，举办各种类型的学术会议、研讨会等活动，为国内外学者和相关企业提供交流与学习的平台，促进科研成果的转化和应用。

通过组织新质生产力的相关展示展览，以论坛、榜单发布等形式，实现"会在展中、展在城中"的战略规划，并通过新质生产力大会活动带动赵巷镇会展业和招商引资项目落地，推动形成赵巷镇未来产业布局。

3. 专业咨询

提供专业咨询服务，为企业提供政策解读、管理咨询、基金投资、市场拓展等方面的服务，帮助其解决发展中遇到的困难和问题。

4. 建立未来产业发展专业化培训基地

开展培训工作：针对未来产业企业发展需要，组织开展各类培训课程，提高民营企业和未来产业企业的经营管理水平和综合素质。

建立未来产业发展专业化培训基地，针对未来产业企业开展培训。一是开发适合该类型企业的培训课程和教材，培养专业的科学家成为管理和业务能力强的企业家；二是开展融资和上市等金融服务的辅导，助力企业实现资本增值与提效。

5. 加强国际交流与合作

加强国际交流与合作：与国际组织、国外学术机构和企业建立合作关系，开展交流与合作，借鉴吸收国际先进经验，助力我国未来产业的发展。

6. 搭建新质生产力企业路演平台

中国生产力学会联合国内优秀的基金公司，共同发起制定新质生产力企业团体标准，以此来选出符合新质生产力高质量发展要求，且具有良好信誉、持续成长性强、潜力大的细分行业头部企业，到赵巷未来产业研究中心进行路演展示；并根据该标准，筛选出代表新质生产力发展的优秀企业，每年在赵巷未来产业研究中心发布新质生产力企业榜单。同时，由中国生产力学会组织各省市地方政府代表，在赵巷未来产业研究中心进行各地招商政策的解读和展示，加速未来产业企业的落地。在推动形成路演平台的基础上，搜集相关案例，编制形成新质生产力案例集，及时总结经验，便于进一步推广示范。

7. 推动形成未来产业基金小镇

由中国生产力学会和君联资本共同组织行业基金企业，在赵巷未来产业研究中心发起成立新质生产力科创基金联盟（500+ 基金企业），并与赵巷镇共同创建"未来科技谷"，作为未来技术的展示和交流平台，同时在赵巷镇落地"科创路演展示中心"，推动形成永不落幕的路演平台，为未来产业企业提供从天使轮、A 轮、B 轮一直到 Pre-IPO（首次公开募股前）的基金融资服务。

8. 推动形成未来产业发展总部基地

中国生产力学会组织科研、金融、产业、营销等一系列力量，形成全产业链一体化总部经济。设置研发总部、营销总部、品牌中心、数据中心、论坛中心、交易中心、要素市场等落地赵巷。将现有赵巷镇的办公用房等腾笼换鸟，盘活现有存量（通过迁移飞地招商、创业者共享办公空间等）来培育未来企业和创建新型招商模式；并通过科技孵化和转化后，将产业、土地、厂房、设备、流动资金等投资的企业，进行梯度转移，实现长三角一体化协同发展与长三角城市相互赋能。

第十三章　新质生产力赋能"一带一路"的实践路径

——中柬合作国家重点水利工程数字化建设实例

2024 年是习近平总书记提出共建"一带一路"倡议的第十一年。在各方共同努力下，中国与五大洲的 150 多个国家和 30 多个国际组织签署了 230 余份共建"一带一路"的合作文件，内容涵盖科技、投资、贸易、金融等各个领域，取得了举世瞩目的佳绩。随着高质量共建"一带一路"的推进，中国企业"出海"将成为世界经济战略、国家战略和企业发展战略协同的关键一环。

2023 年，北京燕华科技发展有限公司（以下简称"燕华科技"）结合自身技术优势，承建了"一带一路"中柬合作的重点能源水电站工程——柬埔寨达岱水电站数字孪生平台，以新质生产力为"一带一路"合作的美好画卷增色添彩。

一、燕华科技介绍

燕华科技成立于 2019 年，是一家专注于数字孪生应用及数字化转型解决方案的服务商。目前，燕华科技业务模块包括"智慧建造""智慧运维"等，在水利、水务、航天、交通以及电网等多个行业展开布局，并都有成功案例。燕华科技通过数字孪生技术和相关创新技术的应用，帮助企业实现数字化转型，提高工程质量、降低成本，并推动行业的智能化和可持续发展。

燕华科技于 2024 年 5 月经中关村管委会认定为中关村高新技术企业，现具有信息系统建设和服务能力等级证书、ISO 9001 质量管理体系认证证书、中国电子信息行业联合会证书等，具有信息化数字孪生物联智能管控系统、基于数字孪生的智能化三维监测系统、数字孪生多场景智能化交互系统、基于数字孪生物联智能管控系统等多项软著及发明专利。

随着先进生产力摆脱传统的经济增长模式和生产力发展路径，创新必将引领培养符合新发展理念的新质生产力。燕华科技始终坚持与国家战略同向而行，精准把握时代发展脉搏，不断激发培育企业的新质生产力，勇于探索、敢于创新，为数字孪生应用及数字化转型服务高质量发展贡献"燕华样本"。

二、建设背景

达岱水电站（见图 13-1）距柬埔寨首都金边约 300 千米，是柬埔寨国家电网具有支撑性作用的主力电源，是"一带一路"中柬合作的重点水利能源项目。该工程虽位于偏远山区、地理环境复杂，但来自国内的运营团队高质量地完成了建设、发电、运维等工作。近年来，随着信息化、数字化的不断发展，提质增效成为当地团队新的治理目标。因此，引入数字化技术成为新发展的重要内核动力。

图 13-1　达岱水电站坝区全貌

资料来源：燕华科技。

三、技术优势和特点

达岭水电站数字孪生平台是基于物联网、大数据、云计算、数字孪生等技术的数字化平台。它能够针对不同的水利监管对象，实现流域、灌区、水利工程的数字化建模、实时监测、数据分析等，为管理人员提供全面、准确、及时的信息支持。其主要技术优势和特点包括以下四个方面。

（一）更精细的三维建模算法

利用三维精细建模技术，可对水利工程进行全方位、高精度的数据模拟，建立精细化的三维可视化模型。

（二）更智能的物联网数据采集能力

自研物联网智能采集模块，能够实现多个品牌的水位、流量、雨量、气象、水质监测设备实时监测数据的采集、分析、监测和预警，确保工程运行的安全性和稳定性。

（三）更科学的数据分析模型

通过对实时采集的监测数据进行处理和分析，提取有价值的信息，为决策提供科学依据。

（四）更逼真的三维仿真可视化模型

利用三维可视化技术，可以对复杂的工程设施设备结构进行仿真模拟，方便管理人员进行远程查看和管理。

四、数字化建设

（一）数字模拟仿真引擎赋能水电站业务应用场景构建

利用数字模拟仿真引擎（见图 13-2），结合该水电站大坝、营地、厂房等重点区域的三维可视化模型，构建总览、坝体概况、发电厂房、蓄水泄洪等智能化业务应用场景。

图 13-2　数字模拟仿真引擎

资料来源：燕华科技。

（二）智能化数据采集赋能水电站运行状态监测和预警

通过在水电站上下游安装部署各种水文气象传感器和视频监控设备，利用物联网智能采集模块和数据分析模型，实现对水电站运行状态的实时监测和预警，确保水电站运行的安全性和稳定性（见图 13-3）。

图 13-3　物联数字感知

资料来源：燕华科技。

（三）数字驱动型可视化模型赋能水电站溢洪道蓄水泄洪调度预演

通过构建更为专业的水闸可视化模型（见图 13-4），结合前端采集的水闸启闭和开度信息，建立水闸启闭数字驱动算法，建立数字驱动型可视化模型，实现水电站溢洪道水闸在汛期的蓄水泄洪调度预演模拟，为水库调度提供数据支撑和决策依据。

图 13-4　水闸可视化模型

资料来源：燕华科技。

系统基于水利数字孪生平台，完成了达岱水电站采集监测设备的安装和部署、数据采集和传输、数据处理分析以及各类数字孪生应用场景的构建，初步建成具有监测预警和预演功能的水电站数字孪生平台，进一步提升了该水电站水利要素监测监管业务的数字化管理水平和监管效率，方便水电站运营方更好了解和掌握水电站的运行状态，为水电站开展对外宣传展示提供了高清、精美的全场景三维可视化视觉呈现方案。

五、产生效益

达岱水电站数字孪生平台建设项目立足于现有监测采集设备，以提高水电站运行管理水平、保障水库安全和生态环境为目标，着力构建全方位、全过程、高精度的监测体系。项目实施后带来了显著的社会效益、经济效益和生态效益，为柬埔寨和中国共建"一带一路"提供有力支撑，为推动国公省和柬埔寨的可持续发展注入强劲动力。我们坚信，达岱水电站数字孪生平台的建设将成为水利水电行业数字化转型的典范，为柬埔寨的可持续发展作出积极贡献，推动该国科技与水利水电发展。

（一）社会效益分析

在社会效益方面，通过数字孪生平台建设，提高了柬埔寨达岱水电站有限公司各部门的数字化管理水平，提升水电站运行监测监管效率。同时，数字孪生平台的建设极大地提升了水电站的运行稳定性和可靠性，能够显著降低因设备故障或管理不当而引发的停电或水灾等事件的发生概率，从而为当地人民的生命财产安全提供坚实的保障，进一步促进社会的和谐与稳定。

此外，燕华科技将积极向其他水电站和相关企业宣传、推广达岱水电站数字孪生平台的建设经验和成果，分享项目实施过程中的成功案例。燕华科技通过参加国内外行业会议、论坛等活动，加强与行业内专家学者的交流与合作，不断提高项目的社会影响力。

（二）经济效益分析

在经济效益方面，数字孪生平台的贡献更是不可估量。通过实时的数据监测和预测分析，数字孪生平台可以及时开展水库发电用水调度，以及水库大坝运行过程中潜在的洪水风险，降低不必要的发电弃水量，进而提高发电量并减少因此产生的经济损失。

达岱水电站数字孪生平台的建设提高了水资源利用效率，实现更精确的降雨预测和水位变化监测，为水库调度提供科学依据，从而提高发电效益，为地区和国家提供更为稳定和充足的电力供应，推动经济持续发展；同时，通过智能业务应用，提升水电站的管理效率，降低运营成本。

此外，数字孪生平台的建设还有助于提高当地应对暴雨、洪水等自然灾害和突发事件的能力，减少经济损失。

（三）生态效益分析

在生态效益方面，达岱水电站作为清洁可再生能源项目，数字孪生平台的建设对于水利水电的绿色可持续发展具有重要意义。通过监测监控水电站的各项运行状态，精确控制各项运行参数，数字孪生平台确保了水电站的正常运行，最大限度地减少了对周边生态环境的负面影响；数字孪生平台的建设有助于更好地监测和分析水电站周边的环境变化，为生态环境保护提供有力支撑。通过在大坝安装视频监控，实时监测大坝坝后蟒蛇、蜥蜴等野生动物出没情况，不仅能够向大坝值班人员及时预警潜在安全风险，而且也能够促使大坝管理方加强对野生动物的保护，保护水库周边的生物多样性。

此外，通过水库的智能调度和优化运行，数字孪生平台为提高达岱水电站的能源利用效率提供了数据基础和技术支撑，进一步降低能源消耗和浪费，有助于实现水资源的可持续开发利用，从而为建设可持续发展的生态环境作出积极贡献，促进当地的生态文明建设。

第三篇

新质生产力优秀创新成果篇

第十四章　先进文化引领

党建与发展一体化提升治理效能

中国航天科工集团航天工业发展股份有限公司

审定意见：

本成果将党建工作目标同企业发展战略融为一体，创造性地构建组织全覆盖、要素全运行、党员作表率的高质量党建与高质量发展共生体系，以高质量党建引领企业高质量发展。将一体化的体系系统地分解、解构、细化为"路线图"，以重点突破带动整体推进，推动形成全要素、多领域、高效益的一体化体系和能力新格局。既报经济账又报党建账，建立经营业绩、党建工作协同量化考评机制。落实党组织对重大事项的决定权、把关权和监督权，明确党组织在决策、执行、监督各环节的权责和工作方式，切实把中国特色现代企业制度优势转化为治理效能。创造了大型国有企业党建工作的科学化实践样本。

创新点：

首次构建的一体化高质量党建引领高质量发展体系模型，通过明确的架构和精准的布局，让军工上市公司的党建工作不再抽象，而是以有形的方式呈现，有神韵地贯穿于企业运营，有力地推动企业前行。创新构建的一体化高质量党建引领高质量发展"路线图"，从战略规划、组织架构等 5 个层面，以及决策机制、资源配置等 8 个维度精心搭建，细致地分化出 59 个子体系，对应 247 项具体工作任务，为党建引领发展提供了清晰而详尽的路径。创新构建的新时代基层党支部建设体系，编写的《党支部标准化规范化工作手册》，为基层党组织建设提供了精准指导，确保基层党组织在组织建设、活动开展等方面全面提升，达到全面进步、全面过硬的目标。

价值点：

坚持和加强党对军工上市公司的全面领导意义非凡。以实际行动拥护"两个确立"、做到"两个维护"，确保企业发展方向正确。增强员工理想信念、使命感、责任感，激发爱国报国之情，吸引培养领军骨干人才，打造忠诚、专业、有担当的队伍。军工上市公司致力于铸就"国之重器"，服务国家重大战略需求，提供先进装备产品。通过聚焦主业提升质量，增强核心竞争力和功能，服务国家战略。同时，军工上市公司还应积极建立健全职代会制度，加强工资总额管理，整合利益诉求，开展"暖心"工程，营造良好生态，实现企业与员工共同发展，共创美好生活。

可复制性和应用范围：

该体系和实践经验创新了党建工作的理念、方法和体系，并且在实践中取得了良好的效果。对于其他企业，特别是军工上市公司或国有企业而言，其一体化的理念和科学的方法具有重要的借鉴意义。其他企业可以结合自身的特点、规模、业务领域等实际情况，对这套模式进行适当调整和优化，构建契合自身需求的一体化高质量党建引领高质量发展体系。

成果详述：

一、基本情况

1. 项目简介

中国航天科工集团航天工业发展股份有限公司（以下简称"航天发展"）党委始终坚定不移地贯彻落实习近平新时代中国特色社会主义思想，怀抱着高度的责任感与使命感，全力积极构建一体化高质量党建引领高质量发展体系。党建工作并非孤立存在，而是与企业的战略规划紧密相连，深度融入经营管理的各个环节，与科技创新相互促进。党组织充分发挥其领导核心作用，党员们以身作则，勇当先锋模范，如同一面面旗帜，引领全体员工奋勇向前。这种深度融合的模式，极大地激发了全体员工的积极性和创造力，让每个人都能在岗位上发挥最大潜能。在技术创新方面，航天发展不断取得突破性进展，攻克一个又一个技术难题；在市场拓展上，积极开疆拓土，抢占市场份额；在人才培养中，为公司储备了大量优秀人才。这一系列的成果，使得公司的核心竞争力和综合实力持续提升，朝着做强做优做大的目标稳步迈进，为航天事业的辉煌发展以及国家的繁荣富强奉献源源不断的力量。

2. 实施背景

航天发展自诞生之初，便面临重重挑战与难题。在当今市场竞争白热化、技术更新如疾风骤雨般迅速的大环境下，公司内部暴露出管理体制的不完善之处，创新能力无法紧跟时代步伐，资源配置也未能达到最优状态。为了更好地践行航天报国这一神圣使命，传承并弘扬伟大的航天精神，全面贯彻新发展理念，构建一体化高质量党建引领高质量发展体系成为势在必行的选择。加强党的建设，犹如在公司内部点亮一盏明灯，能够将全体员工的思想统一起来，凝聚成一股强大的共识力量。加强党的建设，为公司的发展提供坚如磐石的政治保障和源源不断的精神动力，引领公司在风云变幻、复杂莫测的市场环境中，始终找准前进的方向，实现跨越式的发展，从众多竞争对手中脱颖而出。

3. 实施的必要性

在新时代新征程的宏大画卷中，高质量发展已成为时代的主旋律。对于航天发展这样的央企控股上市公司而言，构建一体化高质量党建引领高质量发展体系的必要性不言而喻。高质量党建就像一座灯塔，为企业指明了正确的政治方向，提供了精准的战略引领，确保企业在服务国家战略、推动经济发展的康庄大道上始终保持坚定步伐，永不偏离。同时，它有助于提升企业内部的组织效能和管理水平，让企业的运转更加高效有序。员工们在党建的激励下，创新活力被充分激发，责任感越发强烈，在技术研发领域不断推陈出新，在激烈的市场竞争中脱颖而出。此外，当面对国内外复杂多变的经济形势和市场环境时，一体化高质量党建引领高质量发展体系如同坚固的盾牌，增强了企业的风险抵御能力和适应能力，为企业的稳定发展保驾护航，从而让企业能够更好地履行社会责任，为国家和社会创造更为巨大的价值，成为推动时代进步的中坚力量。

二、项目实施过程

1. 主要做法

在项目实施中，先构建一体化高质量党建引领高质量发展体系模型，明确目标，使企业发展方向与党建紧密相连，充分发挥党委领导核心作用。牢记理念，狠抓关键，做到"四个坚持"和强化"五位一体"，全面加强党的建设。

精心制定一体化的"路线图"，从战略规划、组织管理、业务流程、资源配置等多个层面，以及政治引领、创新驱动、质量提升、风险防控等多个维度进行全面构建。在实施过程中，不追求全面开花，而是以关键领域的重点突破带动整体工作的推进，比如在核心技术研发、市场拓展等方面集中优势资源，取得显著成果后，再将成功经验推广至其他领域。

采用系统方法推进工作，突出前瞻性思考，提前布局，洞察行业发展趋势和市场需求变化，为企业发展指明方向；进行全局性谋划，从企业整体利益出发，统筹协调各部门、各业务板块之间的关系，形成协同发展的合力；注重战略性布局，围绕企业的长期发展目标，制定具有前瞻性和适应性的战略规划；强调整体性推进，确保各项工作相互衔接、相互促进，避免出现"短板效应"。

建立一体化考核机制，明确考核指标和标准，将党建工作与业务工作的成效纳入统一考核体系。用好考核评价这一指挥棒，对表现优秀的领导人员给予表彰和激励，对未达标的人员进行督促和改进，促进各级领导人员切实落实责任，推动党建与业务工作深度融合。

不断健全一体化长效机制，完善治理机制，优化企业决策流程，提高决策的科学性和民主性；建立责任机制，明确各级党组织和党员干部的职责，确保工作落实到位；强化融合机制，促进党建工作与业务工作在目标、任务、资源等方面的深度融合；培育积极向上的企业文化机制，增强企业凝聚力和员工归属感；加强监督机制，对党建工作和业务工作进行全过程监督，及时发现问题并加以解决。

2. 关键要点

项目实施关键在于始终坚持党的全面领导，加强党在企业各领域、各单位的布局融合，让党建与业务在规划、执行、考核环节紧密结合。进行资源整合，优化人力、物力、财力等资源配置，提高利用效率，注重力量运用，发挥党组织战斗堡垒和党员先锋模范作用。以重点突破带动整体推进是重要策略。政治建设上加强干部政治教育，提升觉悟和能力；高质量发展上聚焦核心技术研发等关键领域攻克难题，以点带面。在人才培养、管理创新等方面找准重点突破。坚持大抓基层导向，抓好党支部建设，创新构建体系，明确职责标准，加强班子建设，提高组织力、战斗力，开展多样活动激发党员积极性和创造性。突出党建工作的前瞻性、全局性、战略性和整体性。前瞻性要提前预判形势，全局性要整体统筹协调利益，战略性要着眼长远制定规划，整体性要促进党建与业务融合形成合力共同推动发展。

三、成果总结

1. 经济效益

2016—2022 年，航天发展取得了令人瞩目的经济效益。累计实现营业收入 241.24 亿元，这一数字背后是公司在市场中的稳健拓展与持续增长。利润总额达到 37.17 亿元，这反映出公司在成本控制、运营管理和盈利能力方面的出色表现。对外分红 4.35 亿元，展示了公司对股东的回报和责任。这不仅体现了公司良好的财务状况和盈利能力，也增强了投资者对公司的信心，为公司的持续融资和发展创造了有利条件。

2. 社会效益

积极参与国家航天工程和国防建设，为国家的航天事业提供了重要的技术支持和产品保障，增强了国家的航天实力和国际影响力。筑牢国家安全基石，通过不断研发和应用先进的技术，提升了国家的安全防御能力，保障了国家的主权和领土完整，维护了社会的稳定和安宁。

提升企业社会责任感，积极参与公益事业和社会活动，关注环境保护、教育扶贫等领域，为社会的发展和进步作出了贡献。同时，企业的良好发展，为社会创造了大量的就业机会，促进了经济繁荣和社会稳定。

3. 管理效益

加强分类指导，根据不同部门、不同业务的特点和需求，制定针对性的指导方案。这有助于提高管理的精细化程度，使各项工作能够更加贴合实际情况，提高工作的针对性和有效性。

推动各治理主体规范履职、协调运转，明确了股东会、董事会、监事会等治理主体的职责和权限，建立了有效的沟通协调机制。这使得各个治理主体在决策、监督和执行等方面能够各司其职、相互配合，形成了高效的治理合力，避免了职责不清、推诿扯皮等问题，提高了企业的决策效率和运营管理水平。

四、经验与启示

坚持党的领导是企业发展的根本保障，要将党的建设贯穿企业发展全过程。在企业的战略规划中，党的路线方针政策是指引前进的灯塔，确保企业的发展与国家的整体战略相契合。在日常运营中，党组织发挥着凝聚人心、协调各方的作用，促进企业内部的团结协作。例如，在面对重大决策时，党组织能够从全局出发，综合考虑政治、经济、社会等多方面因素，作出符合企业长远利益的选择。

一体化高质量党建引领高质量发展体系和能力建设需要强化系统观念，顶层设计和战略谋划发挥着至关重要的作用。企业是一个复杂的系统，各个部门和环节相互关联、相互影响。因此，在构建一体化体系时，要有全局视野，从整体上把握企业的发展方向和目标。顶层设计能够明确企业的发展战略、组织结构和业务流程，为一体化高质量党建引领高质量发展体系的建设提供框架和指导。战略谋划则能够根据内外部环境的变化，提前布局，抓住机遇，应对挑战。比如，在制定企业的发展战略时，要充分考虑市场趋势、技术创新、竞争对手等因素，制定出具有前瞻性和适应性的战略规划。

要突出重点，以重点突破带动整体推进，同时坚持大抓基层，夯实基础。在企业发展过程中，资源是有限的，必须集中力量突破关键领域和关键环节，以点带面，推动整体发展。例如，在技术研发方面，选择具有核心竞争力的项目进行重点投入，取得突破后带动相关技术的发展。同时，基层是企业的根基，基层工作的扎实与否直接关系企业的稳定和发展。加强基层党组织建设，提高基层员工的素质和能力，能够为企业的发展提供坚实的基础支撑。

（完成人：李慧敏　李　阳　吕　丽　温　婷　李启明）

"福"文化体系催生企业内生动力

中国华电集团有限公司福建分公司

审定意见：

本成果通过将员工个人理想与企业愿景、国家未来以及人类命运串联起来，融为一体，使得企业文化从通常的空洞说教，转变为员工的自觉行动和真实愿望。在让企业文化更有生命力、凝聚力和号召力的同时，激发员工焕发出更大的激情和活力，让员工拥有超越于个人利益之上的理想、追求和抱负，从而将企业的使命、愿景和价值观真正转化为企业发展的动力，推动企业各项经济技术指标不断攀升。由此形成一个良性的循环，让企业成为员工价值创造、理想实现、成果收获的平台，而员工的获得感和幸福感又会对员工形成新的激励。这种新型的商业文化应该得到更大范围的普及。

创新点：

将"福"文化作为企业核心文化品牌，有效整合了企业愿景、使命与价值观，实现了文化理念的品牌化表达。该文化体系与公司发展战略紧密结合，通过"平安福""奋斗福""价值福""生态福""和谐福"等五个维度的具体实践，推动企业高质量发展。其中，"生态福"强调可持续发展的重要性，积极响应"碳达峰、碳中和"目标，展现企业对环境保护的责任担当；"和谐福"强调构建和谐的工作环境，通过多样化的员工关怀措施增强团队凝聚力和归属感，体现了以人为本的文化理念。报告展示了"福"文化如何驱动高质量发展，通过具体实践案例展现了文化与业务的深度融合，为其他企业提供了一个值得借鉴的企业文化建设样本。

价值点：

通过创造性地"福"文化品牌化建设，有效整合了企业愿景、使命与价值观，提升了企业内部凝聚力和外部品牌形象。文化体系与公司发展战略紧密结合，通过"平安福""奋斗福""生态福"等五个维度的具体实践，充分体现以人为本的文化理念，强调可持续发展的重要性，由此提升团队凝聚力和归属感，增强员工的安全意识和奋斗精神。在推动企业内部文化建设的同时，促进了企业的高质量发展，也为企业赢得了良好的社会声誉。

可复制性和应用范围：

企业的五大文化内涵——"平安福、奋斗福、价值福、生态福、和谐福"，针对不同的管理和发展需求，提供了具体的实践指导。这些文化内涵可以被其他企业根据不同行业特点和企业实际情况进行调整和应用，特别是在强调安全、绿色发展、价值创造和社会责任等方面，具有广泛的适用性。此外，"和谐福"中关于员工关怀和团队建设的做法，同样适用于各种类型的企业组织，有助于提升员工满意度和工作效率。因此，"福"文化体系不仅适用于电力行业，也可为其他行业提供有益的借鉴和启示。

成果详述：

一、基本情况

1. 项目简介

本项目旨在探讨中国华电集团有限公司福建分公司（以下简称"华电福建公司"）的企业文化——"福"文化体系的构建与实践过程，以及其对推动企业高质量发展的影响。华电福建公司成立于 2003 年 2 月 21 日，是中国华电集团的第一批区域公司之一，承担着中国华电集团在福建地区的资产管理与发展工作。公司现有电源装机容量达到 1016 万千瓦，是福建省装机规模最大的发电企业之一，发电量约占福建省的 1/6。华电福建公司下辖 27 家在运发电企业，拥有包括国内五大发电央企首座抽水蓄能电站、中国华电集团首座海上风电场和首个配售电一体化售电公司在内的多种能源结构，同时还参股福清核电站，具备"水、火、风、光、气、核、储"多能互补的电源结构。

2. 实施背景

随着电力体制改革的不断深入和市场经营环境的深刻变化，华电福建公司面临新的机遇与挑战。为了更好地应对这些挑战，公司决定进一步推动高质量发展。为此，华电福建公司秉承中国梦、奋斗幸福观，在《华电文化纲要》的统一引领下，结合自身文化底蕴和地域特色，提炼出了独特的"福"文化体系。这一文化体系不仅是公司的文化宣言、基本方略和行动纲领，也是公司高质量发展的内在驱动力。

3. 实施的必要性

随着全球经济环境的快速变化和技术进步的加速，企业文化作为企业的软实力，对于提升企业竞争力、实现可持续发展具有重要意义。华电福建公司认识到，要想在激烈的市场竞争中脱颖而出，必须构建具有自身特色的企业文化体系，以文化引领发展，凝聚员工意志，提升企业品牌形象。一是适应外部环境变化的需要。电力行业面临能源结构调整、技术创新等多重挑战，通过构建"福"文化体系，华电福建公司能够更好地适应这些变化，把握发展机遇。二是提升内部凝聚力的需要。企业文化是企业精神的核心，能够凝聚员工意志，激发员工的积极性和创造性。华电福建公司通过"福"文化体系的构建，增强了员工的归属感和使命感。三是推动高质量发展的需要。企业文化不仅是企业精神的体现，也是企业发展战略的重要组成部分。华电福建公司通过"福"文化体系的实施，进一步明确了发展方向，推动了企业的高质量发展。四是强化品牌影响力的需要。"福"文化体系的构建有助于提升华电福建公司的品牌形象和社会责任感，进而增强企业的市场竞争力。

二、项目实施过程

1. 主要做法

（1）文化理念的提炼

2019年4月起，华电福建公司启动了一场领导发动、全员参与的企业文化建设大讨论，通过问计于民的方式凝聚共识。在此过程中，公司广泛收集员工的意见和建议，深入挖掘企业文化的内涵，最终提炼出了"福"文化体系，涵盖了"平安福、奋斗福、价值福、生态福、和谐福"五大方面。

（2）文化品牌的打造

经过一系列的思想碰撞与讨论，华电福建公司将企业文化体系命名为"福"文化，并于2020年正式启动了"文化铸魂、文化赋能、文化融入"三年专项提升行动。这一过程包括了制定文化手册、制作文化宣传片等一系列宣传活动，旨在将"福"文化理念深入人心。

（3）文化理念的传播

为了推进"福"文化落地生根，华电福建公司采取了一系列措施，包括将企业文化理念上墙上网，设置专门的企业文化展厅，举办企业文化微电影大赛、专题宣传片拍摄等活动，全方位展示企业文化建设成果。此外，公司还举行了企业文化故事宣讲会，深入挖掘各单位优秀的企业文化故事，通过这些活动让每一位员工都成为企业文化的践行者和代言人。

（4）文化融入专业管理

华电福建公司还积极推进文化与制度的联姻，将企业文化融入专业管理，通过文化促进制度行动，将文化理念转化为实际的管理制度和工作流程，从而更好地引导员工的行为。

2.关键要点

（1）文化引领

华电福建公司通过"福"文化体系的构建，将"福"文化作为企业发展的引领力量，明确了企业的愿景和使命，为员工指明了发展方向。

（2）全员参与

整个文化建设过程中，华电福建公司注重全员参与，通过广泛征求意见和建议，确保企业文化能够反映全体员工的共同意愿。

（3）文化融入

华电福建公司积极推动企业文化与日常工作的深度融合，将文化理念转化为实际行动，确保企业文化能够在日常工作中得到有效落实。通过举办各种形式的文化宣传活动，华电福建公司有效地传播了企业文化理念，增强了员工对文化的认同感和归属感。

（4）持续改进

华电福建公司持续深入实施"文化融入"行动，进行企业文化建设成果转化，不断拓展和丰富"福"文化内涵，确保企业文化始终保持活力。

二、成果总结

1. 经济效益

华电福建公司通过实施"福"文化体系,取得了显著的经济效益。公司全面践行"精益高效、开拓共赢"的经营理念,不断优化经营管理模式,实现了经济效益的持续增长。2023年,华电福建公司利润总额创下历史新高,位居中国华电发电企业第一,四大业务板块(水电、火电、新能源、投资收益)全面实现盈利。此外,公司荣获中国华电直属单位争创一流标杆企业、价值创造标杆企业等多项荣誉,彰显了其在经济效益上的领先地位。

2. 社会效益

在社会效益方面,华电福建公司通过"福"文化体系的实施,为社会创造了积极的影响。公司积极参与社会公益活动,致力于回馈社会,服务民生,努力朝着实现"行业一流,幸福家园"的公司愿景前行。同时,公司通过"和谐福"理念,营造了和谐的工作环境,关心关爱员工,让员工共享发展成果,倾力打造人和事顺、家和业兴的和谐幸福家园。这些措施不仅提升了员工的幸福感和归属感,也为社会树立了良好的企业形象。

3. 环境效益

华电福建公司积极响应国家"碳达峰、碳中和"目标,通过"生态福"理念,勇做绿水青山的守护者和捍卫者。公司不断提高清洁能源装机占比,加快构建"清洁主导、多能互补、产供储销一体化"产业新格局,为生态文明建设作出了重要贡献。目前,公司总装机突破1000万千瓦,清洁能源占比达到51%。此外,公司多个项目获国家级和行业级荣誉,如尤溪汤川风电项目被评为"国家水土保持示范工程",福清海上风电项目获得中国电力优质工程奖等,这些成就充分体现了公司在环境保护方面作出的贡献。

4. 管理效益

在管理效益方面，华电福建公司通过"福"文化体系的实施，显著提升了管理水平。公司以"求实、创新、和谐、奋进"的核心价值为导向，坚持改革创新，以创新求变深化改革提升，内生动力活力更加强劲。通过深化国企改革，华电福建公司获多项管理提升标杆企业荣誉，并实施了 61 项深化对标改进措施，推动了管理改善和效益提升。此外，公司还加大了科技创新力度，科技成果、授权专利实现了连年增长，为企业的长远发展奠定了坚实的基础。

四、经验与启示

文化理念的提炼是企业文化建设的起点。华电福建公司通过全员参与的方式，广泛征求员工意见和建议，深入挖掘企业文化的内涵，最终形成了具有自身特色的"福"文化体系。这一过程体现了企业文化建设的民主性和包容性，确保了文化理念能够真实反映员工的共同意愿。

文化品牌的打造是企业文化建设的关键。华电福建公司通过制定文化手册、制作文化宣传片等一系列宣传活动，将"福"文化理念深入人心。

文化理念的传播是企业文化建设的核心。华电福建公司通过举办企业文化微电影大赛、专题宣传片拍摄等活动，全方位展示企业文化建设成果。这些活动不仅增强了员工对企业文化的认同感和归属感，也为企业文化的传播提供了生动的案例。

文化融入专业管理是企业文化建设的深化。华电福建公司将企业文化融入专业管理，通过将文化纳入制度行动，将文化理念转化为实际的管理制度和工作流程，从而更好地引导员工的行为，实现文化理念的落地。

华电福建公司通过实施"福"文化体系，实现了经济效益的持续增长。这证明了企业文化建设与企业经济效益的提升是相辅相成的，企业文化可以成为推动企业发展的重要力量。

（完成人：林文彪　陈文新　林丽芳　连广宇　侯亚飞　邹小卿）

重塑以员工幸福感为目标的商业文明

中国铁塔股份有限公司周口市分公司

审定意见：

本成果以提升员工的获得感、归属感、幸福感为目标，用更加人性化的方式，提高员工的福利待遇水平，从而增强企业的向心力、凝聚力和竞争力。在一段时期内，追求企业利润最大化，被中国企业奉为圭臬，员工的权益保障被置于可有可无的位置，严重伤害了员工地位和尊严。重新确立员工在企业中的主人翁地位，对员工给予足够的尊重，是新商业文明下的企业价值观，有利于企业和员工之间建立良性的互动关系，形成企业为员工、员工为企业的良好局面。这种新商业文明应当成为中国企业的主流文化。

创新点：

以抓好职工小家提质升级为关爱职工的重要举措，改善职工生产生活条件；全面保障职工权益，关心女职工身心健康，落实劳动保护权益，开展多样化的慰问帮扶活动，让职工切实感受到组织温暖；将健康管理服务行动纳入企业社会责任，开展职业健康教育培训和宣传活动，完善健康保障体系；发挥工会的桥梁纽带作用，推进重点保障行动，开展丰富的健身运动和关爱活动；改善办公环境，厚植健康文化沃土，增强员工对健康文化的认同感和归属感。这些创新点有助于提升员工的幸福感和企业的凝聚力。

价值点：

通过调解劳动纠纷、举办培训等方式，确保职工权益得到有效维护，为职工提供了合法权益的坚实保障。通过推动员工互助合作，促进职工之间的友谊和凝聚力，形成良好的企业风气和工作氛围，为企业营造了稳定的内部环境。通过为职工提供学习和思考平台，使他们能深入了解企业文化建设方向，增强工作的创新性和敏锐性，为新时代企业文化建设作出积极贡献。通过展示企业对员工的关爱和责任担当，有效提升企业的社会形象，吸引更多优秀人才加入，为企业的可持续发展提供有力支持。

可复制性和应用范围：

该企业实施的"暖心"工程、改善职工小家环境、保障职工权益等举措，可为各类国有企业及机关事业单位提供借鉴。通过加强党建引领、深化体系建设、推进健康企业建设等方面的经验，能够有效提升员工的健康福祉和工作满意度。在保障职工合法权益、营造和谐稳定的内部环境以及促进企业文化建设等方面，这些措施具有普遍适用性。无论是大型企业还是中小型单位，都可以根据自身实际情况进行调整和实施，为员工创造更好的工作条件和发展机会，推动企业的可持续发展。

成果详述：

一、基本情况

1. 项目简介

中国铁塔股份有限公司周口市分公司（以下简称"周口铁塔"）以员工"健康幸福服务工程"为抓手，围绕制度建设、强化健康管理、改善工作环境等方面，持续构建完善的企业健康促进体系，为广大职工提供全方位全周期的健康保障。该工程包括突出党建引领、深化体系建设、稳中求创推进健康企业建设等内容，具体涵盖健康管理服务行动、重点保障行动、办公环境改善行动、特别关爱行动、贡献激励行动等多项举措。

2. 实施背景

贯彻国家健康发展决策部署。为进一步贯彻习近平总书记关于"以人民为中心的发展思想"，深入落实党中央实施"健康中国"的重大决策部署，周口铁塔对照国务院办公厅《"十四五"国民健康规划》文件要求，加强"健康企业"的组织领导，夯实主体责任。

满足员工健康需求。随着社会发展和生活节奏的加快，员工对健康的关注度日益提高。公司意识到保障员工健康是企业发展的重要基础，需要为员工提供全方位的健康保障，以提高员工的工作积极性和幸福感。

推动企业高质量发展。健康的员工队伍是企业高质量发展的有力支撑。通过构建完善的健康促进体系，能够营造良好的工作氛围，增强员工的凝聚力和归属感，进而推动企业的可持续发展。

3. 实施的必要性

保障员工合法权益。通过开展健康管理服务行动，将职业健康教育培训纳入总体教育培训计划，组织安全生产应急专题培训、职业健康专题讲座等，为职工提供了合法权益的保障，使员工的健康权益得到有效维护。

营造稳定的内部环境。工会发挥桥梁纽带作用，开展重点保障行动，如组织员工慰问、开展"冬送温暖、夏送清凉"活动、建设"骑手之家"等，能够增强职工之间的友谊和凝聚力，促进员工间的互助合作，形成良好的企业风气和工作氛围，为企业发展提供稳定的内部环境。

促进企业文化建设。厚植健康文化沃土，开展办公环境改善行动，优化活动室分区，完善基层一线"职工小家建设"，加大海报宣传力度等，有助于增强员工对健康文化的认同感和企业归属感，促进新时代企业文化建设。

提升员工心理健康。构建完善心理健康服务，开展特别关爱行动，如关爱女员工身心健康活动、创新"云上秀厨艺晒美食"厨艺大赛、为未婚青年员工创造交流平台、为员工子女提供照顾条件等，能够有效排解员工压力，促进员工的心理健康。

激发员工干事创业热情。营造干事创业健康氛围，开展贡献激励行动，如建立关键节点工龄荣誉激励制度、赠送员工影集、开展员工述职和"师徒制"等，能够增强员工的向心力和荣誉感，激发员工的工作热情和创新精神，为公司发展提供动力。

二、项目实施过程

1. 主要做法

周口铁塔积极响应习近平总书记关于"以人民为中心的发展思想"，以及党中央实施"健康中国"的重大决策部署，对照国务院办公厅《"十四五"国民健康规划》文件要求，持续加强"健康企业"的组织领导，不断夯实主体责任，通过"健康幸福服务工程"来构建和完善企业健康促进体系。在突出党建引领方面，周口铁塔将党建工作与生产经营深度融合，通过组织集体学习、专题研讨、职工健康培训等活动，持续强化以高质量党建引领推动企业健康发展。同时，周口铁塔还注重深化体系建设，完善企业健康保障机制，通过实施健康管理服务、日常关心关爱、环境优化、特别关怀和贡献激励五大行动，努力提供绿色环保、舒适优美的工作环境，打造身心健康、素质过硬的职工队伍，营造积极向上的工作氛围。

2. 关键要点

在落实企业社会责任的过程中，周口铁塔将职业健康教育培训纳入公司总体教育培训计划，通过开展《中华人民共和国职业病防治法》宣传活动，以及根据疫情防控工作要求细化相关政策文件等方式，不断完善规章制度，夯实基础管理，将员工健康管理服务做深做实做细。此外，还通过组织安全生产应急培训、职业健康讲座、倡导健康饮食习惯、定期健康体检等活动，有效保障了员工的健康权益。

发挥工会的桥梁纽带作用是另一个重要方面。周口铁塔工会制定了多项关怀制度，并定期开展员工慰问活动。对于户外基层一线工作人员，周口铁塔坚持开展"冬送温暖、夏送清凉"活动，并与当地工会合作，为外卖骑手等群体提供一站式服务。此外，还通过组织体育活动、健身运动等方式，促进了员工的身心健康。

为了改善办公环境，周口铁塔在现有条件下进行了办公环境的改善与提升，如优化活动室分区、完善基层一线"职工小家"建设、加大宣传力度等，营造了健康向上的企业文化氛围。

在构建心理健康服务体系方面，周口铁塔开展了多项特别关爱活动，包括关爱女员工身心健康、缓解疫情期间员工焦虑情绪、为年轻员工搭建婚恋交友平台等，有效提升了员工的心理健康水平。此外，周口铁塔还通过建立工龄荣誉激励制度、开展员工述职和"师徒制"等方式，营造了风清气正、积极向上的工作氛围，增强了员工的向心力和荣誉感。

三、成果总结

1. 经济效益

员工"健康幸福"服务工程的实施，有效提升了员工的身心健康水平，使员工能够以更加饱满的精神状态投入工作，从而提高了工作效率和工作质量。这有助于企业提升生产能力，增加业务量，进而提高经济效益。健康的员工队伍减少了因病缺勤和工作失误带来的损失，降低了企业的运营成本。同时，员工对企业的归属感和忠诚度增强，减少了人才流失，节省了招聘和培训新员工的费用。关注员工的健康和幸福，激发了员工的创新潜力和工作积极性，为企业带来了更多的发展机遇和创新成果，有助于企业在市场竞争中占据优势，实现经济效益的增长。

2. 社会效益

公司与当地市工会联合建设"骑手之家"，为饿了么、美团、邮政、顺丰等企业的广大骑手提供休息、换电、租车、修车等一站式服务，切实解决了骑手们的实际困难，为社会提供了便利，促进了社会的和谐稳定。全员健身运动的开展，不仅提升了员工自身的身体素质，还在社会上倡导了健康的生活方式，吸引更多人关注健康，对推动社会整体健康水平的提高具有积极意义。公司对员工心理健康的关注和关爱行动，有助于员工保持良好的心理状态，以更好地应对工作和生活中的挑战，进而促进家庭和谐，为社会稳定作出贡献。

3. 环境效益

在改善办公环境的过程中，公司注重环保和节能理念的贯彻。优化活动室分区、合理配置资源等措施，不仅减少了能源消耗，还降低了对环境的负面影响。基层一线"职工小家建设"的持续完善，为员工创造了舒适优美的工作环境，同时也增强了员工的环保意识。员工在这样的环境中工作，更能自觉地爱护环境，减少浪费，促进企业的可持续发展。公司通过营造健康的企业文化氛围，引导员工关注环境问题，积极参与环保活动，为保护环境贡献自己的力量。

4. 管理效益

员工"健康幸福"服务工程的实施，推动了公司健康管理体系的完善，使企业的管理制度更加科学、合理，提高了企业的管理水平和运营效率。健康管理服务行动的开展，将职业健康教育培训纳入总体培训计划，细化疫情防控政策文件等措施，加强了企业对员工健康的管理，提升了企业应对突发公共卫生事件的能力。贡献激励行动的实施，营造了积极向上的工作氛围，激发了员工的工作热情和创造力，提高了员工的工作绩效，进而提升了企业的整体执行力和竞争力。工会桥梁纽带作用的充分发挥，增进了企业与员工之间的沟通与理解，使企业能够更好地满足员工的需求，增强了员工的凝聚力和团队合作精神，促进了企业内部的和谐发展。

四、经验与启示

1. 确保党建对发展战略的引领

周口铁塔通过党建工作与生产经营的深度融合，确保了企业发展方向与国家政策和党的指导思想保持一致。从而带动了企业整体发展目标和各项经济、技术目标顺利实现。

2. 坚持多维度对员工的关怀

公司实施了包括"暖心"工程在内的多项措施，关注员工的身体健康、心理健康和工作环境，体现了企业对员工全面的关怀。这种关怀不仅提升了员工的满意度和忠诚度，也为企业创造了一个稳定和谐的内部环境。

3. 发挥健康管理体系的价值

周口铁塔通过建立和完善健康管理体系，为员工提供了全方位的健康服务，包括职业健康教育、健康体检、心理健康服务等。这表明，一个系统的健康管理对于提高员工健康意识和企业生产效率至关重要。

4. 重视精神和文化的激励作用

周口铁塔通过创新的激励机制，如荣誉奖章、"铁塔奋斗相册"等，增强员工的荣誉感和归属感，激发员工的工作热情和创造力。促进了新时代企业文化的建设，对企业的长期发展产生了积极影响。

5. 持续创新提升兴奋度和参与度

周口铁塔不断探索和实践新的健康促进措施，如"云上秀厨艺晒美食"厨艺大赛等，增加员工对于活动的兴奋度，让更多的员工积极主动地参与活动。

（完成人：汪玉军　苏火峰　张铁宝　时　阳　鹿　苗）

全要素指标化建造高标准"红色引擎"

中国联合网络通信有限公司湖州市分公司

审定意见：

本成果通过设立"支部堡垒指数""党员先锋指数"的方式，对基层党支部和党员的重点任务及目标，进行可量化、可评价、可视化的全要素考核，推动基层党建工作由"抽象"转向"具体"，实现党建工作与生产经营深度融合，使党建工作成为拉动业务高质量发展的引擎。在此基础上，通过把现代管理理念和方法引入党建工作，以党建工作"项目化"、组织建设"标准化"、价值理念"认同化"不断拓展党建工作的外延和边界。强化"第一责任人"

的责任意识和担当意识；推动在新形势、新任务、新要求大背景下全面从严治党规范有序；吸引更多人主动将个人发展融入企业战略。开创了党建工作与经营发展相互促进、相得益彰的新局面。

创新点：

精心打造"联党心 通民生"党建品牌，独创性地将企业名称与党建理念相联系，形象地体现了政治引领以及服务人民的坚定决心。同时，创造性地提出"五度"党建品牌内涵，并将其融入企业五项中心工作，极大地拓宽了党建品牌的外延，有效地推进了党建与生产经营的深度融合，成功构建起党建引领基层治理的新格局。通过建立基层党建"三化"指数评价体系，借助数字化手段，使基层党建工作从"抽象"转变为"具体"，实现了党建工作的精准量化和有效管理。

价值点：

通过打造独特的党建品牌，有力地强化了党的领导，确保各级党组织切实履行重要责任，推动党建工作与经营发展相得益彰。创新的"一融合 三提升"实践路径，不仅提升了基层治理的新格局，还充分激活了基层单元的活力，使党的基层组织体系更加严密，同时有效地促进了青年群体素养的提升。项目的成功实施取得了一系列显著成效，构建了"高规格"的党建格局，打造了"高标杆"的基层堡垒，有力带动了"高质量"的发展成效，为企业的持续发展注入了强大动力。

可复制性和应用范围：

该企业打造的党建品牌理念和内涵，可被其他企业借鉴，用以强化党建引领，提升企业的政治责任感和社会使命感。"一融合 三提升"的实践路径，具体包括聚焦"五度工程"、做实"党建联建"、优化"红色支局"建设、推进支部"三化"建设以及开展"四样鸿鹄青年"行动等举措，这些都具有普适性，可适用于各类企业，尤其是国有企业，有助于推动党建与生产经营深度融合，提升基层治理水平，促进青年员工成长。此外，基层党建"三化"指数评价体系等创新方法，也可为其他企业提供有益参考，助力企业实现高质量发展。

成果详述：

一、基本情况

1. 项目简介

中国联合网络通信有限公司湖州市分公司（以下简称"湖州联通"）重点打造"联党心 通民生"党建品牌，旨在突出政治引领，发挥党建优势，确保各级党组织履行重要责任，形成党建与经营发展相互促进的新局面。该品牌标识主体由心形图案围绕党徽组成，表达了贯彻习近平新时代中国特色社会主义思想和践行初心使命的决心。品牌名称将"联通"拆分，意为将坚持党的领导与以人民为中心统一到企业战略执行力与行动力上来。为确保品牌立得住、叫得响，湖州联通党委提出"五度"内涵，并融入企业五项中心工作。同时，创新"一融合 三提升"品牌建设实践路径，包括做深"一融合"推进党建与生产经营深度融合，做实"三提升"构建党建引领基层治理新格局。

2. 实施背景

中国式现代化是党在新时代新征程为实现中华民族伟大复兴探索的新道路，高质量发展是走好中国式现代化之路的主动选择。以高质量国有企业党建品牌建设推动高质量国有企业发展，是承担国家重大战略任务、履行国企责任担当的重要策略。在新时代新发展阶段，面对科技创新发展大势，湖州联通胸怀"国之大者"，扛起政治担当，找准党建与生产经营、改革发展的结合点，打造党建品牌，积极服务、主动融入国家战略。

3. 实施的必要性

（1）加强党的领导

在国有企业中，加强党的领导是确保企业发展方向正确、履行社会责任的关键。通过打造党建品牌，能够更好地贯彻党的路线方针政策，保证企业的决策符合国家和人民的利益。

（2）提升企业竞争力

党建品牌建设可以凝聚员工的力量，激发员工的积极性和创造力，提高企业的核心竞争力。在市场竞争日益激烈的情况下，通过党建引领，能够提升企业的凝聚力和战斗力，推动企业实现可持续发展。

（3）履行社会责任

国有企业作为国家的重要支柱，应当承担更多的社会责任。通过"联党心 通民生"党建品牌的建设，湖州联通能够更好地服务人民群众，解决人民群众急难愁盼问题，为社会和谐稳定作出贡献。

（4）适应时代发展要求

在新时代，科技创新发展迅速，企业面临着诸多挑战和机遇。通过党建品牌建设，能够引导企业积极适应时代发展要求，推动企业转型升级，实现高质量发展。

（5）加强基层治理

基层治理是国家治理的重要基础。通过做实"三提升"，构建党建引领基层治理新格局，能够充分发挥基层党组织的战斗堡垒作用，提高基层治理水平，维护社会稳定。

二、项目实施过程

1. 主要做法

（1）聚焦"五度工程"，打造党建引领示范集群

连续两年发布"五度工程"建设方案，由党委班子亲自挂帅，明确责任机制。2023年重点打造多个方面的工程，包括思想政治建设的"砼心向党 习语沁心"高度工程、党建引领政企业务增收的"全面引领 厂企点亮"深度工程、党建引领服务运营水平提升的"为民服务 温润万家"温度工程、党建引领数字化能力建设的"数字赋能 平台创收"速度工程及完善政治监督体系的"正风肃纪 忠诚护航"锐度工程，扎实推进党建融入公司中心工作，深化党建品牌"五度内涵"。

（2）做实"党建联建"，着力提升外部协作能级

以"党建联建"为载体，巩固"组织联建、政治联学、资源联享、发展联动"模式，围绕多个方面建立联建项目，加强"党建联建"在相关单元的对外协作对接、资源共享作用，拓展合作平台。

（3）优化"红色支局"建设，激活最小基层单元活力

按照三级建立工作思路，迭代优化"红色支局"建设，完善"一线工作日"制度，党委班子深入"红色支局"参与基层生产经营；开展"三员进基层"活动，解决基层发展难题；调整"支局指导员"选派方式，根据需求选派适配人员；增设"思政辅导员"，开展理论教育；配置"网络交通员"，解决网络覆盖问题。

（4）推进支部"三化"建设，严密党的基层组织体系

从多个方面制定任务台账，跟进工作进度；编制印发标准化手册，明确和规范支部工作流程和评价标准；建立"三化"指数评价体系，以数字化手段搭建评价体系，设立相关指数，实现可视化展现。

（5）开展"四样鸿鹄青年"行动，促进青年群体素养提升

以"四样"为培养路径，围绕三项举措，建设"第一课堂"和"云上课堂"，组建学习小组和宣讲团，发动新思想运动，开展相关活动，加强青年创新资源配置，发动业务技能比拼，组织青年攻坚难题，鼓励青年参与志愿者活动。

2. 关键要点

明确责任，确保工作有序推进。通过党委班子亲自挂帅，明确各部门责任，保障"五度工程"和"党建联建"等工作的顺利实施。深度融合党建与生产经营。以"五度工程"为抓手，将党建工作全面融入公司的各项中心工作，实现党建与业务的相互促进。激活基层活力。通过优化"红色支局"建设，加强党委与基层的联系，解决基层实际问题，提升基层单元的活力和战斗力。加强支部建设。推进支部"三化"建设，完善制度和标准，建立评价体系，提升基层党支部的建设质量和组织力。关注青年成长。开展"四样鸿鹄青年"行动，为青年提供学习、发展和实践的平台，引导青年将个人发展与企业战略相结合，提升青年群体的素养和贡献度。

三、成果总结

1. 经济效益

湖州联通以党建项目化为引领，积极投身于城市芯大脑、公安芯大脑、党政信创、数网安全、基层治理、生态环境、未来社区、交通物流等多个领域的场景建设。通过推动吴兴政务云、德清地信小镇未来社区、南浔观音堂

未来乡村和巨美家未来工厂等项目在数字智治、乡村振兴、工业互联网等方面实现突破，湖州联通获得了通信业内长三角地区第一张"IPv6 +"Ready1.0证书。2022 年，企业市场份额在全省处于领先地位，新增项目签约总金额超过 3 亿元。这些成绩的取得，充分体现了党建工作对企业发展的强大推动作用，有效地将党的政治优势和组织优势转化为企业的高质量发展动力，为企业带来了显著的经济效益。

2. 社会效益

湖州联通通过打造"联党心 通民生"党建品牌，牢固坚定人民立场，带头践行"三个一切""铁脚板精神"，精准解决人民群众急难愁盼问题。例如，优化"红色支局"建设，广泛开展"三员进基层"活动，切实解决基层发展难题；开展"四样鸿鹄青年"行动，鼓励青年主动参与"小燕子公益""橙心志愿者""湖小青"志愿者活动，对外广泛开展通信消费维权、防诈反诈公益讲座，积极组织科技助残助老、困难村（社区）帮扶等活动，为社会作出了积极贡献，提升了企业的社会形象和声誉。

3. 环境效益

在推进党建品牌建设的过程中，湖州联通积极响应国家绿色发展的号召，注重节能减排和资源优化利用。通过推进数字化能力建设，以数字技术赋能地方经济社会发展，有助于减少传统产业的资源消耗和环境污染，推动经济发展向绿色、低碳转型，为保护环境和可持续发展作出了贡献。

4. 管理效益

湖州联通党委以党支部"三化"建设为抓手，全面提高基层党支部建设质量。通过制定《湖州联通关于发挥党建引领保障作用提高基层责任单元战斗力任务台账》，编制印发《湖州联通党支部工作标准化手册1.0 版》，建立基层党建"三化"指数评价体系等举措，推动组织结构持续优化，组织生活严格执行，党员素质整体提升，实现基层党建评价由年终集中考核向全年度、全过程、全要素动态考核转变，提高了企业的管理水平和运营效率。

四、经验与启示

坚持党的领导是企业发展的根本保证。湖州联通将党的政治建设摆在首位，坚决贯彻习近平新时代中国特色社会主义思想，确保各级党组织切实履行"把方向、管大局、保落实"的重要责任。通过做深"一融合"，推进党建与生产经营深度融合，做实"三提升"，构建党建引领基层治理新格局。使得企业在发展过程中能够始终保持正确的方向，充分发挥党建优势，为企业的发展提供了坚实的政治保障。

明确的品牌内涵是企业发展的重要指引。湖州联通提出的"联党心 通民生"党建品牌，具有丰富的内涵和明确的"五度"目标，将坚持党的领导与坚持以人民为中心统一到企业战略执行力与行动力上来。这种明确的品牌定位和目标，有助于凝聚企业员工的共识，激发员工的积极性和创造力，使企业的发展更加具有方向性和针对性。

改革和创新是企业发展的不竭动力。湖州联通在党建品牌建设过程中，不断总结经验，发现问题，及时调整和完善工作思路和举措。例如，在"红色支局"建设、支部"三化"建设等方面，不断进行迭代优化，以适应企业发展的新需求和新挑战。这种持续改进和完善的精神，使得企业能够不断提升自身的竞争力和发展能力。

注重实效是党建工作的重要检验标准。湖州联通通过打造党建品牌红色引擎，在经济效益、社会效益、环境效益和管理效益等方面都取得了显著的成果，形成了"高规格"党建格局，建成了"高标杆"基层堡垒，带动了"高质量"发展成效。

（完成人：沈巍峰 马宏果 邓丽娟 姚奇辉 谢晨茜）

"党员兼职安全员"构建安全生产防护墙

国网山东省电力公司昌邑市供电公司

审定意见：

本成果以"党员兼职安全员"为切入点，通过"一对一"结对子、结对党员与群众安全行为同奖同罚等一系列管理方式创新，把党员的安全使命和责任从理论上的概念变成与其党员身份直接关联的职责，使其安全责任现实化、可考核化。由此，不仅增强党员自身对于安全任务和目标的自觉性和紧迫感，同时也让党员管安全变得名正言顺，有效促进了安全任务、安全目标、安全成果的达成和提高。责任即担当。将名义和理论上的责任通过制度和规章固定下来，是责任人积极、主动、认真履责的前提和基础，这也是本成果的启发性意义和价值所在。

创新点：

以党员兼职安全员为载体，全面打造了七大体系，实现了党建与安全生产的深度融合。在理念引领方面，紧密结合企业特点提炼安全理念，通过多种形式使其成为党员共同遵守的准则，有效指导安全生产。履责管理体系中，建立三级领导体系和齐抓共管履责机制，填补管理空白。行为养成体系通过"五个一"举措，强化党员身份意识，推动其发挥作用。监督保障体系以可视化为原则，建立多层级监督机制，促进党员主动履责。考评激励体系则通过量化积分、纳入评选等方式，激发党员积极性，实现安全意识的深刻转变。

这种创新模式为企业安全生产提供了新的思路和方法，具有较强的推广和借鉴价值。

价值点：

通过建立"党员兼职安全员"机制，有效填补了安全管理的漏洞，降低了安全事故发生的风险，为企业安全生产提供了有力保障。同时，促进了党建与业务的深度融合，为解决党建与业务融合不紧密的问题提供了可行路径。此外，该项目形成的安全管理提升体系，增强了企业的安全保障能力，推动企业实现高质量安全生产。

可复制性和应用范围：

该企业推进的理念引领、履责管理、环境氛围、行为养成、业务提升、监督保障、考评激励"七大体系"的建设模式，可适用于许多企业，尤其是那些对安全生产有较高要求的企业。通过提炼安全理念、建立齐抓共管履责机制、营造安全文化氛围、强化行为养成、提升业务水平、加强监督保障和完善考评激励等方面的措施，可以有效地提升企业的安全管理水平。无论是在电力行业，还是在其他工业生产领域，该项目的经验都可以为企业提供有益的参考，帮助企业走好安全生产"最后一公里"，确保全领域安全可控、能控、在控，实现高质量安全发展。

成果详述：

一、基本情况

1. 项目简介

国网山东省电力公司昌邑市供电公司（以下简称"国网昌邑市供电公司"）以"党员兼职安全员"为载体，推进"七大体系"建设，助力企业走好安全生产"最后一公里"。具体包括打造理念引领体系，提炼安全理念并开展相关活动，以理念指导引领安全生产；打造环境氛围体系，按照"墙台栏廊"四维布局打造文化阵地，营造安全文化氛围；打造履责管理体系，建立齐抓共管履责机制，明确工作规范和奖惩机制；打造行为养成体系，通过"五个一"推动党员发挥作用，强化身份意识和合格意识；打造业务提升体系，制定"修炼手册"，开展安全技能培训和相关活动，提升党员兼职安全员履职水平；打造监督保障体系，建立三层级监督体系，规范约束党员兼职安全员履责践诺；打造考评激励体系，对党员兼职安全员履责情况进行综合评价，激发党员积极性和主动性。

2. 实施背景

国网昌邑市供电公司始终把"安全第一"根植于心，确保全领域安全可控、能控、在控，聚力高质量安全发展，答好"安全和发展"的时代命题，构筑坚不可摧的安全根基。为实现这一目标，公司以"党员兼职安全员"为载体，大力推进相关体系建设。

3. 实施的必要性

企业普遍存在党建与业务融合不紧密的问题，需要找到有效的解决路径。"党员兼职安全员"机制能够彰显党员风采，激励员工自觉安全生产，主动参与安全管理，有效推动党建与安全生产融合落地。通过该机制的实施，可以形成一套安全管理提升的体系，为提升安全导向力注入软实力。"七大体系"

的建设使安全管理有支撑，安全理念能落地，将"党员兼职安全员"行为理念融入安全生产全流程，推动以高质量文化引领企业高质量安全生产。此外，该机制以党员为切入点，通过党员横向带动群众，共同提升安全生产水平，将党建文化与安全管理有机融合，形成良好的安全管理氛围，推动企业安全理念入脑入心。自机制实施以来，国网昌邑市供电公司连续五年党员实现零违章，充分证明了其实施的必要性和有效性。

二、项目实施过程

1. 主要做法

一是打造环境氛围体系。以"党员兼职安全员"为主线，按照"墙台栏廊"四维布局，打造"1+4"文化阵地。设置"安全心愿墙"，收集党员家属的安全嘱托，让党员时刻牢记家人的期望；设置"违章曝光台"，开展党员群众"一对一"结对行动，对违章行为进行曝光并落实"重奖重罚"理念；打造"安全警示栏"，展示安全规章制度、典型违章事故和党员感想等内容，时刻警醒党员；打造"文化宣传廊"，悬挂安全警示宣传标语，促进员工对安全文化的认知认同。

二是打造履责管理体系。坚持文化促管理、管理促安全的原则，建立齐抓共管履责机制，形成三级领导体系。由党委书记、分管生产副总担任项目负责人，相关部门责任人成立工作组，党支部成立日常管理组，联合制定工作规范，明确覆盖范围、工作标准和奖惩机制，形成齐抓共管的工作格局，消除安全管理死角。

三是打造行为养成体系。强化身份意识和合格意识，建立"五个一"的行为养成体系。配发"红袖章"，要求党员在安全生产现场主动佩戴，明确党员兼职安全员身份；发放《党员兼职安全员履职本》，明确各级党员的职责和问题，及时总结履职情况；组织签订"无违章"承诺书，开展专项行动，带头宣誓安全承诺；将安全理念延伸到业余时间和家庭，通过"亲情关爱互动"，让安全文化更易接受。

四是打造业务提升体系。以抓好基层基本功为原则，制定党员兼职安全员"修炼手册"。将安全技能培训作为重要工作，开展安全知识学习、技能培训、打造示范点等活动，常态化开展"一周一讲"、岗位练兵、技术比武和班组大讲堂等，提高一线员工技能水平和安全意识。将党员兼职安全员能力建设纳入岗位培训，通过多种活动进行针对性教育培训，并纳入考试，深化党员安全意识。

五是打造监督保障体系和考评激励体系。以可视化为原则，建立三层级监督体系，规范约束党员兼职安全员履责践诺。综合多种方式对党员兼职安全员履责情况进行综合评价，建立党员量化积分榜，将履职情况应用到党员量化积分和安全评选中。建立履职公示栏，公开履职情况，促进党员养成"追赶超"意识。严肃考核评价，将项目开展情况纳入党支部检查考评，加大奖惩力度。

2. 关键要点

一是形成了完整的解决党建与业务融合不紧密问题的路径，创新了党员发挥作用的载体；二是通过"七大体系"建设，提升了安全导向力，将安全理念融入安全生产全流程；三是打造了党建文化融入的品牌，形成了广泛参与、示范带动强的安全管理氛围，推动企业安全理念深入人心。

三、成果总结

1. 经济效益

"党员兼职安全员"机制的实施对企业的安全生产起到了积极的推动作用。通过兼职安全员在时间和空间维度上与专职安全员的配合，形成了无缝隙"7×24小时""补位"防护，实现了配网工程"零停电"，这有助于减少因停电造成的生产损失，提高了供电的可靠性和稳定性，为企业和用户带来了实实在在的经济效益。同时，22条过境线路连续六年保持"零外破跳闸"，减少了设备维修和更换的成本，提高了设备的使用寿命，进一步提升了企业的经济效益。

2. 社会效益

该机制彰显了党员的风采，激励员工自觉安全生产，主动参与安全管理。党员兼职安全员以自身的模范行为带动身边群众，共同提升安全生产水平，营造了良好的安全生产氛围。这不仅有助于保障员工的生命安全和身体健康，还提高了企业的社会形象和声誉。此外，该机制的典型做法被要求市县一体推广，并被山东省"灯塔·党建"平台和国网山东省电力公司《市县一体攻坚榜》交流推广，为其他企业提供了可借鉴的经验，具有广泛的社会效益。

3. 环境效益

安全生产的有效推进有助于减少因安全事故造成的环境污染。例如，避免了因电气事故引发的火灾等灾害，减少了对环境的破坏。同时，通过加强安全管理，提高设备的运行效率，减少了能源的浪费，对保护环境起到了积极的作用。

4. 管理效益

"党员兼职安全员"机制形成了一套安全管理提升的体系。"七大体系"的建设使安全管理有了坚实的支撑，安全理念得以落地。通过明确党员兼职安全员的覆盖范围、工作标准和奖惩机制，填补了安全管理制度的空白，消除了安全管理死角。同时，三层级监督体系和考评激励体系的建立，规范了党员兼职安全员的履责行为，激发了党员践行职责的积极性和主动性，实现了从"要我安全"到"我要安全"的深刻转变。此外，该机制有效推动了党建与安全生产的融合落地，为深化党建引领力提供了坐标轴，解决了党建与业务融合不紧密的问题，提升了企业的管理水平。自机制实施以来，国网昌邑市供电公司连续五年实现党员零违章，充分证明了该机制在管理方面的显著成效。

四、经验与启示

党建引领是推动企业安全发展的关键核心。将党建与安全生产紧密融合，充分发挥党员的先锋模范作用，使党员在安全生产中勇挑重担，为企业的安全稳定提供了坚实的政治保障。

理念统一是确保企业安全发展的思想基础。提炼出简洁明了且符合企业特点的安全理念体系，并通过多种形式进行广泛宣传和深入推广，使安全理念深入人心，成为全体员工共同遵循的行为准则。这提醒我们，在企业中树立正确的理念至关重要，并且要通过持续不断的宣传教育活动，让员工真正理解和认同这些理念，从而将其内化于心、外化于行。只有当安全理念成为员工的自觉行动指南，才能有效预防安全事故的发生。

体系建设是实现企业安全发展的组织保障。该项目精心打造了理念引领、履责管理、环境氛围、行为养成、业务提升、监督保障、考评激励"七大体系"，构建起了全方位、多层次的安全管理格局。这启示我们，要建立健全完备的管理体系，全面涵盖各个方面和环节，确保安全管理工作有章可循、规范有序。每个体系都应相互衔接、相互支持，形成一个有机的整体，共同为实现安全生产目标发挥作用。

监督激励是促进企业安全发展的重要手段。通过建立多层级的监督体系和公正合理的考评激励机制，及时发现和纠正问题，对表现优秀的员工给予及时奖励，对违规行为进行严肃惩处，有效地规范和约束员工的行为。

行为养成是决定企业安全发展的核心力量。通过"五个一"的行为养成体系和制定"修炼手册"等具体措施，切实提高了员工的安全意识和业务能力。关注员工的成长和发展，为他们提供必要的培训和支持，帮助他们不断提升自身素质，具备良好的安全习惯和过硬的业务技能，才能让员工更好地适应企业发展的需求，使安全生产得到真正的保障。

共同参与是落实企业安全发展的可靠前提。党员兼职安全员充分发挥横向带动作用，引领群众积极参与安全管理，形成了全员重视安全、共同守护安全的良好氛围。事实证明，企业的发展离不开全体员工的齐心协力，只有充分调动员工的积极性和主动性，让他们真正参与企业的管理和发展，才能实现企业的可持续发展。

（完成人：张兰燕　伊西娟　梁　爽　傅浩鹏）

"先锋11365"党建创新实践引领企业高质量发展

国网山西省电力公司长治市潞州区供电公司

审定意见：

本成果通过将党建目标具体化，不断创新党建工作的内容、形式和方法，以"常规动作＋创新动作"的有机组合，确保党组织、党员个体在全年保持先进性，并以组织的先进性带动业绩成果的领先。尤其是积分制管理、过程管理、柔性小团队等一系列组织和管理创新，紧密联系现代企业管理理念和方式，并切合企业管理的实际需求，实现了党建工作创新和企业管理创新的有机结合，增进了党员和群众的文化认同，并由此提升了组织的凝聚力、战斗力和竞争力。从成果上证明了党建对于企业发展的引领力。创造了企业党建工作的新范例。

创新点：

一是确立了"先锋11365"行动的新思路，明确了聚焦主线、紧盯目标、突出重点、实施行动和提升能力的整体框架，为党建引领提供了明确方向。二是突出三个重点，在抓实党建基础、抓强党员队伍和抓好党建引领方面动脑筋下功夫，如围绕"三会一课"等进行探索实践，加入"自选动作"，推行多种活动营造党员带头氛围，推进党建与重点工作融合等。三是实施六项行动，包括筑"根"铸"魂"、文化赋能、人才强企、品牌登高、管理提升和创新创优等行动，从多个维度推动企业发展。四是提升五种能力，通过具体创新举措实现政治引领、安全管控、服务保障、创新驱动和对标争先能力的提升。

价值点：

通过实施"先锋11365"行动，加强党建引领，充分发挥党组织的战斗堡垒作用和党员的先锋模范作用，为企业高质量发展提供坚实的政治保障。在具体实践中，该行动促进了企业业绩指标的圆满完成，在卓越管理对标中取得优异成绩，提升了企业的竞争力和市场地位。创新发展从"数量"到"质量"的转变，推动了企业的技术进步和管理创新，提高了企业的核心竞争力。员工精神状态从"被动"到"主动"的转变，增强了企业的凝聚力和向心力，为企业的可持续发展提供了强大的动力支持。

可复制性和应用范围：

该企业的创新思路和主要做法可为其他企业提供借鉴，尤其是在党建工作方面。许多企业可能面临着类似的党建基础不扎实、执行落实难度大等问题，该项目中抓实党建基础、抓强党员队伍、抓好党建引领的措施，以及实施的六项行动和提升五种能力的方法，具有普遍适用性。无论是国有企业还是民营企业，都可以根据自身实际情况，引入"先锋11365"行动的理念和模式，加强党建工作，提升企业的凝聚力和竞争力。同时，该项目在提升员工精神素养、促进创新发展等方面的经验，也适用于各种类型和规模的企业，有助于推动企业实现高质量发展。

成果详述：

一、基本情况

1. 项目简介

国网山西省电力公司长治市潞州区供电公司（以下简称"公司"）大力探索实践党建引领"先锋11365"行动，旨在推动企业实现高质量发展。该行动聚焦一条主线，即旗帜鲜明讲政治；紧盯一个目标，即创先争优争创一流；突出三个重点，包括抓实党建基础、抓强党员队伍、抓好党建引领；实施六项行动，分别为筑"根"铸"魂"行动、文化赋能行动、人才强企行动、品牌登高行动、管理提升行动、创新创优行动；提升五种能力，即政治引领力、安全管控力、服务保障力、创新驱动力、对标争先力。

2. 实施背景

公司过去的党建工作存在诸多问题，如满足于完成规定工作、创新实践工作较少、党员职工思想认识不足、工作开展质量和成效不显著、先锋模范作用发挥不充分等。为解决这些问题，公司本着实事求是、正视差距、知耻后勇的态度，决心通过改革创新实践，走出一条党建引领的新路子，推动企业实现大转变大发展。

3. 实施的必要性

（1）实现党建升级

实施"先锋11365"行动有助于抓实党建基础，加强党员队伍建设，提升党建工作的质量和水平，实现从"跟跑"到"领跑"的转变。彻底改变此前在不同程度上存在的党建基础不够扎实、党内组织生活缺乏实践指导、部分基层党小组对政治生活严肃程度不高、党员思想认识不足、理论学习与工作实际结合不紧密等问题，实现党建工作的跨越式发展。

（2）促进业绩提升

通过实施该行动，充分发挥党员的先锋模范作用，带动全体员工积极参与指标攻坚和难题攻克，从而圆满完成业绩指标，取得良好成绩。例如，在卓越管理对标中取得优异排名，在国网百强县公司创建中多次进入"百强县"和"百强所"。

（3）改进宣传成效

此前新闻宣传工作处于"低谷"，实施"先锋11365"行动后，通过文化赋能行动和品牌登高行动，能够充分调动新闻柔性团队的积极性，实现从"数量"到"质量"再到"品质"的提升，提高公司的知名度和影响力。

（4）推动创新发展

创新是企业发展的动力，实施该行动能够增强党员创新意识，营造浓厚的创新氛围，提升创新品质，实现从"数量"到"质量"的转变，为企业带来更多的荣誉和发展机遇。

（5）转变精神状态

通过激发员工的积极性和主动性，减少习惯性思维和抱怨牢骚，增加解放思想、务实干事、创先争优的行为，使员工从"被动"转变为"主动"，提升企业的凝聚力和战斗力。

（6）履行社会责任

公司始终坚持"人民电业为人民"的宗旨，主动担当社会责任。通过实施该行动，能够更好地优化电力服务，护航重要活动，创建社会责任示范基地，得到社会各界的一致认可，提升企业的社会形象。

二、项目实施过程

1. 主要做法

（1）抓实党建基础

在常态化、规范化、标准化方面下功夫，围绕"三会一课"规范化、"两学一做"常态化、党总支（党支部）工作标准化进行探索实践，在规定动作基础上增加"自选动作"。

（2）抓强党员队伍

在理论修炼、专业锻炼、实践磨炼方面动脑筋，推行共产党员"学理论、讲理论、比理论"活动，开展"三学三比"活动，营造党员带头强专业的氛围。

（3）抓好党建引领

在党建＋、党建绩效考核、强化临时党支部（党小组）管理方面下功夫，推进"党建＋安全生产、党建＋优质服务、党建＋新闻宣传、党建＋队伍建设"等重点工作，结合积分制管理推进党建绩效考核，让"虚功实做"有形、有效。

（4）实施筑"根"铸"魂"行动

坚持从习近平新时代中国特色社会主义思想中汲取力量，固化"五个一"理论学习制度，创新主题党日"1+N+1"机制，深化理论宣讲制度，推动"三结合"理论转化制度。

（5）实施文化赋能行动

学习宣贯国家电网公司《企业文化建设工作指引2020》手册，推动各具特色的文化落地实践，开展企业文化示范点高质量创建活动。

（6）实施人才强企行动

主动"送"，开展关爱职工活动；积极"引"，成立兴趣小组，开通公众号引领青年人才；加强"炼"，开展技能比武、创新创意和征文演讲竞赛，将基层一线和供电所作为人才培养主渠道；重点"育"，发挥党组织引领作用，实施"鹰计划"，强化价值认同，激发人才内生动力。

（7）实施品牌登高行动

打造新闻宣传平台，组建新闻宣传团队，固化例会、培训、考核机制，围绕保证数量和质量、重视内外宣传目标，打造潞州供电品牌。

（8）实施管理提升行动

以问题为导向，创新实施"积分制管理"模式，以积分为抓手引导公司发展出实效，考核员工目标执行过程和结果，放大管理效果，表达管理者意愿，让优秀党员不吃亏。

（9）实施创新创优行动

增强党员创新意识，营造创新氛围，提升党建创新品质，建立党员创新柔性团队，提升全员创新比例，实施科技创新"新跨越行动计划"，提升创新驱动力。

2. 关键要点

（1）坚持党建引领

旗帜鲜明讲政治，理直气壮抓党建，充分发挥党组织战斗堡垒和党员的先锋模范作用。

（2）注重人才培养

实施人才强企行动，通过"送""引""炼""育"等方式，打造高素质人才队伍，为公司发展提供保障。

（3）强化创新意识

实施创新创优行动，营造全员创新氛围，提升创新品质，推动企业高质量发展。

（4）加强品牌建设

通过实施品牌登高行动，打造新闻宣传平台，提升新闻宣传质量，树立企业良好品牌形象。

（5）完善管理机制

实施管理提升行动，以积分制管理为抓手，创新管理模式，提升管理效果，推动公司各项工作显著提升。

三、成果总结

1. 经济效益

公司取得了令人瞩目的成绩。卓越管理对标成绩优异，上半年排名市公司第一，全省排名第五；全年排名市公司第二，全省排名第十一。在国网百强县公司创建中，2022年同期线损管理累计多次进入国网"百强县"，淮海供电服务站、堠北庄供电所也累计多次进入国网"百强所"。这些成绩的取得，不仅提升了公司的市场竞争力，也为公司的可持续发展奠定了坚实的经济基础。

2. 社会效益

公司始终牢记"人民电业为人民"的企业宗旨，积极主动担当社会责任。2021年度，公司创新优化电力服务，为全省旅发大会保驾护航。通过多措并举全力做好滨湖区新建和旅发大会保电工作，打造了"滨湖速度"，圆满完成了山西省第七次旅发大会的保电任务，以实际行动践行了"为美好生活充电、为美丽中国赋能"的企业使命，赢得了社会各界的广泛赞誉和一致认可。

2022 年度，公司奋力创建国网公司社会责任示范基地，在各业务部门设立社会责任植根项目，将社会责任理念深度融入各项工作中。充分考虑"利益相关方"的需求，调动各参与方资源，以实现整体的综合利益最大化为目标，进一步优化了供电服务，提高了供电可靠性，有效提升了企业的品牌形象，得到了用电客户的高度好评。

3. 管理效益

公司实现了党建工作从"跟跑"到"领跑"的重大转变。在实施"先锋11365"行动之前，公司的党建工作基础薄弱，党员队伍精神状态不佳。行动开展以来，"旗帜鲜明讲政治""理直气壮抓党建"的理念深入人心，"我是党员我先行，我是党员我能行"的意识体现在党员的日常行动中。党建考核成绩显著提升，2021—2022 年均在国网长治供电公司排名中位居前三。

同时，新闻宣传工作实现了质的飞跃，从"低谷"迈向"高原"。随着文化赋能行动和品牌登高行动的深入实施，新闻柔性团队的积极性被充分激发，新闻宣传工作在数量、质量和品质上都取得了实质性的进步。公司首次在"学习强国""凤凰网""网易新闻网""国企网""电力党建网""中国电力新闻网"等众多媒体上进行了宣传报道，新闻宣传工作的排名从原先的倒数第一名跃升至国网长治供电公司第一名。

干部员工的精神状态也发生了积极转变，从"被动"转为"主动"，习惯性思维逐渐减少，解放思想、务实干事的人越来越多；抱怨牢骚减少，创先争优的氛围日益浓厚；因循守旧的现象减少，创新发展、争创一流的意识不断增强。

四、经验与启示

企业旗帜鲜明将讲政治作为党建工作的核心，将党建工作置于引领企业发展的关键位置，明确了党建工作的主线和目标，坚定不移地将党建工作贯穿于企业发展的全过程，使党组织和党员成为企业发展的中流砥柱，为企业的稳健发展提供坚实的政治根基和强大的精神动力。

精准施策是推动党建工作取得实效的关键所在。公司紧紧围绕抓实党建基础、抓强党员队伍、抓好党建引领这三个重点，全面实施筑"根"铸"魂"、文化赋能、人才强企、品牌登高、管理提升、创新创优六项行动，有效提升了政治引领力、安全管控力、服务保障力、创新驱动力、对标争先力五种能力。这些有针对性地制定并实施的切实可行的措施，确保党建工作取得实实在在的成效。

创新是驱动企业不断发展进步的重要源泉。公司在党建工作中勇于打破常规，不断探索和尝试新的发展模式和方法，通过固化"五个一"理论学习制度、创新主题党日"1＋N＋1"机制、推行积分制管理以及建立党员创新柔性团队等一系列创新举措，营造了浓厚的创新氛围，极大地提升了企业的创新能力。以创新为驱动力，推动企业持续向前发展。

（完成人：宁晋兵）

第十五章　硬科技突破

融合"卡脖子"技术的全域感知体系构建

联通智网科技股份有限公司

审定意见：

本成果基于对 5G、AI 技术与车路协同系统融合的"卡脖子"技术的重大突破，构建全天候、全场景、全覆盖的新型交通信息基础设施。在国际上首次将网络环境感知作为关键要素纳入全域感知体系，成功构建跨设备、跨驱动、跨 AI 库的标准化、可视化、模块化的云端感知框架。先后形成远程驾驶、自主泊车、5G 消息预警、云控低速驾驶、露天矿区感知 5 套解决方案，并规模化落地。支持中国特色的"车路云一体化"自动驾驶技术路线可行性验证。已成功支撑全国 30 多个重点示范项目落地实施，直接经济效益超过 4 亿元，全面赋能城市交通数字化升级。在自动驾驶已成为趋势的大背景下，车路协同感知已经成为必要的安全基础设施。

创新点：

率先提出基于 5G 的"人车路、网边云"协同系统架构，实现端到端协同资源调度。具备低时延、强算力的边缘计算环境，可一点复制、全国部署。拥有 5G 车路协同平台，含网络与业务 2 大引擎，6 大服务子系统及 310 余个

API 接口，还有首个车联网无线场景数据库。构建了先进的算网一体调度底座，纳管多种资源，打通需求认知、资源感知、算力调度流程。打造了行业领先的 5G 边缘云分布式融合感知系统，具有跨设备等特点，支持算力弹性和模块统管，优势众多且成本降低 50%。推出 5 套解决方案并规模落地，涉及远程驾驶、自主泊车、5G 消息预警、云控低速驾驶、露天矿区感知等领域。

价值点：

联通智网科技股份有限公司（以下简称"联通智网科技"）的成果价值显著。其围绕交通环境多源异构和 5G 车联网通信技术攻关，突破了 5G、AI 与车路协同系统融合的"卡脖子"技术，构建了新型交通信息基础设施。成果填补了边缘云融合感知和云控驾驶的空白，验证了"车路云一体化"自动驾驶技术路线。形成了系列软硬件产品并通过测试，还在多个国际重大活动中展示，如北京冬奥会、博鳌亚洲论坛等，展示了中国技术实力，获得了广泛认可，提升了我国在相关领域的国际影响力。

可复制性和应用范围：

联通智网科技的项目成果具有较强的可复制性和广泛的应用范围。该成果深度契合智能汽车、智慧交通行业的发展需求，商业前景巨大。它能够在城市场景、交通场景、人车家融合场景等进行大规模拓展，为智网科技现有的大量用户提供服务升级。目前，已成功支撑全国 30 多个重点示范项目的落地实施，有力地支撑了城市交通基础设施的建设升级，并能提供智能交通协同控制、智慧接驳、智慧停车等多场景服务，全面赋能城市交通的数字化升级。

成果详述：

一、基本情况

1. 项目简介

联通智网科技率先提出基于5G的"人车路、网边云"协同系统架构，成功研制了基于5G网络与AI技术的智能车路协同系统。该系统包括5G车路协同服务平台、路侧融合感知系统、可信车侧及路侧终端等系列软硬件产品，并通过了第三方测试和评审。项目实现了景区、园区、矿山、示范区等8个场景落地，并在北京冬奥会和冬残奥会、福建数字中国、海南博鳌亚洲论坛等国际重大活动中成功应用。成果已形成系列"专精特新"自主研发产品，纳入集团"5G应用扬帆计划"重点产品，并成为中国联通智慧交通军团的重要核心产品，具备产业化推广能力。

2. 实施背景

随着城市化进程的加快和汽车保有量的持续增长，城市交通面临着前所未有的挑战，包括交通拥堵、事故频发和环境污染等问题。传统的交通管理系统已难以满足现代社会的需求，迫切需要一种更为智能、高效的解决方案。5G技术的商用化和AI技术的快速发展，为解决这些问题提供了可能。在这样的背景下，联通智网科技提出了基于5G与AI的全城交通环境智能融合感知系统，旨在通过技术创新，推动城市交通管理向智能化、自动化转型。

3. 实施的必要性

（1）提高交通效率

通过智能融合感知系统，可以实现对交通流量的实时监控和分析，优化交通流，减少拥堵，提高道路使用效率。

（2）增强安全性

利用 AI 技术进行事件检测和预警，可以及时发现并处理潜在的交通安全隐患，降低事故发生率。通过车辆与基础设施之间的实时通信，系统能够提前预知道路状况变化。

（3）促进环境保护

智能交通系统可以通过优化行车路线和减少怠速时间来降低汽车尾气排放，有助于改善城市环境质量。系统能够指导驾驶员选择最优路径，避免拥堵路段，减少不必要的燃油消耗和污染排放，从而对环境保护作出积极贡献。

（4）支持智慧城市建设

该系统是智慧城市建设的重要组成部分，有助于实现城市管理的数字化、网络化和智能化。

（5）推动产业升级

项目的实施将带动相关产业链的发展，包括 5G 通信、大数据、云计算等，促进经济结构的优化和产业的升级。这不仅会创造新的就业机会，还会吸引更多的投资和技术人才进入这一领域，推动整个行业的创新发展。

（6）提升国际竞争力

该系统的成功实施和推广，将展示中国在 5G 和 AI 领域的技术实力，提升国家在全球科技竞争中的地位。

二、项目实施过程

1. 主要做法

提出基于 5G 的"人车路、网边云"协同系统架构，构建了包括 1 套 5G 车路协同平台、1 个算网一体调度底座和 1 个分布式融合感知系统在内的完整体系。其中，5G 车路协同平台为车辆与道路之间的通信提供了高效稳定的支持；算网一体调度底座实现了对计算和网络资源的统一管理和调度；分布式融合感知系统则能够实时感知交通环境的各种信息。研发 5G 车路协同服务平台，该平台具备网络能力和业务能力 2 大引擎，包含 6 大服务子系统和 310 余个 API 接口，以及融合感知、协同预警、AI 事件检测、动态地图等先进的业务组件。通过这些功能，平台能够为用户提供全面、精准的交通信息服务。开展核心技术攻关，围绕全天候、全覆盖的交通环境多源异构技术，以及高可靠、低时延的 5G 车联网通信技术等进行深入研究，成功形成了一系列软硬件产品。这些产品涵盖了车端、路侧和云端等多个层面，为实现智能车路协同提供了坚实的技术支撑。建立车路协同示范区和测试床，如在天津海教园搭建跨省虚拟行业专网为基础的车路协同示范区，在常州搭建 5G/MEC 独立专网车路协同测试床。这些示范区和测试床为技术的验证和优化提供了实际场景，有助于推动技术的成熟和应用。积极参与国际重大活动展示，如北京冬奥会和冬残奥会、海南博鳌亚洲论坛、福建数字中国、天津世界智能大会、世界动力电池大会等。通过在这些活动中的展示，提高了项目的知名度和影响力，同时也为技术的推广和应用提供了良好的机会。

2. 关键要点

实现车端、路侧计算能力上移到 5G 边缘云，突破了车路云一体协同感知和决策技术，不仅降低了成本，还显著提高了感知准确度和定位精度。建立业内首个车联网 5G/C – V2X 无线场景库系统，填补了国内外车联网信道及网络性能研究的空白。该系统为车联网的性能优化和评估提供了重要的数据支持。建立"端、管、云"一体化的车路协同安全可信服务体系，有效保障了车云、路云通信的安全。这对于确保车联网的稳定运行和用户信息的安全至关重要。研发首个基于运营商视角的 5G 车路协同服务平台，实现了车路协同业务引擎与网络引擎的融合，能够提供多类型车辆和路侧设备的支持，以及标准化服务流程。研发基于 5G 和 AI 的智能车路协同系统，形成了远程驾驶、自主泊车、5G 消息预警、云控低速驾驶等关键技术解决方案。搭建跨省虚拟行业专网为基础的车路协同示范区和全国最大的 5G/MEC 独立专网车路协同测试床，为技术的创新和应用提供了良好的实验环境。

三、成果总结

1. 经济效益

2020—2024 年，联通智网科技的直接经济效益超过 4 亿元，中国联通在交通领域累计收入超过百亿元，未来潜在市场规模巨大，呈现加速产业规模推广的趋势。联通智网科技掌握了整套技术方案、软件平台核心知识产权，以及车路协同标准制定话语权及产品市场竞争力，初步形成了围绕融合感知、网联调度、数据互通以及云控应用等方面的核心专利布局，并构筑了自主可控的专精特新能力。这使得公司在市场竞争中占据优势地位，能够更好地满足客户需求，推动行业发展，同时也为公司带来了可观的经济收益。

2. 社会效益

推动了车联网行业生态合作，引领了行业发展。与近 10 所高校以及 40 余家产业链合作伙伴建立深度合作关系，形成了产学研用的深度结合。打造了中国联通 5G 车联网 Openlab 实验室，提供可定制、体系化、标准化测试服务，首批 14 家联合实验室已挂牌，开始全面对外提供智能网联通信、应用测试。发起并推动实施"中国联通车联网创新联合体"，聚集优势车厂、解决方案供应商等伙伴，联合制定技术演进路径，开展项目共拓、收益共享，加速信息技术与智能汽车的融合创新，为车主提供最佳"移动空间"服务，建立安全可信的车联网网络空间，加速数据要素的互联互通，打造可持续发展的新型商业模式，加速智能网联汽车的应用创新。联合打造行业标杆，形成显著的行业示范效应。在全国 20 余个城市落地 30 多个"车路云一体化"示范项目，如博鳌东屿岛车联网应用、宜宾三江新区车路协同示范应用、苏州工业园区智慧泊车应用项目等。

3. 环境效益

通过智能车路协同系统的应用，实现了交通的智能化和高效化，减少了交通拥堵和能源消耗，降低了尾气排放，对生态环境起到了一定的保护作用。例如，在智能公交常态化运行高校示范区的建设中，优化了公交运营模式，减少了公交车的空驶里程，提高了能源利用效率，降低了对环境的影响。

4. 管理效益

项目的实施过程中，形成了一套科学的管理体系，包括项目管理、技术研发管理、质量管理等，提高了公司的管理水平和效率。同时，通过与高校和产业链合作伙伴的合作，加强了人才培养和技术交流，提升了公司的创新能力和团队协作能力。

四、经验与启示

1. 坚持技术创新

在当今快速发展的科技时代，技术创新是企业保持竞争力的关键。联通智网科技深刻认识到了这一点，不断投入研发资源，积极开展核心技术攻关，围绕全天候、全覆盖的交通环境多源异构技术，高可靠、低时延的 5G 车联网通信技术等进行深入研究。

2. 注重生态合作

企业的发展离不开良好的生态环境。联通智网科技注重与高校、科研机构和产业链合作伙伴建立紧密的合作关系，形成了产学研用的深度结合。与天津大学、电子科技大学、清华大学苏州汽车研究院、北京邮电大学、同济大学等近 10 所高校，以及华为、中国信科、百度、联想、国汽智控、驭势、海康智联等 40 余家产业链合作伙伴的合作，为公司提供了丰富的技术资源和创新思路。

3.关注市场需求

市场需求是企业发展的导向。联通智网科技紧密围绕市场需求开展研发和应用推广，深入了解客户的需求和痛点，针对性地开发出满足市场需求的产品和解决方案。例如，研发基于 5G 和 AI 的智能车路协同系统，形成了远程驾驶、自主泊车、5G 消息预警、云控低速驾驶等关键技术解决方案，这些都是基于对市场需求的准确把握。通过提高产品的市场适应性和用户满意度，公司赢得了客户的信任和市场份额。

4.加强标准制定

标准制定是行业发展的重要引领。联通智网科技积极参与标准制定，掌握标准制定话语权，为产品的推广和应用提供了有力支持。通过参与制定行业标准，公司能够在行业中发挥更大的影响力，推动行业规范化和健康发展。

5.强化示范引领

打造行业标杆项目是推动行业发展的有效途径。联通智网科技通过打造行业标杆项目，如博鳌东屿岛车联网应用、宜宾三江新区车路协同示范应用、苏州工业园区智慧泊车应用项目等，形成了示范效应，带动了行业的发展和应用推广。

6.培养人才队伍

人才是企业发展的核心资源。联通智网科技加强人才培养和引进，提高团队的技术水平和创新能力，为公司的发展提供了人才保障。通过内部培训、外部引进等方式，不断提升员工的专业素质和能力水平。

7.加强品牌建设

品牌是企业的重要资产。联通智网科技通过参与国际重大活动展示和项目推广，提高了公司的品牌知名度和影响力。在国际重大活动中，公司的产品和技术得到了充分展示，获得了广泛认可，提升了品牌的形象和价值。同时，通过项目推广，将公司的优秀成果应用到实际场景中，为客户带来了实实在在的价值，进一步增强了品牌的影响力。

（完成人：赵　越　马红兵　张然懋　周光涛　陈　斌　王志军　邱佳慧　冯　毅

赵晓宇　邢建兵　程军峰　杨海军　辛　亮　谢　辉　刘　留　李　胜

卢　浩　温　桂）

以关键技术突破创造四个世界第一

中建材（宜兴）新能源有限公司

审定意见：

本成果以重大技术突破为核心动力，以信息化、智能化等新技术手段作为新动能，推动企业以超高速度发展壮大，成为全球光伏玻璃领域的领跑者。通过攻克技术难关，成功量产世界最薄的 1.5mm 光伏玻璃，成为全球唯一一家能够稳定量产 1.6mm 以下超薄光伏玻璃的企业。在全球新能源领域，创造了"轻薄化程度、自动化程度、信息化程度、智能化程度"四个世界第一。各项经济技术指标都持续保持全球领先的地位，成为超薄光伏玻璃领域的标准制定者和行业领导者。为中国企业科技创新创造了范例，树立了标杆。

创新点：

其一，始终坚持以创新为核心，立足绿色化、高端化、智能化，聚焦光伏行业前沿，做好关键核心技术储备。其二，率先建成全球第一条超薄光伏玻璃智能生产线，并加速攻克光伏玻璃关键核心技术，在行业前沿"奔跑"，以硬科技实力掌握行业话语权。其三，开创"面板玻璃＋背板玻璃"组合生产和配套销售市场，引领行业进入新阶段。其四，大力推进 5G 智能零碳工厂建设，应用多种关键装备和绿色低碳示范技术，打造国际领先的"双碳"示范工厂。这些创新举措使公司成为光伏玻璃行业标杆，为我国发展新质生产力提供了可借鉴的案例。

价值点：

公司营业收入从 2017 年的 2 亿元增长到 2023 年的 24.7 亿元，年均复合增长 43%，实现了腾飞式跨越，为国家稳定经济基本盘展现了央企担当。项目建设从一期到四期，创造了重大项目建设的"中建材速度"，优质光伏玻璃年产能超 1 亿平方米，可满足约 10GW 超轻薄双玻光伏组件生产，为中国超薄光伏玻璃领跑世界贡献了力量。此外，公司带动了光伏产业集群转型升级，促进了上下游配套设备产业发展，提升了品牌影响力，对当地工业转型升级和管理提升起到引领示范作用，为推动当地经济发展作出巨大贡献。

可复制性和应用范围：

该公司作为新能源产业光伏领域的领军企业，其成功模式和先进经验有效地带动了光伏产业集群的转型升级，积极促进了上下游配套设备产业的蓬勃发展。在当地，公司的发展举措对工业转型升级和管理提升起到了强有力的引领和示范作用，有力地推动了光伏行业朝着高端化、绿色化、智能化的方向加速发展。目前，其经验已成功复制给集团内部的 3 家单位，不仅促进了新增产值约 30 亿元，还带动了新增就业 1000 人。此外，其创新的模式和科学的理念在全行业都具有重要的推广价值，能够为整个行业的发展提供有益的借鉴和参考，有望推动行业实现整体的提升和进步。

成果详述：

一、基本情况

1. 项目简介

中建材（宜兴）新能源有限公司作为超薄光伏玻璃的缔造者，专注于光伏玻璃的生产与研发。从 2018 年全球第一条超薄光伏玻璃智能生产线竣工投产，到如今 5G 智能零碳工厂初具雏形，公司不断发展壮大。目前，公司拥有 8 条原片、11 条深加工生产线，优质光伏玻璃年产能超 1 亿平方米，可满足生产约 10GW 超轻薄双玻光伏组件。2023 年 8 月，公司总投资 30 亿元、占地面积 400 亩的太阳能装备用光伏电池封装材料项目试生产，该项目采用中建材自主研发的生产技术，建设了多条先进的生产线，实现智能化生产和精细化管理，预计实现年产值 30 亿元，致力于将公司打造成为具有全球竞争力的世界一流新能源材料产业基地。

2. 实施背景

当前，我国正处在新旧动能转换、产业转型升级的关键时期，外部打压遏制不断升级，传统比较优势弱化。习近平总书记强调，要牢牢把握高质量发展这个首要任务，因地制宜发展新质生产力。[①] 中建材（宜兴）新能源有限公司深入贯彻落实习近平总书记重要讲话指示批示精神，把高质量发展作为首要任务，统筹推进科技创新、改革开放、绿色发展、人才引育等工作，加快形成新质生产力，为高质量发展蓄势赋能。在培育发展新质生产力的过程

---

① 《习近平在参加江苏代表团审议时强调：因地制宜发展新质生产力》，中国政府网，2024 年 3 月 5 日。

中，公司在超薄光伏玻璃新赛道抓住机遇，从智能生产线投产到攻克关键核心技术，始终走在行业前沿，为优化能源结构、推进全球能源绿色转型贡献力量。

3. 实施的必要性

随着世界百年未有之大变局加速演进，发展新质生产力对于提升我国产业链供应链安全性、重塑国际竞争新优势具有重大意义。中建材（宜兴）新能源有限公司通过践行差异化经营策略、坚持技术创新、深化智改数转、推进 5G 项目、发挥党建引领以及提质优化管理模式等举措，推动企业高质量发展，具有重要的示范意义和必要性。差异化经营策略使公司能够引领光伏产业发展潮流，填补技术空白，提升市场竞争力。技术创新有助于加快科技自立自强，提升企业核心优势，推动行业技术进步。智改数转实现了生产效率提高、运营成本降低和单位产值能耗降低，带动了产业集群转型升级。5G项目的推进打造了国际领先的"双碳"示范工厂，为实现"碳中和、碳达峰"目标作出贡献。党建引领激发了企业活力，促进了企业的稳定发展。提质优化管理模式培养了高素质人才，提高了生产组织效率，激发了职工内在潜能。

二、项目实施过程

1. 主要做法

（1）践行差异化经营策略，推动产品项目创新升级

公司坚持差异化竞争策略，创新生产轻量化、薄型化太阳能光伏玻璃。通过优化窑炉设计，攻克技术难题，成功量产世界最薄的 1.5mm 光伏玻璃，填补国际技术空白。加速建成行业内首条轻薄高透光伏玻璃智能生产线，实现多个"世界第一"。开创性拓展"面板玻璃 + 背板玻璃"组合生产、配套销售市场，引领行业发展。乘势扩大产能，实现经营目标。抢占先机，奠基太阳能装备用光伏电池封装材料项目，并实现试生产，创造"中建材速度"，打

造具有全球竞争力的世界一流新能源材料产业基地。

（2）牢牢坚持技术创新，加快科技自立自强

公司抓住产业技术变革浪潮，拥有多项专利技术和研发人员支撑。以科技创新提升核心优势，成功量产世界最薄光伏玻璃，引领行业发展方向。不断探寻产能升级和技术迭代，突破应用多项行业顶尖技术。积极探索工艺改良，提高产品品质和产成品率。优化升级镀膜装备，实现双层镀膜玻璃量产。聚焦市场需求，推出超大板型双玻组件用封装玻璃。申请多项专利，主导编制多项标准，赋能企业成长。研发经费投入年均复合增长显著，获得多项荣誉。

（3）大力深化智改数转，实现经营管理弯道超车

公司深度贯彻"两化融合"，以智能制造为主攻方向，将新一代信息技术融入企业运营全过程。实现生产效率提高、运营成本降低、单位产值能耗降低，建设数字化发展标杆工厂。带动产业集群转型升级，促进核心智能制造装备创新应用，获得多项国家级、省部级荣誉，受到《人民日报》点名表扬，推动全行业复制宜兴模式。

（4）加快推进5G项目，引领零碳智造美好未来

公司作为中国建材集团新能源产业战略发展布局的核心项目，加快推进5G智能零碳工厂和"一中心、一总部、两基地"建设。广泛应用关键装备，布局分布式光伏发电站和余热发电项目，配置绿色低碳示范技术，打造国际领先的"双碳"示范工厂。自主研发的AGV智能物流搬运机器人实现无人化、自动化搬运，可减少二氧化碳排放，提高物流效率。余热发电项目和分布式光伏电站在节约能源的同时，可减少二氧化碳排放。未来将进一步提升产品科技含量并延伸产业链，力争打造省级、国家级"双碳示范中心"。

2.关键要点

坚持创新驱动，不断攻克关键核心技术，提升产品竞争力。注重差异

经营，引领行业发展潮流，满足市场多样化需求。大力推进智能制造和数字化转型，提高生产效率和管理水平。积极践行绿色发展理念，打造零碳工厂，推动可持续发展。加强党建引领，激发企业活力，构建良好的发展格局。优化管理模式，促进员工与企业共同成长，提升人才素质。

三、成果总结

1. 经济效益

2017—2023 年，企业纳税总额 2.36 亿元，为推动当地经济发展作出了巨大贡献。同时，公司的发展带动了光伏产业集群转型升级，促进了上下游配套设备产业发展，经验复制给集团内部 3 家单位，促进了新增产值 30 亿元左右，新增就业 1000 人。

2. 社会效益

公司作为超薄光伏玻璃的缔造者，以"国之大者"的使命为国家稳定经济基本盘充分展现了央企使命担当。公司的产品和技术创新为中国超薄光伏玻璃领跑世界贡献了重要力量，在优化能源结构、推进全球能源绿色转型中发挥了积极作用。此外，公司成为新能源产业光伏领域的行业标杆和领军企业，对当地工业转型升级和管理提升起到了引领和示范作用，提升了品牌影响力。

3. 环境效益

公司加快推进 5G 智能零碳工厂建设，广泛应用 AGV 自动导引小车、无人地磅、智能机器人、质量在线检测等关键装备，积极布局分布式光伏发电站以及余热发电项目，前瞻配置能源管理模块、碳资产管理系统等绿色低碳示范技术。自主研发的 AGV 智能物流搬运机器人每年可减少二氧化碳排放 3000 吨，余热发电项目每年节约标准煤 7800 吨，减少二氧化碳排放 20500 吨，分布式光伏发电站每年节约 3200 吨标准煤，二氧化碳减排量 8700 吨。

这些举措有助于减少能源消耗和碳排放，对环境保护具有重要意义。

4. 管理效益

公司秉承"让员工与企业共同成长"的理念，重点培育青年卓越人才，通过实施传帮带、名师带徒制，深化产学研融合机制，培养了高层次技能型人才。全面实施岗位竞聘，坚持双向选择、全面考核、择优录用，促进了公司人才资源的高效配置。积极践行精细化管理，实行线长制管理模式，创新绩效考核机制，使生产实现了阶梯式跨越，目前，公司原片成品率达90%、深加工成品率达98.8%，保持行业较高水平。公司还通过党建引领，树立用高质量党建引领高质量发展的观念，形成了"一核多元同频共振"的党建发展新格局，构建了既严肃又活泼、作示范能推广的党建新常态，获得多项党建荣誉称号。

四、经验与启示

创新聚焦产生穿透力和突破力。公司聚焦光伏行业前沿，不断进行技术创新和产品升级。通过攻克关键核心技术，填补国际技术空白，牢牢掌握行业发展话语权，占据全球薄型化太阳能光伏玻璃的制高点，为企业建立了牢固的竞争壁垒。

差异化经营策略规避同质化竞争。公司坚持差异化竞争，根据自身特点和市场需求，制定独特的经营策略，生产轻量化、薄型化太阳能光伏玻璃，不断满足市场的个性化需求，开拓新的市场空间，从而在市场中占据有利地位。

数字转型推动效率和质量呈跃升式发展。在技术和市场需求瞬息万变的时代，效率正在成为竞争的关键要素，而数字化转型在推动效率提升中发挥着决定性的作用。中建材（宜兴）新能源有限公司深度贯彻"两化融合"，将新一代信息技术融入企业运营全过程，通过数字化和智能化转型优化生产流程、提高管理水平，实现了生产效率的大幅提高、运营成本的显著降低和单位产值能耗的显著减少，以新质生产力带动企业的高质量发展。

（完成人：杨伯民　纪德成　丁梦姣　吴　敏）

原创自主高性能分布式数据库实现"根技术"突破

北京科蓝软件系统股份有限公司

审定意见：

本成果依托新型举国体制，整合多学科的科研力量，从基础、底层和源头进行自主创新，遵循数据库理论框架，自主开发原生分布式数据库，并实现从根本技术上的突破和质变。SUNDB（科蓝软件自主研发的数据库产品系列）内核完全自主研发，核心整体代码自研率98.31%，从源头和底层彻底摆脱国外开源数据库的掣肘，可以替代国际主流商用数据库。SUNDB应用可以直接访问数据节点，大大提高了数据处理效率，降低故障概率，同时SUNDB还提供金融级的实时强一致性保证。SUNDB数据库兼容性良好，已经与上下游软硬件和操作系统形成良好的生态。对于保障国家关键信息基础设施领域的数据安全有着重要作用和价值。

创新点：

科蓝SUNDB数据库的创新点包括拥有完整知识产权与核心技术，内核完全自主研发，代码自研率高，实现了法律权限的高度自治；采用行式存储，支持集中式和分布式部署，具有高性能、大容量、高可靠、高兼容以及双引擎等特性；内存库利用 In - Memory（内存中）技术提高性能，降低日志 IO 成本（包括寻址时间和上下文切换所需的时间）；融合库采用统一引擎技术，兼顾性能与成本；支持多种部署方式，灵活满足客户需求；与国内众多厂商形成良好生态合作，全面支持国产软硬件。

价值点：

科蓝 SUNDB 数据库的价值点在于它是中国原创自主创新品牌，能有效保障国家关键信息基础设施领域的数据安全；运行稳定、性能优异、高兼容、运维便捷，可替代国际主流商用数据库；在金融、电信、政府等关键领域有广泛应用，为各行业数据库国产化替代树立标杆；拥有丰富的产品形态和部署方式，能满足不同客户的需求；其研发和应用推动了信息技术的自主创新，提升了我国在数据库领域的竞争力；还为客户提供了高性能、高可靠的数据库服务，助力企业数字化转型。

可复制性和应用范围：

科蓝 SUNDB 数据库具有较强的可复制性和广泛的应用范围。其采用的原生分布式架构和先进技术，使其能够在不同行业和场景中进行快速部署和应用。在金融领域，可满足银行、保险、证券等机构对数据库高性能、高可靠的要求；在电信领域，能支持运营商核心系统的稳定运行；在政府、军工、能源、交通等关键信息基础设施领域，可保障数据安全和业务连续性。此外，其兼容多种国产软硬件，能够与国内服务器、处理器、操作系统、中间件等厂商形成良好的生态合作关系，便于在各类信息化建设项目中推广应用。

成果详述：

一、基本情况

1. 项目简介

科蓝 SUNDB 数据库是北京科蓝软件系统股份有限公司（以下简称"科蓝软件"）自主研发的原生高性能分布式关系型数据库产品，具有完整的知识产权与核心技术，核心整体代码自研率达 98.31%。它支持集中式和分布式部署，运行稳定、性能优异、高兼容、运维便捷，可替代国际主流商用数据库，专注服务于银行、保险、证券、电信、政府、军工、能源、交通等国家关键信息基础设施领域。

2. 实施背景

随着信息技术的快速发展，数据安全和自主可控成为国家关注的重点。在数据库领域，我国长期依赖国外商用数据库，存在数据安全隐患和受制于人的风险。为了保障国家关键信息基础设施领域的数据安全，推动信息技术的自主创新，发展国产数据库成为当务之急。同时，随着各行各业数字化转型的加速，对数据库的性能、可靠性、兼容性等提出了更高的要求。

3. 实施的必要性

（1）保障数据安全

拥有自主可控的数据库是保障国家数据安全的重要基础。国外商用数据库可能存在安全漏洞，且数据存储和处理受制于人，容易导致数据泄露和信息安全问题。科蓝 SUNDB 数据库的自主研发和应用，能够有效避免这些风险，保障国家关键信息基础设施领域的数据安全。

（2）推动信息技术自主创新

发展国产数据库是推动信息技术自主创新的重要举措。通过自主研发数据库，能够掌握核心技术，提升我国在信息技术领域的竞争力，减少对国外技术的依赖。

（3）满足领域需求

随着金融、电信、政府等领域数字化转型的深入，对数据库的性能、可靠性、兼容性等要求越来越高。科蓝 SUNDB 数据库具有高性能、高可靠、高兼容等特性，能够满足这些领域的关键业务系统对数据库的高标准要求。

（4）降低成本

使用国外商用数据库往往需要支付高昂的授权费用和维护成本。科蓝 SUNDB 数据库的自主研发和应用，能够降低企业的成本，提高经济效益。

（5）促进产业发展

数据库作为信息技术的核心基础软件，其发展能够带动相关产业的协同发展，如服务器、处理器、操作系统、中间件等。科蓝 SUNDB 数据库与国内众多厂商形成生态合作伙伴关系，有助于促进整个信息技术产业的发展。

二、项目实施过程

1. 主要做法

（1）研发与优化

科蓝软件投入大量资源进行 SUNDB 数据库的研发，不断优化其性能和功能。研发团队拥有丰富的数据库内核开发经验，经过多年的技术沉淀，逐步完善了数据库的各项特性。

（2）产品形态丰富

SUNDB 数据库具有四种产品形态，包括通用数据库、内存数据库、融合库和极速数据库，以满足不同客户的需求和应用场景。

（3）支持多种部署方式

SUNDB 数据库支持单机、集中式、分布式、云部署四种部署方式，能够根据客户的实际需求和场景选择合适的部署模式。

（4）建立生态合作伙伴关系

与国内服务器、处理器、操作系统、中间件厂商形成生态合作伙伴关系，全面支持各类国产整机平台、操作系统、芯片、应用软件及其他上下游软硬件，确保数据库在各种环境下的兼容性和稳定性。

（5）提供专业的服务支持

拥有售前、售后技术团队，分布在全国各地，方便随时了解客户需求，解决客户问题。支持和研发团队支撑产品的维护及升级工作，提供远程支持、现场支持以及 7×24 服务热线。

（6）参与标准制定和行业合作

参与编写中国信息通信研究院的《数据库发展研究报告》，担任全国信息技术标准化委员会分布式数据库标准组副组长，受邀参与多项政府部门数据库采购标准编制，积极推动数据库行业的发展和标准化进程。

2. 关键要点

（1）技术创新

注重技术创新，不断提升数据库的性能和功能。例如，采用 In-Memory 计算存储技术，使数据库在内存模式下性能大幅提升；采用原生分布式架构，提高数据处理效率，降低故障概率。

（2）兼容性

确保数据库与各类国产软硬件的兼容性，为客户提供便捷的国产化替代解决方案。通过与众多厂商的适配和测试，保证了 SUNDB 数据库在不同环境下的稳定运行。

（3）服务质量

重视服务质量，提供专业的技术支持和售后服务。售前、售后技术团队能够及时响应客户需求，解决客户在使用过程中遇到的问题，确保客户的业务系统稳定运行。

（4）生态建设

积极建设生态合作伙伴关系，与产业链上下游企业共同推动数据库的发展和应用。通过合作，实现资源共享、优势互补，为客户提供更完善的解决方案。

（5）标准引领

参与标准制定和行业合作，推动数据库行业的规范化和标准化发展。通过制定和遵循相关标准，提高了 SUNDB 数据库的质量和可靠性，增强了其在市场上的竞争力。

（6）客户案例积累

通过在金融、电信、政府等领域的实际应用案例，不断积累经验，优化产品。以江西银行企业网银与手机银行后端、长沙数仓管理平台等项目为代表，展示了 SUNDB 数据库的稳定性和可靠性。

三、成果总结

1.经济效益

（1）降低成本

科蓝 SUNDB 数据库的自主研发和应用，减少了对国外商用数据库的依赖，降低了企业的采购成本和维护成本。同时，其高性能和高可靠的特性，能够提高系统的运行效率，降低企业的运营成本。

（2）增加收益

随着数据库在各行业的广泛应用，科蓝软件能够获得相应的收益，促进企业的发展。此外，数据库的成功推广还能带动相关产业的发展，为经济增长作出贡献。

（3）提升竞争力

国产数据库的应用，有助于提升企业在国际市场上的竞争力。企业能够更加自主地掌握核心技术，根据市场需求进行定制化开发，提高产品和服务的质量。

2. 社会效益

（1）保障国家数据安全

拥有自主知识产权的 SUNDB 数据库，能够有效保障国家关键信息基础设施领域的数据安全，防止数据泄露，维护国家安全和利益。

（2）推动信息技术自主创新

科蓝 SUNDB 数据库的研发和应用，推动了我国信息技术的自主创新，提升了我国在数据库领域的技术水平和竞争力，为实现信息技术的国产化替代奠定了基础。

（3）促进产业发展

数据库作为信息技术的核心基础软件，其发展能够带动相关产业的协同发展，如服务器、处理器、操作系统、中间件等。科蓝 SUNDB 数据库与国内众多厂商形成生态合作伙伴关系，有助于促进整个信息技术产业的发展。

（4）提供就业机会

数据库的研发、销售、服务等环节需要大量的专业人才，科蓝 SUNDB 数据库的发展能够为社会提供更多的就业机会，促进人才的培养和发展。

3. 管理效益

（1）提高管理效率

SUNDB 数据库的高性能和高可靠特性，能够支持企业的关键业务系统，提高管理决策的效率和准确性。同时，其便捷的运维管理功能，能够降低企业的管理成本和人力投入。

（2）增强数据管理能力

数据库提供了强大的数据管理功能，能够帮助企业更好地组织、存储和管理数据，实现数据的共享和利用，提高企业的数据管理能力和决策水平。

（3）保障业务连续性

SUNDB 数据库具备高可靠的特性，能够在系统故障或灾难发生时，快速恢复数据，保障业务的连续性，降低企业的损失。

（4）提升信息化水平

数据库的应用是企业信息化建设的重要组成部分，科蓝 SUNDB 数据库的推广和应用，能够提升企业的信息化水平，促进企业的数字化转型。

四、经验与启示

1. 突破狭隘的"效益优先论"，坚持自主原创，防止国际巨头"卡脖子式"封锁

安全才是最大的效益，中国人的数据库和数据资产，必须牢牢掌握在中国人自己手里。数据库失控和失效的代价，不是能够用经济利益所衡量的。科蓝软件专注于金融科技 20 余年，科蓝 SUNDB 数据库拥有完整的知识产权与核心技术，核心整体代码自研率高达 98.31%，是国内罕有的拥有完整知识产权与核心技术的数据库。SUNDB 数据库运行稳定、性能优异，多年稳定运行日均千亿级交易，在银行、电信等要求严苛的行业积累了大量稳定运行的案例，为同类应用场景的国产化实践积累了丰富经验。

2. 加强与产业链各方的合作，建立生态合作伙伴关系，共同推动产业的发展

数据库等高科技产品的创新与应用，从来都不是孤立的，而是严重依赖于行业生态系统的构建。SUNDB 数据库与国内众多服务器、处理器、操作系统、中间件厂商形成生态合作伙伴关系，全面支持各类国产整机平台、操作

系统、芯片、应用软件及其他上下游软硬件。因此，SUNDB 数据库最大的贡献不是数据库产品的开发成功，而是构建了一个自主、安全、可控的数据库生态体系。

（完成人：熊　飞　彭胜林　方　权　李江明）

跨界合作攻克电气设备故障检测灵敏度国际难题

厦门加华电力科技有限公司

审定意见：

本成果基于对 SF_6（六氟化硫）电气设备内部绝缘材料的裂解机理的研究，发明了全新的针对相应设备隐患的检测方法和设备。克服传统检测方法和设备需要停电检测、灵敏度低、难以早期发现检测设备隐患等缺点，可以在设备正常运行时提早发现其隐患，有效提高设备隐患检出率，为设备状态维修提供科学的依据，从而可以减少和避免潜在的安全事故。据不完全统计，国内目前有数十万台 SF_6 设备，是电力系统的主要设备，减少和消除 SF_6 设备的隐患，对保障电网的安全运行极其重要。使用简单、检测效率高、可以与智能电网配套等突出特点，使得本成果迅速得到研究机构和市场的认可，并创造出巨大的经济效益。

创新点：

一是从电气和化学角度诊断 SF_6 电气设备状态，准确检出隐患，应用该技术已检出 300 多台故障设备，避免了不少事故发生，减少了大量损失；二是形成了故障设备与裂解组分的对应关系，实现了检测设备的自动化、智能化，且方法简单实用；三是提出了"一看、二比、三了解"的诊断方法，研发的检测仪选用高性能比例阀，实现流量自动调节，提高了仪器稳定性和精度，还增加了高效吸附剂装置，实现尾气无毒排放；四是将局部放电检测与气体成分检测有机组合，一机多用，提高了故障检出率，同时减少了试验人员劳动强度，有利于环保。

价值点：

通过对 SF_6 电气设备故障特征气体的检测，及时发现设备故障，减少了电网设备的潜在事故风险，有力确保了电网安全。例如，检出一台 220kV GIS 断路器缺陷，可避免巨大的经济损失。首创应用 SF_6 分解产物检测诊断内部故障的方法，检测灵敏度高、稳定性好，与局部放电检测优势互补，提高了故障检出率，为设备安全运行提供了有利保障。该技术填补了国内检测技术领域的空白，得到国家电网和中国电力科学研究院的高度重视和认可，具有巨大的社会效益和经济效益。

可复制性和应用范围：

其生产环境符合环保要求，并取得相关体系认证。利用专利技术生产的检测仪，可提高现场工作效率，节约检测用气，减少温室气体排放，具有较高的环保效益。同时，提高了电气设备内部故障的检出率，为设备状态维修提供更科学的依据，有效防止事故发生，对提高 SF_6 电气设备的安全经济运行发挥积极作用。产品在全国电力系统、铁路、冶金、石化等领域广泛使用，并出口至韩国和东南亚等地区，具有很好的社会效益和经济效益，可进行科技成果转化，促进企业技术创新和产业发展。

成果详述：

一、基本情况

1. 项目简介

厦门加华电力科技有限公司主要聚焦于 SF_6 电气设备故障检测技术的应用。SF_6 电气设备以 SF_6 气体作为绝缘介质，涵盖了断路器、隔离刀闸、接地刀闸、互感器、避雷器、套管和变压器等多种设备。自 20 世纪 80 年代以来，SF_6 电气设备因其优异的性能得到了广泛的应用。近 10 年来，以 SF_6 气体作绝缘的全密封组合电器（GIS）更是得到了大量的应用。据不完全统计，全国 SF_6 电气设备的数量已达数十万台，成为电力系统的主要设备之一。

2. 实施背景

国内外的统计资料表明，近年来，SF_6 电气设备的事故中，绝缘事故约占 60%。目前检测 SF_6 电气设备的试验方法主要有电气法和化学法。电气法通常需要在停电时进行，而且试验电压低、电流小，难以检测出设备的早期隐患；化学法运用现有规程的 SF_6 湿度和检漏，只能对安装维护工艺进行评价，与内部故障并无直接关联；纯度检测虽然能反映气体中杂质的情况，但由于其灵敏度太低，也难以检测到设备早期的故障；目前，一些单位使用的化学比色管法检测分解产物，其灵敏度较低，只能作定性或半定量分析，较适合事故后故障部位的查找，而难以检测设备早期的故障。因此，现有行业规程中缺乏有效早期检出 SF_6 电气设备内部绝缘隐患的方法。

3. 实施的必要性

SF_6 电气设备已成为电力系统的主要设备，数量众多。然而，现有检测方法的不足导致设备早期隐患难以被发现，增加了设备故障的风险，可能引发停电事故，造成巨大的经济损失和社会影响。为了确保电力系统的安全稳定运行，提高设备的可靠性和经济性，有必要采用更加先进有效的检测技术来诊断SF_6电气设备的状态，及时发现并排除隐患。本项目通过深入研究内部绝缘材料的裂解机理和对故障实例的统计分析，提出了通过检测SF_6气体中特定分解产物来准确、方便地检出设备内部故障的方法。该方法取得了相关发明专利，研发了综合检测仪，能同时检测SF_6气体中分解物、纯度、水分、SF_6电气设备局部放电等。产品在全国多个领域广泛使用，并出口到韩国和东南亚等地区。该技术的成功应用推广，将为提高电力生产的安全、经济运行发挥重要作用。

二、项目实施过程

1. 主要做法

（1）深入研究与分析

项目团队长期致力于充油充气电力设备的技术监督和故障诊断工作，深入钻研内部绝缘材料的裂解机理，并对大量的故障实例进行详尽的统计分析。通过这些努力，为后续的技术创新和产品开发奠定了坚实的理论基础。

（2）技术创新与突破

在深入研究的基础上，团队提出了具有创新性的观点，即SO_2是SF_6分解的特征组分，H_2S是热固型环树脂分解的特征组分，CO是聚酯乙烯、绝缘纸和绝缘漆分解的特征组分。基于这些发现，选择优质的电化学式传感器，精准检测SF_6气体中SO_2、SOF_2、H_2S和CO等组分，从而能够高效、准确地检出设备内部的故障。

（3）专利研发与保护

积极开展专利研发工作，成功取得了《应用气体检测诊断六氟化硫电气设备内部故障的方法》和《六氟化硫电气设备综合检测仪及其使用方法》等发明专利。这些专利的取得为技术的推广和应用提供了有力的法律保障。

（4）产品开发与优化

研发出 SF_6 电气设备故障检测仪系列产品，巧妙地将局部放电检测与 SF_6 气体成分的检测有机整合在一台仪器中，实现了一机多用的功能。这样的设计不仅能够同时获取 SF_6 电气设备内部绝缘材料分解产物及水分纯度等多种信息，还能有效提高故障的检出率。同时，不断对产品进行优化升级，以提高其性能和可靠性。

（5）市场推广与应用

积极拓展市场，将产品广泛应用于全国 32 个省的电力系统、铁路、冶金、石化以及西安高压开关厂、沈阳高压开关厂、鲁能恩依帕、西门子、ABB 等设备制造厂。此外，还成功将产品出口到韩国和东南亚等地区。通过参与相关项目的核心技术攻关，荣获多项奖项，显著提升了产品的知名度和市场竞争力。

（6）技术合作与交流

与福建省电力有限公司电力科学研究院等单位共同主导完成《六氟化硫电气设备分解物试验方法》（DL/T1205—2013）电力行业标准的制定，加强了与行业内其他单位的技术合作与交流，推动了整个行业技术水平的提升。

2. 关键要点

（1）故障分析

通过对正常设备和故障设备的分析，形成故障设备与裂解组分的对应关系，为检测诊断提供依据。

（2）仪器性能

研发的检测仪选用高性能比例阀，配合 PID 技术，实现流量自动调节，提高仪器稳定性和精度。增加高效吸附剂装置，实现尾气无毒排放，消除吸附器对传感器的影响。

（3）综合判断

提出"一看、二比、三了解"的诊断方法，即看局放和分解物是否超正常值，与上次比较局放和分解物变化及与相邻气室比较，了解设备结构、运行、检修情况。综合运用化学检测法和局部放电检测，优势互补，提高故障检出率。

（4）质量保障

在国网公司的相关检测和比武中，注重仪器质量和技术服务，得到用户好评。参与国际先进水平项目的核心技术攻关，不断提升产品质量和技术水平。

（5）环保效益

生产环境符合环保要求，取得 ISO 三体系证书。利用专利技术生产的检测仪，可节约检测用气，减少温室气体排放，具有较高的环保效益。

三、成果总结

1.经济效益

自 2017 年以来，应用本项目成果研发的 SF_6 电气设备故障检测系列仪器，成功检测发现 30 多起设备故障案例，涵盖 GIS 气室局部放电故障、互感器故障、断路器故障、刀闸气室故障等多种类型。以检出一台 220kV GIS 断路器缺陷为例，配置 180MVA 变压器，事故停电检修需要 10 天以上，少送电 432000 度，每度电按 0.5 元计算，直接损失 21.6 万元，设备损失 100 万元，间接损失 100 万元以上。若年检出 10 台此类故障设备，可累计减少经济损失近 2200 万元，带来了巨大的直接经济效益。此外，该项目成果为设备状态维修提供了科学依据，有效避免了事故的发生，减少了设备的损坏和维修成本，延长了设备的使用寿命，从长远来看，为企业和社会节省了大量的资金，带来了显著的间接经济效益。

2. 社会效益

本项目技术成果在保障电网安全运行方面发挥了重要作用。通过准确检出 300 多台 SF_6 电气设备故障，其中 198 台为运行中检出的隐患，成功避免了许多事故的发生，有力地确保了电网的稳定供电。特别是在 2008 年汶川地震和北京奥运会期间，检出 12 台故障设备，为抗震救灾和保奥运供电作出了积极贡献，取得了良好的社会效果。该技术的应用填补了国内 SF_6 电气设备检测技术领域的空白，达到了国内领先、国际先进水平，得到了国家电网和中国电科院的高度重视和认可，提升了我国在电力设备检测领域的技术实力和国际竞争力，为电力行业的发展和社会的稳定作出了重要贡献。

3. 环境效益

本项目研制的 SF_6 电气设备故障检测仪系列具有显著的环保优势。该检测仪将分解物、水分和纯度组合在一起，一次进样同时检测，大大减少了装置气体的排放，降低了对环境的污染。同时，检测仪增加了高效吸附剂装置，实现了尾气的无毒排放，有效保护了生态环境。此外，利用本项目专利技术生产的检测仪可节约检测用气，减少了温室气体的排放，符合可持续发展的要求，具有较高的环境效益。

4. 管理效益

本项目成果取得了两项发明专利，并主导完成了电力行业标准的制定，这不仅提升了企业在行业内的技术地位和影响力，还为企业的管理提供了有力的支持。项目成果通过对正常设备和故障设备的深入分析，形成了故障设备与裂解组分的对应关系，并将该方法形成的软件应用于系统，实现了检测设备的自动化、智能化，提高了检测效率和准确性，降低了人工成本和管理成本。产品在全国电力系统、铁路、冶金、石化等领域广泛应用，并出口到韩国和东南亚等地区，在市场上树立了良好的品牌形象，提升了企业的市场份额和竞争力。同时，企业通过加强质量管理、优化生产流程、提高员工素质等措施，不断提升企业的管理水平，实现了可持续发展。

四、经验与启示

1. 从理论研究与技术突破入手，寻找实现技术突破的全新路径

在面对现有 SF_6 电气设备检测方法存在的诸多局限性时，项目团队勇于挑战传统思维，深入钻研内部绝缘材料的裂解机理，开创性地提出全新的检测理论和方法。通过精准检测 SF_6 气体中的特定分解产物，成功实现了对设备内部故障的准确诊断。这种敢于创新的精神和在技术上的重大突破，为项目的蓬勃发展奠定了坚实基础，同时也为解决类似技术难题提供了极具价值的新思路和新方向。

2. 建立跨学科、跨团队的合作机制，融合多个领域的创新成果

该项目涉及多个领域的专业知识和复杂技术，需要团队成员之间密切协作、精诚合作。在项目推进过程中，通过恰当的合作机制，创造人人为团队的合作氛围，激励团队成员充分发挥各自的专业优势，实现了优势互补，携手攻克了一个又一个难关。巧妙地整合了电气、化学、材料等多个学科的专业知识和先进技术，将局部放电检测与气体成分检测完美融合。这种跨学科的合作模式，使项目能够从多个维度更全面、更精准地评估设备状态，显著提高了故障检出率，为设备的安全稳定运行提供了更为坚实可靠的保障。

3. 注重研发和市场之间的互动，用研发解决市场需求，用市场检验研发成果

项目团队还积极致力于将产品推向广阔的市场，使其广泛应用于电力系统、铁路、冶金、石化等众多领域。通过与实际应用场景的紧密结合，不断优化和改进产品性能，使其更好地适应不同的工作环境和需求。同时，积极参与国内外市场竞争，努力提升产品的知名度和市场份额，创造出更高的经

济价值和社会价值。

（完成人：游骏标　林　芬　蔡元鹏　魏能焕　魏闽广　陈进展

姜　立　王文静　刘运柯　林　淼）

原创多模态 AI 架构优化大模型应用生态

深圳市闪联信息技术有限公司

审定意见：

本成果整合了前沿人工智能技术，自主创新了多模态 AI 架构，实现了高度的模型支持和用户体验优化。该项目遵循当前 AI 技术发展趋势，通过多引擎智能切换和本地化数据处理，提升了数据安全性和处理效率，减少了对国际 AI 平台的依赖。AI Bridge 的跨模型以及跨平台兼容性良好，与多种硬件和操作系统形成优质生态环境，推动国内智能化产品开发和行业数字化升级，强化我国在全球 AI 技术领域的竞争力，为国家信息化建设和科技进步提供有力支撑。

创新点：

AI Bridge 作为连接大模型与 AI 应用的中间件，有较多的科技创新点。首先，AI Bridge 强化了系统间的兼容性和交互性，支持嵌入式系统对接调用接口，提供针对各操作系统 (OS) 的软件开发工具包（SDK）。在大模型方面，AI Bridge 作为中心架构，支持向量扩充和参数微调优化模型性能，同时实现了多引擎智能切换。其次，支持检索增强生成（RAG）、引导词管理以及整体大模型的管理，实现高效模型交互与微调。通过优化和调整大型 AI 模型的算法和架构，AI Bridge 允许这些模型在资源受限的环境中高效运行，显著提升设备的性能和应用范围。最后，AI Bridge 支持的 AI 软硬件应用中，加入了 2D 与 3D 的 AI 形象，增强了 AI 企业办公软件和 AI 个人助手与用户的交互性。

价值点：

在 AI 技术快速发展之际，市场对智能化产品与服务的需求急剧上升。深圳市闪联信息技术有限公司通过与联想等在多个 AI 项目的合作，积累了丰富的技术知识与成功案例，特别是在大模型的本地化和私有化需求方面。AI Bridge，一个高度自主的国产化 AI 集成平台应运而生，可应对市场上整合多种 AI 模型的挑战。该平台通过灵活的架构设计，不仅支持快速集成多样的 AI 模型并优化数据处理的安全性和效率，还考虑到多设备和跨平台的兼容性，确保了在各种硬件和操作系统上的无缝运行，大幅提升了用户体验和扩展性。AI Bridge 的独特性和创新性使其成为推动企业科技创新和数字化转型的有力工具。

可复制性和应用范围：

AI Bridge 展示了卓越的可复制性和广泛的应用范围，通过其高度模块化和灵活的架构设计，集成各种国内外 AI 大模型，支持从本地部署到云基础设施的多种计算环境。AI Bridge 的技术架构不仅支撑多种上层应用，还促进了多种 AI 创新产品的开发。例如，AI-Dock 这款智能扩展坞产品结合硬件，实现基本 Dock 功能并通过本地大模型提供 60 多国同声传译和智能会议总结。

此外，AI-Glasses 智能眼镜可以通过智能手机接入各种 AI 模型，提供实时导航、智能路牌翻译等功能，大幅提升用户体验和操作便捷性。

成果详述：

一、基本情况

1. 项目简介

AI Bridge 是深圳市闪联信息技术有限公司（以下简称"闪联"）自主研发的原生架构，拥有完整的知识产权和核心技术。该平台作为 AI 应用与大模型之间的智能桥梁，允许用户在多样化的计算环境中迅速构建和部署基于各种模型的 AI 应用。AI Bridge 支持包括国内外、公共与私有大模型在内的广泛模型类型，并兼容通用服务器算力与本地算力，满足不同用户的需求。AI Bridge 的主要应用包括但不限于智能硬件的 AI 功能扩展、AI 软件产品，如 AI 知识库的构建和 AI 文档秘书的应用，及 AI 智能设备如 AI 智能音箱的开发。

2. 实施背景

2024 年全球 AI 市场同比增长 21.56%，预计到 2027 年总投资将达 4236 亿美元。在中国，大模型市场规模预计达到 216 亿元，继续保持两位数增长。AI 大模型的技术进步，特别是多模态技术，推动了其在智能办公等领域的应用。市场对高性能 AI 模型的需求日增，但国内缺乏能集成多种模型的解决方案。AI Bridge 应运而生，填补了这一空白，提供了一个符合市场和技术趋势的高效解决方案。

3. 实施的必要性

（1）模型私有化和本地化，降低企业风险

在部署大型 AI 模型时，许多企业面临本地化和私有化的需求，这不仅涉及数据安全问题，还关乎遵守当地法规和政策。AI Bridge 提供的本地化私有数据保护和训练功能，确保了企业能在完全控制的环境下使用 AI 技术，同时符合地方性法规要求，从而降低了企业的合规风险。

（2）解决技术难题，保证数据安全

技术上，AI 大模型的发展带来了更复杂的数据处理和交互场景，传统的单一 AI 应用框架难以满足多模态技术的需求。AI Bridge 通过支持多引擎智能切换和本地私有算力，解决了这一技术难题，使得企业能够针对具体应用选择最适合的 AI 处理引擎，从而优化性能和增强数据处理的安全性。

（3）满足行业需求

集成式 AI Bridge 平台满足了 AI 产品用户对集成式平台的需求，让用户不用自己选择使用哪种大模型，也简化了厂商对各个模型的学习和微调的过程。AI Bridge 通过其先进的集成平台，能够支持从基础的数据处理到高级的交互式 AI 服务，提升用户体验，满足市场对智能产品更高层次的需求。

（4）促进产业发展

AI Bridge 推动了 AI 产业应用的发展，通过一个集成多种 AI 模型和技术的平台，促进了技术交流和创新。这种开放集成的环境加速了 AI 技术的商业化，激发新业务模式和产品创新，优化了产业链。同时，支持本地化和私有化技术，为本土企业提供竞争优势，增强了国内 AI 产业的实力和国际影响力。

二、项目实施过程

1. 主要做法

（1）研发与优化

闪联投入大量资源进行 AI Bridge 平台架构的研发与搭建，不断优化其性能以及和硬件、大模型的适配度。团队由经验丰富的软件、硬件开发人员、AI 大模型开发人员与软硬件产品经理和测试人员组成，确保 AI Bridge 可以给现有产品厂商，以及终端用户使用者带来良好的使用体验。

（2）强大的 AI 技术架构和生态系统

AI Bridge 构建了一个强大的 AI 技术架构和生态系统，专为支持多模态 AI 应用而设计，覆盖文本生成、图像处理、实时翻译等多种功能。该平台整合了多种先进 AI 模型如 ChatGPT、DALL-E 2 等，支持从简单文本到复杂图像和视频生成的广泛应用。AI Bridge 的核心功能分为信息处理、感知能力、AI 助理和 AI 传感器，形成一个全面、高度集成的 AI 平台。多引擎智能切换功能使 AI Bridge 能根据任务需求动态选择最优处理引擎，提高计算效率。AI Bridge 的技术架构与生态系统展示了 AI Bridge 作为技术集成者的能力，还促进了各行业的数字化转型，提供了创新平台和必要的技术支持，标志着硬核科技自主创新的新高度。

（3）合作伙伴关系

闪联与联想和微软合作，在全球云服务和视频会议系统上取得显著成果。通过闪联联盟，推动技术、产品及方案的产业化合作与推广，并与京东、华为等知名公司建立战略合作伙伴关系，快速扩展业务。在 AI Bridge 开发中，闪联加强与各硬件和软件生产商的合作，支持国产 AIGC 应用的发展，确保跨平台兼容性和稳定性。

（4）参与标准制定和行业合作

闪联曾建立世界级信息设备互联互通技术标准，并成功实现产业化。参与编写《闪联标准协议》，快速建构起智能会议室综合控制平台，从而快速满足用户个性化定制的智能会议室需求。把 AI Bridge 接入已有的智能办公应用，实现成熟的技术生态。

2. 关键要点

（1）兼容性与通用性

AI Bridge 的接口模块设计用于增强系统的通用性和可接入性。它支持嵌入式系统的对接调用，使各种设备能够直接利用这些高级功能。此外，它还提供了面向各种操作系统的 SDK 库调用接口，以及专门的 OS 模块和应用调用接口，确保不同系统之间可以无缝交互。此外，Web 请求接口为网络数据交换和管理提供了强大的支持。

（2）大模型模块

在大模型模块方面，AI Bridge 通过实施向量扩充和参数微调来优化模型的性能。此模块还支持多引擎智能切换，增强了处理效率和准确性。引入的检索增强生成（RAG）功能以及引导词管理系统进一步提高了模型的应用灵活性和交互自然度。

（3）通用 Web 交互 AI 服务

AI Bridge 在通用 Web 交互 AI 服务中提供了强大的输入输出模块，支持文本到语音（TTS）、语音到文本（STT）转换，并支持多语言及音色选择，以适应全球用户的需求。在保障数据安全方面，该服务通过私有知识库和上下文管理功能，确保用户数据的隔离和保护。

（4）上层通用 AI 文本交互应用

在用户界面方面，AI Bridge 的账号管理系统包括用户管理、账户计费和积分系统，使用户能够轻松管理其账户，同时享受个性化和安全的服务体验。

（5）通用 AI 语音交互应用的大数据模块

在大数据处理方面，AI Bridge 提供了全面的统计报表、数据看板和数据埋点功能，帮助企业洞察用户行为和偏好。此外，大数据推荐功能能够根据用户的历史交互数据提供个性化的服务和建议，从而优化用户体验。

三、成果总结

1. 经济效益

（1）降低成本

AI Bridge 技术框架的自主研发有效降低了企业运营成本。通过实现多引擎智能切换和优化本地私有计算资源的使用，AI Bridge 显著减少了对昂贵的云计算资源的依赖。此外，本地化的数据处理不仅加速了数据处理速度，还降低了数据传输过程中可能产生的成本和风险。这种技术的自主化确保了在进行大规模 AI 应用部署时，能够通过更精细的资源管理，实现成本效益最大化。

（2）提升竞争力

AI Bridge 的自主研发和应用极大地提升了国产化技术的竞争力。在全球 AI 技术迅速发展的背景下，AI Bridge 的国产化解决方案填补了市场上的技术空白，提供了与国际大厂竞争的新工具。通过整合多种 AI 模型和本地化技术，AI Bridge 不仅优化了性能和安全性，还加强了跨平台的兼容性和灵活性。

2. 社会效益

（1）保障国家数据安全

AI Bridge 技术框架的研发和应用对保障国家数据安全具有重要意义。通过采用本地化数据处理和私有化技术，AI Bridge 强化了数据的安全性和隐私保护，确保了敏感数据在本土处理和存储，从而降低了数据泄露的风险。AI Bridge 的技术能够为政府和企业提供一个可靠的平台，以确保他们在进行数据处理和分析时的安全性，这对于加强国家安全和保护公民权利尤为重要。

（2）促进产业发展

AI Bridge 作为一个先进的 AI 集成平台，其自主研发的成功实施为国内 AI 产业的发展带来了积极的推动作用。这一平台不仅提高了国内 AI 技术的自主创新能力，还促进了与其他高科技领域如大数据、云计算、物联网的融合，推动了整个科技生态系统的升级。通过支持多种 AI 模型和应用的集成，AI Bridge 也为产业用户提供了多样化的解决方案，助力行业向智能化、数字化转型，提升整个行业的技术水平和市场竞争力。

（3）提供就业机会

AI Bridge 项目的推广和应用为多个技术领域创造了丰富的就业机会。特别是对于硬件工程师、软件架构师、系统分析师以及 AI 模型开发人员等专业技术人才需求显著增加。此外，项目还需要产品经理、市场营销和客户支持团队来推动 AI Bridge 的商业应用和市场扩展。

3. 管理效益

（1）提高管理效率

AI Bridge 通过其高度集成的技术架构显著提高了管理效率。支持用户或企业通过一个统一的界面管理多种 AI 应用和数据流。无须对大模型的挑选与微调投入经费，进一步优化了资源配置和任务调度。

（2）提升信息化水平

AI Bridge 的应用显著提升了企业的信息化水平。通过集成先进的 AI 模型和多模态数据处理功能，企业能够实现数据的深度分析和利用，从而提高决策的数据驱动性。此外，AI Bridge 支持的多语言和多平台兼容性确保了信息技术的广泛应用，使得企业不仅能够在本土市场中提升运营效率，还能更好地适应和进入国际市场。

四、经验与启示

主动参与国际标准的研发制定，形成以标准为核心的能力体系和竞争优势。其中包括本地大模型、本地算力单元部署能力。AI Bridge 构建基于本地算力芯片（算能、灵汐、芯动力），脱离云端，实现数据私有化。基于国内、海外大模型的快速产品化能力。AI Bridge 基于国内文心一言、千帆等国外 ChatGPT 等大模型，快速开发和部署相关 AI 产品（PC、移动平台、Web）。多模态模型定制能力。根据具体应用场景和数据特点，对模型结构、训练过程等进行定制化设计，更好地处理和融合图片生成、视频生成、视觉识别等多模态模型，实现多模态功能融合产品构建。

与全球顶尖的公司建立伙伴关系，形成更加敏锐的研发洞察力，积蓄研发和管理实力。闪联长期专注于智能音视频和智能产品解决方案，与联想和微软合作，利用自主编码和底层通信技术，在全球云服务和视频会议系统等领域取得显著成果。公司积累了丰富的软硬件应用案例，近年来在与联想的合作中，即将交付多个 AI 软硬件项目的 POC（Proof of Concept，为观点提供证据），显示了深耕特定技术领域的重要性。

（完成人：赵　明　黎羽丰　刘志军　龚　顺　廖　曦　甄子腾　李慧芳　程文龙

李金琦　李明绘　曾俊翔　陈树志　张　翔　高东辉　李冬冬　罗潇雅

张程怡　欧　宝　佘泽奇　杨金凤　江泽龙）

提升电子元器件柔性检测能力，
支撑战略性新兴产业发展

贵州航天计量测试技术研究所

审定意见：

本成果通过融合现代通信及网络、图像识别等新技术，在微小尺寸器件的精准识别与抓取、微小尺寸器件的批量化测试、多设备间自动协同控制等三大关键技术领域实现了突破，构建了真正意义上的电子元器件柔性数字检测解决方案——只用一条检测线，就可以对不同规格、不同型号、不同类别的电子元器件进行检测，实现了电子元器件全流程自动化质量检测，极大地提高了电子元器件检测的精度和效率。同时，该方案的技术路径和核心设备还具备扩展升级潜在空间，可对新开发的新型电子元器件进行检测，支持未来大量复杂检测任务的需求，对于提高战略性新兴产业和未来产业的竞争力，可发挥基础性、关键性的技术支持作用。

创新点：

致力于提升元器件质量检测的数字化和智能化水平，以片式钽电解电容器、瓷介电容器、表贴二极管等为主要测试对象，开展全流程检测试验。研究高精度移动模组并行测试技术，实现多种类型器件的批量、高精度自动化测试；研究微小器件快速高精度图像识别算法，确保小尺寸、多类型器件的准确识别与定位；研究兼容多种电子元器件的高速自动编带技术，满足不同型号、类型电子元器件的高速、自动编带需求；研究电子元器件柔性测试技术，实现各功能模块自由组合，提升系统灵活性。这些创新点有力地推动了电子元器件质量检测的发展。

价值点：

该案例的价值点在于显著提高了质量检测的效率和准确度，为企业生产效率和产品质量的提升提供了有力保障。通过优化关键工序，进行自动化改造和研制专用检测装备，过程能力指数取得新高。自动化检测避免了误测、漏测、误判和漏判，实现测试数据全周期溯源和全过程管控。极大地压缩了电子元器件测试周期，进一步提升了客户满意度，使市场占有率在贵州省稳居第一。此外，该解决方案为后期建设电子元器件智能检测生产线奠定了坚实基础，推动了试验检测的数字化和智能化发展，对满足国防需求、航空航天事业发展，以及实现中国向智能制造强国转变具有不可估量的社会效益。

可复制性和应用范围：

随着智能制造的快速发展，电子元器件种类不断增加，对装备产品研制交付周期的要求越来越高，传统人工可靠性测试手段已无法满足需求，此方案作为新的测试技术可有效提高元器件测试效率、互换性好，缩短交付周期。它能覆盖多型号军工、民用电子元器件产品的测试需求，并可根据后续型号测试要求快速扩展升级。对贵州省实施数字强省、构建数字融合新发展格局意义重大，且能为国防需求、航空航天事业发展提供支持，对实现中国向智能制造强国转变具有重要作用，其社会效益巨大。

成果详述：

一、基本情况

1. 项目简介

贵州航天计量测试技术研究所聚焦于提升电子元器件质量检测的数字化和智能化水平。以片式钽电解电容器、瓷介电容器、表贴二极管等为主要测试对象，开展元器件全流程检测试验。项目核心在于研究并应用一系列先进技术，包括高精度移动模组并行测试技术、微小器件快速高精度图像识别算法、兼容多种电子元器件的高速自动编带技术以及电子元器件柔性测试技术。这些技术的应用旨在实现多种类型器件的批量、高精度自动测试，确保小尺寸、多类型器件的准确识别与定位，达成不同型号、不同类型电子元器件的高速、自动编带，并实现各功能模块的自由组合，从而显著提升系统的灵活性。

2. 实施背景

电子元器件可靠性检测在军用及民用电子元器件产业链中占据关键地位。鉴于军用元器件失效所带来的高昂代价，我国对军用电子元器件的可靠性提出了极高要求。在军用电子元器件产业链中，检测服务技术与电子元器件的可靠性紧密相连，它不仅为上游生产厂商的产品提供了至关重要的质量检测保障，也为下游军工企业的稳健发展奠定了坚实的质量基础。贵州省本土的检验检测类企业数量相对较少，且在数字化、信息化水平方面存在明显不足，这使得它们在与外来企业的竞争中处于劣势。随着电子元器件种类的不断增多，传统的"一机一测"单一测试设备逐渐暴露出测试效率低下问题，而且在换品测试后，设备的改造及投入成本巨大。在这种背景下，实现电子元器件柔性数字检测线的建设显得尤为重要。

3. 实施的必要性

军用元器件的可靠性至关重要，其失效可能导致严重后果，因此对其进行严格的可靠性检测是必不可少的。在军用电子元器件产业链中，可靠的检测服务技术不仅能够确保上游生产厂商产品的质量，还能为下游军工企业提供稳定的质量保障，从而推动整个产业链的健康发展。对于贵州省而言，本土检验检测企业在面对外来企业的竞争时，亟须通过数字化转型来提升自身实力，以适应市场需求并实现数字强省的目标，构建数字融合的新发展格局。此外，随着电子元器件的不断发展，其种类日益丰富，传统测试设备的低效已经无法满足现代生产的要求。通过实现电子元器件柔性数字检测线的建设，可以有效提升检测效率和设备利用率，降低人力劳动成本和设备投入，进而创造更大的生产效益。更重要的是，该项目的实施对于推动航空航天事业的发展具有重要意义，它将为中国向智能制造强国的转变提供有力支持，使其能够有效应对未来大量复杂检测任务的挑战，其所带来的社会效益是不可估量的。

二、项目实施过程

1. 主要做法

（1）高精度移动模组并行测试技术

通过研究高精度移动模组并行测试技术，实现了多种类型器件的批量自动化测试。这种技术能够大幅度提高测试效率，减少人工干预，降低出错率。

（2）微小器件图像识别算法

开发了一套适用于微小器件的快速、高精度图像识别算法，能够准确识别与定位小尺寸、多类型的器件。这有助于提升检测的准确性和可靠性。

（3）兼容多种电子元器件的高速自动编带技术

研究了一种兼容多种电子元器件的高速自动编带技术，可以对不同型号和类型的电子元器件进行高效的自动编带，降低了人工操作的需求，提升了生产效率。

（4）电子元器件柔性测试技术

通过研究电子元器件柔性测试技术，实现了各功能模块的自由组合，提升了系统的灵活性，使其能够适应不同的检测需求。

2. 关键要点

（1）机电一体化与自动测试技术的结合

项目采用了机电一体化技术、自动测试技术、通信及网络技术、图像识别技术等现代科技手段，开展元器件自动拆带、外观检查、数量清单、电参数自动测试、摆盘、自动编带等全流程检测试验。

（2）各功能子模块的自由组合

各功能子模块能够自由组合，实现了电子元器件检测试验的全过程自动化。例如，系统可以根据元器件可靠性检测试验管理系统中的流程信息，自动控制元器件外观检测工艺装置、元器件自动化测试系统、编带装置等，完成从拆带到自动编带的全流程。

（3）技术突破与应用

项目着重突破了微小器件的高精度自适应图像识别技术、微小尺寸器件的批量化测试技术以及多设备间自动协同控制技术。这些技术突破不仅提高了检测效率，还确保了检测的准确性和一致性。

（4）检测线建设的总体思路

"逐点布局、横向扩展"的总体思路指导着检测线的建设。首先，立足于满足特定类型电子元器件的电参数测试需求，逐步扩展到其他类型的电子元器件。其次，开展了元器件外观检测、自动打点、自动编带、高低温环境测试等一系列自动化功能的研究与开发。最后，实现了各功能子模块的有机结合，当测试需求不同时，各功能子模块能自由组合，以实现电子元器件的柔性检测。

三、成果总结

1.经济效益

（1）提高生产效率

通过电子元器件质量检测数字化和智能化能力的提升，实现了多种类型元器件的批量、高精度自动化测试，极大地提高了检测效率。自动测试编带效率达到600只/小时，整体检测效率不少于14000只/天，有效地缩短了电子元器件的测试周期，提高了企业的生产效率。

（2）降低成本

该解决方案减少了对人工的依赖，降低了人力劳动成本。同时，通过实现一套自动化测试线完成多款产品的检测，提高了检测设备的利用率，减少了设备的投入和改造成本。

（3）增加市场占有率

项目的实施提升了产品质量和检测效率，进一步提升了客户满意度，使市场占有率在贵州省稳居第一，为企业带来了更多的经济效益。

2. 社会效益

（1）推动行业发展

该解决方案为电子元器件检测行业提供了一种新的数字化和智能化测试技术，提高了元器件测试效率和互换性，缩短了交付周期，对推动整个行业的发展具有重要意义。

（2）满足航空航天需求

该项目为航空航天事业的发展提供了有力支持，确保了电子元器件的可靠性，为国家的安全和科技发展作出了贡献。

（3）促进向智能制造强国转变

该项目的成功实施为中国向智能制造强国转变提供了实践经验和技术支持，有助于提升国家在智能制造领域的竞争力。

3. 环境效益

（1）节能减排效果明显

自动化检测设备相比传统检测方式，在能源消耗上更加高效，减少了不必要的能源浪费。同时，减少了废弃物的产生，降低了对环境的负面影响，符合可持续发展的要求。

（2）促进可持续发展

通过提高检测效率和产品质量，减少了资源的浪费，提高了资源的利用效率。这有助于推动电子元器件行业向绿色、低碳的方向发展，实现经济发展与环境保护的良性互动。

4. 管理效益

（1）实现数据全周期溯源和全过程管控

自动化检测系统能够实现测试数据的全周期溯源和全过程管控，确保了数据的准确性和可靠性。这使得企业能够及时发现和解决质量问题，提高了质量管理的水平，增强了产品的稳定性和可靠性。

（2）提升管理效率和决策科学性

数字化和智能化的检测方式为企业管理提供了便捷的工具和准确的数据支持，管理人员能够更加及时、准确地了解生产情况，做出科学的决策。同时，减少了人为因素的干扰，提高了管理的效率和精度。

（3）培养专业人才队伍

项目的实施过程中，企业员工通过参与技术研发和应用，积累了丰富的数字化和智能化技术经验，培养了一批具备创新能力和实践经验的专业人才。这些人才将为企业和行业的未来发展提供坚实的人才支撑。

四、经验与启示

以需求为导向，把用户的痛点作为研发的切入点。该项目紧密围绕电子元器件质量检测的实际需求，开展了有针对性的研究和开发工作，并通过高精度移动模组并行测试技术、微小器件快速高精度图像识别算法、兼容多种电子元器件的高速自动编带技术以及电子元器件柔性测试技术等一系列创新成果的应用，极大地提高了元器件质量检测的效率和准确性。有效解决了用户普遍存在的难点和痛点问题，从而实现了自身的商业价值和社会价值。

以系统性思维，增强研发机制和产品的协同性。无论是研发组织还是产品，都是系统集成的产物和成果。产品软硬件之间的匹配和协同、元器件之间的匹配和协同，对于最终产品的性能起着决定性的作用。该项目通过将硬件结构和软件架构有机结合，使各功能模块协同工作，顺利完成了电子元器件全流程检测试验。

同样，在面对复杂的问题和任务时，必须注重系统的整体性和协同性，加强不同部门、不同环节之间的沟通与合作，实现资源的优化配置和效益的最大化，才能确保项目的顺利实施和目标的达成。

（完成人：吕　翔　杨玉龙　朱义杰　王伟伟　孙　毅　王红彬　赵中泽　邹宜桢）

无动力生活垃圾热解处理技术破解乡村环保难题

江西致远环保股份有限公司

审定意见：

本成果通过运用具有独创性的无动力垃圾处理技术等一系列创新技术，利用热解原理，在无任何燃料和动力添加的情况下，实现了生活垃圾的无害化、资源化处理。尤其是可以减少和避免二噁英、焦油、垃圾渗滤液等垃圾处理后的重污染物质的产生，成功破解了生活垃圾处理中的国际性难题。在满负荷运转的状态下，单台设备每年碳减排量约为900吨；固体废弃物减少2600吨。相比城市垃圾的处理，因受限于技术、资金等现实困难，偏远地区和小微型城市的垃圾处理问题更加严重，成为严峻的环境隐忧。本项成果的推广利用，对于分布广阔的乡村和城镇是一个利好。

创新点：

热解产品采用无动力利用垃圾处理技术，储能蓄能持续安全稳定运行，立式结构性分层温控污控技术和可变量气控技术的创新运用，使热解炉可人为调控进气量和热解速度，无须辅助燃料，持续安全稳定运行，实现垃圾无害化处理。产品研发生产和交付速度快、成本低，能满足个性化需求，且厂方有智能化云平台指导作业和管理，在国际国内处于领先水平。

价值点：

该成果对生活垃圾处理效果良好，能对日产 3~15 吨的生活垃圾全部日产日清热解处理。营运成本低廉，热解处理不添加辅助燃料，节省了燃料和转运费用。操作简单，对操作人员文化水平要求不高，且 1 人兼职即可。维护维修费用低，能常年持续不间断安全稳定运行。最重要的是，无害化效果显著，不产生恶臭，无垃圾渗滤液，尾气排放及灰渣检测达到国家标准，对环境友好。

可复制性和应用范围：

实现了产品技术系统化集成，部件、组件模块化生产，打包式运输，积木式组装安装，智能化运行。能够根据客户现场需求提供量身定制的一站式服务。适应生活垃圾产生量小、需要分布式就近就地处理的客户。如偏远山区、交通运输不便地区以及人口相对集聚的地区。对于农业生产专业区域、农业废弃物产生量较多的目标客户也适用。

成果详述

一、基本情况

1. 项目简介

江西致远环保股份有限公司开发建设的青海省格尔木市小灶火农村生活垃圾热解处理建设项目日处理量为 3~15 吨，主要服务于青海省格尔木市乌图美仁乡小灶火辖 13 个行政村、生产合作社的生活垃圾处理。项目总占地面积 1200 平方米，总投资 667.24 万元（含土建、分布式分层温控无动力热解主装置一套、尾气净化装置两套、智能云平台一套），其中设备占地面积为 567 平方米。处理工艺为"户简单粗分—村收集—转运—分布式分层温控无动力热解—降温除尘塔—单简旋流柜—高压湿电氧化—活性炭吸附"。排放标准符合《生活垃圾焚烧污染物控制标准》（GB 18485—2014）和《生活垃圾填埋场污染控制标准》（GB 16889—2008）。建设规模包括建设年处理能力为 2738 吨垃圾的分类终端处理装置设备，新建丙类砌体尾气处理用房 70 平方米等工程。

2. 实施背景

随着城镇化进程的加快，乌图美仁乡的生活垃圾产生量不断增加。然而，此前该乡的生活垃圾处理管理体系不规范、不完善，导致污水横流、垃圾乱飞乱倒的现象严重，简单填埋不仅占用大量土地，还造成了土地资源的浪费。同时，生活垃圾对环境的污染也日益严重，影响了居民的生活质量和健康。

3. 实施的必要性

首先是改善人居环境的迫切需要。垃圾乱堆乱放和处理不当，严重破坏了乡村的美观和整洁，对居民的生活环境造成了极大的负面影响。实施该项目可以有效解决垃圾污染问题，提升乡村的环境质量，为居民创造一个干净、舒适的生活环境。其次是保护生态环境的必然要求。传统的垃圾处理方式对土壤、水源和空气等造成了严重的污染，威胁着生态平衡和可持续发展。热解处理技术能够实现垃圾的减量化、无害化和资源化，减少对环境的破坏，保护生态环境。最后是推动乡村振兴战略的重要举措。改善农村人居环境是乡村振兴的重要任务之一，通过建设有效的垃圾处理设施，可以提升乡村的基础设施水平，促进农村经济的发展，增强农村的吸引力和竞争力。

二、项目实施过程

1. 主要做法

（1）生活垃圾来源及其收集、运输

处理的生活垃圾来自辖区内，由村庄定点垃圾收集箱收集，装满后定期通过垃圾转运车辆拉运至项目地点。

（2）生活垃圾站内分拣、暂存

站内不设置垃圾暂存设施，垃圾转运车辆进入站内后进行人工分拣，将有害垃圾分拣出并送至专门区域暂存，确保有害垃圾不进热解炉。

（3）投料进炉

将垃圾倾倒入热解炉内热解，热解炉为立式封闭结构，进料口在进料时打开，不进料时关闭，避免热解废气无组织排放。

（4）炉内热解、内置热解二燃室组合过氧燃烧及烟气净化工艺过程

进入炉内的垃圾受重力作用自上而下依次经过各层，利用无动力分层温控内置热解二燃室组合技术原理，使生活垃圾中不挥发的可燃物完全分解气化，生成可燃气体，内置热解二燃室组合过氧燃烧将可燃气体及焦油类物质彻底处理，最后通过炉渣排口将炉渣排出，产生的废气经烟气净化系统净化处理后达标排放。

（5）炉渣的排出

经过热解处理后的生活垃圾产生的炉渣通过炉体下段炉渣排口直接下落

至储灰箱，定期通过转运车辆送至垃圾填埋场填埋处置。

（6）设备选型与安装

采用分布式分层温控无动力热解主装置一套、尾气净化装置两套、智能云平台一套等设备，确保垃圾处理的高效性和环保性。

（7）人员培训与管理

对操作人员进行培训，使其掌握垃圾处理的工艺流程和设备操作技能。同时，建立健全管理制度，确保项目的正常运行和维护。

2.关键要点

（1）热解原理的应用

热解原理是在全密闭、无氧或缺氧状态下进行高温热解，尽量避开二噁英产生条件，实现垃圾减量化、无害化、资源化的过程。

（2）污控原理的把握

通过控制温度、时间、炉膛出口氧含量等参数，减少二噁英的产生。同时，利用热解装置炉立式结构和炉顶锅扇设计结构，使烟气、水汽、颗粒物等随热气流上升，被上层垃圾阻拦和吸附形成二次或多次热解，并在炉顶锅扇结构形成水膜旋风，具有水膜除尘装置作用，避免二噁英再次产生。

（3）气控原理的实现

通过装置进料口和出渣口的设计，以及进气口和烟囱大小的科学计算，结合内部能量的热力学交换和空气动力学运动，实现外部空气的底部微负压自动吸入和烟气顶部的微正压自动排放。可对进出空气系数进行人为调控，根据炉内垃圾量的多少，合理安排下灰速率，控制炉内空气交换系数。尾渣作为阻力开关，防止装置内有明火产生，延长装置的使用寿命。

（4）烟气净化处理

燃烧热解后的烟气经降温除尘塔急冷降温除尘后，再经单桶旋流柜、高压湿式氧化除尘器、活性炭过滤箱等烟气净化处理后达标高空排放。

三、成果总结

1. 经济效益

该项目的营运成本低，生活垃圾热解处理不添加任何辅助燃料，节省了燃料费用。同时，无垃圾暂存场和二次转运，减少了转运费用。此外，产品制造、销售和服务成本低，处理 1 吨生活垃圾不超过 40 元。这些因素都有助于降低项目的运营成本，提高经济效益。

2. 社会效益

有利于改善人居环境，提升人民群众幸福感。生活垃圾的收集和处理改善了环境卫生面貌，为群众创造了干净、舒适的生产和生活环境，减少了国民经济各行各业的损失，降低了发病率和医疗保健费用，促进人民群众的身体健康和精神愉悦。有利于促进生活垃圾处理产业的发展，推动经济社会绿色转型。生活垃圾热解技术和设备的使用节约了土地资源，实现了"变废为宝"，推进节约资源、发展循环经济的进程，促进生态环境和循环经济的可持续发展。

3. 环境效益

对生活垃圾的处理效果好，能够对日产 3~15 吨的生活垃圾全部日产日清热解处理。经热解炉处理后，生活垃圾减量约为 95%，每年减少固体废弃物产生量约为 2601.1 吨。尾气排放及灰渣检测达到《生活垃圾焚烧污染物控制标准》（GB 18485—2014）国家标准，全年减排烟尘约 5.47 吨，减排二氧化硫 13.14 吨，减排氮氧化物 4.161 吨。项目现场无苍蝇、无垃圾渗滤液、无恶臭、无二次污染，对环境的影响较小。利用生活垃圾本身的热值以达到无动力处理生活垃圾的目标，以一年中处理的垃圾产生的热值折算出节省的标准煤为 273.8 吨，减少了对传统能源的依赖，具有较好的能源节约效益。

4. 管理效益

智能化云平台的应用，提高了项目的管理效率和精度，能够实时监测和控制项目的运行情况，及时发现和解决问题，确保项目的安全稳定运行。同时，该项目的部件、组件模块化生产，打包式运输，积木式组装安装，使得项目的建设和维护更加便捷，降低了管理成本和难度。

四、经验与启示

由于点散面大、经济不发达、运营成本高等原因，偏远地区生活垃圾处理一直是垃圾处理领域的死角和盲区。江西致远环保股份有限公司瞄准这一痛点，通过一系列技术创新，以立式结构性分层温控污控技术和可变量气控技术为主体，结合智能化云平台等数字化技术手段，应用热解原理研发出适合农村需要的无动力垃圾处理产品。系统性解决了农村地区垃圾处理存在的难题。其独创的热解处理技术，实现"清零"式的垃圾处理，减少和避免了二噁英、垃圾渗滤液等二次污染物的产生。在地域辽阔的农村地区有着巨大的市场空间和市场前景。

（完成人：谌向华　谌向阳）

以情感 AI 技术突破扩展 AI 数字人应用场景

天娱数字科技（大连）集团股份有限公司

审定意见：

本成果通过对 3D 数据集与情感 AI 技术的有效整合，天娱数字科技（大连）集团股份有限公司（以下简称"天娱数科"）成功克服了高精度 3D 数据稀缺与情感交互能力不足的技术难题，推动了 AI 数字人在多个行业的广泛应用。此成果不仅显著提升了 AI 数字人的逼真度与实用性，而且为企业带来了实际的经济效益和社会效益。技术创新包括多模态数据采集、基于 Transformer 架构的大规模数据训练以及情感垂类大模型的应用等方面，为 AI 数字人技术的发展树立了新的标杆。此外，该成果在文娱、商业、旅游等多个领域的应用表明其具有较强的可复制性和广泛的应用前景，对于促进相关产业的智能化转型具有重要意义。

创新点：

在高精度 3D 图形和情感语言数据处理方面展现出独特优势。通过 3D 数据集与情感 AI 的多模态交互，极大地提高了数据应用效率，促进了数据从生产资料向生产要素的价值转变。成果效益方面，通过优化数据采集、处理和运营流程，降低了客户的投资成本，使数据应用更经济高效。数据价值提升方面，高精度 3D 数据集与情感 AI 的结合不仅提升了数据质量和应用价值，还增强了数据的深度和广度。数字人方面，提升了 AI 数字人的实用性和交互性，使其更加智能和人性化。创新应用方面，数据应用和 AI 技术在多个领域创新融合，为产业生态的智能化转型提供了新思路和解决方案。

价值点：

天娱数科通过人工智能技术与大数据分析技术，结合自研算法技术，从海量图形与语言数据中挖掘和利用数据的潜在价值，以实现企业业务场景的优化和创新。基于数据的采集、整合与分析，结合不同行业特定的业态属性，探索高效数据资源价值转换的商业模式，实现企业业务的增值与业绩指数级增长。同时，在保障数据安全和隐私的前提下，实现企业数据在不同主体之间合法、有序和高效地流动和利用，包括数据加密保护、数据访问控制与数据合规管理等措施。利用平台强大的融合应用能力，帮助企业降低人力投入，优化资源使用，减少决策流程，提升场景业务服务体验，从而增强企业竞争力与市场影响力。

可复制性和应用范围：

依托 3D 数据集、情感垂类大模型与元享智能云平台的三重融合优势，天娱数科成功打造了一系列 AI 交互智能应用，在多个领域实现了显著的经济效益和社会效益。这些应用针对不同企业的具体需求，提供定制化的专业解决方案，帮助企业构建和完善其数据要素，增强数据驱动能力。应用范围覆盖文娱、商业、旅游、互联网、教育、党务政建等多个领域，展现了广泛的适用性和灵活性。因此，该成果不仅具有较高的可复制性，而且在多个行业中具备广阔的应用前景。

成果详述：

一、基本情况

1. 项目简介

"数据要素 × 智算创新"项目是由天娱数科发起的一项旨在推动 AI 数字人技术在多领域应用的创新实践。该项目重点攻克了 AI 数字人技术在逼真度和实用性的提升方面所面临的挑战，特别是在高质量 3D 数据的稀缺和情感交互能力的不足两大难题上取得了突破。

2. 实施背景

随着人工智能技术的快速发展，AI数字人技术逐渐成为各行各业关注的焦点。然而，AI数字人的逼真度和实用性提升面临诸多挑战，其中最突出的是高质量3D数据的稀缺和情感交互能力的不足。为了解决这些问题，天娱数科整合了先进的3D数据集和自研的情感垂类大模型——智者千问，通过多模态数据采集、大规模数据训练以及情感交互优化等一系列技术创新，成功地提升了AI数字人的实用性和交互性，使其更加智能和人性化。

3. 实施的必要性

随着数字经济的蓬勃发展，数据已经成为企业的重要资产之一。然而，如何有效利用这些数据来创造价值仍然是许多企业面临的难题。传统的数据处理方法往往无法满足企业在数据应用上的需求，特别是在需要高度个性化和情感丰富交互的场景下。因此，开发一种能够有效挖掘和利用数据潜在价值的方法变得尤为重要。天娱数科的"数据要素 × 智算创新"项目正是针对这一需求而设计。通过技术创新，不仅解决了AI数字人技术存在的问题，还为多个行业提供了创新的应用方案，如在电影、游戏和虚拟现实等领域提供逼真的角色建模和情感丰富的交互体验，在商业领域提供更加个性化和情感化的客户服务，在旅游行业提供虚拟导游服务，等等。这些应用不仅降低了企业的运营成本，提升了效率，还促进了企业的数智化转型，为企业的数据要素构建提供了专业解决方案与能力补充。

二、项目实施过程

1. 主要做法

（1）多模态数据采集

该项目采用先进技术手段采集包括网格、纹理、相机位置、时序数据、物理参数、动作和表情在内的7种多模态数据。数据存储量超过20TB，其中高精度 3D 头模近 200 人，精度级别达到了毫米级别。这为后续的数据处理和模型训练奠定了坚实的基础。

（2）高质量 3D 数据训练

该项目基于 Transformer 架构的特性，采用大规模、高精度的数据源进行训练。这种训练方式遵循了 Scaling Law，即数据规模的增加能够显著提升模型的精确度。在 3D 模型训练过程中，通过图文的方式控制 3D 模型的输出，并对解码器和编码器进行了改写，同时利用注意力机制和融合策略研发了跨模态内容生成技术。

（3）情感垂类大模型——智者千问

作为国内首个情感垂类大模型，智者千问专门针对情感交互进行了优化。这一 7-14B 精调情感数据垂类模型能够实现多情感场景的智能交互，并融入了表情相关的结构化数据。在调用时，通过控制 PromptTemplate 进行情绪数据的结构化输出，广泛应用于智能体交互。

2. 关键要点

（1）技术创新

通过技术创新解决了 AI 数字人技术中存在的主要瓶颈，包括高质量 3D 数据的稀缺和情感交互能力的不足。这不仅提高了数据应用效率，促进了数据从生产资料向生产要素的价值转变，还提升了 AI 数字人的实用性和交互性。

（2）应用范围

依托 3D 数据集、情感垂类大模型与元享智能云平台的三重融合优势，天娱数科成功打造了一系列 AI 交互智能应用。这些应用在多个领域实现了显著的经济效益和社会效益。针对不同企业的具体需求，可提供定制化的专业解决方案，帮助企业构建和完善其数据要素，增强数据驱动能力。应用范围覆盖了文娱、商业、旅游、互联网、教育、党务政建等多个领域，展现了广泛的适用性和灵活性。

（3）行业应用

项目成果被应用于多个领域，如文娱产业中的电影、游戏和虚拟现实，提供逼真的角色建模和情感丰富的交互体验；商业领域中的零售和电子商务，提供更加个性化和情感化的顾客服务；旅游行业中的虚拟导游服务，通过逼真的 3D 场景和情感交互，为用户提供全新的旅游体验；教育领域中的个性化学习辅导和情感支持，提高学习效率和体验；金融行业中的客户咨询和投资建议，提高服务的专业性和个性化水平；房地产行业中虚拟房产展示和情感化的购房咨询，提升了客户体验。

（4）成果效益

通过优化数据采集、处理和运营流程，降低了客户的投资成本，使得数据应用更加经济高效。高精度 3D 数据集与情感 AI 的结合不仅提升了数据的质量和应用价值，还增强了数据的深度和广度。这些应用不仅降低了企业运营成本，提升了效率，还促进了企业的数智化转型，为企业的数据要素构建提供了专业解决方案与能力补充。

三、成果总结

1. 经济效益

该项目的成功实施为企业带来了显著的经济效益。首先，通过优化数据采集、处理和运营流程，降低了客户的总体投资成本，使数据应用变得更加经济高效。其次，高精度 3D 数据集与情感 AI 的结合，不仅提升了数据质量和应用价值，还增强了数据的深度和广度，为企业创造了更多的商业机会。最后，AI 数字人技术的应用提升了产品的实用性和交互性，使其更加智能和人性化，进而提高了市场竞争力。在实际应用中，这些技术帮助企业在多个行业中实现了业务增长和业绩的指数级提升。例如，在商业领域，通过 AI 数字人技术提供更个性化和情感化的顾客服务，有效提升了顾客满意度和忠诚度；在旅游行业，利用 3D 数据集为游客提供虚拟导游服务，为用户提供全新的旅游体验，从而增加了旅游收入。

2. 社会效益

除了经济效益外，"数据要素 × 智算创新"项目还带来了显著的社会效益。通过 AI 数字人技术提供的个性化学习辅导和情感支持，提高了教育领域的学习效率和体验。在金融行业，AI 数字人技术的应用改善了客户服务体验，提升了服务的专业性和个性化水平。此外，项目还促进了企业数智化转型，为企业的数据要素构建提供了专业解决方案与能力补充。这些技术的应用不仅提升了用户体验和服务质量，还促进了社会整体的智能化进程。

3. 环境效益

在环境效益方面，该项目同样发挥了积极作用。一方面，通过智能技术的应用，减少了人力资源的消耗，降低了能源消耗和碳排放，有助于环境保护。另一方面，项目实施过程中注重数据安全和隐私保护，保障了用户数据的安全流转，减少了因数据泄露可能带来的环境风险。此外，项目的广泛应用还促进了各行各业的数字化转型，减少了传统业务模式对实体资源的需求，间接地减轻了其对环境的压力。

4. 管理效益

从管理角度来看，该项目的实施为企业带来了显著的管理效益。利用平台强大的融合应用能力，帮助企业降低了人力投入，优化了资源使用，减少了决策流程，提升了场景业务服务体验。这些措施有效增强了企业的竞争力和市场影响力，提高了企业的管理效率和运营水平。此外，通过数据价值的安全流转，确保数据在不同主体之间合法、有序和高效地流动和利用，加强了企业的数据治理能力。

四、经验与启示

1. 数据价值的挖掘与利用

项目成功的一个重要原因是能够有效地挖掘和利用数据的潜在价值。通过从海量图形与语言数据中提取有价值的信息，天娱数科不仅提升了数据的应用价值，还实现了企业业务场景的优化和创新。在数字经济时代，数据已成为重要的生产要素，企业和组织应当重视数据的收集、整理和分析，以期从中发现新的商业机会和发展路径。

2. 数据安全与合规管理

在数据价值安全流转方面，项目采取了包括数据加密保护、数据访问控制与数据合规管理等措施，确保了数据在不同主体之间合法、有序和高效地流动和利用。这对于维护用户隐私和数据安全至关重要，也是企业获得用户信任、保持良好声誉的基础。

（完成人：王智武 天娱数科子公司智境云创团队）

第十六章　要素创新配置

"黑海战略"创新共同体聚合超现实能量

株洲国创轨道科技有限公司

审定意见：

本成果以突破"卡脖子"技术实现永续创新为目标，整合覆盖全产业链、跨行业、跨门类、跨组织类型的优势创新资源和创新保障资源，构建高度协同的生态型创新共同体、价值共同体、市场共同体和竞争共同体。通过动态变化的生态型组织结构，增强组织的基础能量和活力，完成由"红海战略""蓝海战略"向"黑海战略"的竞争战略和竞争方式升级。构建基于未来的竞争优势，引领关键共性技术实现"从0到1"的突破。在实际运营中，"公司＋联盟"的创新创业平台已经成功攻克5项"卡脖子"技术，实现进口替代；系统解决10余项关键共性技术；累计申请国际PCT发明专利5项、国家发明专利和实用新型专利共47项。为中国轨道交通装备产业保持国际领先地位和竞争优势地位，积蓄了能量。作为全新的组织类型和战略模式，这一探索和实践具有重要的研究和复制价值。

创新点：

提出"黑海战略"，构建轨道交通装备产业新型创新生态体系，实现产业链企业的创新发展和价值共享，区别于传统的"红海战略"和"蓝海战略"。采取"企业＋联盟"运营模式，整合行业上下游企业，搭建协同创新平台，促进产业链内优势互补和资源共享。实施"平台＋创客"模式，吸引行业创新人才以灵活多样的方式参与关键共性技术攻关项目，实现价值共生。

搭建"院士＋博士"攻关团队，确保创新人才团队稳定高质高效，引领行业技术创新发展。实行"技术＋管理"创新双轮驱动，打造六大服务平台，实施薪酬激励体制，为创新生态体系提供技术支撑和保障。

价值点：

其一，提升轨道交通装备行业竞争力，通过"黑海战略"整合创新资源、攻克关键技术，推动行业高质量发展，在全球竞争中占优。其二，构建创新生态体系，促进"产、学、研、用、政、商、金"深度融合，实现价值共建共享，为行业可持续发展提供强大动力。其三，解决关键核心技术受制问题，突破"卡脖子"技术，增强产业链、供应链自主可控能力，保障国家产业安全。其四，助力培育世界级产业集群，形成综合性创新网络，有望打造国家世界级产业集群。其五，实现创新中心自我造血和盈利，为自身和行业发展树立榜样。最后，积极践行国家战略目标，为实现新时代现代化经济体系建设作出重要贡献。

可复制性和应用范围：

"黑海战略"所构建的创新生态体系模式，可在其他高端装备制造行业进行推广和应用。其"企业＋联盟"的运营模式，能有效整合产业链上下游企业资源，实现优势互补，这一模式可被类似产业集群借鉴。"平台＋创客"的创业模式，为吸引高端人才参与技术攻关提供了新思路，可在诸多技术创新领域应用。"院士＋博士"的攻关团队建设形式，以及"技术＋管理"创新双轮驱动的理念，也适用于其他追求科技创新和管理创新的组织和企业。

成果详述：

一、基本情况

1. 项目简介

本项目旨在探索"黑海战略"在国家级创新中心建设过程中的实践效果。国家级创新中心——国家先进轨道交通装备创新中心（以下简称"国创中心"）于 2019 年 1 月批准设立，运营公司为株洲国创轨道科技有限公司。国创中心采取"企业＋联盟"运营模式，搭建创新创业平台；实施"平台＋创客"模式，激发创新创业活力；搭建"院士＋博士"攻关团队，引领行业技术创新发展；实行"技术＋管理"创新双轮驱动，提升创新创业原动力。

2. 实施背景

当前我国经济发展环境面临深刻复杂变化，国内经济转型升级迫在眉睫。以工业互联网为基础的信息化、数字化、智能化、平台化正深刻改变轨道交通装备产业格局及企业研发、生产、营销和管理模式。传统商业模式下的"红海战略"和"蓝海战略"已无法适应时代发展要求，基于物联网时代先进轨道交通装备发展方向，提出了"黑海战略"，旨在构建轨道交通装备产业新型创新生态体系。同时，我国制造业面临"大而不强"的问题，关键核心技术受制于人、产业共性技术供给不足等创新能力不强的问题严重制约我国制造业从"量"到"质"的转型。为应对全球产业竞争格局深入调整，落实创新驱动发展战略，打造先进轨道交通装备产业竞争优势，设立了国创中心。

3. 实施的必要性

轨道交通装备作为轮轨上的国家名片，是参与全球竞争的中国装备代表作，是实现制造强国的重要支撑。在经济全球化和竞争激烈化背景下，打破传统线性管理，构建轨道交通装备产业创新生态体系，是提升轨道交通装备行业整体竞争实力，在全球竞争中占据有利地位的有效途径。国创中心是轨道交通装备行业唯一一家国家级制造业创新中心，肩负着重要使命。通过实施"黑海战略"，可以有效整合轨道交通装备行业创新资源，避免行业内部的同质化竞争，建立创新生态体系，服务于整个产业链上下游企业，为攻克行业关键共性技术并实现价值共生探索一条有效途径。此外，我国轨道交通产业在核心零部件设计制造、共性基础技术研发、服务化转型方面仍存在短板，必须走高质量创新发展道路。国创中心践行"黑海战略"，有助于促进产业集群做强、做大、做优，成为推动轨道交通装备领域持续引领的国家中坚力量，用创新擦亮轮轨上的国家名片。

二、项目实施过程

1. 主要做法

（1）采取"企业＋联盟"运营模式，搭建创新创业平台

国创中心按照"运营公司＋产业联盟"模式组建运营。运营公司株洲国创轨道科技有限公司由多家单位组建，整合行业上下游企业，搭建技术创新平台。产业联盟由一个大联盟下辖三个小联盟组建而成，通过联盟集聚创新资源，激发创新活力，搭建起轨道交通装备产业协同创新平台。

（2）实施"平台＋创客"模式，激发创新创业活力

借鉴区块链技术理念，采用去中心化、分布式的"平台＋创客"模式。在"公司＋联盟"大平台上建立小平台，吸引行业创新人才以"创客"形式参与项目攻关。"创客"与"平台"关系多样化，"平台"与国创中心的关系

也灵活多变。国创中心为"平台"提供场地和资金支持，推动项目发展，实现规模产业化，形成完整的轨道交通装备产业创新生态体系。

（3）搭建"院士+博士"攻关团队，引领行业技术创新发展

采取四项举措确保创新人才团队稳定高质高效。以院士牵头成立专家委员会，统筹规划关键共性技术并制定行业技术标准；建立院士工作站，负责具体项目攻关并引进博士作为技术骨干；营造良好技术攻关氛围，与科研院校签订合作协议，吸引高端人才；为人才提供"保姆式"精准服务，构建"院士+博士"科研项目攻关机制。

（4）实行"技术+管理"创新双轮驱动，提升创新创业原动力

国创中心以"开放、协同、跨界、融合"为发展理念，进行深入管理创新。打造六大服务平台，实施薪酬激励体制，坚持党管干部，选拔人才，举办论坛会议和展会，倡导工作理念，打造"四大工程"，建设学习型组织文化，吸引、培养和留住人才。同时，聚焦"未来汽车"，推进技术创新，瞄准关键共性技术和前沿引领技术，开展产业化项目落地，增强产业链、供应链自主可控能力。

2. 关键要点

（1）整合资源

通过"企业+联盟"运营模式，整合了行业产、学、研、用、政、经、商等所有环节的资源，搭建起协同创新平台，实现了产业链上下游企业的优势互补和创新资源共享。

（2）人才引领

搭建"院士+博士"攻关团队，以院士为引领，博士为骨干，吸引高端人才参与关键共性技术攻关，为技术创新提供了强有力的人才支撑。

（3）创新模式

实施"平台+创客"模式，打破了传统的固定模式，使"创客"与"平

台"的关系更加灵活多样,大大增加了"创客"的灵活性,有助于高端技术人才发挥技术特长,攻克关键共性技术。

(4)双轮驱动

实行"技术＋管理"创新双轮驱动,不仅注重技术创新,还通过深入的管理创新,打造服务平台,实施薪酬激励体制,营造良好的创新氛围,为创新创业提供了全方位的支持和保障。

三、成果总结

1. 经济效益

国创中心自 2018 年成立以来,实现当年完成注册、当年实现营收、当年实现盈利,截至目前,已经实现连续三年盈利,累计实现销售收入超过 3 亿元,上缴税收超过 3000 万元。同时,完成多款产品的研发并投入生产,如 2 款机车车辆牵引系统用接触器产品、无人驾驶系统中的液磁断路器及远程断路器重置器、轨道交通无损伤激光清洗设备等,实现了"智慧列车＋智慧检修＋智慧监测"一体智慧运维。此外,国创中心累计申请国际 PCT 发明专利 5 项、国家发明专利和实用新型专利共 47 项、计算机软件著作权 10 项,实用新型专利获授权 10 项、软件著作权登记证书获授权 9 项。

2. 社会效益

一是聚合行业创新资源,组建了以刘友梅、丁荣军等 9 位院士领衔的专家委员会,引进了众多轨道交通行业资深专家,全职员工中科研人员占比 68%,硕士及以上学历占比超过 50%,形成了领先的人才队伍。二是构建行业生态体系,组建"中国先进轨道交通装备创新联盟"等,吸纳 398 家联盟单位,形成完整成熟产业链,产业规模突破 1600 亿元,成为国内最大的轨道交通装备产业发展集聚区。株洲市先进轨道交通装备集群位列第一批决赛优胜者名单,有望成为国家世界级产业集群培育对象,先进轨道交通装备创新生态体系已现雏形。三是助力行业创新发展，国创中心已形成工业互联网服务、试验检测认证服务及产业集群服务的能力。建设面向行业的工业互联网平台"智轨云平台"，为国内地铁线提供智能运维和大数据支持；组建湖南国基检测认证有限公司，拥有多项检验检测资质；举办各类活动和培训，被认定为湖南省中小微企业核心服务机构。

3. 环境效益

国创中心重点围绕绿色节能技术等七大关键共性技术进行研发，推动轨道交通装备的绿色发展，降低能源消耗，减少环境污染。

4. 管理效益

一是创新管理模式，以"开放、协同、跨界、融合"为发展理念，进行深入的管理创新。实施核心骨干持股、超额利润分红等薪酬激励体制，充分激发人才的热情和积极性；坚持党管干部，选拔人才，为人才搭建发挥更高价值的舞台；举办论坛会议和展会，提升人才的学术影响力；倡导良好的工作理念和文化，用环境吸引人才、用平台培养人才、用项目用好人才、用感情留住人才。二是提升创新能力，率先突破部分绿色节能、智能控制、运维服务等关键共性技术，攻克多项"卡脖子"技术，实现进口替代；系统解决了 10 余项关键共性技术，在行业相关核心期刊发表论文 18 篇，参与制定了国际标准和团体标准。

四、经验与启示

战略思维创新是高于技术创新和管理创新的统领性创新。"黑海战略"与传统的"红海战略"和"蓝海战略"截然不同，它着重强调构建创新生态体系，以实现价值的共建共享。基于这样一种理念，通过"企业+联盟"的运营模式，国创中心成功整合了行业内各类企业、科研院所、高校等创新主体的资源，精心搭建起协同创新的平台，有力促进了产业链上下游企业之间的紧密合作，让竞争对手变成队友，凝聚形成强大合力，携手攻克关键共性技术难题，共同参与世界级的市场竞争，增强行业的整体竞争实力。

"技术＋管理"创新双轮驱动的模式是实现协同创新的最佳实践。要将多个单位的资源和力量整合起来，必须有共同的目标和利益来统领。其间涉及极其复杂的资源投入和利益分配平衡问题，如果处理不好，就只能是一盘散沙。非但不能实现协同创新的目标，还会产生更多的矛盾和纠纷。国创中心通过搭建"院士＋博士"攻关团队等一系列管理模式和工具的创新，精心打造服务平台，切实实施薪酬激励体制，积极营造良好的创新氛围，为技术创新提供稳固而有力的保障，从而确保"黑海战略"能够取得显著的成果。

（完成人：李　林　刘玉宗　彭俊江　陈　皓　张晶福　黄南根　黄志华　李沛钊）

重构大规模个性化定制的集成计划体系

株洲中车时代电气股份有限公司

审定意见：

本成果通过重构营销、研发、制造、采购等业务流程，以及重构数据对象实现数据同源共享等方法和路径，建立面向大规模个性化定制的集成计划体系，实现供需精准匹配和高效协同。系统将定制产品的生产问题通过产品结构和制造过程重组，全部或部分地转化为批量生产，使其既具有大批量生产的高效率、低成本，又能满足客户的个性化需求，实现整体最优。在客户需求日趋多样化、个性化的大趋势下，提高制造和交付效率，降低采购和制造成本，以时间和成本优势建立竞争壁垒，是所有制造业企业需要应对和解决的问题。本成果覆盖了从业务与经营计划集成到组织职能重构等五大方面的创新，实现了生产力向更高阶段和水平的跃迁，为制造业高质量发展提供了样板。

创新点：

与经营计划深度集成，构建分层分级决策机制，明确分时段战略与业务集成重点，推进计划决策模板标准化。全面重构业务流程，与设计、市场、采购、制造集成，增强可计划性、提高交付及时性、保障供应稳定性、实现指令通畅和生产透明。重构数据对象，构建"数据结构树"，创新"最小交付单元"，整合基础数据实现同源管理。进行多系统 IT 集成（信息系统集成），贯穿 OTD（按时交付）全流程，创新系统功能，重构 IT 功能以适配业务。重构职能职责，梳理岗位职能，重构计划组织为跨职能及矩阵式，建立集成绩效体系。通过这些举措，提升运营管理效率，促进业务协同发展。

价值点：

供应链运营水平得到大幅提升，客户及时齐套交付率显著提高，月均实物存货大幅降低，物料齐套满足率、存货周转率、计划准确率和生产订单及时完工率等关键指标均有明显提升。同时，有效促进了产品构型的优化，实现了多种产品 BOM（物料清单）的重构。这不仅提高了产能利用率，还减少了产品种类，大幅缩短了产品交付周期。此外，积极赋能合作伙伴，通过与其他高端装备企业交流经验，助力整个产业链竞争力的提升，推动了传统企业的计划运营模式创新升级，在行业内产生了较大的社会影响力，对产业的发展起到了积极的促进作用。

可复制性和应用范围：

该模式具有很强的适用性，特别是对于那些面临多品种、小批量、定制化需求，且致力于追求资源配置效率和高质量发展的企业，更是十分契合。其他企业能够借鉴其在集成计划体系建设方面的成功经验，涵盖业务流程重构、数据管理、IT 系统集成以及职能职责调整等众多方面。通过借鉴这些经验，企业可以优化自身的供应链管理，提升资源配置效率，进而增强综合竞争力。在高端装备制造领域，该模式展现出了广泛的应用前景。它能够为行业内的企业提供极具价值的参考和指导，助力企业发展，推动整个行业的升级，促进整个行业朝着更高质量、更高效的方向迈进。

成果详述：

一、基本情况

1. 项目简介

本项目聚焦于高端装备企业面向大规模个性化定制的集成计划体系建设，并以株洲中车时代电气股份有限公司（以下简称"时代电气"）作为典型范例，进行了深入且细致的阐述。该公司通过一系列行之有效的措施，包括制定清晰明确的整体推进目标、实现与经营计划的深度集成、全面重构业务流程、重新构建数据对象、进行多系统 IT 集成以及重新规划职能职责等，成功地构建了面向大规模个性化定制的集成计划体系。这一体系的建立，极大地提升了客户的满意度，使供应链成为企业的核心竞争力之一。通过精准的计划与高效的执行，时代电气能够更好地满足客户多样化和个性化的需求，在市场竞争中占据优势地位。

2. 实施背景

在当今时代，科技的飞速进步以及客户所面临的经营压力不断增大，给高端装备企业带来了诸多挑战。产品的更新换代速度日益加快，多品种小批量的生产形势越发严峻，竞争环境也逐渐恶化。与此同时，产业链产能过剩的问题越发突出，使得企业之间的竞争焦点从传统的要素竞争转向基于时间和客户需求的竞争。另外，时代电气秉持"同心多元化"的发展战略，其业务和组织规模持续扩张，产品的种类不断丰富，这无疑加剧了管理的复杂性，因此迫切需要提升资源配置效率。再者，推动高质量发展已成为当前企业发展的基本政策导向。供应链计划作为供应链的"龙头"，必须通过集成计划流程的建设和业务的有效运作，更精准地满足客户需求，以实现生产、供应和销售的协同运作，从而达到高质量发展的目标。

3. 实施的必要性

对于高端装备企业而言，满足客户多品种、小批量、定制化的需求是至关重要的。通过集成计划体系的建设，能够实现供需之间的精准匹配和高效协同，将定制产品的生产转化为类似于批量生产的模式，在满足客户个性化需求的同时，提高客户订单及时齐套交付率，全面提升运营效率。此外，提升资源配置效率是企业发展的内在需求。通过将技术的"同心"拓展延伸至供应链的"同心"，实现物料、部件、产品的"同源"，能够显著降低供应链管理的复杂程度，实现资源配置效率的最优化。最后，推行高质量发展是时代的必然要求。集成计划体系的建设能够使计划驱动资源准备形成规模上"量"的优势，通过订单履行模式的优化提升客户体验这一"质"的层面，有力地推动企业生产、供应和销售的协同，踏上高质量发展的道路。

二、项目实施过程

1. 主要做法

制定整体推进目标，明确工作方向。时代电气以集成思想和大规模定制技术为主线，构建集成计划体系，旨在打造响应型集成供应链体系，提升客户满意度，将供应链打造为核心竞争力。具体从四个方面实施，即理顺经营计划与业务计划逻辑、重构业务流程、创建数据管理体系、重构 IT 系统和集成组织。

一是理顺经营计划与业务计划逻辑。建立三级计划委员会运作机制，明确各级职责和决策权限，实现分层分级高效决策。明确分时段战略与业务集成重点，使经营与业务有的放矢。推进计划决策模板标准化，保障信息口径一致。

二是重构业务流程，协同高效。构建"数据结构树"，重构"预测BOM""计划 BOM"，拉通业务语言，促进计划集成。创新"最小交付单元""到货批次"，承载客户需求核心要素。整合产供销研基础数据，实现同源管理，支撑供应方案设计。

三是创建数据管理体系，信息透明。搭建覆盖全业务流程的系统架构，贯穿 OTD 全流程系统集成，实现数据透明。创新 IT 系统功能，开发 SOP（标准作业程序）操作界面，实现平衡试算，创新 ERP（企业资源计划）自动冲减功能，数字化平台与 PLM（产品生命周期管理）设计平台数据贯通。重构IT 功能，以 ERP 为核心，构建约束型需求、执行中枢和协同支撑。

四是重构 IT 系统和集成组织，提升效率。梳理岗位职能，重构计划及订单岗位体系，增设相关岗位。集中分散的计划组织，设立矩阵式集成计划组织。建立集成的计划绩效体系，承接公司指标，合理设计和分解供应链相关指标。

2. 关键要点

一是以集成思想和大规模定制技术为主线。将集成思想贯穿于整个计划体系建设过程中，打破各个业务环节之间的壁垒，实现信息的共享和协同。同时，运用大规模定制技术，在满足客户个性化需求的同时，实现批量生产的高效率和低成本。二是建立科学有效的计划运作机制。通过建立跨部门的计划委员会决策机制，明确各部门的职责和权限，实现分层分级高效决策。同时，制定科学的计划流程和方法，确保供需精准匹配和高效协同。三是注重数据的同源性和统一性。通过构建"数据结构树"、创新"最小交付单元"和整合产、供、销、研基础数据，实现数据的同源管理和统一管理，避免数据的重复传递和处理，提高数据的准确性和及时性。四是构建覆盖OTD的矩阵式集成计划组织。从职能和产品线两个维度建立覆盖OTD的矩阵式集成计划组织，实现跨部门的协同和资源的优化配置。同时，通过明确各部门的职责和权限，提高工作效率和决策质量。五是持续优化集成计划体系的运作和绩效。坚持PDCA（循环管理）持续改进，不断优化集成计划体系的运作流程和绩效指标，及时发现问题并解决问题，提高集成计划体系的适应性和竞争力。

三、成果总结

1. 经济效益

时代电气通过集成计划体系的建设，取得了显著的经济效益。供应链运营水平得到了极大提升，客户及时齐套交付率提升了25%，这意味着客户能够更及时获得所需的产品，提高了客户满意度，增强了市场竞争力。月均实物存货降低了23%，有效减少了库存积压，降低了库存成本，提高了资金周转率。物料齐套满足率提升了21%，存货周转率提升了15%，计划准确率提升了30%，生产订单及时完工率提升了19%，这些指标的改善表明企业的生产计划更加精准，生产过程更加顺畅，资源利用更加高效，从而降低了生产成本，提高了生产效率。集成计划体系建设项目荣获集团"优秀精益类项目"及"十三五优秀项目"，这不仅是对项目成果的认可，也为企业带来了良好的声誉和品牌形象，进一步促进了企业的发展。这些经济效益的提升为企业的可持续发展提供了坚实的基础。

2. 社会效益

该项目的实施对社会产生了积极的影响。通过促进产品构型优化，实现了 12 类产品 BOM 重构，支撑了部件的规模化生产。产能利用率提升了 24%，产品种类压降了 25%，标准化装配部件占比提升至 62%，完全定制化产品占比低于 5%，产品交付周期缩短了 32%。这意味着企业能够更高效地生产出满足市场需求的产品，提高了产品质量和可靠性，同时降低了产品成本，为消费者提供了更优质的产品和服务。此外，通过与航空制造、汽车零部件、通信装备等高端装备企业交流项目实践经验，推动了计划运营模式的创新升级，为整个行业的发展提供了有益的借鉴和参考。

3. 管理效益

集成计划体系的建设使企业实现了跨部门的协同合作，打破了部门间的壁垒，提高了管理效率。明确了各部门的职责和权限，减少了沟通成本和决策时间，使企业能够更加快速地响应市场变化和客户需求。同时，该体系的实施使企业能够更加精准地预测市场需求，合理安排生产计划，避免了生产过剩和库存积压，降低了库存成本和生产浪费。通过优化资源配置，提高了资源利用效率，实现了企业的可持续发展。此外，集成计划体系还为企业提供了更加全面和准确的数据分析，帮助企业管理层作出更加科学的决策，提高了企业的管理水平和决策能力。

四、经验与启示

1. 明确目标和整体思路是集成体系的基础

企业着手集成计划体系建设时，明确自身的发展目标与整体思路至关重要。这需要企业深度剖析市场需求，并结合自身实际状况，精心制定合理、科学的规划与策略。唯有目标清晰、思路明确，才能为项目的具体实施提供精准无误的指导方向，有力保障项目的顺利推进。例如，企业需清晰界定自身在市场中的定位，是追求市场份额的快速扩张，还是致力于产品品质的显著提升，不同的目标将引领不同的发展路径。

2. 与经营计划深度集成是实现要素创新性配置的关键

经营计划是企业发展战略的具体分解，集成计划体系必须与之深度融合。如此一来，企业的各项业务活动才能紧密围绕经营目标有序展开。通过构建行之有效的决策机制，明晰分时段战略与业务集成的重点所在，积极推进计划决策模板的标准化，达成经营计划与业务计划的无缝衔接，从而显著提高企业的决策效率与执行力。比如，在制订年度经营计划时，应将集成计划体系的目标和任务纳入其中，确保资源的合理分配和工作的协同推进。

3. 重构业务流程是提高效率和质量的重要手段

企业务必重视对业务流程的重构与优化，勇于打破传统的业务模式，全力实现各业务环节的紧密集成。通过增强可计划性、交付及时性、供应稳定性以及制造透明度，对业务流程进行深度优化，进而提高企业的运营效率和产品质量，充分满足客户的需求与期望。就像在产品交付流程中，通过优化各个环节的衔接，减少不必要的等待时间，能够大幅提高交付的及时性和客户满意度。

4. 数据管理和 IT 集成是实现数字化转型的支撑

身处数字化时代，数据已然成为企业的关键资产，IT 集成则是达成数字化转型的核心要素。企业应当高度重视数据的同源管理和高效协同，借助多系统 IT 集成，达成业务数据的共享和多维度展示，为企业的决策提供坚实有力的支持。同时，巧妙运用数字化技术，优化业务流程，提高生产效率，降低成本，全方位提升企业的竞争力。例如，利用大数据分析预测市场需求，可使企业提前调整生产计划，避免库存积压和缺货现象。

5. 重构职能职责和建立集成的计划绩效体系是保障

企业需要仔细梳理岗位的职能职责，构建跨职能及矩阵式的计划组织，清晰界定各部门的职责与权限，强化部门间的协作与沟通。建立集成的计划绩效体系，将企业的总体目标细化分解至各个部门和岗位，凭借绩效评估和激励机制，促使各部门形成强大合力，携手共同实现企业的宏伟目标。

（完成人：姚平刚　王　彦　吴　鸿　王　玉　耶小方　何　稳　杨　莎　姚中红

杨　春　吴　双　段　宇　晏　滔）

构建"总装拉动"的用户响应机制

庆安集团有限公司

审定意见：

本成果针对装备升级及跨代发展需求迫切紧急，对响应和交付速度、交付质量要求标准高的现实，构建"总装拉动"的用户响应机制，以价值同向为原则整合组织目标，将研制团队目标、企业目标及客户需求进行深度绑定，形成三位一体的集成目标，构建适应快速研制和快节奏产出机制、架构、方法和能力体系。通过对照供应商标准，治理旧有问题，持续迭代优化新方法，在质量、交付和服务 3 个供应评价的核心指标上，客户满意度都大幅度提升。在原有优势领域不断扩大的同时，持续拓展新的优势领域，增加了企业的核心竞争力，其方法和成果已经在系统内得到肯定和推广。

创新点：

该项目的创新点包括：一是建立集成研制团队，打破部门墙，按产品成组原则转变研制组织形式，提高组织运行效率；二是运用 WBS（工作分解结构）工具精细切割任务界面，明确责任人，优化交付周期；三是建立人员能力模型和任务积分模型，量化考核，促进人才梯队建设，提高员工积极性；四是建立研制周期管控模型，提前识别风险并优化方案，实现研制周期缩短和风险可控；五是创建数字平台，集成多平台数据，实现计划和实施进展的显性化展示与更新，提升管控效率；六是编制开发活动说明书，梳理知识点并进行集中赋能培训，提升研发效率和知识传承效果。

价值点：

显著提高了研制能力，交付周期缩短，质量和数量明显改善。用户满意度大幅提升，供应商排名进入前十，增强了企业在市场中的竞争力。在巩固国内首选供应商地位的同时，拓展了新兴领域市场。集成研制作战能力建设的示范效应在企业得到有力推广，为其他业务板块提供了借鉴，促进了企业整体实力的提升。该项目的实施有助于推动航空制造业的发展，为国家航空事业作出贡献。

可复制性和应用范围：

该项目具有较强的可复制性和广泛的应用范围。其集成研制能力建设的理念和方法可以应用于其他航空制造企业，特别是在面临类似的市场竞争和用户需求挑战时。通过打破部门墙、优化流程、建立有效的考核机制和数字化平台等措施，可以提高组织协同效率和项目管控能力。此外，该项目的经验也可以推广到其他制造业领域，帮助企业提升产品研制能力、提高用户满意度、拓展市场份额。在数字化转型的背景下，该项目的成功实践对于推动企业的创新发展具有重要的参考价值。

成果详述：

一、基本情况

1. 项目简介

庆安集团有限公司（以下简称"庆安集团"）基于提升用户满意度的目标，针对航空发动机业务板块，组建发动机产品集成研制团队，打造面向客户的航空发动机产品集成研制能力。该团队通过整合研发设计、制造工艺、生产组装及项目管理等相关资源，致力于研制"管用、好用、耐用、够用"的航空发动机产品，以满足主机厂所和部队客户对产品的配套需求。

2. 实施背景

一是贯彻航空发动机自主研制国家意志的需要。航空发动机技术壁垒高，自主研制成为国家意志。公司原有的研制模式难以满足客户需求，打造集成研制能力是响应国家意志的重要举措。 二是应对竞争挑战，提升面向客户需求正向设计能力的迫切需要。航空制造企业呈现技术专业化和系统集成化的发展趋势，企业面临多重竞争和挤压。现有组织运行模式难以满足发动机新品的快速研制和产出需求，亟须提升集成研制能力以提高核心竞争力。三是提升用户供应商评价排名，保住市场地位的战略需要。庆安集团发动机作动产品在交付进度、质量及服务保障等方面滞后，导致供应商排名倒数，市场地位堪忧。为改变被动局面，保住市场占位，企业需要全面提升产品集成研制能力。

3. 实施的必要性

一是满足国家战略需求。航空发动机自主研制对于提升国家科技水平和综合国力具有重要意义。庆安集团作为航空制造企业，有责任和义务响应国家意志，提升集成研制能力，为国家航空发动机事业的发展作出贡献。二是适应市场竞争环境。国内外航空制造企业的竞争日益激烈，集成研制能力已成为企业的核心竞争力之一。庆安集团需要通过提升集成研制能力，满足客户需求，应对市场竞争，巩固和拓展市场份额。三是提升用户满意度。用户对产品的交付进度、质量和服务保障等方面提出了更高的要求。庆安集团只有提升集成研制能力，才能提高产品质量，缩短交付周期，提升服务水平，满足用户需求，提升用户满意度。四是实现企业发展战略目标。庆安集团确立了"迈向30时代，打造百亿强企"的发展战略及"十四五"中长期规划，发动机业务板块是实现企业战略目标的重要支撑。提升集成研制能力有助于提高发动机业务板块的市场竞争力，推动企业实现可持续发展。五是解决企业内部问题。庆安集团在发动机作动产品的研制过程中，存在部门壁垒、推诿扯皮、计划拖期、质量问题频发、产出效率低等问题，提升集成研制能力可以优化组织架构，加强团队协同，提高项目管控能力，提升研制过程效率，解决企业内部问题。

二、项目实施过程

1. 主要做法

（1）目标集成

整合组织目标，将研制团队目标、企业目标及客户需求绑定，形成目标集成。对照供应商评价标准，剖析问题根因与能力短板，明确交付、质量和服务方面的差距及改进重点。对齐战略规划目标，通过战略解码和规划指引，以提升用户满意度为牵引，分别以交付、质量和服务三个维度为切入点，全面建设集成研制能力。

（2）组织集成

按产品成组原则，建立集成研制团队，打通部门墙，提高组织运行效率。开展流程优化，运用 WBS 工具精细切割任务界面，明确责任人，提高产品交付效率。团队协同作战，绑定交付任务，设置交付奖励积分模型，提高团队凝聚力和工作积极性。建立人员能力模型和任务积分模型，明确职责和量化考核，实行项目包管理，揭榜挂帅，优化劳动定额，鼓励多劳多得。

（3）控制集成

直面客户需求，整体计划拉通，建立研制周期管控模型，管理过程风险。建立错题本，开展质量预防，聚焦关键环节，提升过程质量。建立响应机制，提升服务能力，确保信息闭环。

（4）使能集成

持续精益改善，提升过程效率，梳理生产过程，运用精益生产工具，推动设计工艺并行，优化装试方案和技术状态，提升装配工艺和验证试验效率，建立工装、夹具基础库系统。创建数字平台，提升管控效率，集成各个平台数据，展示工作计划与进展，公示用户评价和打分结果，发布公告及奖惩情况。建立活动说明书，提高研发效率，梳理研发知识点，编制说明书，对设计员进行集中赋能培训，促进知识传承和研发效率提升。

2.关键要点

以提升用户满意度为牵引，明确目标集成路径，将团队、企业和客户目标绑定，从交付、质量和服务维度全面提升集成研制能力。通过组织集成，打破部门壁垒，转变组织形式，优化流程，建立人员和任务模型，实行项目包管理和优化劳动定额，提高团队协同作战能力。控制集成注重零距离对接主机需求，全面策划研制计划，建立周期管控模型，加强质量预防和过程管理，建立响应机制，提升项目管控能力。使能集成借助精益改善、数字平台和活动说明书，清理浪费环节，集成数据和知识工具，提升研制过程效率。

三、成果总结

1.经济效益

一是提升供应商排名。通过集成研制能力建设，公司在配套用户的供应商评价排名中显著提升，增强了市场竞争力，为企业赢得了更多的订单和合作机会。二是提高研制能力。项目制运行和团队作战模式的采用，以及并行工程的实施，使得工装、夹具等支撑生产工艺的技术提前介入，研制过程中的等待时间减少，装试现场的问题处理时间大幅缩短，某型首套产品的产出周期缩短，典型产品的交付周期也明显缩短。同时，发动机业务板块的产品交付数量每年提升约20%，交付周期、质量和数量的改善带来了直接的经济效益。三是拓展新兴市场。公司在保持原有市场领先地位的同时，拓展了涡轴、小推力涡扇、航天动力等新兴领域市场，巩固了国内优秀供应商的地位，为企业的可持续发展提供了新的增长点。

2.社会效益

一是满足国家航空事业需求。提升航空发动机作动产品的研制能力，为国家航空装备的发展提供了有力支持，有助于保障国家的航空安全。二是促进就业和人才培养。项目的实施需要大量的专业人才，为社会提供了更多的就业机会。三是通过建立人员能力模型和培训机制，促进了员工的职业发展和技能提升，为行业培养了高素质的人才。

3. 管理效益

一是优化组织架构。建立集成研制团队，打破了部门墙，实现了组织架构的优化，提高了组织运行效率和协同作战能力。二是提升管理水平。通过建立研制周期管控模型、错题本、响应机制等，加强了过程控制和风险管理，提升了企业的管理水平。三是强化团队建设。项目包管理、任务积分模型等措施的实施，增强了员工的团队意识和责任感，促进了团队的协作和凝聚力。四是推广示范效应。集成研制作战能力建设的成功经验在企业内部得到有力推广，为其他业务板块提供了借鉴，有助于提升企业的整体管理效益。

四、经验与启示

以用户为中心的战略导向是提升市场竞争力的前提。通过对照供应商评价标准，以及建立错题本等方法，剖析问题根因与能力短板，精准定位用户需求与期望的差距，不断优化流程和改进设计，提升产品质量和可靠性，以适应市场变化并满足用户不断升级的需求。

集成化管理是实现高效协同的方法和工具。通过目标集成、组织集成、控制集成和使能集成，打破部门壁垒，整合各方资源，实现研发、设计、生产、测试等环节的紧密协同。从而提高工作效率、优化产品质量、缩短交付周期，增强企业的市场竞争力。

（完成人：雷 鸣 李鹏伟 张恒超 袁 杰 王 沛 胡锦运 陈子佳 白常明

郭鹏程 田 园）

培育现代智慧物流创新发展新生态

白银有色铁路运输物流有限责任公司

审定意见：

本成果应用工业互联网等新兴技术，推动构建物流业与制造业深度融合创新发展的供应链共建模式，促进要素优化配置和生产方式的变革。通过构建"数字驱动、协同共享"的智慧物流创新发展新生态，充分发挥数据要素的价值，将管理决策变为"数据决策"；依托交易数据建立以"承运"为核心的生态体系；同时利用物流大数据开拓新增值业务，形成智慧物流应用新场景。"互联网＋贸易＋物流＋金融＋大数据"物流运行体系的形成，大幅度提高物流反应速度，降低物流成本，对于资源要素跨产业、跨区域流动和合理配置有着积极的促进作用，形成产业物流融合发展的示范效应。

创新点：

一是构建错位发展新格局。实现白银有色集团股份有限公司（以下简称"白银集团"）本部、西藏公司和苏州供应链公司的错位发展，拓展公铁联运核心业务、物流贸易增量业务和新兴的网络货运平台业务。二是打造智慧物流创新应用高地。启动智慧物流信息化、数据化、可视化项目建设，构建"数字驱动、协同共享"智慧物流创新发展新生态。三是构建现代供应链体系。完善物流运行和现代供应链两大支撑体系，促进资源要素跨产业、跨区域流动和合理配置，提升产业链供应链自主可控水平。四是培育多元化物流增值新业务。在公铁联运中植入增值业务，开展物流联盟合作，建立物流业务信息化管理系统，努力将资质资源优势和区位优势转化为发展效益优势。

价值点：

作为白银集团"一体两翼"现代化经济体系的重要组成部分，为集团的发展提供了强有力的物流支持，提升了集团的整体实力和竞争力。其发展定位和布局，成为多式联运示范工程，带动相关产业的协同发展。通过构建现代物流供应链，实现了物流总量的增长和营业收入的提升，为地方经济发展作出了积极贡献。

可复制性和应用范围：

其发展思路和定位可以为其他地区的物流企业提供参考，特别是那些具有相似区位条件和产业基础的地区。例如，其他区域内集公铁联运、物流贸易等功能为一体的专业化物流公司，可以借鉴其构建物流运行和现代供应链体系的经验，提升物流枢纽服务效能，促进资源要素合理配置。此外，该公司在智慧物流创新应用、产业物流融合和绿色物流发展等方面的做法，也适用于众多物流企业。通过打造信息化交易平台、加强智能物流装备应用等，可推动物流企业向现代物流和智慧物流转型。总之，该公司的模式在物流行业具有一定的推广价值和应用潜力。

成果详述：

一、基本情况

1. 项目简介

白银有色铁路运输物流有限责任公司是白银集团为发展现代物流业而成立的全资子公司，拥有总资产 7.6 亿元，铁路总运能 2000 万吨。公司是区域内集公铁联运、物流贸易、智能仓储、数字供应链物流以及信息技术服务等功能于一体的专业化物流公司，营业网络覆盖全国 31 个省市布局 150 多个网点，被评定为 AAAA 级物流企业。"十四五"期间，白银集团提出打造"一体两翼"现代化经济体系和产业发展新格局，工业物流作为生产性服务业，其发展战略明确了构建工业物流服务体系的基本思路和发展定位。公司区位条件得天独厚，区域内工业基础雄厚，交通体系支撑明显，工业物流增长潜力巨大。

2. 实施背景

国家进一步推动西部大开发，"通道经济"大趋势发展，共建"一带一路"倡议的推进，以及白银集团构建"一体两翼"产业新格局的需求，都为公司的发展提供了机遇和挑战。公司主动适应这些趋势，积极融入全国物流网络，围绕集团产业新格局，以公铁联运提质增效发展现代供应链、基础管理上档升级提升竞争力、项目建设形成支撑发展后劲、改革创新双轮驱动"建机制提实绩"作为物流高质量发展引擎。

3. 实施的必要性

一是满足区域经济发展需求。整合地区物流资源，建设物流园区和完善物流基础设施，能够满足区域内工业物资集散和集装箱运输的需求，促进区域经济的发展。二是提升产业链供应链自主可控水平。通过完善物流运行和现代供应链体系，加强各主体各环节设施设备衔接、数据交互顺畅、资源协同共享，促进资源要素合理配置，提升产业链供应链的稳定性和自主性。三是推动企业转型升级。借助工业互联网等技术，推动物流业与制造业深度融合创新发展，加速新旧动能转换，实现企业从传统物流企业向现代物流企业的转型。四是顺应经济发展趋势。积极顺应由"资源经济"向"通道经济"转变的大趋势，进一步融汇中亚、南亚等"一带一路"贸易物流大通道，实现国际班列常态化运行，提升企业在国际物流市场中的竞争力。五是落实国家战略。深入贯彻国家军民融合发展战略，建成西部战区重要的物资集散中心，为国家战略的实施提供支持。

二、项目实施过程

1. 主要做法

公司以"三新一高"为战略目标，紧抓国家西部大开发的战略机遇，主动适应"通道经济"的发展趋势，积极融入共建"一带一路"和全国物流网络。围绕集团的整体战略布局，公司重点推进公铁联运提质增效，发展现代供应链，强化基础管理，提升竞争力，同时通过项目建设增强发展后劲，并以改革创新为驱动，提升实际业绩。具体来说，公司坚持物流园区、中欧班列枢纽、物流大数据及智慧供应链信息化系统、军民融合仓储配送基地等建设，以此作为融入新发展格局的具体抓手，不断完善公司治理结构，夯实生存基础，专注于工业物流的发展，培育物流高质量发展的新动能，努力实现年物流总量3000万吨、年营业收入超过50亿元的目标，力求成为"一带一路"物流通道上的知名品牌企业和西北物流行业的领军者。

2. 关键要点

公司首先聚焦"拓存创增、提质增效"，致力于实现物流核心业务、新兴业务和增量业务"三大业务"的规模效益上台阶。通过构建以白银集团本部重资产占有公铁联运市场、西藏公司轻资产重管理拓展商贸物流一体化业务、苏州供应链公司线上线下信息化数据经济为主的错位发展新格局，公司不断拓展公铁联运核心业务，同时加快补齐省级物流枢纽设施的短板，提升多式联运衔接效率，发挥平台聚集效应。此外，公司还积极推进新兴业务的发展，如网络货运平台的建设和运营，以及物流大数据与智慧供应链项目的实施，旨在通过技术创新和业态创新，有效拓展业务规模，构建良性生态圈。

公司还在物流运行和现代供应链两大支撑体系上下功夫，持续完善物流基础设施和服务功能，加强与国内物流通道网络的衔接以及与国际物流基础设施的互联互通，全面提升物流枢纽的服务效能。通过打造"互联网＋贸易＋物流＋金融＋大数据"物流运行体系，发挥供应链企业的引导辐射作用，推动供应链各主体各环节设施设备衔接、数据交互顺畅、资源协同共享，促进资源要素跨产业、跨区域流动和合理配置，提升产业链供应链的自主可控水平。

为了推进公司的数字化转型，公司还加快推进三个高地建设，包括智慧物流创新应用高地、产业物流融合高地以及绿色物流发展高地。在白银综合物流园信息港采用 3D 可视化、VR 虚拟现实、AI 和大数据 +5G 技术，搭建集信息发布、在线交易、数据交换、跟踪追溯、智能分析等功能于一体的信息化交易平台，实现公铁联运物流业务数据信息的可视化呈现，实时联动。同时，通过对集团内部物流运输业务和维检修业务进行优化整合，进一步高效配置资源，发挥专业化优势，放大集聚和规模效应，实现成本的有效降低。此外，公司还重视绿色物流的发展，通过实施物流配送车辆电动化、推广绿色产品应用和绿色基础设施建设等方式，实现节能减排和清洁文明生产。

三、成果总结

1. 经济效益

一是实现产值利润增长。2020 年，公铁联运总货运量 1000 万吨，营业收入 7.28 亿元，净利润 850 万元。与 2016 年相比，增长率分别为 81.49%、209.44%、301.08%。2021 年，实现公铁联运总货运量 1100 万吨，营业收入 9.3 亿元，净利润 900 万元。2022 年，完成总物流量 1300 万吨，实现营业收入 16 亿元，净利润 1158 万元。2023 年，完成总货运量 1606 万吨，同比增长 23.5%；实现营业收入 20.6 亿元，同比增长 28.8%；利润总额 1682.99 万元，同比增长 24.6%。二是业务拓展。公司构建了白银集团本部、西藏公司和苏州供应链公司的错位发展格局，拓展了公铁联运核心业务、物流贸易增量业务和新兴的网络货运平台业务。通过整合区域和内部资源、开发内外部市场、培育多元物流增值新业务，公司的营业收入实现了大幅增长，同时提升了公司的市场竞争力。

2. 社会效益

一是促进就业。公司的发展带动了相关产业的发展，为当地提供了大量的就业机会，促进了社会的稳定和发展。二是推动物流行业发展。公司正在创建国家第四批多式联运示范工程，着力打造多条多式联运精品示范线路，公司营业网络已经覆盖全国 31 个省市布局 150 多个网点，并延伸到中欧地区，物流外部市场占比突破 68%。公司的发展为物流行业树立了榜样，推动了物流行业的整体发展。三是支持地方经济发展。公司作为白银市发展现代物流的重要力量，为地方企业提供了高效的物流服务，降低了企业的物流成本，提高了企业的竞争力，促进了地方经济的发展。

3. 环境效益

公司做好大宗货物和中长途货物的公铁联运、绿色仓储，实施物流配送车辆电动化，推广绿色产品应用和绿色基础设施建设，利用人工智能、WMS（仓储管理系统）、机器人、无线射频识别等先进技术，建设智慧仓应用新场景，实现节能减排和清洁文明生产。公司的绿色物流发展理念和实践，为保护环境、减少碳排放作出了积极贡献。

4.管理效益

一是构建市场化经营机制。公司构建了"四位一体"的市场化经营机制，以改革推进流程再造，赋予经营主体市场化地位，赋予基层单位更多生产经营组织权、备件采购建议权和灵活用工权。按照市场对作业单元进行重新划分，确定各基层单位的经营指标，进一步激活力、增动力。二是建立现代企业治理体系。公司坚持加强党的领导与完善现代公司治理相统一，将经理层任期制和契约化管理作为落实董事会职权试点改革的突破口和建立完善市场化经营机制的"牛鼻子"，建立健全系统规范的配套制度，依法合规授权放权，市场化公开选聘职业经理人。通过建立"摸高"机制，严格按照契约约定兑现，强化履职监督，提升了合规经营管理水平，从根本上解决了制约公司发展的体制机制性障碍。

四、经验与启示

主动抢抓国家战略机遇，明确战略定位。公司以"三新一高"为统领，抢抓国家战略机遇，以"立足兰白、辐射西部、融通一带一路"为发展目标，围绕白银集团构建"一体两翼"产业新格局，制定了明确的发展定位和战略规划。主动适应市场趋势，积极融入全国物流网络。

构建错位发展新格局，变竞争关系为合作关系。在避免内部业务同质化竞争的同时，深挖内部市场潜力。通过拓展核心业务、增量业务、新兴业务和增值业务，实现了物流业务的规模效益上台阶。同时，公司积极推进智慧物流创新应用、产业物流融合和绿色物流发展，不断提升自身的服务能力和水平。

实现要素创新性配置，完善物流运行和供应链体系。通过打造"互联网＋贸易＋物流＋金融＋大数据"物流运行体系，实现要素的创新性配置，构建安全可靠的现代供应链体系。不断创新物流服务模式和技术应用，积极适应市场变化和客户需求。例如，公司打造网络货运平台，拓展物流平台业务，构建以"承运"为核心的生态体系，为客户提供多元化的物流增值服务。

（完成人：吴　聪　李代宁　王宏伟　张爱玲）

企业家精神对后勤类存续企业发展的作用

中海实业有限责任公司

审定意见：

本成果以企业家精神为核心动力，通过有前瞻性的战略定位和市场定位，培育形成新的专业能力和竞争力，结合商业模式、运营模式和管理模式的不断创新，实现后勤类存续企业独立内生式增长，并成为行业内的国际品牌。企业家的革命化激情是战胜困难的精神力量，推动产权、法律等纠纷处置，解决长期想解决而没有解决的难题。企业家的全球化视野是打破现状的决定性力量，推动企业仅用3年时间实现从北京到全国，再到海外的跨越式发展。企业家精神是新质生产力不可忽略的组成部分，对不断引领企业高质量发展发挥着关键性的作用。

创新点：

提出了后勤类存续企业高质量发展模式，涵盖了独立运营、核心竞争、综合绩效和持续发展等多方面能力。商业模式上，通过转型为专业公司、建立市场导向决策机制、重组并购优质资产及明确市场定位，增强市场适应力与竞争力。运营模式中，借助运营全过程顶层设计、构建质效并重控制模式、实施楼宇专业化集中管理及输出管理和标准进入外部市场，提升运营效率与市场份额。管理模式上，进行组织机构战略性优化、制度体系再造和重塑、强化人力资源队伍建设以及推动战略在基层班组落地，提升了企业的管理水平和执行力。在保障措施上，加强党的建设、品牌建设、文化建设和培育企业家精神，为企业发展提供了坚实的保障和支撑。

价值点：

企业家精神是极为稀缺的生产要素，也是整合和优化各种要素资源的核心。尊重、培育和发挥企业家精神在资源配置中的核心作用，让各种要素通过创新性组合释放出更多的能量，对于企业发展起着决定性的作用。尤其是对于非市场型企业的市场化转型，以及困难型企业的起死回生，企业家精神发挥着其他条件、机会和要素所不能替代的作用。企业家精神的发挥，切实有效地提升后勤类存续企业的发展质量，让企业成为更具活力与竞争力的市场主体。同时，创造了后勤类存续企业生存和发展的新模式，提供了如转型为专业公司、优化运营模式等切实可行的路径和经验。

可复制性和应用范围：

该成果对于其他后勤类存续企业具备极强的适用性，尤其对于提供物业餐饮、离退休、基础建设等综合服务的企业。这些企业能够从中借鉴诸多创新经验，比如商业模式上的转型策略、运营模式中的质效并重控制、管理模式里的组织优化，以及保障措施中的各类建设。而且，它们可以依据自身实际，对这些经验灵活调整并应用，以此来提高自身的发展质量与竞争力。当前，在国有企业改革与追求高质量发展的大环境下，此成果展现出广阔的应用前景。它能为众多后勤类存续企业给予有用的参考与指引，有力推动整个行业不断发展和取得进步，助力后勤类存续企业在新时代实现更大的突破。

成果详述

一、基本情况

1. 项目简介

本成果紧密围绕后勤类存续企业的发展这一核心问题，以中海实业有限责任公司（以下简称"中海实业"）作为具体案例展开了深入且细致的研究。其主要目的在于积极探索后勤类存续企业实现高质量发展的有效模式，通过在商业模式、运营模式、管理模式以及保障措施这四个关键方面进行大胆创新，全力推动企业实现转型升级。在实践过程中，该模式充分展现出了其独特的优势和显著的成效。

2. 实施背景

随着国企改革的不断深入推进，许多国企为了优化资源配置、提升市场竞争力，将核心主业进行剥离、重组、改制后上市。在此过程中，剩余的未上市部分资产和辅业便形成了存续企业。后勤类存续企业作为其中的一部分，与主业产业链的关联度相对较低，在发展过程中面临着诸多问题。例如，这些企业可能存在定位不明确、市场竞争力不足、管理模式落后、技术创新能力薄弱等问题，导致其与高质量发展的要求存在较大差距。在当前激烈的市场竞争环境下，后勤类存续企业迫切需要探索一种新的发展模式，以适应市场竞争的需要，提升自身的核心竞争力，实现可持续发展。只有通过不断创新和改革，才能找到适合自身发展的道路，为企业的长远发展奠定坚实的基础。

3. 实施的必要性

后勤类存续企业的发展具有重要意义。从时代要求来看，它是中国特色社会主义进入新时代的客观反映，关乎国企是否全面贯彻落实新思想。从新发展理念的贯彻角度，它是主动转变发展方式、跟上高质量发展步伐的必然选择。在人民立场方面，后勤类存续企业员工的稳定与发展关系到社会稳定和党的执政基础。此外，对于世界一流企业的建设，后勤类存续企业需要与主业同频共振，实现高质量发展，为主业提供更大支持。因此，实施后勤类存续企业高质量发展模式是必要且紧迫的。

二、项目实施过程

1. 主要做法

（1）商业模式方面

建立市场导向的经营决策机制，明确目标市场的开发权、定价权、销售权等，形成自主的用工权、分配权及投融资权，为企业发展奠定基础。此外，通过重组并购优质资产，如与中国海油下属基建公司的重组整合，突出楼宇运营管理和物业服务的资源优势，实现优势互补，形成楼宇建管一体化能力。

（2）运营模式方面

进行运营全过程顶层设计，提出"以楼宇物业管理为主体，以离退休服务和综合服务为两翼的'一体两翼'发展战略和由北京的实业、向全国的实业乃至国际的实业转型的'三个实业'发展目标"，并制定"十四五"战略构想，为企业发展指明方向和路径。通过输出管理和标准进入外部市场，创新性提出"1＋N"管理模式，针对目标市场提供项目交钥匙工程和后续标准化管理，成功服务多家政府部门、国企和医院。

（3）管理模式方面

进行组织机构战略性优化，实施"条块结合"的变革，合并总部大厦机构，加强总部服务能力和协同效应；整合同类业态板块，加强专业能力和集成效应；整合区域性资源，加强地区管控和辐射效应。制度体系再造和重塑，按照总部和所属单位两个层面推进内控制度体系重塑，形成完善的内控体系和标准化体系。

（4）保障措施方面

首创党建常态化运行八项机制，坚持党建与经营深度融合。进行品牌建设，形成以"蓝梦"为核心的系列品牌，开展品牌活动，拓展品牌外延，完善品牌内涵，形成无形资产。

2. 关键要点

（1）明确高质量发展内涵

后勤类存续企业的高质量发展内涵包括独立运营能力、核心竞争能力、规范治理能力、高效管理能力、自我变革能力、综合绩效能力和持续发展能力。这些能力涵盖了企业的市场竞争力、内部管理、合规运营、创新发展等多个方面，确保企业能够在市场竞争中立足并实现可持续发展。

（2）围绕目标制定战略

企业应围绕自身目标制定战略，明确发展方向和重点。在制定战略的过程中，要进行结构搭建，合理分配人、财、物等资源，确保资源能够支撑战略的实施。同时，要梳理机制，明确各部门的职责和权力，保证机制的有效运行，从而实现战略目标，完成企业使命。

（3）注重基层班组建设

基层班组是企业战略落实的关键环节。要重视基层班组建设，将战略目标细化为班组的具体工作任务，通过加强班组管理、培训和激励，提高班组的执行力和创新能力。

（4）加强体制机制外保障

除了完善体制机制外，还需要加强党的建设、品牌建设等保障措施。党的建设能够为企业提供政治引领和组织保障，确保企业的发展方向与国家政策相符。品牌建设能够提升企业的知名度和美誉度，增强市场竞争力。

三、成果总结

1. 经济效益

中海实业通过实施高质量发展模式，取得了显著的经济效益。各项指标均实现了大幅增长，总资产从2016年底的61亿元增长到2021年底的93亿元，增幅达52%；物业管理面积从76万平方米增长到约270万平方米，复合增长率高达29%；销售收入从8亿元增长到24.8亿元，复合增长率为33%；净利润从0.6亿元增长到1.9亿元；全员劳动生产率从38.1万元提高到114.8万元，创历史新高。这些数据表明，中海实业在没有大量资产和人员投入的情况下，通过创新商业模式、运营模式、管理模式和保障措施，实现了企业的高效发展，提高了企业的盈利能力和市场竞争力，为企业的可持续发展奠定了坚实的经济基础。

2. 社会效益

中海实业顺利完成了"三供一业"分离移交、退休人员社会化等改革任务，在改革过程中未发生影响稳定的事件，为企业的发展创造了良好的社会环境。同时，企业成功应对了"低油价""疫情防控"等极端挑战，在困难时期保持了企业的正常发展，保障了员工的健康和权益。此外，中海实业获得了全国文明单位、全国交通文明示范单位、国家机关健康食堂、中国海油安全环保一等奖等多项荣誉，这些荣誉的获得不仅是对企业过去工作的肯定，更是对企业未来发展的激励。中海实业在实现自身发展的同时，也为社会作出了积极贡献，提升了企业的社会形象和影响力。

3. 管理效益

中海实业通过优化组织机构，实施"条块结合"的战略性变革，加强了总部服务能力、专业能力和地区管控能力，突出了协同效应、集成效应和辐射效应，使企业的组织结构更加合理，提高了管理效率。通过再造制度体系，推进内控制度体系重塑，形成了完善的总部层面内控体系，发布了新版总部权限手册和授权清单，理顺了审批流程、权责边界和决策程序，同时大力推进标准化建设，形成了物业、餐饮、酒店公寓等专业的标准化体系，使企业的管理更加规范，决策更加科学。通过强化人力资源队伍建设，结合"三项制度"改革，公开竞聘骨干岗位，组织选配经理助理、见习经理，加快干部队伍年轻化、专业化，组建蓝梦物业学院，开发形成了系统的课程体系，提升了员工的专业素质和综合能力，为企业的发展提供了有力的人才支持。这些措施的实施，有效地提高了企业的管理效益，使企业能够更好地应对市场竞争和挑战。

四、经验与启示

后勤类存续企业生存和发展的难点在于建立高度市场化的运营机制。要摆脱对于母体的依赖，完全靠自身的力量到市场上谋生存、求发展，这是一个脱胎换骨的艰难过程。要实现这样一个蜕变，无论是战略定位、经营决策、市场开拓，还是机制创新、绩效考核、能量激活，企业家精神都在其中发挥了灵魂性的作用。因此，选择有企业家精神的运营管理团队，通过适当的机制鼓励和培育企业家精神，是决定后勤存续类企业转型成败的关键。

（完成人：姚国庆）

创建多要素协同驱动的科技创新体系

中国飞行试验研究院

审定意见：

本成果以能力建设为基础，以体系化思维统筹创新要素资源，形成多要素协同且内生驱动的创新体系。提高创新能力和效率，支撑企业创新的可持续发展。首先是依据战略发展目标确定创新能力需求，梳理专业能力现状，建立专业技术能力图谱，构建结构化的能力建设项目需求库，通过聚合重组创新资源、补齐能力短板等方式实现能力保障。同时，识别制度关键要素，形成逻辑清晰、层次分明的制度视图，以能力建设和保障为导向，理顺制度"立、改、废"的机制，构建执行制度体系和信息化治理工具。遵循系统性、独立性、灵活性三大原则构建具备可量化和可操作性的指标评价体系，及时发现创新能力体系的问题，不断深挖创新管理经验，进一步推动科技创新体系的复盘总结及闭环管理。其逻辑、方法、系统和机制，是创新行为和创新成果的有效保障。

创新点：

该项目的创新点在于全面且系统地整合了多要素协同驱动的创新模式。它以体系化思维统筹规划、制度、平台、人才、用户和技术等要素资源，构建了全时空域框架下的立体式、全方位协同创新体系，打造了涵盖基础技术研究、前沿技术探索和新质技术应用的创新生态链。在具体实施中，通过形成测试能力手册和建立专业技术能力图谱来引领技术发展；优化完善并有效运行制度体系；打造多元化、体系化测试品牌以满足多样需求；将创新平台优势转化为多方面优势，形成协同创新格局；以型号任务和需求为牵引，培养人才；构建指标评价体系，挖掘创新管理经验，为高质量发展提供新动能。这种创新模式全面且深入，有效推动了试飞测试科技创新的发展。

价值点：

该项目价值点显著，它形成了多要素协同且内生驱动的创新体系，协同推进技术、管理及文化创新。有效改善了分散式创新管理现状，聚合了学术、人力资源和创新资源。培育了多项科技成果，科研协作项目产值可观，授权专利和发表论文专著众多。培养了大批优秀人才，提升了测试核心能力。其创新效益、成果效益和社会效益逐步显现，为飞行试验测试专业的高质量发展提供了有力支撑，对提升我国武器装备试验鉴定及测试效能具有重要意义。

可复制性和应用范围：

该项目价值点显著，它形成了多要素协同且内生驱动的创新体系，协同推进技术、管理及文化创新。有效改善了分散式创新管理现状，聚合了学术、人力资源和创新资源。培育了多项科技成果，科研协作项目产值可观，授权专利和发表论文专著众多。培养了大批优秀人才，提升了测试核心能力。其创新效益、成果效益和社会效益逐步显现，为飞行试验测试专业的高质量发展提供了有力支撑，对提升我国武器装备试验鉴定及测试效能具有重要意义。

成果详述：

一、基本情况

1. 项目简介

中国飞行试验研究院测试技术研究所肩负着国家重点型号的科研鉴定和适航审定试飞测试的重任。为了推动飞行试验测试专业的高质量发展，该研究所以体系化思维为指导，全面统筹创新要素资源，围绕规划引领、用户需求、制度体系、创新平台、人才培养、指标评价等关键要素，精心构建了多要素协同且内生驱动的创新可持续发展模式。通过这一模式，成功打造了涵盖基础技术研究、前沿技术探索、新质技术应用的完整技术创新生态链，并且建立了"试飞牵引技术、技术服务试飞"的良性循环发展机制。这一机制的建立，不仅有助于提升飞行试验测试的专业水平，还能够为相关领域的技术创新提供有力支持，从而推动整个行业的高质量发展。

2. 实施背景

在当今时代，落实顶层规划引领以及实现高质量发展已成为战略需求的重要组成部分。同时，聚焦武器装备试验鉴定及测试效能的根本需求也日益凸显。此外，提升测试科技创新动能以及内生驱动的能力变得极为迫切。中国飞行试验研究院测试技术研究所立足于自身专业领域以及业务特点，紧密围绕新时代发展规划，积极应对能力验证、数字航空、新质技术应用等带来的新需求。在这样的背景下，构建多要素协同驱动的试飞测试科技创新体系成为当务之急。

3. 实施的必要性

随着航空科技和装备的快速发展，飞行试验测试技术面临前所未有的挑战和机遇。为了更好地满足不断提高的测试核心能力要求，以及武器装备试验鉴定和测试效能的严格标准，必须以体系化思维为基础，全面统筹创新要素资源。具体而言，加强规划引领可以明确技术发展的方向和重点，确保各项工作有序进行；完善制度建设能够为业务开展提供规范和保障，提高工作效率和质量；紧密对接用户需求可以使测试技术更具针对性和实用性；打造创新平台能够聚集优质资源，促进技术创新和成果转化；重视人才培养可以为行业发展提供坚实的人才支撑；建立科学的指标评价体系可以及时反馈创新效果，为持续改进提供依据。通过协同推进技术创新、管理创新和文化创新，能够有效整合各方力量，形成强大的创新合力，推动试验测试技术实现引领性发展和创新性突破。这对于实现飞行试验测试专业的高质量发展至关重要，也是适应时代发展需求的必然选择。

二、项目实施过程

1. 主要做法

（1）规划技术发展

依据航空科技和装备发展需求，建立"六大支撑能力""十四类技术领域"和"若干技术方向"的体系框架。重点聚焦相关技术领域，梳理测试技术能力现状，自主研发机载测试产品并形成测试能力手册。基于此建立专业技术能力图谱，以引领测试技术发展和专业建设。

（2）推进制度建设

对标中国飞行试验研究院（以下简称"研究院"）体系管理要求，梳理制度体系的缺失和不足，设计制度逻辑视图。全面梳理技术与制度要素，完善创新制度建设，将管理创新与技术创新相融合，并反映在制度制定与运行中。设立专门小组负责制度相关工作，采取信息化手段固化流程，加强宣贯和自查，确保制度有效实施。

（3）对接测试需求

建立结构化的需求库，统筹规划技术发展方向，对试验测试技术进行规划和指导，并综合评估能力贡献。前置鉴定需求对接环节，将试飞测试系统纳入飞机全流程设计，组建联合团队，制定实施方案，遵循相关标准，完成一体化设计及改装，提高效率，拓展实战化训练测试需求，自主研制相关装备。

（4）打造创新平台

联合建设多个创新平台，聚合优质学术资源，开展前沿技术探索和基础技术研究，将平台优势转化为多种优势，形成协同创新格局。聚合学术资源，打造学术共享平台，吸纳一流资源，实现人才共享。建立激励机制，明确人员职责和权力，设立专项激励经费和研究基金。

（5）培育测试人才

建立人才发展蓝图，以型号任务和需求为牵引，培养复合型人才。开拓人才引进渠道，依托资源优势构建开放型研究机制。构建人才评价体系，设定考核指标和薪酬策略，设立专项奖励。营造良好环境氛围，树立标杆，容错激励，促使人才投入研究工作。

（6）构建评估机制

遵循相关原则构建指标评价体系，依据多维度管控及能力评价，构建科技创新要素指标评价体系，设置评分标准，定期开展评价活动，推动科技创新体系的复盘总结与闭环管理。

2. 关键要点

一是系统性规划。从技术、制度、需求、平台、人才和评估等方面进行全面规划，确保各要素相互协同，形成有机整体。二是精准对接需求。通过建立需求库和前置鉴定需求进行对接，紧密围绕用户需求开展工作，提高测试的针对性和有效性。三是创新制度建设。完善制度体系，注重管理创新和技术创新的融合，为创新发展提供有力保障。四是平台资源整合。打造创新平台，聚合优质资源，促进学术交流与合作，推动技术创新和成果转化。五是人才培养与激励。建立人才发展蓝图，开拓人才引进渠道，构建合理的评价体系和激励机制，激发人才的创新活力和积极性。六是持续评估改进。通过构建评估机制，定期进行评价和总结，及时发现问题并进行改进，推动科技创新体系不断完善和发展。

三、成果总结

1.经济效益

科研协作项目产值显著提升，每年达到 1500 万元，为研究院带来了可观的经济收益。这不仅增强了研究院的经济实力，还为进一步的科研投入和技术创新提供了资金支持。授权/受理专利、软件著作等 198 项，这些知识产权的积累具有重要的经济价值。它们为研究院在市场竞争中占据优势地位提供了有力保障，有助于提升研究院的核心竞争力，促进技术成果的转化和应用，从而带来更多的经济回报。创新体系的构建和技术能力的提升，使得研究院在承接项目和提供服务时能够更加高效、精准地满足客户需求，提高了市场声誉和客户满意度，进一步拓展了市场份额，为长期的经济发展奠定了坚实基础。

2.社会效益

培育省部级、集团级以上科技成果 34 项，这些成果在航空领域的应用和推广，将有助于提升我国航空科技的整体水平，推动航空产业的发展，为国家的科技进步作出了重要贡献。培养了众多优秀人才，包括国家百千万人才工程 1 名、集团首席测试技术专家 1 名、集团一级技术专家 4 名、试飞中心特级技术专家 9 名等。这些人才将在各自的领域发挥重要作用，推动行业的技术进步和创新发展，为我国航空事业的发展提供了强有力的人才支持。在海军飞行试验与训练测试评估装备方面的创新成果，为海军制空能力的提升提供了重要支撑。这对于保障国家的海洋安全、提升海军的作战能力具有重要意义，同时具有重大的经济效益。该项目的成功实施还将带动相关产业的发展，促进就业，为社会经济的稳定发展作出贡献。同时，通过技术创新和成果应用，也将提高我国在国际航空领域的地位和影响力。

3. 管理效益

形成了以强化发展战略和应用需求为牵引的多要素协同且内生驱动的创新体系，极大改善了以往分散式创新管理现状。通过整合规划、制度、平台、人才、用户和技术等要素，实现了资源的优化配置和协同效应，提高了管理效率和决策科学性。有效聚合了学术资源、人力资源、创新资源，使各方面的资源能够充分发挥作用，形成合力。这有助于推动试验测试技术的引领与创新聚变，提升测试核心能力，促进研究院的整体发展。构建的指标评价体系，为自主创新及高质量发展提供了新动能。通过对科技创新策略、流程、资源、能力等方面的评价和反馈，能够及时发现问题和不足，调整优化创新方向和管理措施，实现可持续发展。该项目的实施还促进了研究院内部管理机制的完善和优化，提高了团队协作能力和创新意识，营造了积极向上的创新氛围，为研究院的长远发展奠定了坚实的管理基础。

四、经验与启示

研究院在构建试飞测试科技创新体系的过程中，积累了许多宝贵的经验，这些经验有着重要的启示意义和价值。

首先，体系化思维是要素创新性配置的基础。研究院以体系化思维统筹规划、制度、平台、人才、用户和技术等要素资源，构建了多要素协同且内生驱动的创新可持续发展模式。这种全面、系统的思维方式能够确保各个要素之间的协调配合，形成强大的创新合力，从而推动科技创新的高效发展。

其次，规划引领是要素创新性配置中的"路线图"。研究院通过形成测试能力手册和建立专业技术能力图谱，明确了技术发展方向和专业建设目标，为科技创新提供了明确的"路线图"。这表明在科技创新过程中，必须有科学合理的规划，以指导创新活动的有序开展，避免盲目性和随意性。

最后，制度建设是要素创新性配置的重要保障。完善的制度体系能够确保业务的全覆盖和有效运行，规范工作流程，提高工作效率和质量。研究院通过推进业务全覆盖的制度体系优化完善和有效运行，为科技创新创造了良好的制度环境。

（完成人：冯晓林　张虎龙　孙　科　张　杰　冯一鸣　谷士鹏　李铁林　何红丽

马亚平　张品生　张兴国　晏　晖）

第十七章　数字技术赋能

智慧工厂建设推动制造业变革

风神襄阳汽车有限公司

审定意见：

本成果将 5G 与智慧工厂建设相融合，构建快捷、高效、互动的智能化制造体系，有效解决了传统制造模式存在产线停线率高、传统 IE（工业工程）手法改善效率低下等问题，实现了由传统制造向智能制造的升级。通过在"5G+ 数据中心监控"、"5G+AR 远程指导"、"5G+ 设备健康状态管理"、AI 视觉人因作业分析等多个应用场景中，应用边缘计算、神经网络算法、图像处理系统等新技术，大幅提高各单元间的协同程度，克服和杜绝了人工条件下会出现的偏差和错误，把人从高强度、高难度和高风险的作业环境中解放出来。在提高生产效率和效益的同时，也提高了应对个性化、定制化趋势的柔性设计和生产能力。这一成果及其在实施过程中衍生创造出的多项新技术，都对中国企业的数字化、智能化升级起着参照和支持作用。

创新点：

该项目的创新点在于充分利用 5G 技术高速度、高容量、低延迟等特点，构建了 5G 专网和私有云计算平台，实现了 5G 信号全覆盖。通过"5G+MEC"

（移动边缘运算）切片专网架构，打通工厂内网，使能厂区监控、数采、生产调度等应用场景，保障数据不出园区、企业资源独占。同时，将 5G 技术应用于多个工业场景，如机器人协同控制、智能监控、质量检测、AGV（自动导引车）控制、人因作业分析等，实现了生产设备的互联互通和实时监控，提高了生产效率和质量。此外，项目还开发了网联化、定制化的产品，满足了消费者的个性化需求，提高了产品附加值。

价值点：

通过 5G 与智慧工厂建设的有机融合，采用数据通信平台搭建到现场应用场景的多点实施，覆盖面积广、应用类型多且综合效益大。在实施过程中产生了多项创新技术，提升了产线兼容性和柔性。近几年，风神襄阳汽车有限公司在 5G 开发与应用方面取得多项荣誉，推动了工业互联网技术在生产管理过程中的实践和落地。与中国电信持续合作，建立创新中心，提供整体解决方案。被工业和信息化部授予相关应用案例称号，有效解决了制造工厂的痛点，降本增效收益显著。

可复制性和应用范围：

5G 技术的广泛应用为传统制造业的智能升级提供了有效途径，其将 5G 融入智慧工厂建设的模式具有高度的可借鉴性和推广价值。通过数据通信平台搭建推动场景应用的方式，不仅适用于汽车制造业，还能广泛应用于其他各类制造工厂。该模式涵盖的多个领域，如减少停线、提升品质、控制风险、智慧安全和提高通信效率等，能够解决众多制造工厂面临的共性问题。无论是大型企业还是中小型企业，都可以借鉴此模式，实现智能制造的转型升级，提高生产效率和产品质量，降低生产成本，进而推动整个制造业向高质量发展迈进。因此，该项目具有广阔的应用前景和巨大的推广潜力。

成果详述：

一、基本情况

1. 项目简介

风神襄阳汽车有限公司利用 5G 技术的优势，对汽车制造企业的生产流程进行全面升级和改造。通过构建 5G 专网和私有云计算平台，实现了工厂内网的打通和数据的高效传输与处理。同时，将 5G 技术应用于多个工业场景，如机器人协同控制、智能监控、质量检测、AGV 控制、人因分析等，实现了生产设备的互联互通和实时监控，提高了生产效率和质量。

2. 实施背景

传统制造模式存在的产线停线率高、无线信号不稳定、传统 IE 手法改善效率低下等问题，严重制约了企业的发展。此外，后疫情时代，自主车企和新能源车的崛起改变了市场格局，对汽车制造企业的生产弹性、应变柔性和经营质量提出了更高的挑战。在这种背景下，引进 5G 技术等高新技术，推进智能工厂建设，成为汽车制造企业实现可持续发展的必然选择。

3. 实施的必要性

当前，企业面临着转型升级的压力，传统制造模式的弊端日益凸显。首先，总装生产线停线率高，尤其是内饰线停工最多，严重影响了生产效率和成本。根据相关数据统计，2022 年总装全停工时间逐步上升，2023 年总装全停工指标 410 分钟 / 月（万台停工时间 40 分钟 / 月）的目标很难实现。进一步分析可知，内饰线停工占全年停工的 47%，其中 AGV 故障停工占内饰线停工的 40.65%，无线信号不稳定是导致 AGV 与管控电台连接不稳定、管控易失效的主要原因。

其次，传统 IE 手法改善效率低下，为防止不良流出采用了全数品质保证的方式，降低了作业效率，且品质问题追溯困难。平均每月各班组的短停项目数有 200 多项，停线原因全部需要手工输入，因过程追溯没有留下影像记录，不能掌控准确信息，无法自动取得资料；当发生品质问题时，难以澄清及提出原因；客户若质疑要求任何索赔，无法有效提出可对应的信息说明。因此，引进 5G 技术等高新技术，推进智能工厂建设，是企业解决当前问题、实现可持续发展的必要举措。

通过实施该项目，企业能够充分利用 5G 技术的高速度、高容量、低延迟等特点，实现生产设备的互联互通和实时监控，提高生产效率和质量。例如，在机器人协同控制方面，5G 技术能够确保数据传输的及时性、可靠性和准确性，避免协同作业中的碰撞和操作失误；在智能监控方面，5G 网络能够实现高清晰度视频流的传输和实时监控，工作人员可以随时查看和追溯现场生产视频，及时发现和解决问题；在质量检测方面，5G 技术结合机器视觉技术和神经网络算法，能够实现对产品外观瑕疵的迅速比对与分类，提高检测效率和准确性。此外，5G 技术还能够应用于自动化物流、网联化汽车和定制化产品等领域，为企业带来更多的发展机遇和竞争优势。

二、项目实施过程

1. 主要做法

（1）需求分析

明确智能制造的需求，包括生产需求、技术需求、管理需求等。基于工厂全制造过程的生产需求，从降低产线停线率、稳定无线信号和提高 IE 改善效率等方面选定场景和方案。

（2）数据获取

采集各种设备产生的数据，并存储到数据库中，为后续的远程控制和智能调度提供数据支持。在数据采集阶段，利用 5G 网络技术实现高清晰度视频流的传输和实时监控，将现场传感器、摄像头等设备采集的数据高速传输到监控中心进行实时处理和分析。

（3）应用场景

将数据分析结果应用到实际生产或物流运输中，提高现场作业效率。例如，通过"5G + 数据中心监控"，实现数据采集及分析云端完成，达到全业务覆盖的智能决策支持，优化移动终端接入体验；通过"5G + 设备健康状态管理"，将设备运行状态信息上传云端，实现设备状态了然于心；通过"5G + AR 远程指导"，实现远程维修 / 装配、远程专家协作和智能头盔管理，提高解决问题的时效性；通过智能安防，利用 5G 网络高带宽、低时延的特性，实现对生产车间安全状况的实时监控和预警；通过质量检测，利用高清摄像头采集汽车零部件的外观数据，结合 5G 网络实现高效的质量检测和数据采集。

2. 关键要点

（1）5G 网络架构

构建"5G + MEC 切片专网架构"，打通工厂内网，实现内网与 5G 公网的隔离，保障数据不出园区、企业资源独占。同时，利用 5G 高带宽、低时延的特性，满足生产车间对网络性能的高要求，如数据传输的及时性、可靠性和准确性。

（2）设备协同控制

在机器人协同工作中，通过 PLC（可编程逻辑控制器）控制系统统一协同并下发指令给各机械臂控制器，机械臂控制系统采用远程控制台和现场无线控制器，为确保协同作业的准确性和可靠性，对协同通信网络延时和可靠性要求较高，5G 技术的广连接、大容量特点能够满足这一需求。

（3）数据采集与处理

利用 5G 网络技术解决物联网终端功耗和无线网络覆盖的局限性，结合实时定位、人工智能、网络虚拟化等技术，实现设备间实时协同作业和调度。同时，通过边缘计算和神经网络算法等技术，对采集的数据进行深入分析和处理，提高数据的准确性和可靠性。

（4）应用场景拓展

将 5G 技术应用于多个场景，如数据中心监控、设备健康状态管理、AR 远程指导、智能安防和质量检测等，实现生产流程的全面智能化和自动化，提高生产效率和质量，降低成本，提升企业竞争力。

三、成果总结

1. 经济效益

（1）提高生产效率

通过 5G 技术的应用，实现了生产设备的互联互通和实时监控，减少了产线停线时间，提高了生产效率。例如，"5G + AGV"的应用解决了 AGV 无线管控问题，降低了内饰线停工率；"5G + 视频监控"使 IE 工程师可以随时查看和追溯现场生产视频，及时发现和解决问题，提高了生产的稳定性和连续性。

（2）降低成本

项目的实施降低了企业的生产成本。例如，通过 5G 网络的优化和设备的协同控制，减少了设备故障和维修成本；智能监控和质量检测系统的应用，提高了产品质量，减少了次品和返工成本；自动化物流系统的优化，降低了物流运输成本。

（3）增加产品附加值

借助 5G 技术和大数据技术，实现了消费者个性化需求的快速响应和定制化生产，提高了产品的附加值。网联化汽车的发展，为消费者提供了更多的智能化服务，提升了产品的市场竞争力。

2.社会效益

（1）推动产业升级

该项目的成功实施为汽车制造业的智能化升级提供了示范和借鉴，推动了整个产业向智能化、数字化方向发展。促进了相关产业的协同发展，如5G通信、人工智能、物联网等，为经济发展注入了新的动力。

（2）提升就业质量

项目的实施需要高素质的技术人才和管理人员，推动了企业对员工的培训和技能提升，提高了就业质量。同时，智能化生产的发展也创造了新的就业岗位，如数据分析、智能监控等领域。

（3）促进社会发展

智能汽车的发展提高了交通运输的安全性和效率，为人们的出行带来了便利。定制化产品的推出满足了消费者的个性化需求，提升了人们的生活品质。

3.环境效益

（1）节能减排

通过智能化生产和设备的优化控制，实现了能源的高效利用，减少了能源消耗和碳排放。例如，自动化物流系统的优化减少了运输过程中的能源浪费；智能监控系统的应用可以及时发现和解决设备故障，避免了因设备故障导致的能源浪费。

（2）资源优化利用

5G技术的应用实现了对生产资源的精准管理和调度，提高了资源的利用效率。例如，通过数据分析和智能调度，实现了原材料的合理采购和库存管理，减少了资源的浪费。

4. 管理效益

（1）提高管理效率

5G 技术的应用实现了数据的实时采集和传输，使管理层能够及时获取生产现场的信息，作出准确的决策。智能监控和数据分析系统的应用，帮助企业实现了对生产过程的精细化管理，提高了管理效率。

（2）优化管理流程

项目的实施推动了企业管理流程的优化和再造，实现了管理的数字化和智能化。例如，通过"5G + AR 远程指导"系统，实现了远程维修和装配，减少了因技术人员不能及时到达现场导致的时间延误，提高了管理的灵活性和响应速度。

（3）提升企业竞争力

通过智能化升级，企业提高了生产效率和产品质量，降低了成本，提升了企业的市场竞争力。同时，项目的创新成果和荣誉的获得，也提升了企业的品牌形象和社会影响力。

四、经验与启示

紧跟科技发展趋势是企业实现转型升级的前提。在当今快速发展的科技时代，企业必须敏锐地捕捉到新技术的潜力，并积极将其应用于自身的生产和管理中。5G 技术的出现为汽车制造业带来了巨大的变革机遇，风神襄阳汽车有限公司率先抢抓这一机遇，不断探索 5G 在自身领域的应用场景，实现了提升生产效率、产品质量和竞争力的目标。

制定针对性的解决方案是化解痛点问题的关键。对于机遇的渴求，使得许多企业都产生了巨大的不可抗拒的变革冲动，在每一轮技术革命中，都会有大量的企业因为带有盲目性的变革而惨遭败局。在该项目中，企业通过对现状的详细调查，找准痛点和病根，针对传统制造模式中存在的产线停线率高、无线信号不稳定、传统 IE 手法改善效率低下等问题，结合 5G 技术的优势，制定出科学合理的解决方案，从而确保项目实施取得良好的效果。

资源共享和协同创新是系统性推进的手段。5G 技术的应用不仅仅是单个设备或环节的改进，而是涉及整个生产流程和管理体系的变革，并且会延伸到供应商体系。该项目中，汽车制造企业与 5G 运营商、技术供应商等多方紧密合作，共同推进 5G 技术在汽车制造业的应用。这种跨领域合作能够充分发挥各方的专业优势，促进技术的融合和创新，确保技术的应用形成一个有机的整体，实现协同发展。

（完成人：黄开勇　陈少冲　裴顺云　徐　航　孟祥娇　孙瑞瑛　任　游）

以智慧化增强供应链的柔性和韧性

江西理工大学

审定意见：

本成果通过对比亚迪智慧供应链变革演进过程的"复原"，研究分析了比亚迪智慧供应链变革的动因、策略、方法、内容、过程和成效，为其他企业供应链变革提供了完整的参照系。由此会降低相关企业供应链变革的难度和成本，减少变革中问题出现的频次，提高变革的效率和成功率。供应链的柔性和韧性是供应链安全可靠的重要方面，特别是通过供应链金融，保障上游供应商处于稳定状态，会从系统上增强供应链的平稳度和可靠度。这是比亚迪智慧供应链优于普通供应链的特别之处。

创新点：

该案例的创新点主要体现在研究方法和视角的独特性上。在研究方法上，将理论与实践紧密结合，不仅详细描述了比亚迪供应链的实际变革过程，还充分运用了信息化、物联网技术、人工智能、云计算等智慧供应链的理论框架，使研究更具科学性和实用性。在研究视角上，创新性地引入供应链金融视角，通过迪链供应链信息平台展示了数字化在供应链金融中的应用，为该领域提供了全新思路。此外，采用跨学科视角，综合管理学、信息技术、物流学等多个学科的理论与实践，充分体现了研究的综合性和深度。

价值点：

在当前工业 4.0 和中国制造 2025 的背景下，比亚迪的智慧供应链变革为制造企业提供了宝贵的经验借鉴。其通过运用各种系统和建立智慧化车间仓库，实现了供应链数据透明化和数据决策能力的提升，保障了在全球缺芯少锂背景下供应链的正常运作。此外，比亚迪通过数字技术与管理创新驱动企业转型升级，实现了高质量发展，包括一流竞争力、质量可靠性、持续创新、品牌影响力以及先进质量管理理念与方法的落实。梳理比亚迪的经验，能为其他制造业企业实现高质量发展提供有益参考。

可复制性和应用范围：

在当前国际政治、经济形势下，供应链中断问题频发，且"十四五"规划提出数字经济背景下，制造企业面临的行业环境与政策环境相似，智慧化变革过程也有共性。本案例基于全球认可的供应链运作参考模型（SCOR），其智慧化变革能广泛应用于制造业供应链的数字化、可视化、移动化升级。汽车企业数字化转型涵盖从需求计划到货物交付全过程，本案例从供应链的多个运作环节和资金管理视角进行分析，全面探析了制造企业数字化转型的前因、过程及结果，为制造业企业通过数字化转型升级实现高质量发展提供了极具参考价值的依据，可复制性强，应用范围广泛。

成果详述：

一、基本情况

1. 项目简介

本案例以比亚迪供应链为研究对象，深入探讨了其智慧供应链变革的动因、过程及结果。比亚迪作为国内首个突破万亿市值的车企，在新能源汽车领域发展迅速。通过智慧供应链布局，比亚迪实现了以数字化为主要特征的高质量发展。案例总结了比亚迪供应链智慧化转型过程中的经验，旨在为其他汽车企业和相关制造企业提供借鉴。

2. 实施背景

目前，我国人工智能与工业互联网初具规模，助力制造业转型升级，推进工业 4.0 和中国制造 2025 的实现。大数据、云计算、物联网、区块链、人工智能技术等正在改变制造业的传统供应链模式，提高了供应链协同管理能力，减少了信息不对称现象。汽车企业的供应链长且复杂，竞争已升级为供应链之间的竞争。在全球疫情反复和芯片短缺导致汽车供应链中断的背景下，强化供应链的柔性至关重要。比亚迪凭借技术创新和产业布局，从电池生产商跃升为车企巨头，其供应链智慧化转型与长久以来的产业链布局息息相关。

3. 实施的必要性

首先，比亚迪在发展过程中面临一些问题，促使其进行智慧供应链变革。

例如，顾客个性化需求未得到满足，部分零部件供应商缺乏市场竞争力，协同研发创新不足，导致产品创新困难；现金流出现瓶颈，经销商退出、库存高以及补贴政策退坡等问题，使得比亚迪必须运用更智慧的方式管理现金流和供应链；组织结构复杂、管理难度大，内部组织结构高度集中，缺乏独立的供应链运作管理和智慧化平台，导致信息交流滞后和失真，供应链运作不协调。

其次，智慧供应链变革有助于比亚迪提升核心竞争力，实现高速发展的新能源领域业务。通过打造"迪粉汇"用户圈、将经销商管理系统迁移到更先进的平台、全面开放供应链等智慧计划措施，比亚迪能更好地满足顾客需求，提高生产计划的匹配性。智慧采购方面，设立公众号和网站发布信息、建立供应商关系管理系统，扩大了供应商寻源范围，简化了采购流程，加强了与供应商的战略合作伙伴关系，提高了供应链应对风险的能力。智能制造通过制造管理系统升级和制造工厂智能化变革，实现了制造现场管理、生产数据集成分析等智能化功能，朝"超级智慧工厂"方向发展。智慧物流通过升级仓储平台系统、建立智能仓库、实施供应商管理库存和电子标签系统等手段，降低了库存，加快了物流运转速度，保障了物流在供应链上的运行。智慧供应链金融通过成立迪链科技有限公司和创建迪链供应链信息平台，解决了供应商、经销商的现金周转困难和融资难问题，实现了货款交付的数字化和交易的安全性。

二、项目实施过程

1. 主要做法

在智慧计划方面，比亚迪打造了"迪粉汇"用户圈，挖掘顾客数据并加以分析，将顾客需求纳入研发考虑，同时将全球1500多家经销商纳入经销商管理系统（DMS），并迁移到华为OceanStor Dorado全闪存上，以满足核心业务信息化高速发展需求。此外，比亚迪全面开放供应链，寻求优质的第三方供应商，增强协同开发和计划的可能性。

在智慧采购方面，比亚迪为供应商设立公众号和专门网站发布招募、招标信息，并建立供应商关系管理（SRM）系统，扩大供应商寻源范围和招募信息透明化，简化采购流程，加强供应商维护和管理，建立良好战略合作伙伴关系，提高供应链应对风险能力。

在智能制造方面，比亚迪通过不断更新制造执行系统（MES），实现制造现场管理、生产数据集成分析等智能化功能，并在制造工厂智能化变革中采取"人工＋智能化"模式，对于非多样化制造环节实现完全自动化，对于多样化制造环节运用人工加机器的方式，还在惠州电子厂落地"无人化"车间，并将自动化装备与物联网、人工智能等技术相结合，朝"超级智慧工厂"方向发展。

在智慧物流方面，比亚迪升级仓库管理系统为高级仓库管理（EWM）系统7.02，管理智能立体仓库，实现无人值守、机器人运作。同时，携手深圳斯迈尔电子有限公司上线电子标签系统，解决芯片管理难题。此外，比亚迪在常州和西安的工厂启动零部件 VMI 仓，与第三方物流企业建立合作伙伴关系，提升智慧化进程，实现供应链数据透明化、信息交流实时化，保障供应链运作稳定性。

在智慧供应链金融方面，比亚迪成立深圳迪链科技有限公司，创建迪链供应链信息平台，整合集团内部系统，联合大型国有银行安全技术部门，发行迪链电子凭证，实现融资业务全流程线上操作，将供应商、资金提供方、比亚迪集团有效链接，形成供应链信息大数据平台。

2. 关键要点

一是以顾客需求为导向，将顾客需求作为供应链运作的活力来源和驱动因子，坚持以顾客需求为导向进行智慧供应链变革，使供应链更具柔性，满足市场和顾客需求。二是坚持数字化与智能化，将其应用于供应链的各个成员和环节，用数字化提高决策效果，用智能化提升采购、制造、仓储、运输过程的效率，助力智慧供应链平稳运作，提升供应链绩效。三是坚持协同化发展，注重供应链各个成员之间的协同化，保证供应链的开放性，推行协同化战略合作，利用先进技术实现数据跨部门、跨企业访问和分析，实现共享数据、共同决策、协同开发，制造更具竞争力的产品。

三、成果总结

1. 经济效益

比亚迪通过智慧供应链变革取得了显著的经济效益。首先，通过智慧计划、采购、生产和物流等环节的优化，实现了供应链数据的透明化和决策的科学化，提高了生产效率和资源利用率，降低了生产成本。例如，智能制造的推进使得生产线更加智能化和自动化，减少了人力成本和生产误差；智慧物流的实施降低了库存成本，加快了物流运转速度，提高了资金周转率。其次，智慧供应链金融的应用解决了供应商和经销商的资金周转问题，促进了供应链上资金的流畅运转，同时也为比亚迪自身带来了更多的商业机会和合作伙伴。此外，比亚迪的智慧供应链变革使其在全球缺芯少锂的背景下保障了供应链的正常运作，销量大幅增长，成为全球新能源汽车的销售冠军，进一步提升了企业的市场份额和盈利能力。

2. 社会效益

该项目也带来了积极的社会效益。比亚迪的智慧供应链变革为其他汽车企业和相关制造业企业提供了可借鉴的经验和模式，推动了整个行业的数字化转型和升级。通过分享智慧供应链的实践经验，有助于提高行业的整体竞争力和创新能力，促进产业的可持续发展。此外，比亚迪的发展也为社会创造了大量的就业机会，带动了相关产业的发展，对经济增长和社会稳定起到了积极的推动作用。

3. 环境效益

在环境效益方面，比亚迪的智慧供应链变革有助于减少资源浪费和环境污染。通过优化生产计划和采购流程，实现了精准生产和按需采购，减少了库存积压和过剩生产，从而降低了对资源的消耗。智能制造和智慧物流的实施也提高了能源利用效率，减少了运输过程中的碳排放。此外，比亚迪在新能源汽车领域的发展本身就具有环保意义，推动了清洁能源的应用，减少了传统燃油汽车对环境的污染。

4. 管理效益

智慧供应链变革为比亚迪带来了显著的管理效益。通过建立智慧化的平台和系统，实现了供应链的协调运作，提高了部门间的信息交流和协同工作效率。供应链各个环节的信息化和智能化管理，使得企业能够更加实时、准确地掌握供应链的动态，及时作出决策和调整，提高了企业的响应速度和市场适应能力。同时，与供应商建立良好的战略合作伙伴关系，加强了供应链的稳定性和可靠性，降低了供应链风险。此外，智慧供应链的实施也促进了企业内部管理的优化和创新，提升了企业的管理水平和运营效率。

四、经验与启示

系统间的可兼容性和可扩展性是制约数字化的难点。一些企业在信息化、数字化的过程中，缺乏全局性和系统性考虑，产生系统间兼容困难、存在信息孤岛等多种问题，最终导致数字化转型方案推倒重来，或者是宣告失败。特别是对于分步实施的数字化改造，前期的总体设计就更为重要。比亚迪在供应链变革中广泛应用了各种系统，包括 EWM、SRM、MES、DRS 等，这些系统能够实现很好的兼容和协同，从而实现了供应链数据的透明化和决策的科学化，提升了供应链的柔性和应对风险的能力。

全供应链的数字化协同会使数字化产生乘数效应。供应链协同化需要保证供应链的开放性，树立协同意识，并利用先进技术实现数据的跨部门、跨企业共享和分析。如果上下游合作企业都没有进行数字化转型，单一企业的数字化改造很难产生明显的效率提升。比亚迪通过开放供应链、建立供应商关系管理系统等举措，实现供应链成员之间的紧密合作和协同开发，共同应对市场变化，提高供应链的整体竞争力。

挖掘数据资产的价值实现智慧供应链价值的最大化。企业可以运用数据挖掘、神经网络算法等技术应对海量信息，实现供应链数据的分析和自我管理，从而将"业务驱动"转变为"数据驱动"。比亚迪通过打造"迪粉汇"用户圈，挖掘顾客需求并将其纳入研发考虑，以更高的效率提供符合市场需求的产品和服务，驱动供应链的有效运作。

（完成人：刘　宇　张思宇）

推动财务管控体系向价值创造体系跃升

中国石化集团共享服务有限公司东营分公司

审定意见：

本成果通过构建以数据驱动的实时感知、敏捷分析、前瞻预测的财务数智化平台，充分扩展财务管理的边界和内涵，实现了财务管理引领价值创造、优化资源配置、化解重大风险、深度支撑生产经营决策等目标。在推动数据共享的过程中，通过打通业务数据孤岛，形成覆盖全管理链路的闭环"大数据链"，突破跨周期、跨层级项目不可穿透等限制，更大限度地挖掘和发挥业财数据价值。使财务体系由管理工具升级为决策工具、战略工具和价值创造工具。其理念、方法、路径对于大型企业财务管理有启发和实用价值。

创新点：

一是构建了以数据联通、系统集成、统筹应用等关键要素为管控核心的"数据＋平台＋应用"财务管理模型，实现了财务域内多系统集成联动和信息实时传递，构建起端到端一体化运行管理模式。二是协同集团打通各业务数据孤岛，形成"大数据链"，实现信息和数据的有效传递和整合应用。通过推广新技术应用，提升数据资产价值，强化系统优化集成和智能核算研究，精简信息交互，提升财务集约化水平。三是自主研发数据分析应用平台和新技术应用，加强企业管理报表服务，提升数据分析应用能力，推动共享服务向业务前端延伸、内部流程优化和业财持续融合，为集团和企业战略决策提供有力支撑。

价值点：

通过构建"数据＋平台＋应用"财务管控体系，提升了财务管理的效率和质量。优化业务流程，减少手工凭证量，缩短单据流转时间，提高了工作效率，同时确保了会计信息质量的稳步提升。加强了财务风险防控能力。完善业务流程和组织管理体系，形成统一的操作标准和风险防控预案，强化源头控制和全过程审核，有效提升了风险防范能力。此外，该体系助力集团财务数智化转型。推动数据集中和整合，实现智能化输出，为集团战略决策提供准确可靠的财务数据和分析服务，促进企业了解自身财务状况和经营绩效。推动了集团的高质量发展。重塑财务管理理念和机制，构建财务数智化平台，深度支撑生产经营决策，优化财务管理模式，提升价值创造举措的精准性。

可复制性和应用范围：

该"数据＋平台＋应用"财务管控体系具有较强的可复制性和广泛的应用范围。其构建的财务管理模型和运行管理模式，可适用于众多企业，尤其是大型集团企业。通过打通业务数据孤岛，实现系统集成和信息实时传递的经验，能够为其他企业提供借鉴。在应用范围上，不仅适用于石油石化行业，还可推广至其他行业领域。无论是制造业、服务业还是其他行业，只要存在财务管理和业务流程优化的需求，都可以考虑应用该体系。它有助于提升企业的财务管理水平、优化资源配置、提高决策效率，实现可持续发展。

成果详述：

一、基本情况

1. 项目简介

中国石化集团财务共享服务有限公司东营分公司（以下简称"东营分公司"）积极推进基于财务共享服务价值生态圈的"数据＋平台＋应用"财务管控体系建设。该体系通过系统集成、流程贯通，分类构建"业务端—共享""供应商—共享""员工—共享""财务—共享"业务流程优化提升机制，以提升财务运营质效，支撑集团战略和企业高质量发展。

2. 实施背景

随着国家"十四五"规划推进，石油石化行业财务管理数字化水平显著提升，财务管理数字化发展前景广阔。围绕国资委关于央企财务数智化转型工作要求，共享公司抓住集团财务管理转型重要机遇期，构建起"数据＋平台＋应用"财务管控体系。一是集团公司改革发展的必然要求。中国石化集团面临能源发展转型、产业格局调整等挑战，大力实施世界领先发展方略，将财务数智化建设作为重点工作之一。财务共享需融入集团发展大势，在优化财务流程、提升财务管理质效等方面作出贡献。二是财务管理转型升级的重要载体。国资委要求加快构建世界一流财务管理体系，财务共享服务作为中国石化财务管控体系的重要一环，担负着提升核算质量、推动财务管理数智化变革和流程优化再造的重任。三是共享服务提质扩围的内生要求。集团党组对共享公司提出"升级自立"等目标要求，共享公司需以"数据＋平台＋应用"模式为基础，推动信息共享、业财融合、内外互联，助力集团财务实现高质量发展。

3. 实施的必要性

一是顺应行业发展趋势。新一代信息技术应用场景丰富多元，财务管理数字化发展前景广阔，构建该体系有助于提升企业财务管理的数字化、网络化、智能化水平。二是满足集团发展需求。中国石化面临诸多挑战，需要加快提升数智化管理水平，财务共享作为财务数智化应用前沿领域，有必要通过构建该体系加强财务流程优化、提升财务管理质效和风险管控水平，以支撑集团战略和企业高质量发展。三是推动财务管理转型升级。构建世界一流财务管理体系是企业发展的必然要求，财务共享服务需要通过该体系提升自身能力，推动财务管理由业务处理向价值管理转型，提升公司管理和财务管理水平。四是实现共享服务提质扩围。集团对共享公司提出了更高的目标要求，共享公司需要以数智化转型为核心，通过该体系强化竞争优势，推动专业运营、服务水平和技术流程升级，实现高质量发展。

二、项目实施过程

1. 主要做法

东营分公司首先确立了"数据＋平台＋应用"财务管控体系的工作思路，包括健全组织管理体系，成立了专门的项目领导小组和多个工作组，同时组建了多个专家团队，形成了一个高效的管理体系，确保各项工作的顺利推进。其次，通过广泛调研论证，深入了解客户需求及现有流程中存在的问题，制定了智能化研究、RPA 技术（机器人流程自动化）应用、系统优化提升等总体技术路径，并明确了"业务端—共享""供应商—共享""员工—共享""财务—共享"四个端到端流程优化方向。此外，还明确了具体的实施措施，包括完善会议协调、请示报告等工作机制，确保上下沟通顺畅，及时解决推进过程中遇到的问题。

2.关键要点

首先，通过推进"业务端—共享"协同联动，实现了业财深度融合。这包括优化财务共享提交模式，制定了一系列操作手册和管理办法，以及梳理业务流程，明确原始凭证的标准模板，实现了业务流程与内部控制的有效结合。同时，通过情景化提报模式和合同履约集成应用，提高了数据的实时共享性和准确性，增强了财务系统的集成度和业务运营的效率。

其次，推进"供应商—共享"协同联动，拓展了财务管控边界。通过采用三单匹配业务流程，实现了采购订单、入库单和发票数据的自动识别与匹配，简化了发票校验流程，提升了采购业务的自动化水平。这种全流程的闭环控制不仅提高了数据处理的效率，而且降低了错误率，加强了对供应商的管理。

再次，推进"员工—共享"协同联动，提升了服务体验。东营分公司通过石化商旅平台优化了员工报销流程，实现了差旅报销业务的全流程数字化流转，减少了员工在报销过程中的烦琐步骤，提升了员工满意度。此外，还通过优化员工个人报销服务业务流程，提升了员工的报销体验。

最后，推进"财务—共享"协同联动，释放了财务数据的价值。东营分公司利用自主研发的数据分析应用平台和集团辰光财务智能应用平台，挖掘数据资产的价值，为企业提供数据分析服务，助力企业数智化转型和业财融合。通过建立多维度的数据模型，实现了物资采购、资产管理等方面的精益化管控，促进了财务共享服务向更高层次的战略支撑、风险防控等增值服务的升级。

三、成果总结

1. 经济效益

一是提升人力资源效能。通过加大"端到端"流程推广力度和凭证模板智能化应用，基础业务流程账务核算人员用工初步减少137人，年约节约3836万元人工成本。二是提高财务工作效率。业务提报工作量显著降低，共享端手工凭证量持续减少，单据平均流转时间缩短3天以上，单据全流程流转效率提升约40%，节约工时超5976万个，同时减少了打印、邮寄纸质单据的成本。三是优化采购策略和决策。通过建立物资采购数据模型和资产价值分析模型，帮助企业分析预测物资需求、供应链稳定性，及时发现采购风险，优化采购策略和决策，从而降低成本，提高经济效益。

2. 社会效益

一是促进财务共享服务"升级自立"。以共享账务处理智能化、系统优化集成为核心的数智共享建设快速发展，提升了财务共享服务的质量和效率，为其他企业提供了可借鉴的经验和模式。二是助力集团财务数智化转型。推动内外部数据集中和整合，实现智能化输出，为集团战略决策提供准确可靠的财务数据和分析服务，帮助企业管理层更准确地了解自身财务状况和经营绩效，促进了整个行业的财务数智化转型。三是提升服务体验。通过优化员工报销服务业务流程，实现员工"零垫资、零报销"，将人员从烦琐的执行类账务工作中释放出来，提升了员工的工作满意度和幸福感。

3. 环境效益

一是减少纸质单据使用。通过线上无纸化审批，减少了打印、邮寄纸质单据 378 万张，降低了纸张的消耗，减少了对环境的污染。二是推动可持续发展。该体系的实施促进了企业的精细化管理和资源优化配置，有助于企业实现可持续发展，从而对环境产生积极的影响。

4.管理效益

一是完善业务流程和组织管理体系。各业务流程和组织管理体系标准化、规范化持续完善，形成了更加完整统一的境内、境外业务操作标准和企业端风险防控预案，提升了企业的管理水平。二是强化风险防控能力。实现重大会计核算和资金支付零差错，会计信息质量稳步提升，风险防控管理效能得到进一步提升，保障了企业的稳健运营。三是推动财务管理转型升级。重塑了财务管理理念、组织、流程、标准和机制，构建起了以数据驱动的财务数智化平台，促进了财务管理模式的优化和价值创造举措的精准化。

四、经验与启示

数据是财务实现价值创造的新要素。在当今数字化时代，数据已成为企业的重要资产。企业通过创新应用技术，打通各业务数据孤岛，形成"大数据链"，实现信息和数据的有效传递和整合应用。结合运用数据分析工具，挖掘数据背后的潜在价值，为企业的战略规划、运营管理、风险控制和科学决策提供准确、可靠的依据。

共享是财务数字化升级的关键词。通过构建四个端到端协同联动运行管理模式，打破部门壁垒、信息壁垒，实现了业务端、供应商、员工和财务与共享的紧密联结，促进了业财深度融合，拓展了财务管控边界。自主研发数据分析应用平台和新技术应用，加强企业管理报表服务，能够推动共享服务向业务前端延伸、内部流程优化和业财持续融合，提升了服务体验和企业的运营效率。

（完成人：侯增周　郭延山　解宏学　叶青盛　于　泳　刘　鹏　马亚辉）

虚拟技术与实体融合提升协同效能

合肥城市云数据中心股份有限公司

审定意见：

本成果通过实施以 AI 驱动为核心的数智化改造，打破公司内部的多层壁垒，以流程生产为中心拉通唯一一条超长的生产总线，实现集团与各分子公司业务流程的串接，以集中管控的方式，提升生产效率和效益。项目实现了数据采集仪、焦炭质量预测、配煤多目标优化、能耗优化等多项关键技术的创新和突破。做到虚拟技术与实体的真正融合，将管理颗粒度从企业级细化到产线级甚至设备级。通过集中式管理集约化运营管理模式创新，实现了内部供应链协同方式变革，大幅度提高运营效率。对于同类企业数字化、智能化改造有参考复制价值。

创新点：

首先，在数据采集技术方案上实现创新，成功解决了工业"哑设备"的数据采集难题，实现了工业现场全量数据采集，管理精度细化到产线级乃至设备级，且自研的数据采集网关产品标准化程度高、易实施和推广。其次，在焦炭质量预测关键技术上取得突破，采用机器学习等 AI 技术搭建模型，实时预测工业指标结果，降低配煤技改试错成本，具有很高的经济效益和推广价值。此外，多目标优化算法的创新应用以及能耗优化关键技术的突破，都使项目更具实用性和示范效应。

价值点：

从总体上看，临涣焦化股份有限公司（以下简称"临涣焦化"）以拉通超长生产总线的方式，优化生产流程，实现稳质、降本、增效的目标。通过构建生产总线和生产管控平台，提高了生产效率和管理精细化水平。核心工段的 AI 技改创新，降低了原料及能源成本，提高了煤炭资源利用率，每年可为企业节约生产成本高达千万元。同时，项目的成功实施为焦化行业的数字化转型提供了示范，推动了行业的发展。

可复制性和应用范围：

该项目在工业数采和工业互联网平台工程阶段，采用了自研的数据采集网关设备和工业互联网平台产品，标准化程度较高，从数字化工程项目的角度是"产品 + 实施"的方式落地，易复制、便于推广。其应用范围广泛，可适用于众多焦化企业以及其他流程工业企业。对于面临类似生产和管理问题的企业，该项目的解决方案可以帮助它们打破行政壁垒，实现横向拉通和纵向融合，通过 AI 等智能技术创新实现生产力突破，提高生产效率，降低成本，提升综合生产效益。

成果详述：

一、基本情况

1. 项目简介

本项目名为"临涣焦化生产过程优化数智化转型项目"，由合肥城市云数据中心股份有限公司（以下简称"城市云"）为临涣焦化股份有限公司规划并实施。项目通过采集工业数据、搭建工业互联网平台、生产管控平台、实行核心工段 AI 技改以及搭建生产运营可视化大屏等工作，对临涣焦化的生产过程进行优化和数智化转型。

2. 实施背景

临涣焦化是由多家国有企业共同组成的大型国有公司，旗下有 11 家分子公司，主要从事焦化产品的生产和销售，年产焦炭 440 万吨、甲醇 40 万吨，销售收入超过 110 亿元，是中国独立焦化厂和焦化工业领域的领军企业。近年来，焦化工业上游原料价格上涨，下游钢铁企业对焦炭质量要求提高，焦化企业普遍面临稳质、降本、增效的经营压力。同时，焦化工业处于国家产业政策的交汇点，临涣焦化希望借助数字化转型、数智化升级来推动先进技术与工业生产的融合，提升综合生产效益。鉴于合肥城市云在工业数字化转型服务方面的成功经验和专业口碑，临涣焦化邀请其专业团队进行调研、规划并实施了该项目。

3. 实施的必要性

（1）业务需求

近年来，原料煤价格大幅上涨，焦炭价格基本保持不变，优质煤资源紧缺，炼焦煤配比耗时耗力，焦炭质量难以预测，加之钢铁企业市场转型对上游焦化企业产品质量的要求提高，这些因素挤压了焦化企业的盈利空间，使得企业迫切需要实现增产增收、精细化管理等降本增效的目标，坚持降本、增效、稳质的综合生产效益优化的业务发展方向。

（2）工程需求

企业面临技术、成本、管理等多重压力，急需构建协同制造体系、进行数字化转型。在物理生产流程之上构建数字业务流程，推动生产过程数字化转型，以提高企业管理水平、细化生产管理颗粒、加速流程信息传递。具体表现为连接生产设备、信息系统和操作人员，实现数据交换、处理和共享，完成数据分析、优化决策和精细考核。

（3）管理需求

临涣焦化作为集团型企业，下辖 11 家分子公司，生产调度复杂烦琐，各分公司间数据难以打通，生产线各工艺段生产数据无法有效串接，制约了生产流程运行效率。原有的生产管控机制落后，工业现场生产流程情况难以监控。因此，企业需要一个决策支撑工具，建立统一看板，实现集团内各企业、企业内各生产线生产数据的统一可视化监管。

二、项目实施过程

1. 主要做法

（1）需求调研

城市云通过访谈战略层、走访执行层、摸底信息化，了解到临涣焦化面临原料煤价格上涨、焦炭质量要求提高等外部环境压力，企业有降本增效、精细化管理的紧迫诉求，同时存在技术、成本、管理等多重压力，急需构建协同制造体系、进行数字化转型。

（2）系统架构设计

城市云采用工业互联网的技术路线，在边缘采集层对临涣焦化的生产现场做全量数据采集，包括 PLC、DCS、传感器等设备数据，以及针对"哑设备"提供技术解决方案。资源层提供云计算资源支撑，平台层搭建工业互联网平台，构建生产总线，支撑上层应用层。应用层提供生产管控平台、智能技改应用和生产运营可视化大屏三类应用，实现企业的业务需求、工程需求和管理需求。

（3）搭建生产总线

对企业进行网络改造，使用数据网关产品采集工业现场数据，运用协议解析技术兼容各类工业通信协议和软件通信接口，实现数据格式转换和统一。

将数据上传至工业互联网平台，完成数据采集，平台实现边缘层的数据接入、预处理、存储和分析，并提供数据接口供应用层访问。

（4）上线生产管控工业应用

以工业互联网平台为支撑，重构或改造企业原有生产管理系统，搭建生产管控平台，构建计划管理、调度管理、操作管理、工艺管理、生产绩效管理、统计分析等应用，实现一体化管理，提高生产调度合理性、生产效率，降低能耗成本，改进数据记录手段，提高员工生产积极性。

（5）实行核心工段 AI 技改与搭建智能技改应用

在配煤炼焦核心工段，借助 AI 技术对原材料、能源、生产设备等关键生产要素实施智能优化，形成技术突破。包括配料 AI 优化与智慧配煤系统、能耗 AI 优化与精益化能耗管理系统、设备工况识别算法与设备管理系统。搭建智慧配煤系统、精益化能源管理系统、设备管理系统等智能技改应用。

（6）搭建生产运营可视化大屏

可视化大屏展示设备状态数据、加工数据、生产进度等重要信息，各级领导可实时监测各层级状况，实现集中式管理、集约化运营，统一安排各分公司生产活动，实现生产过程优化。

2. 关键要点

一是攻克数据采集难题。解决工业现场网络环境不佳、设备信号格式不统一、"哑设备"数据采集等问题，通过网络改造、数据网关产品应用和协议解析技术，实现全量数据采集和数据格式统一。二是实现生产管控一体化。搭建生产管控平台，通过模块化设计实现计划管理、调度管理、操作管理、工艺管理、生产绩效管理、统计分析等应用的一体化管理，提高生产效率和管理水平。三是核心工段 AI 技改创新。在配煤炼焦核心工段应用 AI 技术，实现焦炭质量预测、配煤多目标优化、能耗优化和设备工况识别等关键技术突破，搭建智能技改应用，降低成本，提高生产效益。四是可视化大屏助力管理优化。通过生产运营可视化大屏，实现生产数据的实时监测和集中式管理，为生产决策提供支持，推动工作机制优化。

三、成果总结

1. 经济效益

一是成本降低。通过 AI 技术对焦化工业生产中的核心工艺段和生产要素进行优化，配煤 AI 技术突破以及智慧配煤系统稳定焦炭质量，扩大了配煤方案的筛选范围，平均配合煤每吨成本降低约 8 元；实现了精益化能耗管理，结合企业实际产能，配煤炼焦环节每年降低原料及能源成本约 1000 万元。二是生产效率提升。升级了生产管控，完成了全生产流程各操作单元的累计 8 个业务系统重构改造，消除了应用孤岛，实现了生产操作全部联网上"云"。生产效率较之前提升了 10%，实现了设备级的操作管理，做到了应用层与物理层的融合。三是资源利用率提高。项目的实施提高了煤炭资源的利用率，有助于企业在降低成本的同时，实现更可持续的生产模式。

2. 社会效益

一是行业示范效应方面。该项目在焦化工业领域的成功实施，为其他焦化企业提供了可借鉴的经验和模式，推动了整个行业的数字化转型和发展，具有较强的示范效应。二是就业与人才培养方面。项目的推进需要专业的技术人才参与，这在一定程度上促进了相关领域人才的就业和培养，为社会提供了更多的高质量就业机会。三是提升企业竞争力方面。帮助临涣焦化提升综合生产效益，增强了企业在市场中的竞争力，有助于企业的稳定发展，为社会经济的稳定作出贡献。

3. 环境效益

一是节能减排。通过能耗 AI 优化与精益化能耗管理系统的应用，实现了对生产线设备耗电量等能耗数据的实时监测和精准绩效考核，有助于优化能源利用，减少能源消耗，从而降低碳排放，对环境产生积极的保护作用。二是资源节约。智慧配煤系统的应用，在确保焦炭质量的前提下，优化了配煤方案，提高了煤炭资源的利用效率，减少了资源的浪费，符合可持续发展的要求。

4. 管理效益

一是管理精细化。串接了生产总线，实现了集团以及 11 家分子公司生产车间产线和设备全部联网上云，管理从公司级细化到产线级，实现了生产过程实时监测，规范了生产管控流程。二是决策优化。生产运营可视化大屏的搭建，为集中式管理、集约化运营提供了工具抓手，使各级管理人员能够实时监测各层级的状况，优化了生产决策，推动了工作机制的优化。三是协同效率提升。基于供应链协同理念，改变了以往协同效率不佳的状况，实现了内部供应链协同方式的变革，提高了企业整体的运营效率。综上所述，该项目在经济效益、社会效益、环境效益和管理效益等方面都取得了显著的成果，对临涣焦化的发展以及相关行业的进步具有重要的意义。

四、经验与启示

重大项目带动多项关键技术创新。借助 AI 等前沿技术提升企业竞争力，已经成为许多企业的战略选择。和零散的、单一设备的 AI 应用不同，本项目中有多个 AI 应用场景，并且对 AI 的功能、效果有不同的要求，这就带动了多个领域的技术创新。全链条、大范围、多场景的 AI 创新和应用，实现了虚拟技术和实体的全面融合，使产线的智能化水平大幅度整体提升。其中，数据采集技术方案的创新成功解决了工业"哑设备"的数据采集难题，实现了全量数据采集，为后续的数据分析和应用提供了坚实基础。焦炭质量预测关键技术、配煤多目标优化关键技术以及能耗优化关键技术的突破，更是大幅提升了企业的生产效率和经济效益。

协同与融合带动管理精细化提升。通过实现横向拉通和纵向融合，打破分子公司之间的行政壁垒，实现了虚拟与实体的深度融合，将管理颗粒度细化到产线级，甚至是设备级，从而提高整体运营效率，实现了降本、增效、稳质等目标。为企业带来实际的经济效益和竞争优势。

（完成人：李晓洁　陈　磊　田金丽　项本杰　王　卫　李志远　赵　展　李　康

汪国治　范武松　吴　宁　马　豹　杨　璐）

"流程＋数据"双驱动再造柔性制造体系

昌河飞机工业（集团）有限责任公司

审定意见：

本成果通过搭建"流程＋数据"双驱动管理模式，提升业务执行和数据治理能效。创造性开展流程驱动业务管理和"集—存—融—治—用"数据驱动管理，深度分析隐匿的深层次问题，解决"问题背后的问题"，支撑企业"数智化"柔性制造管理。建设兼容同簇产品的产线设施，贯通零件、部件、整机的不同阶段，推动了数智化产线技术的迭代升级。通过提炼"共性规则"，建设知识复用体系，支持敏捷高效开展工艺设计。应用数控机床自适应控制与监测技术，通过不断循环迭代持续完善，让模型算法达到最优状态。实施柔性均衡排产，统筹多种类型订单需求。优化物料供应配送方式，保障物料供应充分准时，支撑柔性化制造。部分或全部采用本成果的方法和经验，均可不同程度提升企业柔性制造的水平。

创新点：

该项目的创新点在于搭建"流程＋数据"双驱动管理模式，以强化业务执行和数据治理效能。通过建设兼容同簇产品的产线设施、实施人机协同的在线检测和梳理多元化能力人才需求，深化企业数智化转型，夯实柔性制造管理基石。重塑知识赋能的 CAPP（计算机辅助工艺规则）系统，践行知识复用的敏捷工艺设计，应用提质增效的自适应加工，实现敏捷高效开展工艺设计。实施柔性均衡排产，统筹多种类型订单需求。优化物料供应配送方式，保障物料供应充分准时。构建"流程＋数据"双驱动的柔性制造管理平台，推动企业生产制造管理再上新台阶。

价值点：

通过"流程＋数据"双驱动管理模式，实现了生产制造管理的优化，提高了生产效率和产品质量，确保了直升机装备的高质量敏捷交装。柔性均衡排产和优化物料供应配送方式，有效降低了生产成本，提高了企业的经济效益。数字化管理平台的构建，提升了企业的管理水平和决策能力，使企业能够更好地应对市场变化和客户需求，提升企业在行业内的竞争力。

可复制性和应用范围：

其"流程＋数据"双驱动的管理模式、柔性均衡排产、优化物料供应配送方式以及数字化管理平台的构建等经验和做法，可在航空工业及其他国防军工企业中进行推广和应用。对于其他制造行业，尤其是具有多品种、小批量生产特点的企业，该项目的成功经验也具有重要的借鉴意义。通过建设兼容同簇产品的产线设施、实施人机协同的在线检测、梳理多元化能力人才需求等措施，可以提升企业的生产效率和质量，增强市场竞争力。

成果详述：

一、基本情况

1. 项目简介

航空工业昌河飞机工业（集团）有限责任公司（以下简称"昌飞公司"）基于"流程 + 数据"双驱动管理模式，开展直升机装备柔性制造管理。该项目旨在解决公司任务结构转变引发的系列问题，通过深化数智化转型、精进知识复用技能、实施柔性均衡排产、优化物料供应配送方式和构建"流程 + 数据"双驱动的柔性制造管理平台等举措，构建直升机装备数智化柔性制造体系，提高对客户多样化需求的敏捷响应能力。

2. 实施背景

昌飞公司贯彻国有企业数字化转型发展战略，聚焦直升机产品多品种、小批量的特点，以高质量敏捷交装为目标。随着公司任务结构的转变，生产管理业务执行出现堵点或断流现象，计划排产柔性不足，关键物料供应配送不及时等问题日益突出，严重影响了公司的生产制造管理水平和客户满意度。为了应对这些挑战，昌飞公司亟须构建一种新的制造管理模式，以提升生产效率、保证产品质量、满足客户需求。

3. 实施的必要性

一是提升企业竞争力的需要。在激烈的市场竞争中，昌飞公司需要不断提高自身的生产制造管理水平，以满足客户对直升机装备的多样化需求。通过实施"流程 + 数据"双驱动的柔性制造管理，能够提高生产效率、降低成本、提升产品质量，增强企业的市场竞争力。二是适应数字化转型的需要。

随着信息技术的快速发展，数字化转型已成为企业发展的必然趋势。昌飞公司需要通过构建"流程 + 数据"双驱动的柔性制造管理平台，实现生产制造管理的数字化和智能化，提高企业的管理效率和决策水平。三是满足客户需求的需要。客户对直升机装备的需求日益多样化和个性化，昌飞公司需要通过实施柔性均衡排产和优化物料供应配送方式，提高对客户需求的响应速度和满足能力，提升客户满意度。四是推动企业可持续发展的需要。实施"流程 + 数据"双驱动的柔性制造管理，能够优化企业的资源配置，提高企业的运营效率，降低企业的运营成本，为企业的可持续发展提供有力支持。总之，实施"流程 + 数据"双驱动的直升机装备柔性制造管理是昌飞公司提升企业竞争力、适应数字化转型、满足客户需求和推动企业可持续发展的必然选择。

二、项目实施过程

1. 主要做法

一是搭建双驱动管理模式。实施了融合流程和数据的双驱动管理模式，通过数据治理和业务执行的强化，构建了能够深度分析问题的管理模型，支持直升机装备的数智化柔性制造。二是柔性均衡排产。优化了物料供应配送方式，通过实施人机协同的在线检测、培养业务人才和构建数字化流程，确保了生产资源的动态调配和多种订单需求的满足。三是开发数字化管理平台。重塑了 CAPP 系统，建立了工艺知识库，并开发了高度集成的数字化管控平台，实现了多业务的统筹协同管理。四是深化企业数智化转型。通过推进生产制造、质量检测、仓储物流等环节的数智化升级，建设了兼容同簇产品的产线设施，实施了人机协同的在线检测，并梳理了多元化能力人才需求。五是精进知识复用机能。在 CAPP 系统上实现了知识的赋能，通过工艺知识库的建立，提升了工艺设计效率，同时在工艺设计平台和知识库辅助下，提升了工艺设计柔性。六是实施自适应加工。应用数控机床自适应控制与监测技术，通过内置专家系统实时采集制造数据，实现了生产制造的自适应调控。七是制定生产规划。制定了总体均衡的五年生产规划和年度主计划，明确作业计划的柔性排产流程，运用智能算法解决了生产中的矛盾。八是优化物料供应配送方式。实行分类采购策略，实施了智能仓储配送，推行了动态调配的生产资源管理。九是构建双驱动管理平台。推行了矩阵式管理，打通了"流程＋数据"的管理脉络，并开展精准的数字驾驶舱管理。

2. 关键要点

一是数智化升级。确保生产制造、质量检测、仓储物流等环节实现数智化升级，是实现柔性制造的基础。二是数据治理。强化数据治理，通过数据驱动创新，确保数据的规范性和质量，是支撑决策和优化业务管理的关键。三是人才发展。多元化能力的人才培养是实现业务敏捷响应和提升工艺设计柔性的重要因素。四是工艺知识库。建立工艺知识库，实现知识的积累和复用，是提升工艺设计效率和准确性的核心。五是自适应技术。应用自适应控制与监测技术，实现生产过程中的实时监控和调控，保障生产质量和效率。六是智能排产。制定科学的排产策略，运用智能算法优化排产流程，确保生产计划的科学性和合理性。七是供应链管理。优化物料供应配送方式，实行分类采购策略，建立高效的智能仓储配送系统。八是动态资源管理。实现生产资源的动态调配，确保资源优化配置，满足紧急任务的及时响应。九是数字化管理平台。构建高度集成的数字化管控平台，实现从设计到交付的全流程数字化管理。十是矩阵式管理与数字驾驶舱。推行矩阵式管理和数字驾驶舱管理，通过流程和数据的双驱动模式，实现精准决策和高效管控。

三、成果总结

1. 经济效益

一是生产效率提升。通过实施柔性均衡排产、优化物料供应配送方式以及应用自适应加工技术等举措，生产效率显著提高，产品生产周期缩短，生产成本降低。二是产品质量改善。人机协同的在线检测和自适应加工技术的应用，确保了产品质量的稳定性和可靠性，次品率和返工率大幅降低。产品质量的提升使公司在市场上的声誉提高，有助于公司增加市场份额和销售额。三是市场竞争力增强。高质量敏捷交装能力的提升，使公司能够更好地满足客户需求，提高了客户满意度和忠诚度。公司在市场竞争中占据更有利的地位，市场份额不断扩大，销售额逐年增长。

2. 社会效益

一是推动行业发展。该项目的成功实施为国防军工企业和制造行业提供了可借鉴的经验和模式，有助于推动整个行业的数字化转型和智能化升级，提高行业的整体竞争力。其他企业可以学习和借鉴昌飞公司的经验，提升自身的制造管理水平，促进整个行业的发展。二是保障国家安全。直升机装备作为重要的国防装备，其质量和交付能力直接关系到国家安全。该项目的实施提高了直升机装备的质量和交付速度，为保障国家安全提供了有力支持。三是促进就业。项目的实施需要大量的技术人员、管理人员等专业人才，为社会提供了更多的就业机会，促进了社会的稳定和发展。

3. 环境效益

一是资源节约。通过优化物料供应配送方式和推行动态调配的生产资源管理，减少了物料的库存积压和浪费，提高了资源利用效率。同时，生产效率的提高也减少了能源的消耗，降低了对环境的影响。二是绿色制造。在生产过程中，采用了一些环保技术和设备，减少了污染物的排放，实现了绿色制造。例如，采用了节能型设备，降低了能源消耗；采用了环保型材料，减少了对环境的污染。

4. 管理效益

一是管理水平提升。构建"流程 + 数据"双驱动的柔性制造管理平台，实现了生产制造管理的数字化和智能化，提高了企业的管理效率和决策水平。管理者可以通过平台实时获取生产数据，及时发现问题并采取措施解决，提高了管理的精准性和及时性。二是团队协作加强。矩阵式管理的推行和无障碍运行流程的实施，促进了部门之间的沟通与协作，增强了团队的凝聚力和执行力。不同部门之间能够更好地协同工作，共同完成生产任务，提高了工作效率和质量。三是创新能力激发。知识复用和敏捷工艺设计的实施，鼓励了员工的创新思维和创新能力，为企业的持续发展提供了动力。员工在工作中不断提出新的想法和建议，推动了企业的技术创新和管理创新。

四、经验与启示

在技术迭代加速、需求日趋多样化和个性化的大背景下，柔性化制造已经成为中国制造业共同面临的问题和挑战。制造体系的柔性化改造，是一个庞杂的系统工程，不仅涉及企业内部管理模式、生产流程、设备性能、人才队伍等诸多方面的因素，还涉及外部供应链的配套和协同，实施的难度和复杂度超乎想象。昌飞公司采用"流程＋数据"双驱动管理模式再造柔性化制造体系的实践，通过深化数智化转型，逐一攻克了建设兼容同簇产品的产线设施、实施人机协同的在线检测、强化知识复用和敏捷工艺设计、实施柔性均衡排产和优化物料供应配送、加强供应链的稳定性和敏捷性等关键性技术难题，提高从决策到交付全流程的效率，大幅度降低了小批量柔性化制造的成本，实现了高质量敏捷交装的目标。对客户多样化需求敏捷响应能力的提高，是一次革命式的变革，对企业未来的竞争力影响深远。

（完成人：周国臣 曾 坤 熊曦耀 涂建平 王海桂 邹昊博 夏志刚 毛永杰
刘晓宁）

"小蓝"机器人升级银行智慧化现金服务

北京科蓝软件系统股份有限公司

审定意见：

本成果通过集成 AI 智能应答、视频通话、大数据分析平台等现代技术，开发出银行网点现金自助设备，可以将客户与银行当前线上线下终端设备和系统全部联通，实现金融交易业务的数字化、场景化和智能化，提供千人千面的个性化服务。此项成果是对银行柜台服务模式的革命性创新。本智能化系统能够自主完成传统的银行高柜现金业务，把柜员从烦琐耗时的工作中解放出来，大幅度提高服务效率并降低经营成本。同时，还能够实时为柜员提供智能营销方案建议，面向客户提供智能财富诊断与理财建议，推进客户资产配置升级。推动银行业务向原来的低效益区域扩展，让普惠金融和农村金融等低利润业务快速发展。

创新点：

"小蓝"是国内首款搭载 AI 智能应答、视频通话、大数据分析平台，提供千人千面个性化服务的设备；同时，它是全球唯一专利产品，超级高柜安装部署不穿墙、无须改造柜台，满足公安要求。此外，"小蓝"通过高柜内现金保险柜满足现金过夜要求，减少网点现金管理成本，这在国内也是独创的。它还成功搭载鸿蒙 4.0，构建鸿蒙生态，实现"物联网＋银行"的实践。在功能上，"小蓝"可替代人工柜台窗口，将互联网、物联网、线上线下、软件硬件相结合，提高劳动生产率，且支持数字人民币全链条服务。这些创新点使"小蓝"在银行网点智能化转型中具有重要的应用价值。

价值点：

"小蓝"能助力银行网点智能化转型，提升客户体验和网点运营效率。通过提供数字化、场景化的金融交易和个性化服务，"小蓝"满足了客户对高效、便捷金融服务的需求。同时，可实现设备和系统的连通，降低银行设备购置和维护成本。此外，"小蓝"能释放柜员，使其从烦琐的现金业务中解脱，转型为营销服务角色，为银行创造更多利润。在普惠金融和乡村振兴方面，"小蓝"为农村地区提供便捷金融服务，助力打通金融服务"最后一公里"，提高人民幸福感。总之，"小蓝"对银行和社会都具有显著的价值。

可复制性和应用范围：

其安装部署简单，无须改造现有高柜玻璃和墙体，可零成本快速安装在银行网点高柜柜台，适用于各种银行网点的改造和升级。

目前，"小蓝"已在某国有知名银行、河南农信、广东农信、江苏银行、华夏银行等开展试点应用，效果良好。未来，它将为国内银行 22 万余个线下网点的智能化转型提供借鉴和参考，可在全国范围内推广应用。

此外，"小蓝"的功能和特点使其不仅适用于银行网点，还可应用于其他需要现金自助服务的场所，如政务服务中心、社区服务中心等，具有广阔的市场前景。

成果详述：

一、基本情况

1. 项目简介

智能高柜数币机器人"小蓝"是北京科蓝软件系统股份有限公司自主研发和拥有独家专利的银行网点现金自助设备。它可零成本快速安装部署在银行网点高柜柜台，替代高柜柜员为客户提供现金和非现金业务服务。"小蓝"功能全面强大，支持多种业务办理，如存取款、开卡、数字人民币服务、票据业务办理、视频对话等。它通过技术创新，实现了银行柜台服务模式的革命性变革，满足了银行网点向智慧网点、社区网点、特色网点等网点转型发展的需要。

2. 实施背景

随着金融行业的发展和科技的进步，银行网点面临着转型升级的挑战。一方面，客户对金融服务的需求日益多样化和个性化，传统的银行服务模式难以满足客户的需求。另一方面，银行需要降低运营成本，提高服务效率和质量，提升竞争力。在这种背景下，科蓝软件推出了智能高柜数币机器人"小蓝"，以助力银行网点的智能化转型。

3. 实施的必要性

一是满足客户需求。随着经济的发展，客户对金融服务的要求越来越高，希望能够享受到更加便捷、高效、个性化的服务。"小蓝"的出现可以满足客户的这些需求，提高客户满意度。二是降低运营成本。银行网点的运营成本较高，包括人力成本、设备成本、维护成本等。"小蓝"可以替代高柜柜员，减少人力成本，同时其高效的服务模式可以提高设备利用率，降低维护成本。三是提升服务效率和质量。"小蓝"采用先进的技术，能够快速处理业务，提高服务效率。同时，它提供的个性化服务可以提升服务质量，增强银行的竞争力。四是适应行业发展趋势。金融科技的发展正在改变银行的服务模式，智能化、数字化成为银行发展的趋势。"小蓝"的实施可以帮助银行适应这一趋势，实现网点的智能化转型。五是助力普惠金融和乡村振兴。在一些偏远农村地区，银行网点覆盖率低，金融服务不足。"小蓝"可以部署在这些地区的银行网点，为农民群众提供便捷的金融服务，助力普惠金融和乡村振兴发展。

二、项目实施过程

1. 主要做法

一是技术研发。科蓝软件投入大量资源进行"小蓝"的技术研发，包括硬件设计、软件开发、算法优化等。研发团队攻克了多项技术难题，确保"小蓝"的稳定性、安全性和可靠性。二是功能优化。根据银行网点的实际需求和客户反馈，不断优化"小蓝"的功能。例如，增加数字人民币服务功能，支持硬钱包发放、兑换、查询等；优化业务流程，提高业务办理效率；提升AI智能应答和视频通话功能，提供更加个性化的服务。三是试点应用。选择部分银行网点进行"小蓝"的试点应用，在实践中检验"小蓝"的性能和效果。通过试点，及时发现问题并进行改进，不断完善"小蓝"的功能和服务。四是培训推广。对银行网点的工作人员进行培训，使他们熟悉"小蓝"的操作和维护方法。同时，通过多种渠道进行宣传推广，提高"小蓝"的知名度和影响力，促进其在银行网点的广泛应用。五是与银行合作。与多家银行建立合作关系，共同推进"小蓝"的应用。根据银行的需求和要求，定制化开发"小蓝"的功能和服务，满足不同银行的个性化需求。

2. 关键要点

一是技术创新。"小蓝"采用了多项先进技术，如AI智能应答、视频通话、大数据分析、鸿蒙生态构建、数字人民币支持等，这些技术的应用是"小蓝"

实现智能化服务的关键。二是安全保障。银行网点的现金自助设备对安全性要求极高，"小蓝"通过了 GA-38 安全认证，满足银监和公安对网点现金设备监管要求。同时，采用国密算法保障信息安全，确保客户资金和信息的安全。三是用户体验。"小蓝"注重用户体验，通过提供便捷、高效、个性化的服务，满足客户的需求。例如，通过 AI 智能应答和视频通话，为客户提供及时、准确的服务；通过优化业务流程，减少客户等待时间。四是定制化服务。不同银行的网点需求和业务特点有所不同，"小蓝"能够根据银行的个性化需求进行定制化开发，提供符合银行实际情况的解决方案。五是团队协作。"小蓝"的研发、试点、推广等过程需要多个部门和团队的协作，包括研发团队、测试团队、销售团队、售后服务团队等。各团队之间密切配合，确保项目的顺利实施。通过以上主要做法和关键要点的实施，智能高柜数币机器人"小蓝"得以成功研发和应用，为银行网点的智能化转型提供了有力支持。

三、成果总结

1. 经济效益

（1）降低成本

"小蓝"可替代人工柜员，以银行高柜人工柜员一年的总成本为 20 万元，一台"小蓝"可用 8 年为例，替换人工柜员后，一台"小蓝"将为该网点直接节省成本 160 万元。同时，"小蓝"的使用可减少设备购置成本，其一机多能的设计整合了多种传统设备的功能，降低了银行的设备购置与维护成本。

（2）增加收入

被"小蓝"释放出来的高柜人工柜员可以担任营销经理或理财经理等创收岗位，以年人均额外创收 30 万元为例，8 年将为该网点额外创造利润 240 万元。此外，"小蓝"的使用提升了客户体验，有助于吸引更多客户，增加银行的业务收入。

（3）提高效率

"小蓝"提高了业务处理速度和准确性，缩短了客户业务办理时间，提高了银行网点的运营效率，从而间接提高了银行的经济效益。

2. 社会效益

（1）助力普惠金融发展

"小蓝"可部署在偏远农村地区的银行网点，为农民群众提供大额或小额存取款、转账、查询、理财等金融服务，实现服务村民"零距离"，有效打通农村金融服务的"最后一公里"，助力普惠金融发展。

（2）提升服务质量

"小蓝"提供的智能化、个性化服务提升了银行的服务质量，增强了客户满意度。同时，它的应用使得银行网点能够更好地满足客户需求，树立了银行的良好社会形象。

（3）促进就业

虽然"小蓝"替代了部分高柜柜员的工作，但同时也创造了新的就业岗位，如营销经理、理财经理等，促进了就业结构的优化。

3. 管理效益

一是优化流程。"小蓝"的应用优化了银行网点的业务流程，减少了烦琐的人工操作环节，提高了工作效率和管理水平。二是提升决策科学性。通过大数据分析平台，银行能够更准确地了解客户需求和业务情况，为决策提供科学依据，提升了决策的科学性和准确性。三是增强风险控制能力。"小蓝"的安全认证和信息安全保障措施增强了银行的风险控制能力，降低了运营风险。

四、经验与启示

"小蓝"的出现，标志着 AI "拟人化"服务的应用场景越来越广泛。其不但能够替代高柜柜员，提供高效、便捷的现金和非现金业务等标准化服务，同时还能提供包括理财服务在内的复杂的个性化服务。"小蓝"融合了AI、大数据、鸿蒙生态等先进技术，可以随着供应商技术的进步，不断进行功能扩展和能力迭代，其"学习"能力和速度远远超过人类。AI替代人工在金融行业已经成为现实，并且会带来金融业的革命式创新。这些情况也会逐步发生在其他标准化程度高、业务重复度高的行业，并迅速向所有行业扩展和蔓延。

（完成人：刘桂东　李　涛　杨方朋　付　强　郭志伟　于　洋　杨征涛　赵国伟　刘海鑫）

招标采购智能化管理体系的难点与突破

北京首都开发股份有限公司

审定意见：

本成果针对招标采购管理中的难点和痛点，基于云架构、分布式、大数据等先进技术，开发招标采购电子化集中管理体系及管理平台，完成对招标采购管理系统与交易系统的有效集成，实现从招标采购计划实施，到合同签订的全过程信息化管控。通过招标采购计划的前置编制，对前期风险未识别、评定标原则未达成共识等出问题概率大的关键点进行重点管控，保证整个招标采购过程的风险可控。项目实施中的节资率达到9.9%，有效降低采购成本，创造更高项目收益，同时防止了采购环节各种风险的出现。系统采用云架构分布式部署模式等先进技术，保障平台的高效、可靠和易扩展性。适合点多、面广、采购项目复杂、采购环节风险多的企业应用。

创新点：

成功构建了以项目开发经营目标管理为主线的招标采购电子化集中管理体系，并打造了先进的房地产开发招标采购电子化集中管理平台。该平台基于云架构、分布式、大数据等技术，实现了从计划管理到合同签订的全过程信息化管控以及"互联网＋"招标采购。同时，统一了各分公司、子公司招标工作流程，规范了交易过程，实现无纸化办公，降低成本并提高效率。此外，通过全过程、多方位、实时化监管模式，确保招标采购全程可监控、可管理。采用先进的云架构分布式部署模式和大数据分析技术，保障平台的高效、可靠和易扩展性，并为管理决策提供有力支持。

价值点：

建立统一、规范的招标采购制度流程，实现运作模式的优化，提升招标采购质量和效率。全面提升信息化管理平台，实现房地产开发招标采购全过程电子化集中管理，"互联网＋"招标采购的模式，提高了管理的便捷性和透明度。全过程、多方位、实时化监管模式，确保招标采购合法合规，有效控制风险。采用先进技术保障了平台的高效、可靠和易扩展性。应用大数据分析技术为管理和决策提供科学依据，有效提升了企业的科学决策水平和市场竞争力。

可复制性和应用范围：

该系统以其安全稳定、灵活实用、契合业务需求的特点，为房地产开发企业提升电子化招标采购效率和规范采购行为提供了有力的支持。其先进的技术架构和管理理念，使得其他房地产企业能够较为容易地进行复制和应用。无论是大型房地产企业还是中小型企业，都能通过该系统提升自身的招标采购管理水平，实现降低成本、提高效率的目标。在应用范围上，该系统可全面涵盖房地产开发的各个环节，如项目规划、设计、施工、材料采购等，为企业的整个开发流程提供高效、规范的招标采购管理支持，助力企业实现可持续发展。

成果详述：

一、基本情况

1. 项目简介

北京首都开发股份有限公司以提升"招标采购电子化管理体系"为目标，实现招标采购在规范化、标准化、精细化、电子化、集中化管理上的全方位提升。形成以"项目开发经营目标管理"为主线，以"总体招标采购方案"为抓手，以"招标采购计划"和"招标采购实施"管理为基础，以"信息化"为保障的"招标采购电子化集中管理体系"。以建设"信息化管理平台"为突破，充分应用先进技术实现招标采购管理创新和企业高质量发展。成功打造了"房地产开发招标采购电子化集中管理平台"，该平台根据大型房地产企业招标采购管理需要，基于先进技术建设而成，运行高效、稳定、安全、易用。满足国家法律法规要求，实现了从计划管理、实施过程管理，到合同签订管理的全过程信息化管控。通过平台的建设应用，统一了各分、子公司招标工作流程，规范了招标交易过程，实现了无纸化办公，降低了项目开发成本和管理费用，缩短了开发周期，提高了管理效率。

2. 实施背景

（1）外部环境

房地产竞争形势严峻，项目保利润、快周转任务艰巨，招标采购管理提升迫在眉睫，需要向降低成本、提高效率要效益，保障项目开发建设和质量控制目标。招标采购法律法规不断完善，电子招标投标方兴未艾，国家大力推行并制订相关计划，要求实现全流程在线交易和信息化管控。对国有企业依法合规经营，科学化、精细化管理的要求日益增强，国资委对相关指标提出明确要求。

（2）内部环境

招标采购管理相对粗放，缺乏规范、统一的管理手段，各城市公司采购项目存在差异。系统性规划不足，与项目开发计划脱节，缺乏总体目标指引。各部门协同性不足，招标采购质量易出现偏差，存在超成本、晚交货等问题。缺乏适用、高效、协同的信息化工具，导致工作效率低、信息共享不足、文档管理困难、过程监控难。招标采购方式和效果有待提高，尚未实现"互联网+"全流程电子化招标采购。成功模式和经验难以快速复制，招标采购管理集中化、系统化、标准化缺乏有效抓手。

3. 实施的必要性

建立招标采购电子化管理体系是提升招投标管理水平的有效手段，能加强企业管理创新，实现企业高质量发展。它有助于完善党风廉政基础性建设，促进"互联网+"与传统行业融合。具体来说，该体系能规范招标采购行为，统一招标采购流程；优化业务管控重点，全面提高招标采购工作质量和效率；实现招标采购管理系统与交易系统的集成，形成闭合的信息化管控平台；完成与国家公共服务平台的对接融合，实现"互联网+"招标采购电子化管理；降低招标投标交易成本，实现开发成本有效控制；提高招标采购工作效率，实现信息共享、工作协同、高效运转、动态监控、全程在案、永久追溯。

二、项目实施过程

1. 主要做法

（1）整体思路

积极响应国家网络强国战略，通过深化"流程梳理和管控优化"实现"招标采购电子化管理体系"的提升；充分发挥信息技术的优势，发展电子招标采购，提升企业管理水平。将招标采购工作划分为三个阶段，即加强和改进管理体系，以升级改造信息化管理工具为突破，推进"电子化集中管理平台"的建设及应用。

（2）目标和原则

建立规范、统一的招标采购工作流程，实现"一级部署、二级集中、外部协同"的运作模式；优化业务管控重点，提升招标采购工作质量和水平；打造电子化集中管理平台，实现全过程信息化管控；完成与国家公共服务平台的对接融合，实现"互联网+"招标采购电子化管理；形成全过程多方位监管模式；采用云架构分布式部署模式，保障平台的高效、可靠和易扩展性。建立统一、规范的招标采购制度流程，实现运作模式的全覆盖和集中、统一、规范管理。优化管控重点，升级管理体系，全面提升招标采购质量和效率。包括做好项目总体招标采购方案的编制与优化，做好单项招标采购事项的计划管理与前置协同，做好招标采购过程实施的规范管理和效率提升。全面提升"信息化管理平台"，实现"房地产开发招标采购全过程电子化集中管理"，实现"互联网+"招标采购。包括对内实现全过程信息化管控，对外实现"互联网+"招标采购功能，对接国家公共服务平台。实现全过程、多方位、实时化监管模式，招标采购全程可监控、可管理。采用云架构分布式部署模式等先进技术，保障平台的高效、可靠和易扩展性。应用大数据分析技术，挖掘数据价值，为管理和决策提供支持。

2. 关键要点

对房地产招标采购业务进行系统梳理，建立规范化、程序化的工作流程，并通过信息化平台固化管理制度，落地业务流程。明确提升重点，加强招标采购标准化、精细化管理，做好项目总体招标采购方案的编制与优化，以及单项招标采购事项的计划管理与前置协同。建立六大专项会审机制，保障招标采购策划和实施过程的在控、受控。融合最新管理理念及先进信息技术，实现企业招标采购管理系统与交易系统的集成整合，对接国家公共服务平台。采用云架构分布式部署模式和大数据分析技术，保障平台的性能和安全性，为管理和决策提供支持。

三、成果总结

1. 经济效益

一是系统应用成效突出，降本增效明显。截至 2021 年底，该管理系统涵盖 21 家二级公司、193 个项目，审核方案 183 项，管理采购事项超 3869 项，定标金额逾 722 亿元。电子化交易系统应用效果良好，节资率达 9.9%，节约金额 3 亿余元，为项目收益创造有利条件。二是节约管理与交易成本。电子化招投标节省了招标人、招标代理机构和投标人的相关费用，平均每年降低交易费用约 70 万元，三年累计节约 210 余万元。三是疫情期间保障工作不停摆。疫情期间，该系统发挥网络招标、电子化交易优势，通过技术手段保证非入场招标采购交易活动正常进行，支持项目有序实施。

2. 社会效益

一是践行阳光绿色采购责任。系统运用"互联网 +"技术，实现全过程电子化公开招投标，提高透明度，践行公平竞争原则，提升企业形象。同时减少纸张和能源消耗，实现绿色招标采购，为建设资源节约型社会贡献力量。二是提升行业招投标效率和市场竞争效益。系统以标书电子化、评标数字化、管理网络化为特征，实现评标精确、高效和协同管理。投标人操作便捷，提高效率并节省成本。电子招投标增加竞争机会，减少人为干预，使投标人凭实力胜出概率提高。三是发挥示范效应。该系统安全稳定、实用并契合业务需求，为提升电子化招标采购效率和规范行为提供有力支撑。多家国有企业推广应用，起到良好示范作用。

3. 管理效益

一是形成全方位监管模式，确保依法合规。系统记录操作步骤，增加交易透明度，预防违规事件，通过特征码校验降低围标概率。二是实现"互联网+"全流程电子化平台。完成 ERP 系统与交易系统集成整合，形成信息化管控平台，与国家公共服务平台对接，达到业内领先水平。三是扩大供应商规模，增强议价竞争能力。电子化交易系统拓宽供应商渠道，资源丰富使企业可选择性增加，议价竞争能力持续提升。

四、经验与启示

"互联网+"采购招标平台融入行业最佳实践，并把最优的业务处理流程固化到程序中，借助云计算强大的算力，其业务处理能力和效率可以远远超出经验丰富的采购招标人员。特别是在处理种类多、复杂程度高的业务时，平台的优势就表现得更明显。同时，平台还可以第一时间将最新的法律政策变化，作为处理业务的依据。而数量庞大的采购招标业务人员要知晓、了解、熟悉和掌握运用这些新法规，则需要一个较长的时间。在采购招标的合规性越来越重要的趋势下，"互联网+"采购招标平台在合规方面的优势表现尤其突出。规范内部运作流程，还能提高采购招标的透明度和公信力，增加企业的社会美誉度。

（完成人：李　岩　王宏伟　刘　安　耿一舒　张剑锋　董树利　段学军　张　迪
　　　　　刘　芳　宋　宇）

精细化建模推动精益管理升级

国网江西省电力有限公司供电服务管理中心

审定意见：

本成果针对传统线损管理的粗放模式及制约因素，提出精益化管理的创新解决方案，把精益思想和精益方法贯穿到线损治理的每一个环节。推动线损"精细分析"、异常"精确诊断"、问题"精准治理"。通过建立健全工作机制、压实线损管理主体责任、建立线损治理平台、采用先进信息设备、精细建模和规范流程管控等一系列方法和行动，构建线损治理闭环，不留治理空白和死角，持续提升线损治理水平和治理效果。挽回了电量损失，遏制了窃电风气，经济效益非常明显。为电网企业提升线损管理水平树立了样板。

创新点：

国网江西省电力有限公司供电服务管理中心（以下简称"国网江西供服中心"）积极牵头江西省 10 千伏及以下配电网线损精益化管理，全面统筹协调管理降损和技术降损资源。通过建立省、市、县线损治理团队，会集多专业人才，持续压实线损管理主体责任。同时，强化指标监测及线上线下核查，常态化开展线损治理培训，推动线损"精细分析"、异常"精确诊断"、问题"精准治理"。此外，在技术应用方面，不断优化线损理论计算方法，提升线损赋值准确率，推进分时、分相、分箱区域线损诊断应用，建设线损治理平台，支撑高低压反窃电模型研判，推进计量装置规范化管理，严控无表临时用电比例，同步移动作业可视化功能，极大地提升了线损数字化管理水平。

价值点：

精益化线损管理有助于提高企业线损管理水平，实现人力、物力、财力的有效释放。国网江西供服中心开展线损精益化管理以来，取得了显著成效。全省高损台区连续三年降幅超过50%，10千伏及以下综合线损率进入2.0时代，台线管理在全网排名靠前。通过一系列制度、系统、规则的制定以及新设备新技术的应用，发掘用电异常用户，开展反窃电行动，不断挖潜增效，扩大了企业的经济效益。对配电网的技术改造和精准化管理水平提高，提供标准化的样板。

可复制性和应用范围：

该成果案例具有较强的可复制性和广泛的应用范围。它适用于国家电网下属各网省单位，与国网公司"三精"线损管理思路紧密契合。国网江西供服中心采用的营配融合模式，避免了数据造假和高低压线损互窜问题，高低压联动分析思路有效解决了线损计算失准的难题。对配网投资技术改造项目的闭环管控，规范了资金使用。其治理规则和成效考查设置，为项目资金的合规管理提供了帮助。案例具备良好的普适性，可在全国电网企业中推广应用，提升各省内线损管理水平。

成果详述:

一、基本情况

1. 项目简介

国网江西供服中心全力推进 10 千伏及以下配网线损精益化管理,致力于通过数字化技术手段和创新管理模式,实现对配网线损的精准管控和高效治理。该管理模式以提升线损管理水平为核心目标,整合各方资源,充分发挥数字化技术的优势,力求实现线损管理的精细化、智能化和高效化。通过建立完善的管理体系和技术支撑平台,全面提升配电网的运行效率和经济效益。

2. 实施背景

随着社会经济的快速发展,电力需求持续增长,对电网的安全稳定运行和经济效益提出了更高的要求。在传统的线损管理中,存在着诸多问题,如分级负责、上下监督的机制较为粗放,10 千伏线路线损和台区线损统计相互影响,各级线损计算结果误差较大,严重制约了线损管理数字化转型升级。另外,电网企业在管控机制融合、高效数字化支撑、技术深化应用和人才队伍建设上仍有提升空间。随着国家电力体制和电价市场化改革不断深化,电网企业提质增效更加注重管理降损工作,10 千伏及以下配网线损成为重要的发力点。

新型隐蔽化窃电行为的出现,加大了电网企业现场查处的难度,而线损作为电网经济运行指标之一,能够准确反映区域电网经济运行情况,有助于快速发现疑似窃电用户。随着配电网、输电网投入比值逐年增大,电网企业越来越关注配网改造投资效果后评价,传统的配网改造立项在评估中存在忽视投资效果经济性的问题,资金投入产出比不高,而线损作为经济效益最直观的指标之一,能够更好地体现配网立项改造的价值。

3. 实施的必要性

实施 10 千伏及以下配网线损精益化管理是数字化管理转型的必然要求。在当前数字化时代，传统的线损管理方式已经无法满足电网企业的发展需求，亟须通过数字化技术手段实现线损管理的转型升级。精益化管理能够优化管控机制，加强各部门之间的协同合作，提高数字化支撑能力，深化技术应用，提升人才队伍素质，从而有效提升企业内部管理水平。通过降低电网电能损耗，提高能源利用效率，能够降低管理成本，增加企业的经济效益和长远利益。新型隐蔽化窃电行为给电网企业带来了巨大挑战，通过线损管理能够精准定位疑似窃电用户，加强反窃电工作，维护电网的正常运行秩序。精益化管理是配网立项改造的重要依据。通过准确评估线损情况，能够将有限的资金合理分配到最需要的地方，提高配网改造的精准性和有效性，促进配电网的可持续发展。

二、项目实施过程

1. 主要做法

建立线损具象责任人机制。明确市—县—所三级责任人，对线路、台区线损管理实施全方位管理，确保主体责任到岗到人，推动日常线损管理工作落地。建立线损管理压力转移机制，当基层人员遇到困难时，可通过线上工单流转、线下逐级上报的方式，由上级管理人员统筹协调资源进行帮扶指导，打破传统线损管理瓶颈，缓解基层人员压力。

建立线损治理专业协同机制。创新建立涵盖多专业的线损治理专业协同机制，定期组织相关专业召开台区线损专业分析会，以异常协查单为主要方式实现线上流转和闭环管控，多专业共同解决线损问题。建立专家团队会诊帮扶机制，多专业协同配合，建立线损异常分析专家团队，负责本区域线损异常疑难问题。滚动修编线损治理专家库，对指标完成进度慢、疑难问题多的单位开展治理帮扶行动，针对长期疑难问题设立逐项销号机制，采用揭榜挂帅的激励机制，激发全员线损治理的积极性和主动性。构建一体化线损治理平台，利用数据中台技术集成，建设一体化线损治理平台，实现源端数据一体化集成，聚焦线损治理难点，提高 10 千伏及以下线损的综合分析能力。

换代升级新一代采集模块。全省更换升级新一代电能表采集模块，实现高速电力线载波（HPLC）采集通信全覆盖，为单一用户用电监测、台区负荷预测等提供支撑，减少台区以下黑户黑表、违约用电情况的发生。运用理论赋值制定降损策略，优化线损理论计算方法，提升赋值准确率，将线损电量区分为管理损失电量和技术损失电量，设立线损管理理论达标线，指导基层明确治损工作重心、规范流程、闭环治损管控。分级分类制定"一案一策"，制订"一线一策""一台一策"案例整改计划，明确治理措施、时限和责任人，按日、月、季完成治理清零，对治理不力的基层电网企业采用提级管控措施。

2. 关键要点

明确责任。通过建立线损具象责任人机制，确保各级责任人明确职责，落实高损治理责任和线损指标奖惩。协同合作。建立线损治理专业协同机制和专家团队会诊帮扶机制，促进各专业协同配合，共同解决线损问题。技术支撑。构建一体化线损治理平台和换代升级新一代采集模块，为线损管理提供先进的技术支持。精准治理。运用理论赋值制定降损策略、"四分"线损排查区域异常和运用能量守恒研判计量失准，实现线损的精准治理。闭环管控。通过分级分类制定"一案一策"、统一标准指导配网立项和线上线下开展治后评价，实现线损治理的闭环管控。

三、成果总结

1. 经济效益

2024 年，国网江西供服中心通过线损精益化管理，发挥省级专家团队作用，完成线损远程核查次数563次，排查线路数231条，治理合格174条，排查台区数1564个，治理合格1247个，累计挽回电量损失367万千瓦·时。4月份，国网江西供服中心10千伏及以下综合线损率为2.95%，进入2.0时代，台区综合线损率为2.4%，同比上年下降0.1个百分点。在高负损线路、台区管控方面，全省10千伏月度高损线路为216条，月度高损台区数为228个，较上年同比均下降30%以上。此外，国网江西供服中心系统诊断模型累计诊断线损异常问题3.6万个，诊断准确率为89%，牵头部署的反窃电监控系统应用线损数据累计分析查处高压窃电用户138户，查处低压窃电用户1256户，合计追补电量479.89万千瓦·时，追补电费及违约金695.65万元。这些成果有效降低了电网电能损耗，提高了能源利用效率，为企业带来了显著的经济效益。

2. 社会效益

该项目的实施很好地遏制了社会不良窃电风气，维护了社会的公平正义和正常的用电秩序。通过精准治理线损问题，及时发现和查处窃电行为，保障了电力企业和合法用户的权益，为社会创造了一个更加安全、稳定的用电环境。同时，线损精益化管理对配电网的技术改造起到了指引性作用，有助于提高配电网的运行可靠性和稳定性，进一步提升电力供应的质量和服务水平，满足社会经济发展和人民生活对电力的需求。

3. 环境效益

线损精益化管理通过降低电网电能损耗，减少了能源的浪费，在一定程度上有助于降低碳排放，对环境保护起到了积极的作用。此外，通过优化配电网的运行方式和设备配置，提高了能源利用效率，进一步减少了对环境的影响。虽然环境效益可能不是该项目的直接目标，但在实现经济效益和社会效益的同时，也间接地为环境保护作出了贡献。

4. 管理效益

项目实施过程中，建立健全了良效工作机制，包括线损具象责任人机制、线损管理压力转移机制、线损治理专业协同机制和专家团队会诊帮扶机制，明确了各级人员的职责和分工，加强了各部门之间的协作和沟通，提高了管理效率和执行力。同时，全力打造高端信息设备，构建一体化线损治理平台和换代升级新一代采集模块，实现了线损管理的数字化和智能化，提升了管理的精准性和科学性。此外，精细建模挖掘数据价值，规范流程闭环治损管控，进一步完善了线损管理的流程和制度，提高了管理的规范化和标准化水平。这些管理效益的提升，为企业的可持续发展奠定了坚实的基础。

四、经验与启示

精益是国网江西供服中心治理线损问题的精髓和灵魂，精益思想和精益方法无处不在，深入每个员工的思想和行为上，体现在技术和管理的每一个细节中，形成了人人想精益、处处有精益的氛围，不断把精益管理推向新的高度。

一是以科学理论指导线损治理工作。通过不断优化线损计算理论，计算出最小线损的理论值，并把理论值作为线损治理的目标，以理论值为依据，寻找线损出现的原因，从技术和管理两条路径上，确定线损治理的具体思路和方案，确保治理效果。

二是以闭环管理不留治理空白和死角。线损治理是一项综合性的工作，涉及计量、采集、营业、配网、反窃电等多个专业领域。只有各专业之间密切配合、协同合作，才能形成强大的合力，有效地解决线损问题。通过分级分类制定"一案一策"，统一标准指导配网立项，以及线上线下开展治后评价，实现线损治理的全过程管控。建立线损治理专业协同机制，打破了专业之间的壁垒，实现信息的共享和资源的整合。从问题的发现、分析到解决，再到效果的评估和反馈，形成了一个完整的闭环。

三是以持续改进保持治理先进性。线损精益化管理是一个不断完善和优化的过程，随着电网的发展和用户需求的变化，线损管理面临新的挑战，需要持续关注技术发展和管理创新的趋势，利用新的技术和管理成果，不断优化治理策略，实现线损治理效果的持续提升。

（完成人：周　越　叶远誉　郑宜超　郭　铁　郭钢进　徐　洁　胡　琛）

第十八章　数据资产价值创造

依托数据资产优势提升装备制造竞争力

中信重工机械股份有限公司

审定意见：

本成果针对矿山行业和矿山装备运行的特殊环境及难题，依托数据资产沉淀积累的优势，利用"5G+工业互联网"技术，建成基于多模态数据采集、传输、分析的矿山装备工业互联网平台。目前能够适配90%以上的主流工业协议，可以满足工艺产线分析、装备定制、设备远程监测、故障诊断、预测性维护、备品备件供给等智能化运维需要。基于平台化运维服务，有效降低客户设备故障停机率30%以上。矿山生产全流程数据的应用，有助于解决离散型智能制造存在的突出难点和"卡脖子"技术，构建离散型制造连续化精益化管理模式，引发矿山装备制造业的革命式变革，是智慧矿山建设和提升矿山装备制造业国际竞争力的重要创新方式和路径。

创新点：

充分依托中信重工机械股份有限公司（以下简称"中信重工"）在各方面的深厚积淀，借助"5G+工业互联网"技术，将工业技术、管理、应用等经验和知识进行模块化和软件化处理，有力推动了企业的数字化转型升级。成功打造了行业领先的矿山装备工业互联网平台，该平台支持多种网络接入，尤其在 5G 创新应用方面表现出色，有效解决了数据标准缺乏、网络通信差等诸多难点，实现了"矿石流、业务流、数据流"的高效融合。积极开发矿山装备智能运维管理系统和工艺智能寻优系统，极大地提高了设备的运行效率和管控水平。率先搭建了国内首个全流程矿山数据库，并开发出多种矿山特种机器人，为矿山行业的智能化发展提供了有力支持。

价值点：

该平台成功接入了多家矿山龙头企业的核心装备和产线，积累了丰富的数据资源，并开发出多个工业 App 和机理模型，能够为客户提供全方位的智能化服务。取得了多项创新成果，涵盖发明专利、软件著作权、标准等多个领域，显著提升了中信重工在市场中的竞争力。有效降低了客户设备的故障停机率，减少了能耗，同时提升了产能，为行业客户的高质量发展提供了强大助力。此外，为中信重工带来服务型收入并拉动主机订货。在社会效益上，研发核心装备，获得多项荣誉，打造典型应用案例，赋能行业数字化转型和高质量发展。

可复制性和应用范围：

本项目所搭建的装备行业工业互联网应用新模式，为装备制造企业的转型升级提供了可借鉴的范例，尤其适用于矿山装备及与之相关的行业。通过搭建工业互联网平台，在设备远程运维、生产设备健康管理等方面开创了创新应用模式，有助于优化转型升级，进一步延伸产业价值链。其成功经验和模式具有广泛的推广价值，可在相关行业中进行推广应用，从而促进整个产业的发展和升级。

成果详述:

一、基本情况

1. 项目简介

中信重工自主开发建设了行业领先的矿山装备工业互联网平台,围绕"一平台两中心四应用"的总体架构,通过智能感知、工业数据采集、无线传输、大数据分析和利用等技术,将工业技术、管理、应用等方面的重要创新经验和知识模块化、软件化,以微服务组件或工业 App 的形式赋能行业企业。同时,通过行业大数据分析应用打通产业链,为矿山企业客户提供设备远程监测、故障诊断、预测性维护、备品备件服务以及产线工艺分析优化等智能化服务及智慧矿山整体解决方案,最终形成产业协同共享、创新驱动的发展动力和矿山装备行业生态圈。

2. 实施背景

矿山行业作为国民经济的战略性产业,目前面临诸多发展痛点和难点,如安全事故频发、工作效率低、设备利用率低、核心设备功耗大、减碳压力大、数字化转型困难等。随着互联网、物联网在各行业的快速发展应用,以及云计算、大数据、数据挖掘等新一代信息技术与矿山行业的深度融合,以智能化矿山为代表的矿山装备及工艺流程的数字化、自动化、智能化、可视化、精细化、绿色化成为未来的发展方向。中信重工作为矿山装备制造行业的领军企业,为了适应市场竞争发展态势,满足企业数字化转型的迫切需求,确定了打造"平台化建设、生态化发展"业务新模式的战略目标。

3. 实施的必要性

安全事故频发威胁着工人的生命安全,工作效率低和设备利用率低影响着企业的生产效益，核心设备功耗大与减碳压力大对环境造成负面影响，数字化转型困难则制约了行业的发展。在互联网、物联网快速发展的背景下，云计算、大数据、数据挖掘等新一代信息技术为矿山行业的转型升级提供了机遇。为了解决离散型智能制造存在的突出难点和"卡脖子"技术，构建离散型制造连续化精益化管理模式，中信重工需要利用新一代信息技术，实现企业数字化转型升级。通过建设矿山装备工业互联网平台，中信重工能够为矿山企业客户提供更加智能化的运维服务，提高设备运行效率和管控水平，降低能耗，提升产能，从而推动中信重工实现高质量发展，提升市场竞争力。同时，这也有助于引领行业发展，为矿山装备行业的数字化转型和高质量发展提供有力支持。

二、项目实施过程

1. 主要做法

（1）自主开发建设矿山装备工业互联网平台

中信重工以"一平台两中心四应用"为总体架构，发挥自身技术优势，将工业技术、管理、应用等经验和知识进行模块化和软件化处理，并以微服务组件或工业 App 的形式赋能行业企业，提升其生产效率和管理水平。

（2）建成基于多模态数据采集、传输、分析的矿山装备工业互联网平台

该平台支持多种网络接入，重视 5G 创新应用。通过制定数据采集前置规则和实时清理策略，确保数据质量和有效性。构建多维数据分析模型和工业机理，采用云边端高效协同机制，实现数据高效处理与分析，为企业决策提供有力支持。

（3）开发矿山装备智能运维管理系统

基于矿山装备工业互联网平台和多年装备研发设计经验知识，结合全生命周期数据，中信重工开发的该系统可实现矿山装备故障诊断、预测性维护、

剩余寿命预测和备品备件"Just in time"（准时制生产）供应，提高设备可靠性和维护效率，降低企业运营成本。

（4）开发基于现场运行多维耦合数据的工艺智能寻优系统

采用人工智能算法，借助智能感知仪表实时监测数据，搭建不同工况场景的控制模型，通过专家系统智能调整给矿量、给水量、设备转速等参数，使矿山装备及工艺系统处于最佳工况，提升矿山企业生产效率和产品质量。

（5）搭建国内首个全流程矿山数据库

整合矿石试验、设计及制造、现场运行、运行维护等全流程数据，形成数据资产，为新装备研发和现有装备优化升级提供强大支撑，助力企业提升产品性能和竞争力。

（6）开发多种执行智能装备

针对采矿、输送、破碎等全流程，开发系列矿山特种机器人，如巷道机器人、巡检机器人等，解决矿山企业在极限环境下的人员和数据采集难题，减少安全事故，推动矿山无人化、绿色化发展。

2. 关键要点

（1）构建矿山装备工业互联网平台

通过整合各种资源和技术，实现"矿石流、业务流、数据流"的高效融合，使矿山装备的生产、运营和管理更加智能化、高效化。

（2）开发智能运维管理系统和工艺智能寻优系统

这两个系统的开发旨在提高设备的运行效率和管控水平，降低设备故障停机率，提高生产的稳定性和可靠性。

（3）搭建全流程矿山数据库

全流程矿山数据库的搭建为装备的研发和优化升级提供了坚实的数据基础，有助于企业更好地了解设备的运行状况和性能特点，从而进行针对性的改进和创新。

（4）开发系列矿山特种机器人

系列矿山特种机器人的开发是实现矿山无人化、绿色化的重要手段，能够提高矿山生产的安全性和环保性，降低人工成本，提高生产效率。

三、成果总结

1. 经济效益

该平台发挥了重要作用。它有效降低了客户设备故障停机率，使其降低了 30% 以上，显著减少了生产中断带来的损失。同时，能耗降低了 6%，产能提升了 10%，这有助于客户提高生产效率，降低生产成本，从而增强市场竞争力。通过平台赋能，中信重工构建了完善的产品远程运维及智能化改造服务体系，平台直接产生的服务性收入超过 7000 万元，并且每年拉动公司主机订货超过 4 亿元。这不仅提升了中信重工自身的经济效益，还带动了整个产业链的发展。此外，平台的应用进一步提升了产品设计、制造、安装服务、运维服务、物联网服务等全流程的供给能力，使中信重工矿山装备在市场上更具优势。

2. 社会效益

中信重工基于平台采集的矿山生产全流程数据，积极研发引领行业发展的世界最大规格旋回破碎机及磨机等国际一流、技术领先、具有自主知识产权的十大核心装备。这将推动我国矿山装备制造业向高端化、智能化发展，提升我国在该领域的国际竞争力。该平台先后获得国家级制造业与互联网融合发展试点示范、国家级工业互联网试点示范、国家物联网示范、全国智慧企业建设创新案例、河南省首批行业工业互联网平台等多项荣誉，为行业树立了标杆。同时，打造了洛阳栾川钼业集团股份有限公司、云南华联锌铟股份有限公司等多个智慧矿山典型应用案例，为其他矿山企业提供了可借鉴的经验，有力地推动了行业数字化转型和高质量发展。

3.环境效益

平台的智能化服务和优化为矿山企业带来了积极影响。通过对生产过程的精准控制，企业能够减少能源消耗和资源浪费，降低对环境的压力。例如，设备的预测性维护和优化运行减少了故障和停机时间，避免了不必要的能源消耗和排放。此外，平台支持矿山企业实施更加环保的生产工艺和管理措施，有助于推动矿山行业实现可持续发展，为保护环境作出贡献。

4.管理效益

矿山装备工业互联网平台为企业管理提供了强大的支持。通过实时监测和数据分析，企业能够及时掌握设备运行状态和生产数据，迅速发现问题并采取有效的解决措施，提高了管理效率和决策的科学性。同时，平台促进了企业内部各部门之间的协同合作，实现了信息的共享和流通，使企业能够更加高效地调配资源，提升整体管理水平。

四、经验与启示

中信重工矿山装备工业互联网平台的建设与应用，实现了数据要素的资产化。通过对数据要素多层价值的挖掘利用，创造出了新的业务增长点和利润增长点。首先是促进中信重工由设备制造商向服务商转型。通过搭建国内首个全流程矿山数据库，实现"矿石流、业务流、数据流"的高效融合，形成了高质量的数据资产，促进了矿山装备智能运维管理系统开发，进而极大地提高了设备的运行效率和管控水平，为矿山用户效率和利润的提高发挥了关键性的作用。服务口碑和品牌的形成，为中信重工拓展了新的利润来源，自然生长出企业发展的第二曲线。其次是推动中信重工现代制造业的进阶发展。以大数据为基础，通过利用人工智能算法开发工艺智能寻优系统，构建离散型制造连续化精益化管理模式，成功解决了离散型智能制造存在的突出难点和"卡脖子"技术，积极研发引领行业发展的世界最大规格旋回破碎机及磨机等国际一流、技术领先、具有自主知识产权的十大核心装备，极大地增强了中国企业在矿山装备制造领域的国际竞争力。

数据资产从量的积累到出现裂变效应，其效用和能量发生了质的变化。让人们更清晰、更深刻地认识到数据资产的潜在价值和超强能量。数据资产的广泛利用，必将重塑中国的产业形态和产业格局，成为撬动经济发展的新杠杆。

（完成人：杨　磊　李　涛　郭浩然　王跃辉　王　峰　李后荣　陈旻昊　胡纪伟

辛　旗　赵磊磊）

人员智慧化管理与大数据价值创造

中国交通信息科技集团有限公司

审定意见：

本成果通过人脸识别、大数据等新技术的应用，搭建了兼具使用便利和低成本特点的智慧化人员管理系统。成功解决了高流动性行业的人员管理难题，有效地堵住了相应的管理和财务漏洞，对维护企业和员工双方合法权益起到了基础保障作用。更为重要的是，通过使用过程中数据的积累和沉淀，可以为企业增加相当价值的数据资产，并由此为企业带来更多的经济效益。据相关统计数据，目前农民工总数超过2亿人，如果都能通过"骄子微卡"系统的推广普及，纳入相应的数据管理平台，不仅可以形成庞大的数据资产，也能够为决策机构制定相关政策提供量化的数据支撑。

创新点：

"骄子微卡"充分运用云计算、大数据、人脸识别、OCR 识别（光学字符识别）、二维码、移动定位、电子围栏、移动支付、数字签名等技术，使员工通过手机即可实现信息收集、实名认证、人脸识别考勤、工资查询、教育培训、文化宣传、健康监测等功能。该平台承担着员工日常信息采集的重要作用，为一线员工和各层级管理者提供及时、准确的信息化服务。其与多种技术相结合，提高了使用的便利性和易用性，降低了使用门槛和投入成本，具备金融级安全防护水平，有效提升了施工项目的管理效率与员工的使用体验。通过移动互联的优势，无须采购额外硬件考勤设备即可实现人脸识别考勤，节省了大量资金。

价值点：

"骄子微卡"与云计算、大数据、人工智能等技术深度融合，不仅提高了使用的便利性和易用性，还大幅降低了使用门槛和投入成本。其具备金融级安全防护水平，有效提升了施工项目的管理效率与员工的使用体验。通过移动互联的优势，该平台无须项目部采购额外的硬件考勤设备就能实现人脸识别考勤，以一个项目部采购硬件考勤设备预算为 20 万元为例，已试点推广的超过 200 个项目就有效节约资金 4000 万余元。该平台还能为企业完善自身核心数据资产，为用工决策提供相关数据和基础分析，同时有效保障民工工资管理和确认，防范劳务用工风险，彰显企业社会责任，构建和谐劳动关系。

可复制性和应用范围：

本成果能够有效解决建筑行业点多面广、人员管理松散的难题，尤其对于和中国交通信息科技集团有限公司（以下简称"中交集团"）同类型的建筑企业，推广应用价值极高。该系统通过大数据应用，从根本上解决了农民工欠薪等诸多社会问题，且具有投入小、易操作、效果好的特点。其他单位直接拷贝复制该系统，可节约大量研发成本。随着一线员工智能管理平台应用的不断深入，企业能以一线劳务工人数据资产为基础，拓展金融、安全、培训等增值服务，为劳务工人提供多元化一站式服务，同时为企业发展新业务提供突破口。

成果详述：

一、基本情况

1. 项目简介

"骄子微卡"是中交集团打造的基于移动互联技术的项目及人员智慧化管理和大数据分析系统。该平台利用多种先进技术，如云计算、大数据、人脸识别、OCR 识别、二维码、移动定位、电子围栏、移动支付、数字签名等，为一线员工提供智能化服务管理。农民工通过手机就能实现信息收集、实名认证、人脸识别考勤、工资查询、教育培训、文化宣传、健康监测等功能，发挥着工人日常信息采集的重要作用，为一线农民工和各层级管理者提供及时、准确的信息化服务。

2. 实施背景

中交集团对照建设世界一流企业的宏伟目标、高质量发展的内在要求和转型升级的现实需要，发现一线生产员工综合管理存在诸多问题。建设一线员工劳务实名制综合管理系统是促进企业高质量发展的必然要求，庞大的劳务管理人员已成为企业外部重要资源，通过平台开发整合分包协作队伍有助于企业发展。数字化一线员工综合管控是提升分包管理水平的有效途径，企业可通过自建平台掌控劳务工人数据，为后期数据挖掘利用提供价值，便于用工决策。建设互联共通的线上平台是满足政府监管的现实需要，国家要求各省市搭建自主实名制监管平台，推行劳务实名制并实现互联共享，该平台能使政府人员实现高效移动办公。移动便捷的综合管理渠道是打造和谐劳动关系的重要保障，通过移动方式统计归档工人考勤数据，可有效保障民工工资管理和确认，防范劳务用工风险。多元功能集合是拓展企业增值服务的重要突破，企业以一线劳务工人数据资产为基础，拓展增值服务，为劳务工人提供多元化一站式服务，也为企业发展新业务提供契机。

3. 实施的必要性

中交集团国内在建项目遍布全国各省、自治区、直辖市的几百个城市，项目所在地地域分散、施工线路长，大部分项目分包商数量多，涉及成百上千名一线农民工，他们流动性大且组成复杂，文化水平、对信息化的认识和能力存在较大差距。因此，亟须搭建便捷、易用的一线员工智能化管理平台。同时，平台最终建成可以集成各级、各地政府的劳务实名信息，与国家相关平台数据打通，确保劳务用工的合法、合规，实现对劳务工人的实名制管理，充分落实政府劳务实名制监管要求。

二、项目实施过程

1. 主要做法

（1）平台应用

一线员工可直接通过交建通和微信小程序进行实名认证、薪资管理、职业培训、工作任务查阅、沟通交流、通知公告等。"骄子微卡"基于在线数据采集工具骄子数据方式灵活、可定制的特性，能够快速创建表单，动态追加变更收集项，实时获取数据结果进行统计分析，极大地提高了数据采集效率。

（2）对接服务平台

在平台自身功能的基础上，集成了中交集团综合门户平台。将中交集团的信息化成果与平台相结合，通过"一个入口、两种模式、四个统一和六个中心"向一线员工提供更为便捷的信息化服务。

（3）4A系统

对接中交集团4A系统，通过4A系统实现人员组织数据同步和认证授权，为平台提供更为安全、便利的体验与操作。

（4）PC门户

PC门户作为劳务实名管理的信息服务平台，是集搜索中心、应用中心、待办中心、报表中心、信息中心、消息中心于一体的个性化门户界面。

（5）移动门户

综合门户搭建一线员工终端平台，借助交建通和微信的天然通道优势，通过即时通讯和小程序，实现信息从劳务人员到项目部再到集团的双向贯通，真正实现纵横统一的数据穿透和贯穿到人的定点监管。

2.关键要点

（1）技术应用

平台利用云计算、大数据、人脸识别、OCR识别、二维码、移动定位、电子围栏、移动支付、数字签名等成熟技术，让员工利用手机实现多种功能，同时保证数据采集的实时性和真实性，避免人员管理混乱和考勤舞弊的风险。

（2）功能集成

"骄子微卡"一线员工智能化服务管理平台集成了移动门户、电子员工码、实名管理、考勤管理、在线教育、信息收集、工资查询和衍生服务8项功能，移动端灵活高效的优势提高了使用的便利性和易用性，降低了使用门槛和投入成本，具备金融级安全防护水平，有效提升了施工项目的管理效率与员工的使用体验。

（3）数据资产沉淀

项目及一线员工数据作为集团重要的数据资产，通过平台的应用，实现数据资产的沉淀，为后续开展数据综合利用、大数据挖掘等奠定良好的基础。平台通过对员工数据、分包队伍数据、薪资发放数据、历史用工数据的获取，统一建立劳务资源库，建立劳务分包商名录，提高劳务分包单位的劳务管理水平，为施工企业选择优秀劳务分包商提供便利。

（4）满足多方需求

平台的建设满足了企业自身提升管理水平、降低成本、拓展增值服务的需求，同时也满足了政府监管的要求，保障了农民工的权益，有助于构建和谐劳动关系。

三、成果总结

1. 经济效益

"骄子微卡"一线员工智能管理平台与多种先进技术相结合，有效降低了人员管理成本，提高了数据采集质量和效率。通过移动互联优势，无须项目部采购额外的硬件考勤设备即可实现人脸识别考勤，以一个项目部采购硬件考勤设备预算为20万元为例，目前已试点推广的超过200个项目，累计节约资金超4000万元。以中交机电局为例，其下属40余个施工项目使用该平台进行农民工综合管理，新入场员工通过手机完成相关操作仅需3分钟，大大降低了项目部采购成本，提高了用户体验。佛山地铁2号线一期工程项目借助该平台，仅用2天就完成了项目全员的开卡和实名认证工作，累计考勤35万人次，有效提高了人员管理效率，降低了工资纠纷风险。该平台已覆盖中交集团超过200个在实施项目，累计在线考勤数据超过200万人次，为企业的精细化管理提供了有力支持，从而带来了潜在的经济效益。

2. 社会效益

"骄子微卡"一线员工智能管理平台的建设和推广，受到了中央、北京及泛科技媒体的高度关注和报道，众多主流媒体相继报道了其在农民工综合管控上的成绩，得到了社会广泛关注。该平台有助于强化社会对一线农民工群体的关注，重视农民工问题，体现了建筑央企的社会责任和担当，积极践行了党中央"人民至上"的崇高理念。通过该平台的应用，有效保障了农民工工资的管理和确认，防范了劳务用工风险，对于维护社会稳定、促进和谐劳动关系具有重要意义。

3. 管理效益

该平台在集团内部试点推广一年以来，取得了良好的效果。它极大地提高了农民工对于应用的接受程度和使用力度，为项目施工现场的各类信息采集带来了极大的便利，优化了农民工的实际使用体验。"骄子微卡"采用的"定位＋人脸识别"考勤方式，无须考勤设备就能达到传统闸机考勤的效果，系统运行稳定，考勤可靠性高，大大降低了项目考勤管理的设备投入，避免了闸机拆改导致的考勤管理漏洞。对于一线员工来说，该平台增加了他们维护自身权益的途径；对于公司而言，实时的数据能够帮助公司快速掌握项目情况，提前发现工人工资管理的问题，及时解决，加大了公司对工人工资的管理力度，提高了企业的管理水平。

四、经验与启示

数量庞大、流动性高的员工队伍管理，一直是困扰建筑施工企业的难题。中交集团利用现代科技手段，开发出易用性强、操作简便、成本低的移动型管理系统，实现了项目及人员的智慧化管理和大数据分析，在大幅度提高管理效率、管理水平、管理精度和管理效益的同时，积累沉淀了规模庞大的数据资产。项目和人员数据资产的形成和扩容，可以为企业项目决策和人力资源策略制定，提供更科学、更充分、更量化的依据，提高决策的效率和水平，进而增加企业的市场竞争力。客观真实的原始数据，还可以为相关部门制定政策提供更可靠的依据，以提高政策的精准性和有效性。与此同时，丰富且分类精细的数据资产，还蕴含着巨大的商机，企业可以根据不同人群的细分画像，判断其需求可能，有针对性地为其提供个性化服务，从而创造新的业务增长点。

（完成人：金　柳　谭振华　吴文婷　邱昱博　龚小翠　陈　曦　马天天
王一彭　陈唐子阳　田　浩　孟亚洋　孟佳悦）

构建企业数据资产治理体系提升价值创造力

合肥城市云数据中心股份有限公司

审定意见：

本成果面向汽车企业数智化共性问题，采用"统一数据底座＋AI应用场景"模式，搭建集数据管理、分析、应用、创新于一体的大数据平台，以"数据＋算法"驱动企业数智化转型。通过构建大数据平台技术体系能力、治理体系能力、运营体系能力、服务体系能力，有效解决了数据权责不明确、数据质量不可控、数据资产不可视、数据运营不清晰等问题，让数据资产成为企业价值创造的重要因子，拉动企业高效发展。经测算，数据管理成熟度的提升，可节省近30%的开发技术类人员，以及近30%的场景建设成本。大面积推广后，对于提升企业效率和竞争力，推动"双碳"目标的实现，都会发挥实质性的作用。

创新点：

一是采用"底层数据平台＋大数据应用模型"的架构，创新性地搭建了集数据管理、分析、应用、创新于一体的大数据平台，为汽车企业提供了全方位的智慧服务。二是在数据治理方面，聚焦运营体系建设，开展全域数据专项治理，包括用户统一 ID、数据模型设计和指标体系顶层设计等，有效提升了数据管理的成熟度。三是注重与高校和行业龙头企业的合作，搭建产学研用合作平台，推动了技术创新和应用场景的持续开发。四是形成了一套完整的解决方案，并对外输出，提高了项目的可复制性和示范性，为行业内开展同类业务提供了模式参考。

价值点：

大幅提升了奇瑞集团的数据管理成熟度，实现了数据管理资产的增值，为企业的数字化转型夯实了基础。通过构建大数据平台和 AI 平台，提高了企业的运营效率，替代了大量重复工作，降低了人员作业量和管理难度。项目降低了奇瑞集团的人工成本和场景建设成本，节省了近 30% 的开发技术类人员和场景建设成本，为企业带来了显著的经济效益。

可复制性和应用范围：

其采用的"底层数据平台＋大数据应用模型"架构以及完整的解决方案，可在汽车行业及相关领域进行复制推广。项目涉及的数据涵盖汽车生产、制造、销售、服务等环节，能够适用于众多汽车企业。通过搭建产学研用合作平台，持续开发大数据应用场景，进一步完善了平台的应用能力体系建设，为其他企业提供了可借鉴的模式。此外，该项目对提升企业整体数字化水平、提高内部信息共享效率具有重要作用，可在不同规模和类型的企业中应用，推动行业的数字化转型和协同发展。

成果详述：

一、基本情况

1. 项目简介

本项目是奇瑞集团精心搭建的一个集数据管理、分析、应用、创新于一体的综合性大数据平台，为汽车企业提供全方位的智慧服务。此平台涵盖了生产制造与质量管理、市场营销与客户服务、车联网与智能驾驶等多个关键领域。

2. 实施背景

在奇瑞集团的信息化发展进程中，虽然信息系统已覆盖至各业务领域，对公司业务开展起到了一定的支撑作用，但随着企业变革的不断深入，一些问题也逐渐凸显出来。各业务系统之间的数据相互割裂，未能实现有效打通，数据共享面临重重困难。此外，由于公司缺乏数据管理的顶层设计，没有统一的数据标准与管理规范，导致数据的价值无法得到充分发挥。具体表现为缺少跨部门协同解决问题的机制，数据管理流程不畅，认责机制不明确；"烟囱式"应用众多，底层数据不联通，应用间数据缺乏联动，跨专业数据共享机制和平台缺失，流程存在断点和数据盲点；大量线下数据导致数据流转和使用困难，数据及时性和准确性差；同一业务数据在多个系统中重复录入，造成数据多源、不完整和不准确的问题；缺乏整体数据架构设计，数据流转混乱，数据口径和标准不统一，跨专业数据难以整合；数据安全方面，无法实现自动化、智能化的数据质量稽核和数据安全分类分级管理，用户隐私存在安全隐患。

3. 实施的必要性

随着奇瑞集团变革的持续推进，以往为企业带来工作效率提升的"烟囱式"业务系统已难以满足企业发展的需求，反而成为企业变革重组的阻碍。在这种情况下，企业无法充分发挥数据的潜在价值，这对企业的竞争力和可持续发展构成了严重威胁。为了适应市场的变化和提升企业的核心竞争力，进行大数据平台的建设和数据治理已成为当务之急。通过构建大数据平台，能够打破数据壁垒，整合分散在各个业务系统中的数据，实现数据的互联互通和共享，从而提升数据管理的成熟度。这将为企业的决策提供更加准确、全面的数据支持，有助于企业制定更加科学合理的战略规划。同时，进行数据治理可以明确各部门在数据管理中的职责和权限，建立健全的数据质量管控体系，确保数据的准确性、完整性和一致性。统一的数据标准将有助于提高数据的可用性和可比性，为企业的业务协同和流程优化提供坚实基础。

二、项目实施过程

1. 主要做法

合肥城市云数据中心股份有限公司（以下简称"合肥城市云"）首先对奇瑞集团现有的数据管理现状进行了深入调研，基于DCMM（数据管理能力成熟度模型）框架对数据战略、数据治理、数据架构等八个方面进行了评估，明确了奇瑞集团数据管理成熟度较低的问题。随后，合肥城市云制定了详细的大数据平台规划，该规划包括大数据平台的技术体系能力、治理体系能力、运营体系能力和服务体系能力的构建。在技术体系能力方面，通过工具化、产品化和规范化的方式，使数据更易于使用；在治理体系能力方面，形成了企业的数据资产体系；在运营体系能力方面，确保了大数据平台健康持续运转；在服务体系能力方面，实现了数据的服务化。此外，还规划了 AI 平台的基础设施层、资源调度层、计算框架层和 AI 研发框架层，以支撑 AI 应用的高效开发。为了提升奇瑞集团的数据管理水平，项目组还进行了数据治理咨询，专注于运营体系建设，开展了全域数据专项治理，包括用户统一 ID、数据模型设计和指标体系顶层设计。

2. 关键要点

项目组重视风险管理，针对可能出现的技术风险、管理风险和资金风险制定了相应的应对措施。例如，在技术风险方面，合肥城市云加强了研发投入并与国内外研发机构建立了合作关系，同时还注重员工的创新能力培养和技术成果的知识产权保护。在管理风险方面，项目组设立了专门的管理委员会，定期召开会议协调各项工作，确保项目的顺利进行。在资金风险方面，合肥城市云采取了分期投资的策略，确保了资金的有效利用。

项目组还注重项目实施过程中的质量管理，建立了问题跟踪和解决流程，确保项目质量。在组织管理方面，成立了专项研发小组，明确了各小组的职责分工，并制定了详细的设备采购标准，确保了软硬件设施的有效保障。项目实施过程中秉持边开发边运营的原则，不断优化平台功能，扩大应用范围，并积极与高校及行业龙头企业合作，提升平台的应用能力。

三、成果总结

1. 经济效益

项目一期已实现营业收入 2950 万元，净利润为 563 万元，税前内部收益率为 45.34%，税后内部收益率为 38.34%，均大于本行业基准收益率，税前静态投资回收期为 3.67 年，税后静态投资回收期为 3.89 年，总投资收益率为 43.18%。这表明项目投资回收期较短，能为公司增加利润，并具有一定抗风险能力，直接经济效益显著。大数据平台的构建降低了奇瑞集团的人工成本，节省了近30%的开发技术类人员。同时，单一场景平均节约3%的成本，整体节约30%的场景建设成本，随着数据应用的增长，节约的成本还会更大。

2. 社会效益

项目已在奇瑞汽车等客户中实施部署，大幅提升了数据管理成熟度，测算可节省了近30%的开发技术类人员，以及近30%的场景建设成本。预计经过1~3年市场锤炼和产品优化，可成为汽车大数据领域的重要产品之一，并以不低于30%的复合增长率，形成规模化经济和社会效益。汽车产业是衡量一个国家工业水平的重要指标，上下游产业极广，对多个行业都有促进作用。本项目涉及的数据涵盖汽车生产、制造、销售、服务等环节，可在一定程度上推动汽车行业上下游协同发展，适用范围广。

3. 环境效益

项目采用了云边协同架构、湖仓一体、存算分离架构等先进技术，能够提高数据中心的能源利用效率，降低能耗，减少对环境的影响。通过大数据平台的建设和数据治理，企业能够更加精准地进行生产和运营管理，减少资源浪费，降低碳排放，为实现可持续发展作出贡献。

4. 管理效益

项目提升了奇瑞集团的数据化水平，数据管理成熟度等级从1.28分提升为2.46分（满分5分）。通过对多业务系统数据的采集、治理，生成业务系统数据集，为上层应用提供标准的数据集合，大幅提高了应用开发能力，实现了数据资产管理和运营增值。平台的建设使多业务互联，提高了运营效率，替代了大量的重复工作，降低了人员作业量，将部分"劳动者"转变为"劳动管理者"，整体人员少而精，降低了管理难度。公司建立了完善的质量管理、组织管理和软硬件设施保障体系，确保了项目的顺利实施和运营，提高了企业的管理水平和运营效率。

综上所述，该项目在经济效益、社会效益、环境效益和管理效益等方面都取得了显著的成果，为汽车行业的数字化转型和可持续发展提供了有力支持。

四、经验与启示

以数据资产价值创造为目标，构建数据资产治理体系。信息化系统条块布局、彼此割裂、缺乏统筹和协同是"老牌"企业的共性问题。严重影响和制约数据资产的应用和价值创造，并对数据资产安全构成隐患。通过数据管理顶层设计，开展全域数据专项治理，制定统一的数据标准和管理规范，确保数据的一致性和准确性，建立数据归口管理和认责机制，解决"数据孤岛"问题，提高数据处理效率和质量。在为企业决策提供可靠的数据支持的同时，实现了数据资产管理的增值。

整合大数据领域优势资源，借用外力协同开发，确保项目高质量完成。数据治理体系构建是一个崭新的领域，充分利用不同单位的强项，形成优势互补的开发架构，是能够有效防范技术风险、少走弯路错路、保证项目质量的重要前提。项目实施单位积极与国内外研发机构合作，并先后与奇瑞、江淮等行业龙头企业以及中国科学技术大学、合肥工业大学等高校建立合作关系，引进顶尖智慧资源，不断创新技术，搭建产学研用合作平台，共同推动技术创新和应用场景的开发。

（完成人：刘胜军　张少华　丁　正　向士庭　龚见强　刘斌荣　李　康　曹　辉
郭　庆　王本杰）

事故车碰撞识别系统数据资产的"淘金策略"

东风汽车有限公司东风日产乘用车公司

审定意见：

本成果应用大数据分析和机器学习等前沿技术，构建碰撞事故车辆识别模型，复原车辆事故场景，理解事故的性质和程度，快速主动获取事故线索和信息，提高救援的及时性和精准性，让客户满意度从单独的事故回访，扩展到"线索生成—关怀—任务下发—救援—维修"整个环节。由此，不仅大幅度提升客户体验，增加客户的忠诚度；还为经销商创造更多的服务机会，促进售后服务领域的利润提升。全方位的用户数据洞察和最大化利用，为后续的维修和处理、新产品开发以及车辆安全性能的提升，提供重要可靠的科学依据。对于提高企业竞争力，推动汽车行业的整体进步，是重要的方法和路径。

创新点：

在商务模式创新上，彻底改变了以往专营店被动等待事故车上门以及高额获取线索的状况。如今主机厂成为线索分发方，大大缩短了线索获取时间，提升了服务效率。这一转变不仅增强了专营店对用户的服务能力，还提高了事故车的回厂率和用户的满意度，实现了三方共赢。在技术创新方面，充分利用车联网数据构建事故车识别模型，能够精准模拟事故现场情况，有效复原未弹出气囊的事故场景。这极大地提高了判断的准确性和可靠性，为车辆安全性的提升提供了全新的思路。同时，该技术创新也为东风汽车有限公司东风日产乘用车公司（以下简称"东风日产"）的生产经营带来了诸多价值，有力地推动了整个行业的发展与进步。

价值点：

对于专营店和主机厂，降低了线索获取成本，提高了对用户的服务效率和管理能力，增强了用户黏性和满意度，提升了品牌口碑和市场竞争力。对于车主而言，能在事故发生时得到更多安抚和帮助，救援速度显著提升，用车更加安心。从行业角度看，该项目的成功经验为其他车企提供了借鉴，促进了行业的共同进步和发展。此外，智能网联大数据的应用推动了汽车行业的数字化转型，为企业降本增效、重塑竞争力提供了支持，也为人们的出行带来了更多便利和安全。

可复制性和应用范围：

事故车识别模型的优秀经验，已经扩展到公司内的多个品牌，推动了更多大数据应用项目的落地。东风日产也多次在智能网联论坛上分享成功经验，引起了全行业的关注和重视，多家合资车企前往调研。其智能网联大数据的应用模式和经验可在汽车行业广泛推广。

成果详述：

一、基本情况

1. 项目简介

本项目名为"数字化构建事故车碰撞识别的商业化应用实践"，由东风日产全力推动。该项目依托智能网联平台，深度挖掘大数据的价值并加以应用，致力于构建精准的事故车识别模型。通过该模型，能够实现对事故车的迅速识别和高效响应，从而显著提升售后服务的质量和用户的体验。

2. 实施背景

随着数字经济的发展，智能汽车及车辆智能网联技术成为推动国家新质生产力发展的重要力量。汽车行业利用大数据进行价值创造的需求日益增长，传统商业模式难以满足全面掌握用户需求和市场变化的要求。数字化转型是企业提升经营效率和竞争力的必然选择，汽车行业需要通过大数据技术实现从产品制造向出行服务提供的转变。

3. 实施的必要性

在售后领域，智能网联大数据的接入为东风日产带来了更多了解真实用户的契机，为探索有价值的应用场景、提升售后服务产值提供了有力支持。传统售后服务模式下，专营店在事故车服务方面常常处于被动状态，依赖外部线索且获取成本高昂，导致对用户决策的干预滞后，影响事故车的回厂率。同时，用户在事故中往往难以得到及时的安抚和有效的帮助，主机厂对满意度的关注也难以在事故处理过程中充分体现。智能网联大数据的应用能够有效解决这些问题。通过实时获取车辆的速度、加速度、偏航角速度、安全气囊状态等关键数据，结合数据建模，可以准确判断用户车辆的安全状况。当发现潜在事故风险时，官方客服团队能够迅速介入，进行用户安全外呼关怀，并将救援任务快速下发至专营店。这一过程不仅大大提升了事故车的回厂率，降低了专营店获取事故线索的经济成本和时间成本，还为用户提供了更加便捷、舒适的服务体验，增强了专营店对主机厂的依赖性，使主机厂在与经销商的合作中拥有更多话语权，进一步促进了售后服务领域的利润提升。此外，大数据的应用还能助力汽车行业实现智能化管理和服务。通过对车辆运行数据的实时监测和分析，可以及时发现并解决车辆故障，提高车辆的可靠性和安全性；基于用户服务需求的数据分析，能够提供更加个性化和智能化的服务体验，增强用户的忠诚度和满意度。

二、项目实施过程

1. 主要做法

（1）项目技术理论

智能网联后台实时获取车辆的速度、加速度、偏航角速度、安全气囊状态等与事故发生息息相关的数据情况，通过数据建模实时判断用户车辆行驶过程中的安全状况，当数据显示车辆出现驾驶安全风险时，官方客户服务团队将进入用户安全外呼关怀环节。

（2）算法构建依据

基于 LSTM（长短期记忆人工神经网络）的算法，双向循环神经网络由两个单向循环神经网络组成，输入同时提供给两个方向相反的网络，输出由它们共同决定；深层循环神经网络在每一个时刻将循环体结构复制多次，增强模型的表达能力。

（3）数据建模的应用解决方案

将车辆关键信号及用户操作行为变化等数据输入事故车碰撞识别模型，计算得出用户车辆事故发生与否的结论及事故发生的方向，准确判断事故场景，包括正面、侧面、追尾等。当模型输出事故结论，线索将传递给官方客服中心的外呼团队，关怀客户并将救援任务下发到专营店，提升事故车的回厂率，降低专营店获取线索的成本。同时，设定关键路径和考核指标，对服务开展过程进行高标准严要求管理。

（4）数据模型构建

东风日产在事故车领域利用车联网大数据进行探索，构建了涵盖重度碰撞（气囊弹出）、中度碰撞（气囊未弹出）及高速异常停车三类事故场景的事故车识别模型。重度碰撞模型利用安全气囊状态信号及时提供救援服务，准确率已达到100%；中度碰撞模型通过历史事故数据和机器学习，判断车辆行驶状态和静止状态的碰撞方向，准确率接近80%；高速异常停车模型识别高速公路异常停车情况，判断是否发生事故，准确率接近60%。

（5）业务流程设计

为保证用户服务体验，对事故车识别模型的应用推广进行严格追踪与闭环管理，对线索从产生到应用的整个链路进行漏斗管控与筛查。通过监控转化率，判断事故车识别模型输出的线索是否得到最大化利用，包括告警量与建单量、建单量与回访量、回访量与派单量、派单量与回厂量的转化率。

2. 关键要点

（1）技术创新

利用车联网数据进行事故车识别模型构建，模拟事故发生时的数据现象，进行场景模型构建，复原安全气囊未弹出的事故场景，提高事故车识别的精度和可靠性，为车辆安全性能的提升提供新思路和方法。

（2）商务模式创新

专营店线索来源转变为主机厂后，能够快速进行系统线索下发，提高事故车的回厂率；成本大幅降低，为专营店减轻经济负担，提高利润空间；车主能享受到专营店提供的出险协助、售后维修以及事故后代步车辆等一站式服务，提高满意度和忠诚度。

（3）用户服务体验

在整个服务过程中，设定关键路径和考核指标，对每个环节进行高标准严要求管理，确保为用户提供优质的服务体验，增强用户对专营店和主机厂的信任和依赖。

三、成果总结

1. 经济效益

智能网联大数据的成功应用为东风日产带来了可观的经济效益。事故车项目累计为东风日产售后服务领域创造了超过 12 亿元的产值，2024 年带来约 8 亿元的年产值。这一增长不仅为企业带来了直接的经济收益，还增强了企业的市场竞争力。通过数字化升级，东风日产实现了全价值链上部分环节传统工作模式的转变，大幅节省了业务预算和人工工时成本。同时，提高了工作的投入产出比例，使企业资源得到更优化的配置。此外，企业在价值链的各个环节挖掘新的收益模式和盈利机会点，积极开拓创新，为企业创造了新的盈利增长点，进一步提升了产品的竞争力和企业的经济效益。

2. 社会效益

该项目的实施显著提升了用户的服务体验。在事故发生时，专营店能够迅速响应，为用户提供及时的救援服务和全面的一站式解决方案，让用户在困境中感受到关怀和支持，增强了用户对专营店的信任和满意度。主机厂通过转变为线索分发方，主动参与用户服务，提高了用户的满意度和黏性，加强了对经销商的管理，促进了整个汽车行业服务水平的提升。东风日产积极分享事故车识别模型的优秀经验，推动了行业的共同进步和发展，为客户提供了更高价值的应用和更好的体验，充分履行了企业的社会责任，为社会的发展作出了积极贡献。

3. 环境效益

尽管该项目本身对环境效益的直接影响不太明显，但它通过提高车辆的安全性和可靠性，有效减少了事故的发生频率。这间接降低了事故对环境可能造成的负面影响，如减少了车辆损坏导致的资源浪费和废弃物排放。此外，智能网联技术的应用也有助于优化车辆的运行效率，降低能源消耗，从而对环境产生一定的积极影响。

4. 管理效益

东风日产成功构建了完善的智能网联平台，该平台具有自主开发核心技术、自主可控、分层架构等优势，能够实现灵活扩展。它支持多品牌、多地部署，可接入百万级车辆，提供了丰富多样的生态服务集成平台和以人为本的账号管理体系。平台的安全等级达到国家"等保三级"要求，为智能网联业务的稳定运行提供了可靠保障。通过私有化构建智能网联数据体系，实现了全价值链数据的融合，形成了全新的智能网联大数据平台，为企业的管理决策提供了有力的数据支持。借助智能网联大数据的分析和模型计算，东风日产能够深入洞察用户需求和市场变化，及时、准确地调整产品功能和目标参数，提高了企业的管理效率和决策的科学性，使企业能够更好地适应市场的变化，实现可持续发展。

四、经验与启示

东风日产乘用车在数据要素利用上，采取的是"淘金策略"，或者说是"撇油策略"。即找到数据中含金量最高或油水最肥厚的部分，用最小的成本和代价，获取最高的收益，是投入收益比最高的策略选择。

其敏锐地发现和捕捉到碰撞事故这一特殊关键场景下，将会产生的包括救援、维修等连锁反应，以及应急状态下司乘人员的需求和心态，并发掘出一连串的商机。通过搭建车联网数据构建事故车识别模型，实时获取事故车相关数据，并第一时间传送到救援机构和经销商。其迅速地反应，可以最大限度地提升车主在特殊关键场景下的体验感，且印象深刻持久，增加了其成为忠实客户的可能性。同时，为经销商创造了商机，增加了经销商对车厂的依赖，提高其忠诚度。另外，还为开发安全性能更好的新车型，提供了量化的依据，可谓一举多得。

企业的数字化转型涉及企业的方方面面，全面的数字化转型投入大、周期长、风险高、决策难。并不是所有企业都有资金和实力进行数字化改造。对于实力不够强的企业，先选择特殊关键场景进行数字化改造，投入小、见效快，可以让企业积累经验、收益和信心，为全面推进数字化转型创造条件。

（完成人：陈文进　蒋　赛　魏庆华　刘　鸽　张宜政）

数据资产应用中的价值裂变

东风康明斯排放处理系统有限公司

审定意见：

本成果展示了数字技术应用所产生的巨大价值和超乎预期的应用范畴。当数据达到一定规模时，可以产生复杂的关联性和可扩展性，并使得原本简单的数据可以实现价值裂变。本项目的出发点是提升后市场服务质量，但所采集的数据可以在产品设计、质量改进等方面产生衍生价值，并最终为实现数据"自主运转"创造条件。尤其是在预防性维修和主动服务方面，数字技术的应用实现了对传统服务模式的颠覆，对于防范安全事故发生、减少和避免事故损失，可发挥积极的作用，有着重要的推广价值。

创新点：

东风康明斯排放处理系统有限公司（DCES）积极引入数字化技术，实现多方面创新。在售后质量改进端，将车联网数据与数字化工具应用于质量改进各环节，能更早发现质量问题，锁定改进方向，提升改进效率。在售后服务领域，运用数字化工具实现主动服务、远程诊断、预防性维修、远程标定刷写等功能，减少车辆进站和客户抱怨，避免故障恶化。在工厂生产方面，将生产车间内的纸质记录转化为智能收集，有效串联计划、资源和生产，实现实时化、智能化、集成化的生产管控，还利用互联式系统和机械设备生成数据改进生产流程，及时开展维护工作。

价值点：

该公司的创新举措带来了显著价值。在售后质量改进方面，产品实物质量得到明显改善，失效率在 2023 年相比 2020 年降低 50%，且 2023 年通过数字化工具提前发现并快速改进 15 个问题。在售后服务领域，数字化技术提升了服务效率，降低了成本，通过减少进站维修、避免故障恶化、提升维修准确性等方式，实现了降低售后索赔率和提升客户满意度的目标。在工厂生产中，智能工厂机械设备生成的数据帮助相关人员作出更明智的决策，及时开展维护工作，防止故障发生，提高了生产效率和经济效益。

可复制性和应用范围：

在售后质量改进方面，各公司产品质量改进流程和方法类似互通，该公司将数字化工具融入改进流程各环节的做法具有普适性和可推广性，且数字化工具的数据源可从整车厂获取，基于同源数据可复制类似的数字化方案。在售后服务领域，其技术方案可充分发挥数字化应用的技术特点，形成有效的作业指导书；在服务方式上，数字化技术结合传统服务，建立线上线下的服务协同模式，将服务方式固化为流程，可优化服务效率。这些经验在汽车行业及相关领域具有广泛的应用前景，其他公司可借鉴以提升自身质量和服务水平。

成果详述：

一、基本情况

1. 项目简介

东风康明斯排放处理系统有限公司通过积极推进数字化技术的应用，在提高产品质量和后市场服务水平方面取得了显著成果。通过建立客户关系管理系统（CRM），DCES能够提供个性化的客户服务和支持，利用大数据分析预测客户需求，提前备货以减少等待时间，从而提高客户满意度。此外，借助物联网（IoT）技术实现了远程诊断和维护，降低了故障率并能快速响应维修需求。数字化文档管理系统确保了技术文档的快速访问，提高了内部流程效率。同时，通过视频会议和在线协作工具提供远程技术支持，使用增强现实（AR）技术帮助现场技术人员更高效地解决问题。

2. 实施背景

进入新时代，中重卡行业不断进行排放升级，用户对环保合规性、产品可靠性和服务效率的要求日益提高。在这种形势下，行业发展迫切需要公司采取突破性的改进和创新措施。自2020年起，康明斯数字化技术得到全面部署且工具日益完善，在此背景下，公司顺势开展数字化技术应用革命。从全面质量管理的视角出发，充分利用数字化技术提高产品质量和后市场服务水平。公司致力于在质量方面加强预防和改进，通过提高产品可靠性、及时发现问题并提升改进效率，从而实现质量能力的提升。在服务方面，通过远程诊断、预防性介入和主动维修等方式，提升服务效率，降低售后索赔成本，提高客户满意度。

3. 实施的必要性

在售后质量改进端，运用数字化技术能够更早地发现质量问题，更快地锁定改进方向，显著提升改进效率，进而降低产品失效率。例如，公司引入数字化技术和工具 5 年以来，产品实物质量得到明显改善，失效率在 2023 年相比 2020 年降低了 50%。

在售后服务领域，数字化技术的应用可实现主动服务、远程诊断、预防性维修、远程标定刷写等功能。这有助于减少车辆进站维修次数，降低客户抱怨，避免故障恶化、扩大损失。同时，通过提升维修准确性，能够有效降低服务成本。

随着劳动力成本的不断攀升、产能过剩问题的加剧、市场竞争的日益激烈以及客户个性化需求的增长，工厂面临着招工难和缺乏专业技师的巨大压力。为了实现减员增效的目标，推进智能工厂建设成为必然选择。同时，物联网、协作机器人、增材制造、预测性维护、机器视觉等新兴技术的迅速兴起，为智能工厂建设提供了有力的技术支撑。此外，国家和地方政府的大力扶持也为工厂的数字化转型提供了良好的政策环境。在这种情况下，DCES工厂正在采用小步快跑、投资小收益大的经济适用性投资方式布局数字化工厂的建设。

二、项目实施过程

1. 主要做法

（1）数字化工具应用

公司将数字化工具运用于工厂改善的多个重要步骤。首先，将生产车间内的纸质记录转化为智能收集，通过数字大屏系统提高对生产现场的管控能力，实现计划、资源和生产的有效串联，达到实时化、智能化和集成化的生产管控（见图 18-1）。在生产过程中，员工可在平板上实时查看订单信息、工艺信息等数据，并手工录入相关生产数据，系统将数据上传至云服务器，生产看板实时显示后台推送的生产分析数据。通过智能数字化管理，提高产品质量、生产效率，保证安全生产，降低消耗，增加经济效益。同时，为员工提供智能平板，方便查看每日生产计划和上传日报信息。在跟踪改进有效性阶段，提前判断改善有效性，避免改进无效风险。此外，利用大数据工具，整合生产不合格、不合格转嫁和现场智能化数据，阻断不合格品流出。

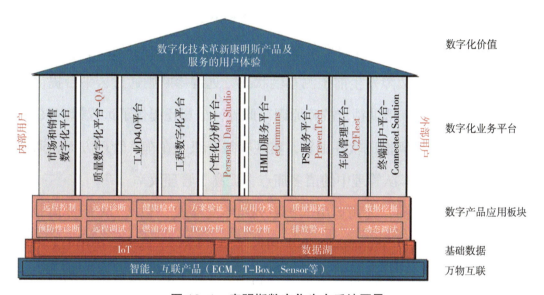

图 18-1 康明斯数字化生态系统愿景

资料来源：DCES。

（2）智能工厂建设

工厂使用互联式系统和机械设备生成实时数据，改进端到端生产流程，帮助操作人员、生产线主管、工程师、高管等成员作出更明智的决策。智能工厂机械设备还生成自身运行状况数据，帮助制造商及时开展维护工作，防止故障发生。工厂和供应链通过数字化流程协调，改善运营绩效。

2.关键要点

在售后质量改进方面，实现了早期问题发现和快速锁定改进方向，从而使产品失效率大幅下降。

在工厂管理方面，公司实现了生产纸质记录的智能化收集，通过数字大屏系统加强了对生产现场的管控能力，提高了生产效率和速度。同时，通过智能设备的导入降低了成本、提高了效率，并减少了产品缺陷。智能工厂依靠现场传感器、联网设备、物联网和工业机器人等技术收集和分析数据，分享制造过程每一个环节的数据，实现流程优化和预测性维护，从而加快生产速度、改善产品质量和提高系统正常运行时间。

在售后服务领域，公司采用了主动服务模式，通过远程监控车辆健康状态并实时推送故障信息，提前准备服务方案，减少维修时间和提高维修效率。预防性维修能够在故障发生前预测车辆状态，远程诊断则通过云平台提供详细的车辆运行数据，帮助锁定故障原因。此外，公司还提供了远程标定服务，允许后台直接向车辆推送软件更新，实现在线升级。在车队管理方面，通过大数据技术解决了车队管理中的诸多痛点，提高了管理效率。

在质量改进方面，公司运用了一系列数字化工具，包括 QA 质量信号探测平台、SEDB 工具、Predictor 工具、PDS 工具、CSV 工具等，运用 QA 质量信号探测平台提前探测质量异常信号；利用 SEDB 工具获取故障车辆的详细数据；运用 Predictor 工具预测失效率；利用 PDS 工具定义根本原因；运用 CSV 工具进行远程标定刷写。从问题发现到根本原因分析，再到方案验证和改进效果跟踪，形成了完整的闭环流程，有效提升了产品质量和客户满意度。

三、成果总结

1. 经济效益

一是产品质量提升。通过应用数字技术，东风康明斯排放处理系统有限公司在售后质量改进方面取得了显著成效。产品实物质量明显改善，失效率大幅降低。例如，2023 年相比 2020 年，产品失效率降低了 50%。这有助于减少售后索赔费用，降低生产成本，提高产品的市场竞争力。二是服务效率提高。在售后服务领域，数字化技术的应用实现了主动服务、远程诊断、预防性维修和远程标定刷写等功能。这些功能的实现减少了车辆进站维修的次数，提高了维修准确性，从而降低了服务成本。三是生产效率提升。在工厂领域，数字化转型实现了实时化、智能化、集成化的生产管控。此外，智能设备的导入还能够降低成本、提高生产规模的伸缩性，响应需求变化，进一步提升企业的经济效益。

2. 社会效益

一是促进就业和人才培养。数字化转型虽然在一定程度上降低了对工人的依赖，但同时也创造了新的就业岗位，如数据分析、数字化工具研发和维护等。此外，企业为员工提供的数字化理念和工具培训，有助于提升员工的技能水平，培养适应数字化时代的高素质人才，为社会的发展作出贡献。

二是推动行业发展。东风康明斯排放处理系统有限公司将数字化工具融入售后质量改进流程的做法具有普适性和可推广性，能够为其他公司提供借鉴，优化整个行业的售后产品质量改进流程，提升行业整体质量水平。同时，数字化技术的应用也为行业的创新发展提供了新的思路和方向，推动行业向智能化、数字化迈进。

3. 环境效益

一是减少资源浪费。通过数字化技术在生产过程中的应用，能够实现更精准的生产计划和资源配置，减少原材料的浪费和能源的消耗。二是降低排放。商用车后处理产品质量可靠性的提升，有助于减少车辆尾气排放，降低对环境的污染。

4. 管理效益

一是决策更加科学。数字化技术为企业提供了丰富的数据支持，帮助企业管理层作出更科学的决策。通过对生产、售后和质量等数据的分析，管理层能够及时了解企业的运营状况，发现问题和潜在风险，制定针对性的策略和措施，提高企业的管理水平和决策效率。二是流程更加优化。数字化工具的应用优化了企业的业务流程，提高了工作效率。例如，在售后服务领域，数字化技术实现了远程诊断和远程标定刷写等功能，减少了车辆进站维修的环节，简化了服务流程。三是团队协作更加紧密。跨职能团队的组建和数字化工具的推广，促进了不同部门之间的沟通和协作。各部门能够共享数据和信息，协同工作，共同解决问题，提高企业的整体运营效率。

四、经验与启示

东风康明斯排放处理系统有限公司的数字化应用，以产品质量管理为主线，串联起从开发设计、计划、资源配置、生产制造直到售后服务的所有环节，形成数字采集、应用的线性闭环。通过收集和分析车联网数据、生产数据和售后服务数据，推动数据要素在多个领域的深度应用，不断根据实际应用场景改善和提高工具和流程的效力，实现了质量管理的数字化，发挥了数据资产在质量领域的多重价值。由此得到产品质量和用户体验的全面提升。在质量管理数字化领域的先发效应，让企业抢先获得了竞争优势，对后发企业形成了降维打击态势。

（完成人：孙巧科　李　伟　徐　琴　刘小江　刘纬波　赵　亮　宋红英　宋文豪　周　波　叶　锐　李顺章　李　龙　卢　军　周华威　郝小栋　潘黛丝　裴晓煜）

以数据资产驱动内容生产和投放的价值提升

天娱数字科技（大连）集团股份有限公司

审定意见：

本成果通过数据资源化和资产化，将分散的、碎片化的数据转化为可采、可见、互通、可信的高质量数据，实现了数据存储量和数据产量的显著增长，进而实现数据驱动的业务变革，并衍生出三大经营模式，让数据资产释放出更大价值。以此为基础自主搭建的"3 收 +2 转 +1 动"数据服务体系，在利用 AI 技术提升素材生产效率和质量的同时，丰富了素材创意形式，通过智能监控和数据分析，优化广告投放策略，确保广告投放更加精准，大幅提高效果或投入比，实现成本收益的最大化。这些技术和策略能为不同领域的企业提供定制化的解决方案。

创新点：

该公司自主搭建了一套名为"3 收 +2 转 +1 动"的数据服务体系，并结合 AI 技术显著提升了素材生产效率和质量。通过运用 AI 生成工具和视频生成技术，实现了内容生产自动化水平的提高，同时通过智能监控和数据分析优化了广告投放策略。这一系列的技术和策略不仅提升了业务效率，而且实现了数据价值的最大化，为客户带来了显著的经济效益和市场竞争力。此外，这种创新模式因其高度的可复制性而在多个行业得以应用，证明了其广泛的有效性和实用性。

价值点：

天娱数字科技（大连）集团股份有限公司（以下简称"天娱数科"）通过数据资源化和资产化，不仅显著提升了业务效率，还实现了数据价值的最大化。AI 技术和数据产品被应用于多个业务场景，例如金融保险和社交等行业，这为客户带来了显著的经济效益和市场竞争力。公司自主研发的数据产品及其衍生的经营模式产生了实际的产品收益，而数据治理方面的严谨措施确保了数据的质量和安全。总体而言，这些技术创新和服务模式为客户创造了实质性的价值，并有助于推动行业的整体进步和发展。

可复制性和应用范围：

该模式基于自主搭建的数据服务体系"3 收 +2 转 +1 动"和 AI 技术，能够显著提高内容生产的自动化水平和广告投放的精准度。这种模式不仅适用于广告投放领域，还可以扩展到电商经营、内容创作等多个领域，为不同行业提供定制化的解决方案。无论是针对特定行业的营销策略，还是通用的内容生产和数据分析技术，这些创新都能够适应不同的商业环境和技术背景。因此，无论是初创企业还是成熟的大公司，都可以根据自身需求调整并采用这些技术和策略，以提高效率、降低成本，并增强市场竞争力。天娱数科的成功案例已经在多个行业中得到验证，证明了其方法论的广泛适用性和有效性。

成果详述：

一、基本情况

1. 项目简介

天娱数科是一家专注于数据要素与商贸流通领域的企业。公司在该领域内实施了一系列创新举措，旨在通过数据资源化和资产化提升业务效率和数据价值。具体来说，天娱数科自主搭建了一套名为"3 收 +2 转 +1 动"的数据服务体系，并结合 AI 技术显著提升了素材生产效率和质量。这一服务模式通过 AI 生成工具和视频生成技术，实现了内容生产自动化水平的提高，同时通过智能监控和数据分析优化了广告投放策略，实现了成本效益最大化。

2. 实施背景

随着互联网和大数据技术的飞速发展，数据已经成为数字经济时代的核心资产。对于商贸流通领域而言，如何高效地收集、分析和应用数据成为决定企业竞争力的关键因素之一。在此背景下，天娱数科意识到传统商贸流通模式面临着数据利用率低、成本控制难等问题，亟须通过技术创新来提升效率和降低成本。

3. 实施的必要性

为了应对上述挑战，天娱数科采取了一系列措施来优化其业务流程和提升服务质量。首先，公司通过整合营销能力，深耕金融保险、社交等行业赛道，构建了行业壁垒，并通过科学指导提产增效，实现了多元覆盖。其次，在数据实践探索方面，实现了数据存储量和数据产量的显著增长。通过数据资源化和资产化，将分散的、碎片化的数据转化为可采、可见、互通、可信的高质量数据，进而实现数据驱动业务变革。通过自产脚本、资产脚本、计划搭建等手段，实现了数字化运营数据资产。公司还自主研发了数据产品，衍生出三大经营模式，实现更多的产品收益。最后，天娱数科在数据治理方面也下足了功夫，通过任务调度、数据监控、元数据管理等手段，确保了数据的质量和安全。公司还利用 Flink、Kafka、DataX 等技术，实现了数据的采集、处理和应用。AI 技术在素材生成、视频投放、直播问答系统等方面发挥了重要作用。通过 AI 脚本生成工具、AI 视频生成技术和 AI 直播问答系统，公司提升了素材生产的效率和质量，降低了成本，并提高了素材的跑量概率。

二、项目实施过程

1. 主要做法

（1）数据服务体系构建

天娱数科自主搭建了一套名为"3 收 +2 转 +1 动"的数据服务体系，该体系能够有效整合和管理来自不同渠道的数据资源。其中，"3 收"指的是数据采集、数据接入和数据导入三个环节，确保数据来源广泛且多样；"2 转"则是指数据转换和数据传输，保证数据格式统一且能够在系统间顺畅流转；而"1 动"则是指数据的动态更新机制，确保数据时效性。

（2）AI 技术的应用

为了进一步提升素材生产效率和质量，天娱数科引入了先进的 AI 技术。公司开发了 AI 脚本生成工具、AI 视频生成技术和 AI 直播问答系统等一系列智能化工具。这些工具能够自动生成高质量的内容，如广告文案、宣传视频等，并能根据实时反馈调整策略，提高素材的跑量概率。此外，还通过魔方 MIX 工具打造了一个"4A"创意生产模型，包括 AI 机器合成、AI 脚本创作、AI 换脸和 Actor（达人），以提升素材产出量，丰富创意形式。

（3）数据治理与应用

天娱数科注重数据的质量与安全，采用 Flink、Kafka、DataX 等技术实现了数据的采集、处理和应用。通过任务调度、数据监控、元数据管理等手段，确保数据的质量和安全。此外，公司还自主研发了数据产品，并衍生出三大经营模式，实现了产品收益。

2. 关键要点

（1）数字化运营

天娱数科通过自产脚本、资产脚本、计划搭建等手段实现了数字化运营数据资产。这不仅提高了工作效率，还确保了数据的一致性和准确性。同时，公司还积极推广"三化"应用——数字化运营、科技和创新、发展，这些举措极大地促进了公司的数字化转型。

（2）客户关系管理与服务

公司通过智能化和自动化手段提升了员工管理、客户服务和素材制作的效率。例如，通过 AI 机器合成、AI 脚本创作、AI 换脸等技术，不仅提升了素材产出量，降低了成本，还丰富了素材创意形式，提高了素材的跑量概率。此外，天娱数科还通过风控和资金管理，及时发现潜在风险，规避损失，并提升了资金使用效率。

（3）行业认可与荣誉

天娱数科的创新成果获得了行业内多个奖项的认可，包括巨量引擎—2023「品牌资产经营案例大赛」—行业先锋奖、巨量引擎—全域经营年度教育优质代理、深圳数据交易所数据商、巨量引擎 2023 "共擎奖"等多个奖项。这些奖项不仅是对天娱数科创新能力的认可，也是对其行业地位的肯定。

三、成果总结

1. 经济效益

天娱数科在其"数据要素 × 商贸流通"项目中取得了显著的经济效益。通过自主搭建的数据服务体系"3 收 +2 转 +1 动"，以及 AI 技术的应用，天娱数科显著提高了内容生产的自动化水平，提升了素材生产的效率和质量，从而降低了成本并提高了素材的跑量概率。这些措施直接促进了广告投放策略的优化,实现了成本效益的最大化。此外,公司通过数据资源化和资产化,将分散的、碎片化的数据转化为可采、可见、互通、可信的高质量数据,进而实现数据驱动业务变革,提升了业务效率,为客户带来了显著的经济效益。自主研发的数据产品及其衍生的三大经营模式也为公司带来了额外的产品收益。

2. 社会效益

在社会效益方面,天娱数科的创新项目不仅提升了企业自身的竞争力,同时也为整个行业树立了典范。其数据服务体系和 AI 技术的应用,具有高度的可复制性,这意味着其他企业在借鉴这些技术和策略后,也能享受到类似的好处。无论是广告投放、电商经营,还是内容创作,这些技术和策略都能为不同领域的企业提供定制化的解决方案。天娱数科的成功案例已经在多个行业得到验证,其方法论的广泛适用性和有效性,有助于推动整个行业的进步和发展。此外,公司通过智能化和自动化的手段提升了员工管理、客户服务和素材制作的效率,改善了工作环境,增强了员工的工作满意度和社会责任感。

3. 环境效益

从环境效益的角度来看,天娱数科的项目也展现出了积极的一面。通过 AI 技术的应用,如 AI 脚本生成工具、AI 视频生成技术和 AI 直播问答系统等,减少了人工干预的需求,降低了能源消耗。此外,数据的资源化和资产化意味着更高效地利用现有资源,减少了不必要的数据采集和存储,有助于减轻数据中心的能耗压力。这些措施对于减少碳足迹和促进可持续发展具有重要意义。同时,数据驱动的业务变革也鼓励了更加精细化和精准化的运营模式,有助于减少资源浪费,提高资源利用率。

4. 管理效益

在管理效益方面,天娱数科通过数据治理和 AI 技术的应用,显著提升了管理水平。具体而言，通过任务调度、数据监控、元数据管理等手段，确保了数据的质量和安全。利用 Flink、Kafka、DataX 等技术实现了数据的采集、处理和应用，使得决策过程更加数据驱动。此外，通过智能化和自动化手段提升了员工管理、客户服务和素材制作的效率，改善了内部流程，提高了整体的工作效率。公司还通过风控和资金管理，及时发现潜在风险，规避损失，并提升了资金使用效率，从而保障了企业的稳健运营。

四、经验与启示

数据资产变现是企业采集和积累数据资产的动力所在。天娱数科通过整合和优化数据要素，基于数据分析理解客户偏好和市场关注点，据此制定广告生产和投放策略，提高内容生产和投放的精准度，以更少的资金投入，获得更好的投放效果；同时规避掉内容生产和投放中可能出现的风险，数据资产的价值得到充分体现。激发了企业生产和利用数据资产的热情及愿望。

技术创新与艺术创造融合产生出新的商机。天娱数科通过 AI 脚本生成工具、AI 视频生成技术和 AI 直播问答系统等工具，不仅显著提高了素材产出的效率和质量，还可以激发新的创意和灵感，生产出超乎人类想象的作品，让素材内容变得比想象更丰富。

（完成人：刘胜宇　天娱数科子公司聚为科技团队）

第十九章　体制机制创新

"研转双驱"实现研发资源效能倍增

兰州兰石能源装备工程研究院有限公司

审定意见:

本成果以科研机构的研转并重为出发点,通过体制机制创新,激发员工的内生动力,实现研发和成果转化的互动式促进,推动研发成果数量、质量及成果转化率的大幅提升。研发和转化"两层皮"的问题,在科研机构中普遍存在,只管成果不管市场的现实下,产生了大量没有市场价值的成果,造成原本稀缺的研发资源被大量浪费。研转并重的理念和方法,让研发有了更明确的市场化导向,同时减少了成果转化的阻力和困难,使研发资源发挥出更大的现实价值。特别是研发项目全周期过程管理体系、模拟公司制运行、搭建国家级"双创"平台等方法、模式和经验,对于科研机构的改革和转型发展,有非常现实的示范和参照价值。

创新点:

一是形成"一套机构、两块牌子"的新研发经营模式,实现科研与成果转化双轮驱动,以体制机制创新引领企业高质量发展;二是运营国家级专业化众创空间,建立双创门户网站,搭建有机结合的运行模式,实现资源聚集与成果转化；三是探索组建成果转化事业部，通过体制机制创新激发员工内生动力，实现共创、共担和共享；四是打破营销天花板，构建全方位激励体系，多措并举提升激励效果；五是重视项目储备阶段，规范立项流程，建立全周期过程管理体系，提升项目质量和科技成果转化率。

价值点：

通过体制机制创新，形成独特的研发经营模式，有效驱动科研与成果转化，为企业高质量发展开辟新路径；打造具有自身特色的发展模式，实现资源聚集，为地区创新创业发展贡献力量；通过事业部试点，探索出可行的发展道路，促进员工共同发展与共享成果；构建激励价值体系，充分挖掘全员内生动力，激发组织活力与创造力；聚焦主导产业技术创新，规范项目管理体系，强化全周期管控，提升项目成功率，保持科技领先，推动科技成果高效转化。这些价值点对各类企业都具有重要的借鉴意义和推广价值。

可复制性和应用范围：

优化组织结构与体制机制的创新模式，可为众多研发企业提供改革蓝本，有效应对科技成果转化难题，实现科研与成果转化相互促进。申报国家级众创空间及搭建双创门户网站的经验，可在不同地域和行业推广，为企业营造创新氛围、集聚创新资源提供借鉴。探索组建成果转化事业部的做法，为企业实现科技成果商业化提供了有效路径。激励价值体系的构建适用于各类创新型企业，能激发全员动力。聚焦主导产业技术创新、规范项目管理体系的模式，可广泛应用于各类科技研发项目管理，提升项目成功率和科技领先水平。

成果详述:

一、基本情况

1. 项目简介

兰州兰石能源装备工程研究院有限公司(以下简称"兰石集团")积极搭建"两院协同"运营模式,以实现研转并重的目标。在创新经营模式方面,明确了兰石集团研究院和工程院的功能定位。研究院作为重大技术攻关项目的牵头组织者,专注于创新引领,开展重大研发项目,确保研发成果对集团未来发展起到引领作用,成为集团重要战略科技力量和原创技术策源地。工程院则以独立法人性质开展成果转化和市场推广工作,强化市场营销主体责任,以经营业绩反哺研究院,为研究院的创新引领发挥市场导向作用,实现"两院协同"、共同发力。

2. 实施背景

随着科技的快速发展和市场竞争的加剧,兰石集团研究院原有的运营模式和组织结构逐渐难以适应新形势的要求。原有的科研方向繁杂,导致资源分散,难以集中力量攻克关键技术难题。同时,科技成果的市场导向性弱,转化难度大,使得研究院的创新成果难以有效地转化为实际生产力,无法为企业带来显著的经济效益。为了应对这些挑战,兰石集团研究院亟须进行体制机制创新和科技创新体系变革,以提升自身的核心竞争力,实现可持续发展。

3. 实施的必要性

实现兰石集团的高质量发展需要强大的科技创新支撑。通过创新经营模式和明确两院功能定位,研究院能够更好地整合资源,集中力量开展重大研发项目,突破关键技术瓶颈,为集团的发展提供源源不断的创新动力。打造重要战略科技力量和原创技术策源地,有助于提升集团在行业内的地位和影响力，推动集团实现高质量发展。

聚焦研发方向和重建组织结构是提升研究院核心竞争力的关键举措。原有的组织结构和科研方向分散，导致研究院在科技创新和成果转化方面效率低下。通过聚焦四大研发方向和五个产业化方向，研究院能够更加精准地配置资源，提高研发效率，产出更具市场竞争力的科技成果。同时，重建组织结构有助于优化管理流程，提高决策效率，增强研究院的整体协同能力。

完善公司制度和精简管理流程是保障研究院高效运行的基础。合理的制度和流程能够规范研究院的内部管理，提高资源利用效率，激发员工的创新积极性。使资源要素向研发一线倾斜，能够为科研人员提供更好的支持和保障，营造良好的创新氛围，促进科研成果的产出。

搭建创新平台能够提升协同创新水平，整合价值链、产业链、生态链双创资源，汇集外部优势资源，构建综合服务平台、协同研发平台和协同制造平台，实现线上与线下有机结合。通过建立双创门户网站、实施双创导师培育工程等举措，能够有效吸引创客，激发网络效应，促进科技成果的转化和应用。

二、项目实施过程

1. 主要做法

兰石集团通过一系列创新性的管理实践，实现了科研与成果转化的高效结合。

研究院通过体制机制创新，形成了"一套机构、两块牌子"的新研发经营模式，明确了兰石集团研究院和工程院的功能定位，即研究院专注于创新引领，工程院则侧重于成果转化和市场推广，实现了研转并重。同时，对组织结构进行重大调整，聚焦于新能源技术及装备等四大研发方向和核氢光储新材料等五个产业化方向，重构了总体架构，以增强核心竞争力和市场导向性。

研究院还修订和完善了一系列公司制度，包括《公司章程》及相关议事规则，制定了多个改革方案和管理办法，以进一步精简管理流程，使资源更有效地向研发一线倾斜。在搭建创新平台方面，研究院着眼于整合集团内外的资源，构建了包含综合服务平台、协同研发平台和协同制造平台在内的多层次创新体系，并通过互联网技术实现了线上线下的有机结合。在项目全周期过程管理方面，研究院构建了一个涵盖项目储备、立项、实施、结题评审、成果转化、项目"后评价"的全过程管理体系，通过严格的评审流程、过程管理和质量控制，确保了研发周期的缩短和研发质量的提升。此外，研究院还建立了科技成果池，对转化项目进行定期考核，并提供多种形式的激励措施以促进科技成果的有效转化。

2. 关键要点

一是体制机制创新。形成了"一套机构、两块牌子"的新研发经营模式，明确兰石集团研究院专注于创新引领，工程院侧重于成果转化和市场推广，实现了研转并重。二是组织结构调整。重构了总体架构，聚焦新能源技术及装备等四大研发方向和核氢光储新材料等五个产业化方向，增强了核心竞争力和市场导向性。三是制度建设和流程优化。修订和完善了《公司章程》及相关议事规则，制定了多项改革方案和管理办法，进一步精简管理流程，使资源更有效地向研发一线倾斜。四是搭建创新平台。着眼于整合集团内外的资源，构建了包含综合服务平台、协同研发平台和协同制造平台在内的多层次创新体系，并通过互联网技术实现了线上线下的有机结合。五是项目全周期过程管理。构建了一个涵盖项目储备、立项、实施、结题评审、成果转化、项目"后评价"的全过程管理体系，通过严格的评审流程、过程管理和质量控制，确保了研发周期的缩短和研发质量的提升。六是科技成果池与激励措施。建立了科技成果池，对转化项目进行定期考核，并提供多种形式的激励措施以促进科技成果的有效转化，包括"超额利润"分成激励、科技成果收益分成等多种方式。

三、成果总结

1. 经济效益

一是营业收入显著增长。2023 年实现营业收入 1.7 亿余元，同比增幅超30%，近三年累计实现成果转化超过 16 亿元，呈现出创新驱动、量增质优、跨越发展、转型升级的崭新格局。二是政府资金加大支持。年内累计获批政府资金超过 1500 万元，为企业的发展提供了有力的资金支持。

2. 社会效益

一是创新成果落地。甘肃省首台 $1000Nm^3/h$ 碱性电解水制氢装置成功下线并完成新品发布，加压循环流化床煤气化成套技术及装备、300MN 多缸薄板成型液压机组、压裂车组、地热直接利用项目、压力容器用 Cr.Mo 钢新材料研制、高速车轴生产线、40MN 环坯生产线、微通道换热器等一批重点项目落地并实现成果转化。二是获得重量级奖项荣誉。2023 年研究院获甘肃省科技创新企业银奖，一批研发项目获甘肃省科技进步一等奖、甘肃省专利二等奖、甘肃省工业设计大赛金奖等奖项，提升了企业的知名度和影响力。三是带动地区发展。企业被评为国家级企业技术中心，甘肃省新型研发机构获评优秀，成功申报能源装备国家专业化众创空间，成为甘肃省先进能源装备制造技术创新战略联盟盟主。充分发挥国家级企业技术中心、国家工业设计中心、能源装备国家专业化众创空间、产学研平台等作用，有力支撑带动本地区技术研发和产业发展。

3. 环境效益

该项目在实施过程中，注重研发新能源技术及装备、绿色现代煤化工工艺及装备等，有助于减少能源消耗和环境污染，推动可持续发展。通过技术创新，提高能源利用效率，降低碳排放，为保护环境作出了积极贡献。

4. 管理效益

《基于研转并重导向的能源装备研发企业体制机制创新实践》荣获第三十届全国企业管理现代化创新优秀成果二等奖，表明企业在管理创新方面取得了显著成效。优化两院研发经营特色的多元激励体系，打破营销人员和研发人员收入天花板，充分调动了员工的积极性和主动性，打造出一个精干高效、资源优化的创新型组织。切实强化人才团队建设，发挥各类人才在项目立项、技术引领、创新带动、团队建设、成果转化等方面的能力优势，营造出研究院"人人都是经营者，经营成果人人共享"的积极氛围，提升了企业的管理水平和竞争力。

四、经验与启示

搭建"两院协同"运营模式，推动科研与成果转化并重发展。通过聚焦研发方向和重建组织结构，集中优势资源，精准发力，攻克关键技术难题，从而产出更具市场竞争力的科技成果。实施项目全周期过程管理，确保研发质量和成果转化的有效性。建立从项目储备、立项、实施到结题评审、成果转化和"后评价"的完善管理体系，加强对每个环节的过程管控，确保科技成果以及成果转化的质量和效益。

对科技成果池动态管理，依据转化成效奖励项目团队。设立科技成果池，明确入池标准。同时制定科技成果转化指标，并对所有未实现转化的成果进行评价，及时淘汰没有转化价值的成果。入池科技成果优先由对应的产品公司承担转化。依据成果实现的经济价值，对作出突出贡献的人员以科技成果入股、科技成果收益分成、科技成果折股、股权奖励、股权出售、股票（份）期权进行奖励，激发科研人员科技创新和成果转化的积极性，并推动研发和转化质量的提高。

推行上不封顶的营销奖励机制，加速科技创新成果转化。科技创新成果有自己的生命周期，价值巨大的创新成果，如果晚一天转化就可能价值归零。通过推动事业部去行政化，将其划分为孵化期、成长期、成熟期三个阶段，不同阶段"超额利润"分成方式采取差异化激励措施，最终将进入成熟期的项目团队，孵化成新型创业公司，采取股权激励方式分成。

（完成人：王玉虎 杨云翔 王宇翔 杨 娜 王震军 叶 海 高晓勇 缪淑萍

王 平 贾春芳）

建立并行协同机制，提升敏捷响应能力

庆安集团有限公司

审定意见：

本成果以制造工艺系统发展战略为蓝图，通过规划工艺设计高效运行新思路，以及采用分层分级系统优化流程、建立基于产品基线的并行协同运作机制、联合制定制造能力基线等方法，构建航空机载企业工艺设计高效运行模式，实现了工艺系统敏捷响应。在满足精益生产、柔性生产对工艺编排要求的同时，适应了型号快速发展、研制和交付周期大幅度缩短的迫切需要。敏捷响应能力的形成，有效提升了企业的核心竞争力，能够更好地满足以客户需求为导向的经营策略，从而促进企业经济目标的全面达成和超越。其方法论和迭代路径，对于制造业末端的配套企业具有借鉴及复制价值。

创新点：

通过精准对标规划工艺设计高效运行新思路，重构业务框架与组织结构，提升制造工艺能力；优化流程，建立并行协同运作机制和制造能力基线，实现工艺与采购、制造并行，提高产品研制效率与质量；重塑方法，依据制造成熟度制定不同产品工艺设计方法，推行全要素工艺设计，构建知识库并强化工艺统型，助力工艺设计健康运行；业数融合，提前定义工艺要素，运用知识推送、相似工艺自动推送、模块式刀具选配和全要素三维工艺编程与仿真等手段，实现数字赋能，提高工艺设计的高速高效。

价值点：

显著提升工艺设计效率，满足航空装备配套任务需求，助力企业在竞争中占据优势；确保产品质量达标，提升工序能力指数，为产品质量提供可靠保障；有效增强企业竞争力，保障新品研制和批产交付，推动企业实现战略目标；积极推动数字化转型升级，实现工艺设计业务数字化，为企业可持续发展奠定基础；降低采购成本和风险，通过原材料和刀具统型等措施，提高企业经济效益；提升工艺系统敏捷响应能力，缩短设计出图及工艺策划周期，保障研制周期，提高企业市场响应速度。

可复制性和应用范围：

其构建的工艺设计高效运行模式所采用的方法和理念，如对齐战略、优化流程、重塑方法和业数融合等，可适用于其他航空机载企业或类似的离散型制造企业。在优化流程方面，建立的并行协同运作机制和制造能力基线等经验，可在相关企业中推广应用。重塑方法中，关于全要素工艺设计、工艺知识库构建和工艺统型的实践，也可为其他企业提供借鉴。业数融合的相关技术和应用，如知识推送、相似工艺自动推送等，可在制造业中广泛应用，以提高工艺设计效率和质量，推动企业的数字化转型。

成果详述：

一、基本情况

1. 项目简介

庆安集团有限公司（以下简称"庆安集团"）创建于 1955 年，是国家"一五"计划重点建设项目之一，专业从事飞机作动系统等科研生产。公司拥有国家级技术中心，荣获多项科技奖，员工 8000 余人，设有博士后工作站和技能大师工作室，近年荣获多项国家级奖励。本项目旨在构建航空机载企业工艺设计高效运行模式，通过模式变革、流程优化、方法重塑、数字赋能等手段，促进工艺设计方法、流程、机制全面升级，提升工艺设计能力和环境运行效率，支撑产品高效研发、保障精益生产、夯实精准采购，实现新品研制敏捷高效及型号产品稳定准时交付。

2. 实施背景

国际形势复杂，我国加速装备研制能力升级，航空工业提出相关升级策略，市场竞争加剧，研制要求提高，周期缩短，庆安集团需提升核心竞争力。科研新品业务高速增长，零件种类和项数增加迅速，生产交付"短、平、快"，公司获取订单晚，工艺设计周期不足，对工艺设计要求更高。庆安集团为离散型制造企业，工艺系统须响应科研新品和生产系统需求。但工艺设计存在效率和质量不高、经验知识和基础数据利用不足等问题，亟待创新运行模式。

3. 实施的必要性

（1）提升核心竞争力

面对激烈的市场竞争和严格的研制要求，庆安集团需要提升工艺设计能力，提高装备制造水平，缩短制造周期，降低成本，以提升核心竞争力，在市场中占据优势地位。

（2）满足客户需求

公司的直接服务对象为各主机厂，客户对产品的交付时间、质量和性能有较高要求。通过构建高效运行模式，能够敏捷响应新品研制，保障准时交付，满足客户需求，提高客户满意度。

（3）解决内部管理问题

公司工艺设计存在策划方式不兼顾、效率和质量不高、经验知识利用不足等问题，这些问题制约了公司的发展。实施该项目可以优化流程，重塑方法，提高工艺设计的效率和质量，解决内部管理问题，促进公司的可持续发展。

（4）适应行业发展趋势

航空制造业快速发展，数字化、智能化成为趋势。构建工艺设计高效运行模式，能够实现业数融合，推动公司数字化转型升级，适应行业发展趋势，为公司的未来发展奠定坚实基础。

二、项目实施过程

1. 主要做法

（1）对齐战略，精准对标

围绕公司战略目标，制定制造工艺系统发展战略。运用制造成熟度等级模型评估工艺设计能力，确定提升工艺设计效率与质量的根本途径。重构业务框架，优化组织结构，打造研究型和精益型工艺工程师系统，建立精准梯队培养机制和轮岗机制。

（2）优化流程，变革模式

分层分级系统优化流程，实现业务流、信息流、数据流三流合一，保证工艺设计活动输入输出有保证。建立基于产品基线的并行协同运作机制，提前介入工艺审查，减少后期变更，提高研发效率。联合制定制造能力基线，提前预判设计图样可制造性，减少产品源头变更和反复。实现工艺与采购、制造并行，拓宽生产物料采购提前期，提高并行效率，缩短采购周期。

（3）重塑方法，深耕基础

借鉴制造成熟度思想，制定不同成熟度产品的工艺设计方法，实现工艺设计业务分工。推行以全要素为目标的工艺进阶路径，逐步完善工艺设计要素，实施全要素工艺设计。构建工艺知识库，包括典型工艺库、典型特征加工方法库、工装参数库等，实现知识积累和复用。强化工艺统型，对工艺设计策划方法、原材料品种、刀具、工装以及试验台等进行统型。

（4）业数融合，构建平台

提前定义工艺要素，构建设计制造一体化编程，降低工艺设计缺陷。推行基于知识推送的工艺设计方法应用，提高工艺设计效率与质量。推进基于零件编码的相似工艺自动推送，加速工艺设计自动化。构建基于工艺知识的模块式刀具选配，实现工艺选刀自动化。推进全要素三维工艺编程与仿真，建立工艺要素回归迭代机制。

2. 关键要点

一是工艺统型。对原材料品种、刀具、工装、试验台等进行统型，减少种类和规格，提高通用性和互换性，降低采购风险及周期，减少代料频次，降低成本。二是数字赋能。建立与实际生产过程相对应的虚拟编程环境和信息系统，构建基于模型的设计、制造一体化编程，减少对人的依赖，提升效率和质量。推行基于知识推送的工艺设计方法，利用CAPP（计算机辅助工艺规划）集成典型工艺库和工艺知识库，提高工艺设计效率和质量。通过零件工艺编码库实现相似工艺的自动推送，提高工艺设计结果的重用率和准确性。构建基于工艺知识的模块式刀具选配系统，实现工艺选刀自动化。推进全要素三维工艺编程与仿真，建立工艺要素回归迭代机制，确保技术状态受控。

三、成果总结

1. 经济效益

一是提高生产效率。通过优化流程、重塑方法和数字赋能，工艺设计效率提升 40% 以上，A 类复杂零件的工艺设计周期平均从 25 天缩短至 15 天左右，B 类一般零件的编制周期平均从 15 天缩短至 9 天左右，C 类简单零件的编制周期平均从 6 天缩短至 3 天左右，大大缩短了产品研制周期，提高了生产效率。二是降低成本。原材料品种统型、刀具统型等措施降低了采购成本和风险，同时设备利用率的提高也降低了生产成本。此外，工艺设计的优化减少了生产过程中的浪费，进一步降低了成本。三是增加收入。保障新品研制任务较"十二五"增长 46%，批产交付较"十二五"增长 29%，备件较"十二五"增长 56%，修理品较"十二五"增长 319%，这些都为企业带来了更多的收入。四是提升市场竞争力。高效的工艺设计能力使企业能够更好地满足客户需求，提高产品质量，从而提升了企业在市场中的竞争力，为企业赢得更多的市场份额和订单。

2. 社会效益

一是保障航空安全。提升了航空装备的质量和可靠性，为航空安全提供了有力保障，有助于减少航空事故的发生，保障乘客的生命财产安全。二是推动行业发展。该项目的成功实施为航空机载企业提供了可借鉴的经验和模式，有助于推动整个航空行业的工艺设计水平提升，促进航空产业的发展。三是培养专业人才。项目实施过程中，培养了一批具备先进工艺设计理念和技术的专业人才，这些人才将为行业的发展作出贡献，推动行业的技术进步。

3. 环境效益

一是减少资源消耗。通过优化工艺设计，提高了原材料的利用率，减少了资源的浪费，降低了对环境的压力。二是降低能源消耗。设备利用率的提高减少了能源的消耗，同时工艺设计的优化也有助于降低生产过程中的能源消耗，减少碳排放，对环境友好。

4. 管理效益

一是优化管理流程。构建了高效的工艺设计管理体系，实现了工艺设计业务的数字化和规范化，优化了管理流程，提高了管理效率。二是加强协同合作。加强了设计、工艺、采购、制造等部门之间的协同合作，形成了高效的协同合作机制，提高了企业的整体运营效率。三是提升决策科学性。通过数据分析和数字化平台的支持，企业能够更准确地掌握工艺设计和生产过程中的信息，为决策提供了科学依据，提高了决策的科学性和准确性。四是促进企业可持续发展。项目成果为企业的可持续发展奠定了坚实基础，使企业能够更好地适应市场变化和行业发展趋势，实现长期稳定的发展。

四、经验与启示

1. 战略与目标的紧密结合

通过将工艺设计能力提升与企业战略紧密结合，明确了提升核心竞争力的目标。确保工艺设计的方向与企业整体发展同步，为企业的长期发展提供了清晰的方向和目标。

2. 流程优化与数字化转型

通过系统优化流程，实现业务流、信息流、数据流的整合，提高了工艺设计的效率和质量。数字化转型不仅是技术的更新，更是管理和工作方式的革新。

3. 并行工程与协同合作

实施并行工程，打破传统的线性工作模式，通过跨职能团队的协作，以及资源共享和信息互通，实现设计与工艺、采购的协同合作，缩短了产品研制周期。

4. 工艺统型与模块化设计

通过工艺统型，实现工艺设计过程的通用化、系列化和模块化，简化了工艺流程。模块化设计提高了生产效率，降低了成本，提高了产品的质量和可靠性。

5. 全要素工艺设计

实施全要素工艺设计，确保了工艺设计的全面性和系统性，提升了生产过程的稳定性和可控性。这种全面性的考虑有助于企业在生产过程中发现潜在的问题，并提前采取措施进行解决。

6. 数据驱动决策

利用数据分析和知识管理，从海量数据中提取有价值的信息，支持工艺设计的决策过程，提高决策的科学性和准确性。

7. 敏捷响应市场变化

建立快速响应市场变化的机制，训练快速反应能力，缩短产品从设计到生产的周期，以及时调整策略和快速反应行动，提高企业的市场竞争力。

（完成人：刘易平 王永鹏 高云龙 徐 伟 赵 鹏 石晓飞 李 昆 丁东旭 叶庆龙 郭学平 孙大伟 舍 凡）

激励体系创新的"四到"模式

本钢集团有限公司

审定意见：

本成果的重要意义在于以体制机制的创新，推动生产力的有效提升。国企改革的难点在于其分配关系的重塑，并以新型的分配关系，适应和推动以市场经济为基础的生产力的发展。本案例抓住了利益调整这个"牛鼻子"，以绩效薪酬体系调整为基点，突出简化量化原则，强调契约精神，从而使改革成为主流的意愿和目标。成功解决了员工"干什么、怎么算、如何给、得多少"的问题，引导全体职工形成了"思想同心、目标同向、工作同步"的氛围和文化。新型生产关系的形成，可以从根本上改变经久难治的"国企病"，让老国企成为有活力有朝气的市场主体。

创新点：

以"四到"为核心激励体系，打破平均主义，重塑绩效文化；建立科学全员岗位绩效管理体系，完善运行机制，为"四到"提供政策支撑，发挥绩效考核杠杆作用；开创四级推动路径，将指标层层分解，贯穿全过程，构建合理用人、奖惩体系；引入考核定额，公开透明考核规则，简化量化考核，对定量计件岗位指标货币化，引导职工思维转变；全面实施经理层任期制和契约化管理，强化薪酬与业绩挂钩，严格考核，实行"军令状"制度，实现考核结果与收入、岗位进退"双挂钩"。

价值点：

通过改革分配机制，解决国企分配机制僵化、"大锅饭"等问题，使职工收入透明，既激励优秀员工，又能淘汰"躺平"职工，从而激发组织活力和全员内生动力。同时倒逼厂务公开和管理提升。激励体系创新是完成国企改革硬性指标的有力"催化剂"，能够全面推动企业经营模式、管理模式和绩效模式的转变，形成良好的绩效文化氛围，实现市场化转型。

可复制性和应用范围：

其理念和机制的创新，对于存在类似问题的企业具有重要的借鉴意义，尤其是那些国企改革任务艰巨的企业。四级推动路径的明确和考核方式的创新，为企业提供了具体可行的操作模式和科学合理的考核方法。经理层任期制和契约化管理等激励机制的创新，能够有效激发企业高层的积极性和责任感，这在各类企业中都具有普遍的适用性。

成果详述：

一、基本情况

1. 项目简介

本钢集团以推进"四到"（干到、算到、给到、得到）提升为引领，构建"业绩、绩效、薪酬"一体化的绩效考核管理体系。通过开展即时激励工作，引导职工多劳多得，打造绩效、薪酬新样板，实现业绩同市场对标、薪酬和业绩"跟跑"，形成凭贡献说话的绩效文化。

2. 实施背景

本钢集团作为具有百年历史的老企业，在发展过程中面临内生动力和活力不足的问题，与一流企业的标准还存在一定的差距。具体表现为思想观念落后、人员结构不合理、分配机制僵化、薪酬激励不到位等，这些问题严重制约了企业的发展。岗位之间薪酬收入差距不大，无法有效激励岗位员工的积极性，导致企业中存在"等、靠、要"和吃"大锅饭"的传统思想。以上这些制约企业发展的"卡点、瓶颈"问题与本钢深化市场化改革的要求严重不符，亟待进行改进和提升。

3. 实施的必要性

（1）健全分配机制的需要

长期以来，国企分配机制僵化、"大锅饭"现象长期存在，职工月末"干了算"还未必"算明白"，个别层级甚至存在违规截留现象，严重影响职工工作积极性。"四到"工作明确了"干什么、怎么算、如何给、得多少"的问题，是从干有方向、指标细化、分配量化到收入透明的闭环过程，有助于健全分配机制，提高职工积极性。

（2）升级管理水平的需要

"四到"工作对职工既是激励机制又是淘汰机制，能够挖掘优秀员工，让干得好的"有票子、有位子、有面子"；同时，以"三能机制"破"三铁顽疾"，识别"躺平"职工，让干得不好的薪酬下降直至进入赋能中心。对于厂矿来说，"四到"工作既是活力机制更是监督机制，能促使职工对绩效指标从漠不关心到密切关注，释放改革动力，激发厂内活力；通过上下纵向监督、左右横向对比，倒逼厂务公开、规则透明、管理提升。

（3）落实国企改革任务的需要

本钢集团有"1357"指导方针，明确了根本目标、核心主线、发展方向和重点任务。全员岗位绩效、双合同管理、职工浮动工资等差异系数均为本钢集团承接的硬性指标。"四到"工作是完成这些指标的有力"催化剂"，更是通过三项制度改革实现市场化的有力保证。当前改革时机既可以说是"非改不可"，更可以说是"恰如其时"。

二、项目实施过程

1. 主要做法

一是制度保障。转变思维，宣传"四到"激励体系的意义，打破平均主义；制定实施方案，构建全员岗位绩效管理体系，推行合理薪酬分配模式；印发方案，发挥绩效考核杠杆作用，落实绩效考核办法。二是顶层设计。明确"集团、板块、厂矿、作业区"四级推动路径，自下而上激发活力，建立评价机制，倒逼管理提升，实现多劳多得；创新用人奖惩体系，将绩效指标层层分解到岗位。三是价值导向。加强政策解读与宣传，确保政策落地；科学设置经理层业绩考核指标，突出"干"的方向；将组织绩效分解为具体指标，与岗位绩效挂钩。四是明确规则。绩效考核政策公开透明，引入考核定额，实现规则标准透明；对定量计件岗位指标货币化，简化计算，引导职工"算着干"。五是契约精神。实施经理层任期制和契约化管理，确定目标并严格考核；强化薪酬与业绩挂钩，实行风险抵押金政策；严格考核生产单位，奖惩分明。六是贡献定薪。构建岗位绩效管理体系，拉大员工收入差距；搭建创新平台，鼓励职工创新创效，给予奖励并兑现。七是宣传引导。组织案例交流会，建立"四到"考核机制；通过媒体正面引导，加强绩效评价结果运用，激发职工热情。

2. 关键要点

一是制度支撑。通过宣传转变思维，打破平均主义；制定实施方案，构建岗位绩效管理体系，推行合理薪酬模式；印发方案，发挥绩效考核作用，落实绩效办法。二是路径明确。确立四级推动路径，激发活力，建立评价机制，促进管理提升和多劳多得；创新体系，将绩效指标细化到岗位。三是导向清晰。加强政策宣传，确保落地；科学设置经理层业绩考核指标，明确方向；分解组织绩效，与岗位绩效挂钩。四是规则透明。公开绩效考核政策，引入定额，确保透明；对定量计件岗位指标货币化，简化计算，引导职工转变思想。五是契约落实。实施经理层任期制和契约化管理，严格考核；强化薪酬与业绩挂钩，实行风险抵押金政策；严格考核生产单位，奖惩分明。六是贡献主导。构建岗位绩效管理体系，拉大员工收入差距；搭建创新平台，鼓励职工创新创效，给予奖励并兑现。七是宣传推动。组织案例交流会，建立"四到"考核机制；借助媒体正面引导，运用绩效评价结果，激发职工热情。这些要点助力本钢集团提升绩效薪酬体系，推动企业发展。

三、成果总结

1. 经济效益

实施以推进"四到"提升为引领的绩效薪酬体系创新与实践，薪酬分配的激励作用得到了充分发挥，人力资源的内生动力得到了有效激发，使得有限的人工成本投入创造了更大的价值。

2022 年，本钢以深入开展国企改革三年行动为举措，有效应对行业下行压力，实现了粗钢产量 1755 万吨，创历史新高，主业实物劳动生产率同比提高 22.58%；收入达到 780 亿元，利润总额 10.2 亿元，销售利润率 1.3%，成功跑赢行业。通过该体系的实施，企业的经济效益得到了显著提升，为企业的可持续发展奠定了坚实的基础。

2. 社会效益

该绩效薪酬体系的实施，有助于打破传统的吃"大锅饭"思想，树立多劳多得的价值观念，激发员工的工作积极性和创造力。员工通过努力工作获得相应的回报，不仅提高了自身的收入水平，还增强了对企业的归属感和忠诚度。同时，企业的发展也为社会提供了更多的就业机会，促进了社会的稳定和发展。此外，本钢集团作为一家大型企业，其良好的发展态势也为行业树立了榜样，推动了行业的进步和发展。

3.管理效益

通过实施该绩效薪酬体系，本钢集团取得了显著的管理效益。

一是职工形成了"比贡献、比指标"的良好绩效文化氛围，绩效薪酬联动增强了员工的正向激励，员工绩效工资收入差距逐步拉大，工作意愿和工作质效明显提高。

二是企业发展实现了"三个明显转变"，即经营模式从生产导向型向市场导向型转变，效益理念深入人心，精打细算的"算账文化"逐渐形成；管理模式从粗放型向精益管理型转变，成本意识明显增强，极致降本的"对标文化"全面推开；绩效模式从岗位导向型向业绩导向型转变，差异薪酬普遍实施，多劳多得的"绩效文化"成为常态。

三是员工内生动力显著增强，广大党员干部干事创业的能力提升，作风转变，自信心增强，精气神提振；员工"等、靠、要"思想和吃"大锅饭"的观念逐渐淡化，内生动力不断激发，精神面貌焕然一新。

四、经验与启示

简单明晰的利益设计，是推动改革的核心动力。所有改革从本质上都是利益的调整，本钢集团的改革目标和导向，是向奋斗者和贡献多的员工倾斜，符合企业发展的长期利益，符合绝大多数员工的根本利益。"四到"模式的设计，特别是公开透明和简化量化的考核规则，使员工能够清楚地了解自己的收入来源和计算方式，最直接明了地认识改革的好处，从而坚定支持改革、积极参与改革，最大限度地减少改革的阻力，确保改革顺利和顺畅进行。

细致到位的实施方案，是改革落地的根本保证。绩效薪酬改革关系到每个人的切身利益，涉及庞大的群体，对每一个板块、每一个岗位的薪酬方式进行设计，都必须符合公司和员工的共同利益，而且不同的板块和岗位间的薪酬还必须达成平衡，这是一项技术难度极高的工作，需要考虑很多细节，需要深入地调查研究。本钢集团制定了一系列完备的制度和方案，包括《本钢集团有限公司全员岗位绩效管理实施方案》《明晰职工绩效、激发微观活力方案》等，充分体现了合法依规合情合理的公平给予原则，使绩效薪酬体系得到普遍认可和认真执行。

（完成人：韩永德　刘慧玉　郭万行　谢孔明　方　娜　杨　朔　朱常林　包殿林）

引入竞争机制提升服务竞争力

内蒙古自治区民航机场集团有限责任公司

审定意见：

本成果以引入外部团队、对值机服务外包的方式，将市场化竞争机制引入机场，通过管理转型推动服务品牌的升级。一是明确自身管理者的定位，只做裁判员，不做运动员，防止既做裁判员又做运动员可能带来的不公。引入多个合约承包商，让竞争机制发挥作用。二是按照"先拉平、后超越"的思路，升级值机服务标准，大多数标准超过标杆企业。三是细化和增加标准数量。将旅客服务应急处置等非正常服务列入服务标准，减少非正常服务的数量，保证在出现特殊情况下可高标准、高效率地为旅客提供服务。这些理念和方法，是机场在由经营型向管理型变革中的重要成果，为实现机场高质量发展发挥了基础性的作用。

创新点:

结合机场实际及管理需求,以赤峰机场值机服务品质提升为试点,将值机业务外包,引入市场化竞争机制。同时发挥国有企业优势,制定优质的值机服务标准,并在集团范围内推广应用。这种模式使优质的值机服务队伍与优质的服务标准相互支持、促进,形成良性循环,最终实现集团值机服务品质的整体提升。该模式还激发了各成员机场对提升值机服务的热情,开发出众多相关服务产品,为旅客提供了更丰富的选择和更好的体验。

价值点:

成功实现了值机服务品质的整体提升,旅客对服务的满意度显著提高,这不仅增强了机场的口碑和竞争力,也为旅客带来了更好的出行体验。通过制定并推广优质服务标准,集团内部形成了统一的规范和流程,加强了标准化管理,提高了运营效率和服务质量的稳定性。

可复制性和应用范围:

其将值机业务外包并引入市场化竞争机制,同时制定优质服务标准的做法,适用于众多机场。通过以赤峰机场为试点,证明了该模式在提升服务品质方面的有效性。其他机场可以借鉴此模式,结合自身实际情况,选择合适的合约商,进行业务外包,引入市场化竞争机制,激发服务提升的动力。此外,该模式不仅适用于值机服务,还可推广至其他服务领域,如问讯服务等。通过这种方式,机场可以全面提升各项服务工作品质,满足人民群众对航空出行的多样化需求,提升机场的整体运营水平和竞争力。

成果详述：

一、基本情况

1. 项目简介

内蒙古自治区民航机场集团有限责任公司（以下简称"内蒙古机场集团"）积极响应国家民航局的要求，努力推动机场管理机构由直接经营型向管理型转变。以赤峰机场值机服务品质提升为切入点，通过将值机业务外包给专业公司，引入市场化竞争机制，同时充分发挥国有企业优势，制定优质的值机服务标准，并在集团范围内进行推广应用。这一举措旨在大幅提升赤峰机场值机服务品质，并最终实现内蒙古机场集团值机服务品质的整体提升。

2. 实施背景

近年来，随着民航业的快速发展，对机场的服务品质提出了更高的要求。2019 年，全国民航机场工作会议明确提出，推动机场管理机构由直接经营型向管理型转变，实现机场、航空公司以及地面服务商的协同运作、共同发展。2020 年，民航局进一步强调优化营商环境，积极开展经营管理模式创新，继续推动机场管理机构的转型。在这一背景下，内蒙古机场集团所辖机场众多且类型复杂，面临提升服务品质的迫切需求。

3. 实施的必要性

引入市场化竞争机制对于持续提升服务品质具有至关重要的意义。纵观各服务类企业，那些服务水平较高、客户体验良好的企业通常具备两个关键因素：一是拥有良好的管理监督机制，能够确保服务质量的稳定和提升；二是经历了充分的市场化竞争，在优胜劣汰中脱颖而出。然而，国内民航机场在服务管理监督机制方面虽然相对完善，但由于机场企业的性质以及地区"唯一"属性的限制，缺乏市场化竞争，导致服务品质提升工作往往只能"单腿走路"，难以取得突破性进展。内蒙古机场集团深刻认识到这一问题，始终致力于由经营型向管理型转变。通过将市场化竞争机制引入机场，实现"两条腿走路"，能够充分发挥市场的作用，激发企业的活力和创新能力，从而确保机场在提升服务品质、助力高质量发展的道路上稳步前行。

赤峰机场的试点工作也充分证明了这一模式的可行性和有效性。2020年，赤峰机场开始试点推行地面服务业务管理创新工作，将值机、旅客服务和行李查询等部分地面服务业务进行外包。通过严格筛选，选择了国内服务品质优、市场化竞争充分的合约商作为值机业务提供方。在对标先进机场的服务标准后，赤峰机场不断完善和升级值机服务标准，从硬件设施设备、员工服务、特殊旅客服务等多个方面进行提升，取得了显著的成效。赤峰机场获得了多项荣誉，旅客满意度和行业认可度大幅提高。此外，这一模式的推广还能够激发各成员机场的积极性和创造力，促使他们开发出更多与值机服务相关的特色服务产品，满足旅客日益多样化的需求。

二、项目实施过程

1. 主要做法

（1）推进机场管理转型

内蒙古机场集团积极响应民航局的要求，致力于推动机场由经营型向管理型转变。通过对安全关联度低、市场化程度高的服务业务进行外包，引入市场化竞争机制，使机场充分发挥自身优势，成为资源规划开发的组织者、运行标准的制定者、实施行为的监督者以及违约行为的处罚者，从而建立良好的管理生态。

（2）引入市场化团队

2020年，赤峰机场开始试点推行地面服务业务管理创新工作，将值机服务、旅客服务和行李查询等部分地面服务业务外包。

（3）制定高标准服务

经过一年多的实践与修订，共梳理出 184 条值机服务标准，其中超越青岛机场服务标准 103 条，与青岛机场标准持平 81 条。落实服务标准：硬件设施设备方面，对航站楼值机区域进行升级改造，增设相关设施和特殊旅客专属候机休息区。员工服务方面，值机人员统一服务形象和操作规范，严格执行"值机四部曲"等服务要求。特殊旅客服务方面，优化升级无陪儿童、老人全流程可视化服务，为聋哑旅客和孕妇旅客提供特色服务。

（4）推广应用标准

2023 年 4 月，内蒙古机场集团对赤峰值机服务标准进行现场评估，随后对其进行优化和完善。2023 年 7 月，正式下发了《赤峰机场值机服务标准》，并在各成员机场范围内进行推广应用。

（5）优化整合标准

优化完善后的值机服务标准共包含 35 项、211 条具体标准，具有多方面亮点。

（6）持续对标先进

《赤峰机场值机服务标准》结合运行情况与服务资源对部分内容进行升级。与其他相关标准相比，该标准细化新增了部分指标，服务指标涵盖面更广，更符合内蒙古机场集团实际情况，且部分指标标准更高。

（7）深化落实标准

内蒙古机场集团下发推广应用标准后，各成员机场积极开展落实工作。通过专项检查，各成员机场对标落实率达 95% 以上。对于未达标项目，一方面部分硬件设施设备功能限制，各成员机场已采取有效替代措施；另一方面个别员工执行有偏差，内蒙古机场集团通过讲评会通报并督办，各成员机场及时进行分析和落实整改。

2. 关键要点

结合机场实际情况和管理需求，以赤峰机场为试点，逐步推广成功经验，实现整体提升。通过引入市场化竞争机制，选择优质的合约商，为提升服务品质提供有力支持。制定明确的目标和高标准的服务标准，并不断优化和完善，确保服务质量的持续提升。加强对服务标准的落实和监督，及时发现问题并采取有效措施进行整改，确保服务标准的有效执行。持续对标行业先进标准，不断学习和借鉴先进经验，保持服务标准的先进性和竞争力。

三、成果总结

1. 经济效益

通过提升服务品质，吸引了更多旅客选择内蒙古机场集团的航班，增加了客流量和航班起降架次，从而提高了机场的运营收入。优质的服务有助于提升机场的品牌形象和声誉，吸引更多航空公司入驻，拓展航线网络，进一步促进了机场的业务发展和经济效益的提升。管理转型和服务品质提升降低了运营成本，提高了资源利用效率，如通过业务外包和优化服务流程，减少了人力和物力的浪费，实现了成本的节约。

2. 社会效益

显著提升了旅客的出行体验，满足了人民群众对美好航空出行的需求，增强了旅客的满意度和幸福感。开发出众多与值机服务相关的服务产品，如呼伦贝尔机场的"有约在先"团队旅客预约值机服务产品、包头机场的让爱"箱"随服务产品等，为旅客提供了更多便利和个性化的服务，提升了机场的服务质量和社会形象。促进了当地旅游业的发展，便捷的航空运输和优质的服务吸引了更多游客前来旅游，带动了相关产业的发展，为地方经济发展作出了贡献。践行了"人民航空为人民"的行业宗旨，展现了新时代民航的新担当新作为，增强了社会对民航行业的信任和支持。

3. 管理效益

成功实现了机场管理机构由直接经营型向管理型的转变，建立了更加科学、高效的管理体系，提高了机场的管理水平和运营效率。引入市场化竞争机制，激发了企业的活力和创新能力，促使机场不断提升服务品质和管理水平，以适应市场竞争的需求。制定了优质的值机服务标准，并在集团范围内推广应用，实现了服务标准的统一和规范化，提高了管理的精细化程度。加强了对合约商的管理和监督，建立了良好的合作关系，确保了服务质量的稳定和提升，同时也提高了机场的风险防控能力。

四、经验与启示

竞争是成本最低、效率最高的管理方式。通过引入市场化竞争机制，将业务外包给专业公司，激发外包公司自主管理的动力，减少和避免公司内部管理中，因人际和利益关系复杂而带来的管理难题和弊端。在降低管理难度和成本的同时，促进服务的专业化水平发生质的跃升。

先试点再推广可以大幅度降低试错成本。以赤峰机场值机服务品质提升为试点，在具体实践中逐步探索新的服务管理模式，发现问题并加以改进，在试错过程中不断总结经验，形成可复制、可推广的成熟模式，再全面推广。从而有效降低改革的风险，提高改革的成功率。

与领先者对标有效激发团队的争先意识。明确的参照系在服务水平提升中有着重要的价值，不仅是在关键指标上设置了标尺，激发团队超越的意愿，还发挥了隐性教练的作用，引导团队作出更标准、更规范的动作。同时，对服务标准进行动态管理，根据实际情况及时进行调整和完善，使其始终保持先进性和适应性，也是提升服务品质的关键。

（完成人：李勇奇 李 婧 赵 楠）

全现货模式下以营利为目标的营销策略

深圳钰湖电力有限公司

审定意见：

本成果通过搭建科学的成本测算模型和及时调整发电运行台账，确保了电成本数据库测算结果准、效率高，并据此作为电价中标的依据，制定电力销售原则和策略。在天然气持续量紧价高导致发电成本倒挂的大背景下，实现企业管理效益和经济效益的持续提升。发电成本中燃料成本占比高达80%，燃气价格是决定发电效益的关键因素，在燃料—电价格联动机制尚未充分形成的情况下，从传统的计划发电管理转变为经济运行管理，是众多发电侧企业必须闯过的难关。本成果为电力体制改革和发电企业管理升级，探索出了一种可供参照的样本。

创新点：

首先，组建市场营销工作组，精细化营销管理流程，强化组织机构保障，压实各级主体责任，优化资源配置。其次，搭建现货交易线上交互平台，规范化平台工作流程和内容，实现对线下交易例会的及时补充和修正，提升了交易效率和准确性。最后，构建营销策略分析模型，重构成本数据库，启动燃气层级谈判方案，精细发电运维管理，保障发电效益最优。

价值点：

营销管理成果持续彰显，在不利因素下，通过创新电力营销管理，争取到政府补贴和政策性补偿收入，年度平均结算价格增加，发电边际贡献提升，发电量超额完成计划指标，实现了"效益优先，兼顾电量"的目标。同集团对标优势凸显，在上网电价较低的情况下，通过营销手段创新，发电边际优于同集团同地区机组，并首次实现净利润超越。

可复制性和应用范围：

广东省电力改革走在全国前列，交易规则及制度体系相对成熟，深圳钰湖电力有限公司（以下简称"深圳钰湖"）作为率先进入售电市场的燃气机组，积累了丰富经验，其营销理念及体制机制建设逐步完善。本课题以电力体制改革政策为导向，以"效益优先，兼顾电量"为营销目标，多维度推动企业电力营销管理升级，适用于各类型市场主体。无论是燃气、燃煤等发电企业，还是其他参与电力交易的市场主体，都能从中汲取宝贵经验，提升自身的电力营销管理水平，实现经济效益和社会效益的提升。

成果详述：

一、基本情况

1.项目简介

本项目聚焦于全现货模式下燃气发电企业的电力营销管理实践，以深圳钰湖为案例进行深入研究。在全现货模式的背景下，燃气发电企业面临诸多挑战，如交易品种繁多、频次高、强度大，以及天然气供应紧张和价格高昂导致发电成本倒挂等问题。深圳钰湖通过一系列创新举措，积极应对这些挑战，努力提升企业的电力营销管理水平和经济效益。

2. 实施背景

随着全国电力体制改革的逐步推进，电力市场的竞争日益激烈。在全现货模式下，市场价格波动更加频繁，对企业的营销管理能力提出了更高的要求。同时，天然气量紧价高的形势使燃气发电企业的成本压力不断增大，经营困局越发凸显。为了在这种复杂的市场环境中生存和发展，深圳钰湖认识到必须进行电力营销管理的创新和变革。

3. 实施的必要性

优化资源配置和强化组织机构保障，应对全现货模式挑战。组建市场营销工作组，精细化营销管理流程，能够明确各部门的职责和分工，提高工作效率和协同能力。领导小组负责顶层设计和统筹部署，电力营销办公室负责具体工作的推进与实施，燃气价格策略委员会负责保障发电燃料的稳定供应，这样的组织架构能够更好地应对市场变化，提升企业的市场竞争力。

流程再造和交互升级，主动适应市场变化。搭建现货交易线上交互平台，规范化工作流程和内容，能够实现信息的实时共享和快速传递，及时补充和修正线下交易例会的不足。通过线上平台，企业能够更加准确地把握市场动态，制定更加科学合理的交易策略，提高交易效率和决策的准确性。

内外协同和精准营销，降低成本、提高效益。构建营销策略分析模型，重构成本数据库，启动燃气层级谈判方案，精细发电运维管理，能够实现对发电成本的精确控制和对市场行情的准确预判。通过精准营销，企业能够在保障发电效益最优的同时，更好地满足市场需求，提高客户满意度。科学考评和正向激励机制能够激发员工的积极性和创造力，使奖罚与实际贡献相匹配，提高企业的整体运营效率。在电力营销管理中，每个员工的工作都对企业的效益产生重要影响，因此建立科学的考评机制，能够激励员工积极努力工作，为企业创造更大的价值。

探索出路和先试先行，应对改革发展中的痛点和难点。正视问题，打通与政府间的沟通渠道，争取政策性支持，寻求长期解决方案，对于企业的生存和发展具有重要意义。推动"两部制"电价落地，能够为企业解决经营性长期亏损问题提供新的途径，同时也为行业的发展提供有益的经验借鉴。

二、项目实施过程

1. 主要做法

（1）建立健全组织架构，落实管理主体责任

为了应对全现货模式下交易品种多、频次高、强度大的操作难题，以及天然气持续量紧价高导致的发电成本倒挂经营困局，深圳钰湖成立了市场营销工作组，强化组织机构保障。该工作组设领导小组，下设电力营销办公室和燃气价格策略委员会，其中电力营销办公室又进一步下设电量交易、经营管理、发电运维三个工作组，各司其职，紧密合作，共同推进电力营销的具体工作（见表19-1）。

（2）流程再造，交互升级

深圳钰湖搭建了现货交易线上交互平台，规范了平台的工作流程和内容，实现了对线下交易例会的及时补充和修正。通过"大会定原则＋小会定策略"的会议制度，确保了电力营销工作的高效有序进行。借助交易支持系统平台不定期召开线上"小会"，各工作组及时反馈厂内及市场动态信息，共同商定最终交易策略（见表19-2）。

（3）内外协同，精准营销

构建了营销策略分析模型，重构成本数据库，启动燃气层级谈判方案，精细发电运维管理（见表19-3），保障发电效益最优。通过优化发电成本数据台账，调整生产运行管理思路，提高生产管理效能，实现效益电多发、亏

损电不发的原则。

表 19-1　深圳钰湖市场营销考核指标管理

指标分类	考核指标	指标细化
电量指标	统计完成电量	实际发电量
		有效出让电量（中长期出让 + 现货出让）
利润指标	售电边际贡献	上网电量度电边际贡献
		中长期交易利润贡献
		发电利润贡献
性能指标	供 / 发电气耗	供 / 发电气耗
	厂用电率	厂用电率
	非计划停运次数	非计划停运次数
	启停套次	启停套次

资料来源：深圳钰湖。

表 19-2　现货中长期和日前交易基本原则

管理类型	交易原则
中长期交易	为了减少节点价格波动带来的发电亏损风险，建议中长期交易持仓 50% 以上，最终视每月市场行情而定。当市场价格在预测的节点价格之下时，考虑减仓操作，争取价差收益
日前交易	保障发电不亏损，现货报价最基本的应能覆盖机组发电成本。当节点价格高于发电成本且机组非定价机组时，争取按成本报价实现多发电多盈利；反之报顶价不中标
现货三步走	月上旬：燃料充足，负荷相对低，预计节点价格不会高，采取报高价的策略，争取不中标发电或高峰时段中标发电； 月中旬：根据燃料消耗及节点价格情况，尝试调低报价争取开机发电； 月下旬：根据剩余燃料及节点价格情况，适当采取供热强制或调试等手段，争取最高节点中标发电
采购增量气	合理预判价格走势及开机情况，对比采购增量气与不采购增量气的盈利水平，在增量气盈利的情况下考虑采购

资料来源：深圳钰湖。

表 19-3　深圳钰湖发电运维管理内容及原则统计表

管理项目	管理内容	确定原则
调频市场交易	动态调整调频市场交易策略，争取调频和现货交易双重收益	1. 当负荷需求不高，且近期调频向下调的情况下，抬高调频报价，争取调频不中标，减少调频对现货市场的负效益； 2. 当调频上调时，申报低价，争取调频和现货双重效益
机组运维、检修	确定机组检修、运维的日期，最小化检修对效益的影响	1. 机组检修尽量安排在节点价格相对低、燃气价格高企且供应紧张的时段，即发电效益相对低的时期，比如一季度和冬季供暖期； 2. 机组日常消缺尽量采取见缝插针的方式，当负荷较低预判到机组长周期不启机的情况下，可提前做好机组消缺的准备； 3. 当机组出现临时性消缺需求时，争取通过报价的手段实现停机消缺
供热管理	根据预判节点价格，与热用户协商调整最佳供热时间	提前预判次日节点价格情况，当预判节点价格和发电成本严重倒挂，例如发电亏损超 0.1 元 / 千瓦·时时，及时协商热用户取消用热需求或调整用热时段

资料来源：深圳钰湖。

（4）科学考评，正向激励

采取指标倾斜和事前事后修正的考评机制，实现奖罚与实际贡献相匹配。实行指标倾斜机制，确保责任与指标挂钩。采取事前事后修正机制，实现指标动态管理，充分考虑不可抗力等因素的影响。

（5）探索出路，先试先行

正视改革发展中的痛点、难点，打通与政府间的沟通渠道，积极争取政策性支持，探索并推动"两部制"电价落地。通过深入研究交易规则，力争政策性补偿，并联合周边电厂争取政府补贴，探索实施"两部制"电价机制。

2. 关键要点

深圳钰湖通过上述做法，实现了电力营销管理的全面提升，不仅提高了经济效益，还展现了其营销管理成果的持续彰显。即便在天然气价格高企、气电联动机制缺失等不利条件下，公司依然能够通过创新营销管理方法，争取到政府补贴和支持，增加了平均结算价格，提高了发电边际贡献，并超额完成了年度发电计划指标。同时，公司通过营销手段的创新，在上网电价低于竞争对手的情况下，实现了净利润超越。这些成果不仅证明了深圳钰湖在营销管理上的成功，也为其他燃气发电企业提供了宝贵的经验。

三、成果总结

1. 经济效益

在天然气持续量紧价高、气电不联动等多重不利因素下，通过电力营销管理创新，深圳钰湖争取到市级政府补贴 2202 万元和政策性补偿收入 2757 万元，年度平均结算价格同比增加 4.97%，发电边际贡献同比增加超 5600 万元，发电量超额完成年度计划指标，真正实现了"效益优先，兼顾电量"的营销目标。在上网电价相较 9F 机组低 0.25 元 / 千瓦·时的情况下，通过营销手段创新，争取到发电边际贡献优于同集团同地区 9F 机组，并首次实现净利润超 9F 机组。

2. 社会效益

随着全国电力体制改革的逐步推进，本课题可以作为发电侧尤其是燃气机组参与现货交易的经验成果借鉴，为其他企业提供了宝贵的经验，有助于推动整个行业的发展和进步。深圳钰湖通过积极与政府沟通，争取政策性支持，推动了相关政策的优化和完善，为燃气发电企业创造了更好的发展环境，同时也为保障地区能源供应和稳定作出了贡献。

3. 环境效益

燃气发电相比传统的燃煤发电，具有较低的碳排放和污染物排放，对环境更加友好。深圳钰湖通过优化发电运维管理，提高了发电效率，减少了能源浪费，进一步降低了对环境的影响。

在电力营销管理中，深圳钰湖注重与电网调度的协调，积极参与电网的调峰调频，为保障电网的稳定运行和提高能源利用效率发挥了积极作用，有助于实现能源的可持续发展。

4.管理效益

建立健全了组织架构，明确了各部门的职责和分工，加强了团队协作，提高了工作效率和管理水平。全面梳理了电力营销重点，明确了管理核心内容，通过对市场营销工作的细化和考核指标的管理，实现了对市场营销工作的全面、全过程管控，提高了管理的精准性和有效性。开展电力交易分析管理，构建了营销策略分析模型，启动了燃气层级谈判方案，优化了发电成本测算模型，为企业的决策提供了科学依据，提高了企业的市场竞争力。搭建了营销支持系统平台，实现了信息实时交互，快速响应市场变化，及时调整交易策略，提高了企业的决策效率和灵活性。建立了科学考核评价机制，强化了目标基础管理，通过实行指标倾斜和事前事后修正机制，激励了员工的工作积极性和创造力，实现了奖罚与实际贡献相匹配，提高了员工的工作满意度和企业的凝聚力。

四、经验与启示

权力下放，缩短决策链条，提高反应速度。制定"大会定原则＋小会定策略"的会议制度，每月召开"大会"协商确定次月中长期及现货交易基本原则。在市场出现变化时，不定期组织召开工作组线上"小会"，及时反馈市场动态信息，在交易前商定最终交易策略。

动态考核，建立指标修正机制，让业绩考核更合理。不是全年执行固定不变的指标值，而是结合实际市场行情和现有盈利能力，根据预测结果，上下浮动一定比例作为核心指标值。同时对确因不可抗力因素造成的损失部分进行合理剔除。从而让员工绩效更能贴近和反映其实际贡献，而不是更多受市场等外部因素影响。

构建模型，遵循"效益最大化"的原则，确定经营策略。运用科学手段和工具，提高运营管理和决策的科学化水平。构建营销策略分析模型，保障售电效益最优；优化发电成本测算模型，实现电力精准营销。从传统的计划发电管理转变为经济运行管理，以市场行情为导向，以"效益优先，兼顾电量"为管理目标，按照效益电多发、亏损电不发的原则，不断提高企业的效益水平。

（完成人：史晓文　单志栩　于清涛　陈　笛　王永强　苏　丽　谢小伟　黄思佳）

以市场化机制推动安全管理体系升级

霍州煤电集团吕梁山煤电有限公司洗煤厂

审定意见：

本成果通过引入市场化考核和货币化兑现的方法，创新安全管理体系和模式，将企业内部的行政隶属关系，转变为等价的市场交换关系，形成了时时受控、事事受控的安全责任体系，确保企业安全目标持续性高标准达成。以安全责任的细化、量化为基础，通过对 40 项制度落实、10 项业务保安责任落实、140 种"三违"行为和 139 种隐患建立价格目录，将所有安全行为纳入《安全市场化量价》清单。通过抓住货币化兑现这个要害，强化安全责任体系的严肃性和原则性，促使员工产生对制度的敬畏，从而确保安全责任体系得以持续一贯的执行，并产生预期的效果。

创新点：

该项目的创新点在于构建了精益安全管理树形图，将安全工作划分板块，建立各类细目，实现精益安全管理。市场化考核体系汲取外部市场化管理优势，利用价格和竞争机制，转变企业内部关系，检验精益化安全管理效果，起到"平衡尺"作用。货币化兑现体系为完善精益化安全管理找准发力点和突破口，如"加油站"般推动体系发展。此外，安全生产标准化与法律法规、标准规范无缝衔接，保持高水平。这些创新点相互配合，形成闭口循环安全管理体系，提升企业安全管理水平。

价值点：

该项目的价值点在于多方面提升了企业的安全管理水平和综合效益。通过修订完善规章制度，建立健全制度保障体系，实现了精细化、流程化的安全管控，确保了各项工作有章可循、有据可依。行为治理体系的深度融合，有效降低了员工不安全行为和"三违"率，提升了员工的安全意识和操作规范程度。同时，安全保障力的增强助推了生产力建设，降低了设备修理费，提高了开机率，减少了设备故障率，实现了安全与效益的良性互动。此外，该项目的实施有助于企业更好地响应国家政策，增强法治意识，落实主体责任，提高安全生产标准化水平，实现人、机、料、法、环的有机结合，为企业的可持续发展奠定坚实基础。

可复制性和应用范围：

"三化"经济闭口循环安全管理体系具有很强的可复制性和广泛的应用范围。该体系注重过程管控，可指导生产加工企业完善安全管理体系，使其走向系统化、流程化和规范化。它能帮助企业更好地响应国家政策，增强法治意识，落实主体责任。无论是同行业还是类似行业，都能从中受益。通过该体系，企业能实现精细安全管理、全过程安全管理和闭口安全管理，提高安全生产标准化水平，规范员工操作，促进人、机、料、法、环的有机结合，具有重要的推广价值。

成果详述：

一、基本情况

1. 项目简介

"三化"经济闭口循环安全管理体系是霍州煤电集团吕梁山煤电有限公司洗煤厂建立与应用的一套安全管理体系，包括精益化安全管理体系、市场化考核体系和货币化兑现体系。该体系通过将安全工作划分板块，建立制度标准细目、管理流程细目、工艺流程细目、员工操作细目，构建精益安全管理树形图，实现精益安全管理。

2. 实施背景

国家新安全生产法的施行、山西省洗（选）煤厂及配煤型煤加工企业安全生产标准化考核定级的实施以及企业争先创优、自主创新等内外部环境因素的变化，对企业依法经营和落实主体责任提出了更加严格的要求，安全管理的重点从结果安全向过程安全彻底扭转。该厂通过对近5年来安全管理工作的调查研究，发现员工"三违"率、重复隐患出现率仍较高，干部下现场完成率有待提高。安全工作虽持续开展，但隐患、"三违"未实现真正"清零"，作业过程中措施执行不到位等问题依然存在，表明安全管理的精益化程度不够，执行和落实的动力不足，因此建立"三化"经济闭口循环安全管理体系是形势所需。

3. 实施的必要性

随着内外部环境的变化，企业面临的安全挑战日益严峻。传统的安全管理方式难以满足当前的要求，需要一种更加科学、有效的管理体系来提升安全管理水平。"三化"经济闭口循环安全管理体系的实施，能够细化安全生产责任，构建精益化安全管控格局，确保每件事都有明确的标准和责任人，形成时时受控、事事受控的精益化安全责任体系。同时，该体系能够建立完善的管理制度和流程细则，全面实现闭环管理，从培训教育、危险性作业、干部履职尽责、双预控管理、委外工程管理、安全生产标准化建设等方面进行精细化、流程化管控，提升安全管理的效率和质量。此外，市场化考核体系能够充分利用价格机制、竞争机制，将企业内部的行政隶属关系转变为等价交易关系，实行量、价分离管控，更好地检验精益化安全管理体系的实施效果，激发员工主动落实安全责任的积极性。货币化兑现体系则为进一步完善精益化安全管理找准发力点和突破口，通过规范货币化兑现流程、建立执行周期结算机制和评价机制，确保安全价值与工资及时得到转换，促进整个体系的有效循环。

二、项目实施过程

1. 主要做法

（1）建立形成精益化安全管理体系

细化安全生产责任，构建精益化安全管控格局。全面落实"党政同责、一岗双责、齐抓共管、失职追责"和"管行业必须管安全、管业务必须管安全、管生产经营必须管安全"，将安全管理工作按板块分类，细化主体、专业部门、领导和岗位的安全责任，形成网格化责任落实机制，提升各岗位安全执行力和落实效果。建立形成管理制度细目，做到精益化管理有据可依。对各类规章制度进行系统性的"立、改、废、释"，建立完善安全管理制度、市场化考核制度和货币化兑现制度，修订完善岗位技术操作规程和安全技术措施，形成科学规范的安全管理制度体系。

（2）建立市场化考核体系

建立完善市场化组织机构。结合部门职能划分，成立市场化考核领导组，制定矩阵组织结构和流程，明确各部门职责，确保市场化考核体系有效运行。实施定额管理，建立市场化价格机制。立足工资薪酬倾斜宗旨，结合各因素将工作具体化、量化，形成实施细则、工作标准、定额和考核价格，形成《安全市场化量价清单》，建立两级核算制度，确保安全生产责任有效落实。

（3）建立完善货币化兑现体系

规范货币化兑现流程。明确综合业务室为落实部门，安全管理部门为监督部门，确保市场化考核结果得到有效兑现和监督。建立执行周期结算制。实施月度周期兑现制，设立市场化安全绩效公示栏，构建"公平、公正、公开"的货币化兑现机制。

（4）建立完善"三化"经济闭口循环安全管理体系

建立完善的体系运行机制。形成以公平、公正、公开的责、权、利分配为核心的动力机制，自我约束和外部监督相结合的约束机制，信息反馈机制和持续改进机制，确保体系高效运行。成立组织机构，负责体系全过程运行和监督，评价体系执行情况及适用性，检查体系运行信息，为体系运行提供依据。

2. 关键要点

一是明确责任划分。将安全管理责任层层细化分解到人，确保每件事都有明确的责任人，形成严密的责任体系。完善制度流程。建立健全各类安全管理制度和流程，实现安全管理的精细化、流程化和闭环管理。二是强化市场化考核。通过建立市场化组织机构、价格机制和赏罚机制，充分发挥市场机制的激励和约束作用。三是注重货币化兑现。规范货币化兑现流程，建立周期结算机制和评价机制，确保安全价值与工资及时转换。四是确保体系闭环。"三化"体系相互关联、环环相扣，形成闭口循环提升状态，不断优化完善体系。

三、成果总结

1. 经济效益

一是设备修理费降低。通过实施"三化"经济闭口循环安全管理体系，企业对设备的管理和维护更加科学有效，设备故障率降低，从而减少了设备修理费用的支出。与 2021 年相比，设备修理费降低了 131 万元，为企业节省了成本。二是开机率提高。该体系的实施优化了生产流程，提高了设备的稳定性和可靠性，使设备的开机率得到提高。开机率提高了 2.7%，意味着企业能够更高效地生产，既增加了产量，又提高了生产效率。三是安全保障力与生产力相互转换。安全保障力的提升为生产力的发展提供了坚实的基础，同时生产力的提高也促进了安全保障力的进一步增强。两者相互转换、互为助力，为企业带来了实实在在的经济效益。

2. 社会效益

一是提高安全生产水平。该体系的建立与应用，有效降低了员工的"三违"率和重复隐患出现率，提高了企业的安全生产水平。这不仅保障了员工的生命安全和身体健康，也为企业的稳定发展提供了保障，有助于维护社会的稳定和谐。二是树立良好企业形象。通过实施该体系，企业在安全生产方面取得了显著成效，得到了社会的认可和赞誉。这有助于树立企业的良好形象，提高企业的社会声誉，为企业的发展创造更好的社会环境。三是促进就业和经济发展。企业的稳定发展能够提供更多的就业机会，促进当地经济的发展。同时，企业的安全生产也为员工提供了一个安全、稳定的工作环境，有助于提高员工的工作积极性和创造力。

3. 环境效益

一是清洁文明生产。该体系强调清洁文明生产理念，持续推进智能化岗位建设。例如，絮凝剂实现智能添加，减少了化学药剂的浪费和对环境的污染；电气设施实现"集约化"控制，提升了立体空间整洁度，减少了能源消耗；现场作业环境得到持续改善，减少了粉尘、噪声等对环境的影响。二是资源节约。通过优化生产流程和设备管理，提高了资源的利用效率，减少了资源的浪费。例如，对线缆进行规范化、高标准敷设，减少了线缆的损耗；对设备进行封闭管理，减少了能源的泄漏。

4. 管理效益

一是实现精细化、流程化安全管控。修订完成 20 册规章制度，建立了健全的制度保障体系，对过程资料实施统一管理、规范保存。在培训教育、隐患排查、双预控管理等方面实现流程化管控，提高了管理的效率和质量。二是行为治理体系深度融合。建立实施了"1+3E+N"行为治理工作法，与人防、物防、技防管控措施深度融合，充分发挥了指导、约束、预防和纠偏作用，降低了员工不安全行为和"三违"率。

四、经验与启示

精细化管理的本质是绷紧安全意识这根弦。要时刻把安全挂在心上，用心去寻找发现安全管理的漏洞、死角，不断消除安全管理上的盲点，持续改进和创新安全管理的方法和机制。这个过程需要基层生产一线、技术人员和管理部门高度互动，形成安全思想的彼此促进，彼此约束，共同提升。包括建立详细的制度标准细目、管理流程细目、工艺流程细目和员工操作细目；构建精益安全管理树形图；以及对各类规章制度进行系统性的"立、改、废、释"，无不体现出这一精神实质。

市场化机制的要害是触发员工的警觉意识。安全管理最大的隐患是对安全意识的麻木和懈怠。市场化考核体系和货币化兑现机制的建立，并不是以罚代管，而是充分利用价格机制和竞争机制，将企业内部关系转变为等价交易关系，让管理动作变成员工更易于接受的公平交易行为。同时，通过建立周期结算制、及时进行货币化兑现、设立市场化安全绩效公示栏等管理措施，将安全信号刺激常态化，促使全员保持对安全工作的敏感性。

（完成人：王振华　崔双瑞　唐黎明　南　鹏　徐明成　李忠宝　张　芳）

第二十章　管理升级创效

以精益思维统领制造管理体系升级

北京奔驰汽车有限公司

审定意见：

　　本成果针对新品生产线报废率高的问题，通过设立跨部门攻关团队、全流程闭环寻找问题根源、设立报废品看板可视化展示问题、将经验性工作纳入科学化管理、根据排序确定关键因子优先解决、不断测试筛选固化最优技术方案、建立完整返修流程等一系列管理和技术方法，持续优化生产技术和生产工艺，建立了高标准的模组生产制造体系，大幅度提高了良品率。月报废率由立项初期的39%下降至1.5%。从而降低了成本，减少了浪费，增强了产品和企业的竞争力。本成果对于复杂程度高的新产品线快速提高工艺、流程和技术成熟度，形成高标准的生产制造解决方案，提供了可参照的方法和路径。

创新点：

　　在管理路径上，建立了核心团队聚焦报废的机制，通过清晰的每日例会制度和报废看板，加强了对报废问题的关注和解决速度；通过跨部门深度合作和闭环的问题解决流程，确保了各部门协同合作，高效解决问题。在技术路径上，对剪切弯折工艺进行了全面优化，包括刀具寿命分析、行程优化、角度标准制定等，并建立了完整的刀具更换和备件管理流程；通过优化焊接参数、引入光学测量系统等，提高了焊接精度和质量控制；研发了检测 ZSA 是否失效的方法，有效解决了模组线无检测能力的问题；完善返修策略，建立了覆盖多种加工工艺的返修流程，并持续提升返修合格率，对降低报废率贡献显著。

价值点：

在经济价值上，通过降低报废率，节省了约 7500 万元的生产成本，提高了企业的盈利能力和市场竞争力。在技术价值上，通过对模组生产关键工艺的优化和创新，提升了产品质量和工艺成熟度，为行业内相关技术的发展提供了有益的参考。在人才培养价值上，培养了一批具备剪切弯折、激光焊接等技术、技能的人才，为企业的可持续发展提供了人才支持。此外，该项目还具有重要的行业示范价值，其成功经验可向其他企业输出，推动整个行业的进步和发展。同时，对新能源汽车的发展起到了积极的促进作用，有助于实现节能减排的目标，具有良好的社会效益和环境效益。

可复制性和应用范围：

其管理路径中的核心团队聚焦报废、跨部门深度合作以及闭环的问题解决流程等方法，适用于许多生产制造企业，可以帮助企业提高问题解决效率，加强部门间协作。技术路径中对剪切弯折、激光焊接等工艺的优化措施，以及完善的返修策略，对于采用类似生产工艺的企业具有重要的借鉴意义。此外，该项目培养专业人才的经验也可为其他企业提供参考。不仅在汽车制造行业，其他涉及类似生产环节的行业，如电子设备制造等，也可以应用这些经验来降低生产成本、提高产品质量。

成果详述：

一、基本情况

1. 项目简介

北京奔驰动力电池工厂负责生产北京奔驰汽车有限公司（以下简称"北京奔驰"）首款纯电动产品 EQC 级 SUV 的 EB301 电池，首条生产线 EB301 的模组线于 2020 年 4 月正式投产。EB301 电池采用三元锂软包电池成组技术，模组生产过程中的关键工艺全部为自动设备完成，包括极耳剪切弯折、迷你模组焊接、汇流排及 ZSA 焊接、外壳焊接等工艺及相关装配工艺。然而，该技术在行业中存在加工工艺复杂、报废率高的特点，投产初期 EB301 模组生产报废率高达 39%。为降低报废率，提升产品竞争力，北京奔驰从管理路径和技术路径两个维度进行探索，采取了一系列措施。

2. 实施背景

环境保护是当今社会的重要发展方向，新能源汽车产业作为战略性新兴产业，对于促进节能减排具有重要意义。纯电动汽车在行驶中可实现零污染，发展纯电动汽车是实施新能源战略的基础。动力电池技术是纯电动汽车安全性与续航的关键技术，三元锂电池因其优点成为目前纯电动汽车的主流产品。提升对三元锂电池的理解，提高生产质量、降低生产成本，对新能源良性发展有巨大益处。北京奔驰动力电池工厂是戴姆勒海外第一座纯电动电池工厂，EB301 电池的生产面临工艺复杂、报废率高的问题，同时动力电池成本降低是行业内的重要攻关方向。在投产初期，EB301 模组生产报废率高，年度报废成本巨大，迫切需要提高各方面成熟度，降低报废率和产品价格，提升产品竞争力。

3. 实施的必要性

降低报废率是提高产品质量和竞争力的关键。高报废率不仅导致生产成本增加，还影响产品的质量和稳定性。在激烈的市场竞争中，降低报废率能够提高产品的可靠性和市场认可度，增强企业的竞争力。对于软包电芯成组技术的报废率技术的突破，在行业内具有重要的示范意义。通过解决 EB301 模组生产中的报废问题，可以为行业提供宝贵的经验和解决方案，推动整个行业的技术进步。降低报废率有助于节约资源和保护环境。减少报废意味着减少原材料的浪费和能源的消耗，符合可持续发展的要求，对于企业的社会责任履行具有重要意义。

二、项目实施过程

1. 主要做法

（1）核心团队聚焦报废

建立以电池工厂生产科及工艺技术科为主要构成的核心团队，包含各职级人员，由焊接工艺工程师和质量工程师牵头，针对各类问题由相应职责工程师负责追踪。建立模组线报废看板和每日两次的例会制度，关注报废问题，加强"三现"作用，建立严格反应计划。

（2）跨部门深度合作

由电池工厂工艺技术科主持每周一次的跨部门合作会议，参会部门包括 PP、质量规划、电池质量、维修等。回顾报废率表现和 TOP3 问题，讨论质量门开口问题及解决方案，通过 PDCA 循环管理全年开展例会 39 次，关闭开口问题 86 项。

（3）闭环的问题解决流程

建立闭环的升级流程，当现场例会问题长期未解决或需协调其他部门支持时，升级到每周的 3/4 级报废例会；若问题需继续升级，将得到发动机与电池工厂二级的支持。公司领导高度关注，多次在会议上给予肯定和指导。

（4）剪切弯折

对电池极耳剪切弯折过程中的影响因素进行分析和验证，优化工艺参数，包括刀具寿命、行程、弯折角度等。梳理并完善换刀流程，建立刀具数据库，管理接触件备件，采用新刀具材料延长使用寿命。工程师与工段长紧密配合，收集数据形成大数据，监控电池极耳弯折角度，提升响应速度。

（5）激光焊接

优化焊接参数，以 A1500 工位为例，根据外部条件变化对焊接功率进行梯度实验，确定优化后的输出功率。引进基因士光学测量系统，结合补偿电机形成闭环控制，确定各个位置的基因士测量值控制区间，周度回顾测量值，修正监控区间。优化汇流排与 ZSA 焊接工艺，包括提升贴合效果、优化上料机构、开发更换压块、优化弹簧压力机构、优化基因士测距系统和激光参数等。研发检测 ZSA 是否失效的方法，有效避免质量问题流入关键环节。

（6）返修策略

在投产之初完善部分工艺过程的返修，2021 年建立焊接返修工作包，协同各部门讨论可返修模式、形式、放行流程及标准，形成相应返修策略，并与维修人员、供应商探讨实施方案，编写详细作业指导书，培训操作人员，持续优化返修合格率。

2. 关键要点

明确职能职责，加强团队协作，确保各部门高效合作解决问题。建立闭环的问题解决流程，及时升级和解决问题，得到公司领导的支持和关注。深入分析关键工艺的影响因素，通过试验验证优化工艺参数。引入先进的测量系统和技术，实现对生产过程的精准控制。完善返修策略，建立覆盖多种工艺的返修流程，提高返修合格率。

三、成果总结

1. 经济效益

一是报废率显著降低。2021年整线年均报废率为3.0%，相较2020年大幅下降73%。到2022年，一季度平均报废率更是降至1.5%，月度最低报废率与2020年投产初期相比下降了96%，达到行业领先水平。二是成本节约明显。报废率的有效降低为企业节省了约7500万元的生产成本，这使得企业在市场竞争中更具优势，能够将更多的资金投入研发和创新中。三是技术措施有效实施。共计实施了102项技术措施，包括建立完整的返修流程，并成功消除了32种失效模式，提高了产品的质量和稳定性。四是人才培养成果显著。培养了15名具备剪切弯折、激光焊接等技术、技能的专业人才，为企业的未来发展提供了坚实的人才支撑。

2. 社会效益

一是行业经验积极输出。通过沟通平台，北京奔驰向德国卡门茨母工厂、集团内部兄弟单位以及行业内其他企业分享了模组线生产降低报废率的经验，为整个行业的发展提供了有益的借鉴和参考，推动了行业的共同进步。二是助力新能源发展。该项目的成功实施对北京奔驰新能源的持续高质量发展起到了积极的促进作用，为新能源汽车行业的发展注入了新的动力，有助于推动新能源汽车在市场上的普及。三是提升企业形象与声誉。北京奔驰在降低报废成本方面的努力和显著成果，充分展示了企业的创新能力和高度的社会责任感，从而大大提升了企业在社会公众心目中的形象和声誉。

3. 环境效益

一是节能减排效果突出。新能源汽车的推广本身就对减少传统燃油汽车的尾气排放、保护环境具有重要意义。而通过降低电池生产的报废率，进一步减少了资源浪费和能源消耗，为实现可持续发展的目标作出了积极贡献。

二是促进可持续发展。该项目的实施完全符合可持续发展的理念，为企业的长远发展奠定了坚实基础，同时也为社会的可持续发展提供了有力支持。

4. 管理效益

一是生产体系日趋完善。通过管理路径和技术路径的不断创新探索，北京奔驰逐步建立并完善了模组生产体系，使生产管理更加科学、高效，提高了企业的整体运营水平。二是团队合作更加紧密。跨部门深度合作和闭环的问题解决流程，加强了各部门间的沟通与协作，形成了强大的团队合力，共同应对各种挑战。三是问题解决能力提升。明确的职能职责和闭环的问题解决流程，使企业能够更快速地响应和解决生产中出现的问题，提高了企业的应变能力和市场竞争力。四是资源配置更加优化。对生产过程的优化和改进，使得企业能够更加合理地配置资源，提高资源利用效率，进一步降低了生产成本，实现了经济效益和环境效益的双赢。

四、经验与启示

团队协作考验的是资源调动能力。跨部门的深度合作中最大的困难是协调不同部门的资源和目标。现实中，不同部门有各自的目标、任务和时间安排，除建立相应的机制促进协同外，组织者的威信、影响力及其调动和使用资源的权力，是整合资源并达成目标的关键。北京奔驰通过建立闭环的升级流程，解决资源调度问题。当现场例会问题长期未解决或需协调其他部门支持时，升级到每周的 3/4 级报废例会；若问题需要继续升级，将得到发动机与电池工厂二级的支持。

持续创新体现的是员工的自由度。在降低报废率的实践中，有多项技术创新，其中包括对剪切弯折、激光焊接等工艺的不断优化和创新等。绝大多数创新都是一个试错的过程，都要有设备、材料、时间等要素的投入，并且不一定能够产生出所期望的结果。如果把员工定义为只能按规定动作操作的执行者，就不可能有任何创新成果的出现。支撑创新的是企业对于创新精神、创新行为的包容与支持，以及给予员工较大的时间自由和试错自由，让创新成为员工的自主行为，并使创新成为常态化。引入先进的测量系统和技术，有效地降低了报废率。同时，在管理路径上，也不断探索新的方法和流程，如建立闭环的问题解决流程和完善的返修策略。

（完成人：刘西欣　陈琦龙　陈　凯　王安源　高　翔　李　良　王　琳　房金阳）

全链条信用体系构建增强企业信用竞争力

内蒙古电力（集团）有限责任公司薛家湾供电分公司

审定意见：

本成果通过信用标准建设、信用分级管理、信用风险点台账制定、信用量化考核等一系列方法，构建起全链条的信用体系，切实增强了企业的信用竞争力，让信用成为企业效益增长和可持续发展的根本。当前，信用缺失已经成为制约经济和社会发展的重大问题，大幅度增加了企业的交易成本和社会的运行成本，包括中小企业融资难、融资贵等问题的产生，都与全社会的信用水平直接相关。从促进形成新发展格局的角度看，推进社会信用体系高质量发展已经成为时代的必然要求和趋势。本成果不仅创造了信用竞争力建设的样板，而且为其他企业建设信用体系提供了可供复制的参照系。

创新点：

该成果的创新点在于深入贯彻国家关于社会信用体系建设的决策部署，聚焦信用体系存在的问题，从多个方面推进信用示范创建工作。通过健全规章制度、细化流程管控、强化风险管控和着力品牌打造，树立了全链条信用体系的样本与典范。具体来说，明确总体思路并确定管理目标和实施路径，加强组织领导建立全链条信用组织体系，厘清职责界面确保高效开展工作，编制管理标准并开展信用分级档案管理，制定防范台账明晰信用风险具体事项，实施考核评价量化信用体系考核指标，这些举措共同推动了公司品牌影响力的稳步提升。

价值点：

通过构建全链条信用管理体系，有效提升了公司信用管理水平。建立上下贯通的组织体系，推动了信用管理工作有序开展；强化风险防控，实现了从"事后追责"向"事前预防"的转变，降低了信用风险；编制社会责任报告、开展信用宣传和强化履约守诺，向社会诠释了电力企业的使命担当和良好形象，提升了企业的社会影响力。该体系还有助于增强企业的市场竞争力，促进企业可持续发展，为地区经济社会发展提供可靠的电力保障。

可复制性和应用范围：

其通过明确总体思路、加强组织领导等多个维度为信用体系建设奠定基础，制定标准、建立台账、实施考核等为信用体系建设确立规范，做好事前防范、加强事中管理和事后改进来强化信用管控，完善重点建设、建立预警机制和实施全程管控以筑牢风险防线，建立长效机制、推进项目落地和编制社会责任报告来树立形象，加强信用宣传、思想淬炼和履约守诺来提供保障。这些措施为同类电力企业提供了完善信用管理体系的参考模式，可在电力行业乃至其他相关行业中进行推广应用，有助于提升企业的信用管理水平和品牌影响力，促进企业的可持续发展。

成果详述：

一、基本情况

1. 项目简介

内蒙古电力（集团）有限责任公司薛家湾供电分公司（以下简称"薛家湾供电公司"）聚焦于电网企业全链条信用体系的构建，致力于提升企业的品牌影响力。通过一系列系统性的举措，为信用体系建设奠定坚实基础。明确总体思路，以"补短板、夯基础、建标杆、创一流"为原则，确立"全链条信用体系打造成为集团公司标杆业务，公司成为电力行业信用体系建设示范企业"的管理目标，并细化实施路径；加强组织领导，建立上下贯通的全链条信用组织体系，确保信用管理工作有序推进；厘清职责界面，明确各部门、各层级管理人员的职责分工，为失信行为追溯问责提供依据。同时，通过健全规章制度、细化流程管控、强化风险防控和着力品牌打造等多方面工作，全面提升企业信用管理水平。

2. 实施背景

在当前社会主义市场经济环境下，企业信用成为企业发展的关键因素。国务院办公厅发布的《关于推进社会信用体系建设高质量发展促进形成新发展格局的意见》强调了推动社会信用体系建设的重要性，要求将其纳入法治轨道，规范信用措施，保护主体合法权益。薛家湾供电公司积极响应国家号召，针对信用体系中存在的不完善、规范不全以及预防手段不足等问题，主动开展信用示范创建工作。旨在通过构建全链条信用体系，树立行业典范，推动公司品牌影响力的稳步提升。

3. 实施的必要性

随着市场经济的不断发展，信用体系对于企业的生存和发展至关重要。在电力行业中，健全的信用体系不仅能提升企业的竞争力，还能塑造良好的品牌形象。薛家湾供电公司实施全链条信用体系建设，是顺应市场发展趋势的必然选择。通过建立完善的信用组织体系，强化风险防控措施，可以有效提升企业的信用管理水平，保障企业的可持续发展。加强信用体系建设有助于规范电力市场秩序，维护各类主体的合法权益，促进社会信用体系的健康发展。对于电力企业而言，良好的信用形象能够增强客户的信任和满意度，提高供电服务质量，为企业开拓更广阔的发展空间。因此，实施全链条信用体系建设对于薛家湾供电公司具有深远的战略意义和现实紧迫性。

二、项目实施过程

1. 主要做法

做好顶层设计，为信用体系建设奠定基础。薛家湾供电公司明确了总体思路和发展目标，确立了管理目标和实施路径，建立了上下贯通的信用组织体系，并细化了各部门及各级管理人员的职责分工，确保信用体系工作的高效开展。健全规章制度，为信用体系建设提供规范指导。薛家湾供电公司编制了《信用体系管理标准》，明确了信用管理模式、信息报送方式，并建立了信用信息的统一管理机制。同时，实施了信用分级管理，将不良信用行为划分等级，以便及时发现和管理信用风险。

制定防范台账，明确了信用风险的具体事项。依据相关法规和文件，薛家湾供电公司梳理了适用于本公司的信用行为事项，编制了信用风险点防范台账，涵盖了多种类型的信用行为事项，进一步提升了职工的诚信意识。实施考核评价，量化了信用体系考核指标。薛家湾供电公司构建了一套信用考核体系，设置了涵盖多个方面的考核指标，引导公司各部门和单位更加精准地开展信用管理工作。

细化流程管控，为信用体系建设构筑保障。薛家湾供电公司实施了一系列事前防范措施，包括明确失信行为认定标准和控制措施。同时加强了事中管理和事后改进，通过建立应急修复机制和信用快速修复机制，提升了对失信行为的应急处理水平。

强化风险防控，为信用体系建设筑起了坚固的防线。薛家湾供电公司完善了合规管理和内控建设，建立了红黄蓝三级预警机制，并实施了全方位的信用管理体系，确保制度的有效执行。

着力品牌打造，为信用体系建设树立了良好的形象。薛家湾供电公司通过建立长效机制、推进项目落地和编制社会责任报告等方式，提升了企业形象和社会影响力。加强信用宣传、思想淬炼和履约守诺，为信用体系建设提供了坚实的保障。薛家湾供电公司通过多种形式的宣传活动，增强了员工的诚信意识，并通过优化服务流程、执行优惠政策等措施，展现了企业的责任担当。

2. 关键要点

薛家湾供电公司注重顶层设计，确保信用体系的顺利实施，通过明确目标、建立组织体系和完善职责分工，为后续工作打下了坚实的基础。在规章制度方面，薛家湾供电公司通过编制管理标准、制定防范台账和实施考核评价等措施，为信用体系建设提供了具体的指导和支持。流程管控是信用体系建设的关键环节，薛家湾供电公司通过一系列事前、事中和事后管理措施，有效预防和处理了信用风险事件。在风险防控方面，薛家湾供电公司通过完善合规管理和内控建设，以及建立预警机制，确保了信用体系的有效运行。

薛家湾供电公司还重视品牌建设和企业形象的塑造，通过社会责任项目和信用宣传等活动，提升了企业的社会影响力。通过加强人员管理和监督，提高了员工的整体素质，营造了良好的营商环境。

三、成果总结

1. 经济效益

通过实施全链条信用体系，薛家湾供电公司在经济效益方面取得了显著成果。公司通过查处违约用电、窃电等不良信用行为，追回了电费损失，同时对供应商的不良行为进行了约谈和上报，并按照合同扣除质保金，有效维护了公司的经济利益。此外，通过强化信用体系风险防控，实现了信用管理工作从"事后追责"向"事前预防"的转变，提前发现和防范了潜在的信用隐患和风险，为公司的稳定经营提供了保障。公司在2023年全年售电量完成74.66亿千瓦·时，完成年度计划的112.27%；营业收入51.68亿元，完成年度预算的105.43%。这些数据表明，全链条信用体系的构建与实施有助于公司实现经营目标，提高经济效益。

2. 社会效益

薛家湾供电公司通过编制社会责任报告，向地区社会各界诠释了电力企业的使命担当和"责任蒙电"的良好形象。公司积极推进社会责任实践项目落地，将电力企业、政府、物业、小区居民等利益相关方纳入社区治理管理全过程，全力推进服务民生进程。例如，公司在疫情期间执行"欠费不停供"诚信用电政策，累计为2.75万余户聚集性、接触性服务企业、小微企业及个体工商户缓交电费582.28万元，减免电费违约金3.61万元，为社会稳定和经济发展作出了贡献。公司荣获"2022年电力行业信用体系建设示范企业"称号，提升了企业的美誉度和社会影响力，有助于树立诚实守信、自律尽责的良好社会形象。

3. 环境效益

在环境效益方面，薛家湾供电公司通过加强信用体系建设，推动了设施保障体系的建设和完善。例如，公司配置了各项软硬件设施，完成异地评标分会场设置，提高了资源利用效率，减少了不必要的能源消耗和环境污染。同时，公司通过践行公平、公正、公开的诚信招标原则，选择了更加环保和高效的技术和设备，为保护环境和可持续发展作出了积极贡献。

4. 管理效益

公司建立了上下贯通的全链条信用组织体系，推动了信用管理工作的有序开展。通过实施信用分级管理，增强了企业的信用意识，提高了管理的精细化程度。同时，公司强化了风险防控，深化了风险合规内控一体化管理，实现了信用管理工作的转变，提高了公司应对风险的能力。此外，公司通过加强信用宣传、思想淬炼和履约守诺，提升了员工的诚信意识和责任感，增强了企业文化对员工的凝聚力，促进了公司管理水平的整体提升。

四、经验与启示

紧跟国家部署，明确信用体系建设的目标和路径。信用机制缺失是困扰全社会的难题，每年都会给中国企业造成大量的经济损失。在国家关于社会信用体系建设的决策部署发布后，薛家湾供电公司以敏锐的战略直觉，迅速抓住这一外部有利契机，推动涵盖供应商、合作伙伴和客户在内的全链条信用体系建设，并确定以"补短板、夯基础、建标杆、创一流"为原则思路，确立具体的管理目标，制定信用体系建设的路线图和时间表，充分借助外部有利因素加快信用体系建设。

完善制度规范，明确信用体系建设的责任和方法。建立上下贯通的全链条信用组织体系，明确了各部门和人员的职责分工。通过编制管理标准、制定防范台账等措施，为信用管理提供科学的依据和规范。实施信用分级管理，增强关键人员和关键岗位的信用意识，提高管理的精细化程度。量化信用体系考核指标，构建涵盖多个方面考核指标的信用考核体系。建立应急修复机制和信用快速修复机制，提升对失信行为的应急处理水平。

强化风险防控，推动信用体系建设向外部延伸。细化流程管控，深化风险合规内控一体化管理，明确失信行为认定标准和控制措施，实现信用管理工作的转变。完善两个重点建设、建立三级预警机制和实施四维全程管控，加强对潜在风险的预判和评估，实现信用管理工作从"事后追责"向"事前预防"的转变。

培育信用文化，建立信用体系建设的长效机制。通过加强信用宣传、思想淬炼和履约守诺等工作，提高员工的信用意识，使诚信成为企业员工的共同价值追求。利用推进项目落地和编制社会责任报告等方式，积极树立良好的企业形象，提升品牌的知名度和美誉度，增强企业的信用竞争力。

（完成人：冯　德　刘建国　刘斌权　闫　昕　邵丽霞　高　慧　李　旸　刘　洋）

"四流合一"采购闭环管理实现供应链提质增效

企采牛（无锡）网络科技有限公司

审定意见：

本成果通过对信息流、物资流、资金流和发票流的集成，形成了数字化的采购闭环管理平台。对于企业提高采购效率、降低采购成本、防范采购风险、管控采购节奏等具有多方面的作用和价值。全流程跟踪溯源功能，可便捷地实现关键节点的把控，并可以让采购行为变得透明可控，更加科学和公正。系统可根据多个维度的指标，对供应商进行考核、筛选和评级，形成优质供应商数据库，并可根据大数据自动生成采购商品价格变动趋势图，方便企业错峰采购，选择适当的时机进行采购。系统可在一定程度上让企业的供应链更加安全可控。

创新点：

本成果实现了从采购需求到采购对账的全过程闭环管理，并与采供双方内部系统集成，支持不同采购业务类型管理及过程跟踪追溯；采用双边赋能机制，支持多点业务协同，实现信息透明、提效降本；系统具备多种业务管控规则，能自动检查并多渠道发送预警提醒，减少人为错误；依托数据沉淀和全过程数据采集，可量化考核供应商，并进行多主题业务分析；此外，还打造了"四流合一"一体化管理模式，实现了信息流、物资流、资金流和发票流的有效整合和管理。

价值点：

使用采购管理软件能提升效率、降低采购成本，自动化流程减少了手工操作的烦琐和错误，使采购流程更顺畅，与供应商协调更紧密。增加数据分析能挖掘采购数据价值，预测采购需求，制订合理计划，优化供应商选择，提高采购效益。促进企业内部协调和信息共享，实时了解采购进度和库存情况，避免"信息孤岛"和重复工作，提高工作效率和管理水平。具备严格的数据安全措施，确保采购数据安全，防止数据泄露或非法访问，降低风险。

可复制性和应用范围：

其技术方案、管理模式和创新产品可为其他相关领域提供借鉴。通过调整特定场景中的部分功能补充，可在不同行业中广泛应用。应用场景包括零售业、制造业和医药业等。在零售业中，供应链系统可实现商品全球采购、仓储和配送的协调优化，提高销售速度和客户服务质量；在制造业中，能实现信息共享和协作，掌握关键信息，提高生产效率和产品质量；在医药业中，可协调药品采购、运输和配送环节，降低价格压力，保证药品供应。适用范围涵盖电商企业和物流企业等，可提高商品销售速度、物流效率和服务水平，增强市场竞争力。

成果详述：

一、基本情况

1. 项目简介

企采牛（无锡）网络科技有限公司致力于建设一个"四流合一"的数字化采购服务平台，旨在为企业提供全面、高效、透明、智能的采购服务。该平台通过实现采购闭环管理、全过程协同、智能提醒和动态考核分析等功能，助力企业优化采购流程，提升采购效率和质量。平台拥有 SaaS 询比价软件，包含移动端公众号和网页 Web 端。用户仅需一部手机或一台电脑，便可通过简单操作进行反向竞价，从而为采购商节省更多采购成本，带来更大利润。

2. 实施背景

在当今快速发展的商业环境中，企业面临日益激烈的市场竞争和不断变化的客户需求。传统的采购模式往往存在信息不透明、流程烦琐、效率低下等问题，这些问题不仅增加了企业的采购成本，还影响了企业的运营效率和竞争力。随着数字化技术的不断发展和应用，企业对数字化采购的需求也越来越迫切。数字化采购服务平台的建设可以帮助企业实现采购流程的数字化、自动化和智能化，提高采购效率和质量，降低采购成本，增强企业的竞争力。

3. 实施的必要性

提高采购效率，快速响应市场需求。传统采购流程中，手工操作烦琐且容易出错，导致采购周期延长，成本增加。数字化采购服务平台的实施可以实现采购流程的自动化，减少人工干预，提高采购效率。例如，快速发布模板导入和一键发布等功能，使采购方能够快速响应市场需求，缩短交易时间。

降低采购成本，提升企业盈利能力。通过平台的智能提醒和动态考核分析功能，企业可以更好地控制采购成本，避免不必要的支出。供应商背靠背竞价和比价情况推送等功能，能够有效遏制价格联盟的形成，确保企业获得最优的采购价格。此外，电子合同的应用可以大大缩短成交时间，减少合同管理成本。

实现信息透明，提高决策科学准确。平台支持采购管理中的多点业务协同，使采供双方能够实现信息互通，提高沟通效率。采购全流程过程跟踪和消息节点实时直达等功能，能够让企业实时掌握采购进度，作出更加准确的决策。同时，优质的供应商管理体系和私密竞拍等功能，能够保障企业采购活动的公平、公正和透明。

防止非法访问，保障信息和商业机密安全。数字化采购服务平台具备严格的数据安全措施，能有效防止数据泄露或非法访问，确保企业采购数据的安全性和保密性。这对于企业保护商业机密、维护企业声誉和稳定运营具有重要意义。

二、项目实施过程

1. 主要做法

（1）需求分析与规划

深入了解企业采购业务的需求和痛点，制定详细的项目规划和目标，明确数字化采购服务平台的功能和架构。

（2）技术选型与开发

选择合适的技术栈，进行平台的开发和定制。开发包括移动端公众号和网页 Web 端的 SaaS 询比价软件，实现采购闭环管理、全过程协同等功能。

（3）系统集成与对接

对采供双方内部系统进行集成，确保数据的流畅交互和共享。实现与供应商系统的对接，支持供应商背靠背竞价等功能。

（4）测试与优化

对平台进行全面测试，包括功能测试、性能测试、安全测试等，确保平台的稳定性和可靠性。根据测试结果进行优化和改进。

（5）用户培训与推广

为用户提供培训，帮助他们熟悉平台的操作和功能。通过宣传和推广，提高平台的知名度和使用率。

（6）数据沉淀与分析

在平台运行过程中，注重数据的沉淀和收集，利用数据分析工具对采购数据进行深入分析，为企业决策提供支持。

（7）持续改进与升级

根据用户反馈和业务需求的变化，持续对平台进行改进和升级，不断优化平台的功能和性能。

2.关键要点

（1）以用户需求为导向

在项目实施过程中，始终将用户需求放在首位，充分考虑用户的使用场景和操作习惯。通过深入了解用户需求，不断优化平台的功能和体验，提高用户满意度。

（2）数据安全与隐私保护

高度重视数据安全和隐私保护，采取多种安全措施，如数据加密、访问控制、安全审计等，确保采购数据的安全性和保密性。同时，遵守相关法律法规，保护用户的合法权益。

（3）协同合作

与采供双方以及相关合作伙伴保持密切合作，建立良好的沟通机制。及时解决项目实施过程中遇到的问题，共同推动项目的顺利进行。

（4）技术创新

积极引入新的技术和理念，如人工智能、大数据分析、区块链等，提升平台的智能化水平和创新能力。不断探索新的业务模式和服务方式，为用户提供更加优质的采购服务。

（5）项目管理

建立科学的项目管理体系，制定详细的项目计划。加强项目团队的协作和沟通，确保项目按时、按质量完成。同时，对项目进行有效的监控和评估，及时调整项目策略，确保项目目标的实现。

（6）培训与支持

提供全方位的培训和支持服务，包括线上培训、线下指导、技术支持等。确保用户能够熟练掌握平台的使用方法，充分发挥平台的功能和优势。

（7）持续优化

关注市场动态和用户反馈，不断优化平台的功能和性能。根据用户的需求和建议，及时推出新的功能和服务，提升平台的竞争力和用户黏性。

三、成果总结

1. 经济效益

一是降低采购成本。通过供应商背靠背竞价、智能提醒和动态考核分析等功能，有效遏制了价格联盟的形成，确保企业能够获得更优惠的采购价格，从而降低了采购成本。二是提高采购效率。平台实现了采购全流程的数字化管理，减少了手工操作和烦琐的流程，大大缩短了交易时间，提高了采购效率。三是优化供应商选择。依托系统中的数据沉淀和业务全过程的数据采集，企业能够对供应商进行量化考核，如交货及时率、交货准确率、需求满足率等，从而优化供应商选择，提高采购效益。四是增加企业利润。降低采购成本和提高采购效率有助于企业增加利润，提升市场竞争力。

2. 社会效益

一是促进供应链协同发展。平台支持采购管理中的多点业务协同，实现了采供双方的信息互通，促进了供应链各环节的协同发展，提高了整个供应链的效率和稳定性。二是推动行业数字化转型。提供了数字化采购的成功案例和经验借鉴，有助于推动整个行业的数字化转型，提高行业的整体竞争力。三是创造就业机会。项目的实施和运营需要专业的技术人才和管理人员，为社会创造了一定的就业机会。

3. 环境效益

一是有效减少资源浪费。通过精准的采购计划和供应商管理，企业能够更加准确地把握市场需求，减少库存积压和浪费现象。同时，平台支持可持续采购，鼓励供应商采取环保措施，推动了资源的合理利用和循环利用，对环境保护产生了积极的影响。二是促进可持续采购发展。平台可以对供应商的环境表现进行评估和监测，引导企业选择具有良好环境责任感的供应商。

这有助于推动整个供应链向可持续方向发展，减少对环境的负面影响，促进经济与环境的协调发展。

4. 管理效益

一是显著提升管理水平。实现了企业内部各部门之间的协调和信息共享，使各部门能够实时了解采购进度、库存情况等关键信息，避免了"信息孤岛"和重复工作的出现。这有助于提高企业的整体管理水平，优化资源配置，提高决策的科学性和准确性。二是增强决策科学性。丰富的数据报表和分析功能为企业决策提供了有力的支持，使企业能够基于准确的数据和深入的分析作出更加科学的决策。这有助于企业更好地把握市场机遇，应对市场挑战，实现可持续发展。三是保障信息安全。具备严格的数据安全措施，采用加密、权限管理等技术手段，确保了采购数据的安全性和保密性。这有效防范了数据泄露或非法访问等安全风险，保护了企业的商业机密和利益，为企业的稳定发展提供了可靠的保障。

四、经验与启示

数据驱动的决策可以帮助企业降本增效。采购数据的沉淀和分析，使企业能够深入洞察采购业务的现状和趋势，及时发现问题并找到优化空间，进而制定出更加科学合理的采购策略和计划，让采购与企业的市场营销更加匹配，克服因采购和市场错位造成的损失和浪费，及时应对市场变化，获取更大的市场份额和市场空间。

用户体验决定数字化采购服务平台的应用前景。在设计开发中，必须充分考虑用户的需求和使用习惯，提供简洁、易用、高效的操作界面和功能，促进平台的广泛应用和推广。同时，在数字化采购中，数据安全和隐私保护必须采取有效的安全措施，如数据加密、访问控制、安全审计等，确保客户数据的安全性和保密性。

（完成人：潘志明　徐文平　石　琳　徐　芳）

以安全文化为内核的全生产链食品安全管理

青岛啤酒宝鸡有限公司

审定意见：

本成果的核心价值在于通过抓住"三类人"、管好"三件事"、健全"三本账"，真正形成了食品安全大过天的安全文化和安全信仰，从而杜绝了食品安全事故的发生。绝大多数发生过食品安全责任事故的企业，并不缺少相关的规章、制度、流程和方法，却未从根本上防范问题的发生，有些甚至酿成了非常严重的后果，究其根源就是从上到下缺乏安全信仰，导致制度和规章形同虚设。项目实施单位把安全放在效益的前面，对安全责任进行清单式管理，制定了"主要追责事项与具体责任追究基本方案"并严肃执行。对于违规违章行为零容忍，即使没有产生任何实质性的后果，只要发现行为违规违章均视为已经发生安全责任事故，并进行严肃处理，从而保证了制度的严肃性。这些理念和方法尤其值得食品企业参考借鉴。

创新点：

一是严格执行国家食品安全法律法规要求，坚守食品安全管理理念和生产经营准则；二是建立四层级管理组织架构，有效实施和落地各类食品安全规章制度；三是建立严谨的食品安全管理流程、执行严格的管控制度和严肃的责任追究制度，压实企业食品安全主体责任；四是建立"四全"食品安全监控模式，通过全方位品评把关、全方位物料前置与检验把关、全方位数据可靠性验证以及全方位清单式管理，将食品安全管理落实到每一个环节，深入每一位员工心中。

价值点：

从消费者角度看，建立全生产链食品安全管理体系，全方位保障食品安全，让消费者放心购买和饮用；从供应商角度看，有助于从源头把控食品安全，将管理延伸至供应链端，并共享管理经验，促进良性经济循环；从工厂内部看，增强了员工的食品安全责任和防范意识，形成食品安全文化氛围，提高员工食品安全知识知晓率，增强使命感和幸福感。此外，该成果可推广至其他相关企业，共同营造良好的食品安全环境，实现"共赢"。

可复制性和应用范围：

本成果由工厂多年的食品安全管理经验凝练而成，通过系统性结合管理体系、规章制度、标准与生产实际，将食品安全管理要求落到实处，压实员工主体责任，提高食品安全知识知晓率。其管理模式可在食品企业、药品企业、餐饮企业及其他相关领域应用。例如，食品企业可借鉴其四层级组织架构和"四全"监控模式，加强食品安全管理；药品企业能参考其严谨的管理流程和严肃的责任追究制度，确保药品安全；餐饮企业可引入全方位品评把关等措施，提升食品安全水平。总之，该模式为各相关行业提供了可借鉴的食品安全管理范例。

成果详述：

一、基本情况

1. 项目简介

青岛啤酒宝鸡有限公司（以下简称"青啤宝鸡公司"）创新了基于"四层级三严四全"的全生产链食品安全管理模式。通过建立"总经理—总酿酒师—部门长—班组长"四层级食品安全管理组织架构，明确了各层级的职责，确保食品安全政策的有效落实与实施。同时，执行"三严"食品安全管理制度，即建立严谨的管理流程，执行严格的管控制度和严肃的责任追究制度，从而更有效地落实国家相关法律法规，压实企业主体责任。此外，实施"四全"食品安全监控模式，包括全方位品评把关、全方位物料前置与检验把关、全方位数据可靠性验证以及全方位清单式管理，将食品安全管理落实到啤酒生产的每一个环节。

2. 实施背景

随着我国经济总量和居民生活水平的提高，食品安全问题日趋成为人们关注的焦点，并发展成为一个世界性的问题。近年来，国内外各类食品安全问题仍频发，如"三鹿奶粉三聚氰胺"事件、"大润发超市使用变质肉"事件、"星巴克门店使用过期食材"事件等，这些事件反映出我国食品安全工作任重道远，食品安全监管力度需进一步加大加强。同时，党和国家对食品安全高度重视，党的二十大报告将食品安全纳入国家安全体系，强调要"强化食品药品安全监管"。此外，企业实现可持续高质量发展战略也需要加强食品安全管理，青啤宝鸡公司始终坚守"筑牢舌尖上的安全堤坝"的食品安全管理理念，坚持"食品安全＞质量＞产量＞成本"的生产经营准则，从源头到终端全面保障食品安全。

3. 实施的必要性

食品安全关乎人民生活质量、社会管理水平和国家法治建设。近年来，一些食品安全事件的发生，给消费者的身体健康和生命安全带来了严重威胁，也对社会稳定和经济发展造成了不良影响。这些事件反映出我国食品安全工作面临的严峻形势和加强监管的迫切性。青啤宝鸡公司作为一家食品生产企业，肩负着保障消费者食品安全的重要责任，必须建立健全的食品安全管理体系。从源头保障来说，公司规范供应商管理流程、加强物料前置把关、按照脆弱性评估与关键控制点（VACCP）管控原则，加强源头物料风险防控。在物流管理方面，公司重视物流环节，制定规范的管理制度，防范交叉污染，确保产品安全送达消费者手中。同时，建立从源头到终端的信息追溯系统，所有产品可实现 2 小时内完成追溯。公司还依法履行质量担保责任，投保了系列保险，保障了消费者的合法权益。总之，加强食品安全管理是企业自身发展的需要，也是对社会和消费者的责任担当。只有确保食品安全，企业才能赢得消费者的信任，实现可持续发展。

二、项目实施过程

1. 主要做法

构建从总经理到班组长的四层级食品安全管理组织架构，强化管理层的责任感，确保各类食品安全规章制度，在各个环节得到有效实施和监督。实现食品安全管理的连续性和一致性。

建立严谨的食品安全管理流程、执行严格的管控制度，以及制定严肃的责任追究制度，进一步压实了企业的食品安全主体责任。这些流程涵盖了从原料采购到生产过程的每一个步骤，包括但不限于危害分析与关键控制点（HACCP）、威胁评估与关键控制点（TACCP）和脆弱性评估与关键控制点（VACCP）等国际先进管理体系的应用。此外，公司还制定了《质量安全责任追究制度》，实行食品安全红黄牌制度，对食品安全事件实行"一票否决制"。

实施"四全"食品安全监控模式，即全方位品评把关、全方位物料前置与检验把关、全方位数据可靠性验证以及全方位清单式管理。确保从原料采购、生产加工到成品检验的每一个环节都能够得到严格的监控和管理。例如，通过建立六级品评机制进行多层级的品评把关，确保了产品的口感和品质；通过与供应商分享食品安全管理模式和把关要求，强化了供应链的安全性；通过实施全方位的数据可靠性验证，确保了生产过程中的数据真实可靠。

通过定期培训和考核，提高员工的食品安全意识和知识水平，形成了良好的食品安全文化氛围。不仅加强了员工的责任意识，还促进了整个工厂食品安全管理水平的提升。

2. 关键要点

在组织架构方面，青啤宝鸡公司构建了从总经理到班组长的四层级食品安全管理组织架构，确保食品安全政策能够层层传递并得到有效实施。通过设立食品安全管理委员会，明确了各级人员的责任与职责，加强了对食品安全工作的监督与执行。

在管理流程与制度方面，青啤宝鸡公司采用了 HACCP、TACCP 和 VACCP 等国际先进的管理体系，建立了 33 个食品安全管理流程和 37 个质量控制管理流程，并将 76 部国家食品安全法律法规转化为 35 个公司管理标准，确保了与食品安全相关的法律法规能够在公司内部得到有效执行。此外，公司还通过建立食品安全自查小组，明确了主要负责人、食品安全总监和食品安全员的职责，并通过日管控、周排查和月调度等机制，确保了食品安全管理责任的全覆盖。

在质量监控方面，青啤宝鸡公司实施了全方位品评把关、全方位物料前置与检验把关、全方位数据可靠性验证以及全方位清单式管理。通过建立六级品评机制和多维度多层级的品评把关机制，确保了产品的口感和品质。同时，通过对供应商的前置把关和严格的检验程序，确保了原材料的质量。通过全方位的数据可靠性验证和清单式管理，确保了从原料到成品的每一个环节都能够得到有效的监控。

三、成果总结

1. 经济效益

在坚持以食品安全文化为基石的基础上，公司 2020—2022 年的啤酒产量累计上升至 22.95 万千升，累计实现营业收入 23.45 亿元，呈连年递增态势，累计实现利税共计 7.52 亿元。尤其是 2022 年，实现产品销量 22.95 万千升，主营业务收入 8.14 亿元，利润总额 1.47 亿元，经营业绩创下历史新高。连续多年成为当地第一纳税大户，为地方经济的发展作出了重要贡献。

2. 社会效益

该成果从消费者角度出发，全力保障食品安全，让消费者能够放心购买和饮用产品。通过建立全生产链食品安全管理体系，公司对每一个环节和细节进行严格把控，确保为消费者提供安全、优质的产品。同时，公司将食品安全管理经验分享给供应商，推动了整个供应链的食品安全水平提升，在供应商、工厂和消费者之间建立起良性的经济循环。公司获得的多项食品安全荣誉，如宝鸡市创建国家食品安全城市"重质量、守诚信、保安全"先进单位诚信奖、国家"健康中国—我们在行动"示范单位等，充分展示了公司在食品安全领域的卓越表现，也为整个食品行业树立了榜样。

3. 环境效益

尽管该成果主要聚焦于食品安全管理，但在实施过程中，公司也积极关注环境保护。在物料前置与检验把关环节，加强物流管理，有效防范交叉污染，减少了废弃物的产生和对环境的负面影响。公司建立的信息追溯系统，不仅有助于确保食品安全，还能实现资源的合理配置和高效利用，降低了生产过程中的能源消耗和资源浪费，从而减轻了对环境的压力。此外，公司在生产过程中注重节能减排，积极推广绿色生产技术和工艺，为保护环境作出了积极贡献。

4. 管理效益

通过建立四层级管理组织架构，公司明确了各层级在食品安全管理中的职责和权限，使管理更加有序、高效。执行"三严"食品安全管理制度，进一步压实了企业主体责任，增强了员工的食品安全意识和责任意识。严谨的管理流程、严格的管控制度和严肃的责任追究制度，确保了食品安全管理的有效性和执行力。实施"四全"食品安全监控模式，使食品安全管理更加精细化、科学化，能够及时发现和解决潜在的食品安全问题。此外，公司将食品安全管理经验分享给供应商，促进了整个供应链的协同发展，提升了公司整体管理水平。在全员参与食品安全管理的过程中，员工的食品安全知识和技能得到了提升，从被动遵守要求转变为主动关注和参与食品安全管理，员工的幸福感和归属感也明显增强，为企业的稳定发展提供了有力支持。

四、经验与启示

青啤宝鸡公司以高度的责任感和使命感，树立将食品安全置于质量和成本之上的价值导向，形成了涵盖供应商在内的，从源头到终端的全产业链食品安全管理体系，并由此提升了企业的竞争力和价值创造力。其核心要义就是一个"严"字：严密的责任分工、严谨的管理流程、严格的管控制度、严苛的监督和整改、严细的培训和考核、严肃的溯源和责任追究制度。事实说明，只要"严"字当头，有较真精神，很多复杂难解的问题，都会迎刃而解。

（完成人：孔锁贤）

一站式全业务链管理提升企业效率

上工富怡智能制造（天津）有限公司

审定意见：

本成果以物联网平台的应用为切入点，推动企业数字化转型，实现企业一站式全业务链管理，从而使企业突破了凭感觉和经验管理的初级阶段，进入系统性统筹管理的新阶段，提高了企业管理效率和效果。通过平台消除信息孤岛，连通并集成生产、研发和销售资源，形成了可分可合的资源利用体系，实现所有的资源的集约调度和利用，推动资源根据节奏和目标向效用最大的地方集中。目前，企业的数字化转型已经是大势所趋，本项目通过数字化转型完成业务重塑的案例具有典型意义。

创新点：

上工富怡智能制造（天津）有限公司（以下简称"上工富怡"）的创新点在于其推出的 EDOS 管理系统涵盖了公司所有部门和人员的功能需求，实现了企业一站式全业务链管理。通过一个软件平台，完成对企业信息和数据的全面采集、处理和展示等。EODS 具有"四个一"的特点，彻底解决了企业数字化转型的难题，满足了大数据互联互通的需求，是制造业实现数字化转型和智能化升级的最佳选择。此外，公司在产品、工艺、营销和管理等方面也有诸多创新，如产品创新实现自主可控，工艺创新提升管理效率，营销创新覆盖广泛，管理创新运用信息化系统实现降本增效，等等。

价值点：

EDOS 以"四个一"的特点解决了企业数字化转型的难题，满足了企业大数据互联互通的刚性需求，是数字化时代的必由之路。该系统有助于企业提升管理水平，实现降本增效，促进健康发展。通过对企业信息和数据的有效管理，EDOS 能优化企业流程，使其更合理、规范和标准化，为企业发展护航。在产业数字化方面，上工富怡通过自身升级改造，赋能企业研发、制造等能力的全面优化。在数字产业化方面，将数字化成果推广到上下游企业，形成更广泛的数字化生态和产业。目前，已能为多个行业提供完整解决方案，具有广泛的应用价值和推广意义。

可复制性和应用范围：

其在多个行业的成功实践，为其他同类行业提供了极具参考价值的范例。例如，通过实施网联化、信息化、数驱化、智能化的升级改造，并广泛应用 EDOS 软件系统和 SPIIoT 网络系统，能够显著提升企业在研发、制造、营销等方面的能力，这一经验可被其他企业有效借鉴和应用。此外，上工富怡将数字化转型成果向上下游企业推广，构建数字化生态和产业的举措，具有很强的通用性，可在众多产业链中进行复制和推广。这种模式不仅有助于推动单个企业的数字化转型，还能带动整个行业的升级发展，提高产业的整体竞争力和创新能力。因此，其应用前景十分广阔，具有重要的推广价值和意义。

成果详述：

一、基本情况

1. 项目简介

上工富怡是一家集研发、生产、销售于一体的国家高新技术企业。公司拥有世界知名品牌"富怡（Richpeace）"，致力于柔性材料的"裁剪＋缝制"柔性制造，向全球客户提供完整的解决方案，为多个行业的客户企业提供"工业六化"的产品和服务。

2. 实施背景

一是政策指向。我国把握数字经济发展趋势，推动数字经济健康发展，对数字经济发展的重视程度不断提高，从促进成长到打造新优势，再到促进发展。二是技术创新的必要性和迫切性。在知识经济和现代科学技术的要求下，以及市场经济和激烈市场竞争的格局中，技术创新至关重要。随着 5G 网络时代的到来，移动 EDOS 应运而生，以满足办公人员随时随地进行资源管理的需求。三是企业现状和深化企业改革的要求。企业处于数字化转型的趋势中，需要通过数字化推动自身业务重塑和转型，从粗放经营转向集约经营，提高经济效益。四是上工富怡管理面临的问题。这些问题包括忽视管理的重要性，管理体制不健全；缺乏 EDOS 业务管理思想的引导，功能实现与业务需求脱节；无法对企业业务的规范性、标准性进行有效控制；生产计划等模块不够完善；创新发展方向不明确、不细致；缺乏有效的战略指导。

3. 实施的必要性

一是顺应政策导向。响应国家推动数字经济发展的政策，积极进行数字化转型，以适应数字经济时代的发展要求。二是提升市场竞争力。在激烈的市场竞争中，技术创新是企业保持竞争力的关键。通过数字化转型和物联网平台管理创新，提高企业的运营效率和管理水平，满足市场需求，提升市场竞争力。三是优化企业管理。解决过去管理中存在的问题，健全管理体制，加强业务管理思想的引导，规范企业业务，完善生产计划等模块，明确创新发展方向，制定有效的战略指导，从而优化企业管理，提高企业的经济效益。四是适应时代发展。随着 5G 网络时代的到来，企业的信息化管理需要与时俱进，移动 EDOS 的应用能够更好地满足企业的发展需求，使企业在数字化时代能够更好地发展。五是推动产业升级。上工富怡的数字化转型和创新成果不仅能提升自身的竞争力，还可推广到上下游企业，形成更加广泛的数字化生态和数字化产业，推动整个产业的升级和发展。

二、项目实施过程

1. 主要做法

一是产品创新。上工富怡通过自主创新，研发了多种定制化产品，如 2019 年研制的"加热座椅布线全自动生产线"和 2021 年的"冲检复缝绣生产线"，这些产品不仅填补了市场空白，还实现了技术领先。二是工艺创新。利用 GOA–IIOT 物联平台，实现了数据的实时采集、处理分析和展示，以及反向控制，从而优化了生产流程和提高了生产效率。三是营销创新。采用"纵横制"策略，结合国内外市场特点，设立了多个专业部门和办事处，通过本地化服务提升客户满意度。四是管理创新。运用 EDOS 信息化管理系统，推动企业数字化转型，实现降本增效，并通过扁平化管理提高决策效率。五是研发机制细分。设立子公司和研制所，实行五位一体的研发机制，确保了研发工作的高效协同。六是激励措施完善。通过制定相关制度文件，吸引和培养人才，确保了人才队伍的质量和稳步发展。七是产学研集合管理。与高校建立合作，加快科技成果转化，促进共同发展。八是知识产权创新。建立知识产权管理机构，明确职责，确保专利工作的有序进行。九是全面质量管理。通过绩效管理方法，不断提高产品质量，增强顾客满意度。十是企业文化创新。建立与员工价值观高度统一的企业文化，提高管理效率和创新动力。

2. 关键要点

一是技术领先。项目实施过程中，上工富怡注重技术的持续创新和领先，确保产品和解决方案能够满足市场需求。二是数据驱动。通过物联网平台的数据分析，实现生产和管理的智能化，提高决策的科学性和准确性。三是客户导向。在营销和服务中，始终以客户需求为导向，通过个性化服务提升客户体验。四是组织协同。通过扁平化管理和研发机制的细分，实现组织内部的高效协同和快速响应。五是人才培养。重视对人才的吸引、培养和激励，确保项目团队具备持续创新和发展的能力。六是知识产权保护。制定一系列激励措施，鼓励员工积极创新，为企业的发展贡献智慧和力量。同时，建立健全的知识产权管理机构，加强对知识产权的保护，使员工的创新成果得到充分尊重和回报。七是质量控制。实施全面质量管理，确保产品和服务的质量，满足甚至超越客户的期望。八是文化建设。通过企业文化的创新，形成积极向上的组织氛围，激发员工的创新精神和团队协作精神。九是持续改进。在项目实施过程中，不断收集反馈，持续优化流程和解决方案，以适应市场和技术的变化。十是风险管理。建立风险评估和应对机制，确保项目能够应对各种不确定性和挑战。

三、成果总结

1. 经济效益

企业数字化转型与物联网平台的应用，使公司内部实现了人员的优化和无效库存的减少。例如，减少人员 127 人，减少无效库存 1258 万元，大大降低了企业的运营成本，提高了资金的使用效率。自主研发的一系列产品，如"加热座椅布线全自动生产线""冲检复缝绣生产线"等，不仅填补了国际或国内的空白，还提升了市场竞争力。这些产品的成功推出，为企业带来了显著的经济效益，近三年实现销售收入 5800 万元，利润 1700 万元。数字化转型优化了生产计划等模块，实现了精细化生产和成本核算，提高了生产效率和产品质量。这使企业能够更好地满足市场需求，进一步提升了经济效益。

2. 社会效益

上工富怡为"穿、住、行、医、工"五大行业的客户企业提供"工业六化"的产品和服务，有力地推动了这些行业的发展和升级。通过提升客户企业的研发、制造核心竞争能力，促进了整个产业链的协同发展，为社会经济的发展作出了积极贡献。公司将数字化转型的成果和产品推广到上下游企业，形成了更广泛的数字化生态和数字化产业。这不仅促进了产业链的整合与升级，还为社会创造了更多的就业机会，带动了相关产业的发展。上工富怡的创新成果和成功经验为其他企业提供了宝贵的借鉴，对推动整个行业的数字化转型和创新发展起到了良好的示范作用，有助于提升行业的整体水平和竞争力。

3. 环境效益

数字化转型和物联网平台的管理创新使上工富怡能够更精准地配置资源，减少资源的浪费。通过优化生产流程和供应链管理，降低了能源消耗和废弃物的排放，对环境的影响减小。在产品研发和生产过程中，公司注重环保理念的融入，积极采用环保材料和工艺，减少了对环境的污染。这有助于推动可持续发展，为保护环境和生态平衡作出了积极贡献。

4. 管理效益

EDOS 信息化管理系统的应用实现了企业的集成化管理，打破了部门之间的信息壁垒，提高了企业管理效率。同时，降低了人工管理成本和漏洞风险，使企业的管理更加精细化和科学化。该系统优化了企业流程，使各项业务流程更加合理、规范和标准化。这有助于提高企业的运营效率，减少决策失误，促进企业的可持续发展。上工富怡采取的扁平式管理模式和鼓励员工自主裁量的企业文化，增强了员工的责任感和创新意识。现代化通信手段的应用使企业能够快速反应市场变化，及时处理各种问题，提升了企业的管理水平和决策效率。全面质量管理的实施确保了产品质量的稳定性和可靠性，提高了客户满意度。良好的品牌形象和市场口碑有助于企业巩固市场地位，增强市场竞争力。

四、经验与启示

上工富怡以数字化转型为切入点，推动企业管理机制、管理模式和运营方式直至企业文化的一系列变革。特别是鼓励员工自主裁量、保护员工知识产权等重要创新，有效激发了员工的责任意识和创新潜能，实现了人和系统的同步升级，完成了企业管理模式和企业竞争力再造。使企业能够更加精准地把握市场动态，快速响应客户需求，在市场竞争中占据主动地位。

（完成人：周　娇　王俊玲　李　帅　王雪征　谢　斌　李艳梅　王春刚　王变珍

陈秀艳　刘永彬　王俊英）

涵盖行为管理的数字化绩效管理体系创新

北京京能高安屯燃气热电有限责任公司

审定意见：

本成果通过应用互联网和大数据分析等新技术，构建了覆盖全业务流程的数字化绩效管理体系。利用数字一体化开放性平台，破除信息孤岛，实现绩效数据充分共享，使绩效管理彻底摆脱了经验主义。平台基于对员工瞬间发生的动作、所处位置的实时记录，可以实现对员工行为和心理的管理，从而防范和杜绝人为安全事故的发生。平台对于绩效信息的全面共享，便于员工自我寻找标杆，实现自我激励和提升。绩效数据的系统性应用，可以实现用工成本、员工绩效、员工价值的分析测算，从而优化企业的用工策略。本成果适用于安全要求高、以操作型岗位为主的企业。

创新点：

本成果的创新点在于以绩效管理改革创新为中心，运用大数据技术构建一体化管控平台的绩效管理系统。该系统实现了经营决策智能分析、管理控制智能处理、业务操作智能作业，引领智慧电力时代。同时，通过构建符合企业自身发展特点的绩效信息化管控体系，将信息技术与业务战略有效结合，实现了"流程优化、工作协同、制度严明、科学量化、服务高效"的绩效管控体系，更好地支撑了企业的业务发展及战略执行，为企业数字化转型提供了有力支持。

价值点：

在管理效益上，员工对现行绩效体系满意度大幅提升，85% 以上员工基本满意；能及时发现问题，提高公司风险控制能力；绩效管理的信息化、集成化、直观化也提高了管理效率。在间接经济效益方面，绩效结果的应用节约了生产成本，减少了机组非停次数，每年可减少经济损失约百万元；绩效数据的实时监测节约了人工成本，三年累计节约近 1434.58 万元；系统上线还节约了行政管理成本，每年可节约费用 2000 余元。此外，该成果为企业提供了全面、准确、有效的人力资源管理工具，提升了核心竞争力。

可复制性和应用范围：

其价值效益体现在多个方面，如提高人力资源管理的风险控制能力、降低生产成本、优化人工成本和节约行政管理成本等。通过考勤监测和绩效监测等功能，可提高企业风险预警能力和员工技能水平，降低生产成本。通过线上自动审核和生成数据的方式，提高了工作效率和准确率，降低了人力成本。同时，全流程线上审批可节约纸张等耗材，节约行政管理费用。该成果融入信息化技术，实现了人力资源管理创新，为同类企业提供了指导和借鉴，可应用于众多需要进行绩效管理改革和数字化转型的企业。

成果详述：

一、基本情况

1. 项目简介

北京京能高安屯燃气热电有限责任公司（以下简称"高安屯热电"）旨在运用大数据技术构建一体化管控平台的绩效管理系统，以提升企业的管理效率和竞争力。

2. 实施背景

一是国有企业全面数字化转型的迫切需求。随着技术的广泛应用，数字化转型已成为国有企业发展的必由之路。国务院国资委印发通知，要求应用相关标准，加快建立数字化转型闭环管理机制，推进数字化转型管理工作与其他体系的融合应用。绩效管理等成为企业数字化转型的关键工作。

二是深化"三项制度"改革的客观要求。管理人员能上能下、员工能进能出、收入能增能减的"三项制度"改革是国企改革的重要内容。随着国企改革的深入，传统的发电企业绩效管理评价方法已不适应市场竞争需要，构建符合电力行业特点和公司实际的绩效管理体系成为必然。

三是落实集团建立智慧化电厂的内在要求。高安屯热电作为国内首家数字化电厂，承担着京能集团建设智慧电厂的重要任务。运用数字化手段升级绩效管理体制机制，形成数字化绩效管理体系，是落实集团战略目标的内在要求，能为提高信息流通速度、透明度等提供技术保障。

四是保障企业高质量发展的关键举措。传统的绩效管理系统在人力资源管理流程、管理工具和绩效目标与业务目标衔接等方面存在不足，无法满足企业高质量发展的要求。构建更高效、便捷的管理模式，实现人力资源管理效能最大化成为关键。

3. 实施的必要性

一是适应数字化转型趋势。在数字经济浪潮下，企业需要借助数字化手段提升绩效管理水平，以适应市场竞争和行业发展的需要。二是满足改革要求。深化"三项制度"改革需要建立与之相适应的绩效管理体系，以推动企业市场化改革，提升经营效率。三是落实集团战略目标。实现集团建立智慧化电厂的战略目标，需要通过数字化绩效管理体系来挖掘人力资源潜力，提高信息共享和管理效率。四是保障企业发展。面对企业发展中的挑战，传统绩效管理系统的不足凸显，构建新的绩效管理体系是保障企业高质量发展的关键举措，有助于提升组织效能和协同能力，实现人力资源管理效能最大化。

二、项目实施过程

1. 主要做法

（1）设计管理框架，确立组织体系

依托数字一体化管控平台进行管理体系架构的设计，构建数字化绩效管理体系，将绩效信息全面展现在绩效平台中，使管理者可根据量化数据进行分析，掌握员工和公司绩效状况。筑牢保障基础，重塑组织架构，成立绩效考评委员会和办公室，明确绩效管理的职责和权限，建立纵向贯通、横向集约的绩效考评工作架构。

（2）构建管理机制，明确管理责任

建立健全绩效管理机制，确定绩效管理方法，制定科学考核内容，选取最佳考核机制，分为月度考核和年度考核，并构建绩效评估反馈机制。明确责任主体，确保绩效工作落到实处，严格落实"一岗双责"，修订绩效管理标准，将目标分解到各部门，各部门制定全员绩效考评办法和绩效管理办法，采用全员参与方式，明确工作职责和方向。

（3）制定指标体系，实施分层考核

制定公司级战略绩效考评体系，将企业长期生产经营指标分解到月度，体现在月度全员绩效指标中，根据经营指标和安全指标得分核定月度全员绩效指标。制定部门级绩效考评体系，对部门员工的考勤纪律、工作任务等进行量化考核。制定岗位级员工绩效考评体系，年度绩效考评由月度绩效考评结果和年终行为测评结果组成，月度绩效考评结果占比60%，年终行为测评结果占比40%。

（4）搭建系统平台，实现在线考核

运用数字技术构建绩效考核系统，实现"三全"考核，即全员考核、全程考核、全面考核，分级分层落实"标准"考核，数据共享平台促进"透明"考核。

（5）建立监督机制，强化过程管理

强化领导监督管理责任，推进各项任务落地，提升绩效管理质量，保障工作在公平、公正、公开的环境下进行。借助信息系统支持，实现全过程监管，对绩效管理各环节进行跟踪，实时记录员工动作和位置等信息，对绩效管理系统进行反馈与监控。

（6）考评结果运用，确保绩效落地

绩效考评结果应用于人才招聘与选拔，通过对比绩效考核结果进行综合成本预测，将绩效纳入竞聘机制，体现绩效评价导向。应用于员工试用期管理，通过绩效考评结果筛选试用期员工。促进员工绩效改善，通过绩效沟通和针对性培训，改善员工绩效表现。应用于薪酬福利管理，员工绩效与公司效益相互影响，绩效激励体现在薪酬福利制度和评先评优工作中。

2. 关键要点

有效结合数字技术与业务战略，以"流程优化、工作协同、制度严明、科学量化、服务高效"为核心目标。分类设置考核周期，采用组织和个人绩效考评相结合的方式，科学设置数字化绩效考评 KPI。建立健全绩效管理机制，明确责任主体，确保绩效工作落到实处。制定分层考核指标体系，搭建系统平台，实现在线考核，建立监督机制，强化过程管理。注重考评结果的运用，确保绩效落地，发挥绩效考评在人才管理、员工发展和薪酬福利等方面的作用。

三、成果总结

1. 经济效益

一是降本增效显著。通过数字化绩效管理体系的重点指标设置与严格执行，公司有效督促全员完成利润指标，增强市场竞争力。2021 年起财务费用连续三年下降，累计节约近 3683.18 万元，同时各项主要指标稳步增长。二是人工成本降低。绩效管理体系通过绩效数据实时监测，为人员选拔、任用与淘汰提供客观量化指标，挖掘优秀人才，淘汰不称职员工，大幅节约人工成本。此外，还能及时发现人员流失问题，减少人才流失及招聘和再培养成本。三是行政管理成本减少。系统考核指标自动生成，员工在线考核减少纸张浪费，每年节约用纸 3 万 ~4 万张，节约行政管理费用 2000 余元，同时减少油墨、电消耗及机器维修保养成本。

2. 社会效益

该成果通过融入信息化技术，实现了人力资源管理创新，为企业提供了更加全面、准确、有效的人力资源管理工具，提升了企业的核心竞争力。同时，先后取得了四个软件著作权，为同类企业提供了指导和借鉴，有助于推动整个行业的发展和进步。

3. 环境效益

通过信息化创新手段，主动杜绝浪费，最大限度减少能源消耗，身体力行为"碳达峰、碳中和"目标实现作出贡献。例如，系统上线后减少了纸张的使用，间接减少了木材的消耗，有利于保护生态环境。同时，减少了油墨、电等资源的消耗，降低了对环境的负面影响。

4. 管理效益

一是员工绩效满意度提升。针对薪资福利和精神物质回报进行满意度调查，结果显示员工对现行绩效管理体系满意度大幅提高，基本满意以上人员占比达85%，数字化绩效体系得到大部分员工认可，能公正体现员工实际绩效。二是风险控制能力提高。绩效管理系统运用数字化技术使数据更完整，能跟踪员工发展，发现不足并预警，帮助员工及时纠正行为，避免问题积累。通过绩效数据监测员工心态，及时反应避免意外事故，保障公司健康发展。同时，通过定额配置加强资金管控，提高风险控制能力。三是员工积极性和效率提高。新绩效管理体系实现信息及时公开，员工通过绩效平台实时反馈了解个人绩效，调动员工积极性，严格考核制度落实，提高工作效率，促进公司整体目标完成。绩效管理的信息化、集成化、直观化体现公平公正及激励原则，促进员工与企业共同成长，提高管理效率。

四、经验与启示

利用数字化绩效管理体系的优势，结合智慧发电企业对安全管理要求高的特点，创造性地将行为和心理管理纳入绩效管理体系。通过对员工行为动作和位置的实时监测，发现可能引发安全事故的偶发性动作和习惯性动作，并依据员工行为状态判断员工心理状况，及时给予预警和纠正。同时，利用绩效体系和绩效杠杆，引导员工克服不正确的行为动作；及早对员工的心理状态进行干预，防范和杜绝安全隐患，促进员工成长和发展。

（完成人：齐桐悦　陈晓萌　杨晓静　李　娟　洪一铭　蔡昕延　吴一尘　李启壮）

第二十一章 新模式新业态

多样化需求下的敏捷客服体系创建

中航飞机起落架有限责任公司

审定意见：

本成果通过引入网络视频教学、三维仿真动画等新技术，创造出一系列适应客户自助服务的新工具、新方法，创建了基于机载企业多样化需求的敏捷客服体系，极大地提高了客户的自助服务能力，进而提高了设备的修复效率，使原来部分以天计算的响应—完成时间，变成了以分钟计算。平均服务周期缩短到原来的1/3，有效地解决了移动型复杂设备快速修复保障这一普遍性的难题。不仅为双方减少了大量的服务成本，更为关键的是让设备的可靠性和安全性得到了保障。随着大数据、人工智能等新技术的应用，以自助服务为特色的敏捷客服体系，有着更为广阔的发展前景和空间。

创新点：

本成果以"四个导向"（战略导向、问题导向、用户导向、标杆导向）建立总体框架，采用基于风险的思维、持续改进的方式，从管理和技术支持上提升服务的敏捷性。从用户"会、给、能、敢、想"自助服务方面开展技术和管理提升，促进"从返厂和上门服务向自助服务模式"的转变，提升服务的敏捷性。

价值点:

通过本项目的实施建立了敏捷的服务体系。以历史统计数据为基础建立客服体系,梳理从客服出发的点检册、人员位置产品三维矩阵表、用户需求星级图,强化了客服保障配套措施支持的能力;通过老型号设计"回头看"、新型号"六性"设计手段,制定服务保障通规和参数手册,提升保障性设计和工艺技术支持的能力;通过动画仿真视频培训,委托用户保障流程的制定,促进用户自主保障能力提升,提升了疫情防控、出国、远洋等特殊条件下的客服能力,促进了客服思路的转变。通过信息化建设提升客服"软实力";助推战略落地,用户的服务满意度持续提升,三年节约费用1500多万元。同时,为后续大型复杂设备人工智能自助服务提供借鉴思路。

可复制性和应用范围:

本成果为机载企业多样化需求下的敏捷客服体系创建,提供了一种可行的解决思路。同时基于产品全生命周期的视角,开展服务保障的顶层设计。强化服务保障工作从产品设计立项阶段开始综合考虑,在产品使用和保障时采用系统防范风险的思维、持续改进的方式,从管理和技术支持上提升服务的敏捷性。其事后服务到事前筹划的方式,提前筹划所需的各类资源,提升服务保障的敏捷性。其提升用户满意度的方式,可以延伸至相关复杂产品的服务保障工作中。为国内部分中小企业的敏捷服务保障建设提供借鉴思路。同时,随着大数据和人工智能的发展,为逐步实现智能交互式自助服务等课题提供研究方向和借鉴解决思路。

成果详述：

一、体系创建背景

（一）航空战略和特殊场景，导致用户的要求日益变严

新时代强国强军目标，提出了"召之即来、来之能战、战之必胜"的严格要求。用户战训保障频次与要求越发严格，客服压力逐级传递到配套厂家，最终由配套厂家承接来自用户、主机和用户机关的新要求，对保障的速度、质量、效率要求越发严格。在疫情出国、远洋上舰服务等特殊场景下，对非接触、远程指导委托用户自助服务的模式在服务方和用户中均产生了较为强烈的需求。

（二）历史原因和行业发展，导致用户需求日益多元

由于早期研制时重战术性能指标轻客服保障等历史原因，导致客服技术研究和需求定位存在不足。随着新装备技术要求的提升，用户技术需求也从以前单一指导操作和简单排故，转变到装备完好率和实战化等更高系统的要求，对服务保障提出了敏捷服务确保需求满足的新要求。

（三）面对外部需求多样化，内部亟须体系化的管理

外部用户需求和类别、所服务场景和产品的多样化，内部管理不衔接(管理粗放、事后灭火处理方式不当、用户培训效果不好、前期出厂产品维护手册操作指导性不强等不满足要求)，故亟须改善。

二、体系创建主要做法

（一）聚焦整体客服能力提升，制定战略规划抓实施落实

总体顶层架构一是"四个导向"建立以信息收集为中枢接收用户多样化需求后按流程处理的保障体系；二是采用基于事前风险的思维、持续改进优化迭代的方式，从管理和技术支持上提升服务敏捷性，即以片区集约保障、

增修专业流程、强化监督考核、夯实客服文化、强化信息化，事前梳理配套行前点检册、三维矩阵表、需求星级图、客服监督卡等强化敏捷服务管理支撑，以行业内历史数据的统计分析应用为依托，建立"六性"设计体系并开展老型号"回头看"和新型号持续应用提升，事前配套编制客服通规和参数手册增强敏捷服务技术支持；三是以系统从用户"会、给、能、敢、想"自助服务方面开展技术和管理提升，促进从返厂和上门服务向自助服务模式的转变，提升服务的敏捷性，在疫情、出国、上舰载等特殊场景下有新的实践应用价值。敏捷体系架构图如图21-1所示。

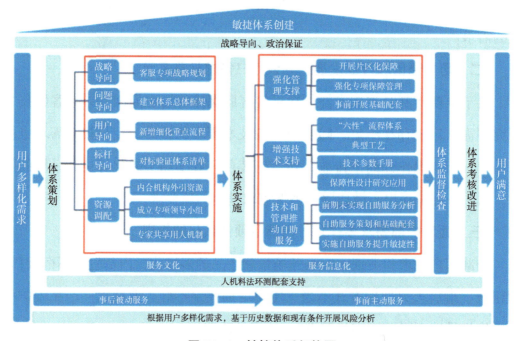

图 21-1　敏捷体系架构图

资料来源：中航飞机起落架有限责任公司。

（二）内合机构外引资源，提升资源调配能力

（1）调整机构统一管理，开展"集约化"服务

为了提升客服能力和服务满意度，2018年调整机构，对人员和业务进行集约化管理，解决售后服务分散的问题。

（2）外引资源合资互补，强维修能力抓维修机遇

公司历年任务较重，前期维修和批产混线导致互相争抢生产资源，不能满足需求，故联合民企合资成立公司承担维修相关业务，批产产值上升且维修产值翻番，维修业务2021年达3200万元、2023年达15000万元。

（3）内部专家骨干共享，建立敏捷的客服用人机制

因任务的不确定性，建立人员动态调配机制。建立应急、专家骨干人员库并明确调用制度，客服"定编"人员维持日常任务，突发和特定阶段任务，按照临时紧急用人调用流程，从人员库中应急动态调配支援保障，完成后回归原岗位。

（三）事前系统的细化管理，提升管理响应敏捷性

（1）事前统筹策划片区保障，提升人员响应的敏捷性

采取"定点保障和流动保障"相结合、"现场保障和远程支援"相结合，异地协同、集约化联合统一按片区客服模式，提高了客服响应速度。

（2）事前总结细化重点管理，增设日常和重大保障流程

从人机料法环测方面梳理、分析、总结、研究提炼确立流程并持续地迭代改善确定了日常和重大保障的流程，以更好满足用户要求。

（3）事前归纳基础管理配套，提升基础支持的敏捷性

为了解决内部技术支援推诿、响应效率低、服务针对性不强、合规管理不落地的问题，公司采取了如下措施：一是提升服务的针对性，以产品在用户的流转使用过程为抓手，梳理从产品出厂到各主机交付最终用户接装的流转过程，建立和细化每一步的各项要素，绘制用户"需求星级图"；二是建立了客服点的交通、人员、产品处理能力的"三维"矩阵表，以提升准确调配最适合的保障人员到用户处进行保障的敏捷性；三是编制客服出行前"点检册"。事前从各方面梳理制作客服点检表并配套专项文件形成出行前的"点检册"开展行前点检，提升准确将"粮草弹药"移交或送往外场的敏捷性。

（四）事前优化技术支持体系，提升技术支持敏捷性

（1）保障性设计

事前构建"六性"流程体系。以前"六性"存在的主要问题有：一是缺乏顶层设计；二是未能与产品的设计过程融合；三是前期产品使用数据没有反向指导改进闭环迭代。针对上述问题，开展了相关可靠性数据、历史故障数据相结合的统计分析，构建"六性"流程体系，提升保障性设计，让产品本身好保障提升服务的敏捷性。

（2）维护排故工艺

事前编发客服的典型工艺。对历年收集的外场数据进行了统计分析，综合使用情况，选取了部分型号相关专业的协同，编制典型通用规程，以提高技术方案制定的敏捷性。

（3）综合技术支持方面

事前编发客服技术参数手册。客服经常需重复查询一些"散落"在多个专业文件中的参数，需重复翻阅大量图纸，查找周期长，故制定《客服技术参数手册》，提升了技术参数查找的敏捷性。

（4）服务保障工具工装

基于历史数据，事前系统梳理预测服务保障所需物料，设计专门的服务保障工具，提升问题处理的敏捷性，该服务保障工具已获得国家专利授权。

（5）实施应用

一是新型号：事前开展保障性技术的应用。二是老型号：事前开展综合保障性设计"回头看"。三是用户培训：将事前编发的技术成果应用于培训教材的制作。将体系的文件、"通规"、"参数手册"等相关技术成果应用到培训用户和职工所需教材的编制上，提高了客服培训教材制作的敏捷性。

（五）更新模式远程委托用户，自助服务提升服务敏捷性

前期片区流动上门服务模式一定程度上提高了客服效率，但在疫情、出

国、远洋上舰等特殊场景中敏捷上门服务受到限制（出国上舰周期长难度大、疫情流动风险高），加上客服也有逐步推进从"返厂、上门服务到自助服务"转变的思路，故培训用户并开展委托用户自助服务的模式产生了较为强烈的服务需求。

（1）以前推进自助服务效果不佳的原因分析

一是传统单纯二维图纸培训效果不明显，"用户不会施工"不接受委托；二是未授权导致用户施工则违反质量程序；三是工业部门不敢书面委托用户施工；四是因用户对技术不托底，不敢施工，次数多了逐步导致用户"不想施工"。

（2）开展促进自助服务问题解决措施的策划实施

站在落实质量管理体系原则中"与供方互利"的角度出发，从流程配套支撑方面开展流程制度建设，促进委托用户自助服务。

一是改变模式、提升用户培训的效果。制定制度确定视频制作的要求；编制视频制作指南，确定视频制作内容，将促进理解记忆的音乐、图片、文字等插入仿真视频动画，组织技能强的工人演示拍摄实操视频，将视频按要求进行后处理、版本控制和审批后发布；用视频和图纸相结合方式开展用户培训，以多维度信息输入强化理解记忆促培训效果提升，减少"用户不会干"的比例。

二是进行风险分析和措施制定以提升用户能干的比例：相关专业联合确定了委托用户施工流程，为委托用户提供配套管理流程支撑，减少"不敢让用户干"比例、提升"允许用户干"的比例。

三是准确保密、知识产权和核心技术定位，允许向用户技术托底以引导用户敢接受委托，减少"用户不敢干"的比例。

四是强化和用户的交流沟通、思想观念的引导以及疫情下非接触服务的逐步推广实践，减少"用户不想干"的比例，逐步实现用户自助服务，提升保障的效率和敏捷性。

（六）强化组织资源保障，提升体系软实力和执行力

强化客服文化和信息化建设，提升客服的软实力，强化服务监督刚性通报考核，强化落实持续改进。

（1）强化客服文化和信息化建设，提升客服的软实力

结合党建开展"转三观强三感"活动强化服务意识，建设信息化系统，提升服务"软实力"。相关数据查询和统计分析等业务从 24 小时缩短至 5 分钟左右，提升了信息的敏捷性。

（2）强化服务监督刚性通报考核，强化落实持续改进

一是设置客服用户监督流程，强化对服务质量的监督。二是刚性通报和考核，提升资源调配和体系执行力。

三、实施效果

（一）建立体系提升基础管理水平，助推发展战略的落地

以提升客服敏捷性为抓手，通过事前开展各相关工作，助推"四项能力"建设战略当中的"服务支持"能力建设落地。

（二）提升敏捷性并降低服务成本，保障产品交付和使用

通过该项目，近 3 年平均服务周期由 2018 年的 72 小时以上缩短至目前的 24 小时以内；节约各类客服成本约 1513 万元，维修业务编制连续 2 年翻番，2023 年维修业务产值超 1.5 亿元；委托主机自助服务，降低了人员出国的安全风险、保密风险和疫情风险，避免了多项产品批次返厂。利用视频教材和技术手册、通规培训职工提升客服能力。

（三）保障用户使用满足用户需求，用户满意度持续提升

履行强军首责义务，完成需求增加且要求越来越严格的用户各类日常和重大客服任务，具有一定的政治和社会价值。3 年共收到用户赠送的锦旗 20

余面、感谢信 50 余封，用户评价逐年提升。

四、后期展望

随着大数据云平台和人工智能技术的发展应用，可以通过大数据、云平台和人工智能等手段建立大型复杂设备自助服务模型。通过数据库导入、开展模型训练，不断迭代优化模型智能水平，为逐步开展智能检索和智能人机交互、智能自助服务等课题提供研究方向和借鉴思路。

（完成人：吴龙飞　彭家熙　王　聪　董天柱　张航舟　于新鹏　严山钦　郭少涛

邱志涛）

医学影像远程系统破解医疗资源分布不均匀困境

成都成电金盘健康数据技术有限公司

审定意见：

本成果融合虚拟现实（VR）高级可视化、AI 人工智能辅助诊断、医学影像质控、云胶片、大数据分析等现代技术，构建基于 5G 的医学影像远程会诊系统，实现优质医疗资源的共享，促进全国整体医疗水平的提高。基于医疗资源分布严重不均衡的现实，通过远程医疗的方式，推动远程影像诊断资源、影像诊断服务、影像教育培训、影像科研创新服务、影像延伸应用服务等优质的医疗资源下沉到基层，在解决基层病患看病难问题的同时，还可以减少病患的周折和费用，促进稀缺的优质医疗资源发挥更大的效用。本成果不仅有助于改变基层医疗资源和技术薄弱的现状，对于"一带一路"共建国家的医疗服务水平和能力升级，解决欠发达地区的诊疗困境，也有实质性的推广价值。

创新点：

其 DICOM（医学数字成像和通信）异构网关技术实现了不同公司和型号医疗设备数据在标准网络环境中的集成与共享，为国内首创，有力推动了医疗设备的互联互通。同时，项目建立了医疗影像质量评价体系，此前国内外尚无统一标准，这对提升医疗影像和诊断质量具有重要意义。此外，通过流媒体 5G 终端实现超声和放射影像的双向高清传输，创新了会诊模式，提供了沉浸式的高阶远程会诊体验。而且，运用人工智能技术，以 5G 网络和急救车为载体，打造全方位医疗急救体系，实现了院前院内无缝联动，极大地缩短了抢救响应时间，为患者争取了更多生机。这些创新点将为医疗行业带来积极变革，提升医疗服务的效率和质量。

价值点：

有助于推动优质医疗资源下沉，提升基层医疗机构的服务水平，缓解基层群众就医困难的问题，使患者在家门口就能享受专家诊断的服务，降低就医成本和时间消耗。能够提高医疗设备的利用率，避免资源浪费。促进了"互联网 + 医疗健康"的建设，开启了智慧医疗新时代，改善了远程会诊的交互效果，更好地支撑基层医院医疗服务水平。该项目的研究成果填补了国内相关技术空白，提升了国家核心竞争力，推动了行业的可持续发展，对于实现"基层首诊、远程会诊、双向转诊、急慢分治、上下联动"的远程会诊新模式具有重要意义。

可复制性和应用范围：

该项目具有较强的可复制性和广泛的应用范围。其以 5G 网络为基础的医学影像远程会诊系统，可在不同地区的医疗机构中进行推广和应用。通过在四川大学华西医院等中心建立省级会诊中心，并在市县级医院建设远程影像诊断中心，与乡镇卫生院开展业务的模式，能够有效地整合医疗资源，实现优质医疗资源的共享。这种模式不仅适用于国内各地区，还可以推广至其他国家和地区，特别是医疗资源相对匮乏的地区，为更多患者提供高质量的医疗服务，具有重要的社会意义和应用价值。

成果详述：

一、基本情况

1. 项目简介

成都成电金盘健康数据技术有限公司聚焦于基于 5G 的医学影像远程会诊系统的研发与应用。通过充分利用 5G 网络的高速率、大带宽、低时延等特性，实现云端影像的实时质控。该系统依托远程医学影像技术，精心打造了一个能够实现优质医疗资源通过互联网进行合理分配的服务平台。这一平台的构建，使患者在家门口就能享受专家诊断的便利，极大地减少了患者长途奔波就诊所带来的经济和时间消耗，同时降低了因层层复诊导致病情耽误的风险。"影像中国"区域医学影像人工智能中心的建设，有效提升了中国医疗服务水平，满足了医生多点执业的愿景，降低了患者的就医成本，提高了基层医疗设备的利用率，创造了医疗服务行业的新价值。

2. 实施背景

随着国家对人民健康的高度重视，实施健康中国战略的决策部署得以全面推进。在这一背景下，中共中央、国务院印发了《"健康中国2030"规划纲要》，明确指出要引导发展专业的医学检验中心、医疗影像中心、病理诊断中心和血液透析中心等。随后，国务院办公厅根据相关规划纲要，编制印发了《"十四五"国民健康规划》，进一步鼓励社会力量在医疗资源薄弱区域举办非营利性医疗机构，并引导促进医学影像中心等独立设置机构的规范发展。目前，经过国家多年对基层医疗机构能力的建设，西部地区乡镇卫生院的影像检查设备硬件设施已基本完备，但医疗服务能力仍严重不足。特别是大量乡镇卫生院缺乏有执照的影像医师，导致影像检查设备闲置，医疗资源浪费现象严重。与此同时，在医疗设备软件细分市场的影像领域，各厂商正逐步从科室级PACS（影像归档和通信系统）向全院PACS转变，并进一步向区域PACS覆盖。

3. 实施的必要性

在我国医疗资源分布不均的现状下，基层医疗卫生机构服务能力的严重不足成为突出问题。分级诊疗及远程诊断作为优质医疗资源下沉到基层医疗机构的关键手段，对于有效缓解基层群众就医困难具有至关重要的意义。通过远程医疗服务，基层医疗机构能够借助上级医院的专业力量，提高自身的医疗服务水平和质量，为患者提供更准确的诊断和更有效的治疗方案。对于患者而言，远程医疗服务能够减少他们长途奔波就诊的不便，降低就医成本，提高就诊效率。该项目的实施还有助于实现医保总体费用的可控，提高医保资金的使用效率，减轻国家和社会的医疗负担。在当前形势下，大力发展远程医疗服务，推动基于5G的医学影像远程系统的研发及应用，是满足人民群众日益增长的医疗需求，提升人民群众健康水平的必然选择。

二、项目实施过程

1. 主要做法

（1）构建远程医学影像诊断中心架构

项目基于医学影像诊断技术服务业务模式，打造了涵盖多种功能的中心。其包括远程医学影像诊断、影像报告、影像会诊、影像看片等基本服务，以及 AI 人工智能辅助诊断、虚拟现实（VR）高级可视化、医学影像质控、云胶片、大数据分析等增值服务。中心下设远程医学影像诊断中心，分为省市县"上三级"会诊模式和市县乡"下三级"诊断模式；AI 人工智能辅助诊断中心包含多种智能检测系统；增值服务中心包括多个具体的服务中心，从数据的储存、采集、归档、应用等方面进行全面建设。

（2）省市县"上三级"会诊模式

上级会诊医院包括四川大学华西医院等，会诊申请医院为各市（州）县级医院。成都成电金盘健康数据技术有限公司负责提供远程影像会诊系统及运维，电子科技大学和该公司共同提供数据中心和存储系统的支持与运维。市县级医院可通过平台将疑难病例传送至上级医院，由专家阅片诊断并出具报告，患者无须长途奔波即可享受上级医院的服务，提高了诊断准确性，提升了市县级医院的诊疗水平，推动了"分级诊疗"政策的落实。平台 7×24 小时运行，提供多种会诊方式。

（3）市县乡"下三级"诊断模式

上级诊断医院为各市（州）县级人民医院，诊断申请医院为乡镇卫生院等基层医疗机构。同样由成都成电金盘健康数据技术有限公司负责提供远程影像会诊系统及运维，电子科技大学和该公司负责数据中心和存储系统的相关工作。基层患者就近就诊，拍片后上传至市县区域影像诊断中心，专家在 30 分钟内出具报告，患者无须长途奔波即可获得上级医院专家的诊断服务。

（4）拓展应用场景

项目应用不仅包括上述两种模式，平时还用于远程影像会诊，推动优质医疗资源下沉，解决基层影像诊断医生匮乏的问题，提高基层医疗机构服务水平。系统影像 AI 质控模块提高了影像拍片质量，助力远程精准诊断。在突发应急事件时，如新冠疫情期间，患者可就地进行医学影像筛查、诊断，助力应急事件处置。

2. 关键要点

（1）技术创新

采用 DICOM 异构网关技术，实现不同设备数据集成与共享，建立医疗影像质量评价体系，填补国内外空白，提高医疗影像和诊断质量。

（2）模式创新

创新会诊模式，利用 5G 终端实现影像双向传输，实现高阶远程会诊。采用人工智能技术，打造医疗急救体系，实现院前院内无缝联动，缩短抢救响应时间。

（3）合作推广

以知名医院为中心建立省级会诊中心，在多地建设远程影像诊断中心并开展业务，可向全国推广。积极参与共建"一带一路"，在非洲进行实践和推广。

三、成果总结

1. 经济效益

该项目具有广阔的市场前景。随着我国老龄化程度的不断加深，慢性病人数增长迅速，对远程医疗市场的需求持续增加。同时，移动医疗终端的普及、医疗物联网的发展以及医疗机构参与度的提高，也将推动远程医疗规模持续扩大。预计到 2025 年，国内远程医疗行业的市场规模将突破 30 亿元。

本项目的应用取得了良好的示范效果，后期随着市场的开拓，预计每年可达到销售收入 3000 万元，利润 350 万元，上缴税金 280 万元。目前，自贡市、资中县、内江市等地区均已开展基于 5G 的远程会诊项目，项目可推广性良好，具有间接的经济效益。

2. 社会效益

本项目有助于推动优质医疗资源下沉，进一步推动"互联网＋医疗健康"的建设，开启智慧医疗新时代。通过配备高清晰度视频通信的救护车，实现卒中救治，在一定程度上缓解急救压力。高清音视频和 AR/VR 等新技术的应用，改善了远程会诊的交互效果，更好地支撑了基层医院医疗服务水平。本项目的研究结果填补了国内相关领域的一系列技术空白，推动了行业加大技术研发投入，注重培养自主知识产权和自主开发能力，打破了国外企业在行业的技术垄断，提升了整个行业的国家核心竞争力，推动了行业的可持续发展。本项目有助于早日实现"基层首诊、远程会诊、双向转诊、急慢分治、上下联动"的远程会诊新模式，成为缓解群众"看病远、看病难、看病贵"问题的重要抓手。

3. 环境效益

该项目主要通过信息化手段实现医疗资源的优化配置，避免了患者的长途奔波，从而降低了交通出行带来的能源消耗和环境污染。此外，远程医疗系统的应用可以减少纸质病历和胶片的使用，减少了资源浪费，对环境具有一定的保护作用。

4. 管理效益

该项目通过建立远程医学影像诊断中心架构，实现了医疗资源的整合和协同管理。省市县"上三级"会诊模式和市县乡"下三级"诊断模式的实施，提高了医疗服务的效率和质量，优化了医疗资源的配置。项目采用的 DICOM 异构网关技术和人工智能技术等，提高了医疗管理的信息化水平和智能化程度，有助于实现精准医疗和个性化医疗服务。项目的实施还促进了医疗机构之间的合作与交流，加强了医疗管理的协同性和规范性。

四、经验与启示

医学影像远程系统的搭建，是一项跨学科、跨领域、跨地区、跨管理模式的系统工程，牵涉多方的利益和商业机密。成都成电金盘健康数据技术有限公司与电子科技大学、医疗机构等多方合作，通过共同构建远程医学影像诊断中心架构，确定资源投入和利益分配数量和机制，形成一个合作紧密的利益共同体和事业共同体，实现了资源的整合和优势互补，并在实施过程中完成了多项技术和管理创新。作为一种全新的商业模式，还需要在实践中不断创新和完善，形成可供大规模复制的东西，同时也需要通过在更大范围内推广，摊薄研发和创新成本，以更低廉、更高效的方式为更多患者提供高水平的医疗服务。

（完成人：蒲立新　何明杰　周　滨　刘先波　高忠军　刘　洋）

服务国际产能合作　冲击职业教育领域世界品牌

重庆公共运输职业学院

审定意见：

本成果通过"课程岗位契合""校企双元评价"等教学理念和办学模式的创新，大幅提升了教学成果和人才素质，得到了留学生输出国的充分认可，成为职业教育领域中的国际品牌。一大批理解中国文化、熟知中国标准的国际技术和管理人才，对中国企业走出去发挥了积极作用，促进了当地民众对中国产品、技术、企业、品牌和标准的了解和认同，为中国企业本土化提供了人才储备。重庆公共运输职业学院为"一带一路"共建国家培养的留学生人才，在服务中国交通产品走出去的过程中，为当地经济和社会的繁荣发展作出了受人欢迎的贡献。这些教学和评价方式的创新，非常值得中国职业教育院校借鉴和推广。

创新点：

以工作流程为牵引，大力推行交通类项目制国际订单人才培养模式，将汉语学习与专业学习有机融合，开发具有中国特色的课程，如高铁汉语等，把专业课程内容纳入汉语教学重点，为专业学习筑牢坚实的语言根基。同时，通过校企双元评价、线上线下结合的方式，开展教学改革，大力建设线上教学资源，组织学生到国内外实训室或生产现场进行实地实践，强化学生学以致用的能力。此外，学校根据国外用人单位需求制订培养方案，校企合作研发软件及教学资源，实现人才培养与企业生产的有效接驳，确保学生回国后能够无缝衔接、顺利上岗。

价值点：

学校根据中外交通行业企业发展需求，实施了多个相关项目，将中国交通运输产业技术标准融入教学培训，提升线上教学课程资源质量。通过线上直播和"中文＋职业技能"教学，提高国际学生职业技术技能水平，助力北斗卫星导航系统在东南亚国家的应用。针对性解决中资企业海外项目面临的员工语言差异大、培训操作难、成本高等问题，提升了学校国际办学影响力和贡献度。此外，学校的成果得到国内外媒体和相关机构的高度肯定，为国内同类院校提供了有效借鉴。

可复制性和应用范围：

重庆公共运输职业学院精准对接"一带一路"共建国家交通人才培养需求，其开发的国际课程标准、中外合作互认课程以及建设的网络课程资源和"留学重庆"智慧学习平台，有效输出了中国高铁（城轨）技术标准与课程标准。学校组织团队分享交流国际化办学成果和项目制国际订单人才培养模式经验，得到泰国教育部职业教育委员会的高度支持与肯定，为国内同类院校服务中资企业海外发展提供了有效借鉴。该模式可广泛应用于交通运输领域及其他相关领域的国际人才培养，具有较强的可复制性和推广价值。

成果详述：

一、基本情况

1. 项目简介

重庆公共运输职业学院是由重庆市属国有重点企业举办的全日制高等职业学院，以交通类专业为特色，开设有 38 个专业，在校生 12000 余人，建有 70 余个实训基地。为服务"一带一路"倡议，学校实施一系列"中文＋职业技能"教育项目，连续 6 年获丝路项目奖学金。包括为缅甸培养公共交通人才，推动中国技术标准和北斗系统进入缅甸；为泰国培养铁道交通人才，实现中泰专业课程标准融通；开展柬埔寨职业技术人才培养项目，共建联合培养基地；实施"走出去"企业当地人才培养项目，建成中泰高铁人才培养基地和国际教育培训平台；开展柬埔寨交通部官员研修班，共建智能交通联合实验室和人才培训基地。学校通过这些项目，打造了交通运输领域"留学重庆"特色品牌，积累了丰富的国际办学经验。

2. 实施背景

随着"一带一路"倡议的推进，国际产能合作加强，对交通人才的需求增加。交通运输是共建"一带一路"的重要领域，国际交通合作不断深化。中资企业在海外发展中面临员工语言差异大和技能不足等问题，急需相关人才。学院具有国企办学、产教融合、专业特色和对外合作等优势，能为国际人才培养提供支持。此外，提升学校国际影响力和知名度，加强国际交流与合作，也是实施该项目的重要目的。在这种背景下，学院积极响应国家战略，策划实施"中文＋职业技能"教育项目，以满足各方需求，推动交通领域的国际合作与发展。

3. 实施必要性

一方面，"一带一路"倡议需要专业人才推动文化及技术标准"走出去"，学院培养的交通人才有助于服务这一战略。另一方面，交通运输行业发展需要熟悉中国标准的人才，以促进优质产能输出。此外，中资企业海外发展面临的急需相关人才问题，学院培养的国际学生能满足企业需求，提高竞争力。同时，该项目能提升学院国际影响力、办学水平和可持续发展能力。再者，它有助于增进中外理解互信，加强国际交流与合作。最后，适应全球化发展趋势，开展国际教育合作能为学生提供更多发展机会。综上所述，该项目对学院、企业、国家及学生都具有重要意义。

二、项目实施过程

1. 主要做法

（1）工作流程牵引、课程岗位契合

以工作流程为牵引，以"中文＋职业技能"为抓手，大力推行交通类项目制国际订单人才培养模式。学校将国际学生教学划分为汉语学习和专业学习两个阶段，并全部采用汉语教学。在汉语学习阶段，精心开发了基于项目工作流程且具有中国特色的高铁汉语等课程，将专业课程内容巧妙地纳入汉语教学重点。此外，通过"案例教学""校内外实训基地实地实践教学"等丰富多彩的形式，积极引导学生从实践中充分感知和理解专业术语，扎实掌握专业基本知识，深入认知相关设施设备，成功搭建起"中文 + 职业技能"教学框架，为专业学习奠定了坚实的语言基础。

（2）校企双元评价、线上线下结合

学校紧密联合国内外院校和企业，积极开展线上与线下结合、课程与岗位标准融合的教学改革。着力建立中外校企四方联动育人机制，深入推行"理实一体化"校企课岗融合的线上现场直播教学，大力建设基于岗位发展的"模块化""菜单式""活页式"线上教学资源，分模块、分阶段地为国际学生传授专业知识和操作技能，有序组织国际学生到国内外实训室或生产现场开展专业学习与岗位实践，切实强化培养国际学生学以致用的能力。

（3）中外课程互认、语言专业融合

学校根据国外用人单位的实际需求，精心制订培养方案，并积极开展校企双元评价。校企携手合作，研发出全国首款可同时应用于公共交通数字化教学和生产运营的软件及教学资源，成功实现国际技术技能人才培养与企业生产的有效接驳。通过积极开展中外课程标准融通，有力保证了学生所学课程符合当地教育主管部门的要求，以及当地交通类企业的发展需求，从而确保国际学生回国后能够实现无缝衔接、轻松上岗。

2. 关键要点

以项目制方法开展国际人才订单式培养工作，高度重视汉语学习与专业学习的紧密结合，有效解决国际学生汉语基础薄弱和学习内容脱轨的问题，确保学生能够顺利进行专业学习。建立健全中外校企四方联动育人机制，持续加强线上线下教学融合，不断丰富教学资源，大力强化实践教学，切实解决理论学习与实践训练脱节的问题，全面提升学生的实践能力和综合素质。根据国外对人才需求精准制订个性化培养方案，深入促进中外课程标准融通，全力确保学生所学与当地需求高度相符，为国际学生顺利就业提供有力保障。

三、成果总结

1. 经济效益

学校联合重庆公交及轨道企业，以及柬埔寨交通部洪森公共工程与运输学院，共建"中柬智能交通联合实验室"和"柬埔寨中文＋智能交通人才培训基地"，服务重庆智能公交系统产品和城市交通一体化建设经验输出，为企业带来了一定的经济收益。学校联合重庆市外建集团等单位建设"走出去"企业国际人才培训基地，举办"海外工程项目国际人才培训班"，助力重庆外建集团在乌干达基拉－马图加道路、姆巴拉拉道路、Hoima 基建等项目实现营收 7900 多万美元，为企业的海外发展提供了有力支持。

2. 社会效益

学校为共建"一带一路"培养了大批熟知中国标准的管理与技术人才，如为缅甸培养公共交通高级管理人才 100 余人，为泰国培养铁道交通专业师资队伍和技术技能人才 600 余人，为柬埔寨培养职业技术创新人才等，促进了当地交通行业的发展，提升了当地的交通管理水平。学校的国际人才培养项目得到了国内外媒体的广泛关注和报道，如中国中央电视台、缅甸国家电视台、《香港商报》、《重庆日报》等，提升了学校的知名度和影响力，打造了高铁动车、交通运输领域"留学重庆"品牌，形成了重庆优质职业教育资源和课程标准对外输出、服务"一带一路"倡议的一张名片。学校通过实施教育援外项目、鲁班学堂、留学生市长奖学金丝路项目等，增进了中外文化技术交流，促进了中外理解互信，加强了国际合作与交流。

3.环境效益

学校培养的交通领域人才，有助于推动交通行业的智能化和绿色发展，提高交通运营效率，减少能源消耗和环境污染。通过推广中国智能公共交通技术标准和装备，如中国北斗卫星导航系统在缅甸的应用，有助于提升当地交通的信息化和智能化水平，实现更加高效、环保的交通运营模式。

4.管理效益

学校开发了线上教学培训平台——"留学重庆"智慧学习平台，取得国家版权局软件著作权证书，建成集在线自学、直播教学、视频会议、信息发布、项目管理等功能于一体的多语种、移动式、综合性智慧学习平台，提高了国际教育质量和管理效率，实现了教育资源的优化配置和高效利用。学校建立了中外校企四方联动育人机制，深入推行"理实一体化"校企课岗融合的线上现场直播教学，加强了学校与企业之间的合作与沟通，提高了人才培养的针对性和实用性。学校不断优化项目制国际订单人才培养模式，打造"留学重庆"特色品牌，为同类院校提供了借鉴和参考，推动了职业教育的国际化发展。

四、经验与启示

敏锐洞察国际产能合作出现的新市场、新机遇，从战略高度拓展教学领域。"一带一路"倡议和国际产能合作，是中国政府和企业支持"一带一路"共建和发展的重大举措。面对"一带一路"倡议和国际产能合作项目人才缺乏的现实，重庆公共运输职业学院以高度责任感和使命感，创办"中文＋职业技能"教育项目。在满足相关国家和项目对人才需求的同时，也为学校可持续发展创造了机遇。

以市场为导向，依据市场需要设置专业和课程、创新教学模式。学科设置和市场需求脱节、教学内容和实际应用脱节、学生能力和实际需求脱节，是长期以来影响和制约中国教育发展的顽疾。究其原因，就是传统教育体制惯性下，学校缺乏足够的市场意识和改革的动力。中国职业教育的发展，需要兼具教育家和企业家双重素养的职业化教育家。因为只有具备敏锐的市场意识，才能前瞻性地发现市场需求，并培养出适应市场需要的实用型人才。

整合多方资源，融入国际竞争，成为市场竞争机制下的国际化教育品牌。在市场竞争机制下，学校的品牌不是由行政评价和资金投入决定的，毕业生的就业率、就业岗位、薪资待遇、发展机会、社会地位等一系列长期指标，影响社会对学校的评价和期望，进而决定学校的品牌价值。国际教育项目历来是全球教育机构争抢的蛋糕，重庆公共运输职业学院以在运输职业教育领域的优势地位，赢得了生源和市场，充分表明了其国际教育市场的品牌地位和品牌价值。

（完成人：彭文华）

数字家庭与智慧社区融合的模式创新

北京国际技术合作中心有限公司

审定意见：

本成果的突出之处是把项目建设与标准建设同步，以标准引领项目建设，以项目研发促进标准编制。不仅为智慧社区建设树立了标杆，而且使智慧社区建设有标准可依，从根本上解决了智慧社区建设各自为政、各行一套的乱象，避免了因缺乏标准而导致的盲目、随意和浪费。由于现代信息技术迭代迅速，边建设边落后是智慧城市建设中的痛点和顽疾，一些项目完工之日就是废弃之时。"首善云"以现有硬件为基础，并且可以随着技术发展而及时进化，极大地减少了因被淘汰而造成投资浪费的风险，是复制推广价值较高的智慧社区解决方案。

创新点：

以入户屏为切入点，打通社区生活"最后 100 米"；同步推进智慧社区和数字家庭建设，实现智能家居互联互通；通过连接住建部国密平台保障公民隐私数据安全；建立家庭与智慧社区、智慧城市的通道，实现政务服务下沉和商业个性化推送，减少政府投入，创造可持续发展模式；以"1+3+2+N"架构打造智慧社区系统平台，开发多个场景应用，提升社区数字化服务能力。

价值点：

有效打通了家庭、政府、物业和商业间的沟通渠道，为居民提供了更安全、宜居的生活环境，同时提升了政府管理效率，减少了物业与居民的矛盾。在经济方面，降低了物业公司成本，实现了能源的高效利用，运营方和物业公司还能获得收益，促进社区生态持续更新。

可复制性和应用范围：

以家庭智慧中控屏和信息箱为入口的模式，适用于各类社区，无论是老旧小区还是新建小区。对于老旧小区，可通过安装智能门禁系统等方式提高安全性和便利性；新建小区则可在规划建设阶段融入智慧社区理念，提供一站式智能生活解决方案。此外，该方案建立的数字基础设施运营模式，可减少政府投入，吸引社会资本介入，为社区可持续发展提供了可行路径。因此，它可在不同地区、不同类型的社区中进行推广和应用，具有良好的示范推广价值。

成果详述：

一、基本情况

1. 项目简介

北京国际技术合作中心有限公司推出的"首善云"智慧社区解决方案是一项创新的社区智能化项目，旨在通过科技手段提升社区治理效率和居民生活质量。该方案以入户屏为切入点，搭建了一个连接居民、政府、物业和周边商业的沟通桥梁，打通了社区生活的"最后100米"。通过云平台的开发，实现了服务的互联共享，同时，入户屏作为家庭智能家居系统的中控设备，实现了不同品牌品类终端产品的统一接入和互联互通。

2. 实施背景

随着信息技术的快速发展，智慧社区建设成为趋势。社区面临着提升治理效率、改善居民生活质量、优化服务等多方面的需求。同时，老旧小区存在基础设施老化、安全问题突出、服务功能不足等问题，而新建小区也需要在建设之初就融入智慧社区的理念。此外，政府也在积极推动智慧城市建设，智慧社区作为智慧城市的重要组成部分，其建设具有重要意义。

3. 实施的必要性

智慧社区的建设能够有效提升居民的安全感和生活便利性。通过智能安防和家庭综合信息箱的连接，居民的隐私数据得到了更好的保护。智慧社区的建设有助于提高政府和物业的管理效率，降低行政成本，实现管理的优质高效。智慧社区还能促进社区经济的发展，通过运营服务为运营方和物业公司带来收益，吸引社会资源的投入，减少对政府项目的依赖，推动社区生态的持续更新和有机发展。该方案的实施还具有重要的社会价值和经济价值。社会价值上，它通过打通家庭、政府、物业和周边商业的沟通渠道，为居民提供了安全、宜居的生活环境，同时也为政府和物业公司提供了高效的管理和服务手段。经济价值上，通过降低人力成本和管理成本，以及实现能源和资源的高效利用，智慧社区的建设不仅有助于实现绿色发展，还能为参与方创造经济收益。"首善云"智慧社区解决方案具有良好的可复制性和广泛的应用范围，适用于包括老旧小区和新建小区在内的所有类型社区。这为不同社区提供了智能化升级的可行路径，有助于推动整个社会的数字化转型。通过在北京市昌平区城南街道昌盛园社区的试点建设，该项目已经展现出其在实际操作中的有效性和前瞻性，为其他社区提供了宝贵的经验和示范。

二、项目实施过程

1. 主要做法

（1）完成平台开发

以"社区治理—物业服务—社区运营"为主线，打造"1+3+2+N"架构。建设数字社区专题数据库，开发社区治理平台、智慧物业平台及社区运营服务平台，以及居民手机移动端和入户屏两个用户服务端，同时开发多个社区场景应用。

（2）完成多场景功能应用开发

围绕社区治理、物业服务、社区运营三大场景，开发完成社区基层智能设施部署及日常生活便民、养老便民、访客管理、智能门禁等多项场景应用。完成入户屏 OS、业主手机 App、物业小程序、商家端、访客小程序、IOC 展示大屏、养老平台等的开发及测试工作。

（3）完成标准编制工作

着力研究制定数字家庭和智能家居标准体系，联合相关单位组织召开技术和标准研讨会，先后完成了《城镇居住区智能化改造技术标准》和《数字家庭工程技术规程》。

（4）明确项目目标及意义

高质量完成试点任务，打造可复制可推广的成功案例；以数字化提升社区治理水平，实现"昌盛模式"迭代升级；提升居民生活品质，增强群众的幸福感、获得感；打造数字化创新应用场景，为北京建设全球数字标杆城市贡献力量。

（5）确定建设内容

建设内容包括软件开发（打造一个系统，两个终端，四个平台）、硬件投入（光纤网络及综合布线、社区出入口及单元门禁改造、入户屏和家庭综合信息箱发放等）和"数字家庭样板间"建设。

2. 关键要点

一是以需求为导向。深入了解社区居民、政府、物业和商业的实际需求，确保平台功能和应用场景贴合实际，具有实用性和可操作性。二是技术创新与融合。运用物联网、大数据、人工智能等先进技术，实现智能家居设备的互联互通、数据的安全存储和分析，以及社区服务的智能化。三是多方合作。联合中国城市科学研究会、中国信息通信研究院、中国建筑科学研究院等单位，充分发挥各方优势，共同推进项目的实施。四是标准引领。制定完善的数字家庭和智慧社区标准体系，为项目的规范化、标准化发展提供指导，提高项目的可复制性和推广性。五是注重用户体验。在平台和应用的开发过程中，注重用户界面的友好性、操作的便捷性，确保居民能够轻松使用智慧社区的各项功能。六是安全保障。重视数据安全和居民隐私保护，通过家庭综合信息箱连接住建部国密平台，确保公民隐私数据和系统信息安全。七是试点示范。通过在社区开展试点建设，积累经验，不断优化和完善解决方案，为项目的推广应用提供参考。八是可持续运营。探索数字家庭智慧社区的可持续运营模式，减少政府投入，吸引社会资本介入，促进社区生态的持续发展。

三、成果总结

1. 经济效益

一是降低成本。通过"首善云"智慧社区平台的应用，物业公司能够实现智能化管理，降低人力成本和管理成本。同时，智能设备的能源管理功能有助于优化资源使用，减少浪费，降低能源成本。二是促进商业发展。平台为周边商业提供了更精准的营销渠道，促进商业活动的开展，增加商业收益。此外，数字家庭和智慧社区的建设也带动了相关产业的发展，如智能家居、信息技术等，为经济增长带来新的动力。三是提升资源利用效率。通过智能设备的互联互通和数据分析，实现对资源的合理调配和高效利用，提高资源利用效率，为企业和社会带来经济效益。

2. 社会效益

一是提升社区治理水平。平台连接了居民、政府、物业和商业，实现了信息的实时共享和协同管理，提高了社区治理的效率和精准度，促进了社区的和谐稳定。二是改善居民生活质量。居民通过入户屏可以享受智能安防、智能家居控制、便民服务等多种便利，提高了生活的安全性和舒适性，增强了居民的幸福感和获得感。三是加强社区互动与融合。平台促进了居民之间、居民与物业之间的沟通和互动，增强了社区的凝聚力和归属感，促进了社区的融合发展。四是推动智慧城市建设。该项目为智慧城市建设提供了有益的探索和实践经验，为其他社区的智慧化建设提供了参考和借鉴，有助于推动整个城市的数字化和智能化发展。

3. 环境效益

一是节能减排。智能设备的能源管理功能可以实现对能源的精细化控制，减少能源浪费，降低碳排放，对环境保护起到积极的作用。二是资源回收与利用。通过平台的垃圾分类管理等功能，促进了资源的回收和利用，减少了对环境的污染，实现了可持续发展。

4. 管理效益

一是提高管理效率。社区治理平台、智慧物业平台的应用，实现了管理的信息化和智能化，提高了管理决策的效率和准确性，减少了管理环节，降低了管理成本。二是增强管理透明度。平台实现了数据的实时采集和共享，使管理过程更加透明，便于监督和评估，提高了管理的公正性和公信力。三是优化服务质量。通过对居民需求的精准分析和响应，提供个性化的服务，提高了服务质量和满意度，提升了社区的整体形象。四是促进管理创新。该项目推动了管理模式的创新和变革，为社区管理带来了新的思路和方法，有助于提升管理水平和服务能力。

四、经验与启示

标准先行，定义行业发展规范。先行制定数字家庭和智能家居标准体系，通过对行业的重新定义，解决智慧化社区建设领域野蛮生长的乱象，确立自己在行业标准制定者中的主导地位。用标准引导行业的规范化发展，防止因建设水平参差不齐给各方利益造成损害和浪费。同时，依据标准推进智慧化社区建设，为智慧化社区打造杠杆和模板，为大面积推广和快速占领市场创造条件。

以入户屏为切入点，降低持续优化的成本。智慧社区建设是一个不断发展的过程，需要根据实际情况进行持续优化和改进。智慧化社区以入户屏作为家庭智能家居系统的中控设备，实现了不同品牌品类终端产品的统一接入和互联互通，在系统升级时，不需要不断地更新硬件，大大减少了硬件投入的成本，实现了低成本的应用升级。同时，以居民手机移动端作为用户服务端，在不需要硬件投入的前提下，充分满足了对于移动控制的需要。

（完成人：张建利　洪　鹰　孙大江　李　瑶　赵士东　柳　军　桑　婧　李祉睿）

共享经济理念下的检测平台搭建

华春众创工场企业管理有限责任公司

审定意见：

本成果利用平台经济的共享理念和方式，通过整合建工建材检测机构资源，搭建建工垂直细分领域的检测资源共享平台。基于合规性审查、平台收录资质、信用合格达标检测机构，并根据客户的检测项目需求，依据本地化就近匹配的原则，通过算法为客户推荐检测机构，继而提供三方签约、检测、付费等流程的一站式服务，还可以利用大数据对平台内的检测机构进行评级。既可以降低客户选择检测机构的难度和成本，提高检测的效率，又可以利用更加透明的信息和数据，实现对检测机构的优选和优化，提高优质检测机构的竞争力。

创新点：

建立建设工程项目和检测机构检测信息共享的服务平台，通过"互联网＋检测服务"的模式，丰富了对接方式，减少了流转环节，提高了服务效率。

平台纳入了全国多个领域的 60 余家检测机构，涉及众多专业，能根据项目需求和地理位置就近推荐检测机构，提升了服务效能。平台采用互联网共享模式，为供需双方提供精准信息和线上服务，有效保证项目开展进度。同时，平台对入驻检测单位和提报项目进行严格审核，确保信息真实性和可靠性。

价值点：

其一，提供全产业链一站式服务，实现全过程互联网化，提高效率、降低成本、强化管控。其二，就近匹配检测单位，纳入全国多领域检测机构，根据地理位置推荐对应机构，提升检验检测服务效能，精准便捷服务客户。其三，提供精准项目信息，采用互联网共享模式，为各方提供线上服务，保证项目开展进度。其四，便利供需双方。为业主、中介提供专业检测单位，为检测单位提供精准项目信息；基于百度地图快速推荐定位精准、专业的检测机构，为检测机构拓展业务创造条件。其五，质量保证严格，审核入驻检测单位和项目信息，确保真实性和可靠性。

可复制性和应用范围：

该平台通过整合资源、智能匹配、在线服务、质量保障以及数据分析等技术手段，有效解决了建筑工程市场中的痛点问题。其全产业链一站式服务和就近匹配检测单位的模式，可在全国范围内推广应用。平台纳入了多个专业的检测机构，能根据项目需求和地理位置为业主或中介推荐对应检测机构，大大提升了检验检测服务效能。此外，基于百度地图的应用，能为各方快速推荐精准、专业的检测机构，促进项目高效开展。该平台的模式和经验可应用于其他相关领域，为不同行业采用共享经济模式提供借鉴。

成果详述：

一、基本情况

1. 项目简介

华春众创工场企业管理有限责任公司推出了一款专为建筑行业设计的检测服务平台。用户可以在浏览器中输入网址进入平台首页。检测机构和中介单位可以通过注册完成入驻手续，注册信息需要经过严格的审核流程。检测机构可以根据平台提供的配置选项决定是否缴纳相关费用。该平台严格遵循相关的标准和规范，确保了系统接口的标准化和平台无关性，从而便于不同系统的集成和兼容。

2. 实施背景

在建筑工程中，工程质量检测工作是至关重要的环节。然而，以往在寻找检测机构时，项目相关方常常面临诸多困难，比如不知道在哪里能够找到合适的检测机构，找到的机构距离太远，或者机构的检测业务与项目需求不匹配等。这些问题不仅耗费了项目相关方大量的时间和精力，还可能影响工程的进度和质量。随着科技的快速发展和数字化转型的推进，建筑行业正在经历深刻的变革。在这样的背景下，建工建材检测信息共享平台应运而生，它利用互联网技术，整合了检测机构和项目相关单位的资源，为双方提供了一个高效、便捷的沟通和合作平台。

3. 实施的必要性

传统的检验检测方式存在着诸多弊端，"线下"流转形式单一，流转环节繁杂，服务效率低下，难以满足现代建筑工程的需求。建工建材检测信息共享平台通过"互联网＋检测服务"的模式，有效地解决了这些问题。平台按照"提报项目、智能匹配检测机构、检测机构确认、签订三方协议、检测服务"的服务机制，构建了全流程检验检测服务体系，丰富了对接方式，减少了流转环节，提高了服务效率。

二、项目实施过程

1. 主要做法

一是建立信息共享平台。构建了一个基于互联网的建工建材检测信息共享平台，整合了检测机构和项目相关单位的信息资源。二是优化服务机制。按照"提报项目、智能匹配检测机构、检测机构确认、签订三方协议、检测服务"的服务机制，确保流程的顺畅和高效。三是严格审核入驻单位。对检测机构和中介单位的注册信息进行严格审核，保证入驻平台的单位具备相应的资质和能力。四是拓展检测机构资源。纳入全国各领域检测机构 60 余家，涉及多个专业，丰富了平台的检测服务能力。五是提供一站式服务。为用户提供项目提报、智能匹配、检测机构确认、协议签订、检测服务以及费用结算等一站式服务，实现全过程互联网化。六是加强技术支持。遵循相关标准规范，确保系统接口的标准化和平台无关性，保障跨平台的集成应用。

2. 关键要点

一是技术创新。平台充分利用了"互联网＋检测服务"的模式，采用了先进的信息技术，如大数据、人工智能等，实现了检测机构和项目相关单位的精准匹配，提高了服务效率和质量。二是精准匹配。通过对项目检测需求和地理位置的分析，平台能够采取就近原则，向业主或中介推荐最合适的检测机构，实现了资源的优化配置，提高了服务的精准性和便捷性。三是质量保证。严格的审核流程和质量控制体系是平台的关键要点之一。确保入驻的检测单位具备专业资质和能力，提报的项目信息真实可靠，检测服务过程规范准确，从而保证了检测结果的质量。四是数据安全。数据安全是平台运行的重要保障。参照网络安全等级保护 2.0 中的第三级要求进行系统安全建设，采取了多种安全措施，如用户权限管理、网络传输加密、病毒防护等，确保数据的安全性和完整性。五是个性化服务。根据不同客户群体的需求，平台提供了个性化的服务方案。例如，为建筑企业提供全面的检测服务套餐，为科研机构提供专业的数据支持和分析服务，满足了各方的特殊需求。六是市场拓展。积极与上下游企业建立合作关系，拓展市场渠道。通过与建筑材料生产企业、建筑施工企业、监理企业等的合作，形成了产业链的协同发展，提高了平台的市场竞争力。七是用户体验。注重用户体验，不断优化平台的界面设计和操作流程，使用户能够方便快捷地使用平台。同时，及时响应用户的反馈和建议，不断改进和完善平台的功能和服务。

三、成果总结

1. 经济效益

一是业务拓展与利润增长。平台预计未来三年可实现全国建工建材检测总量的 3% 约 15 亿元、10% 约 50 亿元及 30% 约 150 亿元的检测业务交易量。按照 10% 的利润率，第三方检测机构通过平台线上推广业务预计未来三年可分别实现 1.5 亿元、5 亿元和 15 亿元的经营利润。同时，平台预计可分别实现不少于 300 万元、1000 万元和 3000 万元的平台建设维护费。二是成本降低。平台提供全产业链一站式服务，帮助企业实现全过程互联网化，降低了人力、时间等企业经营成本。通过精准匹配检测单位和项目，减少了资源浪费，提高了资源利用效率。三是数据支持与决策优化。通过对数据的挖掘和分析，平台能更好地为客户提供全面的数据支持和解决方案，帮助企业作出更明智的决策，提高经济效益。

2. 社会效益

一是提高建筑工程质量。平台为建设工程项目选择专业化、规范化的检测机构提供精准服务，严格审核检测单位和项目信息，确保检测质量，从而提高建筑工程质量，保障人民生命财产安全。二是促进资源共享与协同发展。

平台打通了产业链上下游企业资源共享渠道，加速了业主、设计单位、招标代理机构、施工企业、监理企业、检测机构之间的资源交流共享，促进了行业的协同发展，提高了整体效率。三是推动行业规范化。平台的严格审核流程和质量保证措施，有助于规范建材检测市场秩序，推动行业向规范化、标准化方向发展。四是就业与产业发展。平台的发展带动了相关产业的发展，创造了更多的就业机会，对经济社会发展起到了积极的推动作用。

3. 环境效益

一是资源节约。通过精准匹配检测单位和项目，减少了不必要的运输和能源消耗，降低了对环境的负面影响。二是可持续发展。平台促进了建筑行业的可持续发展，推动了绿色建筑和节能环保材料的应用，为保护环境和实现可持续发展作出了贡献。

4. 管理效益

一是提高管理效率。平台的信息化管理模式，简化了流程，减少了烦琐的手续，提高了管理效率和决策速度。二是强化监管与风险控制。平台对检测机构和项目的严格审核，加强了对建材检测行业的监管，降低了风险，保障了行业的健康发展。三是数据管理与决策支持。平台积累的大量精准、有价值的数据，为企业和政府提供了重要的决策支持，有助于制定更科学的政策和发展规划。

四、经验与启示

拓展共享经济模式的应用场景，为检验检测行业发展提供新思路。共享经济模式的应用场景和案例，绝大多数都集中在简单的硬件服务领域。建工建材检测信息共享平台打破了这一局限，创造了共享经济模式向复杂服务领域延伸的新案例。通过引入"互联网＋检测服务"的模式，打破了传统检验检测的时空限制，实现了资源的高效整合和优化配置。

构建第三方信用体系，减少供需双方交易成本。平台对入驻的检测单位和提报的项目进行严格审核，确保了检测结果的准确性和公正性。创造第三方信用机制，是支付宝快速发展的秘诀，也是支付宝重要的核心价值所在。在社会信用机制缺失、供需双方缺乏互信的情况下，第三方信用机制的价值创造作用不可低估。同时建工建材检测信息共享平台参照网络安全等级保护2.0中的第三级要求进行系统安全建设，采取了多种安全措施，有效保护了用户的数据安全。

（完成人：黎清昂　李根友　王　宁　刘彩琴　王宇轩　冷　冰）

以文化创新推动公司数字化转型

西南证券股份有限公司

审定意见：

数字化转型的难点，不在于技术，而在于人。如何使员工的观念、意识、能力和行为都能适应数字化转型的需要，本成果提供了一种可行的模式。数字化转型需要一种共识，这种共识不仅是基于宏观概念的共识，更是基于具体路径、方法和细节的共识。很多企业的数字化转型，就是因为缺乏这种具体的共识，而导致过程的混乱和结果的失败。本成果通过一系列趣味度高、场景化真、参与性强的文化项目，吸引员工参与到数字化转型方法和路径的思考、设计、探讨和互动中来，让共识形成于项目启动之前，让方法来自使用者，为最终数字化转型的成功提供了坚实保障。

创新点：

首先，在理念上进行创新，将金融科技与丰富的文化元素巧妙融合，使金融科技展现出人文关怀和创新活力，改变了其刻板印象。其次，在形式上有所创新，通过数字化转型宣讲、团队路演、创新创意大赛等环节，让金融科技与文化相互碰撞，产生新的火花。最后，在场景上进行创新，邀请外部监管机构领导、行业专家、合作伙伴等多方参与，共同探讨前沿技术和应用场景，促进业务与技术深度融合，推动开放证券生态建设。

价值点：

展示公司数字化转型成果，增强员工理解度与参与度，形成内部共识。塑造企业文化，提升金融科技软实力，为公司发展提供有力支撑。加深员工对客户需求和技术趋势的理解，使"以客户为中心"理念更好落地，提升客户满意度。激励员工将创新思路转化为实际产品，加速科技创新和业务转型，推动公司发展。通过热点传播效应，扩大公司在行业和社会的影响力，提升公司知名度和美誉度。培养创新人才，营造良好的创新氛围，为公司的可持续发展奠定坚实基础。

可复制性和应用范围：

其核心在于通过内容创新为业务赋予新的、更具趣味和易接受的表现形式，以推动数字化转型落地。这种模式不依赖特定技术或资源，主要依赖组织者的策划能力等智力财富，通过营造场景提高公司内外的有效参与度。因此，它具有广泛的应用范围，不仅适用于证券行业内部，还可扩展到银行、保险、基金等其他金融领域，以及零售、制造等行业。不同单位均可借鉴此模式，并结合自身特点和需求进行针对性调整和创新，以实现数字化转型的目标。

成果详述：

一、基本情况

1. 项目简介

2023 年 10 月 24 日，西南证券股份有限公司（以下简称"西南证券"）开展了"创新引领 数智未来"首届金融科技文化节活动。该活动从开始筹备到圆满落幕历时 4 个多月，旨在深入学习领会习近平总书记关于数字中国建设的重要论述，贯彻落实党的二十大作出的战略部署，服务成渝地区双城经济圈、西部陆海新通道和西部金融中心的打造，围绕重庆市委、市政府数字重庆建设的工作安排，结合行业数字化转型趋势和公司数字化转型升级的紧迫要求，塑造数字变革新优势，培养员工数字化思维，促进数字化转型落地。

2. 实施背景

当今世界信息化浪潮迅猛发展，加快数字化发展、建设数字中国是必然要求。西南证券为顺应发展形势，构筑竞争优势，推进社会主义现代化国家建设，积极开展此次活动。同时，公司希望通过活动提升经营管理水平和服务质量，打造各业务领域新质生产力，助力公司高质量发展。此外，针对公司发展中的痛点、难点、堵点，以数字化为手段寻求解决方案，提升客户体验、业务发展和管理效能，使数字文化成为可持续的企业文化。

3. 实施的必要性

活动对于助力推进公司的数字化转型具有里程碑式的意义，标志着公司在探索金融科技新路径、共创证券行业新未来的征程上迈出重要一步。首先，通过举办文化节，能够引导员工积极参与金融科技创新实践，促进数字文化深植于业务创新和管理升级的各个环节，有效助力公司高质量发展。其次，活动涵盖了一系列内容，为员工提供了多个展示平台，有助于激发员工的创造力和创新思维，树立协同创新思维，传播创新文化理念。文化节还有利于提升公司的创新能力与竞争力，通过对创新创意方案的细化和完善，提前发现问题并及时调整修正，更好地应对市场需求和变化。外部专家的参与带来了更多资源、信息和合作机会，提高了活动的权威性和影响力。参赛团队的跨部门组成促进了跨部门和跨团队的合作与交流，增强了团队协作能力，推动数字化转型工作顺利进行。最后，活动强化了企业文化品牌的影响力，通过专属 IP 形象的制作和宣传，为公司打造了积极富有活力的企业文化品牌形象，提升了文化品牌价值和核心竞争力。

二、项目实施过程

1. 主要做法

在活动筹备阶段，西南证券于 2023 年 7 月底开始筹备，充分考虑公司数字化转型战略规划和顶层设计，确定活动主题。主题的确定坚持党建引领，秉承公司"创新"文化，旨在调动员工才智，提升公司经营管理水平和服务质量，加快打造新质生产力，助力公司高质量发展。同时，针对公司发展中的痛点、难点、堵点，以数字化寻求解决方案，使数字文化成为可持续的企业文化。

在活动组织阶段，公司广泛动员，32 个部门、分支机构及子公司共 253 人参加，基本覆盖各职能部门及业务条线，共收集 94 个创新创意方案，内容涉及管理效能提升、客户体验提升、员工赋能等方面。为帮助员工高效输出创意成果，公司聘请业内专家对参赛团队进行数字化素养以及演讲技巧培训，帮助参赛成员树立数字化思维，完善现有方案，提升演讲技巧。决赛时，在纪检、审计和合规部专家组成的监督小组现场监督下，由行业专家和公司领导组成的评审团按照多个维度评选出获奖团队及方案。

在活动后续阶段，首届金融科技文化节结束后，西南证券根据参赛方案中的建设性创意，同步完善了2024年公司工作计划及IT三年战略规划，并定期跟踪参赛方案的落地情况，不定期宣传推广落地成果。截至5月，已有三个方案完成实施，公司还计划选取部分方案进行"揭榜挂帅"，在下一届金融科技文化节对效益高的方案和团队进行嘉奖。

2. 关键要点

一是主题确定的精准性。活动主题充分结合公司数字化转型战略和实际需求，既注重创新文化的引领，又针对发展中的具体问题，确保活动具有明确的目标和方向。二是广泛的参与度。通过有效的组织推广，吸引了公司各部门、分支机构及子公司的众多人员参与，涵盖了各职能部门及业务条线，确保了活动的广泛性和代表性。三是专业的培训支持。聘请业内专家对参赛团队进行数字化素养和演讲技巧培训，有助于提升参赛团队的能力和水平，促进创意成果的更好展示和完善。四是严格的评审监督。决赛时的监督小组和评审团确保了评选过程的公正性和专业性，保证了获奖团队及方案的质量。五是后续的跟进与推广。对参赛方案落地情况的跟踪以及宣传推广，有助于将创新成果切实转化为实际效益，并激励更多员工参与到创新活动中。

三、成果总结

1. 经济效益

一是推动数字化转型。通过金融科技文化节，西南证券加快了数字化转型的步伐。创新创意方案的实施有助于优化原有系统，推进IT三年战略规划和数字化整体架构的发展，提前发现并解决可能出现的问题，更好地应对市场需求和变化，从而提升公司的运营效率和竞争力。二是提升业务创新能力。

活动收集的创新创意方案涉及管理效能提升、客户体验提升、员工赋能等方面，为公司的业务创新提供了丰富的思路和方向。这些方案的实施有望带来新的业务增长点，提高公司的经济效益。三是优化资源配置。根据参赛方案完善公司工作计划及 IT 三年战略规划，有助于公司更合理地配置资源，提高资源利用效率，降低运营成本。

2. 社会效益

一是行业影响力提升。首届金融科技文化节得到了新华社、《重庆日报》、公司官网及官方微信公众号等媒体的宣传报道，其中新华社报道的点击量超过 200 万人次。这不仅扩大了西南证券的行业影响力，也为推动证券行业的改革创新起到了积极的示范作用。二是促进人才培养。活动为员工提供了展示自己的平台，激发了员工的创造力和创新思维，有助于培养一批具有数字化思维和创新能力的人才，为行业的发展提供人才支持。三是推动行业交流与合作。外部监管机构领导和专家的参与，为公司带来了更多的外部资源和信息、创新经验以及合作机会，促进了证券行业内的交流与合作，共同推动行业的发展。

3. 管理效益

一是增强员工共识。活动展示了公司在数字化转型方面的理念和实践成果，增强了员工对数字化转型的理解和参与程度，在公司内部形成了对数字化转型的共识，有助于提升公司的管理效率和执行力。二是促进跨部门协作。参赛团队由不同部门的成员组成，促进了跨部门和跨团队之间的合作和交流，增强了团队之间的协作和配合能力，推动了西南证券数字化转型过程中的各项工作顺利进行。三是提升企业文化。活动营造了积极向上、活泼有趣的氛围，强化了企业文化品牌的影响力。通过制作专属 IP 形象、手办、表情包、拍摄宣传片、纪录片及获奖团队 Vlog 等，丰富延展了企业文化内核，为公司的品牌场景生态圈提供了丰富的内容，提升了公司的文化软实力。

四、经验与启示

本次活动是一次数字化转型的重磅理念撞击，让员工产生深刻的触动。金融科技文化节以金融科技调动包括外部专家在内的重头资源，以超乎寻常的规格、声势和场面，集中展示数字化转型的相关内容，形成了强大的气场和震撼力。让员工感到"未来已来"的巨大冲击，增加其对数字化转型和提升自我的强烈愿望，使他们更愿意主动参与到数字化转型中来，从而在公司内部形成积极拥抱数字化的氛围和文化。

本次活动是一次数字转型的彩排和预演，让员工产生切实的代入感。数字化转型宣讲、团队路演、创新创意大赛等形式创新的活动，让员工能够更好地展示自己的创新成果，同时也能够从其他团队的经验中汲取灵感。多样化的形式不仅增强了活动的趣味性和吸引力，还激发了员工的竞争意识，促使他们增强提升自己能力和水平的紧迫感。在节目策划和排练过程中，参与者已经融入了数字化转型的场景。

（完成人：华 明 陈 洪 李鲁川 陆 雪 刘海彦 王 蕾 文彦乂 陈 弢）

系统化解决乘客痛点　树立行业标杆

内蒙古自治区民航机场集团有限责任公司

审定意见：

本成果通过制定统一规范的服务产品开发程序、建立内部服务产品星级评审程序，实施系统化的服务创新和提升，执行高于行业的高效高质服务标准，使服务品牌成为核心竞争力，并由此带动经济效益的提高。针对全国机场广受诟病的餐食贵现象，100%践行商业餐饮"同城同质同价"；创新"通程航班"中转流程，实现"一次支付、一次值机、一次安检、行李直挂、无忧中转"；调整机场动线，保证旅客乘机路径时间最短；充分利用机场资源和场景，展现当地自然元素，让成员机场成为展示当地城市文化的"窗口"。这些创新普遍适用于国内民航业，为民航业服务提升创造了样板。

创新点：

通过制定统一规范的服务产品开发程序和内部星级评审程序，促使成员机场紧密围绕"中国服务 畅享草原"服务品牌，结合地区文化、民族习惯和地理差异等特色，系统推出服务产品，形成品牌建设目标一致、产品设计丰富多彩的良好局面，有效支撑了服务品牌的建设与价值提升。打造一体化服务品牌，明确集团在资源规划、标准制定、行为监督和处罚等方面的作用，构建良好的品牌管理生态。以服务创新为驱动，充分发挥集团与成员机场的协同作用，以满足客户需求为核心开发服务产品，并在成员机场间共享创新成果，为旅客提供高品质、差异化和个性化的服务体验。

价值点：

在城市贡献上，文化服务供给、无障碍设施建设、优美环境升级和志愿服务提供等方面高于文明城市建设标准，并通过开展活动将机场打造为展示城市文化的"窗口"。在人文关怀方面，全面兑现服务承诺，提升航班放行正常性，完善母婴室设施，为特殊旅客提供贴心服务，实现行李全流程跟踪，增强员工认同感和归属感。在责任担当方面，确保安全生产平稳有序，践行

"人民至上、生命至上"理念，建立绿色发展机制，在疫情防控中表现出色，获得重要荣誉。这些价值点使得该成果在社会多个领域产生积极影响，推动了地区的发展和进步。

可复制性和应用范围：

内蒙古自治区民航机场集团有限责任公司（简称"内蒙古机场集团"）的一体化服务品牌管理模式，充分发挥了集团规模效应与管理优势，具有较强的可复制性和广泛的应用范围。对于多成员的机场管理集团来说，该模式推广便利且效果显著。集团公司通过定规划、搭框架、保投入、做绩效等方式，使服务品牌管理工作更科学、更先进。随着服务品牌战略的深入落实，各机场在服务能力上不断取得突破。该模式可应用于其他机场管理集团，有助于提升整体服务质量，打造具有地区特色的知名品牌，推动机场管理行业的高质量发展。

成果详述：

一、基本情况

1. 项目简介

2022年，内蒙古机场集团隆重发布"中国服务 畅享草原"服务品牌。这一品牌深入践行"人民航空为人民"的行业宗旨，遵循"以旅客需求为核心"的服务理念，旨在实现百姓"坐得好"的企业目标。集团集聚了22家成员机场的合力，逐步扩大服务品牌的竞争力和影响力。"中国服务 畅享草原"服务品牌蕴含着丰富的内涵。其中，"中国服务"以"爱人如己，爱己达人"为核心理念，以营造安全顺畅、便捷高效、贴心愉悦的服务体验为表现形式。

2. 实施背景

随着我国经济的快速发展和人民生活水平的不断提高，民航业作为重要的交通运输方式，迎来了蓬勃发展的机遇。同时，旅客对航空服务的需求也日益多样化和个性化，对服务品质、效率和体验提出了更高的要求。在这样的背景下，内蒙古机场集团积极响应市场需求和行业发展趋势，深入挖掘地域文化特色，打造具有鲜明特色的服务品牌，以提升自身的核心竞争力，满足旅客日益增长的美好出行需求。

3. 实施的必要性

（1）提升服务质量

通过制定统一规范的服务产品开发程序和内部服务产品星级评审程序，内蒙古机场集团能够确保服务产品的质量和一致性，从而提升整体服务水平。

（2）增强市场竞争力

在激烈的市场竞争中，服务品牌是企业的核心竞争力之一。"中国服务畅享草原"服务品牌的打造，能够使内蒙古机场集团在众多机场中脱颖而出，吸引更多旅客选择从内蒙古机场出行。此外，通过不断创新和优化服务产品，集团能够持续提升自身的竞争力，保持市场领先地位。

（3）促进地区发展

内蒙古机场集团作为地区重要的交通枢纽，其服务品牌的提升对于促进地区经济社会发展具有重要意义。一方面，优质的航空服务能够吸引更多的商务旅客和投资，加强地区与外界的联系和交流，推动经济发展；另一方面，机场作为展示地区形象的重要窗口，能够通过服务品牌传播地域文化，提升地区的知名度和美誉度。

（4）践行企业使命

内蒙古机场集团始终秉持"人民航空为人民"的行业宗旨，致力于为人民提供安全、顺畅、便捷、高效的航空服务。"中国服务 畅享草原"服务品牌的实施，是集团践行企业使命的具体体现，能够更好地满足人民对美好出行的向往，为人民群众创造更多的福祉。

（5）传承地域文化

内蒙古拥有丰富的地域文化和民族特色，"中国服务 畅享草原"服务品牌的打造，为传承和弘扬地域文化提供了重要平台。通过在机场航站楼展示当地自然元素、举办文化互动体验活动等，能够让更多的旅客了解和感受内蒙古的地域文化和民族特色，增强文化自信和认同感。

二、项目实施过程

1. 主要做法

（1）明确品牌内涵和定位

发布"中国服务 畅享草原"服务品牌，深入践行"人民航空为人民"行业宗旨，以"助力北疆腾飞"为使命，为人民提供安全顺畅、便捷高效、贴心愉悦的航空服务。

（2）构建长效管理机制

制定与总体发展规划相匹配的服务品牌建设规划，明确服务品牌定位、价值观、管理模式和中长期目标。明确服务品牌管理模式为单一母品牌驱动模式，统一管控服务品牌及其产品，发挥成员机场各层级协同推进作用。

（3）构建服务产品体系建设模型

制定统一规范的服务产品开发程序，建立内部服务产品星级评审程序，促进成员机场围绕服务品牌形成合力，结合地区特色推出服务产品。构建"互联互通、畅行无阻"的航线网络，优化自治区航空运输网络体系，开发并稳定运行支线、通用航线，深化"经呼飞"中转服务品牌建设，建设区内东部和西部机场枢纽。提升"乘机便捷、畅快出行"的乘机体验，保证航班运行稳定顺畅，应用智能化设备及技术提升出行效率，提高关键流程品质。

提供"人享其行，物畅其流"的真情服务，关注商业餐饮和细节服务，开发"行李门到门"服务，打造货运精品服务产品。彰显"地域文化、悦享风情"的文化传承，打造"风景机场"和"美丽支线"，展现当地自然元素和地域文化，举办文化互动体验活动。深化"幸福空港、快乐草原"的人文关怀，打造特殊旅客专属服务，完善员工服务管理体系。

（4）取得显著效果

航线网络更加完善，机场建设不断推进，航线增加，通航点增多，人均乘机次数增长，支线机场与枢纽机场互联互通加强，航线产品丰富。服务体验更加美好，服务设施改善，服务标准提高，服务流程优化，新科技应用提升旅客满意度。在城市贡献、人文关怀和责任担当等方面表现出色，获得相关荣誉。

2. 关键要点

一是统一规划与协同推进。制定统一的服务品牌建设规划和管理模式，确保各成员机场在服务品牌建设中协同推进，形成合力。二是以客户需求为核心。坚持服务产品开发以满足客户需求为核心，不断创新服务举措和产品，提供高质量、差异化、个性化的服务体验。三是发挥集团优势。充分发挥集团在资源规划、统筹、配备等方面的优势，优化资源配制，确保服务品牌建设取得预期目标。四是注重文化传承和人文关怀。在服务品牌建设中注重彰显地域文化特色，打造具有吸引力的文化地标，同时关注特殊旅客需求，完善员工服务管理体系，凸显人文关怀。

三、成果总结

1. 经济效益

航线网络的完善促进了地区经济的发展。随着运营机场数量的增加和航线的拓展，更多百姓能够享受到航空服务，加强了地区与外界的联系，为经济活动提供了便利，有助于吸引投资和促进旅游业的发展，从而推动地区经济的增长。服务品牌的提升带来了客流量的增加。通过提供优质的服务体验，吸引了更多旅客选择从内蒙古机场出行，提高了机场的吞吐量，进而增加了机场的收入。商业餐饮和货运服务的优化也为机场带来了经济效益。符合大众口味的商业餐饮和特色伴手礼的销售，以及货运精品服务产品的打造，提升了机场的商业收益。

2. 社会效益

文化服务供给、无障碍设施建设、优美环境升级和志愿服务提供等方面高于文明城市建设标准，为当地居民和旅客提供了更好的生活和出行环境，提升了城市的形象和品质。开展传统文化节日活动和民族特色文艺展演，将成员机场打造成为展示当地城市文化的"窗口"，促进了地域文化的传承和传播，增强了居民的文化认同感和自豪感。全面实现"我为群众办实事"服务承诺，为特殊旅客提供贴心服务，提升了航班放行正常率，增强了员工对企业的认同感和归属感，提高了社会满意度。在疫情防控中表现出色，承担社会责任，为保障人民生命安全和身体健康作出了贡献，赢得了社会的赞誉。

3. 环境效益

建立科学合理的绿色发展机制，在机场建设中推广使用绿色环保建筑材料，减少了对环境的影响。使用清洁能源替代传统能源，有助于减少碳排放，打赢蓝天保卫战，为保护环境和可持续发展作出了积极贡献。

4. 管理效益

制定统一规范的服务产品开发程序和内部服务产品星级评审程序，促进了成员机场之间的协同合作，形成了服务产品开发合力，提高了管理效率和服务质量。打造一体化的服务品牌，明确了集团公司在资源规划、运行标准制定、实施行为监督和违规行为处罚等方面的职责，建立了良好的服务品牌管理生态，提升了企业的管理水平。坚持以服务创新为驱动力，充分发挥集团公司和成员机场各层级的协同推进作用，不断创新服务产品，共享创新成果，为旅客带来了更好的服务体验，增强了企业的竞争力。

四、经验与启示

结合地域特色文化明确品牌定位，以文化传承提升品牌的社会价值和影响力。充分结合内蒙古地域文化特色，丰富"畅享草原"所蕴含的多层含义，通过开展传统文化节日活动、民族特色文艺展演等，将机场打造成为展示当地城市文化的"窗口"，使品牌具有鲜明的特色和深厚的内涵，从而在市场中脱颖而出，吸引了众多旅客的关注和青睐。

针对乘客痛点推出敏感性"显效服务"，让乘客明显感觉到服务品质的提升。比如，机场餐饮贵是所有机场普遍存在的共性问题，乘客对此最为敏感，内蒙古机场集团通过100%践行"同城同质同价"餐饮服务，让乘客感受到超预期的服务品质，使其在全国众多机场中脱颖而出。同时，开发"行李门到门"服务、为特殊旅客提供专属服务等充满人文关怀的细节服务，大幅度提升乘客体验，用服务品牌美誉度增加企业竞争力。

（完成人：余　利　张妙琳　李勇奇　刘丽莉　杨智超）

全方位合规管理在成功胜诉欧盟反倾销调查中的价值

江苏甬怡紧固件有限公司

审定意见：

本成果对于中国企业主动应对反倾销诉讼，提供了系统性的方法论和成功案例。在全球性产能过剩和国际贸易争端加剧的大背景下，反倾销诉讼呈现出增加的趋势。面对日趋复杂和严峻的竞争局面，中国企业应当对可能出现的贸易争端和冲突，作好积极的应对准备。本案例的价值不仅在于应对方法、策略和成果的成功，更重要的是在应对过程中，能够以充分的数据和资料，表明自身乃至整个行业严格遵守国际贸易规则、确保产品生产销售全面合规的态度和做法，在赢得官司的同时，也赢得了竞争企业的理解、信任和尊重。为中国企业赢得了形象分，为产品在境外拓展市场创造了友好的贸易环境。

创新点：

其积极寻访专业律师团队，制定有效反倾销策略，为保障自身合法权益奠定坚实基础。公司联合律师团队组成专项工作小组，积极配合调查，与欧盟官员进行多次网络视频论证，提供充分证据，有力证明产品未进行不正当倾销。此外，江苏甬怡紧固件有限公司重视内部管理，严格遵守国际贸易规则，加强对员工法律知识教育，确保经营活动合法合规。同时，联合同行进行集体抗辩，增强行业凝聚力和国际竞争力，以集体行动应对反倾销案件，取得良好效果。

价值点：

它展示了中国企业积极应对国际贸易纠纷的决心和实力，提升了我国传统企业在国际上的法制形象。通过与行业协会和同行企业联合抗辩，促进了紧固件行业内部的合作，增强了对外凝聚力和国际竞争力。在抗辩过程中，与欧盟委员会建立信任并减少误解，有助于消除对华认知偏见，为企业创造公平竞争环境。此次胜诉为我国企业应对反倾销调查提供了有益借鉴，树立了信心。同时，提醒国内企业将应对反倾销调查纳入长期战略规划，提高应对能力。

可复制性和应用范围：

其他企业可以借鉴其重视法务管理的做法，加强对员工法律知识教育，使公司日常经营活动严格遵循国际贸易规则，从而有效降低遭受反倾销调查的风险。当面临反倾销诉讼时，应积极寻求专业法律支持，组建专门工作小组，全力配合调查，并提供充足的证据来证明自身的合法性。此外，联合同行进行集体抗辩是一种有效的策略，它不仅能够降低单个企业的负担，还能增强整体的抗辩力度。与调查机构保持透明沟通，及时、准确地回应数据质疑，根据实际情况灵活调整应对策略，这些都是企业可以学习和应用的。将应对国际贸易争端的经验纳入长期发展规划，有助于企业提高在国际贸易中应对各种挑战的能力，为企业的可持续发展奠定坚实基础。

成果详述：

一、基本情况

1. 项目简介

江苏甬怡紧固件有限公司（以下简称"江苏甬怡"）是中国最大的热墩紧固件生产出口商之一。该公司在 2020 年面临欧盟对中国紧固件行业的反倾销调查。

2. 实施背景

在全球经济形势不稳定的情况下，一些国家为保护本国产业，频繁发起反倾销调查。欧盟计划对中国紧固件行业的螺栓、垫圈等产品进行反倾销调查，这对中国相关企业的出口业务构成严重威胁。反倾销措施不仅会限制进口，还可能导致其他国家跟风，使出口企业陷入困境。若企业不应诉，将失去海外市场；若应诉不力，会给外界留下软弱可欺的印象，遭受不公正待遇。

3. 实施的必要性

一是维护自身权益。积极应诉是保护企业合法权益的关键。否则，企业可能面临高额反倾销税，市场份额大幅下降，甚至被迫退出市场。二是提升企业形象。通过积极配合调查并提供充分证据，企业能证明自身产品的合法性，改变国际社会对中国企业的偏见，提升企业在国际市场上的形象和声誉。三是促进行业合作。联合同行企业进行集体抗辩，有助于增强行业凝聚力和竞争力，共同应对反倾销挑战，提高应对效果和力度。

2020年12月初，欧盟拟对中国紧固件行业进行反倾销调查，机电商会随即召开预警工作会，并组织涉案企业应诉。江苏甬怡积极响应，联系协会律师所咨询，同年12月21日欧盟正式立案后，该公司参加行业抗辩。截至2021年1月14日，有92家企业参与行业抗辩，机电商会选择锦天城律师事务所代理无损害抗辩工作，江苏甬怡分摊抗辩费用87507元，2021年1—11月，欧盟在调查过程中发布了多项通知和披露，包括可替代性第三国选择、进口登记、终裁时间延期等。江苏甬怡积极参与相关听证会，配合欧盟的远程视频核查。2021年11月16日，欧盟公布终裁披露，江苏甬怡等抽样企业拟征收税率确定。协会组织企业召开通报会并申请听证会。2022年2月16日，终裁内容下调，欧盟决定对进口自中国的钢铁制紧固件征收反倾销税，江苏甬怡的最终反倾销税税率为22.1%。

二、项目实施过程

1. 主要做法

一是寻求专业法律支持。江苏甬怡寻访专业律师团队，制定有效的反倾销策略。律师团队积极参与调查程序，为保障公司的合法权益提供了专业的法律指导。二是积极应诉与配合调查。江苏甬怡联合律师团队组成"反倾销调查专项工作小组"，积极配合相关部门的调查工作。与欧盟的调查官员进行多次网络视频论证，提供充分的证据材料和信息，以证明自己的产品并未进行不正当的倾销行为。三是完善内部管理。江苏甬怡坚持国际商贸公平交易的原则，严格遵守国际贸易规则。重视对员工法律知识教育，确保产品定价和销售行为的合法合规，从内部管理层面降低了遭受反倾销调查的风险。四是联合同行集体抗辩。江苏甬怡与相关行业协会、企业进行合作，进行行业抗辩，共同应对反倾销案件。通过集体行动，提高了应对的效果和力度，增强了行业的整体竞争力。五是提供数据支撑。针对欧盟提出的数据质疑，江苏甬怡进行了大量计算工作，用真实有效的数据积极回应了欧盟官员的质疑和偏见，使对方在数据面前无话可说，消除了对方的偏见。

2. 关键要点

一是法治意识。强化法治意识，确保所有经营活动遵循国际贸易规则，减少遭受反倾销调查的风险。二是专业法律支持。在面临反倾销诉讼时，及时寻求并依赖专业法律团队的支持，保障合法权益。三是集体行动。通过与同行的联合，形成更有力的抗辩集体，降低单个企业的负担，提高整体抗辩效果。四是数据的真实性和有效性。确保提供给调查机构的数据准确无误，用数据说话，增强抗辩的说服力。五是透明和诚信。与调查机构保持开放的沟通渠道，展现企业的诚信和合作精神。六是策略的灵活性和针对性。根据案件进展和调查机构的反馈，灵活调整策略，确保策略的针对性和有效性。

七是长期规划。将应对反倾销调查纳入公司长期战略规划中，提高未来应对国际贸易争端的能力。八是持续创新和提高竞争力。通过提高产品质量和生产管理水平，增强产品竞争力，减少反倾销的可能性。九是市场多元化。寻求更多的出口渠道和市场机会，减少对单一市场的依赖，降低贸易风险。十是经验总结与分享。总结本次案件的经验教训，与其他国内企业分享，共同提升应对国际贸易争端的能力。

三、成果总结

1. 经济效益

一是避免了高额反倾销税。江苏甬怡作为抽样企业，最终反倾销税率为22.1%，相对国内其他企业反倾销税率最低。这使得公司在一定程度上避免了因高额反倾销税而导致的市场份额下降和利润减少，为公司的持续经营和发展提供了保障。二是提升了产品竞争力。面对困境，企业以解决用户关注的问题为出发点，进一步创新降本，提高产品功能水平。同时，在营销上提高产品的售后服务，增强了产品的竞争能力，有助于扩大市场份额，提高销售额和利润。三是减少了经济损失。通过积极参与应诉和诉讼，江苏甬怡避免了因不应诉或应诉不力而可能导致的更大经济损失。此外，公司支付的法院诉讼费112707元也为维护自身权益和争取有利结果发挥了重要作用。

2. 社会效益

一是树立了企业榜样。江苏甬怡的成功胜诉为其他中国企业应对欧盟的反倾销指控树立了信心，展示了中国企业有能力通过合法手段维护自身权益，提升了中国企业在国际市场上的形象和声誉。二是促进了行业合作。江苏甬怡与相关行业协会和同行企业合作共同应对反倾销案件，增强了我国紧固件企业对外的凝聚力，促进了紧固件行业内部的企业合作与发展。三是维护了贸易秩序。江苏甬怡的胜诉有助于提升中国企业的法治意识，维护全球贸易秩序，促进国际贸易的健康发展。同时，也对反倾销发起国产生了一定的震慑作用，减少了不合理的反倾销行为。

3. 环境效益

江苏甬怡在应对反倾销调查的过程中，更加注重产品质量和生产管理的提升，这有助于推动企业向更加环保、可持续的方向发展。例如，通过创新降本，企业可能会采用更加环保的生产工艺和材料，减少对环境的影响。

4. 管理效益

一是完善了内部管理。江苏甬怡在应对反倾销调查的过程中，进一步完善了内部管理，严格遵守国际贸易规则，重视对员工法律知识教育，确保产品定价和销售行为的合法合规。这有助于提高企业的管理水平和运营效率，降低经营风险。二是增强了应对能力。此次胜诉使江苏甬怡积累了丰富的反倾销应对经验，将应对国际贸易争端的经验纳入长期发展规划，提高了未来面对类似情况的应对能力。同时，也为国内其他企业提供了有益的借鉴，有助于提升整个行业的应对能力。三是提高了战略规划水平。江苏甬怡通过此次经历，更加重视公司自身的内部法务管理和反倾销调查，将其纳入公司的长期战略规划中。这有助于企业更好地应对国际市场的挑战，制定更加科学合理的发展战略。

四、经验与启示

1. 积极应诉与诚意配合

企业积极组建"反倾销调查专项工作小组"，与专业律师团队制定有效的反倾销策略，全力配合相关部门的调查工作。通过与欧盟调查官员的多次网络视频论证，及时提供充分的证据材料和信息，证明产品的合法性，展现了积极的态度和合作精神。

2. 合规管理与数据精准

江苏甬怡坚持国际商贸公平交易原则，严格遵守国际贸易规则。重视对员工法律知识教育，确保产品定价和销售行为合法合规，从内部管理层面降低了风险，为应对反倾销调查奠定了坚实基础。针对欧盟的数据质疑，江苏甬怡进行大量计算工作，用真实有效的数据回应质疑，消除了对方的偏见，使自己在调查中占据主动地位。

3. 行业合作与集体抗辩

与相关行业协会和企业紧密合作，进行行业抗辩。通过集体行动，凝聚力量，提高了应对反倾销案件的效果和力度，增强了整个行业的竞争力。

（完成人：孙利岳　杨士诚　向　东）

用元宇宙技术重构趣味学习链路

寰越创新技术（广州）有限公司

审定意见：

本成果融合包括区块链技术混合现实、全息投影、脑机接口以及体感技术在内的前沿技术，结合青少年的兴趣特点和认知规律，采用互动游戏方式，重构趣味学习链路，提供深度沉浸体验与身临其境的交互体验。将国情教育融入游戏之中，让青少年在体验科技感、新鲜感和愉悦感的同时，实现跨文化、跨学科的互动式文化交流和传播。游戏中追求自由与创造、勇于挑战与闯关、遵守规则与约定、享受愉悦与幸福等过程，构成了游戏精神的本质。决定一款游戏优劣的是游戏中所传递的价值观，以及其对游戏者行为养成的结果。用优质的游戏争抢青少年的时间和心智，让良币驱逐劣币，是一场关乎未来的价值观领域的博弈。将游戏和教育相融合有着广阔的市场和前景。

创新点：

它以互动游戏形式体现国情教育，将游戏精神与教育紧密相连，寓教于乐。利用 AR/VR、虚拟人、NFT（非同质化通证）等技术打造沉浸式学习体验，突破时空限制。持续探索线上与线下的双向赋能，从"1.0 由实入虚"向"2.0 以虚强实"演进，最终实现"3.0 虚实融生"的终极形态，拓展了国情教育价值的表达方式。将这些技术融入产品与游戏中，打造趣味学习链路，重构"青少年与国情教育"的关系，实现虚实融合的沉浸式体验。以青少年用户为中心，根据市场趋势和用户需求不断创新，提供精准、个性化的国情教育服务。

价值点：

它是教育数字化转型的创新实践，打破了传统教育的时空限制，为青少年提供沉浸式、互动性强的国情教育体验。通过结合人工智能、交互技术和区块链技术，提升了学习效率和趣味性，促进了跨文化交流与合作能力的提升。该平台构建了趣味学习链路，实现了个性化和精准化的教育服务，有助于重构青少年与国情教育的关系。此外，它为元宇宙技术在教育领域的应用提供了新的方向和可能性，对教育行业的发展具有重要意义。同时，该平台还有望成为教育信息化的新标准，推动教育公平和终身学习的理念。

可复制性和应用范围：

其以互动游戏形式和前沿技术为支撑，能轻松复制到其他教育领域或地区，满足不同文化和教育需求。线上线下双向赋能策略使其在不同教育环境中都具有适应性和灵活性，无论是校园内还是远程教育中都能发挥良好效果。该平台在香港科技大学的应用已取得成效，并计划扩展至更多高校，显示出在高等教育领域的巨大潜力。随着数字化教育的推进，它有望成为教育信息化的新标准，对国内外教育模式产生深远影响，为全球学习者提供高质量国情教育内容。

成果详述：

一、基本情况

1. 项目简介

该平台由线下实体元宇宙国情教育互动中心和线上元宇宙国情教育游戏平台组成。线下实体互动中心通过先进的 VR/AR、体感、裸眼 3D、全息投影等技术，将国情教育内容以全方位立体化的方式呈现给青少年。青少年可以通过视觉、听觉、触觉等多种感官深入体验中国历史、地理、社会、经济、科技、文化等各方面的恢宏场景。同时，中心还结合了视频、语音、文字、交互等方式，让青少年能够更加主动地参与到学习过程中，使国情知识学习达到最大化的效果。此外，用户还可以自主装扮虚拟形象，通过积极参与国情游戏互动、按时完成国情知识学习等任务来获得积分。

2. 实施背景

随着中国"一带一路"倡议的推进，越来越多的国家参与其中，文化交流、人才培养和教育国际合作等方面的需求日益增长。同时，粤港澳大湾区建设加速，实现大湾区的协同发展和"一国两制"的行稳致远，关键在于民众尤其是青少年一代对国家和中华文化的认同与融合。因此，搭建一个优质的国情教育资源平台，为港澳台及侨界青少年提供了解内地的有效途径，变得尤为重要。

3. 实施的必要性

港澳台青少年是国家未来发展的重要力量，他们的成长和发展关系到国家的繁荣昌盛和中华民族的伟大复兴。国情教育是培养港澳台青少年爱国爱港爱澳情感、增强国家认同感和归属感的重要途径。然而，传统的国情教育方式存在诸多问题，无法满足青少年的学习需求和时代发展的要求。传统教育中，学习内容往往缺乏针对性和实用性，教学模式单一僵化，学生缺乏主动性和创新精神，教育资源分配不均，跨文化、跨学科的交流和合作也较少。这些问题在国情教育中尤为突出，导致青少年对国情教育缺乏兴趣，难以真正理解和认同国家的发展。

元宇宙国情教育资源平台的出现，为解决这些问题提供了新的思路和方法。通过运用 VR/AR、元宇宙技术、虚拟仿真教学等新型教学方式，平台打破了空间和时间上的限制，为青少年打造了全新的情景式、沉浸式、交互式的元宇宙互动教学模式。这种模式能够激发青少年的学习兴趣，让他们在游戏中学习，在互动中成长，从而更加全面客观地了解中国国情，增强国家认同感和归属感。同时，平台还能够为青少年提供跨文化交流和合作的机会，培养他们的全球视野和合作精神，为他们未来的发展打下坚实的基础。

二、项目实施过程

1. 主要做法

（1）技术融合

整合人工智能、交互技术和区块链技术等前沿科技，为平台提供坚实的技术支撑。人工智能技术使国情教育元宇宙的青少年和场景、物体之间具备社交、协作参与以及自适应学习等功能；交互技术为青少年学习者提供沉浸学习体验、具身群体社交以及探索性学习等支持，混合现实等技术能提供深度沉浸体验与身临其境的交互体验；区块链技术为平台的资产和货币交换提供稳定、透明的基础，为青少年提供跨文化学习体验。

（2）内容设计

以中国地理为基底，中华文化为核心，设计丰富多样的国情教育内容。线上元宇宙国情教育游戏平台通过虚拟社交、游戏、竞赛等模块，让青少年在互动中学习中国历史、地理、社会、经济、科技、文化等国情知识。线下实体元宇宙国情教育互动中心则通过先进的技术载体，生动展示中国各方面的恢宏场景，再结合多种交互方式，将青少年带入整个场景进程中，让国情知识学习更加深入。

（3）个性化体验

注重青少年的个性化需求，提供个性化的国情教育服务。在线上平台中，用户可自主装扮虚拟形象，根据自己的兴趣和喜好进行化妆、变装等 DIY 创作。虚拟角色间可通过动作、文字、语音等进行社交互动，亦可共同拍照合影，还可根据需要布置个性化活动场景、分享互动游戏、进行即兴创作等。这种个性化的体验能够激发青少年的学习兴趣，提高他们的参与度。

（4）合作与推进

香港科技大学等高校深度合作，共同推进平台的研发和应用。同时，积极与港澳地区的各大学校合作，争取短时间内覆盖粤港澳大湾区与"一带一路"共建国家。通过与各方的合作，整合资源，提高平台的影响力和覆盖面，为更多青少年提供优质的国情教育服务。

2. 关键要点

（1）技术创新

持续关注元宇宙技术的发展趋势，不断进行技术创新和应用。突破扩展现实、数字孪生和区块链等核心技术的瓶颈，解决目前存在的视角窄、跟踪弱、反馈迟、眩晕不适、画面撕裂、内容同质等问题，实现实时获取物理实体多维度数据、验证数字模型与物理实体的一致性、实现海量大数据和异常小数据的采集传输处理、平台实时交互等功能，为平台提供更加稳定、高效的技术支持。

（2）用户体验

以青少年用户为中心，注重用户体验的提升。通过不断优化平台的界面设计、操作流程和内容呈现方式，让青少年能够更加轻松、便捷地使用平台进行学习。关注国情教育的效果，确保青少年能够真正学到知识、增强国家认同感和归属感。重视平台的安全保障工作，确保青少年在使用平台过程中的信息安全和身心健康。

三、成果总结

1. 经济效益

随着全国教育数字化的推进，数字化教育市场需求不断增长。该平台以元宇宙技术为驱动引擎，实现了数字化教育质的飞跃，具有广阔的市场前景。以国情教育为核心的元宇宙资源平台将影响创建技术和基础设施行业，如图形处理器、AR/VR头戴式显示器、虚拟社交平台及区块链等行业，还会影响硬件、软件、支付系统和网络供应商等。在这些领域产生产业集群效应，将创造新的就业机会，提升地方的竞争力。此外，随着平台的发展，可能会催生出新的行业和经济体系，为整个社会带来深远的经济影响。

2. 社会效益

该平台可以形成良好的社会效益，赋能终身学习新模式。党的二十大报告首次将"推进教育数字化"写入报告，该平台的出现赋予了教育在全面建设社会主义现代化国家中新的使命任务。目前，平台已和广州市相关主管部门达成合作意向，初步起草了国情教育元宇宙相关技术标准。此外，与香港科技大学以共建数字化创新联合实验室的方式达成战略合作，推出由首创的元宇宙国情教育互动中心，并计划到2023年覆盖全国至少30所高校。随着与各大院校、教育机构及业界名师合作的深度推进，将不断满足人们"实现终身教育"的美好愿景，引领系统性的教育变革，为培养具有国家认同感和归属感的青少年作出贡献。

3. 管理效益

公司在项目管理过程中建立了完善的管理体系，确保平台的顺利发展。具备完善的组织结构，良好的企业文化气氛以及完善的经营方针，同时具备系统化的战略规划和战略管理体系，确保公司在元宇宙项目管理过程中的不确定性、未来不可预测性、系统复杂性和发展非均衡性情境下作出的选择与管理。在日常管理的发展过程中，建立了完善、合理的制度体系，结合研发经营实际，充分考虑各项常规及特别事项规则及决策程序的需要，制定了相应的管理制度，使制度涵盖整个研发管理流程，将公司行为及权利运用限制在制度框架内，切实使管理制度建设与执行起到防范不确定因素和潜在危险的作用。这些管理措施有效地提高了项目的执行效率和质量，保障了平台的稳定运行。

四、经验与启示

元宇宙国情教育资源平台以学生为中心，关注学生的学习体验和学习效果，应用元宇宙技术开发国情教育产品。其根据学生的需求和兴趣定制学习内容，创造更轻松愉悦的学习体验，使学习变得更加有趣和富有针对性。平台通过优化界面设计、操作流程等，使学生能够更加轻松、便捷地使用平台进行学习。平台还关注国情教育的效果，通过科学的评估体系和教学方法，确保学生能够真正学到知识、增强国家认同感和归属感。游戏化的教育模式，打破传统教育的时空限制，给学生带来了全新的视角和体验，激发学生的学习兴趣和主动性。

（完成人：侯振林　张达标　陈　瑶）

以个人 IP 为特色的企业文化品牌建设

北京公联交通枢纽建设管理有限公司

审定意见：

本成果以"艳华窗口"企业文化品牌建设为契机，通过"标准化服务＋特色新服务"的方式，持续提升服务质量和安全水平。利用个人 IP 人格化、形象具体生动、易于传播等特点，将个人 IP 转化为公司品牌，在强调制度约束力的同时，突出发挥文化的认同力。让品牌自豪感、荣誉感激励员工成为服务创新和升级的主体。促使企业在一对一定制服务，以及突发意外事件处置和救护等非常规服务方面，实现服务能力、服务水平和服务质量的同步提高，社会满意度持续保持在高位。形成了独具交通枢纽特色的文化体系，增强了公司的美誉度和竞争力，创造了服务业文化品牌创新升级的样板。

创新点：

"艳华窗口"品牌建设体现了北京公联交通枢纽建设管理有限公司在服务创新和技术应用方面的突出成就。它以乘客需求为核心，通过标准化服务流程、定制化服务方案、大数据监测等手段，显著提升了服务质量和效率。同时，品牌在应急救护、法治宣传等多个领域建立了全面的服务体系，通过文化展示中心增强品牌形象和传播效果。此外，该品牌还通过体系化培训强化了人才队伍建设，确保了服务质量的稳定性和可持续性，展现了强大的品牌竞争力和市场适应能力。

价值点：

"艳华窗口"品牌通过加强服务渗透，有效提升了运营工作的质量，赢得了广大乘客的高度认可。该品牌不仅形成了独特的交通枢纽文化体系，还保持了高水平的社会满意度，极大地提升了公司的知名度和美誉度，增强了企业的竞争力，促进了可持续发展。"艳华窗口"品牌及公司荣获了多项荣誉，包括北京市三八红旗集体、"创新力文化品牌""企业类十佳文化品牌""榜样品牌"等称号，以及抗击新冠疫情先进集体、全国工人先锋号、全国维护妇女儿童先进集体等集体荣誉，充分体现了其社会价值和品牌影响力。

可复制性和应用范围：

通过制定统一的服务标准和服务流程，结合自身运营特点，完成了交通运输部、北京市交通委员会等行业主管部门的各项标准和规范的制定工作，降低了服务的变异性，提高了服务的一致性。此外，通过体系化的服务培训和人才队伍建设，培养了一支专业的服务团队，确保了服务质量的稳定性和可持续性。利用现代技术手段，如客流大数据监测、线上线下双轨服务、机器人等，提高了服务效率和质量，扩大了品牌的应用范围。这些措施不仅在本单位内取得了显著成效，还在交通枢纽行业中得到了推广应用，发挥了文化品牌引领带动的作用，有效提升了交通枢纽的服务水平。

成果详述：

一、基本情况

1. 项目简介

"艳华窗口"是以北京公联交通枢纽建设管理有限公司为主体开展的一项特色企业文化品牌建设项目。该项目旨在通过高标准的服务体系和现代化的技术手段，塑造交通枢纽行业的优质服务典范。具体而言，项目通过建立标准化服务流程、提供一对一定制服务、利用大数据监测客流等方式，持续优化服务质量和效率，满足乘客日益增长的服务需求。此外，项目还注重培养一支专业的服务团队，强化人才队伍建设，确保服务质量的稳定性和可持续性。

2. 实施背景

随着城市化进程的加快和人民生活水平的提高，交通枢纽作为城市的重要组成部分，面临越来越高的服务要求。一方面，乘客对出行体验的要求不断提高，希望得到更加便捷、高效、个性化的服务；另一方面，面对突发事件和特殊需求时，交通枢纽需要展现出更加强大的应急处理能力和人文关怀。在此背景下，"艳华窗口"品牌建设应运而生，旨在通过一系列创新举措，全面提升服务质量和品牌形象，更好地服务于公众。

3. 实施的必要性

随着经济社会的发展，交通枢纽已成为城市形象的重要窗口之一，其服务质量直接影响城市的整体形象和发展水平。打造高品质的交通枢纽服务品牌不仅是提升城市形象和竞争力的需要，也是满足人民群众美好出行需求的必然选择。通过"艳华窗口"品牌建设，能够有效整合资源，优化服务流程，提高服务质量，进而增强乘客的满意度和忠诚度，促进企业的可持续发展。同时，这一项目的成功实施也为其他交通枢纽提供了宝贵的经验和参考，有助于推动整个行业的进步与发展。

在实施过程中，"艳华窗口"品牌建设不仅提升了企业的核心竞争力，还增强了企业的社会责任感。通过一系列标准化的服务流程和体系化的服务培训，确保了服务质量的稳定性和可持续性。利用现代技术手段，如客流大数据监测、线上线下双轨服务、机器人等，提高了服务效率和质量，扩大了品牌的应用范围。这些举措不仅有效提升了交通枢纽的服务水平，还促进了整个行业的技术创新和服务升级，对于推动行业高质量发展具有重要意义。

"艳华窗口"品牌建设不仅获得了广大乘客的高度认可，还受到了社会各界的广泛关注和好评。通过开放"艳华窗口"文化展示中心，让更多人深入了解企业的服务理念和服务文化，增强了品牌的传播力度。此外，该项目的成功经验已经在北京公联交通枢纽建设管理有限公司内部以及交通枢纽行业内得到推广应用，发挥了文化品牌引领带动的作用，有效提高了交通枢纽的服务水平，产生了良好的社会效应。

二、项目实施过程

1. 主要做法

"艳华窗口"品牌建设项目的实施围绕着以乘客需求为中心，采取了一系列创新性的做法，旨在全面提升服务质量和品牌形象。首先，项目组从乘客的实际需求出发，通过标准化服务流程的建立，提高了服务的一致性和效率。其次，通过一对一定制服务、突发事件意外救护水平的提升，以及利用客流大数据监测结合线上线下双轨服务等现代技术手段，不断满足乘客日益多元化的服务需求。此外，项目还重视人才培养和队伍建设，通过体系化的服务培训，确保了服务质量的稳定性和可持续性。

2. 关键要点

（1）标准化服务流程

制定统一的服务标准和服务流程，结合自身运营状况及特点，陆续完成交通运输部、北京市交通委员会等行业主管部门的各项标准、规范的制定工作，降低服务的变异性，提高服务的一致性，从而增加品牌的可复制性。

（2）体系化服务培训

通过体系化服务培训、强化人才队伍建设等措施，培养一支专业的服务团队，确保了服务质量的稳定性和可持续性，增强了品牌的竞争力。

（3）现代技术手段的应用

利用现代技术手段，如客流大数据监测等，提高服务效率和质量，扩大了品牌的应用范围。例如，采用机器人等现代技术手段提供高效服务，通过线上线下双轨服务提升客户体验。

（4）品牌价值创新

"艳华窗口"在应急救护、法治宣传、消防、反恐演练、应急处突、除雪、防汛、政治保障任务等多方位、多层次打造枢纽全员"艳华"理念，实现品牌价值的创新。

（5）品牌传播创新

总结梳理经验做法，开放"艳华窗口"文化展示中心，让乘客进一步感受公司服务理念，建立强大的品牌影响力，实现品牌的传播创新。

（6）社会认可与荣誉

项目实施后，"艳华窗口"品牌及公司荣获了多项荣誉，包括北京市三八红旗集体、中国交通报社和中国交通报刊协会授予的"创新力文化品牌""企业类十佳文化品牌""榜样品牌"等荣誉称号，以及北京市抗击新冠疫情先进集体、全国工人先锋号、全国维护妇女儿童先进集体等多项集体荣誉，这些荣誉反映了社会各界对该品牌建设成果的认可。

三、成果总结

1. 经济效益

"艳华窗口"品牌建设项目的实施显著提升了北京公联交通枢纽建设管理有限公司的经济效益。通过标准化服务流程的建立和服务质量的提升，公司能够吸引更多乘客，提高客流量和乘客满意度，从而增加了营业收入。此外，项目的成功还增强了公司的品牌影响力，提升了公司在市场中的竞争力，为企业带来了更多的商业机会和合作伙伴关系。经济效益的增长不仅体现在直接收入的增加上，还体现在长期的品牌价值积累上，为公司的可持续发展奠定了坚实的经济基础。

2. 社会效益

在社会效益方面，"艳华窗口"品牌建设产生了广泛而深远的影响。首先，通过提供高质量的服务，项目显著提升了乘客的出行体验，增强了公众对公共交通系统的信任和支持。其次，项目的实施促进了员工的专业成长和个人发展，通过体系化的服务培训和人才队伍建设，提升了员工的职业技能和职业自豪感。最后，"艳华窗口"还承担了社会责任，通过法治宣传、应急救护等社会公益活动，提高了公众的安全意识和法律素养，增强了社会凝聚力。

3. 环境效益

在环境效益方面，"艳华窗口"品牌建设体现了绿色出行的理念。项目通过改善交通枢纽的运营效率和服务质量，鼓励更多人选择公共交通工具出行，减少了私家车的使用，从而缓解了交通拥堵和减少了环境污染。通过利用现代技术手段，如客流大数据监测等，提高了服务效率，减少了不必要的资源浪费，有助于节约能源和减少碳排放，符合可持续发展的要求。

4. 管理效益

从管理效益的角度来看，"艳华窗口"品牌建设项目的实施促进了企业管理水平的整体提升。项目通过标准化服务流程的建立和服务质量的优化，提高了运营管理的效率和效果。通过体系化的服务培训和人才队伍建设，培养了一支高素质的服务团队，确保了服务质量的稳定性和可持续性。项目的成功还促进了企业文化的建设和传播，增强了员工的归属感和使命感，提升了组织凝聚力。

四、经验与启示

1. 乘客满意与服务设计

始终将乘客的需求放在首位，坚持不断收集乘客反馈，及时调整服务策略，持续优化服务流程设计，在全面开展标准化服务的基础上，通过一对一定制服务、突发事件应对等措施，持续提升服务质量和乘客满意度。

2. 服务创新与技术应用

利用现代技术手段，如客流大数据监测、线上线下双轨服务、机器人等，提高服务效率和质量，满足乘客多元化的需求。通过实时监测客流数据，可以动态调整资源配置，减少乘客等待时间；利用机器人等智能设备提供自助服务，减轻人工负担的同时提升服务体验。

3. 标准化与体系化建设

制定统一的服务标准和服务流程，结合自身运营状况及特点，完成各项标准和规范的制定工作，降低服务的变异性，提高服务的一致性。标准化的服务流程不仅提升了服务质量，还使得服务更容易被复制和推广。

4. 人才培养与队伍建设

通过体系化的服务培训和强化人才队伍建设，培养一支专业的服务团队，确保服务质量的稳定性和可持续性。通过建立完善的人才培养体系，不仅可以提升现有员工的能力，还可以吸引更多的优秀人才加入。

5. 品牌价值与文化传播

通过打造"艳华窗口"文化展示中心，让乘客进一步感受公司的服务理念，建立强大的品牌影响力，实现品牌的传播创新。企业文化是品牌的核心，通过文化展示中心等，可以让更多的人了解并认同品牌的价值观。

（完成人：刘学胜　焦艳华　王京辉　时　颖　李　炜　谷维娜　施一石　李金鹏

刘可意　雒芳微　梁天蕊）

数字化门店创造智慧零售新体验

上海仙视电子科技有限公司

审定意见：

本成果依托高端图像显示和处理技术，结合众多专利技术，通过"硬件＋软件＋服务"的一站式解决方案，形成集产品展示、产品咨询、产品体验于一体的数字化、智能化平台。以新鲜、生动、便捷的方式提升客户消费体验，增加对客户的吸引力，从而提高销售成果和客户满意度。同时，能够从外部形象上增加用户的科技感和现代感，对消费者形成正面的心理暗示，增加企业的形象竞争力。本成果还可以实现多点协同管理，具备异常监控和在线巡检功能，以确保设备的正常运行，由此提升管理效能。其应用场景非常广泛，适用于大型商超和专卖店。

创新点：

在技术应用方面，仙视数字标牌系列产品凭借高端图像显示和处理技术以及多项专利，为蔚来汽车门店带来高清晰度和强大视觉冲击力，显著提升品牌形象展示效果。在解决方案上，统一信息发布平台实现了门店宣传内容的集中管理，确保市场活动的一致性，这种"硬件＋软件＋服务"一站式解决方案为蔚来汽车提供了高效便捷的品牌推广和客户服务体验。此外，该合作模式还突出了蔚来汽车的品牌形象和设计理念，增强了客户对产品的认知和好感度，提升了用户智能化消费体验，为品牌市场竞争力注入新活力。

价值点：

商用大屏在品牌推广和吸引顾客方面发挥关键作用，上海仙视电子科技有限公司（以下简称"仙视电子"）的数字标牌系列产品凭借高端图像显示和处理技术，为蔚来汽车门店营造出清晰、引人注目的显示效果，提升了品牌形象。同时，统一的信息发布平台实现了宣传内容的集中管理，保障了市场活动品质的高度一致，有助于突出展示蔚来汽车的品牌形象和设计理念，增强客户对产品的认知和好感度，提升用户智能化消费体验。此外，这种合作还有助于塑造蔚来汽车高端、前卫的品牌形象，促进数字化转型，提升其在市场中的竞争力。

可复制性和应用范围：

仙视电子数字标牌系列产品凭借卓越的图像显示和处理技术，以及与专利技术的结合，为蔚来汽车门店提供了出色的展示效果，这一模式可广泛应用于多个商业领域，如零售、餐饮、娱乐等。其提供的信息发布平台实现了宣传内容的统一管理，确保市场活动品质的一致性，这种"硬件＋软件＋服务"的一站式解决方案适应众多行业。因此，该合作案例为其他品牌和企业提供了可借鉴的模板，有助于提升品牌形象、增强市场竞争力，推动数字化转型在各行业的广泛实施。

成果详述：

一、基本情况

1. 项目简介

仙视电子与蔚来汽车展开合作，通过提供数字标牌系列产品和统一信息发布平台，为蔚来汽车门店打造了创新的品牌展示和客户服务体验。仙视电子的 GM98M2 产品凭借高端图像显示和处理技术，结合多项技术专利，为门店带来高清晰度和视觉冲击力，提升了品牌形象的展示效果。统一信息发布平台实现了门店宣传内容的集中管理，保障了市场活动的一致性，提供了高效、便捷的品牌推广和客户服务体验。

2. 实施背景

蔚来汽车作为立足全球的初创品牌，已在多地设立研发与生产机构，汇聚了众多行业人才，在中国市场初步建立了用户服务体系。然而，随着品牌获客流量成本不断攀升，蔚来汽车面临"门店店效品牌人效"增长瓶颈，多平台系统和多软件运行导致汽车产品与库存信息难以融通共享，汽车品牌竞争激烈使得产品宣传至关重要，同时还存在外部设备违规接入等安全问题。

3. 实施的必要性

为了提升品牌形象和客户体验，蔚来汽车门店需要进行创新和升级。商用大屏在商业领域中扮演着重要角色，能够成为品牌宣传推广和引流获客的重要窗口。仙视电子的商用大屏具备高对比度、高校准和高亮度的特点，能够减少眩光干扰，吸引顾客注意力。统一的信息发布平台对于实现门店宣传内容的集中管理至关重要。蔚来汽车产品 SKU 丰富，需要确保市场活动品质高度一致，而仙视电子的信息发布平台能够满足这一需求，为顾客提供智能化的消费体验。在激烈的汽车品牌竞争中，产品宣传需要凸显汽车品牌和功能优势，吸引用户关注，满足用户需求。仙视电子的商用大屏和信息发布平台能够展示蔚来汽车的最新车型、技术特点以及优惠活动等信息，增强客户对产品的认知和好感度，提升购买意愿。此外，安全问题也是蔚来汽车需要重视的。外部设备违规接入、黑客攻击篡改播放内容等可能导致错发违规节目，造成恶意宣传损失。仙视电子的门店标牌云系统通过国家信息系统安全等级保护认证，能够有效防范节目内容篡改、木马入侵、病毒入侵等安全问题，为信息发布保驾护航。

二、项目实施过程

1. 主要做法

（1）提供优质产品

仙视电子为蔚来汽车门店提供数字标牌系列 GM98M2 产品，该产品具备高对比度和高校准，500 尼特的高亮度，在强光环境下能减少眩光干扰。同时，依托高端图像显示、处理技术和众多技术专利，商用显示大屏能以高清晰度和生动的显示效果吸引顾客注意力。

（2）构建统一信息发布平台

仙视电子为蔚来汽车门店提供统一的信息发布平台，实现门店宣传内容的集中统一管理。这保障了市场活动品质的高度一致性，为顾客提供了智能化的消费体验，提升了门店形象，助力品牌升级。

（3）提供软硬件一站式服务

仙视电子为蔚来汽车提供"硬件＋软件＋服务"的一站式解决方案。不仅包括硬件商用显示的解决方案，还涵盖屏幕管理软件"门店标牌云"的管理功能，为蔚来汽车门店的日常运营和管理提供了极大便利。

（4）定制化解决方案

仙视电子根据蔚来汽车的需求和业务场景，提供定制化的解决方案。从硬件设备的选择到数字化屏幕管理软件的应用，再到服务的实施和运营，都进行灵活调整和优化，以满足蔚来汽车的个性化需求。

（5）确保质量和可靠性

仙视电子的商用显示大屏通过了多项认证，包括 CCC 认证、中国能效认证、中国 ROHS 认证和 SRRC 质量体系认证等，确保产品质量符合标准。同时，仙视电子拥有 19 年商用显示服务经验，全球商显市场占有率较高，能够为蔚来汽车提供可靠的技术支持和服务。

（6）保障信息安全

仙视"门店标牌云"系统通过国家信息系统安全等级保护认证，从信息传输、存储、备份到内容审核等方面提供完整的信息安全保障方案，避免出现节目内容被篡改、木马入侵、病毒入侵等安全问题，为信息发布安全保驾护航。

2. 关键要点

（1）技术创新

仙视电子不断提升技术研发能力，引进先进技术和理念，以满足市场需求。其在高端图像显示和处理技术方面的优势，为蔚来汽车门店提供了优质的视觉体验。

（2）定制化服务

根据客户需求提供个性化的设计定制方案，从硬件设备到软件功能，致力于为每位客户打造专属的解决方案，满足蔚来汽车的个性化需求。

（3）质量管控

强化企业质量主体责任，推进企业质量提升、质量创新、质量文化建设等工作，建立完善的质量保证系统，确保产品质量稳定可靠。

（4）信息安全保障

重视信息安全，通过门店标牌云系统的安全认证和完善的信息安全保障方案，保障蔚来汽车门店信息发布的安全。

（5）服务支持

拥有专业的服务团队，能够快速响应客户需求，提供高效、专业的技术支持和服务，确保系统的稳定运行。

三、成果总结

1. 经济效益

通过为蔚来汽车提供"硬件＋软件＋服务"的一站式解决方案，仙视电子有效地提升了蔚来汽车门店的形象和用户体验。这不仅有助于吸引更多潜在客户，增加汽车销量，还为蔚来汽车带来了可观的经济效益。同时，仙视电子的数字标牌系列产品和统一信息发布平台提高了门店的运营效率，降低了宣传和管理成本。此外，这一合作也为仙视电子自身带来了更多的商业机会和收益，促进了企业的发展壮大。

2. 社会效益

该合作案例为其他品牌和企业提供了极具参考价值的模板，有力地推动了整个行业的数字化转型进程。这有助于提升行业的整体竞争力和服务水平，为社会经济的发展作出贡献。蔚来汽车门店的数字化升级为顾客提供了更加智能化、便捷化的消费体验，增强了客户对产品的认知和好感度，满足了人们对高品质汽车购买和服务的需求。此外，仙视电子的技术创新和服务模式为社会创造了更多的就业机会，促进了相关产业的发展，对社会的稳定和繁荣具有积极意义。

3. 管理效益

统一信息发布平台的应用使蔚来汽车能够实现门店宣传内容的集中管理，从而更加高效地进行品牌推广和市场活动的组织。这不仅提高了管理效率，还使决策更加科学、精准。仙视电子的"门店标牌云"软件具备主动服务和在线巡检功能，确保了门店屏幕系统的稳定运行，极大地减少了因系统故障而导致的业务中断情况，提升了门店的运营稳定性。此外，仙视电子的一站式解决方案简化了蔚来汽车的采购和部署流程，降低了运营成本。同时，专业的服务团队提供全面的技术支持和维护服务，有效地减少了客户的后顾之忧，使蔚来汽车能够更加专注于核心业务的发展，提高了企业的管理效益和市场竞争力。

四、经验与启示

技术的创新性应用可以创造可观的商业价值。仙视电子凭借高端图像显示和处理技术，整合众多专利技术，为蔚来汽车门店提供有冲击力的展示效果。其提供的"硬件＋软件＋服务"一站式解决方案，不仅简化了采购和部署流程，还确保各个组件之间的协同工作，提高系统的稳定性和性能。同时，可以根据企业独特的需求和业务场景，提供从硬件设备到软件功能的个性化解决方案。

（完成人：赵　琳　周　冰　彭星星）

以集约共享理念开发智慧灯杆更多应用价值

广州信息投资有限公司

审定意见：

本成果通过建设智慧灯杆，实现了集约共享、安全可靠、权责分明、经济实惠和持续长效的目标，具有较高的创新性和价值。项目建成后，对提升中心城区环境品质，提供领先的市政治理应用和便民服务，为城市高质量发展助力。其建设模式等可复制应用于各大城市主要商圈。建议在后续推广中，加强与其他城市的交流合作，进一步完善技术和服务，以更好地满足城市发展和居民生活的需求。

创新点：

首先，通过对各类杆体、配套管线、电力设施进行集约化、一体化合杆设计，实现了共建共享、互联互通，以较少的杆体满足了多方面需求，体现了集约共享的理念。其次，在合杆设备的设计和建设中，充分考虑了强度、荷载、净高、建筑限界、视距等相关规范要求，确保了设备的安全可靠。再次，推动各杆件权属和管理单位通力协作，制订合理的合杆方案，协同推进项目实施，明确了权责，实现了"拆一补一、多杆合一"的目标。同时，在合杆治理过程中充分利用现有资源，严控增量，发挥了"多多合用"效应，体现了经济实惠的原则。最后，充分结合长远设施需求，对杆件考虑一定预留，推进建立长效的道路杆件管理机制，巩固了合杆整治成果，具有持续长效的特点。

价值点：

围绕广州市新中轴线形成智慧灯杆布局，提升了中心城区尤其是新中轴线周边环境的容貌品质，彰显了珠江新城 CBD（中央商务区）科技创新魅力。智慧灯杆提供了交通违停、人车识别、飞线告警等市政治理应用以及共享充电、信息发布等便民服务，成为全国智慧灯杆行业的领先应用方。项目具备集成多杆合一、多感合一的能力，有效释放行人空间，为广州市备战第十五届全国运动会开展城市品质提升的需求提供了支持，为广州城市高质量发展作出了贡献。

可复制性和应用范围：

其建设模式、应用规则、建设标准和技术要求，均可在各大城市主要商圈进行复制应用。通过智慧灯杆的建设，能够实现对各类杆体和设施的集约化整合，提升城市公共空间的优化程度和城市品质。智慧灯杆所提供的多类应用，如信息发布、智慧照明、5G 服务、智慧安防、共享充电等，能够满足不同城市商圈的需求。统一管理系统的建设和应用，能够实现对智慧灯杆的远程运维管理、数据采集分析和异常事件监测等，为城市的智能化管理提供了有效的解决方案。

成果详述：

一、基本情况

1. 项目简介

广州市新中轴智慧灯杆项目由广州信息投资有限公司（以下简称"广州信投"）全力推进。此项目以围绕广州市新中轴线为核心，积极开展珠江东路和珠江西路的智慧灯杆建设工作，致力于实现新中轴线基础设施的智慧化升级，从而显著提升公共服务能力以及环境空间品质。该项目投入资金近 2000 万元，建设周期为 2 年。

2. 实施背景

在全面推进"十四五"规划的进程中，借助全省高质量发展大会的强劲东风，广州信投积极塑造公司发展新动能，坚定不移地围绕广州市新中轴线展开智慧灯杆建设。在此之前，公司已经在天河体育中心周边、天河城周边以及花城广场成功完成了智慧灯杆的建设工作。在此坚实基础上，公司进一步拓展新中轴线的智慧灯杆布局，以实现更广泛、更深入的智慧化覆盖。

3. 实施的必要性

随着城市的不断发展，传统的杆体和设施布局逐渐暴露出诸多问题。各类杆体分散设置，不仅大量占用了城市空间，还严重影响了城市的美观度。与此同时，多杆林立的现象导致了资源的浪费，而且各个杆体的功能相对单一，难以满足城市智慧化发展的多元化需求。因此，进行合杆整治，大力建设智慧灯杆显得尤为必要。

智慧灯杆的建设能够实现集约化、一体化的设计理念，将信息发布屏幕、通信基站以及智慧城市各类传感器集中部署于同一杆体，从而有效提升城市智慧化的应用水平。通过对路侧多类杆件和设施的整合，能够进一步优化城市公共空间，全面提升城市品质。此外，智慧灯杆还能紧密围绕居民需求，融合手机充电宝、智能广播音箱等各类民生应用，为居民的生活提供诸多便利和实惠。

在当前城市高质量发展的大背景下，广州市积极备战第十五届全国运动会，对城市品质提升提出了更高的要求。智慧灯杆具备集成多杆合一、多感合一的强大能力，能够有效释放行人空间，为城市的发展贡献重要力量。同时，智慧灯杆的建设有助于显著提升中心城区尤其是新中轴线周边环境的容貌品质，进一步彰显珠江新城 CBD 的科技创新魅力，为城市的可持续发展提供坚实有力的支持。

此外，智慧灯杆的建设还符合城市信息化、智能化发展的趋势。随着物联网、大数据、人工智能等技术的快速发展，城市需要更加智能、高效的基础设施来支撑其运行和管理。智慧灯杆作为城市感知网络的重要节点，能够收集和传输大量的数据，为城市的智能化决策提供数据支持。同时，智慧灯杆还可以与其他智能设备和系统进行联动，实现更加智能化的城市管理和服务。

二、项目实施过程

1. 主要做法

广州信投以"立足数字交通，布局智慧城市"作为公司发展战略。在项目实施过程中，首先进行了按需设计，充分考虑了新中轴线的实际需求和未来发展，确保智慧灯杆的建设能够满足各方面的应用需求。在建设智慧灯杆设施时，严格遵循标准，层层落实安全，环环紧扣质量，倾心共建优质工程。从 2022 年初至 2023 年，推进珠江东路、珠江西路及广州塔周边智慧灯杆项目，于 2023 年 10 月完成竣工验收，共建设智慧灯杆 160 根。截至目前，广州市新中轴区域已经累计建设智慧灯杆超 600 根。在智慧应用系统建设方面，结合现场环境及周边状况，围绕智慧城市的各类应用场景，集成设计了智慧照明、智能安防、信息发布、共享手机充电、智能广播、5G 服务等多类功能应用，以提供多类型感知设备和多杆合一的业务需求。

同时，建设了统一管理系统，将已建成的智慧灯杆纳入公司承建的城市统一智慧灯杆管理系统平台。通过部署网络管理、边缘计算、感知与传感等设备，系统平台采用 AI 识别、大数据等技术，实现了对智慧灯杆的远程运维管理、数据采集分析、异常事件监测等能力。

2. 关键要点

一是合杆整治。按照合杆整治的要求，对各类杆体、配套管线、电力设施进行集约化、一体化合杆设计，实现共建共享，互联互通，以尽量少的杆体满足多方面需求。在统筹共享、合理减量的原则上，确保合杆设备在维持其原有功能的同时，满足强度、荷载、净高、建筑限界、视距等相关规范要求。

二是权属协作。推动各杆件权属和管理单位通力协作，共同制订合理的合杆方案，协同推进项目实施，按"拆一补一、多杆合一"的原则满足功能需求，明确权责分明，确保项目顺利进行。

三是资源利用。在合杆治理过程中充分利用现有管道、电力和通信设施、杆件和标识牌等资源，严控增量，发挥"多多合用"效应，完成杆件的优化整合和迁移工作，实现经济实惠的目标。

四是长效管理。充分结合长远设施需求，对杆件考虑一定预留，推进建立长效的道路杆件管理机制，完善后期管养维护，巩固合杆整治成果，确保智慧灯杆的持续稳定运行。

三、成果总结

1. 经济效益

广州市新中轴智慧灯杆项目的实施带来了多方面的经济效益。首先，通过集约化、一体化的合杆设计，大大减少了杆体的数量，显著降低了建设和维护成本。这种资源的优化整合避免了重复投资和浪费，使资金得到更高效的利用。同时，充分利用现有管道、电力和通信设施等资源，进一步降低了项目的总体投入。此外，智慧灯杆的建设为相关产业带来了新的发展机遇，如智能照明、5G 服务、信息发布等领域。这些新兴产业的发展不仅推动了技术创新，还促进了产业的升级和转型，为经济增长注入了新的动力。智慧灯杆的应用还提高了城市管理和运营的效率，减少了人力和物力的消耗，降低了管理成本，从而间接提高了城市的经济效益。

2. 社会效益

该项目在社会效益方面取得了显著成果。智慧灯杆的布局极大地提升了中心城区尤其是新中轴线周边环境的容貌品质，使城市更加现代化、智能化，进一步彰显了珠江新城 CBD 的科技创新魅力，提升了城市的形象和吸引力。智慧灯杆提供的交通违停、人车识别、飞线告警等市政治理应用，以及共享充电、信息发布等便民服务，提高了城市管理的智能化水平，为市民的生活带来了便利，增强了市民的幸福感和满意度。同时，项目的实施为广州市备战第十五届全国运动会开展城市品质提升的需求提供了有力支持，有助于提升城市的综合竞争力和影响力。此外，智慧灯杆的建设还促进了各杆件权属和管理单位的通力协作，加强了部门之间的沟通与合作，形成了协同治理的良好局面。

3. 环境效益

智慧灯杆的建设对环境效益也产生了积极影响。多杆合一的设计减少了杆体的数量，优化了城市空间布局，使城市景观更加整洁美观，减少了视觉污染。智慧灯杆的智能照明功能可以根据环境光线自动调节亮度，实现节能降耗，有效减少了能源浪费，降低了碳排放，对环境保护起到了重要的作用。同时，智慧灯杆的建设也有助于推动城市的可持续发展，为建设绿色、低碳的城市环境作出了贡献。

4.管理效益

在管理效益方面，该项目通过建设统一管理系统，实现了对智慧灯杆的远程运维管理、数据采集分析和异常事件监测等功能。这使得管理部门能够实时、准确地掌握智慧灯杆的运行状态，及时发现和解决问题，提高了管理效率和响应速度。统一管理系统的建设还促进了信息共享和资源整合，使城市管理更加协同、高效。通过大数据和人工智能技术的应用，管理部门能够更好地进行决策分析，优化城市管理策略，提高城市治理的科学性和精准性。此外，智慧灯杆的建设推动了管理体制的创新和完善，明确了各权属和管理单位的职责，加强了对城市基础设施的统一规划和管理，为城市的可持续发展提供了有力保障。

四、经验与启示

集约共享，减少重复浪费。通过对各类杆体、配套管线和电力设施进行集约化、一体化合杆设计，实现了资源的高效整合和共享，避免了重复建设和资源浪费。

权责分明，推动协作共赢。通过明确各方的职责和权利，推动各杆件权属和管理单位的通力协作，共同制订合理的合杆方案，协同推进项目实施。

经济高效，建立长效机制。在合杆治理过程中，充分利用现有资源，严控增量，通过"多多合用"效应，实现了杆件的优化整合和迁移，降低了建设和运营成本。同时考虑长远设施需求，为杆件预留发展空间。建立长效的道路杆件管理机制，加强后期管养维护。

（完成人：罗小雄　杨春宁　王昊苏　梁　波　唐伟盛　周文斯）

第二十二章 人才红利培育开发

人员柔性化能力养成 发掘人力资本潜能

北京奔驰汽车有限公司

审定意见：

本成果以人的发展为终极目标，通过打破不同机型的技能壁垒，拓宽蓝领人才技能发展通道，培养适应多机型、多工位的柔性化能力，满足企业应对市场和产品不确定性需要，以培养员工的职场竞争力的方式，提升企业的市场竞争力。以培养员工跨岗位、跨生产线、跨厂区的独立操作能力为基础，通过建立柔性化蓝领调蓄池、完善蓝领员工借调流程等流程和机制，支撑人员排产灵活管理，从而实现生产任务、生产能力以及员工数量的动态平衡。提高企业瞬时满足新生产指标的能力，大幅降低人力资源调节成本；同时增强员工的工作稳定性，及其对企业的归属感。为大型制造业企业人力资源管理和创新，提供了具有参照和实践意义的样本。

创新点：

一是提出"双动力融合发展"培养路径，适应汽车行业电动化转型，培养具备灵活适应能力的人才；二是践行"一人多岗、一岗多人"原则，对多岗工技能提出更高标准要求，打破传统作业能力限制；三是采用 IMPACT 标准化培训模式，从培训需求识别到效果跟踪，形成完整流程，确保培训效果；四是以人员柔性化为基础，在多个维度进行精益生产管理实践，如建立蓝领调蓄池、实施全员预防性设备维护等；五是借助数字化系统对生产指标进行精细化管理，提高生产效率和质量。这些创新点有助于企业提升竞争力，实现可持续发展。

价值点：

通过人员柔性化培养和精益生产管理实践，提高了员工的工作满意度和生产力，使其能够更好地应对市场需求的波动，为企业的快速发展提供了有力支持。在经济收益方面，在近四年产量增长的情况下，用工人数下降，节省了人力成本约1200万元。将创新理念融入企业核心价值观体系，促进了企业的转型发展，体现了"行则至极"的企业精神。

可复制性和应用范围：

其人员柔性化培养模式，包括"双动力融合发展"培养路径、"一人多岗、一岗多人"原则以及IMPACT标准化培训与实施步骤，可适用于各类汽车制造企业，有助于快速打造复合型人才队伍。五个维度的精益生产管理实践，如人员排产灵活管理、全员预防性设备维护、物料供应精益管理、产能节拍按需调整以及新项目投产与爬坡等，为企业提供了一套完整的精益生产管理体系，可在同行业中广泛应用。此外，数字化系统助力生产指标精细化管理的经验，也可为其他制造企业提供借鉴，推动企业向智能化、高效化发展。

成果详述：

一、基本情况

1. 项目简介

北京奔驰汽车有限公司（以下简称"北京奔驰"）成立于2005年8月8日，是北京汽车股份有限公司与戴姆勒股份公司、戴姆勒大中华区投资有限公司共同投资的中德合资企业，集研发、发动机与整车生产、销售和售后服务于一体，位于北京亦庄经济技术开发区，占地198万平方米，职工13000余人。目前，北京奔驰已成为梅赛德斯－奔驰全球重要生产基地，拥有三大车型平台、发动机工厂与动力电池工厂，实现了发动机核心零部件与整机出口。公司引入多款车型，市场竞争力持续提升，2022年全年产量突破60万辆，工业总产值首破2000亿元大关。

2. 实施背景

市场需求增长及不确定性，以及以销定产、以供定产的灵活生产模式，导致产品需求不均衡，影响生产效率。为完成股东双方的战略部署和转型目标，北京奔驰发动机工厂与电池工厂积极探索创新型生产组织方式，在人员柔性化培养方面进行管理创新。

3. 实施的必要性

其一，市场需求变化和不确定性要求企业具备更强应变能力。市场需求不断增长和变化，企业需快速调整生产计划和资源配置，以满足不同产品需求。传统生产模式难以适应，导致生产效率下降和成本增加。构建以人员柔性化为基础的精益生产管理创新模式，能使北京奔驰更好地应对市场需求波动，提高生产效率和质量。

其二，股东双方战略部署要求企业加快转型步伐。"2039愿景""BLUE卫蓝计划"和"电动化、数字化、低碳化"转型战略，意味着北京奔驰须在技术、生产方式和管理模式等方面全面升级变革。人员柔性化培养和精益生产管理创新是实现目标的重要手段，有助于提高员工技能水平和综合素质，优化生产流程和资源配置，推动企业向智能化、绿色化和可持续发展转型。

其三，汽车行业竞争激烈，企业需提升核心竞争力。在电动化、智能化趋势下，传统汽车企业面临挑战。实施该项目能培养多技能、高素质员工队伍，提高生产柔性和创新能力，在市场竞争中占据优势。同时，项目成果可推广、可复制，对新建工厂具有指导作用，能提升整个汽车行业发展水平。

二、项目实施过程

1. 主要做法

北京奔驰在面对汽车产业的新挑战与变革，特别是在新冠疫情带来的零部件供应短缺及市场订单波动等不利条件下，采取了一系列措施以构建以人员柔性化为基础的精益生产管理创新模式。项目旨在打造具备高度柔性的生产系统，以前瞻性地应对产品变化、日益增长的市场需求及不确定性。为此，北京奔驰发动机工厂与电池工厂通过管理创新的方式构建了以人员柔性化为基础的精益生产管理创新体系架构，主要包括人员柔性化培养的创新模式、以人员柔性化为基础的五个维度精益生产实践以及全面数字化的SQDCM指标管理平台。

在人员柔性化培养方面，采用了"双动力融合发展"培养路径，结合发动机业务特点，拓宽蓝领人才技能水平，培养多机型和多工位的技能人才。此外，实行"一人多岗、一岗多人"的原则，根据不同等级划分多岗工的技能要求，确保员工能够胜任不同产品、不同环境下的作业要求。通过IMPACT标准化培训模式，进一步提升员工技能，为发动机与电池业务的整体柔性化工作奠定基础。

在五个维度的精益生产管理实践中，首先是人员排产灵活管理，通过建立蓝领调蓄池和完善借调流程等措施，实现人员的灵活调配；其次是全员预防性设备维护，提升全员设备维护意识，构建以员工为主导的设备维护管理模式；再次是物料供应柔性化管理，依据工艺要求择优切换不同零件配线方式；从次是产能节拍按需调整，受益于高柔性化的人员技能，生产线可根据生产需求采用最合理的产能方案；最后是新项目投产与爬坡阶段，以人员柔性化培养为基础，组建敏捷高效的投产爬坡关键团队。

2. 关键要点

打破不同机型的技能壁垒，培养多机型和多工位的技能人才；通过灵活的人员排产管理、全员参与的设备维护、物料供应的精益管理、产能的按需调整以及新项目的高效投产爬坡，实现了生产系统的高度柔性化。借助数字化平台支持生产指标的精细化管理，确保了生产运营指标取得新突破，即使在疫情期间也能保持产量稳定增长，同时降低人员需求。这些做法不仅有助于北京奔驰克服产品需求不均衡的挑战，还在精益生产理念指导下全面提升生产效率，为新建工厂快速打造复合型人才队伍、搭建精益生产体系提供了参考价值。

三、成果总结

1. 经济效益

（1）人力成本显著降低

在近四年产量稳步增长的情况下，通过采用以人员柔性化为基础的生产柔性化体系，北京奔驰发动机工厂与电池工厂成功实现了用工人数下降4%的目标，累计节省人力成本约1200万元。这一成果不仅体现了企业在成本控制方面的卓越能力，也为企业在市场竞争中赢得了更大的优势。

（2）生产效率大幅提升

高柔性化的人员技能模式使生产线能够根据不同的生产需求，灵活采用最合理的产能方案和最精益的生产模式，从而高效地完成生产目标。此外，数字化系统的应用助力生产指标精细化管理，进一步优化了生产流程，提高了生产效率。这些举措使得北京奔驰能够更好地满足市场需求，提升产品交付能力。

2. 社会效益

（1）人才培养的示范引领

项目在人员柔性化培养方面的管理创新，为汽车行业树立了典范。其形成的制度文件和培养模式可广泛应用于汽车行业的大部分工厂，尤其对新建工厂快速建设复合型人才队伍、搭建柔性化生产体系具有重要的指导作用。通过推广这些经验，能够有效提升整个行业的人才素质和生产管理水平。

（2）可推广性与可复制性

该项目的成果具有很强的可推广性和可复制性，为其他企业提供了宝贵的借鉴。其成功经验可以在不同规模和类型的企业中进行应用，推动行业的共同发展，促进产业升级和转型。

3. 管理效益

（1）创新理念融入

北京奔驰坚持将创新理念融入核心价值观体系，使创新成果转化为现实，发挥创新体系力量，以创新思维推动企业的转型发展。

（2）员工满意度提高

人员柔性化培养模式和精益生产管理实践提高了员工的工作满意度，激发了员工的工作积极性和创造力，增强了企业的凝聚力和向心力。

（3）企业竞争力提升

柔性化人才培养与精益生产管理创新模式的建立，使北京奔驰能够更好地应对市场需求的波动，提高生产效率和质量，提升企业的市场竞争力，推动公司实现快速发展。

（4）文化基因塑造

该创新实践成功地将创新思维融入全体员工的文化基因中，体现了北京奔驰"行则至极"的企业精神，为企业的长远发展奠定了坚实的基础。

四、经验与启示

面向未来竞争，以柔性化促进员工发展。人是生产力中最活跃的要素，也是企业真正的主角。通过培养员工的多技能和多岗位能力，使其掌握跨领域的知识和技能，能够根据生产需求和工作任务的变化，灵活调整自己的角色。人员柔性化还能培养员工的学习能力和创新精神，使其能够适应新技术和新业务不断发展变化的挑战。

推动团队协作，更敏捷地响应市场变化。在实施人员柔性化的过程中，员工需要在不同的岗位之间进行切换，这就要求他们提高有效沟通的能力，加强相互学习和紧密合作，提高团队协作效率，进而提升整个企业的运作效率。基于人员柔性化和市场需求的变化，企业能够更灵活地调整生产计划，合理分配生产资源，使得企业能够在激烈的市场竞争中取得主动权。

（完成人：刘西欣　陈琦龙　薛　铭　郭官莉　蔡志鹏　陈　凯）

增加高知人才"黏性"，牵动企业跨越式发展

上海公路桥梁（集团）有限公司

审定意见：

本成果通过用人理念和机制的创新，培育出适合高学历、高素质人才发

展的环境与空间，增加对高学历人才的"黏性"，在短时间内实现了博士人才从 0 到 12 的增长，并且都取得了人才和公司双满意的成果，推动公司业务的转型升级，提高了企业的核心竞争力。从人口红利转向人才红利，是中国经济实现高质量发展的必然路径。知识型人才管理历来是中外企业界共同的难题，尤其是规章制度约束性强、人才选用机制相对固化的国有企业，创造适合博士人才发展和发挥的小环境有着可以想见的难度。通过"一人一策"的方式，为人才创造发展空间、发展条件，促进人才自身价值的实现。公司把高素质人才当作企业最重要的创新资源、新质生产力的核心要素、引入和发展新质生产力的重要载体，促进企业向产业链高端的跃升。这一成果对于同类型企业高素质人才队伍培育有着重要的借鉴参考价值。

创新点：

多部门联动精准引才，与高校深度合作，建立系统流程体系，严格选人用人标准，确保引进高质量博士人才。创新育才方式，搭建多种平台促进博士交流，如建立"博士工作室"、组织考察和鼓励内部技术交流，打破"信息茧房"，拓宽知识面。实施"一人一策"的精准化培养，根据个人专长定制成长路径，提供实岗锻炼机会，促进科研成果转化。积极推送博士参加评优活动，展示人才"核心力"，提升企业影响力。由此形成了一套完整的博士人才引进与培养模式，为企业高质量发展提供了有力支持。

价值点：

一是积极响应国家高质量发展的要求，将人才工作作为战略性工作，加大博士人才队伍的引育，为企业发展提供了强大的人才支撑。二是通过合理优化人才队伍结构，注重引育核心人才，推动企业实现高质量发展，提升了企业的核心竞争力。三是博士人才在关键领域开展技术攻关，取得了显著成果，如发表高水平论文、申请专利、获得科技奖项等，为企业创造了重要的科研价值。四是促进了传统生产力向新质生产力的跃升，为行业发展树立了榜样。

可复制性和应用范围：

其可复制性体现在坚持为党育人、为国育才的理念，树立科学选人用人观念，营造重视高学历人才的良好氛围，合理优化人才队伍结构。具体实践包括各部门协同联动引才、大胆选用年轻博士、引导博士科研攻关、与顶尖高校产教融合等。这些做法可在其他国有企业中进行复制推广，有助于提升企业的人才竞争力和科技创新能力。然而，在复制过程中需考虑不同单位的差异，避免出现"水土不服"的情况，应根据实际情况进行适当调整和优化。

成果详述：

一、基本情况

1. 项目简介

上海公路桥梁（集团）有限公司（以下简称"LQ 公司"）致力于加强高学历人才队伍建设，通过引育并重的方式，总结出了一套博士人才引进与培养模式。LQ 公司多部门联动精准引才，建立"博士工作室"等平台，组织考察交流，鼓励技术交流互鉴。积极推送博士参加评优活动，立足工程一线锻炼人才，将人才培养与研发相结合。执行"精细化""精准化"管理，根据个人发展意愿提供实岗锻炼平台，丰富博士任职经历。

2. 实施背景

随着国家经济的快速发展，高质量发展成为全面建设社会主义现代化国家的首要任务。在这一背景下，企业作为高质量发展的主体，其发展的速度和水平至关重要。LQ公司作为一家国有企业，深刻认识到人才是支撑企业高质量发展的第一资源。在过去的发展过程中，由于施工行业一线工作环境艰苦，博士等高学历人员更倾向于选择设计研究院、建设单位等，这使得LQ公司在博士人才引进方面面临着较大的困难。在"十一五"期间，LQ公司人力资源基础相对薄弱，高学历人才匮乏。经过"十二五"期间的努力，LQ公司人力资源结构虽然有所提升，但仍无法满足企业发展的需求。因此，在"十三五"期间，公司综合研判行业发展趋势和企业自身实际，明确提出要提升企业核心竞争力，就必须建立一支聚集企业主营业务的高素质人才队伍，并制定了在"十三五"期末实现博士拥有量从"1"增加到"10"以上的目标。

3. 实施的必要性

在当今激烈的市场竞争中，人才已经成为企业发展的核心竞争力。对于LQ公司来说，实施博士人才引进与培养模式具有重要的战略意义。博士人才具有深厚的专业知识和创新能力，能够为企业的技术创新和产品研发提供强大的支持。通过引进博士人才，企业可以在关键领域开展技术攻关，培育"专精特新"小巨人，提升企业的核心竞争力。博士人才的引进和培养可以促进企业的转型升级。随着行业的发展，传统的施工企业面临着诸多挑战，需要不断进行技术创新和管理创新。博士人才的专业知识和创新思维可以为企业的转型升级提供有力的支撑，帮助企业实现从传统施工企业向现代化企业的转变。博士人才在科研领域取得的成果也可以为企业赢得良好的社会声誉，提升企业的社会影响力。

二、项目实施过程

1. 主要做法

（1）党管"引才"，压实高质量发展责任

LQ 公司坚持党委统一领导，人力资源部等部门协同联动的人才引育工作体系，建立了一整套高学历人才引进的系统流程体系，将党的政治优势和组织优势转化为人才优势。此外，LQ 公司还与多所国内著名高校建立深度的合作交流关系，如上海交通大学、同济大学等，以此为基础为高学历人才的引进奠定了坚实的基础。

（2）严格标准，树立正确选人用人导向

LQ 公司以高质量为目标，科学设置了招聘程序，确保人岗高效匹配。LQ 公司主要领导亲自挂帅，成立人才引进工作小组，实行人力资源部、总工程师、党委书记三层级面试把关，通过初试、复试、终面三个环节，与博士充分沟通交流，确保人才甄选工作的高效与精准。

（3）统筹规划，紧贴企业业务发展需要

LQ 公司根据主营业务发展的需要，聚焦企业主责主业，多渠道、分领域地开展招聘工作。自 2016 年起，LQ 公司平均每年引进 1~2 名博士，至今共引进了 12 名博士，这些博士的专业涵盖了道路、桥梁、地下、结构、材料等多个领域，为 LQ 公司进一步提升核心竞争力打下了坚实的人才基础。

（4）正向激励，执行薪酬体系双轨制度

为更好地吸引和留住博士人才，LQ 公司实行了"双轨制"的薪酬体系，对引进博士采用协议年薪制，并强化考核、收入与绩效紧密挂钩，有效提高了博士人才的积极性。

（5）创新"育才"，强化高质量发展支撑

LQ 公司重视人才的成长和发展，采取了一系列措施，包括建立"博士工作室",鼓励博士之间进行技术交流;组织技能研修、同业交流等活动;以及定期与博士谈话,了解其职业规划和个人特点,量身定制成长路径。

(6)合理"用才",激发高质量发展活力

LQ公司注重博士人才的选拔任用,打破了传统的发展路径与形式,创新用才机制,为人才提供了广阔的事业发展空间。LQ公司还为博士人才提供了多岗位轮动的机会,培养复合型人才,使他们在不同序列的岗位上都能各尽其用。

2. 关键要点

LQ公司的成功在于其系统性的人才引进与培养模式,这包括了严格的选人用人标准、合理的薪酬激励机制、精心设计的人才培养计划以及灵活的人才使用策略。通过这些措施,LQ公司不仅吸引了大量高学历人才加入,而且有效激发了这些人才的创新潜力,促进了LQ公司的科研成果和技术进步。博士团队在LQ公司工作期间取得了显著的成绩,包括发表了大量的高水平论文、申请了多项专利,并获得了多项国家级和市级科技奖项。LQ公司还通过与顶尖高校的合作,增强了自身的科研实力,树立了良好的雇主品牌形象。这些做法不仅为LQ公司带来了直接的经济效益,也为其长期发展奠定了坚实的人才基础。

三、成果总结

1. 经济效益

一是企业生产效益稳步提升。近五年来,企业人均营收和人均利润均呈增长态势,综合效能增长明显。截至2023年,LQ公司人均营收为626万元,较五年前增长36.7%;人均利润为10.63万元,较五年前增长94.3%。二是核心产业布局持续优化。LQ公司充分利用高素质人才队伍,在传统业务领域不断创新工艺、工法,对工程建设进行创新升级,持续巩固市场占有率。同时,在新兴业务领域由博士主导创新攻关，推动 LQ 公司产业升级，创造了国内、国际多项先例，填补了多项国内技术空白，持续打破国内多项行业纪录，斩获多项具有行业重大影响力的荣誉。

2. 社会效益

一是树立良好雇主品牌。随着博士人才的引进和培养，LQ 公司在高校中赢得了良好的口碑，为 LQ 公司持续引进高学历、高素质人才奠定了坚实基础。同时，博士们在各类展示平台中脱颖而出，荣获多项荣誉，充分向社会展示了 LQ 公司人才"核心力"，提升了 LQ 公司的知名度和影响力。二是培养高素质人才队伍。LQ 公司建立了"筑梦"人才培养培训发展体系，给员工晋升提供清晰通道指引。到目前，公司拥有几十位正高级工程师、博士，近百位硕士，上千位优秀管理和技术专才，人力资源结构优化明显。三是推动行业发展。博士团队在关键领域开展技术攻关，取得了显著成果，如发表高水平论文、申请专利、获得科技奖项等，为行业发展提供了有益的经验和借鉴，推动了整个行业的技术进步和创新发展。

3. 环境效益

通过博士人才的创新攻关，LQ 公司在工程建设中不断引入新技术、新工艺，提高了资源利用效率，减少了对环境的影响。例如，在道路、桥梁等建设中，采用环保材料和节能技术，降低了碳排放，促进了可持续发展。

4. 管理效益

一是优化人才管理机制。LQ 公司通过实施"精细化""精准化"管理，"点对点"服务跟踪，定期与博士谈话等方式，了解博士的职业规划及个人专长与特点，根据个人发展意愿"因人施策"，提供实岗锻炼机会，丰富博士任职经历。这种管理方式提高了人才管理的科学性和有效性，增强了人才与企业的契合度。二是提升企业管理水平。博士人才的加入为企业带来了先进的管理理念和方法，促进了企业管理水平的提升。同时，多部门协同联动的人才引育工作体系，也加强了部门之间的沟通与协作，提高了企业的整体运营效率。三是形成良好人才文化氛围。LQ 公司转变了传统施工企业用人观念，形成支持培养人才的正向舆论，厚植博士创新人才成长成才的沃土。这种良好的人才文化氛围吸引了更多优秀人才的加入，为企业的发展提供了源源不断的动力。

四、经验与启示

将人才工作提升到战略高度，明确高知人才的选人导向。LQ 公司把人才当作支撑企业高质量发展的第一资源。通过党委统一领导，人力资源部等部门协同联动，建立高效的人才引育工作体系。充分发挥各部门的优势，确保人才引育工作的顺利进行。根据主营业务需求，科学设置招聘标准和程序，选拔符合企业发展方向的人才，并为充分发挥人才的潜力创造条件。用足人才"红利"的优势，增强企业核心竞争力。

积极创新人才培育机制，提供个性化的培养和发展路径。打破"四唯"倾向，畅通人才发展通道，实现人才的多岗位轮动，培养复合型人才。通过建立"博士工作室"、组织考察交流等活动，营造了良好的学习和交流氛围，鼓励博士之间相互学习和借鉴。注重根据博士的专长与特点，量身定制培养方案，提供实岗锻炼机会，促进科研成果转化。

持续关注人才的发展需求，用事业机遇提升人才"黏性"。定期与博士谈话，了解其职业规划及发展目标，根据个人发展意愿"因人施策"。为人才提供发展空间，使得人才能够在不同岗位上发挥自己的优势，实现自身价值，以此增强人才的归属感和忠诚度。同时，营造积极向上、开放包容的企业文化，积极为博士人才提供展示平台，推送他们参加各类评优活动，提升其知名度和影响力。

（完成人：沈永东　蔡珺花　吴晓亮）

标准共定破解数字化智能制造技能人才短缺难题

滨州市技师学院

审定意见：

本成果基于服务新经济、新业态、新技术、新职业的理念和目标，从联合政府管理部门、行业组织和企业共同制定标准入手，通过改革教学模式和教学内容，开发面向战略性新兴产业和未来产业的核心课程体系，实施"以赛促教、以赛促学、以赛促改、学赛结合"教学模式，建立"科研互通、成果共享"的校企协同育人机制，使所培养人才更能适应当前人才市场以及未来产业升级的需要。为破解当前存在的严重人才结构性短缺问题，增加新兴产业人才供给，提高毕业生的价值感，提供了成功的经验和模式。

创新点：

构建"名师引领、标准共定"的全国首个智能制造平台联盟。通过政府、院校、行业、企业的多方合作，实施优秀人才"双进互聘"，有效提升了师资队伍水平和教学质量。建构覆盖中职、高职、本科三个教育层次的专业群课程体系，依据智能制造行业的最新发展趋势和技术需求，实现了教学内容与职业岗位的无缝对接。通过校企合作理事会的设立，形成了"六共五同四体"的校企协同育人模式，实现了校企资源共享、优势互补，确保了人才培养与企业需求的高度契合。

价值点：

制定了教育部《中等职业学校机械工程类专业教师标准》等多个标准，建设了多个山东省名师工作室、教学团队及技艺技能传承创新平台，培育了多名山东省名师。成果中的教学改革和实践获得了多项省级教学成果奖，并在教师教学能力大赛中取得了优异成绩。申报了多项国家发明专利和实用新型专利，获得了包括山东省科技进步奖在内的多个奖项。这些成果不仅丰富了教学资源，提升了师资水平，而且为智能制造领域的技术进步和人才培养作出了重要贡献。

可复制性和应用范围：

开发了多个省级指导方案和职业教育重点教改项目，建设了多个品牌专业和高水平专业群，并开发了一系列教材和精品课程。其中，多部教材入选国家规划教材。开发的软件和教学资源在多个地区得到应用和借鉴，受益学生人数众多。此外，该成果的应用不仅限于山东省内，还在重庆、江苏、河北、浙江、黑龙江、青海等地进行了推广应用，有效支持了不同地区的智能制造人才培养和发展需求。

成果详述：

一、基本情况

1. 项目简介

该项目名为"标准引领、育训并举、技术赋能：培养数字化智能制造技能人才的探索与实践"，滨州市技师学院旨在响应"中国制造2025"国家战略，应对智能制造领域的人才需求。项目依托于教育部、财政部职业院校教师素质提高计划职教师资培养资源项目，以及多项山东省教育厅重点教改项目和质量提升项目，针对职业院校智能制造技术技能人才培养存在的问题，如教学标准缺失、一体化课程体系缺乏、协同育人机制不健全等问题，进行了深入探索与实践。

2. 实施背景

随着全球制造业向智能化、数字化转型，中国制造业正经历着由低端制造业向智能制造的转型升级。在此背景下，"中国制造 2025"战略强调了加强标准体系建设、实施智能制造工程的重要性，目标是在 2025 年前实现制造业重点领域的全面智能化。这催生了新经济、新业态、新技术、新职业，迫切需要大量高层次复合型技术技能人才来支撑这一转变。

中共中央办公厅、国务院办公厅印发的《关于推动现代职业教育高质量发展的意见》要求一体化设计职业教育人才培养体系，推动各层次职业教育专业设置、培养目标、课程体系、培养方案的有效衔接。在技能要求较高的专业领域实施长学制培养，这对于建设技能强国、制造强国、质量强国具有重要意义。

3. 实施的必要性

面对智能制造领域的快速发展和人才需求的增加，职业院校在智能制造技术技能人才培养方面面临一系列挑战，如教学标准缺失、一体化课程体系缺乏、协同育人机制不健全等。这些问题制约了人才培养的质量和效率，进而影响我国智能制造产业的发展速度和国际竞争力。为了解决上述问题，本项目通过以下措施来提升智能制造技术技能人才培养的质量和效率：一是组建智能制造平台联盟。项目组联合政府、院校、行业、企业等部门，组建了全国首个智能制造平台联盟，实施优秀人才"双进互聘"机制，提高了师资队伍水平。二是建构一体化课程体系。根据智能制造行业的最新发展趋势和技术需求，构建了覆盖中职、高职、本科三个教育层次的专业群课程体系，实现了教学内容与职业岗位的无缝对接。三是形成校企协同育人模式。通过校企合作理事会的设立，实现了校企资源共享、优势互补，确保了人才培养与企业需求的高度契合。

二、项目实施过程

1. 主要做法

一是组建智能制造平台联盟。联合政府、院校、行业、企业等多方力量，组建了全国首个智能制造平台联盟。通过实施优秀人才"双进互聘"机制，有效提升了师资队伍水平，实现了校企、校校之间的资源共享和优势互补。二是建构一体化课程体系。根据智能制造行业的最新发展趋势和技术需求，构建了覆盖中职、高职、本科三个教育层次的专业群课程体系。该体系实现了教学内容与职业岗位的无缝对接，为学生提供了一体化的学习路径。三是形成校企协同育人模式。通过成立校企合作理事会，制定了校企合作理事会章程，创新了校企组织管理机制。制定了校企合作和一体化教学管理制度，实现了校企、校校之间的资源共享、优势互补，形成了智能制造专业群"六共五同四体"的育人模式，促进了教育资源的优化配置，实现了人才培养与企业需求的无缝对接。提高了教育资源的利用效率，减少了不必要的浪费。四是开发立体教学资源。引入企业的案例、场景、产品等资源，开发了立体教学资源，包括山东省精品资源共享课程、PLC智能仿真实训系统等，满足了学生混合式学习的需求。五是物化教学研究成果。校企双方协同申报了多个国家级和省级项目，开发工业柔性生产线软件、自动化虚拟仿真漫游软件等22套软件，实现了产教研深度对接。通过联合申报国家专利奖、科学技术奖等，进一步提升了人才培养效益。

2. 关键要点

一是理论研究与岗位调研相结合。在"中国制造 2025"背景下，项目组开展了广泛的调研，包括对省内外行业企业和职业院校的调研，以及召开多次分析论证会，以确定智能制造行业背景与专业人才的需求情况。二是制定标准与实施方案相统一。对接职业能力标准，制定了包括一体化教学标准在内的多个专业教学指导方案，为职业院校技术技能人才培养提供了有效参考，实现了教育链、产业链、人才链、创新链的深度融合。三是明晰人才培养目标与构建课程体系相结合。明确了智能制造技术人才培养目标，构建了中职、高职、本科智能制造专业群一体化课程体系，实现了中职、高职、本科课程设置的有效衔接。四是一体化教学改革与全过程评价模式相辅相成。设计了一体化培养方案、一体化课程、一体化教材、一体化教师、一体化场地，开展了"六步实施"教学，并制定了一体化教学管理、质量监控、学生学业评价制度，创新了一体化人才培养全过程评价模式。

三、成果总结

1. 经济效益

通过实施智能制造技术技能人才培养的一系列创新措施，显著提升了学生的职业竞争力，提高了毕业生的就业率和薪资水平。具体而言，学生毕业率、职业资格合格率、专业对口率、企业满意度等均有大幅提升。学生薪资水平平均增长了 20.8%，达到 5826 元，此创新措施为地方经济的发展输送了大量高素质的技术技能人才，促进了区域经济的增长和产业升级。

2. 社会效益

该成果不仅提升了人才培养的质量，还促进了师资队伍整体水平的提高。通过建设多个省级名师工作室、教学团队和技艺技能传承创新平台，培育了多名山东省名师，提升了教师的教学能力和科研水平。此外，项目还开发了大量高质量的教材和教学资源，包括入选"十三五""十四五"国家规划教材的 24 部教材，以及多门精品课程和教学仿真软件。这些资源不仅惠及了在校学生，还通过培训等形式为社会上的技术人员提供了继续教育的机会，为社会输送了更多具有创新能力的技术技能人才。

3. 管理效益

本成果案例通过成立校企合作理事会，创新了校企组织管理机制，实现了校企资源共享、优势互补、共建共享。这一管理模式有效地促进了校企之间的沟通协作，提高了人才培养与市场需求的匹配度，提升了人才培养质量和效率。同时，项目还通过开发国家职教师资培养教材、制定国家本科师资培养标准等一系列措施，为其他职业院校提供了可复制的成功经验，促进了整个教育体系的管理水平提升。

四、经验与启示

找准方向，紧盯产业转型培养稀缺人才。在制造业转型升级的大背景下，掌握智能化、信息化、数字化技术的复合型人才将在未来很长一段时间内都会存在巨大的缺口。解决人才的结构性短缺问题，既是职业教育的职责所在，又意味着重大的商业机会。滨州市技师学院从服务国家战略的角度出发，调动和整合多方资源，进入教育市场的"无人地带"，为社会经济发展培养高素质、高价值人才，大幅度提升人才在就业市场的"含金量"。

"标准共定"，教学内容和职业岗位无缝对接。学非所用、用非所学，是中国教育领域长期难以破解的困境。滨州市技师学院创造性地提出"标准共定"的解决方案，由校企双方共同制定人才标准，使学习内容和岗位所需职业技能完全契合，在提高教学质量和提升学生职业竞争力的同时，让学生的时间和精力得到更充分的利用。

"双进互聘"，实践经验快速转化成教学案例。在新兴产业和未来产业领域以及技术领域，企业的实践已经远远走在教学内容的前面，企业在实践中的探索和创新，要转化成理论成果，再形成规范成熟的教材，要经过若干年的时间。欧美一些国家也是采取教案教学而非教材教学的方式来解决这一问题。滨州市技师学院通过"双进互聘"的方式，在解决优秀师资稀缺问题的同时，推动了企业实践探索尽早进学校，让学生在第一时间了解新技术领域的创新实践。

（完成人：韩学鹏　肖建峰　郑　重　张　翠　王士军　林　媚）

"以用定教" 提高职业化教育含金量

山东金城建设有限公司

审定意见：

本成果通过对人才适用性培养的前置，拉长人才的职业化培养周期，并将企业的人才需求与人才的职业生涯规划结合起来，从而提高人才的适配度。在让人的时间价值得到更大发挥的同时，也为企业提高人效水平和人才竞争力奠定了基础。学非所用，不仅造成大学生就业难等一系列困境，也导致了大学生青春和生命的浪费，更严重的是，使学生和社会对高等教育失去了信心。以每年毕业 1000 万名大学生，每名大学生浪费两年学习时间计算，这个损失是巨大的和严重的。学以致用的前提是"以用定教"，本成果所创造的培养模式，可以大幅度提高人才的职场竞争力和价值创造力，产教融合也是国家大力推广的教育改革方向。

创新点：

将人才培养前置，通过产教融合班将企业文化与实务融入课程学习，缩短顶岗实习培养周期，吸引高校大学生就业。构建涵盖高校专业培养、企业应用型人才培养、实习实训与职业发展的"四位体系"产教融合人才培养体系。创新双导师制，企业和高校联动，配备多种师资走进课堂，合作共建"鲁班讲坛"，实现校企互动、产学研深度融合。以项目制进行产教融合人才培养，定位为培育企业"高潜人才池"，纳入人才发展体系，以优质人才资源投入培养实践，促进企业人才结构和能力素质的提升。

价值点：

企业人才培养前置，使学生提前认知行业和岗位，缩短了毕业后到顶岗实习的培养周期。在人才培养实践中，企业、学校、老师和学生深度融合，丰富教学案例，实现教学相长、产教融合，促进校企在科研和技术创新方面的合作与交流，为建筑行业产教融合提供了样板。通过择优录用，缓解了就业压力。同时，产教融合人才培养过程锻炼了队伍，促进了企业"师"字型人才建设，为公司沉淀了大批经验丰富的内训讲师和专业讲师，优化了人才结构。

可复制性和应用范围：

在当前建筑业人才普遍短缺的形势下，将人才培养前置的模式为企业提供了一种新的人才引进思路，有助于解决校招不理想的问题，对众多建筑行业企业具有借鉴意义。具备一定培训师资源的大中型企业，能够更好地实施该项目，通过内训师和企业导师的指导，提升学生的实践能力和职业素养。同时，企业需要充分认识校企合作、产教融合的重要性，提供充足的资源保障，包括资金支持，以长远的战略眼光看待人才培养，避免急功近利。专业的人力资源管理团队对于项目的成功实施至关重要，他们能够有效地进行项目管理、整合高校资源，推动校企合作的深入开展，从而实现企业与学校的互利共赢，为企业的发展提供坚实的人才支撑。

成果详述：

一、基本情况

1. 项目简介

山东金城建设有限公司（以下简称"金城建设"）的金城产教融合人才培养创新实践项目，是为了适应建筑业发展的新形势，积极探索校企合作的新模式。该项目与淄博职业学院合作共建金城建筑工程学院，通过组建金城建工学院理事会，实行理事会领导下的院长负责制，确保合作的顺利进行。双方在共建专业、课程、师资、实训基地、专业文化等方面展开深入合作，实现资源共享、优势互补。金城产教融合班采用"2+1"培养模式，深度融合校企产教。企业参与学校组织的教学计划和培养方案的制定和论证，将理论课程、实训课程、项目参观和企业实习等活动相结合，为学生进行全面培养。在班级管理方面，采用双导师模式，学校配备班主任、辅导员和任课教师，企业选派优秀员工担任课程讲师、实训老师和实习师傅等，共同进行班级共建与管理。

2. 实施背景

为了应对这种复杂多变的经营环境，金城建设确立了"现金为王、内功为要、人才为本、文化为魂"的 16 字经营方针，着重回归组织能力建设。人力资源中心围绕这一方针，制定了"控总量、调结构、提素质"的"人才为本"战略。从人才的"选、育、用、留"四个维度入手，构建完善的人才体系，包括资源充沛的人才供给体系、多维度立体化的人才发展体系、精细化的人才管理体系以及持续优化的人才激励体系，力求在选才、育才、用才、留才等方面做到精准、精专、精细、精心。

3. 实施的必要性

为了有效解决学生技能、学校教学与企业实际需求之间存在偏差的问题，将企业人才培养前置，融入学校教育，探索出一种适合企业与学校的产学研融合模式变得较为迫切。金城建设通过开展产教融合培养，能够让学生提前了解行业和岗位，逐步介入岗位实习，从而缩短毕业后到顶岗实习的培养周期。校企合作定向培养作为公司"高潜人才池"建设的重要项目，与公司的人才发展战略高度契合。公司近年来组织开展的"师"字型人才培养，为公司沉淀了一批专业精湛、能干会讲、乐于分享的优秀内训师队伍，为金城产教融合班提供了坚实的师资保障。同时，公司在人才培养项目运营和管理方面积累了丰富的实践经验，能够确保项目的顺利实施。产教融合还有助于丰富教学案例，实现教学相长、产教融合，促进校企在科研和技术创新方面的合作与交流，为建筑行业的产教融合提供可借鉴的样板。通过择优录用学生，也能够有效缓解就业压力，优化企业的人才结构，为企业的可持续发展提供有力支持。

二、项目实施过程

1. 主要做法

（1）组织管理

金城建设与淄博职业学院合作共建金城建筑工程学院，组建金城建工学院理事会，实行理事会领导下的院长负责制。双方合署办公，分工负责，金城建设在人力资源中心设产教融合管理办公室，负责具体管理对接工作，淄博职业学院建筑工程学院工程造价教研室负责具体教学与人才培养工作。

（2）责任明确

校企合作班的学生前两年在淄博职业学院学习，最后一年到金城建设的项目部进行实习实训。第一、第二学年，学生管理由淄博职业学院负责，金城建设协助参与职业引导与企业文化课程的辅导；第三学年，学生管理由企业负责，学校协助。

（3）质量控制

公共课程及专业基础课程由学校根据教育部门的要求提出质量控制的规范并实施；专业技术课程由企业根据行业、企业要求提出质量控制的规范，经双方研讨确定内容后由学校实施。

（4）企业实训课程设置

根据人才培养方案，企业组织专人开发相关专业课程，并遴选优秀内训师担任企业导师为金城产教融合班学生授课。公司从现有岗位骨干、内训师队伍中遴选优秀讲师担任授课讲师，先后选拔多位优秀内训师到学校授课。

（5）实习实训

企业严格落实实习实训教学工作，使教师按教学要求保质保量完成教学任务，累计授课多课时，项目实训、观摩多次。

（6）顶岗实习

企业按人才培养方案及顶岗实习的要求，严格落实"师带徒"培养，师徒配比1∶1，师傅负责安排落实学生的顶岗实习岗位、实习内容和指导师傅，并制订切实可行的轮岗计划，加强对学生的实习指导与实习管理。公司先后安排多届金城产教融合班学生到优秀项目部进行顶岗实习，并配备优秀师傅，严格落实实习实训要求，确保完成实习实训培养目标。实习实训期间，公司严格考核，每月对学生实习期间的表现进行综合评定，择优录用优秀人员，办理录用手续。

2. 关键要点

一是校企合作紧密。通过合作共建学院、明确各方职责、合署办公等方式，确保校企双方对接顺畅，资源共享，实现深度融合。二是师资队伍建设。注重从企业内部选拔优秀的岗位骨干和内训师担任授课讲师和企业导师，为学生提供实战经验的指导。三是实践教学重视。严格落实实习实训和顶岗实习的要求，为学生提供充足的实践机会，使学生能够将理论知识与实际操作相结合。四是考核评价严格。建立健全考核评价机制，对学生的实习表现进行综合评定，确保学生能够真正掌握所需的技能和知识。五是激励措施有效。通过设立奖学金等激励措施，激发学生的学习积极性和主动性，同时也有助于宣传企业文化，增强学生对企业的认同感。

三、成果总结

1. 经济效益

通过产教融合人才培养模式，金城建设缩短了企业顶岗实习培养周期，提高了人才培养效率，减少了因人才短缺或不适应岗位而带来的成本浪费。择优录用优秀毕业生，为企业提供了稳定的人才储备，有助于提高企业的生产效率和竞争力，从而促进企业的可持续发展，为企业带来长期的经济效益。与高校的合作共建，为企业提供了更多的科研合作机会，有助于推动企业的技术创新和产品升级，提高企业的市场竞争力。

2. 社会效益

该项目为高校毕业生提供了更多的就业机会，缓解了社会就业压力。特别是在当前就业形势严峻的情况下，产教融合班的设立为毕业生提供了一条稳定的就业渠道，有助于促进社会的稳定和谐。校企合作共建为社会培养了大量适应市场需求的应用型专业人才。这些人才具备较强的实践能力和创新精神，能够更好地满足社会对高素质人才的需求，为社会经济的发展提供了有力的人才支撑。产教融合的深入推进促进了教育资源的优化配置，提高了教育质量。企业与高校之间的合作使得教育更加贴近实际需求，培养出的学生更具竞争力，有助于推动整个教育体系的改革与发展。项目的成功实施为建筑行业树立了榜样，吸引了更多企业关注和参与产教融合，推动了行业的整体发展，为社会经济的繁荣作出了贡献。

3. 管理效益

项目实施过程中，企业积累了丰富的人才培养和项目管理经验。通过制订科学的培养方案、完善的管理制度和有效的评估机制，企业能够更好地制定人才培养项目，提高项目的成功率和效果。"师"字型人才培养模式的推进为企业沉淀了大批经验丰富的内训讲师与专业讲师，这些讲师不仅能够传授知识和技能，还能够传承企业文化和价值观，增强企业的凝聚力和向心力。产教融合促进了企业与高校之间的互动与交流，企业能够借鉴高校的先进管理理念和方法，进一步完善自身的管理体系，提高管理水平。通过项目制管理，明确了项目目标和责任，加强了对项目的监控和评估，确保了项目的顺利实施和目标的达成。这有助于提高企业的决策效率和执行力，提升企业的整体竞争力。

四、经验与启示

金城建设创新了由企业主导的产教融合人才培养项目，通过新型的培养机制和培养模式，提高人才培养的质量和效率，实现了企业、学校和学生的共赢，同时在一定程度上缓解了就业难的社会问题。

职业化培养前置，降低企业用人成本。将企业文化、岗位认知等内容融入正常教学周期，让学生在学习阶段就接触实际工作场景，缩短学生从校园到职场的适应期，使其更快地胜任工作岗位。同时，也大幅减少企业从市场招聘和试用期磨合的成本，直接录用和岗位匹配度高的高素质人才，从而提升企业的全员劳动生产率。

教学相长效应，促进企业人才升级。在承担教学任务的过程中，企业管理和技术人员的理论水平、教学组织和知识传授能力、跨代沟通能力等能力和素质势必得到较大提升，企业管理层的素质和领导力将得到加强，从而全面提升企业的人才竞争力。

（完成人：李瑞华　杜乾坤　姜钰丽）

以集中劳动力管理为牵引，建设现代化产业工人队伍

北京住总劳务开发有限公司

审定意见：

本成果综合利用科技和管理手段，提升农民工的技能、素质、形象和地位，使庞大的农民工群体转型为高素质的现代产业工人队伍。人是生产力要素中最活跃、最有能动性的部分，打造新型劳动者队伍，是培育和发展新质生产力的重要内容。让庞大的农民工群体褪去"农"根，转型成为具有现代意识、现代文明和现代能力的新型劳动者，是中国实现经济和社会转型升级过程中的艰巨任务。北京住总劳务开发有限公司（以下简称"住总集团"）近年来累计培养工匠近百人，获得多项全国、北京市技能竞赛前三名，在全国职工数字化职业技能竞赛中荣获二等奖三项，不仅为企业全要素大幅提升创造了条件，也真切地体现了国有企业的社会责任。

创新点：

一是构建了独特的劳务管理五级体系，全面覆盖、责权清晰，实现指令传达零延迟，有效提升了管理效率；二是率先创办施工现场"农民工夜校"，并持续创新培训模式，全面开展职业提升行动，为农民工提供了丰富的学习和提升机会；三是自主研发"人员实名管理信息系统"和"工资保"农民工工资代发系统，推动劳务管理信息化、数字化，保障了农民工的合法权益；四是牵头研发"住总集团人员实名智能安全管理系统"，提升了施工现场智能化、精细化管理水平。这些创新举措为建筑业农民工向新质生产力转型提供了有力支持。

价值点：

第一，通过深化工作内涵、拓展服务增值和规范管理行为，有效降低了企业用工风险，提升了总包、分包对劳务管理等方面的认可度和参与度。第二，为首都建筑业输送了低价、优质、高效的劳务企业和施工班组，促进了行业的发展。第三，维护了农民工的合法权益，保障了工资支付，减少了劳务纠纷，促进了社会稳定。第四，通过培养造就高素质产业工人队伍，增强了农民工的幸福感和归属感，推动了传统农民工向新时代产业工人的转化。在抗震救灾等急难险重任务中，彰显了国企的担当和铁军本色，为社会作出了重要贡献。

可复制性和应用范围：

其劳务集中管理模式可在建筑施工企业中进行推广，通过建立企业人力资源供应服务保障专管职能，承担专业与劳务分包管理、外施作业队自管自带、职业能力素质提升、外施企业工会联合会等工作，实现劳务资源管理的全过程闭环。具体来说，其他建筑企业可以借鉴其构建劳务管理体系、开展安全教育培训、推动实名管理和工资代发、加强科技管理以及提升农民工综合保障能力等方面的经验和做法。这将有助于提升整个建筑行业的管理水平和农民工的素质，促进建筑业的可持续发展。

成果详述：

一、基本情况

1. 项目简介

住总集团成立于 1984 年，其前身为燕华劳务公司，是全国首家建筑业劳务开发公司，起初承担住总集团总部劳务管理职能。1988 年，该公司纳入住总集团事业部编制，变更为专业施工部，致力于推广鲁布革施工管理经验，探索管理与作业两层分离模式，并为亚运村工程提供劳动力供应服务保障。1993 年，依照国有企业转机建制改革要求，燕华劳务公司更名为劳动资源部，负责住总集团劳动工资管理和劳务开发工作。2005 年，根据住总集团总部机构调整，成立集团事业部北京住总人力资源开发服务中心，住总劳务公司作为事业部实体，定位为住总集团人力资源供应服务保障职能，主要承担住总集团专业与劳务分包管理职能、外施作业队自管自带、职业能力素质提升、外施企业工会联合会等工作。其劳务集中管理模式在北京市建筑市场独具特色，始终处于行业领先地位。

2. 实施背景

当前建筑业劳动力呈现出人员断层、年龄偏大、技能较低等问题，这些劣势逐渐成为建筑业高质量发展的阻碍。住总集团作为首都国有企业，每年使用大量劳动力,而劳动力问题对其发展产生了重要影响。此外,随着社会经济的发展和科技的进步,建筑业对生产力的要求也在不断提高,传统的劳务管理模式和劳动力素质难以满足行业的新需求。

3. 实施的必要性

提升农民工管理服务质量是关键。通过集中管理模式,能够整合资源,构建完善的劳务管理体系,从用工到职工进行全面管理,确保各劳务队伍合规管理,提高施工质量,降低管理成本。

加强农民工综合保障能力至关重要。现代建筑业对建筑质量有更高的标准和要求,助力农民工转化为新时代产业工人,需要全面加强施工一线党的领导与工会服务保障体系建设,培养高素质产业工人队伍,增强农民工的幸福感和归属感。

提高施工现场数字化管理水平是必然趋势。随着建筑业劳动力年龄结构的变化和中青年农民工就业选择的转变,建筑企业需要依托科技手段解决人口断层问题,保障薪酬发放,守护生命红线。推动实名管理、线上代发工资和科技管理,能够提升项目管理水平,推进企业转型升级。

践行社会责任是国企重要使命。住总集团作为国有企业,有责任通过有效的劳务管理和产业工人队伍建设,稳定就业,促进社会和谐发展,在抗震救灾等急难险重任务中发挥国企铁军本色,为社会作出贡献。

二、项目实施过程

1. 主要做法

（1）构建五级体系

公司构建了包括集团公司、施工单位、项目部、劳务企业、外施队长的劳务管理五级体系,全面覆盖、责权清晰,实现指令传达零延迟。集团总部实施管控,住总集团牵头负责劳务政策制定等工作。施工单位和项目部履行管理主体责任，劳务企业和外施队长负责落实集团管理要求，五级体系相互联通，确保劳务队伍合规管理。

（2）强化安全教育

2007 年，住总集团创办施工现场"农民工夜校"，加强入场安全教育和技能培训。2016 年，修订夜校管理办法，创新培训模式，采取常态培训与集团讲堂轮训相结合。依托城建集团提升站开展职业提升行动，组织各类培训。连续两年组织开工第一课活动，通过多种方式确保培训效果，守护安全红线。

（3）抓关键带动多数

住总集团利用集中分包管理特色凝聚外施企业和队长，住总外施工会将工伤预防、企业文化融入培训，提升外施队长防护意识、技能水平和文化认同，以少数带动多数，推动农民工职业能力提升。开展廉洁家风活动，组织分包管理大培训，为集团发展提供支撑。

（4）推动实名管理

2015 年，住总集团研发"人员实名管理信息系统"，要求在各阶段落实相关信息采集登记，纳入全部人员管理。2018 年，积极推动线上应用，推行多项措施强化执行，打通数据接口，推送考勤数据至政府监管平台，实施动态管理。

（5）实现线上代发

2020 年，自主研发"工资保"系统，提供"一站式"服务，规范农民工工资专用账户管理，集中管理全部专用账户，动态监管全流程，保障农民工合法权益。

（6）加强科技管理

2021 年，牵头研发"住总集团人员实名智能安全管理系统"，以智能安全帽为终端，与硬件设备物联集成，提供精准服务，识别不安全行为并提示，开发多种功能，助力项目部识别和处置安全隐患，提升施工现场管理水平。

（7）注重党建引领

住总外施工会推行"点线面"工作法，发挥党建凝聚、组织引领和工会保障功能。建立"项目党支部＋外施工会"双服务方式，组织相关活动。以扫码学习为主、集中学习为辅开展主题教育。加强阵地建设，打造党建文化阵地，配备服务设施，覆盖服务外施职工。

2. 关键要点

通过构建五级体系实现集中管理，明确责任；重视安全教育与培训，提升农民工素质；以"关键少数"带动整体提升；借助科技手段实现信息化管理，保障农民工权益；加强党建引领和工会服务，增强凝聚力；注重素质提升，培养产业工人队伍。这些措施有助于提升公司管理水平，推动建筑业发展。

三、成果总结

1. 经济效益

住总集团优质资源使用集中度不断提高，通过集中劳动力管理和产业工人队伍建设，有效整合了资源，提高了资源利用效率，降低了企业的运营成本。技能人才素质的不断提升，使得工程项目的施工质量得到了保障，减少了因质量问题而导致的返工和损失，提高了企业的经济效益。工资拖欠问题得到系统治理，群体性纠纷事件得到有效控制，为企业营造了稳定的发展环境，减少了因纠纷带来的经济损失和声誉影响。

2. 社会效益

维护权益、根治欠薪，助力首都和谐稳定。住总集团始终致力于农民工工资支付服务保障工作，"工资保"系统累计服务众多项目部和分包单位，代发工资数额巨大，有效维护了建筑工人的合法权益和社会稳定。凝聚队伍、推动就业，践行国企社会责任。通过"引、育、管、用"四步工作法，实现了来京务工人员的稳定就业，解决了大量人员的岗位就业。与多个省市合作建立劳务基地，培育战略合作劳务企业，为首都建筑业劳动力资源的集中组织、管理、评价和使用提供了有效支撑。抗震救灾、挺起首都脊梁，彰显国企铁军本色。在历次救灾抢险中，住总集团的所有农民工积极参与，不谈条件、不提困难，为北京市的急难险重工程作出了重要贡献，展现了国企的担当和责任感。

3. 环境效益

该项目在实施过程中，注重施工现场的环境管理，通过加强安全教育和科技管理，减少了安全事故的发生，降低了对环境的负面影响。推动农民工向新时代产业工人的转化，提高了他们的环保意识和责任感，有助于在施工过程中更好地保护环境。

4. 管理效益

构建了完善的劳务管理五级体系，全面覆盖、责权清晰，实现了指令传达零延迟，提高了管理效率和决策的准确性。推动了劳务管理的信息化、数字化，通过自主研发的"人员实名管理信息系统"、"工资保"系统和"住总集团人员实名智能安全管理系统"等，实现了对劳务人员的精准管理和施工现场的智能化管理，提升了企业的管理水平。加强了党建引领和工会服务保障体系建设，增强了农民工的凝聚力和归属感，提高了员工的工作积极性和主动性，促进了企业的和谐发展。

四、经验与启示

提升素质和技能，增强农民工的自信心。开展施工现场"农民工夜校"、职业提升行动等培训活动，不断提高农民工的安全意识、技能水平和文化认同，使其成为有自律意识、合作意识和职业技能的现代职场人。

以"关键少数"带动绝大多数，激发农民工的向上意识。住总集团通过持续创新培训模式，采取夜校常态培训和集团讲堂轮训相结合的方式，发挥榜样的带动和影响作用，在提升了其综合素质的同时，增强了农民工的竞争意识、向上意识，使其成为有职业理想、有追求的社会群体，更好地融入城市生活。

开展文化和社会活动，丰富农民工的精神世界。通过推行"点线面"工作法，建立"项目党支部＋外施工会"双服务方式，充分发挥党建凝聚和工会保障的功能，增强农民工的归属感，促进企业的和谐稳定发展。开展慰问帮扶、文体活动等，丰富职工的精神文化生活，让农民工感受到企业的关怀和温暖。由此，增强农民工的团队意识、责任意识，使其成为有使命感、有担当意识、有团队精神的现代产业工人。

（完成人：张　旭）

第二十三章　绿色低碳发展

基于海量用户的"碳普惠"实践

联通支付有限公司

审定意见：

本成果运用"5G+AI+大数据＋云计算＋区块链"的融合创新技术，通过碳排量计算模型开发等碳普惠技术创新，以及相关标准制定，设计合理的"碳减排量—碳能量—用户激励"转化机制，智能记录及量化用户绿色低碳行为，量化碳减排贡献程度，并给予相应激励。从而形成碳能量产生和消纳的闭环，推动碳普惠机制发育，赋能居民低碳生活转型。目前，中国家庭碳排放量已经占到总碳排量的52%，全球家庭碳排量约占总碳排量的2/3，预计随着城市化、现代化水平的提高，家庭碳排量将呈持续上升趋势。建立用户精准绿色画像，以"商业＋精神奖励"的方式，引导出行、购物等消费端选择绿色低碳的行为模式，进而促进"双碳"目标的实现，是本成果的推广价值所在。

创新点：

率先推出了通信行业的碳普惠应用，填补了该领域个人碳账户的空白。通过初步开发信息通信行业个人碳减排方法学，搭建碳减排量计算模型，实现了对用户碳减排行为的科学量化。创造性建立"一个碳账户，两套计量体系"的双账户积分体系。与数字藏品合作推出的"低碳勋章"特色权益兑换，利用区块链技术铸造，为用户带来了新颖的体验。运用"5G+AI+大数据+云计算+区块链"的融合创新技术，为用户的低碳生活提供了强大的技术支持。

价值点：

通过推出"联通碳生活"碳普惠应用，助力国家"双碳"目标的实现，为环保事业贡献力量。为用户提供了全面的碳管理和追踪服务，使用户能够清晰地了解自己的碳足迹，从而引导居民积极进行低碳生活转型，促进全社会形成绿色低碳的生活方式。有效沉淀用户的低碳行为数据，为可持续发展提供重要的数据支持和政策依据，有助于政府和相关机构制定更科学、有效的环保政策。能够向亿级用户提供先进的技术支持，推动全民绿色低碳行动的开展，鼓励更多人参与到低碳生活中来，共同构建绿色普惠生态，为子孙后代创造更美好的环境。

可复制性和应用范围：

"联通碳生活"的减排量化模型具有高度的可复用性，其原理和方法可以在各行业中广泛应用，能够覆盖全国大量移动互联网用户，为推动全民碳减排提供有力支持。该应用以通信行业为起点，可逐步扩展到其他行业。通过与各方合作成立联盟，实现跨行业的碳普惠合作，共同推动碳减排工作的深入开展。目前，"联通碳生活"已在内测上线，并且在试点中取得了显著效果。这表明它具有较强的可复制性和推广性，能够在不同地区和企业中快速推广应用，为实现国家"双碳"目标发挥重要作用。

成果详述：

一、基本情况

1. 项目简介

"联通碳生活"是联通支付有限公司推出的通信行业碳普惠应用，依托中国联通资源禀赋，填补了通信行业个人碳账户空白。该应用覆盖多场景绿色低碳行为，通过数字化技术记录和量化用户行为并给予激励，支持碳行为认定、追踪、核算和权益兑换的全流程闭环。其核心碳减排计算模型已获权威认证，并推出数字藏品提升用户黏性。该应用响应国家"双碳"政策，落实中国联通"双碳"行动计划，具有可复制性和推广性，目前在内测上线且试点效果显著。

2. 实施背景

家庭消费碳排放占比高，引导居民选择绿色低碳行为模式对实现"双碳"目标至关重要。我国"双碳"进程不断深化，碳普惠机制受到政府重视，相关政策和规划指引陆续完善。碳普惠机制通过建立个人碳账户，记录和量化减排行为，给予价值激励，促进绿色低碳生活方式。目前已有多地推出碳普惠政策，鼓励企业创新举措。银行和互联网领域已出现个人碳账户产品，但通信行业在此领域尚属空白。

随着我国"双碳"进程推进，相关政策陆续出台。中共中央和国务院明确提出推进经济社会发展全面绿色转型，倡导绿色低碳生活方式。工业和信息化部等部门鼓励依托平台设计绿色消费产品应用，赋能居民低碳生活。截至 2023 年 8 月，多省市已出台或正在发布碳普惠专项政策与规划实践。

3. 实施的必要性

首先，响应国家"双碳"战略和中国联通"双碳"规划。中国联通推出"联通碳生活"碳普惠应用，是响应国家关于"碳达峰碳中和"战略决策的举措，也是深入贯彻中国联通"3+5+1+1"双碳行动计划的必要行动。其次，填补通信行业碳普惠领域空白。政府、银行和互联网领域已开展碳普惠实践，但通信运营商在个人碳账户体系建设、技术标准研究和应用试点推广方面尚属空白。"联通碳生活"的推出有助于填补这一空白，建立运营商特色碳账户体系，研究相关标准，助力消费端实现绿色转型。最后，构建具有运营商特色的绿色通信普惠生态及合作联盟。"联通碳生活"运用融合创新技术赋能用户低碳生活，可向亿级用户提供技术支持，对推动全民绿色低碳行动、促进消费端全民减排、助力实现国家碳中和具有重大意义。

二、项目实施过程

1. 主要做法

"联通碳生活"项目首先建立了运营商个人碳账户体系，这一体系的核心在于运用先进的数字技术手段，监测并统计用户的低碳行为，量化这些行为产生的碳减排效果，并将其转化为"碳能量"积分。通过这一系列的技术支持，形成了一个完整的闭环机制，该机制覆盖了从低碳行为的认定、数据采集、积分统计到权益兑换的关键步骤。这一闭环机制不仅能够鼓励用户参与到低碳行动中来，还能通过物质激励和精神激励的方式提高用户的参与度和活跃度（见图23-1）。

在功能模块的设计上，"联通碳生活"构建了五个基础模块，即碳能量场景、碳能量明细、碳减排量核算、低碳科普和碳权益兑换。这些模块共同构成了项目的主体架构，其中碳能量场景模块负责记录用户的低碳行为并将其转化为碳能量积分；碳能量明细模块则展示了用户的碳积分详情，让用户能够清晰地了解自己的碳减排贡献；碳减排量核算模块通过国家级绿色交易机构的科学方法计算用户的实际碳减排量；低碳科普模块提供了节能减排的科普知识，帮助用户更好地理解低碳生活方式的意义；碳权益兑换模块则允许用户使用积累的碳能量兑换各种权益，如虚拟票券、虚拟资产和实物等，以此增加用户的参与感和获得感。

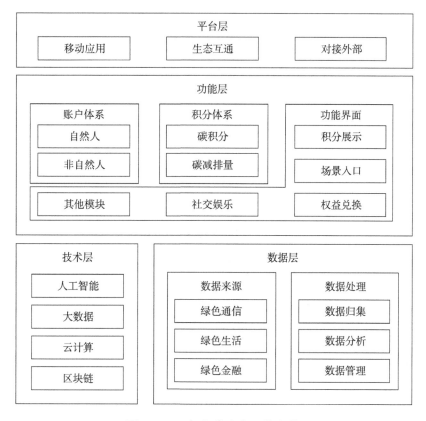

图 23-1　个人碳账户总体架构

资料来源：联通支付有限公司。

2. 关键要点

项目不仅为联通用户提供了个人碳足迹追踪、碳排放数据管理和碳减排激励技术支持，还通过"5G+AI+大数据＋云计算＋区块链"的融合创新技术，为亿级用户提供了一个参与绿色行动的平台。同时，项目还注重与其他行业进行合作，探索跨行业碳普惠平台的互联互通，旨在推动更广泛的绿色低碳生活方式转变。通过这些努力，"联通碳生活"不仅为联通自身带来了社会效益，也为整个通信行业乃至更广泛的社会经济活动树立了典范，有助于加速实现国家的"双碳"目标。

三、成果总结

1.经济效益

一是节约成本。鼓励用户支付碳能量，助力企业购买绿色电力，降低能源采购成本。例如，企业可以利用用户支付的碳能量积分，集中采购绿色电力，从而获得更优惠的价格，降低能源成本支出。二是增加收益。对用户智能分层分级并建立绿色精准画像，丰富业务模式，探索正向激励措施及个性化服务，带动业务推广。例如，针对低碳行为较多的用户，企业可以提供个性化的信贷服务（如给予更高的信贷额度、更优惠的利率等），吸引用户使用相关金融产品。三是储备碳资产。根据碳市场平均碳价计算，预计可达到每年百万元至千万元的长期收益，为个人消费端参与碳交易进行能力储备，实现碳资产的变现与经济效益的长期回报。随着碳市场的不断发展，企业可以将用户的碳减排量进行集中管理和交易，从而获得额外的收益。

2.社会效益

一是提升应用活跃度。通过权益兑换和社交游戏功能吸引用户，鼓励削峰填谷行为。用户可以通过参与权益兑换和社交游戏，获得实际的奖励和乐趣，从而更加积极地参与到低碳行动中来。同时，削峰填谷行为的鼓励也有助于优化能源分配，提高能源利用效率。二是提供数据支持。沉淀用户低碳行为数据资产，为可持续发展提供数据支持。这些数据可以为政府和相关机构提供决策依据，帮助制定更有效的政策和措施，推动可持续发展。三是推动行业标准统一。持续丰富通信行业低碳减排场景，推动通信行业个人碳减排方法学与行业标准统一化，确保减排量核算的公正性与科学性。这有助于提高整个行业的低碳水平，促进公平竞争。四是引导绿色生活。向亿级用户提供技术支持，引导用户践行绿色低碳生活，共建绿色普惠生态。通过"联通碳生活"应用，用户可以更加直观地了解自己的低碳行为对环境的影响，从而更加自觉地采取绿色低碳生活方式。

3. 环境效益

通过记录和量化用户绿色低碳行为，鼓励用户减少碳排放，从而对环境产生积极影响，助力国家乃至全球"双碳"目标的实现。当越来越多的用户参与到低碳行动中来，整体的碳排放量将逐渐减少，对缓解气候变化、改善环境质量具有重要意义。挖掘信息通信行业移动用户在多场景的绿色低碳行为，减少碳排放量，为保护环境作出贡献。例如，通过推广在线会议、电子发票等低碳行为，减少了纸质文件的使用和运输，从而降低了碳排放。

4. 管理效益

建立用户精准绿色画像，通过用户智能洞察平台进行数据分析，支撑运营并有针对性地引导用户低碳行为，提升管理效率和精准度。企业可以根据用户的画像，制订更加精准的营销策略和服务方案，提高用户满意度和忠诚度。安全合规使用用户数据，保护用户信息，避免数据鸿沟及信息孤岛，实现数据资源的有效管理和利用。这有助于增强用户对企业的信任，促进企业的可持续发展。

四、经验与启示

1. 构建亿级用户碳普惠平台

依托中国联通的海量用户、通信数据和网络安全等资源禀赋，推出"联通碳生活"，充分发挥了运营商在用户覆盖和数据获取方面的优势。运用"5G+AI+大数据＋云计算＋区块链"的融合创新技术，赋能用户低碳生活。

2. 创新碳普惠的路径和方法

率先推出通信行业碳普惠应用，建立个人碳账户体系，开发个人碳减排方法学；与国家级绿色交易机构合作，完成碳减排量计算模型设计与开发；

采用"一个碳账户，两套计量体系"，有效解决了计量属性和应用范围不同的问题。这些新的思路和方法，使得碳减排量的计算更加科学准确，为碳普惠应用的可持续发展提供了保障。

3. 增加趣味性吸引用户参与

用户的积极参与是碳普惠应用成功的关键。通过区块链技术打造的数字藏品"低碳勋章"，增加了用户参与的积极性和成就感。通过权益兑换、社交游戏等功能，吸引用户参与，提高用户黏性和活跃度。

（完成人：蒋则明　张　立　赵静宜　李卫兵　韩振东　滕　达　王　蕾　刘恒辰　肖可馨　邢梓洲　陶思成　杨瑛洁　赵国瑞　周明千　王　琰　韦雪松　石霆煜）

以共建共享方式加速发展 5G 海洋网络布局

中国联合网络通信有限公司阳江市分公司

审定意见：

本成果运用共享经济的逻辑与方法，通过资源集约共享和高效协同共建等方式，与风电企业共享现有或新建设施平台、供电与光缆等基础设施配套资源，大幅摊薄资源与建设费用，用更低的成本和更快的建设周期，完成海域整体的 5G 超远覆盖建设。跨行业的双向共建共享合作模式，极大地节约了基础配套设施投入，让合作双方都以有限的成本，实现了更大范围的业务扩张与覆盖，让偏远海域地区能够尽早使用现代科技产品和服务，提高生产、管理与创富能力。这一理念和方法可广泛应用于陆地和海域的偏远地区，在节约成本的同时，让现代科技成果更快惠及经济欠发达地区。

创新点：

通过集约共享海上风电场现有配套资源，减少了 5G 基站的配套设施建设，实现了资源的有效利用。项目通过与海上风电企业的高效协同共建，完成了 5G 基站及其室内分布系统与海上风电升压站平台的同步规划、设计与建设，这不仅节约了海上交通和安装的成本，还提高了开通效率。项目采用了"太阳能 + 蓄电池"的供电方式和非视距微波回传技术，有效解决了无人海岛基站供电难题和跨海无线传输难题。这些技术和方法的应用使得建设方案具有广泛的适用性，能够适应多种复杂场景的需求。

价值点：

通过资源共享与成本节约，避免了新配套设施的大量投入，降低了 5G 基站的整体建设成本。跨行业合作构建的海洋 5G 网络，不仅保障了通信质量，还发挥了对相关行业的赋能作用。例如，5G 数字渔船系统实现了对渔船海上作业的全天候动态监测，大幅减少了渔政部门的出行和人工成本，并有效保护了渔民的生命财产安全。海洋 5G 网络还满足了政府监管、海上养殖等对高精度定位、视频监控和应急通信等方面的需求，提升了海洋经济活动的智能化管理水平。

可复制性和应用范围：

通过共享海上风电配套资源、利用海岛站址资源并搭配建造"太阳能 + 蓄电池"供电系统和非视距微波传输系统建设 5G 基站，解决了选址难、成本高、供电及信号传输等问题。这些建设方案多样且灵活，不仅适用于海上风电场，还可以推广至高山、景区、陆上电力设施等特殊场景。在基础配套设施建设成本高昂的环境中，如海上平台和海底光缆建造，通过共享海洋能源设施平台、供电与光缆资源极大地节约了成本。无人海岛等缺乏电力和光缆资源的场景，通过配置"太阳能＋蓄电池"供电系统和非视距微波传输设施解决了基站供电与信号传输难题。因此，本项目的成功经验具有很强的可复制性，适用于多种复杂场景。

成果详述：

一、基本情况

1. 项目简介

本项目为"5G海洋网络共建共享项目"，由中国联合网络通信有限公司阳江市分公司（以下简称"阳江联通"）负责实施。该项目旨在通过共建共享的方式，在阳江海域构建高质量的5G网络，以满足海洋产业发展的通信需求。项目充分利用了海岸沿线已有站址及周边海岛、海上风电升压站平台等资源，通过岸基基站、海上风电升压站基站、海上风电风机基站以及海岛基站等多种形式的基站建设，实现了阳江海域5G信号的深度和广度覆盖。

2. 实施背景

阳江市位于广东省，是一个海洋资源丰富的城市，拥有广阔的海域面积和较长的海岸线。该市被誉为"中国南海渔都"，拥有多个经农业农村部批准的渔港，其中闸坡渔港和东平渔港是国家级中心渔港。此外，阳江市还拥有丰富的海上风电资源，"海上风电城"已经初具规模。随着海洋经济的发展，海洋产业空间布局逐渐优化，海洋产业异军突起，形成了临海工业、海洋渔业、滨海旅游、海洋交通运输、海上风电等多个迅猛发展的产业格局，业务需求多样化。然而，海洋5G通信覆盖受限于基站覆盖距离、海上站点选址困难、传输回传方式受限及投入成本过高等因素，导致移动通信网络只能覆盖沿海 9.25 千米内，更远海域则依赖传统卫星电话，无法满足较高速率的数据业务需求。随着海洋产业的发展，海上风电和深海养殖场已规划建设到 74 千米处，并继续往外延伸。原有的岸基基站已无法满足海洋产业发展的通信需求，急需 5G 网络覆盖向更远处延伸。

3. 实施的必要性

随着阳江市海洋经济的快速发展，政府监管、海上养殖等对 5G 通信的需求日益增长。传统的卫星通信服务单一、资费昂贵、速率低等问题凸显，无法满足现代海洋产业对数据传输的需求。特别是随着海上风电和深海养殖场等产业的发展，政府监管、海上养殖等对通信质量和网络覆盖的要求越来越高。为了解决这些问题，实施 5G 海洋网络共建共享项目成为必要。项目通过补强阳江沿岸基站和新建海上风电升压站平台基站、风机基站、海岛基站等方式，整体提升了阳江海域 5G 信号的深度和广度覆盖。这不仅能为海上风电安全生产、海洋牧场生产等提供技术支持，还能为渔民和海上作业人员提供便捷的通信服务。项目还利用海上风电升压站和海岛等现有资源，减少了新建设施的投入，降低了整体建设成本。项目还积极探索 5G 海上场景应用，如 5G 数字渔船系统实现对渔船海上作业的全天候动态监测，既提高了渔业管理效率，又确保了渔民的安全。基于海洋 5G 网络，通过海上感知设备有效监管海域，满足了政府监管、海上养殖等对高精度定位、视频监控、应急通信等方面的需求。

二、项目实施过程

1. 主要做法

阳江联通实施的"5G 海洋网络共建共享项目"是一个综合性的项目，旨在解决海洋通信覆盖难题，提升阳江海域 5G 通信质量。项目通过综合利用岸基、海上风电升压站、海上风电风机及海岛等多种资源，构建了立体式的5G网络覆盖体系，实现了从沿海到远海的连续覆盖。

项目团队深入调研了阳江海域的特点和通信需求，包括海洋产业的发展现状、业务需求的多样化，以及现有通信基础设施的情况。在此基础上，制订了详细的项目实施方案，明确了项目的目标、技术路线和建设内容。项目充分利用了海岸沿线的既有站址资源，通过建设岸基基站来增强沿海5海里内的通信覆盖。岸基基站的选择考虑了站点的高度，以确保覆盖半径。利用海上风电升压站平台和海上风电风机资源，通过共享其电力、海缆等配套资源，建设海上风电升压站基站和海上风电风机基站，解决了20海里内海域的5G信号覆盖问题。为了实现40海里超远海应用场景的5G信号覆盖，项目还在无人或少人居住的海岛建设了5G基站，通过"太阳能＋蓄电池"供电系统以及非视距微波传输系统解决了供电和信号传输难题。项目还采用了"900MHz+2.1GHz+3.5GHz"多频协同组网的技术方案，确保了不同应用场景下的业务需求得到满足。

2. 关键要点

一是资源共享与成本节约。通过集约共享海上风电场现有配套资源，减少了5G基站配套设施的建设，从而大大降低了建设成本。同时，通过与海上风电企业的高效协同共建，实现了5G基站与海上风电升压站平台的同步规划、设计与建设，提高了建设效率。二是新技术应用。项目采用了"太阳能＋蓄电池"的供电方式，解决了无人海岛基站供电难题；利用非视距微波回传技术，解决了跨海无线传输难题。这些新技术的应用提高了项目的可行性和可靠性。三是多场景适用性。建设方案的多样性使其不仅适用于海上风电场，还可以推广到其他复杂场景使用，如高山、景区、陆上电力设施等区域，具有广泛的适用性和可复制性。四是赋能行业。项目不仅保障了阳江海域的5G通信，还积极探索了5G海上场景应用，如5G数字渔船系统，实现了对渔船海上作业的全天候动态监测，提高了渔业管理效率，并确保了渔民的生命财产安全。此外，海洋 5G 网络还满足了政府监管、海上养殖等对高精度定位、视频监控、应急通信等方面的需求。五是风险管理和应对措施。考虑到海上环境的恶劣条件，项目特别关注了基站的抗风能力和防腐蚀性能。采取了不锈钢箍竖向固定天线和 RRU（射频拉远单元）/AAU（主动天线系统）等措施，以确保设备能够抵御 17 级台风，并定期进行维护检查，以延长设备使用寿命。

三、成果总结

1. 经济效益

阳江联通实施的"5G 海洋网络共建共享项目"通过资源共享、技术创新等方式显著降低了 5G 基站建设的整体成本。一方面，项目充分利用了海上风电升压站、海上风电风机等现有资源，减少了新配套设施的投入，避免了高昂的建设费用。另一方面，通过与海上风电企业建立联合工作机制，5G 基站与海上风电升压站平台同步规划、设计与建设，节约了海上交通和安装成本，提高了开通效率。此外，项目还采用了"太阳能 + 蓄电池"供电系统和非视距微波传输技术，有效解决了无人海岛基站的供电和信号传输难题，进一步节约了运营成本。这些举措不仅直接降低了项目的投资成本，还促进了海上风电企业和其他相关产业的协同发展，为阳江市带来了显著的经济效益。

2. 社会效益

项目实施后，阳江海域的 5G 通信能力得到了显著提升，为海上风电安全生产、海洋牧场生产等提供了有力支持。5G 数字渔船系统的引入实现了对渔船海上作业的全天候动态监测，大幅减少了渔政部门的出行和人工成本，并有效保护了渔民的生命财产安全。此外，基于海洋 5G 网络，政府监管、海上养殖等对高精度定位、视频监控、应急通信等方面的需求得到了满足，提升了海洋经济活动的智能化管理水平。项目还为海上作业人员、渔民提供了更为便捷的通信服务，改善了海上平台的工作和生活环境，提高了生活质量。这些积极影响对于促进当地海洋经济的发展和社会稳定起到了重要作用。

3. 环境效益

项目的实施充分考虑了环境保护的需求。通过集约共享海上风电场现有配套资源，减少了对自然资源的消耗，减轻了对海洋环境的影响。"太阳能＋蓄电池"供电系统的使用不仅解决了无人海岛基站的供电问题，还减少了化石燃料的使用，有助于减少温室气体排放，符合可持续发展的理念。此外，项目在建设过程中采取了一系列环保措施，如采用抗侵蚀材料、定期维护检查等，以确保基站设备的长期稳定运行，减少了对海洋生态环境的潜在破坏。

4. 管理效益

项目通过跨行业的合作，实现了资源共享和互利共赢。与海上风电企业建立了联合工作机制，确保了 5G 基站与海上风电升压站平台的高效协同共建。项目实施过程中，阳江联通与海上风电企业及相关单位密切合作，在基础通信设施建设、5G 应用开发、产业生态构建等领域开展了深入的战略合作，共同打造了标杆案例。

四、经验与启示

跨行业的基础设施共享利用，一是可以降低整体建设成本，减少新配套设施的投入；二是以有限的资金扩大建设和应用规模，提高合作双方的市场占有率；三是可以大幅度缩短建设周期，提高建设和运营效率；四是节约大量的设备和材料，减少对环境的影响，同时为减少碳排放创造条件；五是建设成本的分担和摊薄，让双方能够为各自的用户提供更有价格竞争力的产品和服务，从而提高其市场竞争力；六是合作过程中必然产生合作机制、模式和技术的创新，提升合作双方的创新能力和核心竞争力。项目单位创造了完全符合创新、协调、绿色、开放、共享的新发展理念的典型模式，为其他行业和企业创新发展提供了杠杆和样板。

（完成人：李春苗　陈思毅　洪　立　沈大鹏）

构建高效协同的深度共享网络运营新体系

中国联合网络通信有限公司福州市分公司、中国电信股份有限公司福州分公司

审定意见：

本成果创造了竞争企业之间合作共赢的新模式，形成了高质量发展的新格局，对于同类企业间化竞争关系为合作关系，节约巨额基础设施投资，避免重复建设造成的社会成本的巨大浪费，发挥了典型示范作用。众所周知，4G/5G 网络基础设施投资巨大，运营公司通常都将建设投资作为重要的业绩和利益来源，以及从基础建设上压制竞争企业的手段，导致重复建设成为普遍现象。中国联合网络通信有限公司福州市分公司和中国电信股份有限公司福州分公司（以下简称福州电联）从加快发展 5G 的大局出发，从规划、建设等环节，突破双方的业务领域划分、技术参数不一致、成果与收益分配等重大难题，构建起高效协同深度共享的网络运营体系。在避免重复建设的同时，从理论上缩短了一半的建设周期，让 5G 网络提早服务社会，创造效益。

创新点：

构建"三横五纵"矩阵规划体系，采用联合矩阵式规划方法，兼顾双方

站点价值，同时各维度分值可灵活调整，数据定期迭代更新，能及时匹配用户感知及网络效益提升的需求。确立"三级架构"电联对接体系，优化沟通架构，完善常态化三级对接机制，明确各级职责，严格执行通报制度，有效推进站点建设。制定基站分级管理体系和日常维护操作协调流程，基于Python（高级程序设计语言）实现共建共享网管数据智能化采集，提高了网络监控效率和数据获取效率。

价值点：

在全球加快 5G 发展的背景下，福州电联开展 4G/5G 网络深度共建共享，对福州地区具有重大意义。通过双方资源共享合作，能快速建成优质的 4G/5G 网络，大幅提升用户移动高速数据业务体验，为创新创业提供更好的信息服务环境，有力支撑"互联网＋行动计划"和"中国制造 2025"。该项目建立了多维度共建共享综合效果评估体系，从用户感知保障、流量释放情况以及成本效益测算等方面进行闭环管控，提升了共享网络质量，精减了共享成本，提高了共享站点的性价比，实现了网络运营的高效协同和可持续发展。

可复制性和应用范围：

从 2020 年开始搭建，于 2021 年成形并持续沿用至今。起初应用于福州市的电信联通共享基站范围，现已成功扩展至整个福建省。在此过程中，形成了一系列涵盖联合规划、建设、优化等多方面的指导书，为体系的推广提供了坚实的基础和明确的指引。该体系具有较强的灵活性和通用性，能够根据不同地区的实际情况进行针对性的调整和优化，以更好地适应各地的需求。其在福建省的成功应用充分证明了自身的有效性和可复制性，具备在全国范围内进行推广的巨大潜力。将该体系推广至全国，有助于推动全国通信行业的共建共享发展，进一步提高网络运营的效率和质量，实现资源的优化配置和协同发展。

成果详述：

一、基本情况

1. 项目简介

本项目旨在构建高效协同的深度共享网络运营新体系，由中国联合网络通信有限公司福州市分公司和中国电信股份有限公司福州分公司共同实施。该成果可划分为"规、建、维、优"四大方面，通过全流程跟踪监控与考核共建共享的效果与收益，包括建立联合规划管控机制、构建三级架构对接体系、建立基站分级管理体系和制定日常维护操作协调流程、建立统一的无线网络质量评估体系等具体措施。

2. 实施背景

在全球加快 5G 发展的大背景下，福州电联开展 4G/5G 网络深度共建共享具有重要意义。此前，双方运营商在站点选择上基于自身价值判断，存在重复建设和资源浪费的问题。为了加快福州地区 5G 网络建设、应用，引领科技创新，助推产业升级，需要加强双方资源共享合作，构建高效协同的网络运营体系。

3. 实施的必要性

一是提升网络建设效率。通过共建共享，双方可以整合资源，避免重复建设，减少投资成本。同时，通过联合规划和协同建设，可以更加科学地布局网络站点，提高网络建设的效率和质量，快速建成优势互补、技术先进、性能优良的 4G/5G 网络。二是优化用户体验。共建共享能够实现网络资源的优化配置，提高网络的覆盖范围和信号质量，为用户提供更加高速、稳定、优质的移动数据业务体验。这对于满足用户日益增长的数字化需求，促进"大众创业、万众创新"具有重要意义。三是支撑国家战略。推进"互联网＋行动计划"和"中国制造 2025"需要强大的网络支撑。福州电联的深度共建共享有助于提升福州地区的信息化水平，为各行各业的数字化转型提供有力保障，推动经济社会的高质量发展。四是适应市场竞争。在通信市场竞争日益激烈的环境下，共建共享可以增强双方的竞争力。通过整合优势资源，提升网络性能和服务质量，能够更好地满足用户需求，提高市场份额，实现可持续发展。五是实现资源优化配置。双方的资源共享合作可以充分发挥各自的优势，实现资源的最大化利用。例如，在网络维护中，通过基站分级管理和协同维护，可以提高维护效率，降低维护成本；在网络优化中，通过统一的质量评估体系和联合优化，可以提升网络的整体性能。六是促进产业协同发展。深度共建共享不仅涉及通信网络的建设和运营，还能够带动相关产业的协同发展。例如，在 5G 应用领域，双方可以共同推动 5G 技术在智能制造、智能交通、智慧城市等领域的应用，促进产业升级和创新发展。

二、项目实施过程

1. 主要做法

构建"三横五纵"矩阵规划体系。按地域等级划分站址横向维度并赋分值，引入重点维度划分纵向维度并赋分值。通过特定公式计算站址矩阵分值，各维度分值可灵活调整。定期迭代数据，跟踪市场和友商变化，更新站点规划池。

构建"三级架构"电联对接体系。确立三级沟通架构，明确各级职责。建立常态化对接机制，任务分解到网格，跟踪建设进度。严格执行通报制度，及时解决建设问题。

制定基站分级管理体系进行差异化维护。依据多维度划分基站站址等级，差异化派单管控，处理时限不同。站址等级更新周期不超6个月，部分共享站址可根据特殊场景需求调整（只调高）。制定日常维护操作协调流程，确保全过程可控。明确产权方和责任方职责，设备异常时按"谁建设，谁维护"原则处理。产权方软件升级需提前通知责任方并进行业务验证。共享基站硬件割接或参数调整有特定流程，拆除和主动关停共享基站也有相应规定。

基于Python实现网管数据智能化采集。在安全前提下，承建方开放网管能力和数据，通过Python实现网管数据自动获取和交互，提高工作效率和准确性。

建立统一的无线网络质量评估体系，保障用户感知体验。围绕三大方向，聚焦多场景，制定重点指标。

建立分区域的联合优化执行体系，提升优化效率。根据综合站点规模等原则确定双方主导区域。责任方实施共享站点优化调整，非责任方提出需求和建议方案，双方共同验证效果。日常优化工作由责任方负责，联合测试任务共同完成并共享结果。

建立基于场景化的电联联合网络优化策略。统一相关参数，减少用户切换异常。根据场景制定相应切换策略，优化后共享小区流量和用户体验提升。

2. 关键要点

一是规划体系关键要点。合理划分站址维度和分值，兼顾双方价值；灵活调整维度分值，适应需求变化；定期迭代数据，跟踪市场变化。二是对接体系关键要点。明确各级架构职责，加强协调配合；常态化对接，及时解决问题；严格执行通报制度，确保进度和质量。三是维护体系关键要点。科学分级管理基站站址，实现差异化维护；明确双方职责，确保维护可控；实现网管数据智能化采集，提高效率和准确性。四是优化体系关键要点。建立双方认可的质量评估指标体系，确保公平公正；明确责任分工，加强协同优化；制定场景化优化策略，提升网络性能和用户体验。

三、成果总结

1. 经济效益

通过开展 4G/5G 网络深度共建共享，福州电联避免了重复建设，节省了投资成本。双方资源共享合作，快速建成了优势互补的网络，提高了网络覆盖和质量，从而吸引了更多用户，增加了业务收入。通过共建共享，双方在网络运营成本上也实现了一定程度的降低，包括维护、租赁等方面的费用。通过对共享站点经济效益的评估，能够适当调整共享目标，剔除效能低的共享站点，引入效能高的共享站点，进一步提高了资源利用效率，保证了共享站点的高性价比，为企业带来了可观的经济效益。

2. 社会效益

福州电联的深度共建共享大幅提高了用户使用移动高速数据业务的体验，为"大众创业、万众创新"提供了更好的信息服务环境。优质的网络覆盖和高速的数据传输能力，使得创业者和创新者能够更加便捷地获取信息、开展业务，促进了创新创业的发展。同时，为推进"互联网＋行动计划"和"中国制造2025"提供了更有力的支撑，推动了各行各业的数字化转型和升级，提高了生产效率和质量，促进了经济社会的发展。此外，良好的网络覆盖也有助于缩小数字鸿沟，让更多人能够享受数字化带来的便利，促进了社会的公平和包容。

3. 环境效益

共建共享减少了基站的重复建设，降低了对土地、能源等资源的消耗。同时，通过优化网络规划和建设，提高了设备的利用率，减少了电子废弃物的产生，对环境保护起到了积极的作用。此外，高效协同的网络运营新体系也有助于降低网络能耗，减少碳排放，为实现可持续发展目标作出了贡献。

4. 管理效益

该项目构建了高效协同的深度共享网络运营新体系，通过"规、建、维、优"全流程跟踪监控与考核，提高了管理效率和质量。联合规划管控机制、三级架构对接体系、基站分级管理体系和日常维护操作协调流程以及统一的无线网络质量评估体系等的建立，使得各环节的工作更加规范、有序，加强了双方的沟通与协作，提高了决策的科学性和准确性。多维度共建共享综合效果评估体系的建立，实现了对网络运营效果的闭环管控，能够及时发现问题并进行改进，提升了网络运营的稳定性和可靠性。通过常态化的复盘机制，不断总结经验教训，优化管理流程和方法，提高了企业的竞争力和创新能力。

四、经验与启示

变竞争关系为合作关系，创造共建共享共赢新局面。福州电联双方紧密合作，摒弃狭隘的利益观念，从加快发展新基建、促进 4G/5G 应用的大局出发，充分发挥各自的优势，共建高效协同的深度共享网络运营新体系。通过建立有效的沟通机制和协同工作模式，双方优势互补，避免重复建设，提高建设效率，共同扩大市场规模，实现低成本合作发展的目标。

以创新发展促管理升级，建立分工分责分账新机制。该项目中构建的"三横五纵"矩阵规划体系、"三级架构"电联对接体系，以及基于 Python 实现共建共享网管数据智能化采集等创新办法，解决了合作中遇到的问题，提高了网络运营的效率和质量。合作机制倒逼精细化管理水平的提高，通过制定基站分级管理体系、日常维护操作协调流程，以及建立多维度共建共享综合效果评估体系，确保投入明确、分工明确、收益明确，避免双方在利益上的分歧，促进了合作的顺畅进行。

（完成人：周伟龙　张奕培　林学技　王福荣　林　潇　陈　锋　林　耕　江明笙

洪林梦涵　严燕燕　陈　怡　庄敏敏　张雪平　潘晓宇　陈　海　林　奇

王丽春　苏谊通　林财宝）

虚拟电厂调峰实现最优能源调节分配方案

北京国能国源能源科技有限公司

审定意见：

本成果通过打破电力市场不同主体间的物理界限，将分散的电源（如光电、风电）、可控负荷、新型储能等资源统一调度，形成一个高效、灵活、可控的电力系统，再利用算法、大数据、机器学习等技术，依据电力市场供需动态，以及价格等电力市场信号，最终决策出优化控制策略，调节负荷峰谷、稳定电源出力，实现不同主体间利益的协调优化。从而最大限度克服新能源发电波动性大、利用率低的问题，同时降低火电等传统稳定性能源调峰的成本和难度，增加电网的可靠性、经济性和安全性。该系统具有比火电厂更强、更快、更精准、更经济的电力调节高度能力，对于促进可再生能源的充分利用、推动绿色能源转型具有重要的现实意义。

创新点：

本成果打破了传统电力系统的物理界限，通过先进信息通信技术和软件系统，实现分布式能源的聚合和协调优化。借助通信、算法等技术手段学习电力市场信号，精准控制可中断负荷，实现供需平衡，降低用户用电成本，削峰填谷，缓解电网压力。现货交易市场开放后，其可调能力更强、更快、更精准，优势凸显。它聚合分布式资源参与电力市场，促进电网供需平衡，推进电力市场体制完善，为新兴技术在电力行业的应用提供可能，有效应对能源短缺问题，推动绿色能源转型。

价值点：

本成果能将分散的电源、可控负荷和新型储能等资源统一调度，形成高效、灵活、可控的电力系统。通过学习电力市场信号，稳定电源出力、调节负荷峰谷，为相关主体盈利，同时控制、调度自身系统内部集合的可控电力资源。把可中断负荷纳入控制序列，在不影响企业正常生产的情况下，实现供需平衡，降低用户用电成本，实现削峰填谷，缓解电网压力。同时还能增强电网安全性，促进电网供需平衡，实现分布式能源低成本并网，充分消纳清洁能源发电量，推动绿色能源转型，对推进和完善电力市场体制具有重要促进作用。

可复制性和应用范围：

其核心技术包括智能计量技术、协调控制技术和信息通信技术，这些技术相对成熟且易于推广。可参与调峰市场的负荷资源类型多样，如具备电力调节能力的设备、自备电厂、增量配电网、电蓄冷 / 蓄热系统等。项目可推广至地源热泵、蓄热式电采暖等集中供热的综合智能楼宇或居民小区，通过安装负荷监控系统，参与华北电力调峰辅助服务市场，不仅能获取调峰收益，还能挖掘电费优化潜力，缩短信息化改造的成本回收期。

成果详述：

一、基本情况

1. 项目简介

虚拟电厂调峰辅助服务是北京国能国源能源科技有限公司（以下简称"国能国源"）推出的一项创新项目。该项目旨在通过先进的信息通信技术和软件系统，实现分布式能源、储能系统、可控负荷等分布式能源资源的聚合和协调优化，以作为一个特殊电厂参与电力市场和电网运行的电源协调管理系统。

2. 实施背景

在"双碳"战略持续实施下，火力发电占总发电量比重逐步下降，水电、风电、光伏电力逐渐发展。然而，水电、风电、光伏电力的间歇性和波动性导致发电量不稳定、不平衡，而虚拟电厂调峰辅助服务能最大限度解决这一问题，提高新能源的利用率。随着"加快构建适应高比例可再生能源发展的新型电力系统"的提出，电力系统日趋低碳化和去中心化，电力供需变得不稳定且难以预测，系统平衡过程越发复杂。为保障电网系统稳定、高效、安全运行，电力辅助服务的重要性凸显，第三方主体参与辅助服务市场既能节约用电成本，又能促进地区新能源消纳能力提升，因此电力辅助服务市场的健康有序发展是实现"双碳"目标的必要保障。

3. 实施的必要性

通过分析用户侧行为模式、挖掘海量资源响应能力，虚拟电厂调峰辅助服务能把可中断的负荷纳入控制序列，在不影响企业正常生产的情况下，实现供需平衡，调节用电情况，降低用户用电成本，实现削峰填谷，缓解电网压力。参与调峰市场能进一步优化企业用能习惯，挖掘企业节约用能的潜力，促进企业节能节电改造，培养用户的市场意识，推动企业人员为后续适应电力现货交易打下基础。虚拟电厂调峰辅助服务作为能源智能化的新业态和新模式，在电网结构向清洁低碳转型的背景下，对促进电网供需平衡、实现分布式能源低成本并网、充分消纳清洁能源发电量、利用分布式电源的互补性减少出力的不确定性、促进可再生能源的充分利用，以及推进和完善电力市场体制具有重要的促进作用，对有效应对能源短缺问题，推动绿色能源转型，具有重要的现实意义。

二、项目实施过程

1. 主要做法

首先，构建调峰技术能力和体系。虚拟电厂调峰辅助服务的核心技术包括智能计量技术、协调控制技术和信息通信技术。智能计量技术实现用户侧能耗自动读取，为调节措施提供数据支撑；协调控制技术通过建立数字模型和优化算法，处理和统筹优化多样性信息，应对可再生能源发电的间歇性和随机性；信息通信技术接收各分布式资源信息并发送指令，决策优化控制策略。

其次，寻找符合调峰市场聚合需求的用户。经过前期调研，发现华清安泰能源股份有限公司所运营的供暖机组及相关附属设备、北京北投生态环境有限公司所运营的充电桩设备等属于可调节负荷资源，符合参与华北调峰市场的条件，能享受电力体制改革红利并获取调峰辅助服务收益。

最后，代理用户参与调峰市场。以华清安泰能源股份有限公司（以下简称"华清安泰"）为例，国能国源代理其参与华北电力调峰辅助服务市场项目。华清安泰可在保证供暖质量的情况下挪动设备运行时间，将其他时段的负荷挪至夜间调峰时段，增加夜间负荷，高于电网核定的基准曲线的电量可带来额外调峰收益。参与调峰市场的前期改造包括加装负荷监控设备、提供虚拟电厂平台、对接通信端口等。预测并上报负荷后，由虚拟电厂平台统一聚合后上报华北电网调度部门，调度部门根据负荷下发用电计划，再由虚拟电厂分解给用户执行。

2. 关键要点

一是强大的技术支撑。通过不断投入研发力量，优化技术性能，提高系统的可靠性和智能化水平。确保智能计量技术、协调控制技术和信息通信技术的有效应用，实现对分布式能源数据的准确收集与处理，保障系统的稳定运行和高效调度。

二是精准的用户资源整合。深入挖掘符合调峰市场聚合需求的用户，如具备可调节负荷资源的企业，充分发挥其资源优势，参与调峰市场。与用户建立良好的合作关系，提供专业的技术支持和服务，确保用户能够顺利参与并从中受益。

三是与电网的紧密对接。虚拟电厂项目与华北电网的紧密合作至关重要，接受电网调度指令，能够在电网最需要的时刻提供调峰资源，为电网消纳新能源、稳定运行提供有力支持。这需要建立高效的沟通机制和协调机制，确保信息的及时传递和指令的准确执行。

四是注重用户收益和节能意识培养。通过参与调峰市场，为用户提供新的业务和收益模式，同时促进企业节能节电改造，培养用户的市场意识和节能意识。这不仅有助于提高用户的积极性和参与度，还能推动整个社会向绿色、节能的方向发展。

三、成果总结

1. 经济效益

该项目为参与市场的用户带来了切实的收益。例如，华清安泰在 2022 年参与调峰市场中标电量为 180.027 兆瓦时，通过在负荷低谷时段按调度调峰指令充电和用电，获得了额外的调峰市场收益，年度收益约为 3 万元，预计投资回收期为 2 年左右。这不仅为企业提供了新的业务和收益模式，还增强了企业的市场竞争力。此外，该项目通过优化能源组合方案，帮助用户降低了用电成本。将部分负荷挪至夜间低谷时段，有效地利用了电力资源，降低了企业的运营成本。同时，项目的实施也带动了相关产业的发展，为社会创造了更多的经济价值。

2. 社会效益

该项目对培养用户的市场意识起到了积极的推动作用。参与调峰市场使企业进一步优化了用能习惯，挖掘了节约用能的潜力，促进了节能节电改造。这有助于提高企业对能源管理的重视程度，推动企业向更加高效、可持续的方向发展。此外，项目的实施为社会提供了更多的就业机会，涉及技术研发、运营管理、数据分析等多个领域，促进了相关人才的培养和发展。同时，该项目的成功经验也为其他企业提供了借鉴，推动了整个行业的进步。

3. 环境效益

虚拟电厂调峰辅助服务对提高新能源的利用率、促进清洁能源的消纳具有重要意义。华清安泰参与调峰市场，在 2022 年相当于协助京津唐电网消纳了同等电量的光伏电力或风电，折合碳减排量为 94.2 吨。通过虚拟电厂的聚合和协调优化，减少了传统能源的消耗，降低了温室气体排放，对保护环境、应对气候变化起到了积极的作用。该项目的推广和应用有助于优化能源结构，提高能源利用效率，推动能源行业向清洁、低碳的方向发展。

4. 管理效益

虚拟电厂调峰辅助服务通过先进的信息通信技术和软件系统，实现了对分布式能源的高效管理和协调优化。国能国源虚拟电厂项目已接入资源 41 家，接入北京、冀北等地区的多种可调节资源，总容量约为 1300 兆瓦，最大调节能力约为 300 兆瓦，最大调节速率约为 20 兆瓦 / 分，累计协助新能源增发电量约 3000 万千瓦时。虚拟电厂平台能够准确接收、下发电网的调度计划，实现对用户用电的精准控制，提升了电网安全运行稳定性，保障了电网电力平衡。此外，公司拥有专业的团队和研发力量，不断优化项目的运营策略和算法，提高项目的管理水平和效率。

四、经验与启示

顺应分布式发展大趋势，抓住新能源发展痛点，提升新能源利用率。通过对分布式能源的聚合和协调优化，有效应对新能源发电的随机性和波动性问题，提高供电的稳定性。同时有效避免了新能源电力的浪费，显著提高了新能源电力的利用率，为分布式新能源发电市场的拓展创造了条件。

提供多方利益和价值，调动多方共同参与，创造能源管理新模式和新业态。共同的利益是用户积极参与的物质基础。通过深入挖掘用户侧的可调节负荷资源，积极引导用户参与调峰市场，为供需双方创造了切实的经济收益，充分调动供需双方的积极性和主动性，使供需双方成为能源转型的积极参与者和切实受益者，从而实现资源的最优配置，推动绿色能源的可持续发展。

（完成人：孙忠杰　陈洪建　李宏宇　张世康　郎　伟　徐　名　董　硕）

能源高质量发展"双三角"理论分析框架

国网能源研究院有限公司

审定意见：

本成果通过重要的理论创新，全面系统考虑"双碳"目标和环境下能源问题的复杂性，依据不同要素间动态平衡的原则，结合定量化的数据，利用新的理论模型，分析得出实现能源高质量发展的全新策略、路径和方法。其结论切合实际，具有可信性、统筹性、经济性、可实施性等特点，对于确定中长期能源战略具有重要的参考价值，同时也为能源企业的转型发展和技术创新提供了依据。

创新点：

本成果针对能源低碳转型如何立足"双碳"目标下经济社会系统性变革全局这一复杂难题，构建了由能源可持续发展三角、能源协同发展三角锥构成的能源高质量发展"双三角"理论分析框架，提出了考虑"双三角"动态耦合平衡的能源电力"双碳"转型路径。

价值点：

本成果作为学术专著的核心成果重磅发布，引起行业各主体广泛关注，为政府与企业能源战略与规划决策提供重要参考。

可复制性及应用范围：

依托本成果形成的能源战略推演系统、国家能源战略与规划模型等量化分析工具拥有巨大行业推广价值，可为能源行业内各主体制定能源战略与规划、优化投资方案、开展效益评估等提供模型工具支撑。

成果详述：

本成果构建由可持续发展三角、能源协同发展三角锥构成的能源高质量发展"双三角"理论分析框架，分析"经济—能源—环境"向"新发展格局—新型能源体系—碳达峰碳中和"新关系演进态势下能源系统将发生何种系统性变革，进而提出推动能源电力"双碳"转型、实现能源高质量发展关键要点。

（一）能源可持续发展三角

1. 基本内涵

全面系统分析能源电力"双碳"路径，需要立足"经济—能源—环境"系统（"3E"系统，可持续发展三角）总体变化。"经济—能源—环境"可持续发展是既满足当代人现在的需求，又不对后代人满足其需求构成危害的发展。这就要求以能源、环境可持续发展的方式促进经济增长，在三者之间形成一种平衡。

2. 演进趋势

按照国家多重战略部署，经济向新发展格局转向，能源向构建新型能源体系发展，环境向"碳达峰碳中和"迈进，经济、能源、环境领域正在发生同步重大调整，总体向"新发展格局—新型能源体系—碳达峰碳中和"新关系演进。

一是随着经济与环境的耦合关系更为紧密，能源在经济与环境协调发展中的作用愈加凸显，能源行业正面临着建设新型能源体系、构建新型电力系统这一重大历史发展机遇，需要更好地适应"经济—能源—环境"新关系，引领社会绿色发展。二是"双碳"目标下能源服务与融入新发展格局的聚焦点向电力领域转移。三是"双碳"目标下科技创新驱动能源电力产业升级，能源尤其是电力的产业属性增强，具备发展成为主导产业的潜力。四是新发展格局下能源基础设施属性的要素作用方式不变，但关系特征和性质逐步发生调整。五是构建国际大循环格局中，"双碳"转型将带动能源国际合作与构建绿色低碳全球能源治理格局，从而作为国家战略工具迈入舞台中央。

面对"3E"关系重塑调整，我国能源电力"双碳"路径的设计将面临更加复杂的局面，其路径选择、节奏把握、强度控制等都可能给经济能源环境系统带来深远的连锁式影响。巨大挑战和发展机遇是这一世界级难题"硬币的两面"，必须完整准确全面贯彻新发展理念，于变局中开创新局。

（二）能源协同发展三角锥

能源协同发展三角锥是在"能源不可能三角"理论的基础上，增加了能源共享发展目标维度，主要用于描述能源自身发展必须在安全性、清洁性、经济性、共享性之间实现一种平衡。

1. "能源不可能三角"理论

世界能源理事会等机构认为一国能源转型在一定技术、体制等条件下无法在能源安全、可负担性和环境可持续性同时达到最优。"能源不可能三角"理论用于描述能源系统自身发展在安全性、清洁性与经济性之间的平衡关系，即"能源三难选择"。

2. "能源共享性"释义

立足新发展理念，共享发展注重的是解决社会公平正义问题，旨在促进经济社会发展的成果由全体人民共同享有，实现共同富裕。能源作为人类社会发展的重要物质基础，其产业属性和基础设施属性一体两面，两者互为基础、相互支持。

3. 能源协同发展三角锥的内涵

能源协同发展三角锥用于描述能源系统自身发展在安全性、清洁性、经济性与共享性之间的平衡关系。共享性将进一步增加能源转型多目标优化的挑战，但也需要认识到通过强化能源区域间协调发展、能源普惠发展等，在解决发展不平衡不充分中孕育以空间协同缓解"能源不可能三角"的可能新途径。

"双碳"目标下通过能源转型路径设计、新型电力系统等产业布局主动向西部调整，有助于破解"西部资源外送—东部研发制造—西部使用产品"这一不利于解决发展不平衡不充分的循环问题，同时有利于促进西部新能源大规模就地消纳。

（三）能源高质量发展"双三角"

1."双三角"耦合机理

可持续发展三角与能源协同发展三角锥共同构成了能源高质量发展"双三角"理论分析框架。可持续发展三角与能源协同发展三角锥存在内在联系，能源、经济或环境中的任何一个系统发生变化，都将对其他两个系统产生影响，进而引发总体变化。能源系统的变化主要表现在能源安全性、经济性、清洁性、共享性方面的改变，并分别与经济系统、环境系统相互作用（见图23-2）。

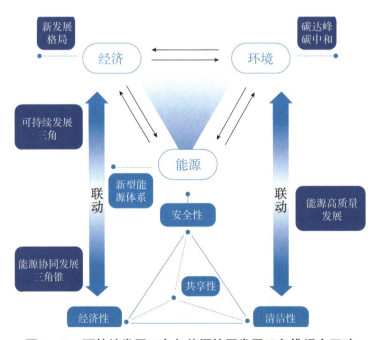

图 23-2　可持续发展三角与能源协同发展三角锥耦合互动

资料来源：国网能源研究院有限公司。

可持续发展三角影响能源发展方向，进而影响能源协同发展三角锥的重心选择。当经济发展承压时，要求降低用能成本，为经济增长提供更大空间，能源发展重心要向经济性方向倾斜。当经济发展要求更好解决发展不平衡不充分问题时，对能源发展的共享要求将大大提高。

能源协同发展三角锥中的安全性、经济性、清洁性、共享性将影响可持续发展三角中经济、社会、环境发展。能源协同发展三角锥的四个角代表能源发展的重心和目标，相互统一又在一定阶段一定时期相互矛盾，需要根据不同时期发展的主要矛盾统筹决策。

2. 能源发展新局面和新矛盾

（1）新局面

为适应中国式现代化带来的新发展环境，新型能源体系在演化过程将呈现出新的演化特征和结构性变化。一是从化石能源为主体向高比例可再生能源转变。2030 年、2060 年非化石能源消费占比分别提高到 25% 和 82% 以上。二是从人工系统向与自然系统融合的系统转变（气象属性增强）。三是从以化石燃料为基础向兼以战略性矿产资源为基础转变。四是从相对稳定的渐变系统向加快由量变到质变的激进式变革系统转变。五是从相对封闭的系统向与工交建进一步深度融合的开放式系统转变。六是从一般性技术驱动系统向高度依赖科技创新的系统转变。七是从基础设施属性向兼具战略性产业属性的系统转变。

（2）新矛盾

一是复杂不确定环境下能源系统转型方向、节奏、力度与"经济—能源—环境"关系演进需求可能出现阶段性或局部的不适应问题；二是面临能源特别是电力刚性增长下同步推进产业结构与能源体系"双升级"的挑战；三是面临能源高质量发展要求与现有技术条件和体制机制不适应的挑战。

（四）"双三角"下能源电力"双碳"路径

1. 路径设计关键要点

面对新关系、新局面、新矛盾，可持续发展三角与能源协同发展三角锥的关系在"双碳"转型进程中将随内外部环境变化持续演进，能源在协同两个"三角"发展过程中将承担更重的任务，要以能源高质量发展实现两个"三角"在更高水平的动态平衡和协同。

唯有实施能源供给侧结构性改革，发展现代能源经济，促进技术创新与体制机制改革，才能解决新矛盾，实现可持续发展三角与能源协同发展三角锥在更高水平上的协调，也即实现能源高质量发展。

相对于传统常规转型，科学合理地设计能源电力"双碳"转型路径的方向、节奏、力度更具挑战。推动能源清洁低碳转型是一项长期复杂的系统性工程，必须立足富煤贫油少气基本国情，深刻把握可持续发展三角与能源协同发展三角锥关系机理和调整规律。必须完整准确全面贯彻新发展理念，以系统观念实现能源安全、能源转型成本、能源环境、能源共享四个目标的统筹兼顾，系统设计能源转型路径，注重政策设计的整体性、协同性，在能源发展多目标中寻求动态平衡，分阶段、有侧重、平稳地推进能源低碳转型，协同推进降碳减污扩绿增长。

（1）转型路径设计的基本前提

始终保持在能源安全、能源环境、能源转型成本、能源共享四个目标的底线要求内。保障能源安全刚性要求最强，可逐步探索挖掘用户侧不同可靠性需求，结合经济性优化制定差异化能源安全目标；能源环境要求已经成为具有刚性要求的倒逼目标，但具体的碳减排峰值、速度等方面还存在多目标统筹优化空间；能源转型成本需要保持在可承担的合理化区间内；能源共享要求提高普惠能源、均等化服务水平等。

（2）转型路径设计的全局优化重点

要通过优化碳达峰时序、碳中和节奏来形成最大动态平衡可行域空间。要推动社会各界形成基本共识，即在一定时期内保障能源安全和实现"双碳"目标是有代价的，从四个目标来看能源成本是相对更有弹性的，需要在合适时期作出协调性调整。

（3）转型路径设计的突破方向

实现"双碳"目标必须依靠颠覆性低碳技术创新，并通过大规模商业化推广应用来打破能源协同发展三角锥内部的互相制约。同时，要通过释放体制机制创新红利，最大限度挖掘其中蕴含的效率与效益。

（4）转型路径设计的动态优化重点

适应"双碳"不同阶段多目标要求的持续变化，特别要适应具有关键转折意义的重大变化。

一是碳排放达峰。碳排放达峰前后政策逻辑将发生重大调整，需要统筹不同部门碳达峰碳中和节奏，做好能耗双控向碳双控转变的政策设计。

二是能源电力需求增长饱和。预计能源消费在2030—2035年、电力消费在2045—2050年增长将逐步饱和，能源电力发展将向调结构为主转变。

三是颠覆性技术突破。意味着转型路径的转轨式调整，也可能使系统转型成本和相应政策机制发生重大变化。

四是碳价结构性突变。碳价作为重要的碳减排政策工具，不同发展预期将深刻影响"双碳"路径。

综合考虑能源协同发展三角锥不同目标的刚性程度，必须走深化科技创新和体制改革的供给侧结构性改革转型道路，破解能源协同发展三角锥矛盾，实现两个"三角"在更高水平上的协调。

2. 能源转型路径

我国的"双碳"路径是在满足能源电力消费需求刚性增长的前提下实现

大规模减排。全社会碳减排路径分为上升达峰期、稳步降碳期、加速减碳期、碳中和期四个阶段，考虑低碳零碳负碳技术突破不确定性和技术经济性发展预期，采用"先慢后快"的碳减排道路更宜。分部门来看，终端各部门碳排放达峰时间有所差异，电力部门因电能替代承接来自终端用能部门的减排压力。从全社会角度看，以电力部门晚达峰助力全社会稳步达峰是统筹安全、经济、低碳目标下的较优方案。

（1）上升达峰期（2021—2030 年）

从碳达峰到碳中和阶段，全社会碳减排需求约年均 3.5 亿吨，为同期欧美国家的 10 倍。

（2）稳步降碳期（2031—2040 年）

到 2040 年，全社会碳排放总量降至 87 亿吨左右，其中能源燃烧产生的二氧化碳降至 74 亿吨左右。

（3）加速减碳期（2041—2050 年）

到 2050 年，随着产业结构调整基本完成，能效水平显著提升，全社会碳排放总量降至约 47 亿吨。

（4）碳中和期（2051—2060 年）

除去 CCUS（碳捕获、利用与封存）等人工固碳措施的碳吸收量，2060 年仍有约 15 亿吨二氧化碳需通过自然碳汇进行移除，实现社会经济系统的净零排放。

3. 电力转型路径

碳达峰阶段，70% 以上新增电力需求由非化石能源发电满足。2020—2030 年，近 80% 的新增电源装机为非化石能源发电，70% 以上新增用电量需求由非化石能源发电满足。

电力部门碳排放达峰后，经历 3~5 年峰值平台期，之后稳步下降，呈现"先慢后快"稳步中和的转型发展特征。电力"双碳"路径规划呈现强技术驱动特性，高度依赖新型储能、CCUS、氢能等前沿技术，制定过早过快大规模应用上述技术实现快速减排的路径方案，将面临技术突破不确定风险和高转型成本代价。2020—2060 年累计电力碳排放量保持不变的情况下，在碳达峰后进入一定时间峰值平台期、然后稳步减排、最后快速减排的电力减碳路径技术经济性更优。

4. 区域间协同转型

立足全国一盘棋，加强路径顶层设计，需要正确处理整体与局部的关系，坚持系统优化、兼顾质量效率公平的原则，从地区、行业、时期三个维度，统筹协调好碳预算、碳强度、能源强度、经济社会发展等整体和局部目标的关系。协调各地区、行业间的碳达峰时序和碳减排任务，支持有条件地区和行业率先碳达峰。

（完成人：吴　聪　鲁　刚　元　博　夏　鹏

贾渭方　陈海涛　傅观君　张晋芳　龚一莼）

"人工干预 + 天然恢复"
提升矸石山生态修复效率和效果

鸡西市广厦房屋建筑工程有限公司

审定意见：

本成果通过采用高分子团粒喷播绿化等高新技术，对矸石山进行生态修复，使老旧矿区植被大面积迅速恢复，从而形成了新的绿色生态系统，是落实新发展理念的具体行动和现实成果。矸石山的大量存在是长期困扰矿山企业的难题，造成当地环境恶化、宜居性变差等一系列问题。新型生态修复技术采用"人工干预＋天然恢复"的方式，在提高修复效率的同时，以植被的自我恢复增加生态的多样性和稳定性。以较低的成本实现生态环境的改观，让往日成为生态顽疾的砑石山重新变成绿水青山、金山银山，以环境价值的提升为矿区创造新的财富。环境价值和财富效应的双重作用，会使砑石山修复产业倍速增长。

创新点：

公司积极适应市场变化，实现从传统施工企业向砑石山生态修复企业的成功转型。引入生态修复理念，将砑石山视为生态系统进行修复。摒弃传统工程改造观念，运用高分子团粒喷播、土壤改良、植被选择等科学方法，并结合本地气候和土壤条件，创造适宜植物生长的环境。积极引进和应用先进监测设备和技术，对修复效果进行实时监控和评估，确保工程达到预期效果。

价值点：

在经济效益上，砑石山生态修复为企业带来新的增长点，同时为城市环境治理提供创新方案。在社会价值方面，生态修复工程改善了环境，提升了城市形象，为当地经济发展注入新动力。该项目实现了经济、环保、社会效益的有机融合，为企业和社会提供了可持续发展的模式。

可复制性和应用范围：

该技术适用于各种类型的砑石山修复工程，无论是城市还是农村，大型企业还是小型企业，只要有矸石山存在，都能进行有效的生态修复。它不仅可以应用于矸石山的表面修复，还能深入土壤修复层面，为矸石山的治理提供全面解决方案。此外，该技术还可应用于其他类型的土壤和环境修复工程，如矿区修复、工业废弃地修复等。其可复制性使得它能在不同地区和环境中重复使用，为解决多种环境问题提供新的思路和方法，促进环保产业发展，推动社会可持续发展。

成果详述：

一、基本情况

1. 项目简介

鸡西市广厦房屋建筑工程有限公司专注于矸石山生态修复工作。公司运用一系列创新的技术和方法，对正阳一采矸石山、滴道五采矸石山、张新矸石山、矸石电厂灰坝以及滴道九井煤矸石堆场等多个区域进行了全面的生态修复。在这些修复项目中，涵盖了边坡修整、团粒喷播、植被恢复、土壤改良等多项关键措施，旨在彻底恢复矸石山的生态环境，有效减少环境污染，显著提升周边居民的生活质量。

2. 实施背景

随着煤炭开采活动的持续推进，矸石山的数量与日俱增，对环境造成了极为严重的破坏。矸石山的大量存在不仅导致土地资源被大量占用，还引发了一系列严重问题，如水土流失、空气污染等，对生态平衡和居民的健康构成了巨大威胁。此外，传统的矸石山治理方式往往存在局限性，难以从根本上解决矸石山带来的诸多问题。因此，迫切需要采取更为科学、有效的生态修复措施，以切实改善矸石山的环境状况。

3. 实施的必要性

矸石山生态修复是保护环境的当务之急。矸石山的裸露废料会持续对周边的土壤、水源和空气造成严重污染，极大地破坏了生态系统的稳定与平衡。通过积极开展生态修复工作，可以有效地减少污染源，显著改善环境质量，全力保护生态平衡，为可持续发展奠定坚实基础。矸石山的存在严重影响了城市的美观度，而经过修复后，这些区域可以成功转变为绿色生态公园，为居民提供宜人的休闲娱乐场所，从而大幅提升居民的幸福感和满意度。修复后的矸石山有望带来新的经济增长点，例如推动旅游业的蓬勃发展等。通过积极参与生态修复，企业能够实现可持续发展，进一步提高自身的市场竞争力，实现经济效益与环境效益的双赢。

二、项目实施过程

1. 主要做法

对各个矸石山进行了详细的实地考察和调研，深入了解了每个矸石山的地形、地貌、土壤条件和生态环境状况。根据调研结果，制定了个性化的生态修复方案，确保修复工作的针对性和有效性。在具体实施过程中，采用了多种先进的技术和方法。例如，在正阳一采矸石山修复中，运用了国内领先的高分子团粒喷播绿化技术，通过在废弃矸石山表面喷撒高分子团粒物质，形成保护层，有效遮蔽了矸石山的裸露废料，减少了对周边环境的影响。

在滴道五采矸石山修复中，进行了边坡修整、排除危岩体和渣石回填等工作，确保了边坡的稳定性和安全性。此外，还进行了机械开挖，并对修复区范围内的软岩边坡进行了高分子团粒栽植，选择合适的土质类型和植被，促进了植被的恢复和生长。在张新矸石山修复项目中，采取了科学的规划和设计，深入实地考察和调研，制订了详细的修复方案，进行了全面且细致的清理工作，清除危险岩石和渣石等物质，确保山体的安全性和稳定性。

采用直接栽种植物的方式，根据山体不同地形和土壤条件，引入丰富多样的植被，加强了对当地土壤的改良工作，为植被的良好生长提供了必要的土壤环境。在矸石电厂灰坝高分子团粒喷播生态修复中，针对灰坝表面进行高分子团粒喷播覆盖，形成保护层，减少灰坝对周边环境的影响。同时，进行专业的排水沟布置和管理，防止水体中的有害物质渗漏至地下水和周边土壤。此外，还进行了植被的种植工作，增加植被覆盖，降低灰坝的裸露度，改善灰坝区域的生态环境。

2. 关键要点

在项目实施过程中，关键要点包括科学规划、技术创新、严格施工和质量控制。科学规划是确保修复工作顺利进行的基础，根据每个矸石山的特点制订合理的修复方案，充分考虑地形、土壤、气候等因素，选择合适的植被和修复技术。

技术创新是提高修复效果的关键，不断引进和应用先进的生态修复技术，如高分子团粒喷播技术等，提高土壤质量和植被成活率。严格施工是保证修复质量的重要环节，确保施工过程按照设计方案进行，严格控制施工质量和进度。质量控制贯穿于整个项目实施过程，对修复效果进行实时监测和评估，及时发现问题并进行调整，确保修复工作达到预期目标。

通过与科研机构合作，引进适应性强、具有较高生态价值的植物品种，为生态修复提供了有力的技术支持。同时，注重社会参与和监督，引入公众参与和专家监督机制，提高了修复工作的透明度和公信力，确保了修复工作的科学性和效果。

三、成果总结

1. 经济效益

矸石山生态修复项目为企业带来了新的经济增长点。通过对矸石山的修复和治理，公司开拓了新的业务领域，增加了收入来源。例如，在正阳一采矸石山修复中，虽然治理费用较高，但从长期来看，这是一项必要的投资，将为公司带来长期的环境改善和社会声誉的提升，进而有助于公司在市场中获得更多的项目机会。修复后的矸石山还可以进行合理的开发利用，如发展旅游业等，为当地经济发展带来新的动力，促进了区域经济的增长。

2. 社会效益

该生态修复工程改善了环境，提升了城市形象，为当地居民提供了更好的生活环境。曾经污染严重的废弃矸石山，如今变成了充满生机的绿色生态公园，为居民提供了休闲和娱乐的场所，提高了居民的生活质量。项目的实施为当地创造了就业机会，促进了社会稳定。在项目实施过程中，需要大量的劳动力参与，包括施工人员、技术人员等，为当地居民提供了就业岗位，增加了居民的收入。

3. 环境效益

通过采用科学的修复方法，如高分子团粒喷播、土壤改良、植被选择等，有效地改善了矸石山的土壤质量和生态环境。修复后的植被能够有效地防止水土流失，恢复原有的生态平衡，减少了对周边土壤、水源和空气的污染。例如，在滴道五采矸石山修复中，通过植被恢复和土壤修复等措施，增加了绿化面积，改善了矿区生态环境。

四、经验与启示

把当地生态治理的难题当作转型发展的方向。最大的难题往往意味着巨大的商机和巨大的市场。在传统老工业基地资源枯竭、房地产建筑市场严重萎缩的情况下，鸡西市广厦房屋建筑工程有限公司敏锐地捕捉到矸石山修复这一商机，及时调整自身的发展策略和业务领域，并迅速掌握生态修复领域的新技术、新方法，同时加以创新应用，成功地从传统施工企业转型为生态修复企业。

采用最新生态修复理念提高修复的效率。将矸石山视为生态系统的一部分，并采用最新生态修复理念和研究成果，采用高分子团粒喷播、土壤改良等科学方法，结合本地气候和土壤条件，为植物生长创造良好环境，利用"人工干预＋自然修复"的机制，提高了修复的效率和效益。

（完成人：赵一林　于　欣　张敬焜）

共振碎石化技术创造经济高效道路养护解决方案

黑龙江省交通规划设计研究院集团有限公司

审定意见：

本成果利用共振原理，采用与水泥路面固有频率相同的频率，通过共振的方式对水泥板面进行分层破碎，从而达到节约成本和工时并提高路面修复效果的双重目标。截至 2020 年，中国混凝土路面总里程已达 310 万千米，每年都有大量的路面进入大修年限，相较传统的大修方式，这一方式保留了原有路面结构的部分强度，可以作为柔性基层与半刚性基层的过渡层使用，既最大限度地提高原路面的利用残值，又能够保证大修后路面的强度和使用年限。特别是在路面易损的高寒地区，这一技术具有全面推广的价值。

创新点：

与传统破碎技术相比，共振碎石化技术利用共振方式使水泥板块迅速开裂，效率更高且噪声小。该技术将水泥混凝土路面表层进行特定程度的碎石化，使路面保留部分原有结构强度，可作为柔性基层与半刚性基层的过渡层，有效消除反射裂缝，延长路面使用寿命。与其他水泥混凝土大修方案相比，共振碎石化技术在造价、旧路残值利用、施工成熟度以及反射裂缝控制等方面具有明显优势，为公路养护工程提供了一种更高效、经济的解决方案。

价值点：

随着水泥混凝土路面使用年限的增长，到了大修年限时，以往的直接加铺方案在使用 3 年以上后易出现大量反射裂缝。而共振碎石化技术能够有效地恢复公路的使用功能，极大地减少反射裂缝的发生概率，显著延长沥青路面的使用期限。在寒区的成功应用表明，该技术可以在保证公路质量的前提下，有效节约工程造价。同时，它具有很强的可复制性和可实践性，能够广泛应用于寒区"白改黑"公路建设，不仅节能效果明显，而且低碳环保。此外，该技术还能充分满足公路建设的需求，节约工程建设成本，以更低的工程造价提供更优质的工程方案，具有巨大的市场推广潜力和显著的社会效益。

可复制性和应用范围：

能够有效应用于寒区"白改黑"公路建设，为公路养护带来显著价值。通过将水泥混凝土面层破碎为相互嵌锁、啮合的高强度粒料层，该技术可出色地消除反射裂缝，这使其成为水泥混凝土路面养护工程的理想选择。其施工流程相对规范，设备操作简便易学，无须重复研发，可便捷地在公路建设的各类项目中推广应用。该技术在满足公路建设需求的同时，还能大幅节约工程建设成本，具备明显的优势和巨大的推广潜力，有望在更多地区和项目中得到应用，为公路养护事业作出更大贡献。

成果详述：

一、基本情况

1. 项目简介

黑龙江省交通规划设计研究院集团有限公司聚焦于共振碎石化在寒区养护工程中的应用研究。共振碎石化技术作为一种新型水泥路面破碎技术，其核心原理是利用共振破碎机，使锤头的振动频率与水泥面板的固有频率达成共振，进而促使水泥板块迅速开裂。通过这一过程，水泥混凝土面层被破碎为一层相互嵌锁、啮合的高强度粒料层。该技术在实际应用中展现出较强的针对性，主要适用于水泥混凝土路面养护工程。目前，在我省高速公路和国省道水泥混凝土路面养护工程中，该技术已得到一定程度的应用，应用比例约为15%。

2. 实施背景

截至2020年，我国水泥混凝土路面公路总里程已突破310万千米，而黑龙江省现有运营中的二级以上水泥混凝土路面公路更是达到了3000多千米。随着时间的推移，这些公路路面逐渐出现不同程度的损坏，陆续进入大修年限。以往采用的处理病害直接加铺方案，在使用3年以上后，往往会出现大量的反射裂缝，这不仅影响了公路的正常使用，也增加了后期的维护成本。因此，寻找一种既能有效利用旧路残值，又能恢复旧路使用功能，同时减少反射裂缝发生的技术方案，成为当前亟待解决的问题。

3. 实施的必要性

现有的水泥混凝土大修方案存在诸多局限性。再生为基层方案需要将水泥混凝土破碎成符合级配要求的碎块后作为基层的再生集料使用，这一过程造价较高；打裂方案虽然施工较为成熟，但无法有效避免或减少反射裂缝的发生；多锤头碎石化方案对旧水泥混凝土路面的残值利用过低，且需要加铺基层和面层，导致造价居高不下；直接加铺方案虽然相对成熟，但处理病害的工程量较大，且加铺 2~3 年后易出现反射裂缝。相比之下，共振碎石化方案具有明显优势。它能将水泥混凝土路面表层的 3~8 厘米进行完全碎石化，其余部分产生 30~45 度的倾斜裂缝，从而保留了原有路面结构的部分强度。这种特性使得共振碎石化后的水泥混凝土路面可以作为柔性基层与半刚性基层的过渡层使用，有效降低了路面反射裂缝的发生概率，更好地满足了路面的使用要求。在寒区环境下，共振碎石化技术的应用具有重要意义。它能够在恢复公路使用功能的基础上，显著减小反射裂缝的发生概率，延长沥青路面的使用期限。同时，该技术还能节约工程造价，具有良好的经济效益。此外，共振碎石化技术具有很强的可复制性和可实践性，能够广泛应用于寒区"白改黑"公路建设中，其节能效果明显，对低碳环保也具有积极贡献。

二、项目实施过程

1. 主要做法

（1）施工前准备

在共振碎石化施工前，需要进行一系列的准备工作。包括清除旧混凝土板块上的沥青加铺层、沥青表面修补材料、填缝料等杂物；修复或增设排水系统；对不能提供路面共振碎石化所需膨胀伸缩空间的道路，设置应力释放切割渠；在周边建筑物附近设置隔振沟；对特殊路段进行适当处理，如清除路基翻浆等不稳定部位的旧水泥混凝土路面板，开挖基层或路基直至稳定层，换填碎石等材料并进行压实等；标示和保护构筑物，保证上跨构造物的净空，设置高程控制点；具备采取适当交通管制、夜间施工和扬尘控制的条件；完成主要施工设备的保养和调试。

（2）试验段试振与验收

通过试验路段，确定适合于现场实际情况的振幅、频率，以达到最佳的共振效果，形成共振碎石化层。同时，对试验段进行验收，确保其质量满足要求。

（3）共振碎石化施工

使用共振破碎机等主要设备进行施工，将水泥混凝土面层破碎为相互嵌锁、啮合的高强度粒料层。在施工过程中，注意清理外露钢筋与杂物，对局部软弱路基进行处治，碎石层碾压后加铺沥青层，最后开放交通。

（4）加铺层结构确定

根据公路等级、交通量及自然条件等合理确定加铺层结构。例如，在项目中选取两段应用共振碎石化技术处理，在旧路状况较差路段，全副采用"共振碎石化后加铺 12 厘米 ATB-25 密级配沥青碎石 +6 厘米 AC-20 中粒式改性沥青混凝土 +4 厘米 SMA-13 细粒式沥青玛蹄脂碎石"；在旧路状况较好路段，上行线半幅采用"共振碎石化后加铺 8 厘米 AC-20 中粒式改性沥青混凝土 +4 厘米 SMA-13 细粒式沥青玛蹄脂碎石"。

2. 关键要点

（1）设备选择与操作

选择合适的共振破碎机等设备至关重要，如 GPJ3X－600 型共振破碎机，其具有最高工作频率高、能覆盖道路边缘、操控性好、采用 PLC 集中控制方式、降噪系统有效等特点。在操作设备时，要根据水泥混凝土路面的实际情况，准确调整振幅和频率，以确保共振效果最佳。

（2）施工工艺控制

严格按照工艺流程进行施工，确保每个环节的质量。在共振碎石化施工过程中，要注意控制破碎程度，使水泥混凝土路面表层达到预期的破碎效果，同时避免对基层和土基造成不利影响。

（3）加铺层结构设计

加铺层结构的合理确定直接关系到路面的使用性能和寿命。需要综合考虑公路等级、交通量、自然条件等因素，选择合适的沥青层厚度和材料，以确保路面具有良好的承载能力和抗反射裂缝能力。

（4）质量检测与验收

在施工过程中，要加强质量检测，及时发现和解决问题。对共振碎石化层和加铺层进行验收，确保其质量符合相关标准和要求。

三、成果总结

1. 经济效益

一是成本降低。通过与直接加铺、多锤头破碎等方案的成本对比，共振碎石化技术在直接成本和综合成本上具有明显优势。例如，直接加铺方案成本为 330.34 元 / 米^2（直接）或 331.94 元 / 米^2（综合），"多锤头破碎 + 水稳基层 +AC"方案成本为 384.94 元 / 米^2（直接）或 386.84 元 / 米^2（综合），而"共振碎石化 +AC"方案成本仅为 326.34 元 / 米^2（直接）或 327.64 元 / 米^2（综合）。二是节约造价。在具体项目应用中，共振碎石化技术大大节约了建设成本。如在鹤大高速宁安至复兴（黑吉省界）段修复养护工程中，与处理病害直接加铺沥青层方案相比，共振碎石化技术减少了应力吸收层的铺设，节约造价 10459858 元，减少更换水泥混凝土路面 59771 平方米，节约造价 14896142 元，累计节约造价 25356000 元；与多锤头碎石化后加铺基层和沥青层方案相比，减少了基层的铺设，节约 28764610 元。

2. 社会效益

一是提高行车舒适性。共振碎石化技术能够有效消除路面反射裂缝的发生，减轻路面颠簸，提高道路的行车舒适性，保障行车安全。二是提升公路养护质量。该技术的应用为公路养护提供了一种更有效的解决方案，能够延长路面使用寿命，减少公路维修次数，提高公路的整体养护质量。三是促进区域经济发展。良好的公路交通条件有助于促进区域间的经济交流和发展，提高物流运输效率，为地区经济发展提供有力支持。

3. 环境效益

一是节能减排。共振碎石化技术能够降低基层材料的生产、运输、摊铺过程中的碳排放。与多锤头碎石化后加铺基层和沥青层方案相比，共振碎石化技术在鹤大高速宁安至复兴（黑吉省界）段修复养护工程中，共节能4786tce（吨标准煤当量），共降碳12292TCO$_2$（二氧化碳总量）；与处理病害直接加铺沥青层方案比，共节能4606tce，共降碳12530TCO$_2$，实现了高效的节能降碳效益。二是资源回收利用。该技术通过对旧水泥混凝土路面的破碎再利用，减少了建筑垃圾的产生，实现了资源的回收利用，符合可持续发展的理念。

4. 管理效益

一是施工效率高。共振碎石化技术施工进度快，共振碎石和沥青加铺可同时流水作业，碎石层压实后即可直接加铺沥青面层，大大缩短了施工周期。同时，单车道施工的方式减少了对交通的影响，降低了施工对交通管理的压力。二是易于推广应用。共振碎石化技术具有很强的可复制性和可实践性，不需要进行重复的研究和开发，可复制到公路建设中的任何一个项目中，能够满足公路建设的需求，便于管理部门进行推广和应用。三是提升管理水平。该技术的应用促使管理部门在公路养护工程中更加注重技术创新和成本控制，提高了管理部门的科学决策水平和管理效率。

四、经验与启示

解决实际问题是技术创新的最大动力，也是技术创新的最大价值。基于水泥混凝土路面大修所面临的反射裂缝、旧路残值利用低、造价高等诸多难题，研究单位以增加其残值利用价值、降低大修的成本造价、减少混凝土破碎物对环境的损害为出发点，通过反复实验，探索出独特的共振碎石化技术，创造出了目前残值利用率、施工效率、成本造价、环境保护以及道路完好周期同时最佳的解决方案。这一技术的普及应用，可以创造出可观的经济价值。

（完成人：陈　柯　王卫中　田宏伟　徐兰钰　张利阳　张兴宇　时广宇　杨　通
高雪岑　陈春恒　罗婷婷　石人杰　王　奇）

开发新型材料，创造兼顾生态与经济的保水解决方案

山东黄河勘测设计研究院有限公司

审定意见：

本成果融合保水技术与植被生长，创新性地将膨润土作为黄河下游淤背区新型保水材料，并通过科学试验，总结出最优掺入比、最佳铺设厚度和埋设深度等技术指标，以及与之相匹配的施工方法。在保水效果、施工成本、环境保护等多个指标上，比传统保水层均有显著优势。尤其是这一方法的运用，可同步改善林木生长条件，不经修复补种就可让林木良好生长，实现了保水和植被生长一举两得的目标，节约大量修复和补种费用。为黄河背淤区治理提出了科学、经济的解决方案。

创新点：

开创性地提出将膨润土作为黄河下游淤背区保水层的新型材料，并通过室内试验、现场试验和模拟试验等多种技术手段进行全面研究。深入分析膨润土与黄河淤沙不同掺入比渗透试验结果，揭示了其改良沙土水分物理性质的变化规律和作用机理，首次确定了膨润土作为保水层的最优掺入比、最佳铺设厚度和埋设深度等关键技术指标。此外，成功创建了适用于黄河下游淤背区膨润土保水层的施工工法，有效解决了沿黄地区的诸多实际问题，为淤背区的建设和管理提供了全新的科学解决方案。

价值点：

通过在黄河下游防洪工程德州段淤背区工程中应用膨润土保水层保水技术，充分发挥了科技进步的作用，为淤背区高效治理提供了示范引导。经计算分析，膨润土保水层不仅成本更低，每平方米可节省 4.48 元，而且能显著提高淤背区表层土壤平均含水率，增强土壤的保水、保墒能力，解决了林木生长不佳需要重复补种的难题，节省了补种费用。该案例为黄河下游淤背区保水层的建设和管理提供了科学的参考依据，为今后淤背区的设计和施工提供了科学经济的优选方案。

可复制性和应用范围：

对于新建淤背区，由于沿黄各地普遍存在壤土缺乏、土场运距远、移民征地困难以及综合成本高等问题，而采用膨润土代替壤土保水层的方案，能够有效解决这些问题，缩短工期并节约成本，因此非常适合在新建淤背区进行大面积推广。对于未设保水层的"老淤区"，其盖顶土厚度较薄，保水保墒能力差，导致种植林木生长性不佳。通过使用膨润土对"老淤区"表层土进行改良，可以显著提高表层土壤的保水能力，改善林木生长条件，避免林木重复补种的问题，加快林木生长速度，从而产生显著的经济效益、生态效益和社会效益。

成果详述：

一、基本情况

1. 项目简介

堤防加固是黄河下游标准化堤防建设的重要内容之一，放淤固堤是目前较适合的方式。"十二五"和"十三五"期间，黄河下游放淤固堤长度合计达到303.86千米。黄河下游淤背区的砂性土渗透性较强，天然降水或灌溉水渗漏会影响生态林或经济林生长。以往通过设置壤土保水层来防渗和保水，但近些年保水层施工中存在土场难找、施工不便、质量难控制以及成本高等问题。

本项目借鉴和吸收先进技术，确定采用膨润土作为新的淤背区保水层材料，通过室内试验和室外实验相结合的方式，形成科学合理的淤背区保水层施工方案，改良砂土的保水性，为今后淤背区建设提供技术支持。

2. 实施背景

黄河下游堤防加固通常采用多种措施，放淤固堤方式在长期实践中被证明较为适合。然而，淤背区砂性土的强渗透性对生态林或经济林的生长造成不利影响。随着时间的推移，壤土保水层施工中面临的土场难找、施工不便等问题日益突出，需要寻找新的保水层材料和施工方案来解决这些问题。膨润土作为一种具有潜力的保水材料，在其他领域已有一定的应用研究，但在黄河下游淤背区保水层建设中的应用还需要进一步探索和实践。

3. 实施的必要性

（1）解决当前保水层施工中存在的问题

壤土保水层施工中遇到的土场难找、施工不便、质量难控制以及成本高等问题，严重影响了淤背区的建设和管理。采用膨润土作为保水层材料，可以有效解决这些问题，提高施工效率和质量，降低成本。

（2）提高淤背区的保水能力

黄河下游淤背区的砂性土渗透性强，导致天然降水或灌溉水渗漏严重，影响植被生长。膨润土具有良好的保水性，能够有效提高淤背区表层土壤的含水率，增强土壤的保水、保墒能力，为植被生长创造更适宜的环境。

（3）促进黄河下游生态保护和经济发展

黄河下游淤背区的生态林和经济林对于维护生态平衡、促进当地经济发展具有重要意义。通过改善淤背区的保水能力，提高林木生长条件，可以增加林木的产量和质量，实现生态效益和经济效益的双赢。

（4）为今后淤背区建设提供科学依据和备选方案

本项目的研究成果将为黄河下游淤背区保水层的建设和管理提供科学的参考依据，为今后淤背区的设计和施工提供科学经济的备选方案，有助于推动黄河下游淤背区的可持续发展。

二、项目实施过程

1. 主要做法

（1）试验区选择

充分考虑现场试验条件、施工便利性、建设成本以及后期管理维护等因素。选择土质相对较差、保水性较差的黄河下游德州段淤背区（大堤桩号84+720~84+780）进行试验，该区域属暖温带半湿润季风气候区，年均气温为14.3摄氏度，年均降水量为547.5毫米。

（2）膨润土与砂土不同掺入比渗透试验

采用环刀法制备不同掺入比的土样，进行渗透试验。计算最优含水率和最大干密度下填满环刀所需土的质量，按照膨润土 10%、15%、20%、25%、30% 的比例配制土样并混合均匀，洒水至最优含水率，人工击实至环刀内，进行变水头渗透试验测定渗透系数 k。将渗透系数与设计要求的渗透系数（小于 1×10^{-5} 厘米 / 秒）对比，得出最优掺入比。

（3）试验区施工建设

建设三个试验段，每个试验段沿大堤轴线方向宽度为 20 米，垂直方向长度为 80 米。试验段一为对照组，无保水层；试验段二设置膨润土保水层，将膨润土与淤沙搅拌混合；试验段三设置膨润土保水层，均匀薄铺不与淤沙混合。

（4）试验区含水率监测

对试验区 0~70 厘米深度范围内的土壤含水率进行定期和连续监测，监测频率为每月 1~2 次，根据自然降水确定具体监测时间，一般为降雨后 3~7 天。共埋设 6 个监测点，每个试验段各 2 个，试验期间进行 12 次含水率检测，每个试验段的 2 个检测点含水率取平均值。对各次检测结果分土层进行方案间的横向对比。

（5）室内模拟试验

采用室内圆柱模拟试验，从膨润土施用后的土壤剖面含水率变化情况方面探讨其改良砂土后水分物理性质的变化情况。分别在试验结束后和第 2 天、第 5 天，对四组试验的同一取土孔取样测定土壤含水率，检验膨润土保水层的实际保水效果。

2. 关键要点

一是确定最优掺入比。通过渗透试验，得出满足施工要求渗透系数小于 1×10^{-5} 厘米 / 秒的掺入比组合，确定最优掺入比为 12%。二是探索保水层布设方式。通过设置不同的膨润土保水层方案，监测不同深度的土壤含水率，发现混合保水层试验段通过膨润土对砂土的改良作用，持水能力明显改善，各深度含水率年内变化较小，保持稳定状态；薄铺保水层试验段能减缓水分下渗速度，但不能改良土壤持水能力。三是验证保水效果。室内模拟试验结果与现场试验基本一致，说明现场试验结果具有较高的可信度和代表性。两组膨润土保水层和壤土保水层都具有较好的保水性，且膨润土保水层略优于壤土保水层，在淤背区建设中使用膨润土保水层替代传统壤土保水层可行。

三、成果总结

1. 经济效益

在黄河下游防洪工程德州段淤背区工程中应用膨润土保水层保水技术后，经详细的成本分析，在10千米运距的情况下，膨润土保水层相较于传统壤土保水层，每平方米可节省4.48元。这一成本的降低在大规模的淤背区建设中能够累积成可观的经济效益，为工程建设节省了大量资金。新建淤背区采用膨润土代替壤土保水层，不仅解决了沿黄各地壤土缺乏、土场运距远、移民征地工作困难等问题，还缩短了工期。工期的缩短意味着工程能够更快地投入使用，提前发挥其防洪、生态等功能，间接带来了经济效益。同时，由于膨润土的成本相对较低，且施工过程更加便捷，进一步降低了工程的总成本，提高了项目的投资回报率。

2. 环境效益

膨润土保水层的应用显著提高了淤背区表层土壤平均含水率，增强了土壤的保水、保墒能力。这使得土壤能够更好地保持水分，减少了水分的蒸发和渗漏，提高了水资源的利用效率。改善后的林木生长条件促进了植被的生长和恢复，植被覆盖率的增加有效地防止了水土流失，减少了土壤侵蚀对土地的破坏。同时，植被的增加还能够吸收空气中的污染物，净化空气，改善空气质量。良好的土壤保水能力为植物提供了更稳定的生长环境，促进了生物多样性的保护和发展。更多的植物和动物物种能够在淤背区生存和繁衍，维护了生态平衡，为生态系统的健康发展提供了保障。

3. 管理效益

本成果适用于黄河下游淤背区膨润土保水层施工工法的创建，为施工管理提供了标准化的流程和规范。施工人员能够按照工法进行操作，确保施工质量和进度的可控性，提高了施工管理的效率和精度。明确的技术指标为工程管理提供了科学依据，管理人员可以根据这些指标对施工过程进行精准的控制和监督。这有助于及时发现和解决问题，避免了因施工不当而造成的返工和损失，降低了管理成本。膨润土保水层施工的简化和优化减少了管理的难度和复杂性，管理人员能够更加轻松地协调各方面的资源和工作，提高了管理的协调性和有效性。

四、经验与启示

持续优选更优解决方案，寻找和确定最优解。精心设计的室内试验、现场试验和模拟试验，全面深入地研究膨润土与砂土的相互作用、渗透特性以及保水效果。通过科学研究和经验积累，不断筛选更优化的方案，为确定最优掺入比、铺设厚度和埋设深度等技术指标提供可靠的依据。

坚持因地制宜的原则，选择典型区域和环境作为试验区。在选择试验区时，充分考虑当地的土质、气候、地形等自然条件，以及施工便利性、建设成本和后期管理维护等因素，确保了试验的代表性和可行性。在保水层布设方式的选择上，根据不同深度土层的含水率变化规律，结合树株种类的需求，提出针对性的施工方案。

（完成人：任晔平　格　菁　党同均　王　涛　任云楚　岳贤正）

深度调峰下燃烧稳定性技术突破

河北大唐国际张家口热电有限责任公司

审定意见：

本成果以多项技术创新为基础，通过利用余热对预燃室煤粉进行预加热、优化煤粉浓淡比例、在燃烧器喷口增加卷吸高温烟气部件等方法，实现发电锅炉在 20% 低负荷下，不投油稳燃。当前，风光电能等非稳定电能在电力市场的占比迅速增高，这是由国家的能源和低碳战略所决定，具有不可逆的趋势。深调峰已经逐渐成为火力发电机组的主要运行方式，低负荷运行将成为常态。实现低负荷工况下不投油稳燃，可以有效解决投油稳燃所产生的经济性差、对设备造成损害、易漏油污染及起火等一系列问题，在提高经济效益的同时，能够降低调峰成本，进而促进新能源市场的发展，支持国家的"双碳"战略如期实现。

创新点：

首先，将 B 磨对应的 4 个煤粉燃烧器改造为预燃室式双通道煤粉燃烧器，并在中间增加微油枪，实现了不投油稳燃，提高了低负荷运行的稳定性。其次，开发了低阻力、高浓淡分配比例的一次风煤粉浓淡分离器，采用独特的设计方式和数值模拟优化，提高了煤粉的燃烧效率。另外，燃烧器喷口设计了稳燃钝体和扰流齿，有利于卷吸高温烟气，促进煤粉提前接触高温烟气，增强了稳燃效果。

价值点：

实现了预燃室式自稳燃燃烧器在不投油情况下的稳定燃烧，解决了低负荷工况下投油稳燃的弊端，如经济性差、对炉后设备负面影响以及燃油泄漏风险等。通过优化给水系统相关逻辑，实现了在20% BMCR（锅炉最大连续运行负荷）工况下锅炉燃烧稳定与给水全程自动，提高了运行的稳定性和自动化水平。通过调整燃烧器角度、移装及新增壁温测点，有效掌握并改善了超温情况，保障了设备的安全运行。

可复制性和应用范围：

通过将煤粉燃烧器改造为预燃室式双通道煤粉燃烧器的方式，能够在短时间投运微油枪后停运油枪，使燃烧器在不投油状态下自稳燃、安全稳定运行，确保锅炉在20% BMCR工况下安全稳定运行。这一技术适用于当前电力市场竞争激烈、配煤掺烧普遍的环境。在煤种复杂多变、挥发分降低和热值降低等不利因素下，该技术能有效应对锅炉低负荷稳燃的挑战，为行业同类型机组提供了深度调峰工况下低负荷稳燃技术的选型方向和经验指导，可在众多火力发电厂中进行推广和应用。

成果详述：

一、基本情况

1. 项目简介

本项目聚焦于河北大唐国际张家口热电有限责任公司（以下简称"张家口热电公司"）2号炉在深度调峰下燃烧稳定与壁温超温的问题，致力于通过对锅炉燃烧系统的改造和优化，提升锅炉在低负荷运行时的稳定性和安全性。具体措施包括将 B 磨对应的 4 个煤粉燃烧器改造为预燃室式双通道煤粉燃烧器，开发低阻力、高浓淡分配比例的一次风煤粉浓淡分离器，优化热工自动调节与控制技术，以及调整燃烧器角度、移装并新增壁温测点等。通过这些举措，实现了预燃室式自稳燃燃烧器在不投油情况下的稳定燃烧，确保了锅炉在 20% BMCR 工况下的安全稳定运行，同时有效改善了超温情况。

2. 实施背景

在"双碳"目标的推动下，随着新能源电力的不断消纳，深调峰已逐渐成为火力发电机组的主要运行方式。然而，张家口热电公司在深调峰工况下面临着诸多挑战。此前，公司在深调峰时投运 A、B 磨煤机以及四根小油枪进行投油稳燃，但这种方式存在诸多弊端。首先，投油稳燃的经济性较差，增加了企业的运行成本。其次，对炉后设备会造成负面影响，容易导致空预器污堵和尾部烟道再燃烧等问题。此外，投油稳燃期间还存在燃油泄漏风险，由于燃烧器温度较高，可能引发现场着火等安全隐患。因此，为了适应新形势的要求，发展低负荷不投油稳燃燃烧器成为当务之急。

3. 实施的必要性

在当前能源结构转型的大背景下，提高火力发电机组的深度调峰能力具有至关重要的意义。从电力系统的角度来看，深度调峰能够更好地适应新能源电力的间歇性和波动性，提高电力系统的稳定性和可靠性，有效保障电力供应的安全。对于企业自身而言，投油稳燃不仅会大幅增加运行成本，还会对环境产生不利影响。通过本项目的实施，可以显著提高锅炉的燃烧效率，降低供电煤耗，减少设备更换及检修费用，同时为企业带来可观的调峰收益。考虑到煤质的波动以及机组深度调峰的实际需求，对燃烧系统进行低负荷稳燃能力的改造是确保锅炉在低负荷运行时安全稳定的必要措施。只有这样，才能有效应对煤种复杂多变、挥发分降低和热值降低等不利因素带来的挑战，保障机组的正常运行。

二、项目实施过程

1. 主要做法

（1）燃烧器改造

将 B 磨对应的 4 个煤粉燃烧器改造为预燃室式双通道煤粉燃烧器，B 层煤粉燃烧器一分为二，分别为 B1 和 B2 煤粉燃烧器。在 B1 与 B2 之间的预燃室中间增加一层微油枪。B1 采用上浓下淡设计方式，B2 采用下浓上淡设计方式，喷口设计了稳燃钝体和扰流齿，四周设计有周界风。

（2）浓淡分离器设计

开发一种低阻力、高浓淡分配比例的一次风煤粉浓淡分离器。采用数值模拟的方法优化设计浓淡分离比例，使浓淡侧煤粉分配比达到 4：1，浓淡侧风速持平。

（3）热工自动调节与控制

优化给水系统相关逻辑，实现 20% 负荷工况下，水位计协调等自动控制系统可投入运行，满足热工自动运行需求。

（4）设备安装与调试

新增微油油枪配套的气动球阀、火检、壁温测点、控制柜等附属设施。进行预燃室式自稳燃燃烧器防结焦、防烧损技术研究，通过增加腰部风及助燃风且助燃风风门采用调节型控制方式，防止高负荷时结焦和烧损。

2. 关键要点

（1）燃烧器改造要点

B 磨粉管在炉外采用简单分叉管进行一分为二，增大与高温烟气的周界接触面积，有利于煤粉稳燃。B1 与 B2 之间设计预燃室，保证及时着火稳燃，且保留垂直摆动功能，可垂直摆动上下各 20 度。

（2）浓淡分离器设计要点

通过数值模拟指导优化设计，完成低阻力、高浓淡比分配的垂直浓淡煤粉燃烧器设计。浓淡侧煤粉浓度比为4∶1，浓淡侧风速比为1∶1。通过数值模拟优化设计并完成"浓浓"相对的高效浓淡分离的垂直浓淡煤粉燃烧器的设计，具有较高的浓淡分离比例，满足低负荷时提高煤粉浓度的要求。

（3）热工自动调节与控制要点

在低负荷运行时，通过逻辑优化，确保水位计协调等自动控制系统可投入运行，实现锅炉燃烧稳定与给水全程自动。

（4）动力场试验要点

进行B磨冷态调平风速测试，确保风速偏差在±5%的允许范围内。测量一次风喷口浓淡侧风速偏差，计算得出一次风喷口浓淡侧风速比值平均值为1.18。对C、D燃烧器进行烟花示踪试验，确保各层喷口形成较好的切圆轨迹，无明显刷墙和对冲现象。

（5）热态试验要点

对比改造前后排烟温度、飞灰含碳量、大渣含碳量及炉效等指标，评估改造效果。

（6）低负荷稳燃试验要点

进行降负荷试验，在不同负荷下稳定运行，观察炉膛火焰、火检、炉膛负压、主汽温、再热汽温、脱硝入口烟温等参数，确保机组各主、辅设备运行正常，受热面金属管壁温度在正常范围之内，无超温现象。

（7）壁温分析要点

在后屏过热器新加装壁温测点15个，分析不同位置管壁温度的变化规律，得出超温情况的相关结论。

三、成果总结

1. 经济效益

一是显著的成本节约。机组具备深度调峰的能力后，年节约启动用燃料费用约 20 万元。同时，平均每年减少设备更换及检修费用约 20 万元，有效降低了企业的运营成本。二是大幅的用油节省。改造前深度调峰时需投微油助燃，改造后可在 20% 负荷工况下不投油稳燃。以每年低负荷运行约 600 小时计算，可节约 4 支微油枪的投入，每支油枪出力为 150 千克 / 时，年节约 360 吨柴油。柴油按照 0.8 万元 / 吨计算，年节约柴油费 288 万元。三是能源利用效率提升。通过对燃烧系统的优化改造，提高了锅炉效率，降低了供电煤耗，使能源得到更充分的利用，为企业带来了可观的经济效益。

2. 社会效益

一是稳定的电力供应保障。实现锅炉在深度调峰下的稳定燃烧，极大地提高了机组的运行可靠性。这为电网提供了更加稳定的电力供应，有力地保障了社会生产和生活的正常进行，对于维护社会稳定具有重要意义。二是行业技术发展的推动。本项目的成功实施为行业同类型机组提供了深度调峰工况下低负荷稳燃技术的选型方向和宝贵经验指导。这将推动火力发电行业的技术进步和创新发展，促进行业整体水平的提升。三是企业竞争力的增强。张家口热电公司通过该项目的实施，提高了自身在电力市场中的竞争力，能够更好地适应市场需求，提升市场份额，为企业的可持续发展奠定了坚实基础。

3. 环境效益

一是燃油消耗的减少。改造后在低负荷运行时实现不投油稳燃，大大减少了燃油的消耗。这相应地降低了二氧化碳、二氧化硫等污染物的排放，对改善空气质量、保护环境起到了积极的作用。二是氮氧化物排放的控制。通过优化燃烧器设计和燃烧过程控制，在保证锅炉效率的同时，实现了 NOx（氮氧化物）浓度不升高。这有助于减少对大气环境的污染，保护生态平衡，符合可持续发展的要求。

4. 管理效益

一是运行管理的优化。对锅炉燃烧系统的改造和优化，提高了机组的自动化水平和运行管理效率。减少了人工干预，降低了运行成本，同时也提高了生产过程的可控性和稳定性。二是安全管理水平的提升。改造后的燃烧系统稳定性和可靠性得到增强，减少了因燃烧不稳定导致的设备故障和安全隐患。这有助于提高企业的安全管理水平，保障员工的生命安全和设备的正常运行。三是项目经验的积累。项目实施过程中，团队积累了丰富的技术研发、工程实施、调试运行等方面的经验。这些经验将为今后类似项目的开展提供宝贵的参考和借鉴，有助于提高企业的项目管理能力和创新能力。

四、经验与启示

把改进价值最大的领域作为技术创新的方向。新能源发电量的增加是大势所趋，作为调峰机组，低负荷工况将成为常态，解决低负荷工况下需要燃油稳燃问题，是降低调峰成本、减少污染物排放的关键点。基于这一考虑，全面分析各种因素对低负荷工况下稳燃的影响，准确把握问题的关键所在，确立了对煤粉燃烧器、煤粉浓淡分离器等关键设备和部件进行改造的技术思路，并达到了预期的效果。

坚持严格测试和调试，确保新技术应用有稳定性和可靠性。通过动力场试验、热态试验、低负荷稳燃试验等一系列严格的测试，在大量数据收集和分析的基础上，反复对设备进行调试，对设备的各项性能指标进行全面检验和优化，确保项目能够达到预期的目标。同时建立完善的质量控制体系，保证改造后设备的运行质量和可靠性。

（完成人：孙惠海　尚志强　郭勇剑　于利勇　李嘉康　张　旭　郭　航）

技术创新驱动的液压系统节能化改造

风神襄阳汽车有限公司

审定意见：

本成果通过采用直接伺服液压泵站技术改造普通液压泵站，即以"交流永磁同步伺服电机＋定量泵取代传统感应电机＋定量泵"作为液压泵站动力源，保留普通液压系统的电磁换向系统，加装转速位移、转速、压力传感器。通过实践得出，伺服液压系统节能的主要原因除了永磁同步伺服电机具有较高的效率和功率因数外，还在于减少了保压的溢流损失和待机损耗。实验表明，在相同工艺条件下该系统比普通液压系统节能80%以上，且具有较高的推广价值。

创新点：

采用"交流永磁同步伺服电机＋定量泵取代传统感应电机＋定量泵"作为液压泵站动力源，保留普通液压系统的电磁换向系统，并加装转速位移、转速、压力传感器，实现了新系统与原有系统方便切换，设备故障停止时间零化；通过泵站出口流量及压力检测，不仅能完成液压控制，还可对液压系统渗漏情况进行检测，实现了对系统的精确控制，压力、流量控制的线性度和滞后现象均保持在 1%FS（满量程精度为百分之一）以下的高精度，最大压力、流量响应时间仅 0.1 秒；此外，新系统实现了节能 80% 以上，具有显著的节能效果。

价值点：

第一，在节约能源方面，工作时仅在需输出功率时才运作，大幅减少能源无谓消耗，比传统定量泵能耗节约 80% 以上。第二，减少了环境污染，有利于实现低噪声运行，减轻声音污染，同时系统运行时发热量小，大大降低对环境的热污染。第三，提高了生产效率，响应速度快且精度高，能快速准确响应指令，缩短生产周期。第四，延长了设备使用寿命，优化设计使设备平稳运行，减少维护频率。此外，本系统年节电 21 万千瓦时，节约电费支出 16.3 万元，具有显著的经济效益。

可复制性和应用范围：

其采用的伺服液压泵站技术改造方案，可适用于许多类似的工业生产场景。只要是存在液压系统工作压力高、能耗大等问题的场合，都可以考虑采用这种改造方案。例如，在各种机械制造、汽车生产、航空航天等领域的压力机、夹紧器等设备中，该系统都能发挥良好的节能和精确控制作用。

成果详述：

一、基本情况

1. 项目简介

风神襄阳汽车有限公司旨在开发一种节能液压系统，以解决原有液压系统存在的问题。通过采用直接伺服液压泵站技术改造普通液压泵站，实现了系统的节能、精确控制和高效运行。该系统以"交流永磁同步伺服电机 + 定量泵取代传统感应电机 + 定量泵"作为液压泵站动力源，保留普通液压系统的电磁换向系统，并加装了转速位移、转速、压力传感器等。

2. 实施背景

XY 冲压 5 线是日本 IHI 设计生产的中速自动线，包含 4 台机械四点闭式压力机及拆垛与搬送机器人，共生产 30 个部品。每个部品 ADC（自动换模）时均需进行滑块高度调整、工作台加紧防松、模具加紧防松，生产时间与 ADC 时间比为 40：1。压力机在工作时必须使用各种液压系统，包括机械压力机滑块、导柱连接的液压保护系统以及工作台夹紧器所用的液压站。

然而，原有的液压系统存在一些问题，如液压泵站工作压力高、压机工作台夹紧器油压高以及原液压系统功率消耗大等。常规液压保护一般采用"电机泵站低压 + 气动泵增压"的形式。在原系统中，电机带动油泵大流量供油达到约 5 兆帕，此压力可使滑块连接器液压垫充满并保持一定刚性。为保证连接器产生压机的额定公称力，需使连接器内油压达到 10 兆帕以上，此高压由气动泵完成，冲压 5 线压机液压保护油压设定在 14 兆帕。

汽车车身冲压线压机工作台及工艺垫板重量一般在 30 吨，生产用车身模具在 50 吨以内，选用的夹紧器 PDV200 供油压力为 14 兆帕。结合压机液压保护与工作台夹紧器回路，冲压 5 线压机液压系统设计为 11 千瓦电机驱动双联泵，实现大流量与 14 兆帕高压系统。经实测，原系统在保压工况下功率约为 10.6 千瓦。

3. 实施的必要性

随着对能源节约和环境保护要求的不断提高，原液压系统的高能耗和低效率问题日益突出。原系统在启动后单班生产 8 小时，保压运行 120 分钟中，只有 3 分钟进行 ADC 时有夹紧器的夹紧松开动作时有正常流量需求，但系统始终保持高压力运行，造成了大量的能源浪费。原系统存在的溢流损失和待机损耗较大，不仅增加了生产成本，还对环境造成了一定的影响。另外，原系统的压力响应较慢，精度较低，无法满足生产效率和产品质量的要求。实施节能液压系统的改造具有重要的必要性，不仅可以降低能源消耗，减少环境污染，还可以提高生产效率和产品质量，增强企业的竞争力。

二、项目实施过程

1. 主要做法

（1）方案选择

针对现场液压系统保压运行时能耗高、效率低的问题，对多种解决方案进行了深入分析。采用增加蓄能器的方式保压，虽能减少电机负荷，但会导致过载保护压力不稳定；采用变频器降低电机转速的方式保压，存在无法零速满力矩运行、频率过低易烧毁电机、压力响应慢以及高次谐波产生噪声等问题。综合考虑后，最终选择采用伺服液压单元，以实现更高效、精确的控制和显著的节能效果。

（2）组件选型

选用大金 IPM 电机驱动的"超级系统"，该系统由油泵 VCAA1623、控制器 PMCAMA5AA-10、电机 PMMBCD1Z4-10-C，以及编码器、压力传感器、流量传感器、液压阀等组成。这些组件的选型充分考虑了系统的性能要求、可靠性和兼容性，确保系统能够稳定、高效地运行。

（3）精确设置

系统设置为自动控制启停，以提高系统的自动化程度和运行效率。控制指令优先采用数字输入，确保指令的准确传输和执行。泵的切换（高压泵、低压泵）自动完成切换、合流，以满足不同工作阶段对压力和流量的需求。高压设置为 14 兆帕、高压流量可达 20 升 / 分，低压设置为 6 兆帕、低压流量 60 升 / 分，这些参数的设定根据实际生产需求进行了优化，以实现最佳的性能和节能效果。

（4）专业安装

在安装过程中，由专业技术人员严格按照设计方案进行操作，确保各个部件的安装位置准确、连接牢固。对电机、油泵、传感器等关键部件进行仔细检查和调试，确保其正常工作。

（5）系统调试

安装完成后，对系统进行全面的调试，包括压力测试、流量测试、响应时间测试等。通过调试，对系统的参数进行进一步优化，确保系统运行稳定、性能达到预期目标。

2. 关键要点

（1）精准控制

伺服液压控制系统按照压力和流量的模拟电压指令值进行高精度伺服控制，控制压力、控制流量对于指令值的线性度均在 1%FS 以下，滞后现象也保持在 1%FS 以下的高精度。最大压力、流量响应时间仅为 0.1 秒，能够快速准确地响应指令，满足生产需求。

（2）节能设计

齿轮泵采用两对齿轮相位差安装，降低系统压力脉动，降低噪声 10 分贝以上，消除大量溢流损失，有效降低油温（预计可降低 10 摄氏度左右）；采用变速电机带动双联泵，有效降低保压损失，节能率达到 70% 以上。

（3）稳定性保障

在系统安装过程中，注重各个部件的稳定性和可靠性。确保电机、油泵、传感器等关键部件的质量和性能符合要求，减少系统运行中的故障和误差。

（4）兼容性考虑

保留普通液压系统的电磁换向系统，使其与新的伺服液压系统能够良好兼容，实现新系统与原有系统方便切换，设备故障停止时间零化。

三、成果总结

1. 经济效益

一是显著节能。通过采用伺服液压泵站技术改造普通液压泵站，新系统实现了节能 80% 以上。改造前原系统每小时耗电量约为 10.6 千瓦时，而改造后实测每小时耗电量仅为 0.8 千瓦时，节电效率高达 92.5%。这使得企业每年的节能效益达到 16.3 万元，大大降低了生产成本。二是成本降低。新系统的节能效果不仅减少了能源消耗，还降低了设备的运行维护成本。由于系统运行效率提高，设备的故障率降低，减少了维修和更换部件的费用，进一步提高了企业的经济效益。三是生产效率提升。伺服液压系统具有快速响应性和高精度控制的特点，能够快速准确地对指令作出反应，提高了生产效率，缩短了生产周期。这有助于企业提高生产能力，增加产量，从而提高经济效益。

2. 环境效益

一是节能减排。显著的节能效果意味着减少了能源的消耗，从而降低了温室气体的排放，对环境保护起到了积极的作用。二是减少污染。本节能液压系统有利于实现低噪声运行，减轻了声音污染。同时，因为系统运行时发热量小，所以对环境热污染也会大大减少，有助于改善工作环境和周边生态环境。

3. 管理效益

一是优化生产管理。新系统的高精度控制和稳定性使得生产过程更加可控，企业能够更好地管理生产流程，提高生产计划的准确性和执行效率。二是提升设备管理水平。系统的故障停止时间几乎为零，减少了设备故障对生产的影响。同时，设备维护频率的降低，使得企业能够更加合理地安排设备维护计划，提高设备管理的水平和效率。

四、经验与启示

风神襄阳汽车有限公司在节能液压系统改造时，充分考虑系统的兼容性和可扩展性。保留普通液压系统的电磁换向系统，并使其与新的伺服液压系统良好兼容，实现了新系统与原有系统的方便切换。不仅降低了项目实施的难度和成本，还提高了系统的可靠性和稳定性。同时，系统的设计也考虑了未来的扩展需求，为未来的发展扩容预留空间。

（完成人：黄开勇　陈少冲　黄文强　戴亚军　温卫东　杨昌盛　李飞飞）

第二十四章　安全管理新格局

构建人机协同的智能化安全生产管理体系

中建材信云智联科技有限公司

审定意见：

本成果创新性地将人工智能、人员定位、物联网、可视化等多种新技术与安全业务流程深度融合，通过人机协同，实时监管作业过程、厂区安全状态和设备运行安全，构建安全监督与生产管理相兼容的新型安全管理模式，实现了安全管理工作从被动处置向主动感知、从事后应急向事前预防、从单点防控向全局联防联控的转变。"事前预警"机制使感知问题的数量提升30倍以上。针对工业场景业务逻辑复杂、样本难采集的特点，采用算法编排、小样本训练方法，一个新算法最快2周即可上线，并在运行过程中持续迭代优化，不断提高精准度。本成果90%的业务均可满足移动办公的需求，容易被员工所接受，没有推广的障碍和阻力。

创新点：

针对工业场景业务逻辑复杂、样本难采集的特点，中建材信云智联科技有限公司（以下简称"信云智联"）的"智能安全生产管理系统"提供了算法编排和小样本训练能力，大幅降低了上层应用的开发难度和成本，并支持在线主动学习，可在运行过程中持续优化和提高精度。系统通过技术创新支撑管理创新和业务创新，实现安全管理流程标准化、规范化、数字化，将安全管理工作从被动处置转向主动感知、事后应急转向事前预防、单点防控转向全局联防联控。通过融合人工智能技术、大数据、人员定位技术、物联网、4G/5G 移动视频、三维可视化等技术与安全业务流程，构建了"人机协同"的新型管理模式，实现实时监管作业过程、厂区安全状态和设备运行安全。

价值点：

该系统对于集团级管理单位提供了集团级全级次监管能力，使管理者能够透过关键指标掌握整体安全运行情况，让安全管理变得可知、可控、可防，并积累集团安全生产数字资产，将集团型企业的隐性知识转化为可流动共享的显性知识。对于具体的生产企业，系统集成了安全业务管理、智能视频 AI、人员定位、设备运行安全分析等功能，通过人工智能、位置物联网、4G/5G 移动视频、三维可视化等前沿技术与安全业务管理深度融合，打造出"人机协同"的新型管理模式，赋能一线管理者和使用者，实现实时监管高风险作业过程、厂区安全状态和设备运行安全，规范管理行为和员工日常行为，全面提升风险感知能力和安全管理效率。

可复制性和应用范围：

其独特的"集团/区域公司—成员企业"多级体系架构设计，能够同时实现企业独立监控和集团区域集中监管的功能。经过开发、试点与验证推广，该成果已经在水泥、电力、矿业等多个行业领域得到了广泛应用，并获得了南方水泥、西南水泥、宁夏建材、中材水泥、金隅水泥、海螺水泥、国能集团、京能集团、北燃热力等众多用户的认可。2023 年，仅在中国建材集团下属范围内就有 205 家水泥企业完成了系统的部署，2024 年还有超过 400 家制造业企业采用该系统。这一成果展示了强大的可复制性和广泛的应用潜力。

成果详述：

一、基本情况

1. 项目简介

信云智联研发的"智能安全生产管理系统"是一个面向流程制造业的安全生产领域，旨在通过集成人工智能、大数据、物联网等先进技术，实现安全管理流程标准化、规范化和数字化的多级体系架构的私有云化管理系统。该系统不仅涵盖了安全业务管理、智能视频 AI、人员定位、设备运行安全分析等六大子系统，还特别注重将人工智能技术与安全管理深度融合，打造出一种全新的"人机协同"管理模式。

2. 实施背景

随着生产工艺的不断进步和企业规模的扩大，单个工厂的规模也在迅速扩张，导致工厂管理变得越来越复杂。在此背景下，建立一套隐患排查与风险管控的双重预防机制成为各行各业进行安全生产管理的核心思路。虽然许多工厂已经建立了专门的安全部门来处理安全风险和隐患，但管理手段仍然依赖传统的手工记录方式，效率低下。此外，工厂的安全监督手段与生产管理之间存在明显的脱节，这不仅降低了安全管理的有效性，还可能影响正常的生产流程。因此，提高信息化建设和智能化应用水平，是提高安全管理效率的关键。

3. 实施的必要性

一是信息化程度低。现有的安全管理工作大多依赖人工笔录，这种传统的管理方式效率低下，且向上级单位提交的各项材料也需人工处理，耗时耗力且成本高昂。通过提高信息化建设水平，可以显著提升安全管理的效率。二是智能化应用少。尽管智能识别技术日渐成熟，但在当前工厂的安全管控中，依然大量依赖人工方式进行管理。很多工厂虽然配备了视频监控系统用于远程监督安全生产过程，但仍需要监控员人工查看，容易因为个人工作疏忽而导致安全风险被忽略，造成安全隐患。三是信息孤岛现象明显。工厂的安全管理工作通常由独立的安全部门负责，而这些部门管理的信息并未与其他生产部门形成有效的横向打通。此外，安全部门发现的安全问题隐患也无法快速有效地传达给生产部门，存在严重的滞后性。为了应对上述挑战，有必要实施"智能安全生产管理系统"。该系统通过技术创新支撑管理创新和业务创新，将安全管理工作从被动处置转变为更加主动的感知模式，实现了安全管理的事前预警和预防。系统还能够通过人机协同的方式，实时监管作业过程、厂区安全状态和设备运行安全，显著提升了风险感知能力和安全管理效率。通过该系统的实施，能够有效解决当前安全管理中存在的问题，为企业的安全生产提供强有力的支持。

二、项目实施过程

1. 主要做法

（1）技术架构设计

系统采用了数字化分层解耦的技术路线，采用"平台+应用"的设计模式，以适应持续迭代的需求。通过数字底座拉通视频设备、安全设施、生产操作、关键设备等多维度数据，为安全生产和安全管理的模式创新打下坚实的数据基础。

（2）算法训练与识别

针对工业场景业务逻辑复杂、样本难采集的特点，系统提供了算法编排、小样本训练能力，极大降低了上层应用的开发难度和成本。新算法可以在两周内快速上线，并支持在线主动学习，在运行过程中持续优化和提高精度。

（3）应用场景落地

系统在工业企业安全业务方面实现了全面数字化管理，覆盖了目标与职责、制度化管理、教育培训、现场管理、职业健康、应急管理、事故管理、持续改进八大要素数十个业务模块的功能。其中90%的业务都进行了移动化设计，以满足全员使用和移动办公的需求。

（4）云边协同架构

系统使用云边协同的平台架构，在"集团—区域公司—生产企业"中实现了安全生产业务域数据资产的标准化沉淀与流转，形成了"纵向到底、横向到边"的管理模式，上下级平台纵向数据拉通，企业间横向数据融合。

（5）高风险作业管理

针对高风险作业，系统通过作业票在线审批、监管人员现场确认等手段，确保安全防护措施到位，并通过智能化、数字化手段保证流程的"刚"性执行，降低了人的主观因素的影响。

（6）智能识别与闭环管理

采用基于深度学习的人工智能计算机视觉技术，自动识别人的不安全行为、物的不安全状态、环境风险等，并与生产DCS数据进行关联分析，去除无效告警。通过智能化技术与安全业务场景的深度融合，实现了安全业务流程的闭环管理。

（7）人员位置管理

利用人脸识别技术和高低精度融合的人员定位技术，解决了视觉盲区问题，实现了人员实时位置查询、历史轨迹回溯、目标跟踪以及异常告警等功能，确保人员始终在授权区域内活动。

2. 关键要点

（1）智能化与业务融合

智能化技术与安全业务场景有效融合，创新性地将人工智能技术、大数据、人员定位技术、物联网、4G/5G 移动视频、三维可视化等技术与安全业务流程深度融合。

（2）人机协同新模式

通过人机协同的方式，实时监管作业过程、厂区安全状态和设备运行安全，打造新一代安全管理模式，实现安全管理流程标准化、规范化、数字化。

（3）业务流程固化

将相关方管理、教育培训、风险隐患排查、现场作业等管理流程固化到线上，其中 90% 的业务均进行了移动化设计，满足全员使用、移动办公的需求，保证流程的"刚"性执行，降低人的主观因素。

三、成果总结

1. 经济效益

一是降低成本。该系统通过视频 AI、人员定位等智能化技术，替代部分人工巡查，减少了人力资源的投入，降低了人工成本。同时，系统提高了管理效率，使得日常安全管理中的相关方入场、教育培训、作业票审批等工作效率提升 5 倍以上，节省了大量的时间和精力。二是减少事故损失。通过计算机视觉技术，系统能在隐患尚未引发重大影响之前就提前发现并发出告警，使企业能够及时采取有效措施规避或处理，有效保障了施工人员的安全，降低了安全事故发生的概率，进而减少了因事故带来的经济损失。三是提升生产效率。系统的应用促进了高风险作业的安全系数提升，通过对作业人员的行为进行监督，确保了作业流程的合规性，降低了因违规操作导致的安全事故，进而保障了生产的正常运行。四是增加潜在收益。通过智能化技术手段，例如视频 AI 代替人对全场视频图像进行 7×24 小时不间断分析，每天可处理千万张图片，实现了人力无法达到的效率，间接降低了人员投入成本，增加了潜在的经济效益。

2. 社会效益

一是提升监管水平。系统使用人工智能及大数据分析技术，提升了安全生产监管水平，通过对工厂中的人、车、设备、环境进行全面实时防护，实现了作业人员异常、设备异常、环境异常的实时预警，及时通知企业安管人员和安监局进行处置，降低了监管成本，实现了高效精确管控。二是增强安全意识。系统通过智能化的安全生产企业端管理系统的应用，提升了工厂企业的安全管理水平。通过计算机视觉技术充分挖掘视频的价值，提升了风险感知能力和响应速度，加强了员工的安全意识，减少了人为因素导致的安全事故。三是保障人身安全。通过计算机视觉技术，在隐患造成重大影响之前，提前发现并告警，及时采取有效措施进行规避或处理，能够有效保障施工人员的安全，降低安全事故发生的概率，保护了企业和人民的生命财产安全。

3. 管理效益

一是标准化管理。系统实现了安全管理流程的标准化、规范化、数字化，将安全管理工作从被动处置转向主动感知，从事后应急转向事前预防，从单点防控转向全局联防联控，提升了安全管理的效率和效果。二是信息透明化。系统提供了集团级全级次监管能力，使管理者能够透过关键指标掌握整体安全运行情况，让安全管理变得可知、可控、可防，并积累了集团安全生产数字资产，将集团型企业的隐性知识转化为可流动共享的显性知识。三是智能化监管。系统通过智能化技术与安全业务场景的深度融合，实现了安全业务流程的闭环管理，确保了安全管理的有效性和连续性。

四、经验与启示

1. 技术创新引领管理变革

通过提供算法编排、小样本训练能力，信云智联大大降低了上层应用的开发难度和成本，同时也支持在线主动学习，能够在运行过程中持续优化和提高精度。不仅提高了系统的灵活性和适应性，还为安全管理流程的标准化、规范化和数字化奠定了基础。

2. 数据驱动流程优化

在安全管理流程中融入大数据和人工智能技术，实现数据驱动的流程优化。通过实时收集和分析来自视频监控、人员定位等多种来源的数据，系统能够及时发现潜在的安全隐患，从而实现安全管理的事前预警和预防，提高安全管理的效率和精准度。

3. 人机协同代表未来趋势

通过人机协同的方式，系统能够实时监管作业过程、厂区安全状态和设备运行安全。不仅减轻了人工监管的压力，还提高了监管的准确性和效率。它展现了未来安全管理的一种趋势，即通过智能化手段辅助人类完成复杂的监管任务。

4. 流程固化与移动化设计

将相关方管理、教育培训、风险隐患排查、现场作业等管理流程固化到线上，并进行移动化设计，以满足全员使用、移动办公的需求。不仅保证了流程的"刚"性执行，降低了人的主观因素，还在业务流转的过程中获取数据，实现了操作流与信息流的双流合一。

5. 多级体系架构实现双重监管

"集团/区域公司—成员企业"的多级体系架构设计，使得企业安全管理既能够实现企业独立监控，又能够实现集团区域集中监管，还能够促进信息的快速流通和共享。

6.标准化与个性化相结合

项目不仅实现了安全管理流程的标准化，还能够根据不同企业的具体情况灵活调整。既确保了安全管理的基本要求得到满足，又能够针对特定情况进行优化。

（完成人：王乔晨　田　蕾　李　帅　邵　毅　王　飞　贺海明　李　霞）

系统推进安全生产治理体系现代化

广东省港航集团有限公司

审定意见：

本成果以提升安全生产治理体系和治理能力现代化水平为目标，下足管理的"绣花功"，努力实现既治"已病"，也防"未病"，扎实推动安全生产"监管智能化、工作常态化、数据信息化"。通过以大概率思维应对小概率事件、对重复出现的问题由表及里由点及面系统分析、安全管理工作统筹压茬推进等一系列安全管理理念和方法的创新，构建起安全风险管控新格局。在跨体系、跨行业、跨国的安全生产管理中，创造了连续6年"零污染、零死亡"的成果。为安全管理难度高、风险大的企业提供了高标准的样板。

创新点：

广东省港航集团有限公司（以下简称"广东省港航集团"）针对自身客货船数量及类型众多、航线范围广、船舶动力能源多样、安全管理类型复杂等航运特点带来的安全管理挑战，从体系、履责、学习、源头、应急、科技、文化七个方面全面入手，坚决落实"七个坚持"。具体包括统筹实施国际船舶安全管理体系等多种安全管理类型，以满足不同业务需求；全程参与《纯电池动力船舶安检指南》编制，为行业提供参考；在应急预案修订工作中运用"预先危险性分析法"和"作业条件危险性评价法"等科学方法，引入预警级别和风险评估；针对电动游船应急避险能力开展联合调研，提升应急能力。

价值点：

在经济效益方面，广东省港航集团连续 6 年未发生纳入统计的生产安全事故，实现"零污染、零死亡"工作目标，安全生产和消防工作连续 5 年获得广东省国资委考核"优秀"等级。多项安全专利工程技术多次获奖，为广东省港航集团带来良好的经济效益。在社会效益方面，广东省港航集团旗下多艘船舶获得国家海事局"安全诚信船舶"称号，多名员工获得"安全诚信船长"等荣誉称号；多个项目组和码头获得广东省"工人先锋号""五一劳动奖状"等表彰。广东省港航集团在安全生产和应急救援方面的出色表现，得到了社会各界的高度肯定，为保障人民群众生命财产安全作出了重要贡献。

可复制性和应用范围：

广东省港航集团的航运特色在国内极具广泛代表性，其拥有的客货船数量众多、类型丰富，航线范围广泛，船舶动力类型多样。同时，实施的国际船舶安全管理体系、国内船舶安全管理体系等 5 种安全管理类型全面涵盖了行业管理特点。广东省港航集团积极探索形成的安全管理经验，因其具有可借鉴、可复制、可推广的显著特点，已在实际中取得良好成效。广东省港航集团不仅为外部 17 艘高速客船提供了专业的管理服务，还通过派驻人员参与管理等方式，为 12 艘客船提供了宝贵的管理经验支持。这些成功经验具备在同行业其他企业中进行推广应用的潜力，能够有力地提升整个行业的安全生产管理水平，促进行业的健康、稳定发展。

成果详述：

一、基本情况

1. 项目简介

广东省港航集团是广东省水运重要力量，承担重点水运项目建设，是大湾区水上客货运综合服务商，引领内河航运绿色发展，打造"一带一路"物流网络。广东省港航集团拥有众多客货船及船员，航线广泛，动力能源多样。在安全管理方面，坚决扛起责任，完善全员责任制和"双重预防"机制，从体系统安、履责固安、学习强安、源头筑安、应急守安、科技兴安、文化润安七个方面确保安全管理全覆盖，取得显著成效，连续多年未发生安全事故，获得多项荣誉，其安全管理模式具有可复制性。

2. 实施背景

广东省港航集团在水运领域具有重要地位，是广东省重点水运项目建设的主力军，也是粤港澳大湾区内河客货港口和航线网络覆盖面最广的水上客货运综合服务商，更是广东省内河航运绿色发展的引领者。广东省港航集团拥有庞大的船队，客船数量达 165 艘，客位近 7.9 万个，自有船员 2730 人；

货船及其他船舶 99 艘，载重超 50 万吨，自有船员近 340 人。航线涵盖远洋、沿海、内河、珠三角至港澳等多种水域，船舶动力能源包括燃料油、液化天然气、纯电池等。然而，广东省港航集团在安全管理方面面临诸多挑战，存在现场管理不到位、设备管理不及时、警示标志不完善、台账设置不合理等问题，同时还面临小事故频发、人力物力不足、制度不完善以及要求不断提高等突出挑战。这些问题严重影响了广东省港航集团的安全运营，亟待解决。因此，广东省港航集团深入学习贯彻相关精神，坚决扛起安全生产责任，加强安全管理，以确保运营安全。

3. 实施的必要性

安全责任犹如泰山之重，广东省港航集团的高度航运特点既是其独特的优势，也是潜在的风险所在。广东省港航集团坚决扛起安全生产的政治责任，把保障安全视为不可动摇的使命，时刻铭记于心，牢牢抓在手上。持续落实全员安全生产责任制，确保每一位员工都清楚自己在安全生产中的职责和义务。进一步完善全员安全生产责任制和推动落实"双重预防"机制，确保能够在事故发生前，提前识别风险、控制风险；在事故发生后，及时治理隐患、防止事故扩大，从而确保安全管理工作全方位、无遗漏。

二、项目实施过程

1. 主要做法

（1）体系统安

将落实企业安全生产主体责任提升到关键政治任务的高度。企业领导以身作则，充分发挥带头作用，通过明确详细的规章制度，层层压实责任，不断加强安全管理队伍建设。同时，持续完善各项规章制度，以严格的制度保障，坚决坚守安全底线，为企业安全生产筑牢基础。

（2）履责固安

大力推进安全生产专项整治行动，积极借助第三方专业力量排查隐患，将消防等重点领域作为重中之重，进行深入、细致的排查，确保没有任何安全死角存在，切实消除各类安全隐患，为企业的安全生产创造良好条件。

（3）学习强安

广泛开展形式多样的安全宣传活动与培训，精心举办"安康杯"竞赛，有效整合教育资源，积极开展应急演练。特别是针对电动游船应急能力进行专项培训和演练，切实提升员工的安全意识与技能，使员工在面对突发情况时能够迅速、有效地作出反应。

（4）源头筑安

组织全体员工积极参与风险分级管控，牢牢抓好客货运船舶等关键领域的安全管理工作。从生产的源头开始，对每一个环节进行严格把控，确保各环节都符合安全标准，从根本上预防事故的发生，为企业的安全运营提供坚实保障。

（5）应急守安

面对香港疫情、洪水、台风等突发事件，广东省港航集团迅速、积极地响应，制定并实施一系列科学、有效的应急措施，确保人员安全和业务稳定运行。在艰难的环境下，不仅实现了业绩的稳步增长，还成功地打赢了防疫攻坚战，实现了业绩与防疫的"双胜利"，全力守护了人民的生命财产安全。

（6）科技兴安

大力推进安全生产监管系统平台建设，针对不同的业务场景和需求，精准研发和提供相应的科技支持与监控手段。通过先进的技术手段，实时监测生产过程中的安全状况，及时发现并解决潜在的安全隐患，为安全管理全面赋能。

（7）文化润安

紧密结合主题教育调研活动，深入了解安全管理的现状与存在的问题。

积极开展应急管理课题论文研究，深入探索安全管理的新模式、新方法。通过选树先进典型，充分发挥榜样的示范引领作用，激励广大员工不断提升安全管理水平，营造浓厚的安全文化氛围。

2. 关键要点

广东省港航集团实施了"跨体系＋跨行业"的安全生产管理实践，通过完善全员安全生产责任制、推动落实"双重预防"机制，构建了"港航卫士平安先锋"党建品牌。广东省港航集团从体系、履责、学习、源头、应急、科技、文化等方面着手，确保安全管理全覆盖。实践中，集团加强了风险分级管控，完善了应急预案，并运用科技手段如安全生产监管系统平台和智能物联设备，实现了监管智能化和数据信息化。此外，集团还注重安全文化建设，固化经验，选树先进典型，提升了整体安全管理水平。

三、成果总结

1. 经济效益

广东省港航集团在安全生产方面的持续努力和卓越成就，为其带来了显著的经济效益。连续6年没有发生纳入统计的生产安全事故，这一成绩不仅避免了因事故导致的直接经济损失，如船舶维修、货物赔偿、人员伤亡赔偿等，还间接减少了因事故而导致的业务中断、声誉受损等潜在经济损失。安全生产整治效果得到外部专家的一致认可，这进一步增强了市场对广东省港航集团的信心，为广东省港航集团在资本市场上的融资、投资等活动提供了有力的支持。广东省港航集团船舶安全管理体系的成熟和完善，使其能够为集团内外的高速客船提供优质高效的管理服务，从而实现了管理经验和技术的输出，创造了新的经济增长点。北江航道扩能升级项目多项安全专利工程技术获奖，相关码头获交通运输企业安全生产标准化建设一级达标证明。这不仅提升了集团在航道建设和码头运营方面的技术实力和市场竞争力，还为广东省港航集团赢得了更多的项目机会和政策支持，直接促进了经济效益的增长。

2. 社会效益

"川岛航运 04 号"轮荣获国家海事局"安全诚信船舶"称号；多名员工获得国家海事局"安全诚信船长"称号；多个团队和单位获得省级荣誉称号。集团在保障人民群众生命财产安全、支援抗疫等方面发挥了重要作用。在疫情期间，集团确保了物资运输的畅通，为抗击疫情提供了有力的支持；在面对自然灾害时，集团迅速响应，积极参与救援和恢复工作，展现了企业的社会责任和担当。

四、经验与启示

1. 安全责任全员化

构建全员参与的安全生产责任体系，广东省港航集团领导层以身作则，将安全生产责任层层分解，落实到每一个岗位、每一位员工，形成了"人人讲安全、事事为安全、时时想安全、处处要安全"的良好氛围。确保安全生产的每一个环节都有人负责、有人监督，为企业的稳健发展提供了坚实保障。

2. 风险治理源头化

建立"双重预防"机制，坚持从源头上治理风险，利用技术创新、流程优化等手段，通过科学的风险评估与隐患排查，将安全风险控制在萌芽状态。

3. 管理体系化科技化

创新性地实施了包括 ISM（国际安全管理规则）、NSM（国内船舶安全管理规则）在内的多种安全管理体系，确保安全管理的全面性和针对性。通过构建安全生产监管系统平台，实现安全数据的实时监测、分析与预警，大幅提升了安全管理的效率和精准度。

4. 应急演练实战化

集团定期开展安全生产月、应急普法知识竞赛等活动，通过寓教于乐的方式提升员工的安全素养。同时，集团还高度重视应急管理工作，不断完善应急预案体系，定期组织各类应急演练活动，有效提升了企业的应急响应能力和自救互救能力。

（完成人：张道武　罗　健　程　杰　熊戈兵　傅光波　彭　力　李木裕　何昊源　林振宇）

以数字化技术塑造绿色平安港口新样板

江苏省港口集团信息科技有限公司

审定意见：

本成果融合物联网、人工智能数字孪生及大数据等前沿技术手段，通过将风险管理、安全管理、职业健康管理、环保管理、应急管理等20余项细化工作目标进行系统整合，构建标准化的"双控"机制体系。实现对港口环境状态与安全风险的实时监测与预警，以及对空气质量问题的提前预警、防范和自动治理。有效解决了传统模式下，海量视频数据未能充分利用，造成数据资产的极大浪费的问题，让数据资源释放出更大的效用。通过小目标识别场景下的识别率等关键技术的突破性，风险行为识别率提升至98%，切实降低了风险事故发生的可能性。全方位提升了港口绿色、平安管理水平，成为传统码头数字化、绿色化协同转型的新样板。

创新点：

一是建立了基于安健环管理标准化的双控机制体系，通过一体化安健环管理系统和技术手段，实现了港口环境状况和安全风险的实时监测与预警。二是构建了基于视觉识别的安全行为预警系统，利用 AI 技术对港口作业多场景进行 7×24 小时实时监管，提高风险行为的识别率。三是开发了基于 AI 溯源等多模态技术的空气监测治理平台，通过整合气象数据与数学模型，实现了空气质量的预测、监控与治理一体化管理。四是建设了基于数字孪生的货物可视化监管平台，利用 BIM（建筑信息模型）、GIS（地理信息系统）及三维可视化技术，实现了对危险品的全面监管和精确管理。这些创新举措不仅显著提升了港口的安全管理水平和环境保护能力，还大幅降低了能源消耗与事故风险，为港口行业的数字化转型提供了宝贵的经验和示范。

价值点：

通过智能化手段提高了安全管理效率，增强了风险预警能力，降低了事故发生率，保障了港口运营的安全稳定。利用物联网、人工智能等技术实现了对环境污染的精确监测和实时预警，有效控制了污染物排放，改善了港口周边的生态环境。基于数字孪生技术的货物可视化监管平台，极大提升了危险品管理的效能，降低了潜在的安全风险，确保了港口运营秩序井然。通过应急指挥调度中心的建设，提高了应急响应的速度和效率，减轻了事故带来的损失。

可复制性和应用范围：

基于安健环管理标准化双控机制体系的成功实施，为其他港口提供了标准化、规范化的安全管理模板，有助于提高整个行业的安全管理水平。基于视觉识别的安全行为预警系统利用了成熟的人工智能技术，适用于各类港口和工业场所的安全监管，能够有效提升作业安全性和效率。基于 AI 溯源等多模态技术的空气监测治理平台不仅适用于港口，还可以扩展到城市环境管理、工业园区等多个领域，为环境监测和治理提供强有力的技术支持。基于数字孪生的货物可视化监管平台同样具有跨行业应用潜力，如化工园区、仓储物流中心等需要对危险品进行严格管理的场合。

成果详述：

一、基本情况

1. 项目简介

江苏省港口集团信息科技有限公司实施的绿色平安港口数字化实践项目是一项旨在通过数字化转型提升港口绿色化、安全化水平的战略性工程。该项目利用物联网、人工智能、数字孪生、大数据等关键技术，对港口的安全管理、环境监测、货物监管以及应急响应等方面进行全面升级。具体来说，项目主要包括五个核心部分。一是建立基于安健环管理标准化的双控机制体系，二是建设基于视觉识别的安全行为预警系统，三是建设基于 AI 溯源等多模技术的空气监测治理平台，四是建设基于数字孪生的货物可视化监管平台，五是建设联动协同的应急指挥调度中心。这些举措共同构建了一个高效、安全、环保的港口运营环境。

2. 实施背景

项目实施的背景源于两方面，即政策引领和需求驱动。政策方面，党的二十大报告提出了绿色转型的要求，强调了绿色化、低碳化的发展方向。国家层面，从《交通强国建设纲要》到《国家综合立体交通网规划纲要》等一系列政策文件均明确了港口绿色化和智慧化的目标。江苏省政府积极响应，发布了一系列绿色港口建设的相关政策，推动港口绿色转型升级。需求方面，港口在快速发展中面临着环境污染、资源紧缺和安全隐患等问题，迫切需要通过数字化手段提高安全管理效率、强化风险预警能力和优化决策过程。

3. 实施的必要性

项目的实施对于港口的发展至关重要。首先，它有助于解决港口发展中的环境资源瓶颈问题，实现港口可持续发展。其次，通过提高安全管理效率，强化风险预警能力，优化决策过程，项目能够有效改善港口的安全管理，降低事故风险，保障港口工作人员的安全。再次，智能化环境防控措施可以有效控制污染影响，改善港口周边环境质量。又次，标准化安全生产的实施提升了港口的预警能力，确保了港口运营的安全稳定。最后，社会效益与经济效益双赢的结果表明，数字化转型不仅可以降低环境保护成本和安全事故损失，还能提高港口的运营效益，增强港口企业的可持续发展能力，引领行业绿色转型，推动区域经济向更加绿色低碳的方向发展。

二、项目实施过程

1. 主要做法

（1）建立基于安健环管理标准化双控机制体系

公司制定了《安健环管理手册》，从基础管理、生产运营、评估改进三个维度出发，细分出风险管理、安全管理、职业健康保护等20多个精细化管理模块。为了确保这一管理体系的有效落地运行，公司搭建了一体化的安健环管理系统，实现了港口环保和安全管理流程的规范化、自动化和协同化。此外，通过引入数据集成、物联网、传感器、人工智能等相关技术，实现了港口环境状况和安全风险的实时监测与预警，为港口绿色平安运营提供了强大的技术支撑。

（2）建设基于视觉识别的安全行为预警系统

鉴于违规行为是安全生产的关键风险点，公司利用人工智能技术构建了一套自动化违规行为识别报警系统。这套系统整合了港口内各个区域的视频监控设备和系统，包括生产作业关键区域，实现了全方位、全景式的监控。此外，还建立了 AI 识别中心，配备了先进的 AI 算法和计算设备，能够高效地处理大量视频数据，并通过深度学习和模式识别等技术实现对不同异常情况的自动识别和分类，以便在第一时间预警异常情况。

（3）建设基于 AI 溯源等多模技术的空气监测治理平台

通过物联网建设与传感器部署，自主研发了监测、溯源、预测算法，并智能联动污染治理设备，实现了对港口空气质量的实时监测、污染源追踪及治理设备的智能控制。

（4）建设基于数字孪生的货物可视化监管平台

通过建立危险货物数字孪生模型体系，实现了对危险货物的全方位监管。同时，对安全设施设备进行了智能化监管，提升了港口的安全管理水平。

（5）建设联动协同的应急指挥调度中心

该中心采用大数据驱动的应急指挥决策模式，实现了场景化预案智能匹配与资源高效协同，并将虚拟现实技术应用于应急演练中，大大提升了应急响应的效率和效果。

2. 关键要点

一是政策引领与需求驱动相结合。项目紧密结合国家政策导向与港口实际需求，确保了项目实施的针对性和有效性。二是技术创新与应用结合。项目不仅采用了物联网、人工智能、数字孪生、大数据等先进技术，还注重将这些技术与港口的实际应用场景相结合，确保技术能够真正发挥作用。三是系统化与标准化。项目通过构建一体化的安健环管理系统，实现了安全管理流程的规范化、自动化和协同化，同时也实现了数据驱动的决策优化和实时监测预警功能。四是持续改进与优化。项目重视数据的不断采集和建模优化，通过不断的数据收集和模型优化，实现了港口绿色环保和安全管理的持续改进。五是综合效益最大化。项目不仅提升了港口的安全管理水平和环境保护能力，还为港口带来了显著的经济效益，实现了社会与经济的双赢。

三、成果总结

1. 经济效益

项目通过一系列数字化手段，有效降低了能源消耗，提高了生产质量。具体表现在月平均综合单耗下降 3.18%，月燃油量同比下降 10.62%，岸电供电量全国第一，占比 37.8%，接用岸电全国占比近 80%。同时，通过岸电服务的优化，不仅减少了船舶停靠期间的燃油消耗，还降低了大气污染，为港口带来了显著的经济效益。此外，通过对港区内水管网的精细化管理，及时发现了"跑、冒、滴、漏"现象，处理多处漏水点，使得新生圩公司的日用水量从当年 4 月初的 1800 吨 / 天降至 5 月下旬的 1400 吨 / 天，日节约用水量达到 400 吨 / 天，节水率达到 20% 以上。通过全方位多层次的覆盖，累计完成超过 40 万次自动化安全检查，单人隐患排查工作效率提高了 16%，违规作业情况减少了 21%，大幅提升企业管理效能，每年节约超过 6000 万元的事故损失。

2. 社会效益

通过采用 AI 手段和适应港口的识别算法，可以早期发现潜在的风险和异常情况，避免事故的发生，并采取相应措施进行预防，保障港口工作人员的安全。同时，通过联动调度，当发生紧急情况时，可以实现快速预警、迅速响应和及时协调，减少事故对生产和供应链的影响，从而减少经济损失。

3. 环境效益

通过构建全面的环保数据平台，实时监控各类污染物排放指标，并结合智能算法进行预测分析，实现了对环境风险的前瞻性预防和精准控制。通过采用无人机搭载传感器进行空气质量、水质等多维度监测，配合 GIS 地理信息系统绘制污染热力图，便于发现并及时处理潜在环境污染问题。这些措施有效降低了环境污染，改善了港口周边的生态环境，为实现绿色港口目标奠定了坚实的基础。

4. 管理效益

通过实施数字化的绿色安全管理系统，利用物联网技术集成各个生产环节的安全信息，形成完整的安全数据库。系统自动识别安全隐患，通过预警机制提前干预可能的事故源头，同时优化安全培训内容，将数字化模拟演练融入员工教育体系中，增强全员安全意识与应急处置能力。此外，通过建设联动协同的应急指挥调度中心，实现了在应急指挥调度的响应速度、效率和准确性上的显著提升，加强了应急管理能力，有力保障了港口的安全稳定运行，有效降低了应急响应的时间、成本和损失。

四、经验与启示

绿色发展是安全发展的升级版。突出强调企业的社会责任和可持续发展，对企业发展提出了更高的标准和要求。在确保安全发展的同时，把环境保护作为企业发展的战略目标。通过构建全面的环保数据平台和实施智能监测手段，实现精准预测和治理，不仅改善了港口周边的生态环境，还促进了生态平衡的维护。特别是通过无人机监测和 GIS 技术的应用，及时发现包括空气质量在内的潜在环境污染问题，为环境治理提供有力支持。

把职业健康管理作为重要发展指标。全面落实以人为本的发展理念，重视人在发展中的价值，把职业健康管理作为重要的管理目标和管理板块，并细化成具体指标，进行监督和考核。通过加强职业安全和职业健康教育等手段，提高员工的职业健康意识。把安全管理和职业健康管理并联同步管理，对危险行为实行 7×24 小时无缝监管，实现企业安全发展和确保员工职业健康的双重目标。

（完成人：刘海燕　林　政　张　阳　张雄林　孙　源　胡　栋　徐家望　刘　珂

张　斌）

创建全域数据融合的类脑智能巡视系统

国电南瑞南京控制系统有限公司

审定意见：

本成果通过融合新一代信息技术、类脑学习等前沿技术，构建全域数据时空协同的类脑智能巡视系统，实现数据从分散孤立到全域协同、视觉感知从依赖海量样本到少样本驱动、故障诊断从单一阈值到联合诊断的关键技术突破。解决了不同地理气候环境下，特别是极端天气下，准确监测预警等一系列技术难题。针对低频次高危害的设备缺陷样本收集难的现实，创造性地提出少样本元学习算法，突破人工智能学习对样本量的限制。基于诊断预警技术的智能化升级，实现了设备缺陷故障全生命周期的可视、可查、可管、可溯，成功解决了智能电网建设中的难点、痛点问题。对于保障电网安全可靠运行、提升电网企业经济效益有着基础性的作用，可广泛应用于电网企业。

创新点:

通过构建基于变电站全域网络架构的运维数据底座，运用孤岛数据降维重构和聚类分析技术，实现了变电站数据从分散到协同的转变，提升了数据价值利用率。采用高普适性的设备缺陷视觉诊断方法，解决了极端天气下图像质量退化对视觉诊断的影响，提高了设备缺陷检出率并降低误检率。全域数据和知识体系双驱动的变电设备状态预警及联合诊断方法，融合多源特征实现精准诊断，全面感知设备状态并实现劣化早期预警，有效解决了单一阈值诊断的误漏报问题。

价值点:

构建全域设备运维数据底座，实现变电站数据的时空协同分析，提升数据的利用价值，为设备运维提供了更全面的信息支持。高普适性的设备缺陷视觉诊断方法提高了设备缺陷的检出率，降低了误检率，有助于及时发现和解决设备问题，减少设备故障带来的损失。全域数据和知识体系双驱动的变电设备状态预警及联合诊断方法，能够实现设备状态的全面感知和劣化早期预警，提高了供电可靠性，保障了电网的安全稳定运行。此外，该成果整体水平达到国际领先，对于推动我国电网设备运维的智能化发展具有重要意义。

可复制性和应用范围:

其基于变电站全域网络架构的技术和数据处理方法，可在其他类似的电力设施或工业场景中进行复制和应用。通过构建运维数据底座和实现数据协同分析，能够有效整合和利用各类设备的数据，提升运营效率和安全性。

该成果的设备缺陷视觉诊断方法和状态预警及联合诊断方法，不仅适用于变电站，还可推广至其他能源领域、制造业以及需要进行设备运维和监测的行业。能够帮助企业提前发现设备潜在问题，降低故障风险，提高生产效率和可靠性，具有广泛的应用前景。

成果详述：

一、基本情况

1. 项目简介

国电南瑞南京控制系统有限公司旨在构建全域数据时空协同的类脑智能巡视系统，以提升变电站设备运维的智能化水平。该系统通过基于变电站全域网络架构的技术，整合设备运行、在线监测、故障录波、辅助控制、巡视采集、图像视觉、设备台账等多维参量数据，形成全域设备运维数据底座。同时，运用类脑学习技术，实现对变电站设备、环境、人员的全方位全要素感知，以及设备缺陷故障的诊断预警。

2. 实施背景

随着国家电网公司设备管理数字化转型的推进，电网规模不断扩大，设备运行环境日益复杂，安全监管要求日益提高。然而，当前变电站分散较广，设备辅助运维系统数据繁杂、离散，无法满足设备数智化运维对数据的要求。此外，设备缺陷故障检测诊断准确率低，易出现误报、漏报，对电网安全稳定运行造成不良影响。为了应对这些挑战，需要构建一种全新的智能巡视系统，提高设备运维效率和质量。

3. 实施的必要性

一是满足电网发展需求。随着电网规模的快速增长，传统的设备运维方式已经无法满足日益复杂的设备运行环境和安全监管要求。构建类脑智能巡视系统，能够实现对设备的全方位全要素感知和智能诊断预警，提高电网的可靠性和稳定性。二是提高设备运维效率。变电站设备辅助运维系统数据繁杂、离散，导致运维人员在数据处理和分析上耗费大量时间和精力。通过构建全域数据时空协同的系统，能够实现数据的高效整合和分析，提高运维效率，降低运维成本。三是提升设备诊断精度。现有设备缺陷故障检测诊断准确率低，易出现误报、漏报，可能导致故障范围扩大，对人员和设备造成威胁。类脑智能巡视系统采用先进的技术和算法，能够提高设备诊断精度，及时发现潜在问题，避免故障的发生。四是保障电网安全稳定运行。电网的安全稳定运行关系到国家经济发展和人民生活的正常秩序。通过实施该项目，能够提高电网的安全监管水平，及时发现和处理设备故障，保障电网的安全稳定运行。

二、项目实施过程

1. 主要做法

（1）数据整合与分析

通过基于变电站全域网络架构的孤岛数据降维重构、聚类分析技术，安全汇聚设备运行、在线监测、故障录波、辅助控制、巡视采集、图像视觉、设备台账等多维参量数据，形成Ⅰ至Ⅳ区全域设备运维数据底座。在此基础上，对采集的数据进行提炼清洗，实现对设备运行数据的监视、同源比对预警、运行巡视、异常诊断及定位等功能。

（2）设备状态监测与诊断

融合声纹识别的非接触式、高灵敏度感知分析技术，以及一次设备的在线监测和诊断分析技术，实现设备运行数据和状态的时空协同分析。通过声纹识别技术捕捉设备运行时发出的声波信号，并对其进行分析，以检测设备状态和运行状况。高灵敏度感知分析技术能够在微小的信号变化中捕捉到潜在的问题，提前预警设备可能出现的故障。一次设备的在线监测和诊断分析技术则可以实时获取一次设备的运行数据，并利用大数据分析和机器学习算法对数据进行处理和分析，准确判断设备的健康状况和运行状态。

（3）视觉诊断算法优化

针对极端天气变化导致的可见光图像过曝、模糊、虚焦等问题，提出了域知识迁移的像素域映射算法，解决了图像去雾去雨去曝的难题。同时，提出了面向低频次高危害缺陷的小 / 零样本学习算法，突破了现有目标检测算法对海量训练数据的需求，提高了设备缺陷检出率，降低了误检率。

（4）设备状态预警及联合诊断

提出了全域数据和知识体系双驱动的变电设备状态预警及联合诊断方法。在设备状态评估预警方面，融合电气量、在线监测、图像缺陷、行波特征等"时—空—频—谱—图"数据联动分析，构建多模态特征融合的设备健康综合评估模型，实现设备健康状态全面感知及潜伏性强的劣化趋势早期预警。在设备故障诊断方面，提出了"多源时序—空间切片—多源相关性"特征融合的联合诊断技术，实现故障类型的交叉精准诊断。

2.关键要点

一是数据的准确性和完整性。确保采集到的设备运行数据准确可靠，并且涵盖了设备的各个方面，以便进行全面的分析和诊断。二是技术的融合与创新。将声纹识别、高灵敏度感知分析和一次设备在线监测等技术进行融合，同时不断创新视觉诊断算法和设备状态预警及联合诊断方法，以提高系统的性能和准确性。三是模型的训练和优化。创新小 / 零样本学习算法和联合诊断等技术，克服需要进行大量的模型训练和优化的缺点，提高模型的泛化能力和诊断精度。四是系统的稳定性和可靠性。在实际应用中，系统需要具备稳定可靠的运行性能，能够及时准确地检测和诊断设备故障，保障电网的安全稳定运行。

三、成果总结

1. 经济效益

一是降低设备运维成本。通过类脑智能巡视系统的应用，实现了对变电站设备的智能诊断和预警，减少了人工巡检的工作量和成本，提高了运维效率。二是减少设备故障损失。该系统能够及时发现设备潜在问题，提前采取措施进行修复，避免了设备故障的进一步恶化，减少了设备故障带来的损失。三是提高供电可靠性。系统的精准诊断和预警功能，有助于提高电网的供电可靠性，减少停电时间和次数，提高用户满意度，从而间接带来经济效益。四是优化资源配置。基于系统提供的数据分析，能够更加合理地配置运维资源，提高资源利用效率，降低运营成本。

2. 社会效益

一是保障电网安全稳定运行。全域数据时空协同的类脑智能巡视系统能够及时发现和处理设备故障，保障电网的安全稳定运行，为社会生产和生活提供可靠的电力供应。二是提升电力行业智能化水平。该成果的应用推动了变电站设备运维的智能化发展，为电力行业的数字化转型提供了有力支持，提升了行业的整体智能化水平。三是促进相关产业发展。系统的研发和应用涉及多个领域的技术，如数据处理、人工智能、传感器等，有助于促进相关产业的发展，推动技术创新。四是提高社会公共安全水平。电网的安全稳定运行关系到社会公共安全，该系统的应用有助于提高社会公共安全水平，保障人民群众的生命财产安全。

3. 环境效益

一是减少能源浪费。通过提高设备运维效率，减少设备故障损失，能够降低能源的消耗，减少能源浪费，对环境保护具有积极意义。二是降低碳排放。优化电网运行，提高供电可靠性，能够减少因设备故障导致的能源损失，从而降低碳排放，符合可持续发展的要求。

4. 管理效益

一是提高管理效率。系统实现了对变电站设备的实时监测和智能管理，管理人员可以通过远程监控及时了解设备运行情况，作出决策，提高了管理效率。二是优化管理流程。基于系统提供的数据分析，能够优化设备运维管理流程，提高管理的科学性和精准性。三是提升决策支持能力。系统提供的丰富数据和分析结果，为管理人员的决策提供了有力支持，有助于制定更加合理的运维策略和发展规划。

四、经验与启示

突出高难度问题解决，使事故发生概率无限趋近于零。设备的性能差异主要体现在对高难度问题的处理精度上，这是判断设备水平和价值的关键核心指标。通过一系列技术攻关，成功解决了极端天气下图像去雾去雨去曝难题，有效提升了故障检测的精准度。同时，创建了面向低频次高危害缺陷的小/零样本学习算法，突破现有目标检测算法对海量训练数据的需求，提高设备缺陷检出率。

运用交叉精准诊断方法和技术，确保故障类型判断无误。通过构建多模态特征融合的设备健康综合评估模型、创新"多源时序—空间切片—多源相关性"特征融合的联合诊断技术，通过交叉精准诊断方式，实现故障类型的准确判断。

（完成人：常　波　宋彦哲　王　晶　潘志宇　孙　瀚　张　昭　陈露露）

构建以数据驱动的全生命周期安全管理体系

山东联合能源管道输送有限公司

审定意见：

本成果以现代信息传感技术、人工智能技术为手段，整合多个业务子系统模块，构建涵盖全业务链条、全流程的智慧平安储运管理平台。通过系统数据交互与业务流程驱动，让信息资源和数据资产价值最大化，实现全面协同共管，公司远程全局把控的综合性管理模式。智慧管理平台融合运行监测数据对比、全过程异常分析、高后果区自动识别、风险评价和隐患管理、应急指挥和调度、效能评估等多项功能，系统可基于实际运行状态实现防误闭锁，避免发生人员误操作。实现设施全生命周期智慧化管理，切实降低安全管理风险。对于大型仓储物流企业及高危物品生产储存企业，本系统具有广泛的应用价值。

创新点：

首次实现码头、罐区、管道一体化运营，通过下设多个子系统模块建设智慧平安储运系统主平台，实现数据共享互通。利用数字化技术深度挖掘数据资源，生成更为主动的管理信息，形成作业现场多重防护、公司远程全局把控的综合性管理模式。例如，生产组织系统实现了生产作业信息化管理和流程优化；应急调度指挥系统通过多模块协同，提高了应急响应能力；码头、储罐、管道的防护系统融合了多种先进技术，降低了安全管控风险。

价值点：

在企业管理效益上，实现了原油管道协同共管，降低企业成本，保障安全智慧化，建立高效应急调度指挥机制，提升管理效能，获得多项知识产权。社会效益方面，提升了管理水平和企业形象，增强了竞争力，为同行业作出了示范。经济效益显著，提高原油作业量增收，降低能源消耗节约成本，减少维修人工工时节约维护成本，总体提高经济效益。生态效益上，大幅降低物流成本和碳排放，为优化供能结构和带动地方经济发展发挥重要作用。

可复制性和应用范围：

液化油品智慧平安储运管理以体系化、分模块的形式构建一体化运行生态，形成了综合性、一体化的智慧化管理平台。其通过智慧化手段优化过程管理、挖掘数据资源，为企业信息化建设和港口数字化转型提供了先进样本。该管理模式可广泛应用于国内外液体码头及管输企业，能够有效消除管理界面壁垒，打通信息孤岛，实现各项管理工作的紧密配合。通过数据共享互通和综合性管理，提升企业的本质安全和管理效率，具有很强的可复制性和推广价值。

成果详述：

一、基本情况

1. 项目简介

液化油品智慧平安储运管理项目由山东联合能源管道输送有限公司实施。该项目首次实现了烟台港液化油品业务码头、罐区、管道的一体化运营。通过建设智慧平安储运系统主平台，下设多个子系统模块，实现了数据共享互通，形成了作业现场多重防护、公司远程全局把控的综合性管理模式，提升了液体散货作业全过程的本质安全，为降本增效提供了智慧方案。

2. 实施背景

自烟台港原油管输业务正式投产运行以来，公司已建成包含多座大型液体散货码头，港口库区总库容巨大，同时运行着多条总长 1100 千米的管道，服务客户众多，累计管道输送量突破亿吨大关。随着业务不断发展，复杂的运行管线使公司生产运营管理日益复杂化。

安全生产管控要求提高，需要高效的信息化数据处理模式保证运行安全可控；服务客户增多，需要运销及生产管理更紧密配合，实现信息互通共享；设备设施运维工作量增大，需要更合理的维护保养和全过程数据管理；节能降耗等成本管理需求增长，需要实现降本增效；企业自我加压下的安全管理需求，需要确保人员履职，提升本质安全水平。

3. 实施的必要性

（1）满足安全生产管控要求

烟台港原油长输管道总长超过 1100 千米，工艺场站数量众多，为保证运行过程安全可控，特别是外管道巡护和应急调度，需要打破传统管理模式的局限，借助数字化技术实现信息的顺畅传递和精准传递，提高安全生产水平。

（2）提升客户服务质量

2000 多支的管道运输以及多种传输手段，要求运销及生产管理更为紧密配合，及时获取和共享信息，以第一时间找到合理的输配方案，满足客户需求，提升客户满意度。

（3）优化设备设施运维

生产运营满负荷运行，设备设施运维工作量不断增大，传统的运维管理方式难以满足生产需求。通过实施智慧化管理，能够实现更合理的维护保养维修和更加完整的全过程数据管理，维持设备设施长期健康服役，提高设备运行效率。

（4）降低成本实现增效

节能降耗等成本管理需求日益增长，传统的管理方式难以有效控制成本。通过智慧平安储运管理，能够保证设备状态，减少因设备运维、应急抢修等带来的停输或者减量现象，实现降本增效，提升企业经济效益。

（5）提升安全管理水平

企业自我加压，追求更高的安全管理水平。传统管理方式难以确保人员有效履职，无法针对性地按时、保质、保量完成安全管理工作。实施智慧平安储运管理，能够有效确保人员履职，提升本质安全水平，减少安全事故的发生。

二、项目实施过程

1. 主要做法

公司搭建了智慧平安储运系统主平台，实现了数据共享互通，形成了作业现场多重防护和公司远程全局把控的综合性管理模式。该平台涵盖了企业管理与业务管理两个维度，下设多个子系统模块，通过识别各模块的核心指标与关键事项，为高层管理者提供了专项管理驾驶舱，辅助其更好地掌控生产运营态势，制定发展战略。

在生产组织系统方面，开发了生产作业安全监管系统，实现了管道生产作业过程的全面信息化管理，提升了信息交互与安全生产水平，规范了生产作业流程。同时，将船舶计划、商务计划、作业流程确认、作业票签批等业务工作电子化、流程化，提高了信息流转和执行效率。此外，还通过软件自动生成最优工艺流程及所需阀门开关，并与 SCADA（数据采集与监视控制系统）互联，实现防误识别，减小了计划制订人员的工作强度，降低了人为因素导致的安全风险。

成本管控系统构建了能源管理平台，实现了能源消耗成本、材料消耗成本、维修配件成本等数据的信息化集成对接，按照经营管理要求形成数据业务报表，为成本管控提供支撑。运销系统实现了卸船入罐计划、管输计划等生产计划的识别和管控，产生了计量凭证、输油日报、输油月报等管理细粒度体现批次的凭证，成为公司与各货主企业计量交接的直接依据，并完成了对公司现有业务流程的全覆盖，同时实现了与生产运行调度管理系统的对接，降低了劳动强度、提高了工作效率。

人员培训系统通过演练、培训、评估、改进等手段，提高了企业员工应对安全生产的能力，确保所有应急组织熟悉并能够履行他们的职责。建设了"学—练—考"三大组件，强化了培训效果。设备运维模块在 SCADA 系统设备运维保障模块的基础上，面向输油场站设备运检维护的检查、巡视、润滑、清洁、紧固、调整等作业场景，建设了场站级设备状态现场校核站端管理平台，实现了巡检保养计划管理、日常管理和信息管理等功能，提高了设备设施运维效率和设备设施长期健康服役的能力。

应急调度指挥系统通过"安全态势总览"模块，实现了对各单位运行状态、关键位置运行工况、实时视频、巡检状态、安全隐患及处置情况的实时查看，使值守人员能够及时掌握重大危险源的空间分布和现场设备运行状态信息，分析风险隐患，对可能发生的危险进行预测预警。此外，还包括了"应急联合作战""应急指挥协同"和"事件追忆评估"等功能，辅助重大突发事件的指挥调度和救援等。

2. 关键要点

该项目成功的关键在于通过数字化技术手段打破了信息孤岛，实现了数据共享和业务流程的紧密配合。这不仅优化了生产运营管理，提升了安全水平，还降低了成本，增强了企业的市场竞争力。此外，通过搭建专项管理驾驶舱，辅助管理层更好地进行决策，也成为项目成功的重要因素。

三、成果总结

1. 经济效益

一是提高原油作业量。通过全流程智慧生产系统建设，提高年度原油作业量 90 万吨 / 年，增收约 3000 万元。二是降低能源消耗成本。通过成本系统进行精细化控制，降低能源消耗量，每年单位吞吐量综合能耗下降 3%，节约成本约 300 万元。三是减少维修人工工时。通过完成建设多重验证的码头"五重"、罐区"六重"、管道"七重"的防护系统，形成全面智慧运营管控系统，每年可减少约 20% 维修人工工时（160 小时），综合测算每年节约维护成本约 280 万元。经测算，智慧平安储运系统建设完毕后，相较于建设之前，每年约提高经济效益 4000 万元。

2. 社会效益

一是提升管理水平。系统化地提升了管理水平，增强了企业实力，消除了管理盲区，提升了企业形象，使得提供的服务更为可靠高效，获得客户的充分信赖，在行业内竞争能力更强。二是提供典型示范。为同行业企业管理提供了典型示范，打造了科学化、专业化、智能化、精细化的原油一体化港口，为大宗液体散货智慧示范港探路先行。

3. 环境效益

一是降低碳排放。烟台港原油管道为华东地区增添了一条奔腾的地下"原油大动脉"，大幅降低企业物流成本和公路运输碳排放，每年可减少公路运输造成的碳排放 10.98 万吨。二是优化供能结构。为优化华东地区，特别是山东省供能结构，带动地方经济发展起到了重要作用。

4. 管理效益

一是实现协同共管。"智慧平安储运系统"的建设，打通公司间和系统间交互关节，夯实信息化基础，消除信息孤岛，加速信息流转，实现跨系统数据交互与业务流程驱动，实现山东港口烟台港原油管道协同共管。二是降低企业成本。智慧化设备管理功能实现，依托 SCADA 系统所采集的基础运行数据，对设备进行全过程连续动态跟踪和运维管理，管理人员可有针对性地进行控制管理，降低企业成本。三是保障安全智慧化。管道、储罐、罐区等安全智慧化保障，融合了多种功能，实现管理过程程序化及设施全生命周期信息化，切实降低安全管控风险，减少管理资源消耗。四是建立应急机制。智慧高效可靠的应急调度指挥机制，搭建原油长输管道应急抢险指挥"云"平台，为应急管理提供全方位技术支持，实现更全面的安全态势监控、更快速的应急联合作战、更高效的应急指挥协同、更智能的事件追忆评估。五是获得知识产权。通过管理创新，企业管理效能提升，人员能力充分发挥，在管理过程中，该管理系统取得 14 项知识产权，包括 2 项发明专利、6 项实用新型专利、6 项计算机软著。

四、经验与启示

设置专项管理驾驶舱，辅助管理层科学决策。搭建智慧平安储运系统主平台，下设多个子系统模块，实行作业现场多重防护和公司远程全局把控的双重管理模式。设置高层管理者专项管理驾驶舱，利用数字化技术深度挖掘数据资源，识别各模块的核心指标与关键事项，生成更为主动的管理信息，辅助管理者更好地掌控生产运营态势，及时调整运营策略，科学制定战略。

自动生成最优工艺流程，防止和减少人为误操作。生产作业安全监管系统采用人机双控模式，能够自动生成最优工艺流程，并识别作业控制所需要的阀门开关，通过与 SCADA 系统互联，实现防误识别；系统可基于实际运行状态实现防误闭锁，避免发生人员误操作。在减轻了计划制订人员的工作强度的同时，降低人为因素导致的安全风险。

人员培训实现要领达标，克服培训和实战"两层皮"。实行演练、培训、评估、改进"四步培训法"，通过"学—练—考"三大组件，强化员工的培训效果，提高员工应对安全生产的能力，确保所有应急组织熟悉其职责，并能高标准地执行任务。

（完成人：刘德震　梁凤旗　李　洋　许庆言　张立颖　曲　挺）

全面物联的智慧化安全平台建设

上海城投房地产租赁有限公司

审定意见：

本成果利用现代信息和数据处理技术，整合接入消防检测、视频监控、隐患预警等系统设备，创建智慧经租安全管理平台，实现经租产品全面物联、智能系统快速响应的安全管理的新模式，提高租赁场所的整体安全性，降低事故发生的概率。通过大数据运用和可视化管理，系统可实时感知租赁场所的安全状态，预测未来可能发生的安全事故，自动生成安全风险隐患清单，结合安全标准和预警机制，更有针对性地制订出专项整治方案，及时消除潜在的风险隐患。当触发预警机制时，系统将自动启动相应的处理流程，迅速应对潜在威胁，提高应急救援响应速度，减少或避免产生损失。通过数字化风险评估，还可以评定租户的安全贡献等级，以明确的激励和约束机制，对租户实行优胜劣汰，促使租赁业务形成长期发展和可持续发展态势。对于租赁物业点多面广、布局分散、业态复杂的物业单位，应用本成果的方法和技术可直接提高安全水平和经济效益。

创新点：

一是创建智慧经租安全管理平台，实现全面物联，提质增效，通过整合系统设备，以电子信息为载体，优化人工巡检次数，实现多样化智能应用，提升安保运营效率；二是建立智慧经租安全数据中心，运用大数据技术分析历史数据和环境数据，建立风险模型和预测模型，明确安全风险评估标准，确定安全风险等级，加强风险控制；三是打造智慧经租安全示范数字基地，通过数据驱动优化安全管理制度，共享安全数据强化管理措施落地，总结数据夯实全员安全生产意识。这些创新点有助于提升国有房地产租赁的安全管理水平，具有较高的推广应用价值。

价值点：

通过生产数据全链条管理和数据赋能，强化了经租安全管理能级，安全隐患发现率降低，整改率提高，近3年未发生安全生产事故。结合政策运用数据分析，统筹国企存量资产盘活、业态转型升级，推进问题租户整改，重塑物业品牌，提升租赁品质和市场竞争力。该项目形成的安全管理数字化体系，突出主业主责、数字引领，助力企业发展多种市场经营模式，实现经租面积持续拓展，形成较大的经营租赁规模，物业遍布多个区域，业态丰富。公司运用大数据深入分析安全管理问题，推进安全生产标准化和双重预防机制，打造平安和谐经租场所，成为国企经租行业数字化转型的引领者。

可复制性和应用范围：

其形成的"一平台、一中心、一基地"安全管理数字化体系，针对传统租赁行业安全管理难题，提供了有效的解决方案。通过整合系统设备、运用大数据分析和建立智能评估系统等手段，提升了安全管理的专业化水平，可在其他国有房地产租赁企业中推广应用。此外，该体系适用于各种规模和类型的租赁物业，无论是点多面广、布局分散还是业态复杂的物业，都能实现有效的安全管理。同时，对于其他行业的租赁管理，也具有一定的借鉴意义，能够助力企业提升运营管理效率，实现可持续发展。

成果详述：

一、基本情况

1. 项目简介

上海城投房地产租赁有限公司针对租赁物业点多面广、布局分散、业态复杂的现状及传统安全管理方式的不足，立足现代安全管理数字体系建设，从创建智慧经租安全管理平台、建立智慧经租安全数据中心、打造智慧经租安全示范数字基地三个维度布局研究，以实现城投物业资产经租安全管理各环节更趋于标准化、统一化。

2. 实施背景

物业经租专业化、精细化安全管理的迫切要求。传统经租安全管理模式以人防为主，技防薄弱，缺乏事前预防，信息采集繁缓、不精确，易遗漏关键安全信息，难以精准识别隐患风险。还存在火灾自动报警系统误报、安全巡检盲点深、应急处置能力薄弱等情况，制约了安全监测的广度和效率，安全应急响应能力不足。因此，需要建立智慧经租安全管理平台来整合衔接管理、运营、维护等流程，为国资经租安全管理打下坚实基础。

经租安全管理是推进数字化转型的必然趋势。公司经营租赁规模持续扩大，资产布局分散带来了一系列安全管理难题。过去信息收集和监控方式存在断片化，难以实现集中化的数据收集和分析；点多面广的资产布局需要更多人力物力监管和维护；不同地点和领域的资产需要不同的安全管理策略和措施，以及不同技能的安全人员；租赁物业的多样性和分散性容易导致人力物力资源浪费和工作效率降低。构建智慧经租安全管理体系可促进各租户实现高标准精细化的安全管理。

积极响应安全法规和政策要求的目标导向。上海市国资委高度重视市属国企不动产租赁管理工作，租赁企业需要不断调整安全管理措施和流程。城投租赁公司认真践行重要理念，不断提高对重大风险源和安全隐患的预见性、主动性，着力提升平台功能和服务能级、强化安全意识、打造品牌典范，全面打造智慧经租安全示范基地，通过完善管理流程提升价值，帮助企业防范化解风险。

3. 实施的必要性

传统安全管理模式难以满足当前复杂租赁物业的安全管理需求，存在诸多隐患，容易导致安全事故的发生，对国有资产和人员安全构成严重威胁。数字化安全管理体系的建立能够有效弥补传统模式的不足，实现精准识别和及时处理安全隐患。随着公司租赁规模的不断扩大，分散的资产布局使得传统管理方式难以应对日益增长的管理难度和成本。数字化转型可以实现高效的数据收集和分析，优化资源配置，提高管理效率，降低安全风险。响应安全法规和政策要求是企业的应尽之责，数字化安全管理体系的构建有助于企业更好地符合法规政策的要求，提升安全管理水平，树立良好的企业形象，保障国有资产的保值增值，实现可持续发展。

二、项目实施过程

1. 主要做法

建立智慧经租安全管理平台，这不仅是一个技术集成的体现，更是安全管理理念的革新。通过整合消防检测、视频监控、隐患预警等系统设备,实现了全面物联和全域覆盖。该平台以电子信息为载体,融合各系统能力,配合人工决策能力,优化了人工重复巡检次数,提升了安保运营效率。

构建智慧经租安全数据中心,强化了数字驱动。利用大数据技术,对历史安全事故数据和环境数据进行分析,建立风险模型和预测模型,提高了风险评估的精确性。这些模型不仅帮助公司识别安全事故的模式和频率,还预测未来可能发生的安全事故,为提前布防提供了科学依据。

打造智慧经租安全数字基地,示范引领。通过数据驱动,优化了安全管理制度,每季度召开安全生产委员会会议,以安全数据为依据,增强了对安全隐患的预警和应对能力。同时,公司还强化了数据共享,促进了不同相关方之间的合作沟通,提高了对安全事故的共同应对能力。

2. 关键要点

一是技术整合与创新应用。将现代科技如监控摄像头、传感器网络等与安全管理流程相结合,实现智能化安全管理。二是数据驱动的决策制定。通过大数据分析,实时监测和评估安全风险,以数据为支撑,制定科学合理的安全管理策略。三是安全文化的培育与传播。强化员工和租户的安全意识,通过安全培训和教育,提升整体的安全知识水平和应对能力。四是风险评估与预防措施的制定。建立安全风险评估系统,定期输出安全分析报告,及时发现并修复潜在的风险隐患。五是跨部门协作与信息共享。促进不同租赁场所、管理机构、政府部门之间的信息共享,形成协同合作的安全管理网络。六是持续优化与改进。根据安全数据的分析结果,不断优化安全管理制度,提高流程的精细化和高效化。七是强化安全主体责任。确保每个员工都明确自己在安全管理中的角色和责任,形成全员参与的安全管理文化。

三、成果总结

1. 经济效益

一是租赁品质提升。通过数字化安全管理体系的应用，加强了对租赁物业的安全监管，提升了物业的租赁品质。这使得公司在市场上更具竞争力，能够吸引更多优质租户，从而提高租金收入。二是资产保值增值。有效降低了安全事故的发生概率，保障了国有资产的安全，实现了国有资产的保值增值。三是经营租赁规模扩大。助力企业承载更大体量，发展更多市场经营模式，实现了经租面积的持续拓展，形成了较大的经租规模，为公司带来了更多的经济收益。

2. 社会效益

一是安全生产。自安全经租管理数字化系统试运营以来，安全隐患发现率降低，隐患整改率提高，近三年未发生安全生产事故，保障了租户和员工的生命财产安全，为社会稳定作出了贡献。

二是引领行业发展。作为国有企业，通过数字化转型的实践，为中国国有企业经租行业树立了榜样，引领了行业的数字化发展方向，推动了整个行业的进步。

3. 环境效益

一是节能减排。智慧经租安全管理平台的应用，实现了对租赁物业能源消耗的精准监测和管理，有助于优化能源使用效率，减少能源浪费，从而减少对环境的影响，实现节能减排的目标。二是可持续发展。通过运用数据分析统筹国企存量资产盘活、业态转型升级，引导存量转型升级，围绕安全需要和生态发展重塑物业品牌，促进了租赁行业的可持续发展，符合国家的环保政策和可持续发展战略。

4. 管理效益

一是优化安全监管效能。持续发挥数据信息优势，全面优化了日常安全监管效能，完善了公司安全体系构建，提高了安全管理的效率和精准度。二是提升管理专业化水平。突出主业主责、数字引领，提升了物业经租运营管理的专业化水平，使公司能够更好地应对新形势下国有房地产租赁行业日益复杂的竞争与挑战。三是数据决策支持。通过建立智慧经租安全数据中心，实现了数据的归集、共享和综合分析应用，为公司的决策提供了科学依据，有助于制定更加合理的发展战略和管理措施。

三、经验与启示

评定租房的安全贡献等级，推进问题租户整改。租户流动性高，每个租户的安全防范意识差异巨大，是房屋安全中最大的不确定性因素。依据对用户安全行为的量化评估，评定用户的安全贡献等级，并决定降低或增加租户租金，直至取消合同，减少不安全因素。

建立安全隐患预警机制，推动安全措施提前布防。对历史安全事故数据和环境数据进行分析，建立风险模型和预测模型，识别安全事故的模式和频率，预测未来可能发生的安全事故，为提前布防提供科学依据。

（完成人：刘　颐　王雅晨　倪铖达　黄建刚　阮朝武　赵世友　冯东华　魏朝敬

高俊骅　袁海霞　魏杨澄　宋　斌　俞国栋　胡　骏）

防内涝智能管控系统以效率保安全

广州市公路实业发展有限公司

审定意见：

本成果通过对物联网、人工智能等现代技术和基础设施的集成利用，实现对涵隧水位的实时监测和预警，特别是对突发性内涝可以及早干预，发挥防灾、减灾和救灾多重作用。受气候变化因素和城市扩张因素的影响，城市内涝呈现出多发频发趋势，对交通安全和人民生命财产安全构成威胁。本成果可在多种气候地理条件下应用，不受涵隧类型等条件的限制，对于城市应急处理提高响应速度，实现由被动处理向主动预防转变，有着重要价值。可根据涵隧的水浸风险等级进行分组分阶段布置。

创新点：

采用多传感器技术融合监测下沉式隧道积水状况，能够更全面、准确地获取积水信息。结合防误报算法，有效排除异常溅水导致的误报，提高了报警的准确率，减少了误报对交通的干扰。多级警示疏导方案设置合理，前置警示设备根据现场情况布设，在满足警示要求的同时，能有效疏导车辆避免拥堵，提高了交通运行效率。拓展性的物联网综合管理云平台支持各类物联网设备数据接入及自动控制，还支持纯视频人工智能液位监测，拓宽了系统的适用场景，使其能够更好地适应不同的环境和需求。该系统获得了多项专利，包括发明专利 2 项、实用新型专利 1 项、外观设计专利 1 项，充分体现了其技术创新性。

价值点：

在夏季汛期期间，系统多次准确预警隧道积水情况，为抢险部门争取了更多排险时间，极大地降低了隧道积水对交通的影响。它将智能网联技术与交通安全相结合，实现了车路协同技术的路侧基础设施建设，得到了相关部门的高度认可。项目的成功证明了智能网联技术在交通安全中的重要作用，为其他城市和地区的智慧交通建设提供了有力参考。最重要的是，它能进一步提高交通安全水平，减少自然灾害对交通的影响，为市民提供更安全、便捷的出行体验。此外，该系统的应用还有助于提升道路运营管理效率，降低维护成本，增强城市应对内涝灾害的能力，具有显著的社会效益和经济效益。

可复制性和应用范围：

系统设计和架构公开，提供了详细的安装、调试和维护文档以及培训资料，便于其他地区和单位进行复制和应用。在应用范围方面，它适用于不同类型的涵洞和隧道，包括城市、郊区和农村的各种涵洞和隧道；能适应多种气候和地理条件，在不同气候条件和地理环境下都能稳定运行；可用于应急管理和灾害响应，能快速响应突发内涝事件，为管理部门提供决策支持；还具有规模化应用和跨行业应用的潜力，可在多个领域推广使用。

成果详述：

一、基本情况

1.项目简介

广州市公路实业发展有限公司的防内涝智能管控系统是一套针对涵洞隧道积水情况进行实时监测和预警的智能化系统。该系统通过多传感器技术融合监测，结合防误报算法，实现对隧道积水状况的准确感知。同时，系统具备多级警示疏导方案和物联网综合管理云平台，能够及时向相关人员发出预警信息，并支持各类物联网设备数据接入及自动控制，有效提升涵隧的安全保障能力。

2.实施背景

随着我国道路信息化、智能化的快速发展，道路总里程不断增加，维护、改造、升级工作也在不断实施。然而，传统道路管养存在耗费人力多、效率低、信息滞后等问题，给工作带来极大被动。在"十四五"规划等有关智慧交通政策的驱动下，主管单位对道路关键信息监测的智能化、信息化需求强烈，积极开展该领域的工程试点，以提升效能。此外，城市内涝问题日益严重，2010—2021年我国平均每年有超过180座城市进水受淹或发生内涝，广州市也逐步加大对道路积水监测的投入，尤其是对积水黑点的监测。广州市公路实业发展有限公司作为广州最早做积水监测业务的单位之一，已在近40个重点涵隧安装了积水监测设备，亟须配套搭建一套完整的物联网系统，为各道路运营公司和政府监管单位提供道路积水监测服务。

3.实施的必要性

首先，传统道路管养方式的弊端日益凸显，无法满足现代道路管理的需求。防内涝智能管控系统的实施可以实现道路关键信息的实时监测和智能化管理，提高管养效率，减少人力投入，及时发现和解决问题，避免工作的极大被动。其次，城市内涝问题严重影响交通安全和市民出行。涵洞隧道作为城市交通的重要组成部分，一旦发生积水内涝，极易导致交通拥堵甚至中断，给市民带来不便和安全隐患。实施防内涝智能管控系统可以及时预警隧道积水情况，提前采取措施，保障交通畅通和市民出行安全。最后，广州市对道路积水监测的重视以及公司已安装的积水监测设备，需要一个完整的物联网系统来实现数据的采集、传输、分析和预警等功能。该系统的实施可以将这些设备有效地整合起来，形成城市主要道路积水监测全覆盖，为道路运营公司和政府监管单位提供准确、及时的积水监测服务，有助于制定合理的应急措施和作出正确的决策。

二、项目实施过程

1. 主要做法

一是系统设计与架构。采用"分散监测，集中控制"模式，基于GIS系统的中心管控平台实现远程监控管理。系统架构分为感知层、基础设施层、业务应用层、数据服务层和决策服务层。二是感知层部署。安装LED情报板、水位传感器、隧道指示灯、摄像头、声光报警器等设备，实现与中心平台双向通信，实时采集反馈隧道积水信息。三是基础设施建设。包括通信、网络、计算、存储等设施，以及云资源、数据库、GIS地图等，为系统提供稳定运行环境和数据支持。四是业务应用开发。中心管控平台涵盖GIS安全一张图、隧道集中管理、现场设备管理等模块，实现数据采集分析、预警管理等功能。五是数据服务搭建。实现数据标准化、共享化和综合分析，为系统业务运转和功能扩展提供支持。六是决策服务构建。决策服务层包括安控中心和App服务，安控中心具有最高权限，App服务提供关键信息监视和报警功能。七是监测模块。隧道右侧安装电容式液位传感器，采用防误报算法，具备自检功能，定时反馈积水深度信息。八是警示模块。隧道入口处安装 LED 隧道口箭头指示灯，积水超警戒线时自动显示禁行状态，可增设分车道信号灯和 LED 可变情报板加强警示疏导。九是物理拦截模块。支持手动和半自动远程控制，配合交警对严重积水路段进行交通管控。

2. 关键要点

一是多传感器技术融合。采用电容式液位传感器等多种传感器，融合监测隧道积水状况，提高监测的准确性和全面性。二是防误报算法应用。通过防误报算法，排除隧道日常清洗维护、车辆经过短暂溅水等情况造成的干扰，确保预警的准确性。三是多级警示疏导方案。设置多级警示疏导方案，包括 LED 隧道口箭头指示灯、分车道信号灯、LED 可变情报板等，有效疏导车辆，避免拥堵。四是物联网综合管理云平台。构建物联网通信云平台，展示监测站、交通控制站实时状态，支持实时通信数据对接，保存监测数据，实现预警信息的及时发布。五是系统功能模块完善。系统功能模块包括 GIS 地图模块、监测业务模块、数据分析模块、异常报警模块等，实现了对隧道积水监测、设备管理、数据分析和预警的全方位支持。六是前端设备可靠性。前端设备如监测模块、警示模块和物理拦截模块，具备可靠性和稳定性，能够在恶劣环境下正常工作，确保系统的有效运行。

三、成果总结

1. 经济效益

防内涝智能管控系统的实施带来了显著的经济效益。通过实时精准地监测隧道积水情况，系统能够及时预警并采取相应措施，避免了因积水导致的交通拥堵和事故发生。这不仅减少了车辆绕行所带来的时间和燃油成本，还降低了车辆维修和保险费用。同时，道路通行效率的提高也有助于减少物流运输的延误，提高企业的生产效率。此外，系统的准确预警能够使抢险部门更快速地作出响应，减少了不必要的人力、物力和财力投入，降低了抢险成本。而且，及时有效地排放积水，减少了因内涝对道路设施和周边环境造成的损害，降低了维修和恢复成本，延长了道路设施的使用寿命。

2. 社会效益

该系统的社会效益十分显著。它成功地化解了涵隧汛期运营的重大安全风险，为市民的出行安全提供了有力保障。在夏季汛期，系统多次准确预警隧道积水情况，为抢险部门争取了宝贵的排险时间，极大地降低了隧道积水对交通的负面影响，确保了市民的正常出行。同时，该系统的实施得到了广州市交通局及各隧道管理部门的高度认可，为其他城市和地区的智慧交通建设提供了重要的参考和借鉴，有助于推动整个行业的发展和进步。此外，系统的应用还提高了城市应对自然灾害的能力，增强了城市的韧性，为城市的可持续发展作出了贡献。

3. 环境效益

虽然该系统本身对环境的直接影响较小，但它在一定程度上对环境产生了积极的保护作用。通过及时排放积水，避免了积水对道路和周边环境的长时间浸泡，减少了污水和垃圾的扩散，从而降低了对生态环境的污染。此外，系统的智能化管理能够优化资源配置，提高能源利用效率，减少不必要的能源消耗，有助于实现节能减排的目标。同时，减少交通拥堵也降低了汽车尾气的排放，改善了空气质量，对环境保护具有积极意义。

4. 管理效益

防内涝智能管控系统的实施，显著提高了管理部门的管理效率和决策水平。借助物联网技术和大数据分析，管理人员能够实时、全面地掌握隧道积水情况和设备运行状态，及时发现潜在问题并迅速采取措施，实现了对隧道的精细化管理。系统提供的数据分析和预警功能，为管理部门制定合理的应急预案和作出正确的决策提供了科学依据，使管理更加科学、精准和有效。系统的自动化控制和远程管理功能，大大减少了人工干预，降低了管理成本，提高了管理的便捷性和可靠性。同时，系统的统一管理平台有助于整合各部门的资源和信息，加强部门间的协作与沟通，提高了工作效率和协同作战能力。

四、经验与启示

设置防误报功能，避免防灾资源的错配和损失。采用防误报算法，有效排除异常溅水导致的误报，提高报警的准确率，减少误报对交通和救援活动的干扰。

实现车路协同智慧交通，提高救援效率。根据现场情况布设前置警示设备，防止人车向涝情区运动、汇聚，有效疏导车辆避免拥堵，在提高交通运行效率的同时，为排涝救险工作创造顺畅通行的条件。

（完成人：罗小雄　蓝志洋　甘　锐　谭升帜）

参考文献

[1] 习近平.不断做强做优做大我国数字经济 [J].求是，2022（2）.

[2] 习近平.论科技自立自强 [M].北京：中央文献出版社，2023.

[3] 习近平.让工程科技造福人类、创造未来 [N].人民日报，2014-06-04.

[4] 习近平向 2021 年世界互联网大会乌镇峰会致贺信 [N].光明日报，2021-09-27.

[5] 马克思，恩格斯.马克思恩格斯全集（第 26 卷）[M] 北京：人民出版社，2016.

[6] 马克思，恩格斯.马克思恩格斯文集（第五卷）[M].北京：人民出版社，2009.

[7] 蔡跃洲.数字经济的国家治理机制——数据驱动的科技创新视角 [J].北京交通大学学报（社会科学版），2021，20（2）.

[8] 陈睿、范茂华.安徽发展新质生产力的质量实践 [N].中国质量报，2024-03-29.

[9] 陈元志，陈劲.社会主义现代化强国视域下的科技创新：历史演进、内涵特征和实现路径 [J].上海大学学报（社会科学版），2023，40（3）.

[10] 窦立荣，孙龙德，吕伟峰，等.全球二氧化碳捕集、利用与封存产业发展趋势及中国面临的挑战与对策 [J].石油勘探与开发，2023，50（5）.

[11] 黄群慧，贺俊."第三次工业革命"与中国经济发展战略调整——技术经济范式转变的视角 [J].中国工业经济，2013（1）.

[12] 矫立军.主权国家经济周期共性分析与经济周期模型创新 [J].商业时代，

2011（6）.

[13] 郎平．数字时代美国对华科技竞争的特点 [J]. 战略决策研究，2021，12（3）.

[14] 李伯聪．工程社会学导论：工程共同体研究 [M]. 杭州：浙江大学出版社，2010.

[15] 李伯聪．工程哲学引论——我造物故我在 [M]. 郑州：大象出版社，2002.

[16] 李文均，白逢彦，张立新，等．微生物学前沿 [M]. 北京：化学工业出版社，2022.

[17] 李小平，等．湖泊学 [M]. 北京：科学出版社，2013.

[18] 刘永定，范晓，胡征宇，等．中国藻类学研究 [M]. 武汉：武汉出版社，2001.

[19] 栾恩杰．论工程在科技及经济社会发展中的创新驱动作用 [J]. 工程研究 – 跨学科视野中的工程，2014，6（4）.

[20] 阮文杰．央企电子商务平台建设及发展研究 [J]. 科学与财富，2020（21）.

[21] 桑玉成，邓峰．论科技体制在国家治理体系中的地位与作用 [J]. 上海行政学院学报，2020，21（5）.

[22] 汤伟钢，陈慧莉．技术范式创新周期与经济周期的循环因替关系 [J]. 天津大学学报（社会科学版），2012，14（2）.

[23] 王礼茂，牟初夫，陆大道．地缘政治演变驱动力变化与地缘政治学研究新趋势 [J]. 地理研究，2016，35（1）.

[24] 王一鸣．百年大变局、高质量发展与构建新发展格局 [J]. 管理世界，2020，36（12）.

[25] 魏建国．国企电商将引领我国电子商务发展 [J]. 中国科技产业，2021（9）.

[26] 翁士洪．数字时代治理理论——西方政府治理的新回应及其启示 [J]. 经济社会体制比较，2019（4）.

[27] 徐伟鹏.碳捕集技术进入早期商业化的发展阶段 [J]. 商业观察，2023，9（21）.

[28] 许正中，陈江滢.以数字中国助力新一轮全球化 [J]. 宏观经济管理，2023（6）.

[29] 许正中，行伟波，梁云燕.数字时代的大国经济博弈：模式变迁与发展战略 [J]. 全球化，2023（1）.

[30] 阳平坚，彭栓，王静，等.碳捕集、利用和封存（CCUS）技术发展现状及应用展望 [J]. 中国环境科学，2023.

[31] 殷明德.业务视角看央企信息化 [J]. 中国信息界 –e 制造，2009（7）.

[32] 余强.迟来的盛宴：能源电力央企发力电子商务 [J]. 电力设备管理，2017（11）.

[33] 张庆利，杜婧博.一流采购平台具有强大寻源能力海量交易信息提供专业解决方案——北京长城电子商务有限公司 [J]. 化工管理，2014（19）.

[34] 中央企业电子商务联盟.央企电商进入创新发展新时代 中央企业电子商务联盟发布央企电商协同发展指数及报告 [J]. 中国科技产业，2018（4）.

[35] 周烨.构建产业互联网电子商务新业态助力我国数字经济高质量发展——2022 年服贸会国企电商论坛在京举行 [J]. 中国科技产业，2022（9）.

[36] 竹内弘高，野中郁次郎.知识创造的螺旋——知识管理理论与案例研究 [M]. 李萌，译.北京：知识产权出版社，2006.

[37] Chen J., Yin X., Mei L.. Holistic innovation: An emerging innovation paradigm[J]. International Journal of Innovation Studies, 2018, 2(1).

[38] Dawes S. S.. Governance in the digital age: A research and action framework for an uncertain future[J]. Government Information Quarterly, 2009, 26(2).

[39] Muhammad A. M.. The Digital Turn in Geopolitics: Gojek's Strategy of Digital Space and Its Geopolitical Implications[J]. Jurnal Ilmu Sosial, 2020, 1(1).

[40] Wood G.. Geopolitics and the Digital Domain: How Cyberspace Is Impacting International Security[J]. 2020.

[41] Xu Z. Z., Xing W. B., Liang Y. Y.. Great power economic game in the digital era:model change and development strategy[J]. Globalization, 2023, (1).

后　记

做新质生产力发展的先遣队和播种机

中国生产力学会常务副会长兼秘书长　王进才

从新质生产力概念的提出到本书结稿已经过去一年多的时间。在如此短的时间里，新质生产力所引爆的巨大能量，以裂变的方式扩展到几乎所有的行业，涌现出数量可观的理论成果、应用场景和实践案例，成为推动中国经济转型发展的新动能，展现了中国经济巨大的生机、活力和潜能，彰显了中国人民面向未来的信心、豪情和力量。

智库机构在新质生产力发展中，具有价值先导、理念传播、典型优选、经验推广和方法普及等方面的职能和作用。作为国内专门以生产力研究为主导方向的新型智库机构，中国生产力学会在研究和推动新质生产力发展方面有着天然的使命、责任、义务和优势，通过发挥自身的专长，加强对新质生产力理论和实践领域的调查研究，发现在新质生产力发展中出现的新问题、新情况、新趋势，及时向决策机构报送调研报告和解决方案，为科学决策提供第一手资料。与此同时，中国生产力学会还在全国范围内充分整合和调动生产力研究和实践领域的优势资源，汇聚新质生产力发展的新成果、新技术、新案例和新经验，探索推动新质生产力快速发展的新方法、新路径、新模式。

中国生产力学会以做新质生产力发展的先遣队和播种机为己任，尤其注重对新质生产力先导型企业以及创新型企业的跟踪研究，及时发现、总结、提炼能够影响新质生产力发展全局的共性技术和科学模式，通过技术推广和经验推广的方式，用榜样和标杆的力量影响和带动新质生产力在更广阔的领域蓬勃发展，从而引导企业和企业家以更加主动的姿态、观念和行动落实新发展理念，构建新发展格局。

《新质生产力实践与探索》一书，就是这种理念和理想的成果结晶。在本书的策划、成果/案例征集、编辑出版的过程中，我们得到了相关领导、专家学者、企业和企业家的充分肯定与鼎力支持。第九届、第十届全国人大常委会副委员长、中国生产力学会名誉会长蒋正华，第十届全国人民代表大会法律委员会副主任委员、中国生产力学会首席顾问王茂林，中央政策研究室原副主任、中国生产力学会顾问郑新立等领导同志分别为本书作序。

在中国生产力学会 2024 年开展的"2023—2024 高质量发展（新质生产力）优秀成果/案例"征集活动中，共收到了全国企事业单位申报的各类成果/案例 187 项。经过严格、规范、公开、透明的评审，最终产生了"高质量发展（新质生产力）标杆案例"20 项；80 项成果入选"高质量发展（新质生产力）优秀创新成果"，并收入本书。由于保密制度的要求及保护商业机密的需要，我们对入选成果进行了脱敏脱密处理；同时，为统一体例，在不影响成果真实性、客观性的前提下，我们对部分成果做了技术性处理。

本书分为新质生产力理论篇、新质生产力实践与探索篇、新质生产力优秀创新成果篇。其中，理论篇汇集了新质生产力研究领域顶尖专家学者的最新研究成果；实践与探索篇全面覆盖了传统产业、战略性新兴产业及未来产业中不同领域企业的实践与探索；优秀创新成果篇从先进文化引领、硬科技突破、要素创新性配置、绿色低碳发展等多个维度，集中展示了世界 500 强企业、中国 500 强企业、新兴产业领域头部企业、专精特新企业以及专业咨询公司的创新成果和取得的成效。本书对读者更深刻地理解新质生产力的内涵，发展新质生产力的方法和路径，应用新质生产力的条件、资源、难点及其解决方案，都具有重要的启迪作用和学习价值。

这些标杆和样板案例的典型示范作用，可以帮助企业和企业家坚定发展新质生产力的信念，寻找更合适、更快捷、更经济、更稳妥的实现方法，路径和模式，用更低的成本、更高的效率切换到新质生产力发展的新赛道上，增强企业面向未来的竞争力，占领产业发展制高点，增加企业在行业中的话语权。

中国式现代化是人类历史上最宏伟最壮观的图景。14多亿人的现代化是人类历史上从未有过的伟大理想和勇敢实践。中国式现代化激励和鼓舞着全体中国人民迸发出前所未有的激情和力量，汇聚成奔涌的时代潮流滚滚向前，不可阻挡。

新质生产力是中国人民超凡智慧和创造力的集中体现。发展新质生产力是实现中国式现代化不可或缺的工具和力量，同时也是实现中国经济高质量发展的突破口和发力点。发展新质生产力，不仅可以增强中国企业在既有赛道上的创新力、竞争力，以创新式增长打破"内卷式"竞争的魔咒，创造新的经济增长极，同时还意味着我们可以创造出许多全新的赛道，探索新的"无人区"，为人类提供更加丰富的物质产品和精神产品，让人类能够展望更广阔的"蓝天大海"。新质生产力蕴含着无穷的能量和潜力，是我们突破一切艰难险阻的关键性制胜力量。

发展新质生产力是场关乎未来的决战。我们有幸生活在这样一个伟大的时代，有幸可以目睹和参与这样一场革命性的时代变革，唯有肩负使命，才能不负未来。在实现中华民族伟大复兴的光荣征途上，我们同在。